1834.
H.

AVIS.

Pour épargner aux personnes qui acheteront ce Catalogue, les frais de faire copier les prix de la Vente, & leur procurer l'avantage de les avoir exactement, je les ferai imprimer d'après le procès-verbal, & j'en délivrerai un Exemplaire *gratis*, deux mois après la vente, à ceux qui représenteront ce billet avec ma signature.

CATALOGUE
DES LIVRES
DE FEU
M. LE DUC DE LA VALLIERE.
PREMIERE PARTIE.

Ce Catalogue se trouve chez les principaux Libraires des Villes de France, &

A Amsterdam, chez M. Dufaulchoix.
Bruges, chez M. Van Praet.
Bruxelles, chez MM. Flon & Dujardin.
Gand, chez M. Goesin.
Genéve, chez M. Chirol.
Hambourg, chez M. Virschaux.
La Haye, chez M. Detune.
Leyde, chez M. Luchtmans.
Lisbonne, chez M. Borel.
Londres, chez M. Elmsly.
Madrid, chez M. Ant. de Sancha.
Manheim, chez M. Fontaine.
Turin, chez MM. Guibert & Orgeas & les Freres Reycends.
Venise, chez MM. les Freres Coletti.
Vienne, chez MM. Artaria & Compagnie.

LOUIS CESAR DE LA BAUME-LE-BLANC,
DUC DE LA VALLIERE.
Né le 9 Octobre 1708. Mort le 16 Novembre 1780.

C. N. Cochin filius delin. et Sculp.

CATALOGUE
DES LIVRES
DE LA BIBLIOTHEQUE
DE FEU
M. LE DUC DE LA VALLIERE.
PREMIERE PARTIE

CONTENANT les Manuscrits, les premieres Éditions, les Livres imprimés sur vélin & sur grand papier, les Livres rares, & précieux par leur belle conservation, les Livres d'Estampes, &c. dont la Vente se fera dans les premiers jours du mois de Décembre 1783.

PAR GUILLAUME DE BURE, FILS AÎNÉ.

TOME PREMIER.

A PARIS,
Chez GUILLAUME DE BURE FILS AÎNÉ,
Libraire, Quai des Augustins.
M. DCC. LXXXIII.

AVERTISSEMENT.

CE n'est qu'après de longues années, de grandes recherches & des dépenses extraordinaires (1), que M. le Duc de la Valliere est parvenu à rassembler une collection aussi nombreuse, aussi bien composée, & qui peut servir, à beaucoup d'égards, à donner une idée très exacte des commencements, des progrès & de la

---

(1) Outre les acquisitions journalieres faites dans les ventes publiques les plus considérables, tant à Paris que chez l'Étranger, M. le Duc de la Valliere a acheté la Bibliotheque entiere de M. Guyon de Sardiere. Il est vrai, comme le dit M. l'Abbé Rive, pages 24 & 26 du Prospectus (peu connu) d'un Ouvrage dont nous donnons le titre ci-après, que M. le Duc de la Valliere avoit vendu avant l'année 1767 sa plus riche partie d'Histoire naturelle au Roi; & plusieurs de ses précieux Manuscrits, ainsi que de ses premieres Éditions & de ses Livres imprimés sur vélin, à MM. Gaignat & Randon de Boisset. Mais il est également vrai, quoique M. l'Abbé Rive ne le dise pas, que depuis cette vente, M. le Duc de la Valliere a acquis les

AVERTISSEMENT.

perfection de l'Imprimerie, un des Arts les plus utiles que les Hommes aient inventé, & qui assure à toutes les découvertes qu'ils peuvent faire dans les sciences & dans les autres arts, une durée absolument indépendante des temps, des circonstances & de la plupart des causes de destruction, soit physiques, soit morales.

Les Lettres que M. le Duc de la Val-

Bibliotheques entieres de MM. Bonnemet & Jakson, dont les catalogues sont imprimés; celle de la famille d'Urfé, qui étoit en grande réputation du temps de du Verdier, qui la cite avec éloge, ainsi que le P. Jacob, dans son traité des plus belles Bibliotheques. A la vente de M. Gaignat, M. le Duc de la Valliere fit racheter par M. de Bure le jeune, la plus grande partie des articles précieux qu'il avoit vendus à cet Amateur en 1767, & beaucoup d'autres Livres très rares, pour 80 à 90000 livres. La collection des livres d'Histoire naturelle, telle qu'elle est actuellement, est du double plus considérable que celle qui avoit été vendue au Roi. M. le Duc de la Valliere nous chargea aussi de lui acheter à Londres, à la vente de M. le Docteur Askew, faite en 1775, pour 12 à 15000 livres.

Avertissement. iij

liere cultiva toute fa vie (1), lui avoient inspiré dès sa jeuneffe le defir de raffembler les meilleurs Livres dans tous les genres; & c'est dans un âge où la plûpart des hommes sont communément occupés d'objets moins férieux, que ce Seigneur a commencé à jetter les fondements de fa magnifique Bibliotheque, la plus riche & la plus précieufe qui ait jamais été expofée en vente. M. l'Abbé Rive a contribué par ses soins à la porter au dégré de perfection où elle est aujourd'hui (2).

---

(1) Nous croyons devoir rapporter ici des vers faits par M. l'Abbé de Voifenon, qui étoient gravés au bas du portrait de M. le Duc de la Valliere; nous avons été obligés avec regret de les fupprimer en faifant réduire la planche, pour mettre ce portrait à la tête du Catalogue.

Courtifan, Philofophe, enjoué, ftudieux,
Il cultive les arts, les plaifirs, la fageffe,
Il amufe, il inftruit, il plaît, il intéreffe,
Son efprit vous féduit, son cœur vous rend heureux.

(2) Tout le monde fait que M. l'Abbé Rive a exercé pendant plus de douze ans dans cette Biblio-

AVERTISSEMENT.

Ce savant (1) *Bibliognoste* a publié, il y a quelque temps, le Prospectus d'un Ouvrage intitulé : « Essai sur l'art de vérifier l'âge des
« Miniatures peintes dans des Manuscrits
« depuis le quatorzieme jusqu'au dix-sep-
« tieme siecle inclusivement, de comparer
« leurs différents styles & degrés de beauté,
« & de déterminer une partie de la valeur
« des Manuscrits qu'elles enrichissent.
« &c. »

Il eût été à souhaiter que cet Ouvrage, (qui doit contenir plusieurs descriptions & notices dont la plus grande partie, pour ne pas dire la totalité, est faite d'après les Ma-

---

theque les mêmes fonctions que les seuls Bibliothécaires exercent ailleurs.

(1) Comme nous ne voulons *du tout point* (*) altérer les expressions de M. l'Abbé Rive, que nous avons eu soin de faire imprimer *en italique*, nous croyons qu'il est à propos d'avertir ceux de nos Lecteurs qui ne sont pas aussi savants que lui, que *Bibliognoste* est un mot purement grec, qui signifie, dans son acception la plus étendue, un homme

(*) Façon de parler, employée par M. l'Abbé Rive, dans sa Notice de la Guirlande de Julie, in 4, pag. 4, lig. 23.

nuscrits

AVERTISSEMENT. v

nuscrits de M. le Duc de la Valliere (1), & dont toutes les figures ont été calquées & peintes d'après les superbes miniatures qui les enrichissent), eût paru avant la publication de notre Catalogue; pour faire connoître aux Curieux combien ces manuscrits qu'on expose aujourd'hui en vente, sont précieux & importants.

Nous aurions desiré aussi pour notre utilité particuliere & pour celle du Public, que, lors du décès de M. le Duc de la Valliere, on eût trouvé (comme on avoit le droit de s'y attendre) le catalogue complet de la Bibliotheque, qui étoit fait sur des cartes & rangé par ordre de matieres, & qui contenoit, outre les titres des livres,

---

qui connoît bien les titres des livres, la date de leurs différentes éditions, le lieu & l'année où elles ont été faites; en un mot, l'histoire des livres.

(1) Nous ne doutons pas que l'exactitude & la vérité dont M. l'Abbé Rive dit si souvent qu'il fait profession, ne le déterminent enfin à indiquer dans l'Ouvrage dont il n'a encore donné que le Prospectus, les sources d'où il a tiré les notices

b

Avertissement.

les recherches & les notes de plufieurs gens de lettres, fur les manufcrits, les premieres éditions (1) & les livres rares de cette Bibliotheque.

Mais au lieu de ces cartes fi intéreffantes, & même uniques, à en juger par les connoiffances réunies des coopérateurs, (car nous n'en avons vu aucunes) on n'a trouvé que des cartes qui contenoient feulement les titres abrégés des livres, rangés par ordre alphabétique & qui ont été remifes à M. Nyon l'aîné, chargé de la feconde partie de ce Catalogue, qui paroîtra dans quelque temps.

Cette premiere collection de cartes, qui

---

des Manufcrits qu'il décrit; fe conformant aux préceptes qu'il donne lui-même aux Libraires dans ce Profpectus, page 66, ligne 2.

(1) Les Savans les plus diftingués dans les Lettres, ont toujours regardé les premieres Éditions des Auteurs anciens, comme des Livres de la plus grande utilité, à caufe des excellentes leçons que l'on y trouve. Voyez le n°. 4491 de ce Catalogue.

AVERTISSEMENT. vij

malheureusement ne s'est pas trouvée (1), nous auroit sans doute épargné bien des fautes (2), pour lesquelles nous demandons l'indulgence du Lecteur, nos connoissances bibliographiques étant fort inférieures au desir que nous avions de répondre dignement à la confiance dont Madame la Duchesse de Chastillon nous a honorés.

Nous prions aussi le Lecteur de vouloir bien faire attention au peu de temps que nous avons eu pour la rédaction d'un catalogue aussi considérable, auquel nous avons commencé à travailler au mois de Mai 1781,

---

(1) La perte que le public fait aujourd'hui, sera peut-être réparée un jour, si M. l'Abbé Rive publie par la suite (comme il peut le faire) le Catalogue complet de la Bibliotheque qui lui a été confiée. Nous desirons qu'il acheve ce grand travail; & pour nous servir de ses propres termes, que *Themis, fléchie par les Muses, se hâte de briser les chaînes d'une affaire civile, qui forme un obstacle à ses projets littéraires.* Voyez le prospectus de M. l'Abbé Rive, pag. 13, lig. 17.

(2) Nous ne doutons point que la sagacité de M. l'Abbé Rive, ne lui fasse découvrir même assez

AVERTISSEMENT.

& qui a été mis sous presse à la fin de Janvier 1782. Nous avouons même qu'il nous auroit été impossible de le publier dans un intervalle de temps aussi court, si nous n'avions été aidés par M. Van Praet le fils, de Bruges, qui a fait toute la partie des Manuscrits (1), & dont les recherches longues & pénibles montrent autant de zele que d'intelligence & de sagacité.

---

promptement plusieurs de ces fautes; mais nous ne sommes pas moins sûrs d'en avoir commis beaucoup d'autres qu'il ne verra pas.

Nous avons toujours été si disposés à recevoir avec reconnoissance toutes les critiques que l'on pourroit faire de nos Catalogues, & à profiter des lumieres qu'elles peuvent nous donner, que nous avons rapporté nous-même la critique d'une faute qui nous étoit échappée dans le Catalogue de M. Gayot, & que M. l'Abbé Rive a relevée avec raison. Voyez le tome premier de ce Catalogue, n°. 530, page 190, lig. 27.

(1) Quoiqu'on n'ait pu donner aux notices de ces manuscrits toute l'étendue dont elles sont susceptibles, & qu'on ait été forcé de supprimer les renvois aux différents Auteurs qui sont entrés dans de plus grands détails sur les ouvrages qu'ils ren-

AVERTISSEMENT.

M. l'Abbé Rive qui *dévoue aux Verges de la Critique & à la risée du Public, les Bibliopoles* (1) qui se mêlent de vendre des manuscrits, & qui ne sont pas en état de répondre à un très long & très singulier *Catéchisme* qu'il leur fait, depuis

---

ferment, nous nous flattons que l'idée qu'on en a présentée, suffira aux amateurs pour en apprécier le mérite & la valeur. Comme la plupart tirent une partie de cette valeur de la beauté des miniatures qui les enrichissent, on a eu soin de rapporter à peu près la grandeur & le nombre de ces miniatures, afin que les acquéreurs éloignés puissent avec plus de sûreté déterminer le prix qu'ils veulent y mettre, en envoyant leurs commissions.

On a pris pour modele, en décrivant ces manuscrits, les notices que plusieurs savants Bibliothécaires ont données, de nos jours, des livres existans dans les Bibliotheques confiées à leurs soins, & dont ils ont publié les Catalogues. Tels sont entr'autres M. Bandini, Bibliothécaire de Florence, M. Pasini de Turin, les Auteurs du Catalogue des manuscrits de Harlay, M. le Marquis de Cambis d'Avignon, M. Sinner de Berne, M. Morelli de Venise, M. Senebier de Geneve, &c.

(1) M. l'Abbé Rive ne nie pas que ce ne soit nous

Avertissement.

la page 63 — 69 du Prospectus de l'Ouvrage dont on a vu le titre ci-dessus, auroit été (si nous l'en croyons) le seul homme capable de bien décrire ces manuscrits. Profond *Bibliognoste*, très exact & très scrupuleux *Bibliographe*, il se plaît à *retracer* les connoissances qu'un *Bibliopole* doit être avide d'acquérir, pour ne pas *redouter le tribunal inexorable de ses Contemporains & de la Postérité*. Après avoir bien étudié ce *Catéchisme*, nous convenons franchement, & nous en faisons même l'aveu public, que les questions que M. l'Abbé Rive fait aux *Bibliopoles*, sont fort au-dessus de nos

---

particuliérement qu'il a voulu désigner; & nous en avons une nouvelle preuve dans la petite lettre amicale qu'il nous a fait l'honneur de nous écrire le 7 Novembre 1782, où, entre autres politesses, il nous dit expressément... « M. De Bure ne de-
« vroit-il pas être assez flatté que M. l'Abbé Rive
« n'ait pas voulu lui donner les.... à la face de
« l'Europe, pour les tant & tant copieuses, ainsi
« que les tant & tant grosses.... qui sont dans ses
« Catalogues, depuis 1770 jusqu'en 1782? &c.
« &c. &c. »

AVERTISSEMENT. xj

foibles connoiffances, & que nous ne pourrions répondre qu'à quelques unes. En lifant l'extrait de ce *Catéchifme* que nous allons donner, on jugera facilement qu'il ne peut y avoir que quelques favans de la trempe de M. l'Abbé Rive, & verfés comme lui dans la *Bibliognofie*, dans la *Bibliographie*, dans la *Calligraphie*, &c. &c. &c. qui foient capables de fatisfaire à toutes les queftions qu'il propofe. Nous efpérons de l'équité du Lecteur, qu'il n'exigera pas qu'un *Bibliopole* ait *un fonds de doctrine* affez étendu pour embraffer toutes les connoiffances renfermées dans les préceptes fuivants:

« Un Manufcrit (dit-il) eft-il anonyme
» ou pfeudonyme? On doit en rechercher
« l'Auteur. L'a-t-on déterré, il faut s'inf-
« truire de fa probité & de fa réputation lit-
« téraire?.. Sa date eft-elle vraie ou fauffe?..
« Quelle eft la matiere d'un manufcrit? Eft-
« il fur parchemin, fur vélin (1), fur peau

---

(1) Les amateurs de livres verront fans doute avec plaifir à quel degré M. l'Abbé Rive porte

« humaine, fur papier d'Egypte, fur écorce
« de tilleul, fur olles, ou feuilles de pal-
« mier, fur papier de lin (1), de coton,

---

l'exactitude bibliographique. Feu M. Barrois, Libraire très inftruit ; mais qui malheureufement
a vécu dans un temps où M. l'Abbé Rive n'avoit
pas encore écrit, avoit avancé, en 1759, dans le
Catalogue des livres de M. Guyon de Sardiere,
n°. 534, que le Manufcrit intitulé, Hiftoire de
Mélufine, étoit relié en Maroquin Bleu. M. l'Abbé
Rive, qui dit qu'*il n'y a que le grand Homme
qui connoiffe le prix des plus petites obfervations,
& qu'elles font révérer les grands objets qui fortent
de fa plume*, a relevé cette lourde faute de M. Barrois ; & dans la Notice qu'il a donnée de ce même
Manufcrit, page 26, ligne 12, il a dit qu'il étoit
relié en Maroquin Verd. Nous n'ofons prendre fur
nous de décider lequel a raifon du *Bibliopole*
ou du *Bibliographe*: le Public jugera, le jour que
ce livre fera expofé en vente, cette importante
queftion.

(1) M. l'Abbé Rive, qui fait tant de chofes,
nous feroit plaifir de déterminer dans quelque beau
Profpectus, tel qu'il les fait faire, les caracteres qui
diftinguent le papier de Lin d'avec celui de Chiffes.

de

AVERTISSEMENT. xiij

« de bambou, de foie, de chiffes?.. Avec
« quels inftruments fes lettres font-elles
« tracées, eft-ce avec un poinçon de fer, un
« pinceau, une plume de rofeau (1) ou d'oi-
« feau?... Le Calligraphe a-t-il mis fon
« nom dans le manufcrit? Son nom eft-il
« homonyme? A quel fiecle faut-il le rap-
« porter? Ce fcribe a-t-il eu de la réputa-
« tion? Eft-ce autant par fa probité &
« fon intelligence que par la beauté de fa
« main (2)? Sa copie a-t-elle été revue?..

---

(1) On ne peut s'empêcher de regretter que M. l'Abbé Rive ait oublié une queftion non moins intéreffante que les précédentes & que celles qui vont fuivre ; favoir, fi tel ou tel Manufcrit eft écrit de la main droite ou de la main gauche.

(2) On trouve dans le *Catalogus Codicum manufcriptorum Bibliothecæ Paulinæ. Lipfiæ*, 1686, in 12. page 441, ligne 4.

Finivi Librum totum fine manibus iftum.

Cette foufcription pourroit fournir à M. l'Abbé Rive la matiere d'une favante differtation *Calligraphique*, dans laquelle il examineroit fi ce Manufcrit,

« Un manuscrit est-il entier ou châtré
« ou interpolé?.... Quelles sont les le-
« çons d'un manuscrit? Sont-elles barba-
« res ou lucides? Cette lucidité n'est-elle
« pas trop forte?... Un manuscrit est-il orné
« de miniatures? Qui en est le Peintre,
« d'où est-il, en quel siecle a-t-il vécu?
« Ces miniatures datent-elles du temps
» même du manuscrit? Lui sont-elles pos-
« térieures? Quel est leur style? Sont-elles
« *Monochromes* ou de diverses couleurs?
« &c. »

« Si un *Bibliopole* a la sagesse de se
« faire à lui-même ce *Catéchisme*, que je ne
« veux pas rendre *plus long*, & l'habileté
« d'y répondre, qu'il vende des manuscrits!

---

dont l'Écrivain n'avoit certainement pas été choisi
à cause de *la beauté de sa main*, avoit été écrit avec
le pied, ou avec la bouche; & cette dissertation,
telle que M. l'Abbé Rive est capable de la faire,
seroit aussi intéressante pour le public, & sur-tout
aussi utile aux progrès de la raison, que celle où il
a décidé si le nom de Guillaume de Machau,
ou Machaut, doit être écrit avec un T ou sans

AVERTISSEMENT.

« *Je ne crains ni pour sa conscience ni pour
« sa réputation*. Mais, si moins avide d'ac-
« quérir les connoissances que je lui ai re-
« tracées, que de briguer des ventes, il
« brusque tout examen sur sa capacité, qu'il
« redoute lui-même le tribunal inexorable
« de ses Contemporains & de la Postérité!.
« Mais s'il faut autant d'étude a un *Biblio-
« pole* pour la vente des manuscrits, il lui
« en faut encore autant pour celle des pre-
« mieres éditions (1). Je n'en parle pas ici,

T (*)? Et celle où il decideroit si le nom *du Calligraphe est Homonyme? Si c'est avec un poinçon de
fer, un pinceau, une plume de roseau ou d'oiseau,
qu'un manuscrit a été écrit*, & si les miniatures
en sont *Monochromes*, &c. &c. &c.

Nous prendrons la liberté d'observer à M. l'Abbé
Rive qu'il a oublié la seule question véritablement
importante, savoir si un Manuscrit est bon ou mauvais, & s'il mérite en effet toutes les recherches
que M. l'Abbé Rive exige.

(1) L'Ouvrage dans lequel M. l'Abbé Rive

(*) Voyez la notice d'un Manuscrit contenant les poésies de Guillaume de Machau, par M. l'Abbé Rive, in 4,
pag. 15, lig. 8 & suivantes.

xvj AVERTISSEMENT.

« je les détaillerai dans un autre Ouvrage,
« &c. »

doit faire le catéchifme aux *Bibliopoles*, pour les premieres Éditions, n'étant pas encore publié, nous le prévenons que nous ne ferons jamais en état de faire des notes bibliographiques dans le genre de celle que nous avons trouvée écrite de fa main fur un des volumes de la Bibliotheque de M. le Duc de la Valliere : de pareilles notes demanderoient trop de fcience, trop de recherches & trop de temps. Pour mettre le lecteur à portée de comparer la defcription de M. l'Abbé Rive avec la nôtre : nous tranfcrirons ici ce que nous avons dit l'un & l'autre fur le même Ouvrage.

NOTE	NOTE
BIBLIOGRAPHIQUE	BIBLIOPOLIQUE
Écrite de la main de M. l'Ab. Rive, à la tête du volume intitulé, Ars Memorativa, *n°.* 1856. *de ce Catalogue.*	*Faite par de Bure fils aîné.*
Ce traité eft de Jacques Publicius de Florence, dont Gefner a fait mention dans fon appendix...	Édition très ancienne, exécutée avec les caracteres de Jean Guldenfchaff de Mayence, fans chiffres, réclames ni fignatures. Le volume contient 14 feuillets de difcours imprimés à longues lignes, & dont les pages, qui font entieres, ont 27 lignes. Le premier commence par celle-ci :
Voi. J. Alb. Fabricius, dans fa Bibliotheque latine	

AVERTISSEMENT.   xvij

Cet extrait du *Catéchisme* de M. l'Abbé Rive, ainsi que les sorties très déplacées

---

du moyen âge, tom. IV. pag. 17, col. 2.

Maittaire n'a pas connu cette édition. Voy. son index au mot Publicius.

Il y a des Auteurs qui ont attribué ce livre à George Sibut. Ces Auteurs sont Lesser, & le Rédacteur du Catalogue de M. Bunemann; ils se sont trompés. David Clément auroit dû relever leur erreur; c'est ce qu'il n'a pas fait, puisqu'il a * ignoré le vrai Auteur de ce livre. Voy. tom. II. pag. 142. (note 36).

* Ce raisonnement de M. l'Ab. Rive est-il suivant les principes d'une saine logique ? Comment David Clément pouvoit-il relever l'erreur de ces Bibliographes, & indiquer le *vrai auteur* de ce livre, puisqu'il l'ignoroit ? Comment dit-on ce qu'on ne sait pas ? C'est à M. l'Abbé Rive à nous l'apprendre.

Ars memoratiua incipit feliciter;

Et le dernier finit par cette autre :

auditores nostri inde cõsequi valeant,

On trouve à la suite du discours 8 feuillets de figures très informes, gravées sur bois, au simple trait. La gravure du premier feuillet qui est blanc au recto, représente 4 objets: un livre couché sur le plat, une partie d'une ville, un vieillard assis dans un fauteuil, & un cheval. Sur chaque côté des six feuillets suivants, on voit 4 grands ronds qui en renferment chacun 4 autres plus petits, & sur le dernier feuillet qui n'est imprimé qu'au recto, on remarque quatre chevaux.

D'après cette note bibliographique, faite avec toute la critique & la sagacité que l'on connoît à

xviij AVERTISSEMENT.

qu'il fait dans son Prospectus contre les *Bibliopoles*, pourroient donner lieu à plusieurs réflexions (1). Nous nous contenterons seulement d'observer que M. l'Abbé Lenglet du Fresnoy, Écrivain judicieux, traite avec beaucoup moins de sévérité, & sur-tout plus honnêtement les Bibliographes, que M. l'Abbé Rive ne traite les *Bibliopoles*. Il dit dans sa *Méthode pour étudier l'histoire*, tome XIV, pages 368

M. l'Abbé Rive, on peut juger combien il seroit désagréable pour un Libraire occupé, & qui par conséquent n'a pas de temps à perdre, de faire des recherches inutiles, & de se trouver dans le cas de David Clément, qui n'a pas eu le bonheur de *déterrer* le nom de Jacques Publicius, & le plaisir de relever les erreurs des Bibliographes qui ont attribué cet Ouvrage à George Sibut. Sans la note de M. l'Abbé Rive, qui est à la tête de ce volume, nous l'aurions ignoré comme David Clément; peut-être aussi l'aurions-nous trouvé comme M. l'Abbé Rive, en prenant le titre du n°. 1857 de ce Catalogue, où le nom de Jacques Publicius est imprimé sur le premier feuillet. C'est quelquefois le hasard qui fait faire de pareilles découvertes.

(1) Ce catéchisme ne nous paroît pas fort

AVERTISSEMENT

& 369, à l'article des *Jugements des Savants, par Baillet.*

« On connoît affez cet Ouvrage, dans « lequel on a relevé bien des fautes : mais « quel eft l'Ouvrage de Bibliographie qui « n'en ait beaucoup? Ceux qui les relevent « ne peuvent fe défendre d'en commettre « auffi un bon nombre. Rien de plus aifé que « de faire un Ouvrage de Bibliographie, & « même de relever les erreurs où les autres « font tombés ; rien de plus difficile que « de faire un ouvrage exact, où même les « moins habiles ne trouvent beaucoup à « reprendre. » Et dans le même volume, page 410, à l'article *Dictionnaire hiftorique*, on lit ce qui fuit : « *Marchand* a « tort de relever avec tant d'emportement « les fautes de Bibliographie qu'il a décou- « vertes. Il eft lui-même un *exemple fenfi-*

---

utile aux Soufcripteurs de M. l'Abbé Rive; il eût été beaucoup plus intéreffant pour eux de favoir que fes notices étoient faites d'après les Manufcrits de M. le Duc de la Valliere ; & c'eft précifément ce que M. l'Abbé Rive ne leur a pas dit.

« *ble*, qu'elles font inévitables dans ce
« genre de littérature. »

Il nous feroit très facile de faire voir à M. l'Abbé Rive qu'il eft précifément dans le cas de Profper Marchand. Entre un affez grand nombre de preuves que nous pourrions donner ici de cette affertion, il fuffira de citer les fuivantes : le Lecteur pourra juger alors que M. l'Abbé Rive, qui *devoue aux Verges de la Critique & à la rifée du Public les Bibliopoles* qui ne font pas en état de répondre à fon *Catéchifme*, a fouvent fait en *Bibliographie* des fautes qu'on ne pardonneroit pas (pour nous fervir ici de fes propres termes) à des *furets* (1) *bibliographiques*.

―――――――――――――――――――

(1) Nous obferverons à M. l'Abbé Rive, qui fe pique d'être un très bon Grammairien (prétention qu'on ne lui fuppoferoit certainement pas en lifant fes profpectus, fes notices & fes notes), que cette expreffion, *furets bibliographiques*, (*) eft auffi inexacte, auffi peu françoife, en un mot auffi barbare que fi l'on difoit que Newton eft un grand

(*) Voyez le Profpectus de M. l'Abbé Rive, pag. 37, lig. 6.

M.

AVERTISSEMENT.

M. l'Abbé Auger, éditeur d'une nouvelle édition d'Isocrate, en grec & en latin, a inséré dans le Journal des Savants, du mois de Février 1781, édition in 12, page 336 & suivantes, une Dissertation sur une lacune considérable qui se trouve dans un discours d'Isocrate; il dit, page 345, ligne 20 de cette dissertation, « que
« M. l'Abbé Rive lui a fait part d'une
« premiere édition d'Isocrate, faite à Mi-
« lan en 1493, &c. que cette édition est
« in octavo, & a été jusques à présent in-
« connue à tous les Bibliographes (1); que
« M. l'Abbé Rive, dans sa dissertation, en
« donne une description bien détaillée, &

Géométrique, que M. d'Anville est un habile *Géographique*, & M. l'Abbé Rive un exact *Bibliographique* & un savant *Bibliognostique*.

(1) Ce que dit ici M. l'Abbé Rive, est peut-être la plus grande vérité qu'il ait jamais avancée en bibliographie; car cette édition in octavo inconnue jusques à présent à tous les Bibliographes, n'existe pas; elle est in folio. Les Savants qui ne connoissent point M. l'Abbé Rive, & qui le jugeroient

« qu'il y releve plusieurs omissions & er-
« reurs bibliographiques (1).

 Le même M. l'Abbé Auger, dans l'édition qu'il vient de publier des œuvres d'Isocrate, en grec & en latin, *Paris, Didot l'aîné,* 1782, in 8, tom. I, pag. 5, de la préface, dit encore :

 « *Isocrates editus est græcè primùm*
« *Mediolani anno* 1493, *in folio, cu-*
« *rante Demetrio Chalcondyla; editus est*
« *ex codice bibliothecæ Laurentianæ Me-*
« *diceæ. Abbas Rive, cujus eruditionem*

---

uniquement sur les louanges qu'il se donne modestement à lui-même dans des prospectus faits pour des ouvrages auxquels des Libraires le prient de présider (*), sont trop heureux qu'il n'ait pas publié sa dissertation sur cette prétendue édition d'Isocrate in octavo; ils auroient été induits en erreur comme M. l'Abbé Auger l'a été.

 (1) On voit que le plaisir de vouloir relever les fautes des autres, en a fait faire une très grave à M. l'Abbé Rive.

 (*) Voyez le Prospectus des Peintures Antiques, &c. in fol. pag. 3, lig. 10.

« *latè patentem, exquisitum de libris ju-*
« *dicium, crisimque imprimis sagacissimam*
« *meritò ac lubenter prædicamus, nobiscum*
« *communicavit editionem in octavo, item*
« *Mediolani factam, anno 1493, eodem*
« *curante Demetrio Chalcondyla, quæ ni-*
« *hil prorsus differt ab ea quæ est in folio.*
« *Utra harum editionum nunc alteram ra-*
« *ritate & pretio superet, ab eodem Ab-*
« *bate inquirentes, hoc responsum accepi-*
« *mus. Editio in 8°. erat olim vulgatior, &*
« *è prælo ad scholarium duntaxat usum*
« *emerserat. E contra, editio in folio pro*
« *solis magnatibus & bibliothecis splen-*
« *didissimis fuerat cusa. Quum autem edi-*
« *tio in 8°. diuturno manuum attractu de-*
« *trita fuerit & ex oculis erepta, ideò*
« *ejus exemplaria quæ ad nos usque per-*
« *venerunt, rariora nunc extant exempla-*
« *ribus editionis in folio, & pretiosiora*
« *existimantur. &c. &c.* »

Cette prétendue édition d'Isocrate, in octavo, est celle qui se trouve dans ce Catalogue, n°. 2237, & que M. l'Abbé Rive avoit communiquée à M. l'Abbé Auger : cet

d ij

exemplaire est in folio, & il est rogné à la lettre de tous les côtés; c'est ce qui a obligé de le relier à onglets qu'on voit encore dans le fond du volume. Nous ne concevons pas comment M. l'Abbé Rive a pu se faire illusion, au point de ne pas distinguer, à la seule inspection de ce volume, qu'il ne pouvoit être in octavo: la longueur des lignes, la hauteur des pages, les cahiers des signatures, le regiftre de ces mêmes signatures qui se trouve à la fin du volume, & qui indique qu'il y a des signatures de huit, de dix & de six feuillets, sont des preuves sans réplique que ce volume a été imprimé de format in folio; car s'il étoit in octavo, les cahiers des signatures feroient de quatre ou de huit feuillets. De plus, nous avons comparé cet exemplaire avec celui de la Bibliotheque de Saint-Germain-des-Prés, qui a toute sa marge; ces deux exemplaires se sont trouvés rigoureusement conformes l'un à l'autre, les mêmes lettres y sont cassées ou gâtées, & dans les mêmes endroits. Il est évident qu'on ne peut attribuer cette erreur de M. l'Abbé Rive, qu'à une de ces distractions auxquelles sont si souvent sujets les grands hommes qui ont comme lui la manie toujours dangereuse de faire des conjectures (1).

Comme les ouvrages de M. l'Abbé Rive sont très peu connus, & que les matieres de *Bibliographie*, de *Bibliognosie*, de *Calligraphie*, &c. dont il s'est principalement occupé, ne sont ni assez importantes ni assez utiles pour intéresser le Public & pour mériter son attention, nous ne sommes pas surpris que ceux qui lisent pour s'instruire ou pour s'amuser, ignorent que M. l'Abbé Rive est l'auteur de deux petits ouvrages, dont l'un est intitulé, *Notice du Roman d'Artus, Comte de Bretaigne; Paris, Didot l'aîné,* 1779, brochure in 4 de 20 pages : & l'autre, *Etren-*

---

(1) On peut juger du mérite des conjectures de M. l'Abbé Rive, & quel cas on en doit faire en général, par celles qu'il a avancées sur cette édition d'Isocrate. Celles qui se trouvent dans ses autres ouvrages, principalement dans celui sur l'Origine des Cartes, ne sont pas mieux fondées.

nes aux Joueurs de cartes, ou Eclaircissements historiques & critiques sur l'invention des cartes à jouer; Paris, chez l'Auteur, Hôtel de la Valliere, 1780, brochure de 43 pages in 12. Comme ces deux brochures pourroient un jour être lues par quelques uns de ces Bibliomanes qui recueillent & lisent indistinctement tout ce qui s'imprime, nous croyons devoir les avertir, qu'outre plusieurs fautes assez graves qui se trouvent dans ces opuscules, & dont quelques unes ont été relevées par M. Dupuy, ancien Secrétaire perpétuel de l'Académie des Inscriptions & Belles-Lettres, dans le Journal des Savants, du mois d'Août 1780, page 546, in 4, nous en avons découvert plusieurs autres, parmi lesquelles nous nous contenterons de marquer les suivantes.

En parlant des Epîtres dorées d'Antoine de Guevare, traduites par le Seigneur de Guterry, M. l'Abbé Rive dit, pag. 10, lig. 3 de sa notice, & pag. 14, lig. 14 des Etrennes aux Joueurs de cartes: « A » peine la premiere édition sortit de la

Avertissement.

« preſſe, (elle a paru pour la premiere fois
« en 1558) (1), qu'on ſe ſouleva en France
« contre elle : on s'y récria contre di-
« vers paſſages d'une lettre, qui bleſſoient
« la délicateſſe de nos mœurs nationa-
« les (2). *On ſupprima cette lettre dans*
« *les éditions poſtérieures :* c'eſt ce qui
« en rendit la premiere extrêmement rare.
« Cette lettre eſt dans le premier livre

---

(1) Autre erreur de M. l'Abbé Rive : la premiere édition eſt imprimée à Lyon, chez Macé Bonhomme, en 1556, in 4.

(2) Nous croyons M. l'Abbé Rive trop honnête & trop pénétré des principes d'une religion ſainte, qui prêche par-tout la charité, pour le ſoupçonner d'avoir inculpé à deſſein la mémoire d'un Evêque, prédicateur & chroniqueur de l'Empereur Charles V : mais on peut au moins lui reprocher d'avoir rapporté une pareille anecdote, ſans en avoir conſtaté la vérité, & ſans avoir indiqué ſur-tout l'ouvrage où elle ſe trouve. Nous avons lu cette lettre de l'Evêque de Mondonedo ; elle nous a paru remplie de ſageſſe & de raiſon, bien loin de bleſſer en aucune façon la délicateſſe des mœurs de quelque Nation que ce ſoit.

« de la premiere édition ; elle a pour ti-
« tre, *Lettre à Mosen Rubin, Gentil-hom-*
« *me de Valence-la-Grande*, *par laquelle*
« *sont récitez les ennuis, que donnent les*
« *Dames amoureuses à leurs amys.* » Voy.
pag. 162 — 165.

Qui ne croiroit, au ton imposant dont M. l'Abbé Rive assure que cette lettre a été supprimée dans les éditions postérieures à celle de 1558, que tout ce qu'il avance est une vérité incontestable. Nous sommes néanmoins obligés de dire que son *exactitude* bibliographique est encore ici en défaut, puisque cette lettre qu'on supprima, selon lui, dans les éditions postérieures, se trouve dans *onze* éditions que nous avons examinées (1).

---

(1) Cette lettre se trouve dans les onze éditions suivantes.

1 *Paris, Jean Ruelle*, 1570, in 8, livre I, page 337.

2 *Paris, Olivier de Harsy,* 1573, in 8, livre I, page 337.

L'envie

Avertissement.

L'envie de contredire, & ce qui n'est pas une source moins féconde d'erreurs & d'illusions, le desir de trouver tout le monde en faute, éloignent souvent M. l'Abbé Rive de la vérité qu'il dit aimer & qu'il cherche même dans les plus petites choses: il reproche sans cesse, & même assez durement, aux Bibliographes leur inexactitude; & toutes les fois que nous jettons

---

3. *Paris, Claude Gautier*, 1573, in 8, livre I, page 337.

M. l'Abbé Rive a comparé très exactement les deux éditions ci-dessus, car il dit, page 19, ligne 12 de sa notice du Roman d'Artus, &c. & page 39, ligne 4 de ses Etrennes aux Joueurs, « que « l'édition de Claude Gautier est exactement la « même que celle d'Olivier de Harsy; elle n'en « diffère que par le changement du fleuron qui est « sur son titre, & par les noms du Libraire dont « elle porte l'adresse. C'est ce que nous avons vé- « rifié. »

M. l'Abbé Rive auroit dû voir aussi, puisqu'il a si exactement vérifié ces deux éditions, même jusqu'aux fleurons, que la lettre qu'il dit avoir été supprimée, se trouve à la page 337 du livre premier.

les yeux fur fes notices, nous le trouvons lui-même en faute : il nous femble (pour nous fervir d'un proverbe dont on a fouvent occafion de faire l'application) que quand on a une maifon de verre, il ne faut pas jetter des pierres dans celle de fon voifin. M. l'Abbé Rive dit, par exemple, page 10, ligne 26 de fa *Notice du Roman d'Artus*, & page 16, ligne 17 des *Etrennes aux Joueurs de cartes*, que la

---

4 Lyon, *Loys Cloquemin & Etienne Michel*, 1575, in 8, livre I, page 337. Cette édition a été imprimée à Paris, par Jean du Carroy.

5 Paris, *Jean de Bordeaux*, 1577, in 8, livre I, page 337.

6 Lyon, *par Eftienne Michel*, 1578, in 8, livre I, page 337.

7 Paris, *Nicolas Bonfons*, 1585, in 8, livre I, page 337.

8 Paris, *Gabriel Buon*, 1588, in 8, livre I, page 337.

9 Lyon, *Benoift Rigaud*, 1588, in 8, livre I, page 337.

10 *En Anvers, chez Martin Nutius*, 1591, in 8, livre I, page 283.

Avertissement.

Croix du Maine n'a pas fait mention du Seigneur de Guterry. Il est évident que M. l'Abbé Rive ne s'est pas donné la peine de chercher le nom de cet auteur dans les deux éditions de la Croix du Maine; s'il les avoit consultées, il auroit vu que le nom de Guterry, traducteur des Epîtres dorées d'Antoine de Guevare (1), se trouve dans l'édition imprimée par Abel l'Angelier, en 1584, in fol. à la page 160, & dans la nouvelle édition de cet ouvrage publiée par M. Rigoley de Juvigny, en 6 vol. in 4, tom. I, pag. 357.

Toutes ces fautes de M. l'Abbé Rive, auxquelles nous pourrions en ajouter beaucoup d'autres, ne sont pas sans doute d'une grande conséquence; & il importe

---

11 *Paris, de l'imprimerie de Roger*, in 8, livre I, page 337. Le frontispice manque à l'exemplaire que nous avons sous les yeux; le nom de l'Imprimeur est à la fin.

(1) La Croix du Maine dit que ces lettres ont été imprimées diverses fois à Paris, par Jean Macé; nous n'avons vu aucunes des éditions publiées par cet Imprimeur.

fort peu au Public qu'il les ait faites ou non. Mais celles que M. l'Abbé Rive reprend avec tant d'amertume dans les Ouvrages des Bibliographes, ne font pas plus graves & n'intéreffent pas davantage le Public. Nous pardonnons volontiers à M. l'Abbé Rive toutes fes inexactitudes, fans defirer ni attendre de lui la même grace. Nous n'aurions relevé aucune de fes erreurs en ce genre, s'il n'oublioit pas trop fouvent qu'il a lui-même autant befoin d'indulgence, qu'il en accorde peu aux Bibliographes & fur-tout aux Bibliopoles, qui, par leur état, & à caufe des différentes occupations de leur commerce, ne peuvent pas être auffi inftruits que lui. Pour nous, qui avons tant de raifons d'être indulgents, & fur-tout modeftes, nous n'en croyons pas M. l'Abbé Rive moins habile, quoiqu'il ait fait des fautes; & nous ferions bien fâchés de nous en eftimer davantage, pour les avoir apperçues, même fans beaucoup de peine. Cependant, puifque ce favant *Bibliothécaire*, *Bibliographe*, *Bibliognofte*, s'eft trompé comme nous & fur les mêmes ma-

Avertissement.

tieres, il n'eſt pas en droit de nous faire le moindre reproche à cet égard : il ſemble au contraire qu'il devroit nous dire comme ce Médecin de Moliere, paſſez-moi l'émétique, & je vous paſſerai la ſaignée.

Au reſte, nous avons tâché de rendre ce Catalogue le plus utile qu'il nous a été poſſible, en liſant les préfaces & les dédicaces des anciennes éditions, pour en extraire les paſſages intéreſſants, & y trouver les noms des auteurs ou des éditeurs, &c. Nous eſpérons donc que les Savants & les Curieux nous ſauront quelque gré de notre travail, & que s'il nous eſt échappé quelques méprifes plus ou moins importantes, comme cela eſt preſque néceſſaire & forcé dans un ouvrage de cette nature, *notre conſcience & notre réputation* n'en ſouffriront nullement. Perſonne n'ignore la différence qu'il doit y avoir entre des Catalogues faits preſque toujours à la hâte par un Libraire, pour ſervir à une vente publique, & celui d'une Bibliotheque fait par un ſavant Bibliothécaire-Bibliographe qui peut employer tout le temps que doit exiger un travail aussi long & aussi minutieux.

Nous avons donné les souscriptions & les descriptions de plusieurs Ouvrages de la plus grande rareté, qui étoient peu, ou même point connus. Nous avons fait des recherches sur les caracteres de différentes éditions du XVme. siecle qui ne portent aucune indication de l'année de l'impression, du nom de l'Imprimeur, ni du lieu où elles ont été exécutées, afin que notre Catalogue pût servir de supplément aux Annales typographiques de Maittaire, à la Bibliographie instructive de M. de Bure le jeune, & à d'autres ouvrages de Bibliographie.

Tous les livres de cette Bibliotheque sont en général très bien conservés, & d'une belle condition. Nous n'avons dit qu'à très peu d'articles, SUPERBE EXEMPLAIRE; de même, nous nous sommes peu servis du mot RARE, parcequ'il auroit fallu le répéter trop souvent. Nous avons annoncé, autant que nous avons pu nous en assurer, les livres imparfaits & défectueux; cependant il est très possible qu'il nous en soit échappé quel-

AVERTISSEMENT. xxxiij *ter*

ques uns. Nous prions ceux qui acheteront des Livres, de vouloir bien les faire collationner dans la salle même de la vente, parceque l'on ne les reprendra pas lorsqu'ils en seront sortis.

Les Personnes qui auront besoin d'éclaircissements & de détails *essentiels* sur certains livres de ce Catalogue, pourront nous adresser leurs demandes, nous nous ferons un vrai plaisir d'y satisfaire, autant qu'elles n'excéderont pas la portée de nos connoissances. Ces Personnes pourront également nous charger de leurs commissions, pourvu qu'elles aient soin de s'expliquer clairement sur le prix qu'elles veulent y mettre.

On a tiré quelques exemplaires de ce Catalogue sur grand papier in 8°.

ORDRE

ORDRE DES MATIERES,

OU

TABLE DES DIVISIONS

DU CATALOGUE DES LIVRES

DE FEU M. LE DUC DE LA VALLIERE.

THÉOLOGIE.

ÉCRITURE SAINTE. Pag. 1.

Prolégomenes de l'Ecriture Sainte, ou Traités préparatoires à la lecture de l'Ecriture Sainte. 1.

Textes & Versions de l'Ecriture Sainte. 2.

    Polyglottes, ou Editions de la Bible en plusieurs langues. 2.

* Livres séparés de la Bible, en plusieurs langues. 3.

    Textes de la Bible, en hébreu. 4.

    Versions de la Bible, & Livres séparés de l'Ecriture Sainte, en arabe. 5.

    Versions grecques de Livres séparés de l'Ecriture Sainte. 6.

    Versions grecques & latines de la Bible & des Livres séparés de l'Ecriture Sainte. 7.

Versions latines de la Bible, appellées Vulgates, ou Version de S. Jérôme faite sur le texte hébreu. 7.

Versions de la Bible de S. Jérôme, corrigées par les Papes Sixte V & Clément VIII. 14.

Versions latines des Livres séparés de la Bible. 16.

Versions latines de la Bible & des Livres séparés de l'Ecriture Sainte, faites par les Protestants. 17.

Versions françoises de la Bible & des Livres séparés de l'Ecriture Sainte, faites par les Catholiques. 18.

Versions françoises de la Bible & des Livres séparés de l'Ecriture Sainte, faites par les Protestants. 22.

Versions italiennes de la Bible. 24.

Versions espagnole & basque de la Bible. 25.

Versions de la Bible en langues allemande, bohémienne & angloise. 26.

Harmonies & concordes des Evangelistes. 27.

Histoires & figures de la Bible. 29.

Livres Apocryphes de l'Ecriture Sainte. 49.

Interpretes & Commentateurs de l'Ecriture Sainte. 49.

Philologie sacrée. 62.

Traités critiques des choses mentionnées en la Sainte Ecriture. 63.

Concordances & Dictionnaires de la Bible. 63.

LITURGIES. 64.

Traités liturgiques des offices divins, des rites & cérémonies de l'Eglise. 64.

Liturgies des Eglises Grecques & Orientales. 66.

Liturgies de l'Eglise Latine ancienne. 67.

DES DIVISIONS.

Liturgies de l'Eglise Latine d'aujourd'hui, ou de l'Eglise de Rome. 68.
Liturgies des Eglises de France, &c. 79.
Liturgies des Eglises d'Allemagne. 84.
Liturgies des Eglises d'Espagne. 84.
Liturgies des Eglises d'Angleterre. 85.
Liturgies des Eglises des Pays Septentrionaux de l'Europe. 90.
Liturgies des Ordres Monastiques. 90.
Liturgies des Ordres militaires & de Chevalerie. 94.
Mélanges de Liturgies, Prieres & Heures Chrétiennes. 94.

CONCILES. 133.

Traités de la célébration des Conciles, de leur autorité, &c. 133.
Canons des Apôtres. 133.
Collections des Conciles. 134.
Conciles généraux & particuliers, Synodes, &c. 134.

SAINTS PERES. 139.

Collections & extraits des SS. Peres, des Ecrivains & des monuments ecclésiastiques. 139.
Ouvrages des Saints Peres grecs. 142.
Ouvrages des Saints Peres latins. 150.

THÉOLOGIENS 188.

Théologie scholastique & dogmatique. 188.
Cours & Sommes de Théologie scholastique & dogmatique, &c. 197.
Traités des créatures, & premierement des Anges. 199.
Traités de la grace, du libre arbitre, &c. 200.

Traités concernant les disputes sur la grace, la prédestination, le libre arbitré, &c. 200.

Traités de l'incarnation de Jesus-Christ, de sa passion & de sa mort. 201.

Traités de la bienheureuse Vierge Marie, des Saints & de leur culte, &c. 202.

Traités de l'Eglise & des choses ecclésiastiques, & premierement de l'Eglise, des Conciles, du Pape & des Traditions, &c. 205.

Traités des cérémonies ecclésiastiques. 206.

Traités des quatre dernieres fins de l'homme, la mort & le jugement dernier, le purgatoire, le paradis &* l'enfer; de l'Antechrist, des signes qui doivent précéder la fin du monde. 207.

Théologie Morale. 213.

Traités moraux des loix, de la justice, des actions humaines, des jeux, des divertissements & spectacles, des contrats, usures, restitutions, &c. 213.

Traités moraux des Sacrements & de ce qui y a rapport. 216.

Instructions pour les Confesseurs & Pénitents. 221.

Traités concernant des disputes sur la Théologie morale & sur celle des nouveaux Casuistes. 229.

Théologie Cathéchétique ou instructive. 233.

Instructions particulieres sur divers points de la Religion Chrétienne, l'Oraison dominicale, la Salutation angélique, histoires pieuses, &c. 234.

Théologie Parœnétique ou des sermons. 236.

Sermons de différents Prédicateurs sur toutes les parties de la morale chrétienne. 236.

DES DIVISIONS.

Théologie Myſtique ou Contemplative. 247.

> Traités de l'amour de Dieu & de l'Oraiſon, &c. 254.
> Traités de la perfection chrétienne dans les différents états de la vie. 257.
> Traités de la pratique des vertus chrétiennes, exercices de piété, méditations, &c. 259.

Théologie Polémique. 264.

> Traités concernant la défenſe de la Religion Chrétienne. 264.
> Traités Polémiques pour la défenſe de la religion Catholique, contre les héréſies & Hérétiques anciens & modernes. 265.
> Traités contre les Juifs. 270.
> Traités contre les Gentils. 272.
> Traités contre les Manichéens. 273.
> Traités contre les Mahométans. 273.
> Traités contre les Wicleſiſtes, Huſſites, &c. 274.
> Traités contre les Luthériens. 275.
> Traités contre les Calviniſtes. 275.
> Traités contre les Athées & les eſprits forts. 276.

Théologie Hétérodoxe. 277.

> Ecrits des Wicleſiſtes & Huſſites. 277.
> Ecrits des Luthériens. 278.
> Ecrits des Calviniſtes. 280.
> Ecrits des Anglicans. 287.
> Ecrits des Anti-Trinitaires ou Sociniens. 288.
> Auteurs d'erreurs particulieres. Athées, impies, libertins. 295.
> Spinoziſtes. 298.
> Préadamites. 298.

Fanatiques. 299.
Auteurs d'opinions singulieres. 302.
Traités hétérodoxes contre l'Eglise Romaine. 306.
Traités hétérodoxes contre le Saint Siege & les personnes ecclésiastiques. 307.
Traités hétérodoxes de différents Auteurs contre les dogmes, cérémonies, &c. de l'Eglise Romaine. 313.
Traités hétérodoxes de différents Auteurs contre la Messe & le Sacrement de l'Euchariftie. 313.

Théologie des Juifs. 316.
Théologie des Mahométans. 318.

JURISPRUDENCE.

DROIT CANONIQUE. 321.

Corps de Droit Canon, Bulles, avec leurs Interpretes & Commentateurs. 321.
Regles de la Chancellerie Romaine. 328.
Décisions de la Rote. 328.
Traités de la hiérarchie de l'Eglise & des personnes ecclésiastiques, du Souverain Pontife, de sa primauté, puissance & autorité, & de ses droits & prérogatives. 329.
Traités de la puissance ecclésiastique & politique. 332.
Traités de la puissance royale & séculiere dans le gouvernement de l'Eglise, & de son indépendance de celle du Pape. 334.
Traités des personnes ecclésiastiques, des Cardinaux,

des Evêques, de leur jurifdiction & autorité, des Curés, des Prêtres, de leurs droits & prérogatives. 335.

Traités des Hérétiques & de ce qui les concerne. 335.

Traités fur le célibat des Prêtres, la tonfure, habillements, & autres marques de diftinction des Eccléfiaftiques. 336.

Traités des Eglifes, Paroiffes, Bénéfices, réfignations, décimes, penfions, & de ce qui a rapport à la jurifdiction de ces parties. 337.

Traités du mariage & du divorce, difpenfes, cenfures, excommunications, &c. & autres dépendances de la jurifdiction eccléfiaftique. 337.

Droit Eccléfiaftique de France. 339.

Capitulaires, Loix eccléfiaftiques, Pragmatiques, Concordats, Libertés de l'Eglife Gallicane, & Actes de fon Clergé. 339.

Traités de la politique féculiere & eccléfiaftique de France, & de l'indépendance de la puiffance royale de celle du Pape. 341.

Traités des droits & prérogatives des Eglifes particulieres de France. 341.

Droit Eccléfiaftique des Réguliers & Religieux. 342.

Ordre de S. Benoît. 342.

Ordre de Cîteaux. 343.

Ordre des Chartreux. 343.

Ordre de S. François. 344.

Ordre de S. Auguftin. 344.

Congrégation des Jéfuites. 344.

Regles & conftitutions des Ordres militaires & de Chevalerie. 348.

Regles & conftitutions des Confrairies. 348.

TABLE

DROIT CIVIL. 349.

Droit de la nature & des gens. Droit public. 349.

Droit Romain. 350.

Corps de Droit, Commentateurs, &c. 350.

Droit François, & ses différentes parties. 360.

Loix, Constitutions, Capitulaires, Edits & Ordonnances anciennes & nouvelles du Royaume de France. 360.

Usages & Coutumes des différentes Provinces de France. 362.

Jurisconsultes François. 365.

Actions forenses, ou du Barreau, &c. 365.

Droit Etranger de différentes Nations. 365.

SCIENCES ET ARTS.

PHILOSOPHIE. 367.

Traités généraux préparatoires à la Philosophie. 367.

Philosophie ancienne. 367.

Ouvrages des anciens Philosophes Grecs, avec leurs Interpretes. 367.

Ouvrages des anciens Philosophes Latins. 379.

Philosophie moderne. 381.

Ouvrages des Philosophes modernes. 381.

Logique

DES DIVISIONS.

Logique. 382.

Ethique ou morale. 382.

> Ouvrages des Auteurs anciens & modernes qui ont écrit sur la morale. 382.
>
> Traités de Philosophie morale, des vertus, des vices & des passions. 387.
>
> Mélanges de Philosophie morale contenant les Traités de la tranquillité de l'esprit & de la vie heureuse, de la prospérité, de l'adversité, &c. 393.

Economie. 394.

> Traités généraux économiques. 394.
>
> Traité sur l'institution de l'homme & de la femme, de l'éducation des enfants, &c. 399.

Politique. 407.

> Traités du Royaume, de la République, & de leur administration. 408.
>
> Traités de politique concernant les divers états du Royaume, ou de la République, le Roi, le Prince, la Cour, les Courtisans, &c. 410.
>
> Traités sur le Commerce, les Monnoies & les Finances. 416.

Metaphysique. 417.

> Traités de l'ame, de son immortalité, de l'esprit de l'homme, de son intelligence, raison, & autres facultés. 418.
>
> Traités des Esprits & de leurs opérations, & premierement de la cabale, de la magie, des Démons, Sorciers & Enchanteurs, & des opérations magiques & surnaturelles. 421.

TABLE

PHYSIQUE. 429.

Traités de l'homme & de ses facultés : de sa vie, de sa mort, de l'ame sensitive, des sens, des animaux & de leurs facultés. 430.

HISTOIRE NATURELLE. 431.

Histoire naturelle générale & particuliere. 431.

Histoire naturelle des Eléments. 442.

Histoire naturelle des métaux. 443.
Histoire naturelle des minéraux. 445.
Histoire naturelle des fossiles & des pétrifications. 445.
Histoire naturelle des pierres & des pierreries. 446.
Histoire naturelle des eaux, bains & eaux minérales. 449.

Agriculture. 449.

Traités d'Agriculture & des choses rustiques, & du Jardinage. 449.

Botanique. 452.

Introduction à la Botanique. 452.
Histoire générale des plantes, des arbres, des fleurs, &c. 454.
Histoire particuliere des plantes, des arbres & des fruits. 462.
Histoire naturelle des champignons. 464.
Histoire naturelle particuliere des plantes, arbres & fleurs de différents Pays. 464.
Collection des plantes des jardins publics & particuliers. 468.

DES DIVISIONS.

Histoire naturelle des Animaux. 470.

   Histoire naturelle générale des animaux. 470.
   Histoire naturelle des animaux de différents Pays. 473.
   Histoire naturelle particuliere des quadrupedes. 474.
   Histoire naturelle générale des oiseaux. 475.
   Histoire naturelle particuliere des oiseaux. 476.
   Histoire naturelle des animaux amphibies. 476.
   Histoire naturelle générale des poissons. 477.
   Histoire naturelle des poissons de différents Pays. 478.
   Histoire naturelle des coquilles. 479.
   Histoire naturelle des corps qui tiennent de l'animal & de la plante. 481.
   Histoire naturelle des insectes de riviere & de terre. 482.
   Histoire naturelle générale des insectes. 482.
   Histoire naturelle particuliere des insectes. 483.
   Histoire naturelle des insectes de différents Pays. 484.
   Histoire naturelle de différents Pays. 485.
   Histoire des monstres, prodiges, &c. 487.

Mélanges d'histoire naturelle. 489.

   Cabinets ou Collections de curiosités de la nature & de l'art. 492.

MEDECINE. 493.

   Médecins anciens, Grecs, Arabes & Latins. 493.
   Traités de Physiologie, ou des différents tempéraments, facultés, usages, &c. du corps humain. 496.

Traités diætetiques & hygiastiques. 496.

   Du régime de vie, des aliments, de l'art de la cuisine, des vins, boissons différentes, &c. 496.

TABLE

Traités de Pathologie. 1499.

> Des maladies & affections du corps humain, comme aussi des remedes qui leur sont propres. 499.
> Traités sur les maladies des femmes. 504.

Mélanges de Médecine. 505.
Chirurgie. 506.
Anatomie. 507.
Médecine vétérinaire. 508.
Chymie. 509.
Alchymie. 510.

MATHEMATIQUE. 521.

Astronomie. 524.
Astrologie. 528.

> Traités d'astrologie judiciaire. 528.
> Traités des nativités. 530.
> Traités sur la chyromancie & les physionomies. 531.
> Centuries, prédictions astrologiques, & Traités critiques & apologétiques contre l'Astrologie & les Astrologues. 532.

Hydrographie ou Science de la Navigation. 533.
Optique & Perspective. 534.
Méchanique. 535.
Traités des Instruments de Mathématiques. 535.

ARTS. 536.

> Dictionnaires & Traités généraux des arts libéraux & méchaniques. 536.

DES DIVISIONS. xlvij

Art de la mémoire naturelle & Artificielle. 537.
Art de l'Ecriture. 539.
Art Typographique. 540.
Arts du Deſſin & de la Peinture. 541.
Art de la Sculpture. 577.
Architecture. 577.

> Taités généraux d'Architecture. 577.
> Architecture particuliere & civile. 586.
> Architecture militaire. 587.

Art Militaire. 589.

> Traités généraux de l'art militaire. 589.
> Traités des campements, ordres de batailles, évolutions, & autres exercices militaires. 593.
> Traités des armes, machines, & inſtruments de guerre & de l'artillerie. 594.

Art Pyrotechnique. 595.

> Du feu, de la fonderie, verrerie, &c. 595.

Art. Gymnaſtique. 596.

> Du maniement des armes, des chevaux & de la chaſſe. 596.
> Traités des jeux d'exercice & de divertiſſement, du ſaut, de la danſe, &c. 599.

Arts Méchaniques, appellés Métiers. 601.

TABLE

BELLES-LETTRES.

Introduction à l'étude des Belles-Lettres. 1.

GRAMMAIRE. 2.

Langues Orientales. 2.

    Grammaires & Dictionnaires des langues Orientales. 2

Langue Grecque. 2.

    Grammaires & Dictionnaires Grecs. 2.

Langue Latine. 7.

    Grammaires & Dictonnaires Latins. 7.

Langue Françoise. 19.

    Grammaires & Dictionnaires François. 19.

Langue Italienne. 20.

    Grammaires & Dictionnaires Italiens. 20.

Langue Espagnole 21.

    Grammaires & Dictionnaires Espagnols. 21.

Langues Septentrionales. 21.

    Grammaires & Dictionnaires Septentrionaux. 21.

RHETHORIQUE. 21.

Traités généraux de l'art oratoire. 21.

DES DIVISIONS. xlix

Rheteurs & Orateurs, anciens & modernes. 24.

    Rhéteurs & Orateurs Grecs. 24.
    Rhéteurs & Orateurs Latins anciens. 26.
    Rhéteurs & Orateurs latins modernes. 56.

POETIQUE. 58.

    Introduction à la poésie, ou institutions, éléments & Traités généraux de poétique. 58.

Poetes Grecs anciens. 59.

    Collections & extraits des Poëtes Grecs. 59.
    Ouvrages des Poetes Grecs anciens. 61.
    Poetes dramatiques Grecs. 67.

Poetes Latins anciens. 70.

    Collections & extraits des Poëtes Latins anciens. 70.
    Ouvrages des Poëtes Latins anciens. 71.
    Poëtes dramatiques Latins anciens. 115.

Poetes Latins modernes. 121.

    Collections & extraits des Poëtes Latins modernes. 121.
    Poëtes Latins modernes, Italiens de nation. 125.
    Poëtes Latins modernes, François de nation. 132.
    Poëtes Latins modernes, Allemands, Flamands, &c. 137.
    Poëtes dramatiques Latins modernes. 142.
    Poëtes macaroniques. 145.

POESIE FRANÇOISE. 151.

    Introduction à la poésie françoise. 152.

Poetes François des XI. XII. & XIII. siècles. 152

TABLE

Poetes François du XIV. fiecle 252.

>Ouvrages composés avant le milieu du XIVe. fiecle 252.

>Ouvrages composés après le milieu du XIVe fiecle. 255.

Poetes François du XV. fiecle. 259.

>Ouvrages composés avant le milieu du XVe. fiecle. 259.

>Ouvrages composés après le milieu du XVe. fiecle. 273.

Poetes François du XVI. fiecle. 303.

>Ouvrages composés avant le milieu du XVIe. fiecle. 303.

>Ouvrages composés après le milieu du XVIe. fiecle. 359.

Poetes François du XVII. fiecle. 372.

>Ouvrages composés avant le milieu du XVIIe. fiecle. 372.

>Ouvrages composés après le milieu du XVIIe. fiecle. 386.

Poetes François du XVIII. fiecle. 389.

Poésie Dramatique Françoise. 395.

>Introduction à la poésie dramatique. 396.

Poetes Dramatiques François. 397.

>Mysteres, moralités, farces, sotties & satyres avant 1552.] 397.

Théâtre François 428.

>Premier âge depuis Jodelle jusqu'à Garnier, ou depuis 1552 jusqu'en 1568.] 428.

DES DIVISIONS.

Théâtre François. 429.

    Second âge depuis Garnier jufqu'à Hardy, ou depuis 1568 jufqu'en 1600.] 429.

Théâtre François. 433.

    Troifieme âge depuis Hardy jufqu'à Corneille, c'eſt-à-dire depuis 1600 jufqu'en 1637. 433.

Théâtre François. 437.

    Quatrieme âge depuis Corneille jufqu'à M. de Voltaire, c'eſt-à-dire depuis 1637 jufqu'en 1718.] 437.

Théâtre François. 445.

    Cinquieme âge depuis M. de Voltaire, c'eſt-à-dire depuis 1718 jufqu'à préfent. 445.

    Tragédies & Comédies manufcrites dont on ne trouve pas le temps de la compoſition dans les recherches fur les Théâtres de France par M. de Beauchamps, & dans la Bibliotheque du Théâtre François par M. le Duc de la Valliere. 459.

    Pieces dramatiques en langue provençale. 461.

Poefie Dramatique étrangere. 461.

    Pieces dramatiques des Poëtes des nations hors de l'Europe, traduites. 461.

    Pieces fatyriques & qui n'ont pas été faites pour être repréfentées. 462.

Théâtre Italien. 465.

Théâtre de la Foire. 466.

Académie Royale de Muſique, appellée le Théâtre de l'Opéra. 479.

Fêtes & Divertiſſements & Maſcarades. 480.

Chanſons, Vaudevilles, &c. 481.

TABLE

POESIE ITALIENNE. 483.

Collections & extraits des Poëtes Italiens. 483.

Poëtes Italiens rangés selon l'ordre des temps auxquels ils ont vécu. 487.

Poetes Dramatiques Italiens. 535.

POESIE ESPAGNOLE, HOLLANDOISE ET ANGLOISE. 544.

MYTHOLOGIE. 546.

Mythologistes anciens & modernes. 546.

Fables, Apologues. &c. 548.

Facéties, pieces burlesques, plaisanteries, histoires comiques, plaisantes & récréatives, latines, françoises, italiennes, &c. 553.

Contes & Nouvelles. 590.

ROMANS. 596.

Origine des Romans. 596.

Romans Grecs. 596.

Romans Latins. 599.

Romans François. 602.

Romans des Chevaliers de la table ronde. 602.

Romans de Charlemagne, des douze Pairs de France & des neuf Preux. 617.

Romans des Amadis. 626.

Romans de Chevalerie, qui n'appartiennent à aucune des classes précédentes. 629.

Romans d'amour, moraux, satyriques, &c. 645.

DES DIVISIONS.

Romans Italiens. 650.
Romans Espagnols. 656.

PHILOLOGIE. 658.

Critique 658.

 Critiques anciens & modernes. 658.
 Satyres, invectives, défenses, apologies, &c. 663.
 Dissertations philologiques, critiques, allégoriques & enjoüées, & Traités critiques & apologétiques de l'un & de l'autre sexe. 668.

Gnomiques ou Sentences, Apophtegmes, Adages, Proverbes & collections de bons mots & de rencontre, &c. 681.

Hieroglyphes, ou Emblêmes, Devises & symboles. 685.

POLYGRAPHIE. 691.

Polygraphes anciens. 691.

 Polygraphes Grecs, rangés par ordre des temps auxquels ils ont vécu. 691.
 Polygraphes Latins, rangés par ordre des temps auxquels ils ont vécu. 692.

Polygraphes modernes. 697.

 Polygraphes François. 697.
 Polygraphes Italiens & Anglois. 736.

Dialogues & Entretiens. 736.
Epistolaires. 741.

 Traités sur la maniere d'écrire des lettres. 741.

TABLE

Collections de lettres de différents Auteurs Grecs. 742.
Lettres des Auteurs Grecs. 746.
Collections de lettres de différents Auteurs Latins. 748.
Lettres des Auteurs Latins anciens. 748.
Lettres des Auteurs Latins modernes. 751.
Lettres des Auteurs François. 757.
Lettres des Auteurs Italiens & Espagnols. 757.

HISTOIRE.

Introduction à l'étude de l'histoire. 1.

GEOGRAPHIE. 14.

Cosmographie, ou description de l'Univers. 14.
Geographes anciens, Grecs. 15.
Geographes anciens, Latins. 20.
Cartes géographiques & Atlas. 23.

VOYAGES. 26.

Traités préliminaires sur l'utilité des voyages. 26.
Collections de voyages. 26.
Voyages faits en diverses parties de la Terre. 28.
Voyages faits en Europe. 29.
Voyages faits en Asie. 30.
Voyages faits en Afrique. 36.
Voyages faits en Amérique. 37.
Voyages imaginaires. 39.

DES DIVISIONS.　lv

CHRONOLOGIE. 39.

Chronologie Technique; ou traités Dogmatiques du temps & de ses parties. 39.

    Chronologie historique, ou l'histoire réduite & disposée par tables, &c. 40.

HISTOIRE UNIVERSELLE. 49.

    Histoire universelle de tous les temps & de tous les lieux, depuis la création du monde. 49.

    Histoires universelles de certains temps & de certains lieux, écrites par des Auteurs contemporains, &c. 62.

HISTOIRE ECCLESIASTIQUE.

Histoire Ecclésiastique de l'ancien & du nouveau Testament. 66.

Histoire Ecclésiastique, distinguée par l'ordre des Eglises & des Nations. 68.

    Histoire ecclésiastique de France. 68.

    Histoire ecclésiastique d'Allemagne, de Flandre, d'Espagne & d'Angleterre. 69.

Histoire Catholique & Pontificale. 70.

    Histoire des Conciles. 70.

    Histoires & vies des Papes, avec l'histoire des Conclaves & des Cardinaux. 71.

Histoire Monastique, & des Ordres Religieux & Militaires. 75.

    Histoire particuliere des différents Ordres monastiques. 76.

TABLE

Ordre de S. Benoît. 76.

Ordre de S. François, &c. 77.

Histoire des Ordres militaires & de Chevalerie. 79.

Histoire Sainte. 80.

Actes des Martyrs, Passions & Martyrologes. 80.

Vies des Saints & des personnages illustres en piété, tant de l'ancien que du nouveau Testament. 81.

Histoire Ecclésiastique des Hérésies & des Hérétiques. 108.

Histoire générale des religions, sectes & hérésies. 108.

Histoire particuliere des hérésies anciennes & modernes, &c. 109.

Histoire des inquisitions. 112.

HISTOIRE PROFANE DES MONARCHIES ANCIENNES. 113.

Histoire des Juifs. 113.

Histoire générale des IV Monarchies anciennes. 117.

Histoire des Chaldéens, des Babyloniens. 117.

Histoire Grecque. 121.

Histoire Romaine. 130.

Histoire Byfantine, c'est à dire, de l'Empire Romain transféré à Constantinople depuis Constantin jusqu'à la prise de cette ville par les Turcs. 160.

HISTOIRE MODERNE. 164.

Histoire d'Italie. 164.

Description générale de toute l'Italie. 164.

DES DIVISIONS. lvij

Histoire générale d'Italie. 165.
Histoire particuliere d'Italie, & premierement de Rome & de l'Etat Ecclésiastique. 166.
Histoire de Venise & des différents Domaines de cette République. 167.
Histoire de Naples & de Sicile. 168.
Histoire du Grand-Duché de Toscane & de Florence. 170.
Histoire de Milan & du Pays Milanois, Mantoue, &c. 171.
Histoire de Gènes, &c. 174.
Histoire de Savoie, Piémont, Malthe, &c. 175.

Histoire de France. 175.

Préliminaires de l'histoire de France. 175.
Histoire générale de France. 177.
Histoire générale de France sous des regnes particuliers. 188.
Histoire particuliere des Rois de France jusqu'à François I. 197.
Histoire particuliere du regne de François I. 209.
Histoire particuliere du regne de Charles IX. 213.
Histoire particuliere du regne de Henri III. 221.
Histoire particuliere du regne de Henri IV. 229.
Histoire particuliere du regne de Louis XIII. 236.
Histoire particuliere du regne de Louis XIV. 249.
Histoire particuliere du regne de Louis XV. 272.
Histoire générale & particuliere des Villes & Provinces de France. 273.
Histoire de la Généralité de Paris & du Gouvernement de l'Isle de France. 273.
Gouvernement de Picardie & Artois. 274.
Gouvernement de Touraine, Anjou & Berry. 275.

TABLE

Gouvernement de Bourgogne & Franche-Comté. 279.
Gouvernement du Lyonnois & de l'Auvergne. 280.
Gouvernement du Perigord & du Limousin. 281.
Gouvernement du Languedoc, de la Provence & du Dauphiné. 281.
Mélanges de l'histoire de France. 282.

Histoire d'Allemagne. 291.

Histoire des Pays-Bas. 293.

Histoire de la Flandre & du Brabant. 293.
Histoire des dix-sept Provinces-Unies des Pays-Bas. 296.

Histoire d'Espagne. 297.

Histoire de Portugal. 300.

Histoire d'Angleterre. 301.

Histoire des Pays Septentrionaux. 306.

Histoire générale des Pays Septentrionaux. 306.
Histoire particuliere des Pays Septentrionaux, la Suede, le Dannemarck, &c. 311.

Histoire Orientale. 313.

Histoire des Turcs. 313.

Histoire de l'Asie. 314.

Histoire d'Afrique. 317.

Histoire de l'Amérique. 317.

PARALIPOMENES HISTORIQUES. 319.

Histoire Héraldique, ou la Science du Blason, de la Noblesse & des Nobles. 319.

Histoire généalogique des Maisons Souveraines & des Familles Nobles & Illustres de différents Pays. 321.

Antiquités

DES DIVISIONS.

ANTIQUITÉS. 327.

Collections générales d'antiquités. 327.
Rites & usages particuliers des différents peuples anciens & modernes de toutes les nations, où il est traité des choses sacrées, civiles, militaires & domestiques. 330.

Histoire Lapidaire. 333.

Inscriptions tirées des pierres & des marbres antiques. 332.

Histoire Métallique. 332.

Médailles, monnoies, poids, mesures, &c. 333.
Introductions & Traités concernant la science des médailles, &c. 333.
Traités généraux & collections de médailles de tout genre & de toute espece. 334.
Traités sur les médailles des Grecs, des Romains, &c. 335.
Médailles des Monarchies modernes. 337.
Traité sur les monnoies. 338.

Monuments d'antiquités. 339.

Fragments, Descriptions & Traités singuliers des édifices publics, amphithéâtres, obélisques, pyramides, sépulchres, statues, &c. 339.
Pierres gravées & lampes sépulchrales. 346.

Mélanges d'Antiquités 348.

Collections mêlées & différents Cabinets d'Antiquaires. 348.

TABLE DES DIVISIONS.

HISTOIRE LITTERAIRE. 349.

Histoire des Lettres, des Langues, &c. de leur origine & de leurs progrès. 349.
Bibliographie, ou histoire & description des livres. 350.

> Prolégomenes bibliographiques, ou Traités des livres en général, de leur composition, utilité, usage, &c. 350.
> Bibliographes ecclésiastiques. 353.
> Bibliographes nationaux. 354.
> Bibliographes professionaux, de Théologie, &c. 355.
> Bibliographes simples, ou Catalogues de Bibliotheques. 355.

VIES DES HOMMES ILLUSTRES. 356.

Vies des hommes illustres Grecs & Romains. 356.
Vies des hommes illustres modernes. 368.
Vies des hommes illustres dans les Sciences & dans les Arts. 377.
Extraits historiques. 380.

Explication des abréviations dont on s'est servi dans ce Catalogue.

m. cit.	maroquin citron.
m. n.	maroquin noir.
m. r.	maroquin rouge.
m. r. dent.	maroquin rouge avec dentelles.
m. r. doub. de tab.	maroquin rouge doublé de tabis.
m. r. doub. de m. l. r.	maroquin rouge doublé de maroquin, lavé, réglé.
m. r. l. r.	maroquin rouge, lavé, réglé.
m. b.	maroquin bleu.
m. v. ou viol.	maroquin verd ou violet.
v. f.	veau fauve.
v. m.	veau marbré.
v. b.	veau brun.
v. éc.	veau écaillé.
rel. en chagr.	relié en chagrin.
vél.	vélin.
rel. en cart.	relié en carton.
d. f. tr.	doré sur tranche.
G. P.	grand papier.
in fol. max.	in folio maximo.
goth.	gothique.

Explication des différentes écritures des MSS.

Lettres de Forme.

Cette écriture est la gothique proprement dite. Les traits en sont anguleux & chargés de pointes. On l'appelloit *de forme* ou *formée*, parcequ'elle est composée. On l'abandonna presque totalement dans le quinzieme siecle, où on ne la voit presque plus employée que dans les livres de prieres & d'Eglise. On lui donne le nom de *lettres de somme* lorsqu'elle est moins chargée d'angles & de pointes. La plupart des livres imprimés dans le quinzieme siecle sont exécutés avec des caracteres dont les formes ont été prises sur les *lettres de somme*.

Ancienne Bâtarde.

Nous avons appellé ainsi l'écriture usuelle des quatorzieme & quinzieme siecles, qui est aussi connue sous le nom de *cursive gothique* ; elle dérive des *lettres de forme*. Dans les beaux MSS. exécutés avec magnificence en France & dans les Pays-Bas, depuis le milieu du quinzieme siecle jusqu'au commencement du seizieme, cette écriture est fort grosse : c'est pour la distinguer de la même écriture plus petite & plus expéditive, que nous avons nommé assez souvent celle-ci *ancienne bâtarde courante*.

Tous les MSS. de la Bibliotheque de *Charles VI*, au nombre de plus de 900, étoient écrits ou en *lettres de forme*, ou en *lettres de cour* ou *courantes*, c'est-à-dire *ancienne bâtarde*. L'inventaire qui en fut dressé en 1411 ne mentionne pas d'autre écriture.

Explication des Ecritures des MSS. lxiij

Ancienne Ronde Bâtarde.

On trouvera ainsi dénommée l'*ancienne bâtarde françoise* du seizieme siecle, plus arrondie que celle du quinzieme. Elle a des rapports à celle que nous appellons *bâtarde brisée*.

Lettres Tourneures.

Ce sont les lettres capitales gothiques qu'on trouve peintes de diverses couleurs & en or dans les MSS. écrits ou en *lettres de forme*, ou en *ancienne bâtarde*, ou en *lettres de somme*.

Ancienne Bâtarde Romaine ou Cursive Romaine.

Les Italiens l'appellent *cancellaresca romana bastarda*, ou *cancellaresca romana*.

Les MSS. annoncés aux Nos. suivants sont écrits de ce caractere : 27. 367. 469. 471. 633. 663. 1069. 1211. 1269. 2243. 2252. 2261. 2262. 2270. 2296. 2297. 2306. 2308. 2310. 2418. 2419. 2420. 2463. 2522. 2598. 3557. 3597. 3619. 3622.

Ces MSS. sont annoncés comme écrits en *lettres rondes*, parceque nous n'avions pas songé d'abord à distinguer les caracteres romains en *écriture cursive* & en *ronde* proprement dite.

Lettres de Somme romaines.

On croit que ce sont ces lettres qui sont appellées dans l'inventaire des livres de Jean, Duc de Berry, fait en 1416, *lettres boulonnoises*. Conçues dans le goût italien, elles different des lettres rondes par leurs pointes qui les rapprochent tant soit peu des *lettres de forme*.

lxiv *Explication des Ecritures des MSS.*

Voici les N^{os.} des MSS. dont l'écriture peut être comprise sous la dénomination de *lettres de somme romaines* :
109. 229. 245. 276. 301. 302. 321. 322. 323. 423. 468. 625. 723. 744. 2431. 2599. 3554.

Jean-Bapt. Palatino, dans son *Libro nel qual sinsegna a scrivere* ; Geoffroy Tory de Bourges, dans l'*Art & science de la vraie proportion des lettres attiques* ; M. Fournier le jeune, dans son *Manuel typographique* ; les Auteurs du *Nouveau Traité de Diplomatique*, &c. &c. ont donné des modeles des différentes écritures dont nous venons de parler.

ADDITIONS.

Nous avons profité des inſtants de loiſir que l'impreſſion du Catalogue nous a donnés de temps en temps, pour nous étendre davantage ſur pluſieurs MSS. & donner de plus amples éclairciſſements ſur quelques Ouvrages & Editions anciennes.

Nº 25 Biblia Sacra.

Voici l'ordre des livres dans cette Bible manuſcrite :

1. La lettre de S. Jérôme adreſſée à Paulin, la préface ſur la Geneſe, la Geneſe, l'Exode, le Lévitique, les nombres, le Deutéronome.
2. La préface ſur le livre de Joſué, le livre de Joſué, le livre des Juges, le livre de Ruth.
3. La préface ſur les livres des Rois, les livres des Rois.
4. La préface ſur les Paralipomenes, commençant : *Si ſeptuagenta*.... Les Paralipomenes ſuivis de la priere de Manaſsès, qui paſſe pour Apocryphe.
5. La préface ſur les livres d'Eſdras, le premier livre d'Eſdras, Nehemie & le ſecond livre d'Eſdras.
6. La préface ſur le livre de Tobie.
7. La préface & le livre de Judith.
8. La préface & le livre d'Eſther.
9. Deux préfaces ſur le livre de Job, le livre de Job.
10. Il n'y a que les 6 premiers verſets des Pſeaumes.

ADDITIONS.

11 La préface & les proverbes de Salomon.
12 La préface & l'Ecclésiaste.
13 Le Cantique des Cantiques sans préface.
14 La préface & le livre de la sagesse.
15 La préface & l'Ecclésiastique.
16 La préface & les prophéties d'Isaie.
17 La préface, les prophéties & lamentations de Jérémie.
18 La préface & le livre de Baruch.
19 La préface & le livre d'Ezéchiel.
20 La préface & le livre de Daniel.
21 La préface sur les douze petits Prophetes, la préface sur Osée, le livre d'Osée.
22 Deux préfaces & le livre de Joel.
23 Trois préfaces & le livre d'Amos.
24 La préface sur Abdias, qui est transposée après Jonas, le livre d'Abdias.
25 Le livre de Jonas dont les deux préfaces sont transposées & précédent celle sur Michée.
26 Préface & le livre de Michée.
27 La préface & le livre de Nahum.
28 La préface & le livre d'Habacuc.
29 La préface & le livre de Sophonie.
30 La préface & le livre d'Agée.
31 La préface & le livre de Zacharie.
32 La préface & le livre de Malachias.
33 Les deux Epîtres dédicatoires du Bien-Heureux Raban, l'une à *Louis* Roi de Germanie, fils de l'Empereur *Louis le Débonnaire*, & l'autre à *Gerolde*, Archidiacre de la Chapelle de *Louis le Débonnaire*; elles servent de préfaces aux livres des Machabées, les Livres des Machabées.
34 Deux préfaces & l'Evangile de S. Mathieu.
35 La préface & l'Evangile de S. Marc.

ADDITIONS.

36 Deux préfaces & l'Evangile de S. Luc.
37 Une préface & l'Evangile de S. Jean.
38 L'Epître de S. Paul aux Romains, sans préface.
39 Préface & premiere épître de S. Paul aux Corinthiens.
40 Préface & seconde épître de S. Paul aux Corinthiens.
41 Préface & l'épître aux Galates.
42 Préface & l'épître aux Ephésiens.
43 Préface & l'épître aux Philippiens.
44 Préface & l'épître aux Colossiens.
45 Préface sur chacune des deux épîtres aux Thessaloniens, les deux épîtres aux Thessaloniens.
46 La premiere épître à Timothée, sans préface, la préface & la seconde épître.
47 Préface & épître à Tite.
48 Préface & épître à Philémon.
49 Préface & épître aux Hébreux.
50 Préface & les actes des Apôtres.
51 Préface & les épîtres canoniques, l'épître de S. Jacques, les deux épîtres de S. Pierre & les trois épîtres de S. Jean, l'épître de S. Jude. On lit dans la premiere épître de S. Jean, ch. V. le fameux verset des trois témoins, de cette maniere :

q3 tres sunt q̃ testimoniũ dãt ĩ celo p̃r ũbum 2 sp̃c sc̃s 2 hii tres unũ sũt. 2 tres st q̃ testimoniũ dãt ĩ tra. sp̃c aqua 2 sangs.

Une main ancienne a ajouté à la marge :

2 hii ts unũ sĩ.

52 La préface & l'Apocalypse.
53 La table des noms hébreux contenant 18 feuillets.

Cette table passe pour être de *Remi*, Moine de S. Germain d'Auxerre, quoique plusieurs MSS. l'attribuent à *Bede*.

ADDITIONS.

N° 26. Biblia Sacra. MS.

Les livres de cette Bible MS. sont rangés dans le même ordre que ceux de la précédente ; on y trouve de plus :

1 La préface sur le second livre des Paralipomenes.

2 Le pseautier avec la préface commençant par ces mots :

Scio quosdam putare ...

On lit en tête du premier pseaume :

Incipit psalterium Iheronimi sedm Hebraicā ueritatē.

3 La préface sur l'épître de S. Paul aux Romains.

4 La préface sur l'épître à Timothée.

5 La préface sur les épîtres canoniques y porte ce sommaire :

Incipit prologus beati Ieronimi in epistolas canonicas.

Plusieurs Savants prétendent que cette préface n'est pas de S. Jérôme.

6 On y lit le passage des trois témoins ainsi :

q'm tres sūt. q̃ testimōium dant ĩ celo. pat̃. ubū̃ 2 sp̃c ses ;
Et hij tres unum ; Et tres st q̃ testioium dant ĩ terra ;
sps aqua 2 sanguis.

N° 27. Biblia Sacra. MS

L'ordre des livres y est le même que dans le MS. qui précede. On y remarque de particulier :

1 Une table des chapitres au commencement de tous les livres.

2 Le Pseautier sans préface.

3 Deux prologues sur le livre de Job.

4 Une courte préface sur les livres des Machabées, au lieu des deux épîtres dédicatoires.

5 Outre les deux préfaces sur l'Evangile de S. Matthieu, il y a une épître de S. Jérôme adressée au Pape S. Damase.

ADDITIONS.

6 Deux préfaces fur l'épître de S. Paul aux Romains.
7 Les épîtres Canoniques fans préface.
8 Le paffage des trois témoins y eft écrit ainfi :

Quia tres ſt qui teſtimoniuȝ dant in celo pater, uerbum et ſpūs ſanctus : Et hij tres unuȝ ſt.

N° 36. Biblia Sacra. *Venetiis*, 1478.

Il manque dans cet Exemplaire la table des noms Hébreux.

N° 39. Biblia latina. *Venetiis*, 1480.

Le dernier feuillet de la table des noms hébreux manque.

N° 41. Biblia Sacra.

Cette édition de la Bible eft de fix ans au moins plus ancienne que nous ne l'avons crue d'abord ; elle n'a ni chiffres, ni réclames, ni fignatures ; elle eft imprimée fur 2 colonnes, dont celles qui font entieres ont 41 lignes. Les caracteres font femblables à ceux que *Veldener* a employés dans le livre intitulé : *Jacobi de Theramo confolatio peccatorum*, qui a paru à *Cologne* vers 1474.

N° 54. Pfalterium Davidis. *Mediolani*, 1477.

Cette édition eft fortie des preffes de *Léonard Pachel* & *Ulric Sinczenzeler*, à en juger par les caracteres qui font les mêmes que ces deux Imprimeurs ont employés dans leur Edition du *fupplementum de cafibus* de 1479. N° 666.

N° 89. Biblia Sacra in lingua vulgare. 1471.

Le caractere de cette Bible eft femblable à celui du Pline de *Jenfon*, imprimé en 1476 à Venife.

Le fommaire qu'on lit au verfo du dixieme feuillet eft en or dans cet Exemplaire.

ADDITIONS.

N.º 97 & 98. Biblia en lengua española.

Les deux feuillets de la *Tabla de las Haphtaroth* qui manquent dans ces exemplaires, manquoient aussi dans quatre autres que nous avons vérifiés depuis l'impression de ce Catalogue.

Ils viennent de la vente des livres de M. Gaignat, où l'un a coûté 168 liv. 10 s. & l'autre 140 liv.

Nº 100. Jesus-Christ gure iavnaren testamentu Berria.

Outre que le frontispice est réimprimé avec des fautes, il manque encore dans le Catéchisme qui est à la fin, les signatures A & B, faisant 32 pages.

Nº 104. Concordantiæ Evangelistarum.

Les caracteres de cette édition sont ceux avec lesquels *Arnol. Ther Hoyrnen* a imprimé en 1472 à Cologne *Legenda S. Servatii.* V. Nº 4739.

Nº 105. Concordia IV Evangelistarum.

Cette édition est exécutée avec les caracteres dont s'est servi *Coburger* pour son *Boece* latin de 1476.

Nº 109. Scholastica historia. MS.

Cette histoire Scholastique contient: la dédicace à Guillaume, Archevêque de Rheims, la Genese, l'Exode, le Lévitique, les nombres, le Déutéronome, le livre de Josué, le livre des Juges, le livre de Ruth, les livres des Rois, Jérémie, Tobie, Judith, Ester, Daniel, l'histoire de Susanne, Esdras, les Machabées, le nouveau Testament comprenant les Evangiles & les actes des Apôtres.

ADDITIONS.

N° 113. Les liures yftoriaulx de la Bible.

Il y a à la tête de cette précieufe Bible manufcrite deux feuillets qui contiennent :

1 Le commencement du Prologue du Tranflateur.
2 La table des livres de cette Bible.

Cette table eft inexacte ; les livres n'y font pas indiqués dans l'ordre qu'ils tiennent dans le corps du volume ; ils n'y font pas non plus tous mentionnés. A la fuite de cette table *Guyart Des-Moulins* avertit qu'il a traduit exactement l'ouvrage de *Pierre Comeftor*, & qu'il a ajouté à fa traduction les paraboles de Salomon, & le livre de Job, qui avoient été omis.

3 La table des chapitres de la Genefe.
4 L'épître dédicatoire de *Comeftor* à *Guillaume*, Archevêque de Sens.

Cette épître porte le fommaire fuivant :

Cy apres cõmence vnes lres que le maiſtre des yſtoires q̃ pĩrre p̃ſtres et doyen de treues enuoya au cõmencement de fon ouurage a larcheuefque de fens pour fon ouvrage corriger fe meftier fe euſt.

Au lieu de *Treves* il faut lire *Treces* ou *Troyes*, c'eſt une erreur de Copifte qui s'eft gliffée dans prefque tous les MSS. de cette Bible.

5 La fin du prologue du Traducteur.

Vient enfuite le corps de l'ouvrage où les livres précédés d'une table de leurs chapitres, font difpofés dans l'ordre fuivant :

La Genefe, l'Exode, le Lévitique, les nombres, le Deutéronome, Jofué, les Juges, les Rois, les Paralipomenes, le premier livre d'Efdras, Néhémie & le fecond

ADDITIONS.

livre d'Eſdras, deux livres de Job, intitulés, l'un le grand Job, & l'autre le petit Job, Tobie, Jérémie, Ezéchiel, Daniel, l'hiſtoire de Suſanne, Judith, Eſther. On lit après Eſther :

Cy fine le liure Heſter la royne et veul ie cy mettre aucunes choſes que trouuay en liſtoire qui ſont contenues en liſtoire Heſter ſi comme.... du Roy Ochun, du Roy Arſaine, du Roy Alixandre le Grant, comment les dix Lignies des Juifs furent encloſes, du Roy Tholomée Philadelphe, du Roy Euergentein, du Roy Philopater & du Roy Antiocum le grant, de Seleuchien le grant, de Anthiocum Epiphanem.

On trouve enſuite le Pſautier, les Paraboles de Salomon, l'Eccléſiaſte, le livre de Sapience, l'Eccléſiaſtique, Iſaïe, Jérémie, Baruch, Ezéchiel, Daniel, Oſée, Abdias, Jonas, Michée, Nahum, Habacuc, Sophonie, Agée, Zacharie, les Machabées, les Evangiles de S. Matthieu, de S. Marc, de S. Luc & de S. Jean, l'épître de S. Paul aux Romains, (deux) aux Corinthiens, aux Ephéſiens, aux Philippiens, aux Coloſſiens, aux Theſſaloniens, à Timothée, à Tite, à Philemon & aux Hébreux, les actes des Apôtres, les épîtres Canoniques de S. Jacques, de S. Pierre & de S. Jean Enfin l'Apocalypſe.

Le paſſage des trois témoins y eſt traduit de cette maniere :

Trois choſes qui donnent teſmoing ou ciel le pere & le filz & le Saint eſperit & ces trois ſont vne choſe & trois choſes qui donnent teſmoing en terre eſperit & yaue.

Dans la ſouſcription que *Jean*, Duc de *Berry* a écrite lui-même à la fin de cette Bible, on ne lit plus que les mots ſuivants :

Ce liure de la Bible biẽ complete eſt....

ADDITIONS.

Les autres mots ont été gratés; mais il paroît que cette foufcription étoit conçue à-peu-près dans les mêmes termes que celle qui fe trouve après les livres d'Efdras.

N° 114 La Bible Hyftoriaus.

Il y a au commencement de ce MS. quatre feuillets contenant la table des livres de la Bible, & celle des chapitres.

Les armes formées en banniere qui ornent le cinquieme feuillet font écartelées au 1 & 4 d'or, au Dauphin d'azur qui eft *Dauphiné*, au 2 & 3 d'azur, à une bande d'argent accompagnée de deux cottices potencées & contre-potencées d'or, qui eft *Champagne*, au lambel de trois pendants de gueules. Le cimier qui eft féparément peint fur le même feuillet porte un Dauphin d'azur entre un vol d'or.

Beraud III. Dauphin d'Auvergne n'eft pas le feul Seigneur qui portoit ainfi fes armes. *Louis de Bourbon*, furnommé le Bon, troifieme fils de *Jean*, qui devint en 1426 Comte de Clermont & de Sancerre & Dauphin d'Auvergne par fon mariage avec *Jeanne*, fille & unique héritiere de *Beraud III*, avoit auffi pris les mêmes armes que nous avons vues peintes avec le même cimier, fur des MSS. qui lui ont appartenus. Il eft affez probable que celui-ci vient également de fa Bibliotheque, & qu'en l'acquérant après l'an 1426, il l'a fait décorer de fes armes qui font encore peintes, ainfi que le cimier dans 24 lettres *tourneures* du texte de ce MS.

N° 127. Fr. Ant. de Rampigollis in figurarum Bibliæ compendium.

Les caracteres font exactement femblables à ceux dont fe fervoit communément *Jean Guldenfchaff*, Imprimeur à Cologne dans le XV fiecle.

Ce livre doit être placé après le N° 116.

ADDITIONS.

N° 145. Vita Christi. 1474.

Ce sont les mêmes caracteres qu'on voit employés par *Hen. Eggesteyn* dans le *decretum Gratiani*, imprimé à Strasbourg en 1471.

N° 146. Vita Christi. MS.

La premiere miniature du premier volume de ce superbe MS. est très curieuse & intéressante ; elle représente le Duc de Bourbon assis sous un dais, environné de ses Officiers. Il reçoit des mains de *Guillaume le Menand*, qui est habillé en Recollet, & à genoux devant lui, la traduction qu'il lui avoit commandé de faire. Le volume que ce Traducteur tient dans ses mains est relié en velours noir avec des clous d'or.

L'ouvrage de *Ludolphe* est divisé en quatre parties. Ce MS. n'en renferme que deux, qui finissent par le miracle de la guérison de l'aveugle né. Feu *M. Verdussen* ne possédoit que la troisieme partie, & on ignore ce que la quatrieme est devenue.

Jean Mansel de Hesdin n'a point traduit l'ouvrage de *Ludolphe*, comme nous l'avons cru d'abord. La vie de Jesus-Christ qu'il a composée est entierement différente & divisée en trois parties.

N° 181. Exempla S. Scripturæ.

Cette édition est plus ancienne que nous ne l'avons annoncée ; elle est exécutée avec les petits caracteres de *Gering*, sans chiffres, réclames ni signatures, à longues lignes au nombre de 29 sur les pages qui sont entieres.

N° 198

ADDITIONS.

N° 198. Quæstiones Evangeliorum. *Coloniæ Agrippinæ*, 1478.

Les caracteres de cette édition sont semblables, à l'exception des capitales, à ceux de *Jean Guldenschaff*, Imprimeur à *Cologne*.

N° 201. Expositioni sopra Evangeli.

Il manque le feuillet chiffré LIX.

N° 215. Guil. Durandi rationale divinorum Officiorum.

Edition sans chiffres, réclames ni signatures, sur 2 colonnes, dont celles qui sont entieres ont 60 lignes.

Les caracteres sont semblables à ceux avec lesquels *Mich. Wenszler* a exécuté à *Basle* en 1479 les Comment. de la Cité de S. Augustin.

N° 223. Alberti Magni super officio Missæ liber.

Au lieu de *Moguntiæ* lisez (*Coloniæ*) entre deux parentheses. Les sermons ne commencent pas au verso du feuillet où se trouve la souscription rapportée. On n'y lit qu'une oraison d'*Albert le Grand*.

N° 229. Breviarium. MS.

Ce Bréviaire contient 415 feuillets, & non 409. Les 6 feuillets du Calendrier ont été omis dans le compte.

On lit dans ce Bréviaire MS. l'Oraison pour la Messe de la fête de *S. Pierre*, & de la *fête de la Chaire de S. Pierre*, de cette maniere :

Deus qui bt̄o petro apl'o tuo collatis clauib9 regni celestis aīas ligādi atq3 soluēdi p̄ōtificiū tradidisti . . .

l

ADDITIONS.

Le mot *animas* ne se lit plus aujourd'hui dans cette Oraison, & a été supprimé sur la fin du XVI siecle, lorsqu'on fit la révision des Offices divins sous le Pape *Clément VIII*. plusieurs critiques disent que cette suppression se fit parceque ce mot bornoit le pouvoir des Papes au spirituel, & pas au delà; d'autres prétendent avec raison qu'il est inutile & indifférent. Il y a des MS. très anciens où il ne se trouve pas.

N° 238. Missale Romanum. MS.

Le mot *hïtaï* qu'on lit dans la souscription de ce MS. est une abréviation singuliere du mot *habitatorem*.

Il est très probable que le *Jean de Foix* qui a fait exécuter ce beau Missel, est le même que *Jean-Baptiste de Foix*, enfant naturel de *Matthieu de Foix*, Comte de Comminges, & d'*Ismene de Kersagna*, fille libre; il fut Evêque d'Acqs l'an 1460, puis de Comminges en 1467, & mourut dans cette ville le 18 Octobre 1501.

Ses armes avec Crosse & Mître supportées par deux Paons, & peintes sur le XXI feuillet, sont écartelées au 1 & 4 d'or à 3 pales de gueules, qui est *Foix*, au 2 & 3 d'or, à deux vaches de gueules, accollées, accornées & clarinées d'azur, qui est *Béarn*.

Il y en a peintes sur d'autres feuillets; plusieurs ont pour supports, tantôt deux Anges, tantôt deux Vaches, & sont écartelées au 1 & 4 de *Bearn*, au 2 & 3 de gueules, à quatre ottelles ou amendes d'argent, qui est *Comminges*. C'est ainsi qu'on les voit sur le feuillet où commence l'Office de la fête de *S. Jean Baptiste* Patron de cet Evêque.

On lit dans la plupart des bordures quantité de devises latines & françoises, entr'autres celles-ci qui sont souvent répétées, & tenues par des Paons & autres animaux: *Tout ce change. Tout est changé.*

Le mot *animas* se trouve dans l'Oraison pour la Messe de la fête de la Chaire de S. Pierre.

ADDITIONS.

N° 263. Les Epîtres & Evangiles. MS.

Il y a sur plusieurs feuillets des armes en lozange, qui sont d'azur, à 3 épics de blé d'or, au lambel de trois pendants d'argent, mi-parties de gueules, semées de croisettes d'or, au lion de même.

N° 276. Breviarium.

Le mot *animas* se lit dans l'Oraison de la fête de S. Pierre.

N° 283. Præces piæ. MS.

On voit sur le 26ᵉ feuillet de ce MS. dont les miniatures & les ornements surpassent tout ce qu'on a fait de plus riche en ce genre dans les XIV & XV siecles, deux étendards portés par deux Anges, l'un est de gueules à 7 macles d'or posées trois, trois, & un, & l'autre est d'or plain.

N° 284. Heures de Louis II. Duc d'Anjou. MS.

S. Paul s'adressant aux Romains, aux Corinthiens, aux Galates, aux Ephésiens, aux Philippiens, aux Colossiens, aux Thessaloniens, à Timothée, à Tite, à Philemon & aux Hébreux, fait le sujet des autres miniatures du calendrier de ce MS.

L'Eglise est représentée dans chaque sujet sous la figure d'une femme élevée sur un édifice, tenant dans ses mains un étendard.

Parmi le grand nombre d'Heures manuscrites qui nous ont passé par les mains, nous n'en avons rencontré qu'une seule qui fût décorée des mêmes miniatures.

N° 285. Heures latines de René d'Anjou. MS.

Il existe dans la Bibliotheque de l'Empereur, à Vienne, un autre MS. dont les miniatures ont été également peintes par

ADDITIONS.

René d'Anjou. Il provient de la Bibliotheque du Baron de Hohendorf, & il est intitulé : *Traité d'entre l'ame devote & le cœur, lequel s'appelle le mortifiement de vaine plaisance, fait & composé par René Roi de Sicile, Duc d'Anjou, & par lui mandé & intitulé à l'Archevêque de Tours en* 1455. MS. in 4. sur vélin, enrichi de plusieurs miniatures d'une grande beauté.

Dom Calmet rapporte dans sa Bibliotheque de Lorraine que de son temps un MS. semblable se trouvoit en original entre les mains de M. Charoyer, Curé de Gircourt; mais qu'on en avoit tiré sept miniatures de la façon du même Duc René, qui étoient fort bien faites & qui se voyoient au cabinet du Sieur Lamour, Serrurier de Nancy.

Les Auteurs qui citent particulierement des ouvrages de peintures de René, sont :

1º *Pitton* dans son histoire d'Aix. Il dit qu'on voit un tableau dans la chapelle des Carmes de cette ville fait de la main de ce Prince, lequel représente le Buisson ardent de Moyse, avec l'image de la Sainte Vierge au dessus.

2º *Montfaucon* dans les monuments de la Monarchie Françoise, tom. 3 pag. 254. Il a fait graver le portrait de *René* d'après une estampe faite d'après un tableau où ce Prince s'étoit peint lui-même, lequel tableau se trouvoit aux Carmes d'Aix; c'est vraisemblablement celui dont parle *Pitton*.

Le même portrait se trouve gravé en petit à la tête de l'explication des cérémonies de la Fête-Dieu d'Aix 1777. in 12. On lit dans ce petit ouvrage que lorsqu'on vint annoncer à *René* la nouvelle de la défaite du Duc de Calabre, il peignoit alors une Perdrix & qu'il continua son ouvrage sans émotion de la nouvelle qu'on lui donnoit.

3º *Bouche* Chorographie de la Provence. tom. 2. pag. 473. Il assure que *René* écrivit de sa propre main son testament & qu'il l'enrichit d'une très excellente miniature.

4° *Le P. Colonia* dans son histoire de Lyon, tom. 2 pag. 399. « Paradin a vu, dit-il, dans l'Eglise de S. Paul de Lyon « une image de la mort qu'on regardoit comme le chef- « d'œuvre de la main de ce Roi. Il peignit & enlumina de « sa main un ouvrage sur le blason, qu'il présenta dans « Lyon au Roi son neveu & lui présenta aussi un recueil « des loix de l'ancienne Chevalerie qu'il avoit transcrites sur « du vélin & ornées de vignettes & de miniatures fort délica- « tes à la maniere de ce temps là. » (Une copie MS. de ces deux ouvrages se trouve dans ce catalogue au N° 3988.)

« Une emblême d'un goût assez bizarre, qui est de la « façon de ce Roi & qu'on voit encore en relief dans l'Eglise « Métropolitaine de S. Sauveur d'Aix, rappelle aux cu- « rieux les engagements que ce Prince prit à Lyon avec « le Roi Louis XI. Cette emblême représente un dogue « puissant qui écartant deux chiens, leur enleve la proie « qu'ils se disputoient. Sous les couleurs emblématiques de « ces deux chiens écartés, il voulut instruire Jean son fils « naturel, & René de Lorraine son petit-fils, qui vouloient « avoir la Provence. Voilà ce qui vous arrivera, leur dit-il « un jour étant à table avec eux: vous vous battrez, & un « plus fort l'emportera.

5° *Gauffridy* histoire de Provence, pag. 302; il rapporte que, dans sa prison *René* remplit les murailles de peintures & d'oublis ou cornets d'or, comme pour se plaindre de l'oubli de ses proches.

6° Les Auteurs de la Bibliotheque des Romans. Mars 1778, pag. 190; ils disent qu'on montre encore à Dijon plusieurs vitrages peints par *René*.

Le passage suivant du testament de ce Prince qu'il fit le 22 Juillet 1474, & qui est imprimé dans le *Codex Italiæ diplomaticus*, tom. 2. pag. 1283, est remarquable :

Item veult & ordonne le dit Seigneur que ou cas que tous & chafcuns les ouvrages, édifices, paintures & autres chofes par luy commancées ou commandées à commencer en aucune églife comme a fainct Pierre de Saumur, en la chapelle de fainct Bernardin d'Angiers, à fa fepulture érigée à fainct Maurice d'Angiers & autre part, n'eftoient accomplis & parfaits au temps de fon décès, fes héritiers, qui tiendront les terres & feigneuries des lieux, foient tenus de les accomplir & parfaire en la maniere qu'elles font commancées & felon fon intention.

N° 290. Præces piæ. MS.

Les armes de la famille de *Gamaches* qui font d'argent au chef de gueules, décorent plufieurs feuillets de ce MS. La miniature du vingtieme feuillet repréfente une femme, vrai-femblablement de cette famille, à genoux fur un priez-Dieu, devant une Vierge. On voit derriere elle deux Religieux habillés en Récollets. Les armes de la famille d'*Urfé* font peintes auffi fur deux autres feuillets.

N° 294. Præces piæ. MS.

On voit plufieurs armoiries fur les feuillets, entr'autres celles de la *Pucelle d'Orléans*, qui font d'azur à une épée d'argent, la garde & poignée d'or, furmontée d'une couronne, & accoftée de deux fleurs de lis de même.

Charles VII avoit donné en 1439 ces armes avec le furnom de *du Lis* aux freres de *Jeanne d'Arc*, en récompenfe des fecours qu'il avoit reçus de cette Héroïne.

N° 306. Præces piæ. MS.

Le Seigneur qui a fait exécuter ces Heures s'eft fait peindre avec fa femme, & deux de fes enfants fur le vingtieme feuillet. Ils font tous à genoux; le Seigneur eft revêtu de fon blafon qui eft d'argent, à trois Lezards de finople, furmontés d'un croiffant montant de gueules. Le Lézard & le croiffant fe voient dans prefque toutes les bordures. Il y en a quelques-unes qui renferment des L fleurdelifées & des Dauphins d'azur.

N° 318 Officium Beatæ Mariæ Virginis. MS.

Il y a au bas de chaque miniature de ce fuperbe MS. 4 vers françois que nous croyons faits par le Duc de St. Aignan lui-même. Ce Seigneur cultivoit la poéfie. L'*Abbé Goujet* lui a donné un article dans fa Bibliotheque françoife, tom. 18. pag. 223.

N° 322. Officium Beatæ Mariæ Virginis. MS.

L'hiftoire des trois vifs & des trois morts eft repréfentée en miniature à la tête de l'office des morts.

N° 391. Speculum fapientiæ.

Cette édition qui eft fans chiffres, réclames & fans fignatures, eft exécutée avec les mêmes caracteres qui ont fervi à l'édition latine de la *Cité de S. Auguftin*, faite à Bafle en 1479, par *Michel Wenfzler*.

N° 407. S. Cypriani opera. MS.

Les ouvrages de S. Cyprien, tant véritables que fuppofés, contenus dans ce MS. font:

1 Liber Pontii Diaconi Africani de converfione, vita & obitu S. Cypriani.
2 Libri II. adverfus Judæos.
3 Duodecim abufionis feculi gradus.
4 Liber III. adverfus Judæos.

5 Liber de excellentia dominicæ orationis.
6 De contemptu mundi ad Donatum.
7 De malis quæ infidelibus accidunt ad Demetrianum.
8 De origine Deorum & quod Dii Idola non sunt.
9 Contra Judæos insequentes Jesum Christum.
10 Epistola ad Virgilium de Judaica incredulitate.
11 De Virginitate sive habitu Virginum liber.
12 Liber de Lapsis.
13 De Ecclesiæ unitate liber.
14 De opere & Elemosynis liber.
15 De exhortatione ad Martyrium ad Fortunatum Episcopum.
16 De baptismo Hæreticorum.
17 De bono patientiæ.
18 De laude Martyrii.
19 De zelo & livore.
20 LXXIV Epistolæ.
21 Cœna sive convivium.
22 Tractatus metricè de mysterio incarnationis J. C. seu hymnus Victorini Pictaviensis de cruce Domini.
23 Oratio (Cypriani Antiocheni pro martyribus.)

N° 413. Lactantius in Monasterio Sublacensi. 1465.

Cet exemplaire qui vient de la vente des livres de *M. Gaignat*, où il a coûté 407 liv. a été regardé comme complet jusqu'à ce que M. l'Abbé *Ghesquiere*, un des Bollandistes de Bruxelles ait fait connoître qu'il y manquoit 4 feuillets contenant les *errata d'Antonius Raudensis*.

Voyez la description que ce Savant a donnée d'un exemplaire complet dans l'*Esprit des Journaux*. Juillet 1780.

N° 415.

ADDITIONS.

N° 415. Lactantius. *Romæ*, 1470.

Il manque dans cet exemplaire le *Nephytomon* & 2 feuil. au premier livre des inftitutions, contenant la fin du vingt-unieme chapitre & le commencement du vingt-deuxieme.

N° 416. Lactantius. *Romæ*, 1470.

Le *Nephytomon* manque auffi dans cet exemplaire.

N° 418. Lactantius. *Romæ*, 1478.

Le *Nephytomon* n'a pas été imprimé dans cette édition.

N° 428. S. Ambrofii officiorum libri III.

Ce volume eft imprimé avec les caracteres dont *Jean de Weftphalie* s'eft fervi pour fon édition des *Petri de Cretentiis ruralia commoda*, faite en 1474. Il eft à longues lignes, au nombre de 32 fur les pages qui font entieres, fans chiffres ni réclames, avec fignatures.

N° 434. S. Hieronymi epiftolæ. *Moguntiæ*, 1470.

Ayant comparé cet exemplaire fur vélin avec les deux précédents fur papier, nous y avons trouvé plus d'un tiers réimprimé dans le temps avec des changements.

Voici comment les volumes font arrangés :

Tom. I. à la tête un feuillet qui eft intitulé : *Regiftrum*, & un autre feuillet contenant l'*introductorium* ; fuit *diftinctio III.* dont on a graté deux II afin de la faire paffer pour la premiere, & de mafquer l'imperfection de celle-ci, à laquelle manque le premier feuillet. Suit *diftinctio I & II*, dont le premier & le dernier feuillets manquent. Viennent *diftinctio IV* & *diftinctio V*.

Tom. II. en tête 2 feuillets de table qui appartiennent au

premier volume; enfuite *diſtinctio VI. VII. VIII. IX & X.* Il manque 9 feuillets dans la derniere diſtinction.

Quoique cet Exemplaire foit défectueux, on doit le regarder comme précieux à cauſe des réimpreſſions conſidérables qu'il renferme. Il vient de la vente des livres de *M. Gaignat*, où il n'a coûté que 380 liv.

N° 435. B. Hieronymi epiſtolæ.

Outre la dédicace de *Mathias Palmerius* au Pape *Paul II.* les pieces préliminaires contiennent encore l'hiſtoire de l'interprétation des Septante, attribuée à *Ariſtée*, & traduite du grec par *Palmerius*. Il y a auſſi une table à la fin de laquelle on lit :

Ne uoluminis modum excederemus primū uolumen concluſimus licet ſecunde partis principalis alii reſtent tractatus qui altero uolumine cum tertia parte totius operis cōtinentur ubi & reſiduum tabule ꝑficitur. Nam ſingulo uolumini de his que & in eo ſcripta ſunt tabulam coaptauimus. Inchoationis quinternorum prime partis ſequuntur ſecundum ordinem . . . .

N° 439. B. Hieronymi epiſtolæ. *Venetiis*, 1488.

Il manque dans cet exemplaire pluſieurs feuillets.

N° 444. Divi Hieronimi Breviarium in Pſalmos David. MS.

Le titre de ce ſuperbe MS. eſt écrit en capitales d'or ſur un fond d'azur, au milieu d'un cartouche peint en miniature, lequel décore le verſo du premier feuillet. On voit aux quatre coins de ce cartouche autant de deviſes de *Mathias Corvin*, qui offrent un animal aîlé, dont la queue de Dragon eſt entortillée autour du col, un Briquet qui frappe la pierre,

ADDITIONS.

un Clepsydre & un Puits surmonté d'une poulie à laquelle pend un sceau.

La bordure qui enrichit le second feuillet où commence le texte, est faite avec beaucoup de délicatesse & de goût; elle est à peu de chose près semblable à celle que *Lambecius* a fait graver d'après un MS qui a appartenu au même Monarque, & qui est conservé dans la Bibliothéque de l'Empereur à Vienne. Cette bordure qui donne une idée très grande de la beauté de ce MS. se trouve à la page 994 du tom. II du catalogue donné par ce Savant, ainsi qu'à la page 3 de la seconde partie du premier volume du *Catalogue* publié en 1690, par *Daniel de Neffel*.

La bordure de notre MS. représente des Arabesques, 6 portraits sans noms, les armes de la famille de *Corvin*, quatre devises de Mathias; savoir une Ruche, le Puits, le Clepsydre & un Barril, enfin les armes de ce Monarque qui ont pour supports quatre Anges & qui sont écartelées au 1 fascé de gueules & d'argent de huit pieces, qui est *Hongrie*, au 2 de gueules, à une croix de légat d'argent, alaisée & plantée sur une triple colline de sinople, qui est aussi *Hongrie*, au 3 d'azur, à 3 têtes de Léopards couronnés d'or, qui est *Dalmatie*, au 4 de gueules, au Lion d'argent, la queue nouée & passée en sautoir de même, couronné, lampassé & armé d'or, qui est *Boheme*, & sur le tout d'argent, au Corbeau de sable, perché sur un chicot de sinople, tenant au bec un anneau d'or, qui est *Corvin*.

Pflugk dans sa lettre à *Seckendorff* sur la Bibliotheque de Bude, Jene, 1688, pag. 6, & *Jaenichius* dans ses *Meletemata Thorunensia*, tom. 3, pag. 188, rapportent l'origine du Corbeau qui forme les armes des *Corvins*.

Jaenichius croit que le Baril qu'on voit dans plusieurs MSS. de *Mathias Corvin*, désigne la fertilité & la bonté des vignes de la Hongrie. Cet Auteur a publié dans le même volume d'après le MS. original qui eſt dans la Bibliotheque de Thorn, un poeme latin très curieux ſur la Bibliotheque de *Bude*. Il eſt diviſé en 4 chants, & a été adreſſé par *Naldus Naldius*, ſon Auteur, à *Mathias* lui-même. *Math. Bel* l'a réimprimé dans ſa *Notitia Hungariæ nova*, tom. 3.

L'Ecrivain de notre ſuperbe MS. étoit un homme fort habile. Ses ouvrages enrichiſſent encore aujourd'hui pluſieurs Bibliotheques d'Italie. On trouve dans celle des Chanoines réguliers de *Fieſoli* :

Chriſoſtomi adverſus vituperatores vitæ monaſticæ, interprete Ambroſio Monacho Camald. Sinibaldus ſcripſit an. MCCCCLXI.

Dans celle de *Laurent. de Medicis* à Florence.

MS. membr L. Annæi Lucani poetæ Cordubenſis Pharſaliæ libri X. manu Antonii Sinibaldi anno Chriſti 1485 Flor. *Membr. Apologi centum ad inſtruendam vitam accomodati Bartholomæi Scalæ Eq. Aur. & Secret. Flor. ad Laurentium Medicem. (Ad horum calcem legitur.) Epiſtola breviſſima Chriſt. Landini Junioris ad B. Scalam, & Antonii Protonotarii Geraldini Regii Legati Teſtraſtichon ad eumdem Scalam Vexillis. Juſt. Reip. Flor. in laudem apologorum.* Antonius Sinibaldus veloci calamo exaravit Florentiæ 20 Septemb. 1481.

Jaenichius, & d'après lui *Math. Bel Hungaria nova*, tom. 3 pag. 590, parlent d'un *Suétone* latin MS. à la fin duquel on lit :

Antonii Sinibaldi Florentini opera, Neapoli ſcriptus. 1470.

Nos recherches ſur ce *Sinibalde* ne nous ont procuré aucun renſeignement ſur ſa *probité*. Peut-être M. l'Abbé *Rive*, qui exige abſolument qu'un *Bibliopole* ſoit inſtruit de l'honnêteté de l'Ecrivain qui a écrit le MS. qu'il met en vente, aura été plus heureux que nous.

ADDITIONS.

N° 446. Beati Hieronymi tractatus varii.

Cette édition qui n'a ni chiffres, ni réclames, ni signatures, est exécutée avec les caracteres dont s'est servi *Jean Veldener* pour le *Jacobus de Theramo* . . . . imprimé à Cologne vers 1475. V. le N° 645.

N° 450. S. Augustinus de civitate Dei. *Moguntiæ*, 1473.

Nous possédons un exemplaire de cette édition, sur le dernier feuillet duquel on lit une note fort curieuse; elle est écrite en *ancienne bâtarde*, & conçue en ces termes :

Hoc volumē cōmētum videlicet super libros beati augustini de ciuitate dei cū suo textu vnacū q̄ illo libro qui Intitulatur fasciculus tēporum emim9 ab impressore de magūcia vt patet in Rubrica superiori a quo pcessit exordiū om̄ Impressor. et impressurar. totius orbis precio q̄tuor francor. quos frater Johannes balduynj cōuersus hui9 cōuētus acquisiuit ab eiusdem cōsanguineis et notis. Et q̄m prescpta duo voluīa potioris et pluris precij extiterāt ut pote vndecim francor. S; quia per aliquot spaciū tp̄is gazophilaciū et gazas ipi9 impressoris cōsuauim9 int9 Jn hoc cōuentu. q̄ vniūsa ex integro recepit jdcirco illud qd defuit de p̄memorato p̄cio vndecim francor gratuito munere nobis cōtulit Anno Dn̄i M° CCCC° Septuage_mo septimo mēs; marcij die īciadecīa, Et sic notū sit cūctis qm̄ liber iste p̄tinet nobis fr̄ibus Sancte crucis conuentus parisiensis.

N° 461. S. Augustini confessiones.

Cette édition des confessions de S. Augustin paroît être très ancienne; elle est sans chiffres, réclames & sans signatures, à longues lignes, au nombre de 22 sur les pages qui font entieres. Les caracteres font femblables à ceux de l'édition du Virgile que nous avons décrite au N° 2433.

N° 473. S. Auguftini tractatus varii.

Tous ces traités font imprimés fans chiffres, réclames & fans fignatures. Les pages font à longues lignes, au nombre de 27 fur celles qui font entieres.

Le premier traité commence ainfi :

Liber fancti Auguftini Epifcopi De vita beata. admodũ notabilis Incipit feliciter.

Il eft fuivi du fecond traité & du troifieme qui y eft attribué à S. Bernard. Ces trois traités occupent 24 feuillets.

Le quatrieme traité porte le fommaire fuivant :

Incipit tractatus fancti Auguftini Epi de Fuga Mulierum.

Il contient 3 feuillets.

Le cinquieme traité auquel tiennent les trois fuivants, qui occupent enfemble 20 feuillets, commence de cette maniere:

Incipit tractatus fancti Auguftini Epi de Continentia.

N° 474. S. Auguftini tractatus diverfi.

Le premier traité qui eft fans chiffres, réclames & fans fignatures, eft exécuté avec les caracteres du livre intitulé : *Jacobi de Theramo confolatio peccatorum*, imprimé par Jean Veldener à Cologne vers 1475. V. N° 645.

N° 475. B. Auguftini liber de fingularitate Clericorum. 1467.

M. Meerman a fait graver la derniere page de cette rare édition dans fes *Origines Typographicæ*, Tom. II. Tab. IX.

Plufieurs Auteurs fe font trompés en difant que les caracteres de cette édition font femblables à ceux qu'employoient les deux premiers Imprimeurs de Mayence.

ADDITIONS.

N° 494. Liber sermonum S. Leonis.

Au lieu de voir le N° 391 qui est imprimé avec les mêmes caracteres, voyez le N° 454. *S. Augustinus de civitate Dei, Basileæ, Winszler*, 1479, dont le caractere du texte est en tout semblable à celui-ci.

499 Homeliæ B. Gregorii.

Caracteres semblables à ceux avec lesquels *Henri Quentel* a imprimé à Cologne en 1479 : *Summa de virtutibus...* N° 1281.

N° 508. B. Gregorii dialogi.

Voyez au sujet de cette édition le N° 1068 & les additions sur ce Numéro.

Elle est sans chiffres, réclames & sans signatures.

N° 520... Speculum B. Bernardi de honestate vitæ.

On lit sur le quatrieme feuillet du recto de ce traité :

Explicit speculũ bernhardi abbatis de honestate vitæ.
Incipiũt octo pũcta. mediãte quib3 pueĩtur ad pfectõnem vite spiritualis. eiusdem.

546 Joan. Duns Scoti quæstiones. *Venetiis*, 1472.

La souscription est imprimée sur le recto de l'avant-dernier feuillet. Il y a au verso une table des questions qui occupe entièrement le dernier feuillet.

N° 547. Joan. Scoti in quartum librum Sententiarum Opus. 1474.

Nous avons trouvé à la fin d'un exemplaire de cette édition, qui est dans la Bibliotheque de M. le Baron *d'H*. les mots, suivants écrits en *ancienne bâtarde*, de la main même de *Schoyffer* :

Ego petrus schoeffer Jmpressor librorum moguntinus recognosco me recepisse a venerabili magistro Johanne Henrici Cantore pisiensi tria scuta pro pretio huius libri quod protestor manu propria.

On voit au bas ce Monogramme.

Cette reconnoissance prouve que *Schoyffer* ne se bornoit pas seulement à la vente de ses propres éditions ; mais qu'il faisoit commerce de celles d'autres Imprimeurs ; car ce livre n'est pas sorti de ses presses. Les caracteres sont ceux d'*Ant. Koburger*, qui imprimoit à Nuremberg.

N° 554. Somma del Arcivescovo Antonino.

Cet Ouvrage doit être placé après le N° 636. il contient le *Confessionale* ou *Specchio di Conscientia*.

L'édition paroît être de Florence.

N° 564. Libellus de infantia Salvatoris.

Cette édition paroît plus ancienne de deux ans au moins ; elle est sans chiffres, réclames & sans signatures, à longues lignes au nombre de 25 sur les pages qui sont entieres. Les caracteres sont exactement semblables à ceux du *Térence*, imprimé

ADDITIONS.

Imprimé en 1474 (à *Venise* par *Valdarfer*,) & annoncé au N° 2573.

N° 571. Dominici Bollani opus in quæstionem de conceptione Virg. Mariæ.

Les caracteres sont les mêmes que ceux avec lesquels sont exécutés les deux ouvrages de Pétrarque, annoncés aux N°s 1305 & 1306. Servius sur Virgile, N° 2414. les épîtres de Seneque, N° 4434. & les vies de Plutarque, N° 5572. Cette capitale R caractérise ces différentes éditions.

N° 572. Corani Oratio.

Edition sans chiffres, réclames ni signatures, à longues lignes au nombre de 30 sur les pages qui sont entieres. Les caracteres sont semblables à ceux avec lesquels sont exécutés les *Calderini commentarii in Martialem. Romæ, Joan. Gensberg*, 1474. N° 2539.

N° 573. Alberti Magni lib. de Beata Maria Virgine.

Edition plus ancienne que 1475; les caracteres en sont exactement les mêmes que ceux du *Scrutinium Scripturarum*, annoncé au N° 175. Ils sont aussi semblables, à l'exception des majuscules, à ceux des *vitæ Patrum. Ulmæ, Joan. Zainer*, N° 4691.

N° 606. Tractatus varii.

Le premier traité commence ainsi :

Incipit prologus sup conclusiones de diuersis materijs moralibus vtiles valde posite per mgrm iohannē gerson. doctorem theologie eximiū ac Cancellarium parisiensem.

Le second traité porte ce sommaire :

Incipit Tractatulus de Remedijs ɔtra pusillanimitatem Scrupulositer tē. cōtra deceptorias inimici cōsolacōnes. 2 subtiles eius temptacōnes. Per Jlluīnatissimū Mgrm Johē3 Gerson doctorem sacre Theologie. Cancellarium Parisieñ. Editus.

Le troisieme traité est sans chiffres & sans réclames, avec signatures; par conséquent il ne peut avoir paru que vers 1475. Il commence par ces mots :

Sermo de ɔcepcōe gloriosissiē dei genitricis vginis marie subtilis 2 exātus p egregiū3 illūinatissimū at3 doctissimū viror mgrm Johem gerson alme vniūsitatis ac eccie pisieñ cācellariū dignissimū corā sacro Basilieñ ɔcilio āno prīo eusdem ɔcilij īcipit felicit.

N° 6 9. Manipulus Curatorum.

La souscription est suivie d'un petit traité qui porte le titre suivant :

De cōdicōib9 s3uandis ī celebracione.

Ce traité qui ne se trouve pas dans les autres éditions, est terminé par les vers que nous avons rapportés.

N° 619. Tractatulus Joan. Gerson.

Le premier traité contient 15 feuillets, le second en a 14, & commence ainsi :

Jncipit tractatus venerabil' mgri Joh Gerson. Cancellarij pisieñ. de cognicōe castitatis. 2 pollucōnib3 diurnis.

Le troisieme traité dont la totalité est de 3 feuillets, porte le sommaire suivant :

Jncipit forma absolucōnis sacramētal' eiusdem Mgri Joh Gerson.

N° 652. Pungi lingua.

Il y a dans le même volume :

Libro devotiſſimo et ſpirituale de Fruc̄ti della Lingua, compoſto da Frate Domenico Cavalcha da Vico, piſano.

On lit à la fin :

C *Impreſſo in Firenze con ſõma diligẽtia emẽdato & correc̄to, excepto alcuni fogli del pr̃cipio dĩ dec̄to trac̄tatoi & tale defec̄to nõ da noſtra inaduertentia, ma da una copia ouero exẽplo totto corrupto & falſificato impreſſo per lo adrieto ĩ firẽʒe p̃ un altro nõ diligẽte impreſſore p̃cedette : onde noi cio conoſcẽdo, inueſtigãdo altra copia emendatiſſima, ſecõdo q̃lla quãto le debole forʒe d'l noſtro ĩgegno cihão porto, habbiamo impoſto emẽdato fine al preſente trac̄tato.*

N° 659. Joannis Gerſon tractatus varii.

Les autres traités de Gerſon contenus dans ce Volume, ſont :

3 Admonitio brevis & neceſſaria, quomodo cautè legendi ſunt quorumdam libri propter errores occultos.
4 Tractatulus de appellatione cujuſdam peccatoris à divina juſtitia ad divinam miſericordiam omnipotentis Dei opuſculum.
5 Opus unionis Eccleſiæ.
6 Dubium quoddam de delectatione in ſervitio Dei.
7 Tractatus de Simonia.

N° 671. Libretto de la Doctrina Chriſtiana.

Cet exemplaire eſt de la même édition que celui du N° 634. Elle eſt ſortie des preſſes de *Chriſtophoro Arnoldo*,

ADDITIONS.

Imprimeur de Venife, à en juger par les caracteres qui font femblables au *Confeffionale*, imprimé par cet Artifte en 1473.

N° 725. De imitatione Chrifti.

Il y a à la fuite de cette édition un autre traité portant ce titre :

Tractatus de meditatione cordis ab eodem M. Johanne de Gerfono.

N° 763. Monte Sancto di Dio. *Florentiæ*, 1477. in 4. grand format.

Nous ne nous fommes apperçus que pendant l'impreffion du Catalogue, que ce livre eft orné d'une figure fur métal, gravée par le même Artifte qui a exécuté celles qui fe trouvent dans le *Dante* de 1481. M. le Baron *Heinike*, (idée d'une Collection d'eftampes pag. 141.) & M. *de Mur*, (Journal Allemand, année 1775, tom. 2 pag. 246.) qui ont donné des recherches curieufes fur les premiers Graveurs, croient qu'elles font deffinées par *Sandro Boticello*, & gravées ou par lui ou par *Baccio Baldini*.

Ils ont regardé le *Ptolemée* de Rome 1478, & le *Dante* de 1481, comme les deux premiers livres imprimés qu'on ait orné de gravures en taille-douce, parcequ'ils ne connoiffoient pas l'édition du *Monte Santo di Dio* de 1477, dont l'Auteur fe nommoit *Antonio Bettini*. *Mazzuchelli* & *Haym*, qui citent l'édition de *Florence* de 1491, ont également ignoré l'exiftence de celle de 1477. qui eft de la plus grande rareté. M. l'Abbé de *Saint L**** vient d'en donner une defcription exacte, accompagnée de recherches neuves fur les premiers livres ornés de gravures fur métal, dans trois lettres nouvellement imprimées & adreffées à M. le Baron d'*H****.

ADDITIONS.

L'Exemplaire d'après lequel cette description est faite, existe à Rome dans la Bibliotheque Casanate, & a l'avantage d'être plus complet que le nôtre auquel il manque :

1° Le premier des quatre feuillets qui sont en tête, dont le dernier qui manque également, est décoré au verso d'une figure sur métal, représentant la Montagne Sainte.

2° Une figure sur métal qui doit être imprimée sur le verso du feuillet signaturé iiii i. où l'on voit la place en blanc. Nous ignorons si le recto du même feuillet qui offre aussi un espace en blanc, étoit destiné à recevoir une autre figure. On trouve le même blanc dans l'exemplaire de la Casanate, à Rome.

3° Le dernier feuillet de la signature N.

La figure qui est imprimée sur le septieme feuillet recto de la signature *p*, est très curieuse ; elle représente l'enfer suivant la description qu'en donne le *Dante*. Nous l'avons fait graver & imiter exactement, afin que les Amateurs puissent juger des progrès que l'art du burin a faits depuis plus de trois cents ans.

Pour bien entendre le sujet de cette gravure, il est nécessaire de lire le passage suivant tiré de *l'Enfer du Dante*, trad. par M. *Moutonnet de Clairefonds*. in 8. pag. 567 & suiv.

« .... Quoique le Roi des enfers n'eût que la moitié de la poitrine au dessus de la glace, il y avoit plus de proportion entre un géant & moi, qu'entre des géants entiers, & les bras seuls de Lucifer. Combien doit être prodigieuse toute sa hauteur, si le reste répond à ce qui est visible ! S'il fut aussi beau qu'il est horrible actuellement & s'il eut le fol orgueil de s'élever contre son Créateur ; qu'il mérite bien d'être la source impure de tous les maux !

De quel prodige étonnant je fus frappé, lorsque la tête de Lucifer m'offrit trois visages ! l'un étoit au milieu, & les deux autres, placés au dessus des épaules, se réunissoient

ADDITIONS.

au sommet de la tête & formoient une crête épouvantable. Le visage du milieu étoit rouge, celui de la droite livide, & l'autre aussi noir que les peuples voisins des Cataractes du Nil. Deux grandes aîles, proportionnées à la taille d'un tel monstre sortoient au dessous de chacun de ces visages. Je n'ai jamais vu de voiles de Navires aussi étendues; elles n'étoient point garnies de plumes; elles ressembloient aux aîles de Chauve-Souris. Quand Lucifer les agite, il en sort trois vents, si froids, qu'ils glacent tout le Cocyte. Des larmes couloient de ses six yeux, tomboient sur ses trois mentons, & s'y mêloient avec une écume ensanglantée. Il tenoit dans chacune de ses gueules un Pécheur, & semblable à une Broye, il le brisoit avec ses dents: ainsi il tourmentoit à la fois trois Damnés. Celui qui étoit dans la gueule du milieu avoit beaucoup moins à souffrir des dents de ce monstre, que de ses griffes, qui lui déchiroient sans cesse les reins, & en enlevoient la peau. Celui qui souffre les plus cruels tourments, me dit Virgile, c'est Judas Iscariotes: sa tête est engloutie dans la gueule de Lucifer; il agite violemment ses pieds. Brutus est suspendu la tête en bas, au visage noir: voyez comme il tord ses membres sans se plaindre. Le troisieme, qui paroît si gros, c'est Cassius....

Nº 815. La Forteresse de la Foy. MS.

Qu'il nous soit permis de répondre ici au reproche que nous fait M. l'Abbé *Rive*, (pag. 52 des notes du Prospectus d'un ouvrage qu'il vient de publier par souscription,) d'avoir fait usage de l'anecdote de l'acquisition des livres de *Louis de la Gruthuse*, par *Louis XII.* Roi de France, sans dire que nous la tenions de lui. S'il est vrai, comme on l'assure, que M. l'A. R. est doué d'une mémoire heureuse, il doit être intimement persuadé que rien n'est plus hazardé

ADDITIONS. 33

qu'un pareil reproche, & que sa plainte est très injuste, puisque jamais il ne nous a communiqué cette anecdote à laquelle il paroît attacher une si grande importance. Peut-on croire en effet qu'il ait daigné se montrer aussi communicatif à notre égard, lorsqu'il fait un si grand mystere, non pas à nous particulierement ; mais à tout le public de choses beaucoup moins intéressantes. Il connoît un exemplaire sur vélin d'un Virgile imprimé en 1677 ; (1) mais il *tait l'exemplaire d'un pareil tirage, afin que les Furets Bibliographiques aient la peine de le chercher là où il est indiqué.* (Voy. son Prospectus pag. 37 des notes.) Ajoutons que l'usage constant de M. l'A. R, lorsqu'il fait part à quelqu'un de ses moindres connoissances, est de s'assurer auparavant, que l'auteur très heureux sans doute, qu'il a bien voulu aider de ses lumieres, parlera de lui avec éloge toutes les fois qu'il aura occasion d'employer les instructions qu'il en a reçues. Aurions-nous osé manquer à un engagement si solemnel, s'il étoit vrai, comme le dit M. l'Abbé Rive, qu'il nous eût communiqué (2) l'anecdote qu'il réclame. Ne nous serions nous pas empressés de lui en faire honneur & de répéter

---

(1) En parlant dans son Prospectus, pag. 38. de l'édition de ce Virgile, faite en 1741, M. l'A. R. *auroit dû* observer qu'il y a aussi des exemplaires de ce livre imprimés sur vélin ; *c'est ce qu'il n'a pas fait, puisqu'il a ignoré* qu'il existe de semblables exemplaires.

Feu *M. Gobet*, très versé dans la Bibliographie, & qui se proposoit de donner un Catalogue raisonné de plus de 1000 ouvrages différents imprimés sur vélin, en connoissoit un exemplaire. Le Public jouiroit du travail de ce jeune Bibliographe, si M. l'A. R. n'avoit pas refusé constamment de lui laisser prendre la note des livres imprimés sur vélin qui sont dans la Bibliotheque de M. le Duc *de la Valliere*.

(2) Nous ne croyons pas devoir laisser ignorer au public avec quel soin & quelle inquiétude M. l'A. R. dérobe ses découvertes à la connoissance de tout le monde. Comme il vouloit être le premier & le seul

publiquement l'éloge qu'il fait de lui-même, en difant qu'il eft auffi *profondément verfé dans les antiquités de toutes les Nations & de tous les âges, que dans la Bibliognofie & la Bibliographie.*

Cependant comme nous croyons M. l'A. R. incapable d'avancer un fait qui ne foit conforme à l'exacte vérité, nous aimons à nous perfuader que fa mémoire l'a mal fervi cette fois, & qu'il a cru en effet nous avoir dit ce dont il ne nous a jamais parlé.

Au refte, nous le prévenons que nous avions trouvé fans fon fecours les particularités de l'acquifition de la Bibliotheque du Seigneur *de la Gruthufe,* dans les ouvrages fuivants, où lui-même a dû les apprendre.

1º Le mémoire hiftorique fur la Bibliotheque du Roi, pag. IX. lequel eft imprimé à la tête du premier volume du Catalogue de cette Bibliotheque.

2º L'hiftoire de France, par M. l'Abbé Garnier, tom. 22. pag. 542 de l'édition in 12.

3º Struvii Bibliotheca hiftoriæ litterariæ felecta, Edition de 1754. 3 vol in 8. tom. I. pag. 210.

---

qui pût parler de l'édition rare du *Pfautier de Mayence* de 1502, l'exemplaire qui eft dans la Bibliotheque de M. le *Duc de la Valliere* y étoit dérobé aux regards curieux des Amateurs qui venoient la vifiter. Un ordre donné par M. l'A. R. l'avoit rélégué derriere les 7 grands volumes in-fol. des *Antiquités d'Herculanum.* Heureufement que ceux qui avoient reçu cet ordre & qui l'avoient exécuté, s'en font reffouvenus lorfqu'on a commencé à travailler au Catalogue; car il eft très vraifemblable qu'on n'eût pas été chercher des livres dans le lieu où ce Pfautier étoit caché, & que ce précieux volume ignoré des Amateurs & des hommes de lettres qui s'occupent de l'hiftoire de l'Imprimerie, auroit peut-être été vendu vers la fin de la vente, au deffous du prix auquel fa grande rareté le fera fans doute porter.

4º

ADDITIONS.

4° Un livre Allemand qui porte ce titre : *Geschiehte der Konigl. Parifer Bibliothek. Quedlinburg*, 1778. in 8. pag. 17.

Il nous paroissoit très inutile de surcharger notre *notice* dans le temps que nous l'écrivions, de ces diverses citations, parceque nous nous proposions alors de publier séparément l'histoire de la Bibliotheque du Seigneur *de la Gruthuse*, sur laquelle nous avons recueilli des faits curieux. Indépendamment des notices que nous sommes en état de donner d'une partie des MSS. ornés de superbes miniatures, nous nous sommes procuré des particularités intéressantes sur la personne du possesseur qui étoit un des plus puissants Seigneurs de la Cour des Ducs de Bourgogne. Il existe encore plusieurs monuments qui attestent sa grande magnificence, & entr'autres un riche tombeau qu'il a fait construire pour lui & pour sa femme, un tableau qui le représente donnant un déjeûner de chasse à *Philippe le Bon* Duc de Bourgogne, & un testament qu'il fit en 1472 & dont les clauses sont dignes du plus puissant Prince. Sa devise *Plus est en vous*, qui est écrite sur le premier feuillet du corps du MS. de la *Forteresse de la Foi*, annoncé au N° 815 a une origine singuliere que M. l'A. R. ne pourra certainement pas se vanter de nous avoir communiquée.

Pour en revenir à ce critique qui occasionne cette addition au Catalogue, il nous accuse, dans le prospectus cité, d'avoir fait un *Prochronisme* en rapportant l'anecdote en question, *Prochronisme* qu'il promet de relever dans des *Mélanges Calligraphiques*. Il y dira vraisemblablement que *Louis de la Gruthuse* étant mort en 1493, & *Louis XII* n'étant monté sur le trône qu'en 1498, nous avons eu tort d'avancer que ce Monarque acheta cette Bibliotheque après la mort de ce Seigneur; mais nous lui répondrons qu'en disant que *Louis XII* fit cette acquisition après la mort du possesseur, il est clair que nous donnions à entendre qu'elle n'eut lieu que quel

O

ques années après, c'est-à-dire après que *Louis XII*. fut parvenu à la couronne de France. Si nous assurons aujourd'hui dans la note sur la *Forteresse de la Foi*, que ce Roi se procura ces beaux livres pour en augmenter sa Bibliotheque de Blois, tandis qu'il n'étoit encore que Duc d'Orléans, c'est parceque nous avons recueilli quelques preuves qui peuvent favoriser cette assertion, que nous constaterons lorsqu'il sera nécessaire. Ce n'est pas tout encore, M. l'A. R. nous menace de relever quelques autres fautes qu'il a découvertes dans la même notice; à cela nous répondons que sa menace est très louable si les motifs qui l'ont occasionnée n'ont d'autres principes que de perfectionner cette *Bibliognosie* qu'il possede si universellement.

Mais si dans une *notice* de peu d'importance il a trouvé sans cesse à se servir de *ces Verges de la critique* qu'il sait si bien manier, à ce qu'il prétend ; que d'erreurs, de méprises, d'omissions, &c. n'aura-t-il pas à reprendre dans les courtes notices que nous avons données des MSS. de ce catalogue ! & en effet quels reproches n'a-t-il pas à nous faire d'avoir négligé d'annoncer *si un MS. est écrit avec un poinçon de fer, un pinceau, une plume de roseau ou d'oiseau, s'il est écrit sur parchemin, sur vélin, sur peau humaine, sur papier d'Egypte, d'écorce de tilleul, d'olles, de coton, de bambou, de soie, de chiffes* .... (1) d'avoir employé le mot *camaïeu*

---

(1) M. l'A. R. auroit dû demander pour rendre complete cette énumération de mots, qui, pour le dire en passant, sont tirés de la table du nouveau traité de Diplomatique des Bénédictins, s'il y a des MSS. écrits sur des *Vestes de peau*. Celle de *Pétrarque* sur laquelle il avoit écrit ses pensées à mesure qu'elles se présentoient à son esprit, se conservoit encore dans le XVI siecle. Si M. l'A. R. connoissoit cette veste remplie d'écriture, rien ne pouvoit le dispenser d'en former une demande dans son *Catéchisme Bibliopolique*; car il peut fort bien arriver que cette veste qui s'est perdue, tombe un jour, comme un MS. écrit sur

ADDITIONS.

au lieu de celui de *Monochrome*, pour défigner les miniatures d'une feule couleur ; enfin d'avoir ofé marcher avec trop de préfomption *dans ce champ immenfe coupé de proche en proche par une infinité de précipices, & hériffé dans leurs intervalles de ronces & d'épines, où 58 Auteurs eftimables nommés à la page 56 des notes du profpectus en queftion, fe font difputé le cruel plaifir de femer une plus grande quantité d'erreurs les uns que les autres pour combler le défefpoir des amateurs de l'exactitude & de la vérité.*

Si les erreurs que nous preffentons avoir commifes dans ce Catalogue n'étoient ni fort graves ni fort nombreufes, nous en ferions d'autant plus étonnés, que M. l'A. R. qui a *blanchi dans les travaux* de la profeffion d'un *Bibliognofte*, & qui s'eft occupé pendant douze ans à préparer les matériaux des notices des MSS. de M le *Duc de la Valliere*, MSS. que nous n'avons eus, pour ainfi dire, qu'un inftant fous les yeux, n'a pas été exempt lui-même d'en commettre de très confidérables dans le peu d'ouvrages (1) qu'il a donnés au Public.

Peau Humaine ou *Papier de Bambou*, entre les mains d'un *Bibliopole* qui vraifemblablement, fi c'étoit dans un inventaire, auroit la préférence pour la vendre fur un *Marchand-Fripier*.

M. l'A. R. eft répréhenfible encore d'avoir paffé fous filence les MSS. écrits fur des *Inteftins d'Eléphants*, de *Serpents* & de *Peaux de Poiffons*.

(1) Ces ouvrages confiftent en cinq notices fur des MSS. & un profpectus. M. l'A. R. affure dans ce dernier ouvrage qu'avant lui aucun Bibliographe n'a fait imprimer des notices auffi completes que les fiennes ; cependant il ne peut & ne doit pas fe diffimuler que M. le *Marquis de Cambis* n'a rien laiffé à defirer fur celles qu'il a publiées de fes MSS. Nous ne doutons même pas que M. l'A. R. ne convienne un jour, d'après cette belle maxime d'un des plus célebres Comiques Latins : *Ingenuum eft confiteri per quos profeceris*, que le Catalogue de M. de Cambis lui

N° 914. M. Serveti Christianissimi restitutio.

Cette réimpression va depuis la page 3 de l'édition originale jusqu'à la page 293, lignes 10 & 11, où on lit : *Paulus deinde hanc fidem semper prædicauit*, mots qui sont contenus dans la derniere phrase de le réimpression.

N° 1024. Annotomia della Messa.

Les pieces préliminaires consistent en 8 feuillets contenant le titre, une épître d'*Antonio di Adamo* aux Lecteurs Chrétiens & la table des Chapitres. Le texte commence au feuillet chiffré 9 & finit au feuillet verso 141. Le 142e & le dernier feuillets contiennent un *errata*.

L'Anatomie de la messe est divisée en 4 parties. Le sermon sur l'Euchatistie commence au feuillet verso 103.

N° 1025. Missæ ac Missalis Anatomia.

C'est le même Ouvrage que le précédent traduit en latin avec beaucoup de changements & de différences. Il est aussi divisé en quatre parties, mais on n'y trouve pas le Sermon sur l'Euchatistie. Les pieces préliminaires qui consistent dans le titre & une préface occupent les 10 premiers feuillets dont les pages sont chiffrées. Le corps du volume commence à la page 21 & finit à la page 172, il est suivi de 20 feuillets

---

a fourni l'idée de décrire très prolixement des MSS. & d'entrer dans des détails minutieux sur des objets sur lesquels le célebre *Lambecius* & les Bibliographes les plus instruits ont dédaigné de s'arrêter. Il avouera sans doute aussi que c'est le recueil de miniatures prises sur des MSS. par M. *de Gaignieres*, (recueil précieux qui est à la Bibliotheque du Roi,) qui lui a fait imaginer l'ouvrage dont il a publié le prospectus, & qui doit contenir 26 figures coloriées, tirées des MSS. de M. le *Duc de la Valliere*.

ADDITIONS.

contenant l'épitaphe de la meſſe en 22 vers latins, un feuillet blanc, un avis au lecteur, un errata aſſez conſidérable, & la table des matieres.

N° 1049. Decretum Gratiani. *Moguntiæ*, 1472.

Exemplaire de la plus grande beauté, enrichi de lettres *tourneures* peintes en or & en couleurs, & de 35 ſuperbes miniatures de deux pouces & demi en quarré.

N° 1051. Nova Decretalium Compilatio. *Venetiis*, 1479.

Effacez du titre de ce N° & de ceux des 6 numéros ſuivants *Epiſcopi Alerienſis*, & ajoutez en place *Juriſconſulti Bononienſis*.

N° 1068. Deciſiones novæ. *Coloniæ*, 1477.

Depuis l'impreſſion de cet article du Catalogue, nous nous ſommes apperçus que *Zel de Hanau* s'eſt ſervi des caracteres de la bible de Mayence, pour les ſommaires de pluſieurs de ſes éditions, exécutées avec les caracteres qui lui appartenoient particulièrement. On en trouve dans celles qui ſont annoncées aux N°ˢ. 475, 478, 607, 1300.

Mais ce qui paroît prouver davantage que les *Déciſiones novæ*... & les éditions dont il eſt fait mention dans la note, ſont ſorties des preſſes de l'Imprimeur de Cologne, c'eſt que le *Formicarius* imprimé ſur 2 colonnes avec les caracteres de *Schoyffer*, renferme une page à longues lignes exécutée avec les petits caracteres de *Zel de Hanau*. Cette page eſt ſur le verſo du feuillet 44. Ajoutez à cela que *Zel Hanau* a preſque toujours publié ſes éditions, ſans indiquer qu'elles ſortoient de ſes preſſes, tandis que l'Ariſte de Mayence a rarement manqué d'en avertir.

ADDITIONS.

N° 1176. Repertorium Juris. *Lovanii*, 1475.

On trouve la souscription gravée dans les *Origines Typographicæ* de M. Meerman, tom. 2 tab. VIII.

N° 1189. Recueil de divers traités MS.

Ajoutez après 7.

7* chi parole de lolimpiade deuāt l'icarnatiō.

N° 1274. Le Livre de Boece. MS.

Il y a sur plusieurs feuillets de ce MS. des armes au champ d'argent, à une fasce de gueules de deux pieces, à deux givres affrontées de sinople, brochant sur le tout.

N° 1280. Tractatus de quatuor virtutibus. *Spiræ*, circa 1472.

La souscription de cette édition est gravée dans l'Ouvrage du Cardinal *Quirini* intitulé : *de optimorum Scriptorum editionibus*, *Lindaugiæ*, 1761 page. 28.

N° 1295 Petri Pauli Vergerii de ingenuis moribus opus.

Les caracteres de cette édition sont exactement semblables à ceux du *Quinte-Curce* imprimé à Rome par *George Laver* vers 1470. V. le N°. 4837.

N° 1300. Mag. Joannis Gerson tractatus varii.

Le premier traité contenant 26 feuillets commence ainsi:

Incipit tractatus nōbilis de passioĭbȝ aīe. venerabilis magistri Joh' gerson.

Il finit de cette maniere:

Explicit tractatus notabilis de passioĭbus aīe. Editus a

ADDITIONS. 41

mgro iohāne gersõ cācellario parisiensi necnõ professore sacre theologie.

Le second traité qui n'a que quatre feuillets, porte le sommaire suivant :

Incipit tractatulus bon9 eiusdē de modo viuendi omniū fideliū.

A la fin :

Expliciunt regule pulchre eiusdem de modo viuendi omniū fidelium.

Le troisieme traité a été décrit aux Nos 619 & 619 add.
Les quatrieme & cinquieme traités ont été également décrits au même N° 619 add.

Le sixieme traité dont les feuillets sont au nombre de 28, n'a point de sommaire au commencement, & finit par ces mots :

Explicit. Alphabetū diuini amoris. de eleuatōe mentis in deū. venerabil' mgri Joh. Gerson. Cancellarij parisien.

N° 1305 & 1306. Fr Petrarchæ de vita solitaria. lib. II. & de contemptu mundi.

Caracteres semblables à ceux des Nos 571, 2454, 4434 & 5572. Il est facile de reconnoître ce caractere par cette capitale. **R**

N° 1310—1318. Rod. Episcopi Zamorensis Speculum vitæ humanæ.

On trouve dans toutes ces éditions l'épître dédicatoire de l'Auteur au Pape Paul II. une table des Chapitres & les 6 vers latins rapportés au N° 1314.

N° 1461. Historia naturale di Caio Plinio secondo. *Venetiis*, 1476.

Cet exemplaire est de la plus grande beauté. Les Capitales peintes en or sont au nombre de 38. La plupart représentent le principal objet du livre de Pline, qu'elles décorent, & elles ont 2 pouces 3 lignes en quarré. C'est au commencement du second livre que se trouve la bordure peinte en or & couleurs.

N° 1816. Thurecensis Phisiti tractatus de Cometis.

Cet ouvrage est curieux & fort rare. Il est divisé en deux parties, la premiere partie traite des Cometes en général & la seconde de la Comete qui apparut le 13 Janvier 1472. Il y a lieu de croire que cette édition a été mise au jour, soit en cette derniere année, soit dans la suivante.

Ce traité a été inconnu à *Stanislas* de *Lubienietz*, Auteur du *Theatrum Cometicum*.

Nous pensons que le mot *phisiti* qui se lit sur le titre, est une faute typographique & qu'il faut lire *phisici*, c'est-à-dire Médecin ou Physicien.

N° 1840. Fr. Cremosani (Cremonsani est une faute.) perbreve prognosticon. MS.

Ce MS. est l'original, ce que prouvent les armes d'*Amboise*, pallées d'or & de gueules de six pieces, qui sont peintes au bas du premier feuillet. Il vient de la Bibliotheque des Seigneurs d'*Urfé*, qui avoit été formée en partie de celle de *l'Admiral de Graville* dont *Charles d'Amboise*, avoit épousé la fille nommée *Jeanne*.

N° 2170. Joan. Crestoni Lexicon, Græco-Latinum.

Le rédacteur du Catalogue des livres de la Bibliotheque de

ADDITIONS.

de *Jos. Smith* obferve pag. XXII du fuppl. que cette édition doit être antérieure à l'an 1478 puifque *Petro de Montagnana* fit préfent d'un exemplaire, encette année, aux Chanoines réguliers du Monaftere de S. Jean à Padoue.

N° 2186. Donatus Joan. Gerfon.

Ce livre fe trouve mal placé Le titre du même livre annoncé au N°. 366*¹² fait connoître plus clairement ce qu'il contient: *Donatus arte grammaticus homini in fui ipfius cognitionem per Allegoriam traductus.*

On connoît cet Ouvrage fous le nom de *Donatus Chriftianus*.

N° 2271. M. T. Cicero de Officiis MS.

Les devifes qui font peintes fur le premier feuillet de ce MS. appartiennent à la famille de *Médicis*, la Givre des *Visconti* qu'on y voit, n'a été peinte qu'après coup. On y lit à côté ces deux Sigles compofés: *L O. M A*. qui fignifient *Lorenzo Magno* V. au N° 4886 un MS. décoré des mêmes devifes.

N° 2298, 2299 & 2300. Ciceronis Orationes

Ces éditions ne contiennent ni les *Verrines* ni les *Philippiques*, ni les Oraifons *pro M. Fonteio & pro Rofcio, Comœdo*.

N° 2302. Ciceronis Orationes. *Bononiæ*, 1499.

On ne trouve pas dans cette édition les *Verrines* ni les *Philippiques*; mais il y a de plus que dans celles de 1471, 1472, 1480 ci-deffus, les Oraifons *pro M. Fonteio, pro Rofcio, Comœdo, &* celle *adverfus Valerium*.

N° 2340. Ladiflaii Vetefii Oratio.

Jean Genfberg a employé les mêmes caracteres dans les

P.

ADDITIONS.

Calderini Commentaria in Martialem. Romæ, 1474. N°. 2539.

N° 2419. Albi Tibulli Elegiarum lib. MS.

Il n'y a que les 6 premiers mois du Calendrier qui se trouve à la fin. Les jours malheureux y sont indiqués aux dates suivantes.

Januarius.

IIII. Non. Dies ater & nefastus
VIII. Idus. Dies ater & nefastus

Martius.

VI. Non. non est bonum nugere

Junius.

IIII. Kal. Dies ater.

N° 2454. M. Servii Honorati comment. in Bucolica Virgilii.

Les Caracteres des N°s. 571, 1305, 1306, 4434 & 5572. sont semblables à ceux de cette édition. Ces éditions sont remarquables par cette Capitale R.

N° 2509. Lucani Pharsalia. *Venetiis*, 1477.

Cette édition est in-folio.

N° 2707. La Bible Guyot. MS.

Il ne faut pas confondre la *Bible Guyot* avec une autre en vers d'un *Hugues de Berfil ou Brefil*, *Chastelain*, dont M. le Comte de *Caylus*, a donné une notice dans les Mémoires de l'Académie des Belles-Lettres, tom. XXI. pag. 191. Histoire.

Ajoutez aux Citations des Auteurs qui ont rapporté les vers

ADDITIONS.

de *Guyot de Provins* sur la Bouffole M. de Montucla, pag 436 tom. I. de fon Hiftoire des Mathématiques, les Auteurs de l'Encyclopédie au moi *Bouffole*, & M. *le Prince le jeune* dans fon Supplément aux Remarques fur l'état des Arts dans le moyen âge, imprimé dans le Journal des Savans Octobre, 1782.

La pierre d'*Aiman* eft décrite fous le nom de *Magnete* & le *Diamant* fous celui d'*Aiman*, dans deux traductions françoifes du XIII fiecle d'une piece de vers latins de *Marbode* mort en 1123, fur les Propriétés des Pierres Précieufes. L'une, qui eft en vers, fe trouve imprimée parmi lès Œuvres de *Marbode* à la fuite de celles du Moine *Hildebert*, édition de 1708 & l'autre, qui eft en profe, eft annoncée au N°. 1501 & 2738 de ce Catalogue. M. l'Abbé *Tirabofchi* obferve dans fa *Storia della Litteratura Italiana*, tom. 8 pag. 180 in 8° que le plus ancien Ouvrage (après celui de *Guyot de Provins*), où il eft fait mention de la *Bouffole*, eft l'Hiftoire orientale & occidentale du Cardinal *Jacques de Vitry*, qui mourut en 1244. On y lit au Chapitre LXXXIX pag. 116 du recueil de Bongars :

Adamas in india reperitur.... ferrum occulta quadam natura ad fe trahit. Acus ferrea poftquam Adamantem contigerit, ad Stellam, Septentrionalem... femper convertitur, unde valde neceffarius eft navigantibus in mari.

On voit que l'Auteur attribue ici au *Diamant* les vertus de l'*Aiman*.

N° 2710. Vie & Miracles de la Vierge. MS.

Les miracles de Notre-Dame de Soiffons écrits en latin par *Hugues Farfitus*, dont *Gautier de Coinfi* a mis une partie en vers françois, font imprimés dans l'hiftoire de l'Abbaye de Notre-Dame de Soiffons, par Dom Germain in-4°.

ADDITIONS.

Voyez au sujet de *Gautier de Coinsi*, un Mémoire de M. *Racine* le fils, inséré dans les Mémoires de l'Académie des Belles-Lettres, tom. XVIII. & le Discours préliminaire des Contes dévots, par M. *le Grand*, tom. IV. On trouve aussi dans les Eclaircissements qui sont à la tête du catalogue de M. *Guyon de Sardiere*, pag. X. un détail d'une grande partie des pieces qui sont contenues dans notre MS.

N° 2713 A.——2716 D. Recueil de Contes devots.

Voici les premiers vers de chaque Conte de ces quatre Recueils. Ce détail pourra servir à collationner de semblables MSS.

A 1. B 3. C 1. D 1.

> Ahide dex rois ihesucriz
> Pere et fiz et sainz esperiz.

C'est le Prologue.

A 2. C 1. D 2.

> Dui furent qui moult santramerent
> Li vns lez lautre se logerent.

Dans C 1. le Prologue précédent est confondu avec ce Conte.

A 3. C 11. D 3.

> Qui la uerge espargne si het
> Son anfant et pas ne le set.

A 4. C 12. D 9.

> De sa franchise se demet
> Qui au seruitute se met.

A 5. C 13. D 10.

> De fol auoir a grant talant
> Qui sa folé a son esciant.

ADDITIONS. 47

A 6. C 14. D 11.

> Qui de loing garde de pres iot
> Qui bien fe garde et bien fe clot.

A 7. C 15. D 13.

> Thais ot nom la damoifele
> Qui tant fu auenanz et bele.

On trouve dans C 15 & D 13. un prologue de 67 vers qui commence ainfi :

> Tout neft pas or quan qui rèluit
> Li arbre qui ne porte fruit.

A 8. C 16. D 15.

> Qui oroilles ha por oir
> Oir doit cè don puet ioir.

A 9. C 32. D 5.

> Si come li fuz foz lefcorce
> Se tient au uertu et au force.

A 10. C 33.

> Vilains eft qui fait a autrui
> Ce qui vuet cun ne face lui.

A 11. C 34.

> Si come la terre braigne
> Par plue et par rofee anpraigne.

A 12. C 28. D, 21.

> Fox eft qui acroit for fes peax
> Tandis come li geux en beax.

Dans C 28. cette hiftoire d'un Empereur de Rome, de fa femme & de fon *Serorge*, c'eft-à-dire Beau-Frere, eft différemment contée ; elle eft très confidérable, & commence par ces vers :

ADDITIONS.

Nus saiges dit et fet sauoir
Li tres bons liures de sauoir.

A 13. C 23. D 22.

Pierre uolaige ne quiot mouse
Qui de mauaises mors se tousse.

A 14. C 24.

Assez uaut meauz amis anuoie
Qui ne font denier au corroie.

A 15. C 25.

Ancor ne me puis ie pas traire
De ses courtoisies retraire.

A 16. C 26. D 14.

Cil qui le fol doit resambler
Doit la pel de lup affubler.

A 17. C 30.

Dex de cui tote bontez ist
par leuangele si nos dist.

A 18. B 11. C 31. D 19.

Salemons dist que tant est
Li fox saiges comme il se tait.

A 19. C 35.

Voirs est que chascuns cuers se preue
Selonc le pouoir que il treuue.

A 20. C 36. D 24.

Si come li solaz a oeure
La rose et le boston descoeure.

A 21. C 19. D 7.

Tant grate chieure qui mal gist
Qui deu laisse por son deleist.

ADDITIONS.

A 22. C 22. D 23.

    Fromaiges fres ne pierre dure
    Ne font mie dune nature.

A 23. C 37. D 25.

    Autrefi come la quintainne
    Recoit & les cos et la poine.

A 24. C 38. D 26.

    Qui a ij. feignors vuet feruir
    Lun an conuient a mefferuir.

A 25. C 39. D 27.

    Nos trouons an efcrift por uoir
    Que bien doit fon loier auoir.

A 26. C 40. D 28.

    Au tans que falemons viuoit
    Qui de for toz le fans auoit.

C 40. qui renferme le même Conte, commence par deux autres vers.

    Salemons chaftia fon fill
    Pour fame geter de perill.

A 27. C 42. D 29.

    Qui dou bien crient riens ne li faut
    Et fil laime bien tant li vaut.

Dans C 42. & D 29. le premier vers eft changé ainfi :

    Cil qui dieux crient riens ne li faut.

A 28. C 42. D 30.

    Qui fans et raifon ha enfamble
    Et il nan oure fi refamble.

ADDITIONS.

A 29. B 5. C 2. D 4.

> Dex qui les refcondailles uoit
> Et qui les cuers des genz conoit.

Il manque le commencement de ce conte dans D. 4.

A 30. B 6. C 3. D 6.

> Qui talant ha de bien aprendre
> De cuer doroilles doit entandre.

Il manque un prologue de 30 vers dans C 3 qui commence par ces vers :

> D'un autre preudome uos cont
> Si come leftoire lefpont.

A 31. B 7. D 8.

> Quant dame dex le monde fift
> An totes ces chofes affift.

A 32. B 8. C 4.

> Dex qui les biens nos abandone
> Qui fans et efciance nos done.

A 33. B 9. C 5.

> Bien troue qui au bien fe tient
> Et cil qui an mal fe maintient.

A 34. B 10. C 6.

> Viez pechiez fait nouelle honte
> Si come le prodons le reconte.

Les 46 premiers vers font fupprimés dans B 10, qui commence ainfi :

> Ci apres vous dirai la vie.
> Dun hermite qui grant enuie.

A 35.

ADDITIONS.

A 35. C 7.

Moult est cil poures qui ne voit
Et andormiz qui deu ne croit.

A 36. C 8.

Qui nai cun oil souant le tert
Car il set bien se celui pert.

A 37. C 9.

Mauais est qui ne guerredone.
Les biens que lon li fait et done.

A 38. C 17. D 16.

Tant as tant uauz et ie tant hain
Et seignor et ami te clain.

A 39. C 20. D 18.

Bien est gardez cil cui dex garde
Et qui se met hors de sa garde.

A 40. C 27. D 12.

Des bons iest li biens par droiture.
Et li foux cuers a sa nature.

A 41. C 10.

Desouz bethleem an i prez
Venez auant uos qui amez.

A 42. C 21. D. 20.

Dieu sessauce qui se humilie
Et cil qui anguiler salie.

B 4.

Une gent sont qui vont contant
De cort en cort et vont trouant

ADDITIONS.

C 18. D. 17.

>Qui son lit apareillie uoit
>Lan dit que cil a suer boit.

>Dans D 17 ce conte commence ainsi :

>Len dit que cil asseur si boit
>Qui son lit appareillé voit.

C 29.

>Ici me prant ici me art
>Grant volante par saint maart.

D 31.

>Se nous raconte lescripture
>Qua tolette en estrameure.

D 32.

>Un malades estoit greuez
>Et iusquez a sa fin menez.

D 33.

>Seignours a rome la cite
>Qui est de grant autorite.

D 34.

Il fut i hermite qui demouroit sur vne riuiere au bout d'un bois. . . . .

D 35.

>Cy escript racompte de uerite
>Quil auoit en vne cite

D 36.

>Dieu pardonne legierement
>Au pecheour quand il se repent
>Et en amendement en vient
>Par la penitance ou len uient.

ADDITIONS. 53

Il fu iadis j chevalier le quel si estoit moult fier et orgueillux.

A 19. & C. 35. renferment la même histoire contée entierement en vers.

D 37.

> Qui son pere et sa mere honnoure,
> Die ly prudomme en poy de heure
> Et qui au besoing ne leur vault
> Grace et honnour et bien ly fault.

Il fu iadis j valet qui estoit filz dun prudomme qui moult estoit richez.

Ce Conte est entierement en prose, à l'exeption du commencement. On le trouve en vers dans A 17. & C 30.

N° 2717. Le Roman du Renard. MS.

Nous ajouterons au sujet de ces Contes du Renard, que la versification en est très agréable, qu'il y a beaucoup d'esprit, & qu'il est fâcheux que M. *le Grand*, Auteur des Fabliaux & Contes des XII & XIII siecles, réduits en prose, n'ait point fait entrer dans cet Ouvrage la plupart de ces Contes qui sont très amusants & rendus avec naïveté.

N° 2735. Le Roman d'Aymeri de Narbonne.

La derniere partie de ce Roman contient les aventures de *Renier*, fils de *Maillefer*, celles de la *Belle Ydoine*, du Roi *Butor*, &c. elle est partagée en plusieurs poses qui servoient aux Jongleurs pour reprendre haleine, & s'attirer l'attention des Auditeurs. Voici les premiers vers de chaque pose :

> 17. Seigneurs oiez que diex vous ueulle aidier
> Bone chancon si lessiez le noisier
> Cest des enfances au damoisel renier
> Qui conquesta uenise au brant dacier
> Sen geta hors la gent a lauressier

ADDITIONS.

18. Seigneurs barons fetes pes fentendez
    Sorrez chancon de grant nobilitez
    Des tres granz paines et des granz pouertez
    Quot maillefer au courage adure
19. Seigneurs preudome por dieu le droiturier
    Or fetes pes fi lessiez le noifier
    Huimes conmence chancon à enforcier
    De maillefer uous ueuille i poi leffier
    Si uous dirai du damoifel renier.
20. Seigneurs oiez por dieu qui tout fourma
    Chancon d'hiftoire bien ait qui la trouua
    Comment renier ydoine fecoura
    Et de butor comment occis fera
    La grant cite renier conqueftera
    Puis en fu roy et couronne porta
    En quel maniere connoiftre fe fera
    Enuers fa mere qui moult le defira
21. Seigneurs oiez por dieu de maiefte
    Bone chancon de uraie autorite
    De la naiffaince buyemon et tancre
    Qui en loft furent godefroy le membre
    Qui de bullon tant iadis la duche
    Toute anthioche conquifirent par fierte
    Jerufalem et le temple honnoure
    Et le fepulcre qui tant a dignite
    Ou ihefu chrift ot le fien cors pofe
    Quand li juis lorent en crois pene
    Tancre fu fils ydoine au cors molle
    Et buyemont que deuant ai nomme
22. Oiez feigneurs que diex uous beneye
    Le glorieus le fils fainte marie
    Bone chancon et de grant feigneurie
    Neft iugleeur qui de meilleur vous die

ADDITIONS. 55

Si com paiens la pute gent haie
Priftrent guillaume a la chiere hardie
En fon defert dedenz fa manandie
Moult li ont fet ledure et vilonnie.

N° 2736. Recueil de Poéfies du XIII fiecle. MS.

9 Ce font li ver damours.

Cette piece eft faite à l'inftar de celle fur la mort de *Dans Helynand* Religieux à Froimont, Abbaye de l'ordre de Cîtaux dans le Diocefe de Beauvais, mort en 1209; elle eft auffi en ftrophes de 12 vers, dont le premier de chacune commence par *Amours*.

13 Le Beftiaire.

Richard de Furnival, Auteur de cette piece, eut pour pere *Roger de Furnival*, Médecin de *Louis VIII* & *Louis IX*, & pour mere *Elifabeth de Paix*. Il devint Chanoine & Chancelier de la Cathédrale d'Amiens en 1240. Ses Ouvrages en vers font: un Roman d'*Abladane* ou *Abladene*, compofé vers 1250, dont M. l'*Abbé Daire* a donné un extrait dans fon hiftoire d'Amiens, & 28 Chanfons citées par M. *de la Borde* dans fon Effai fur la Mufique.

16 C'eft du cors & de lame.

Cette piece eft compofée de 20 Strophes de 12 vers; chaque ftrophe commence par *Mots*.

18 C'eft de Renart le nouuel.

Ajoutez que cette fatyre a été réduite en profe par un nommé *Teneffax*. Cette traduction eft imprimée & fe trouve annoncée aux N°s. 3857 — 3859.

22 Ce font li iij mors et li iij uis.

Denys Godefroy, dans fes Annotations fur l'hiftoire de *Charles VI*. pag. 674, rapporte que *Jean*, Duc de Berry, oncle de *Charles VI.* fit repréfenter fur la grande porte méridionale de l'Eglife des SS. Innocens, à Paris, l'Hiftoire des trois morts qui apparurent à trois vifs, chaffant dans une forêt. On lifoit au-deffous ces vers :

>En l'an mille quatre cents huit
>Jean duc de berry tres puiffant
>En toutes vertus bien inftruit,
>Et prince en france floriffant,
>Par humain cours lors cognoiffant :
>Qu'il convient toute creature,
>Ainfi que nature confent,
>Mourir & tendre a pourriture
>Fift tailler icy la fculpture
>Des trois vifs, auffi des trois morts
>Et de fes deniers la facture
>En paya par juftes accords :
>Pour monftrer que tout humain corps
>Tant ait biens ou grande cité,
>Ne peut euiter les difcords
>De la mortelle aduerfité,
>Ayons de la mort fouuenir
>Afin qu'après perplexité
>Puiffions aux fainéts cieux parvenir.

Dans les heures MSS. où cette hiftoire des trois morts eft repréfentée, la miniature fe trouve toujours au commencement de l'office des morts.

40 Ce font li congie baude faftoul daras.

Voici quelques vers de cette piece où, *Baude Faftoul* fe plaint d'un mal qui avoit attaqué tous fes membres, & qui l'obligeoit de s'éloigner de la ville d'Arras.

>Se ie fauoie dire ou faire
>Cofe ke autrui deuft plaire

ADDITIONS.

Jen aroie moult bien loifir
Mais mi anui et mi contraire
Me font fi coi tenir et taire
Que ie criem a cafcun nuifir
Mais on fe puet bien trop taifir
Il me vient i poi a plaifir
Que ie die de mon afaire
Dix ki a fait fur moi luifir
Dift que deuant lui fouef flaire.

Puifque dix enfi me bertaude
Ki ma fi racourcie les ges
Que ie nai mais folers a bes

Mes maus ki eft tornes a plane
Dont cafcuns dift que nul ne fane
Me fait ceuaucier les trauers.

Car pluifour mal ki ataint mont
Mont une jambe fi deftruite
Que ne me vaut baras ne fuite.

Maus ki maprint de fous ma pel
Me fait widier cuer et cancel
Nus ne me voit cui nen foit grief
Aler mestuet a terme brief

Ains que ma cars fuft enramee
Du mal ki neft plaifans ne biaus.

Widier me conuient les maifiaus
Puifque ma cars eft fourfamee

Enfertes ki mon cors mehaigne.
Por coi tous li mons me desdaigne
Me fait ce cafcun eftre efkui.

Li mals ki me fait tenir coi

Me monſtre bien que ie ne doi
Viure en orguel ne en beubance
Mais humblement en j recoi
Prier diu de cuer et de foi
Car riens ne vaut ſans repentance.

Mi mals ma print entre ij iex.
Car maus et hontes me conuoie
Partout ou ie ſui repairans.

Au caſtelain darras voel dire
Comment courous anuis et ire
Me font plourer et larmoier
De ce que li miens cors empire.

Puis kil meſtuet aler de ci
Je pring a iehan de mouci
Congie et a andriu ſon frere
Car maus ma ſi taint et noirci
Dont iai le pie ſi adurci
Que iamais niere boins choulere.

Li maus ki dedens moi ſaerte
Dont iai le cors tout aperte
Me fait eſtre mas et honteus.

Hontes qui mon cors deſſenits
Ki tout mabat et aſſoupiſt
Por coi ie vois en liu eſtraigne.

Ces vers ne déſignent d'autre maladie que la Lepre, qui commençoit ordinairement par le viſage, attaquoit enſuite la peau, qu'elle rendoit raboteuſe, noire, baſanée, dure & épaiſſe en certains endroits, & mince & déliée en d'autres, deſſéchoit les chairs, ôtoit l'embonpoint, enfloit les pieds & les mains, &c.

Baude

ADDITIONS. 59

Baude Faftoul avoue vers la fin, qu'il fe l'étoit attirée par la débauche.

    Maus ki ma pris a le boitoire (en débauche)
    Me femont que ne me defpoire
    Por dolour que mes cors reçoit.

43 Chi commenche d'un dit d'Amours.

Ce dit eft compofé de 22 ftrophes de 12 vers. Chaque ftrophe commence par le mot *Amours*.

N° 2738. Recueil de pieces en profe & en vers. MS.

3 Ci commence li liures des pierres précieufes.

On n'y trouve que 34 pierres décrites, favoir : Diamans, Achates, Alectore, Jafpe, Saphir, Calcidoyne, Efmeraude, Sardoynne, Onyce, Grifolyte, Berul, Thopaffe, Jagonfes, Grifopas, Amatifte, Célydoine, Jaieth, Coraux, Corneline, Rubin, Lygurion, Athytes, Abefton, Apytiftes, Pyrites, Amatyfte, Sardynne, Prafme, Beril, Criftaux, Pelles, Grifolites, Grifopas, Ambre.

12 Ce font les vers de la mort.

Cette piece paffe pour être du Moine *Helynand*, qui mourut, fuivant *Vincent de Beauvais*, en 1209; elle eft compofée de 48 ftrophes, dont la plupart font de 12 vers. Elle eft plus complete dans ce MS. & plus exacte que celle que l'Avocat *Loifel* a fait imprimer en 1595. in-8°. On ne trouve dans cette édition que 39 ftrophes.

N° 2768. Boece de la confalation de la Philofophie. MS.

Les PP. *Quetif & Echard*, Bibliotheca Scriptorum ordinis Prædicat. tom. 1, pag. 291, *Marchand*, Dictionn. Hiftori-

ADDITIONS.

que, tom. 2, pag. 113. l'Auteur d'une traduction en prose de la confolation de la Philofophie de Boece, imprimée à la Haye en 1744, tom. 1, pag. xxxiv de la préface. M. C*** Auteur d'une autre verfion, pag. xlvij de fa préface; enfin M. *Chevalier*, hiftoire de Poligny, tom 2, pag. 400, n'ont pas rendu un compte plus exact de la traduction en vers de *Renaut de Louens*, que les trois Auteurs que nous avons déja cités.

Nous connoiffons deux verfions de cet Ouvrage *de Boece*, entièrement en vers, dont une a été imprimée. Il ne faut pas regarder comme une troifieme celle qu'un anonyme a publiée fous le regne de *Charles VII*, parceque c'eft abfolument la même que celle de *Renaut de Louens*, à laquelle on a ajouté un nouveau prologue. Pour cacher davantage le plagiat, l'Anonyme fe déchaîne dans ce prologue contre ceux qui s'attribuent les Ouvrages d'autrui.

N° 2775. Le livre de Mathéolus.

Nous nous fommes trompés en annonçant cette édition comme de Verard. On n'y voit ni nom d'imprimeur ni nom de lieu; mais on y lit la date de 1492. dans les 6 derniers vers, & dans les 16 derniers, le nom d'*Allefandre Primet*, par Acroftiche. La date paroît être celle de la premiere édition de ce livre, & *Alexandre Primet* l'Editeur.

N° 2809. L'Enlevement de Proferpine. MS.

L'Écrivain a écrit fur le premier feuillet une note latine, dans laquelle il nous apprend que l'Auteur compofa ce poëme qui eft intitulé: *de raptu Proferpinæ*, à l'inftar de celui de *Claudien*, & à l'occafion de l'enlevement de fa fille unique qui s'appelloit *Cerès*.

ADDITIONS.

N° 2852. Recueil de Poéfies de Jean Mefchinot. MS.

Ce MS. contient exactement les mêmes pieces que l'édition de Paris. *Galliot Dupré*, 1528. in 8°.

N° 2853. L'Amant rendu Cordelier.

Il y a dans le même volume : l'Amant rendu par force au Couvent de triftefse. ⸺ Les dits d'amours & ventes. goth.

La Complainte que fait l'Amant à fa Dame par amours, eft une piece fort rare & très libre, elle n'a que quatre feuillets.

N° 2865. El Cavallero determinado.

Ce livre eft recommandable par 20 grandes figures très bien deffinées & gravées fur bois, qui le décorent. La plupart font marquées d'un A italique. *Chrift* croit que cette marque eft d'*Abraham de Bruyn*.

N° 2879. Le Vergier d'honneur.

Il y a dans le même volume :

La Légende des Vénitiens, ou autrement leur Chonique abrégée, par laquelle eft démonftrée le très jufte fondement de la guerre contre eulx (par Jean le Maire) *Paris, Geoffroy de Marnef* in-4° goth.

N° 2900. La Vie de Notre-Dame.

Il y a toute apparence que cet exemplaire eft imparfait au commencement, car la fignature *a* n'a que deux feuillets. Cette édition eft très rare ; elle eft exécutée avec les caracteres qui font employés dans *le Doctrinal de la Cour* & *l'Abuzé en Cour*, annoncés aux N°s. 2824 & 2825.

On lit à la fin :

Cy finēt les matines en frācoys nouuellement faites fur la genealogie et vie noſtre-dame.

N° 2911. Le Mirouer du Monde.

En parcourant ce livre, nous découvrons que le poëme qu'il contient, eſt celui de *Gautier de Metz*, nommé *Maître Goſoyn* dans quelques MSS. que nous en avons vus, lequel poëme MS. eſt annoncé au N°. 2721, fous le titre de la Mappemonde. Un Auteur du XVIe fiecle, qui ſe l'eſt attribué, a changé dans cette édition, pour déguiſer ſon Plagiat, le titre, le commencement, la fin & les vers dans leſquels *Gautier* annonçoit la date de la compoſition de ſon ouvrage, & il en a remanié le langage. Cet Auteur Plagiaire qui ſe nomme peut-être dans un Prologue qui eſt à la tête de cette édition ; mais dont la fin tient à un feuillet qui manque dans notre exemplaire, déclare qu'il commença cet ouvrage en 1514 dans le Château de *Divonne*, appartenant à *Antoine de Guigins*, Premier Préſident de Savoye, & il ajoute dans les derniers vers, qu'il l'acheva en 1516.

N° 2917. Le Pſeautier Noſtre-Dame.

Ce Pſautier eſt de S. *Bonaventure* & non de S. *Jérôme*. Le Poete Traducteur ſe nommoit *Pierre le Goux*, ainſi que des vers latins qui ſont imprimés au verſo du premier feuillet le marquent.

Cette édition paroiſſoit en 1511, puiſqu'on a écrit à la fin de cet exemplaire, que *Verard* en fit préſent le 20 Mars de la même année 1511, au monaſtere de Clervaux.

N° 2921. L'advenement du très Chrétien Roi de France Louis XII. à Milan.

Cette édition eſt de Lyon, 1509. Il y a dans le même

volume : *Complainte très piteuse de Dame Chrestienté sur la mort du feu Roy Charles huitiesme de ce nom.*

N° 2935. Poésies de Guillaume Cretin.

Le premier feuillet manque. Cette édition est la même que la suivante, qui est adressée à la Reine de Navarre par *François Charbonnier*, qui en a été le Reviseur.

N° 2959. Les mots & Sentences dorées de Caton.

Cette traduction est différente de celle qui suit ; elle n'est point de *Grognet*. Il est très vraisemblable que *Henri Macé* en est Auteur. On trouve son nom au commencement des Adages.

N° 3068. Débat d'amour, par Marguerite, Reine de Navarre. MS.

Cette piece est imprimée dans les Marguerites de la Marguerite des Princesses. Lyon, 1574. tom. 2, pag. 265 & suiv. sous le titre de *la Coche* ; mais on n'y a pas conservé les sommaires de notre MS. qui sont très curieux, parcequ'ils décrivent les situations où se trouvent les personnages du poème, & qu'ils dépeignent quelques costumes.

L'Abbé Goujet a extrait ce petit poème dans le tom. XI. Pag. 417 & suiv. de sa Bibliotheque françoise.

N° 3069. Discours en vers sur la Cour de François I. MS.

Ce petit poème est de *Claude Chappuys*, Bibliothécaire & Valet-de-Chambre de *François I*. Il a été imprimé en 1543, sous le titre de : *Discours de la Court*.

N° 3175. Ode de Claude Buttet. MS.

Cette Ode est composée d'un avant-propos de quatorze vers, intitulé : *Avant-Jeu*, d'un prologue & de 4 poses ou parties. Voici le premier vers de chaque piece :

Avant-Jeu.

Le saint troppeau des neufz sœurs éternelles.

Prologue.

Ore que ja uermeille Aurore.

Il est imprimé avec des différences dans les œuvres de *Buttet*, édition de Paris 1588, pag. 25. Il y porte ce sommaire :

Aux Muses pour immortaliser la vertu de Madame Marguerite. Ode XIIII.

Pose I.

Et uous celestes Pegasides.

Elle est imprimée sous le titre suivant :

Sur le mariage de Philibert Duc de Savoye et de Marguerite de France, Duchesse de Berri. Ode II.

Pose II.

Larrest second des destinées.

Pose III.

Hors une spelonque profonde.

Pose IIII.

La Muse qui par toi m'agite.

On lit à la fin :

De vostre excellence le très humble et très obéissant serviteur Marc Claude de Buttet Savoisien.

Cette souscription fait croire que ce MS. est autographe.

ADDITIONS.

N° 3536. Trois Livres de Chanfons. MS.

La Dédicace de cet ouvrage est datée du 14 Mars 1571. Le premier livre contient 42 Chanfons à 4 parties. Le fecond 39 à 4 & 5 parties, & le troifieme 39 à 3 parties; de plus: *Laudate Dominum in fanctis ejus. Ingredere & votis ingredere*, mis en mufique.

N° 3622. Sonetti del Burchiello. MS.

Ce MS. contient 207 Sonnets.

N° 3695. Carte de Mare Egeo. MS.

Quadrio, tom. 6, pag. 48, donne l'explication des trois premiers vers que nous avons rapportés ; ils fignifient que ce *Bartholomio da li Sonetti* ; autrement nommé *Zamberti*, mit cet ouvrage au jour en 1500.

N° 3705. Poefie Liriche & Egloghe di Luigi Alamanni. MS.

Aucunes des pieces contenues dans ce beau & précieux MS. ne font imprimées dans les œuvres de *Luigi Alamanni*, données à Lyon par Gryphe en 1532 ; elles confiftent en 166 Sonnets, 3 Eglogues, & un grand nombre de Chanfons, Odes, Madrigaux, Ballades, Stances in ottava rima, &c.

N° 3750. Verfi di Girardo Ruftici. MS.

On trouve au commencement un Sonnet Italien qui porte le fommaire fuivant écrit en rouge :

Cãtilana p potẽti. d. Petro maria Rubeo Berceti comite Mag^{co}. et Noceti dño &c.

L'Ode adreffée à *Pietro Maria Roffi* confifte en 332 vers, & commence au fecond feuillet par les fuivants :

ADDITIONS.

Ioue Minerua : e tu crinito apollo
Cileno. con il caduco : prima
Aſpirati queſta rima.

Elle eſt terminée par cette ſouſcription :

Altiloquos cecinit uerſus q̃ carmĩa phebi
Et q̃ ſacrar. coluit nunc docmata legum.
Nomine Girardus ciuile ; Ruſtica proles
Edidit. et quem ia ; genuit Placẽtia grata.
Anno. d. M. cccc° lxiij° die pltĩo Decembr.

Suit un Sonnet ſur le même *Pietro-Maria Roſſi.*

Ce livre ſe trouve mal placé ; il faut le mettre avec les Poetes italiens du XV ſiecle.

N° 4429. Phalaridis Epiſtolæ.

Caracteres ſemblables à ceux du livre intitulé : *Calderini commentaria in Martialem. Romæ, Joan. Gensberg,* 1474. N° 2529.

N° 4434. Senecæ Epiſtolæ.

Edition exécutée avec les mêmes caracteres que les N°s 571, 1305, 1306, 2454 & 5572. C'eſt à cette capitale N qu'on peut reconnoître ces caracteres.

N° 4478. Strabonis rerum Geographicarum libri.

Nous prévenons que la feuille V 6e ſignature eſt en petit papier & encadrée.

N° 4507. De l'utilité des Voyages.

Ce livre qui eſt extrêmement ſavant, ne parle rien moins que de la maniere de voyager utilement : ce ſont des remarques très curieuſes ſur les Taliſmans, les Antiquités, les manuſcrits

manuscrits. Il y a même un endroit fort singulier sur ce qui a donné lieu à la Diplomatique du P. Mabillon, qui n'a point été cité par ceux qui ont écrit contre cette Diplomatique ; mais qui mérite d'être lu par son importance.

V. Méth. pour étudier l'Hist. tom. 14, page 176.

N° 4742. Laudivus de Vita B. Hieronymi.

Ce livre est imprimé avec les mêmes caractères que les Calderini commentaria in Martialem. Romæ, Joan. Genfberg, 1474. N° 2539.

N° 4752. Libellus de Vita S. Goaris, 1489.

Les caractères dont on s'est servi pour les sommaires de ce livre, sont un peu plus gros que ceux de la fameuse Bible de la Bibliotheque Mazarine ; mais égaux à ceux d'une autre édition de la Bible, dont Schelhorn a donné un modele gravé, dans le livre du Cardinal Quirini, intitulé : *de optimorum Scriptorum editionibus*, pag. 61.

La Bible du College Mazarin qui est aussi dans la Bibliotheque de S. Blaise, dans la forêt noire, commence par quatre feuillets, dont les colonnes ont 40 lignes, & qui contiennent l'Epître à Paulin & la Préface sur la Genese. On compte également 40 lignes dans les deux colonnes du recto du cinquieme feuillet, 41 lignes au verso de ce feuillet, & 42 lignes dans toutes les colonnes entieres jusqu'à la fin.

La Bible de Schelhorn, dont les caractères sont plus gros, n'offre que 38 lignes par colonne entiere.

Une troisieme édition de la Bible imprimée avec des caractères qui ont les mêmes formes, est indiquée au N° 16 du Catalogue des livres de M. Gaignat.

A laquelle de ces trois anciennes Bibles peut-on attribuer

la primauté ? C'est une question que jamais on ne pourra résoudre.

N° 4866. Diece Libri della prima Deca di Tito Livio.

L'Epître Dédicatoire qui est au verso du premier feuillet porte le sommaire suivant :

Al Nobile et Peritissimo Giouene BERNARDO *Di Nicolo Cambini citadino di Firenze Luca di Giuoanni Bonacorsi Cartolaio Fiorentino Salute.*

Cette Epître finit ainsi :

..... *Et per tanto ho facto nuouamente emendare et imprimere la prima Deca sua* (di Tito Livio) *tradutta in materno sermone da persona doctissima Et quella dono et dedico al tuo nome. Nõ gia per suadendomi con questo satisfare al minimo delli oblighi infiniti che Io ho teco: ma perche sia testimonio dello amore et beniuolentia uostra. Et perche sintenda che nõ hai collocati i beneficii tuoi appresso dhuomo al tutto ĩmemore et ingrato Vale bene.*

Ce passage fait connoître que *Lucas Bonacorsi* n'étoit point Imprimeur, mais uniquement Papetier ou Libraire.

Cette édition pourroit bien être sortie des presses de Bernard *Cennius*, qui a imprimé à Florence en 1472 un Virgile.

N° 4932. Suetonii Libellus de Grammaticæ Scriptoribus.

Les caractères en sont semblables à ceux des *Calderini commentaria in Martialem. Romæ*, Joan. Gensberg, 1474. N° 2539.

ADDITIONS.

Nº. 5018. Chroniques de France, dites de S. Denys.

On lit fur le premier feuillet du premier volume, de la main de Fauchet : *reueu par moi C. Fauchet refugie a tours lan 1593.* Cet exemplaire a été corrigé fur d'anciens MSS. les corrections font aux marges.

Nº 5371. Olavi Rudbecki i Atlantica.

Nous prévenons que la fig. du tom. 3, pag. 529, eft déchirée ; mais cette défectuofité peut être très aifément réparée.

Nº 5464. .... Pierres antiques du Cabinet du Roi.

La plupart des pierres antiques que *M. Godonnefche* a peintes dans ce volume, fe trouvent dans le Traité des Pierres gravées du Cabinet du Roi, par M. Mariette ; favoir, parmi les *fujets* :

Fig. 25. Vénus victorieufe.

    42. Taureau Dionyfiaque.

    43. Sacrifice à Bacchus.

    80. Cerbere enchaîné par Hercule.

    104. Calpurnie inquiete fur le fort de Cefar.

    126. Sculpteur travaillant à un vafe.

Parmi les *têtes* :

Fig. 10. Vénus au collier, ou Hermione.

    27. Le Dieu Pan.

    33. Déjanire.

Il y a encore trois autres pierres que nous n'avons pas trouvées dans l'ouvrage de M. Mariette ; elles repréfentent Cléopâtre, Pallas & Hercule.

L'exécution de ce petit ouvrage est de l'an 1710; on y voit qu'à cette époque les médailles du Roi se montoient déja au nombre de 23600, parmi lesquelles on en comptoit 3370 d'or, 10474 d'argent, & 9746 de bronze.

N° 191 & 192. Jo. de Turrecremata expositio super toto Psalterio.

Ces deux éditions sont curieuses, parceque Schoyffer s'est servi du plus petit des deux gros caracteres des quatre Psautiers de Mayence pour les premiers mots des Psaumes. On y remarque aussi des capitales singulieres qu'on appelle *Cadeaux*. *Gallus* a employé des capitales semblables dans l'édition qu'il a donnée du même livre en 1470.

N° 237. Le Pseautier.

Les armes de *Villeroy* gravées sur les fermoirs d'or, sont accollées de celles de *Le Tellier*, ce qui fait connoître que ce Psautier a appartenu à Louis-Nicolas de Neufville, Duc de Villeroy, qui épousa Marguerite Le Tellier en 169:. Les sept superbes miniatures dont ce Seigneur a fait enrichir ce livre, ont 5 pouces 3 lignes de haut, sur 3 pouces 2 lignes de large.

N° 343. Pii Papæ II. Bulla Retractationum.

Il y a dans le même volume l'ouvrage d'*Æneas Silvius*, intitulé : *de Curialium miseria*. Ce traité est sans chiffres, réclames ni signatures, à longues lignes, au nombre de 27 sur les pages qui sont entieres. Les caracteres sont ceux de *Zel de Hanau*.

ADDITIONS.

N° 388. S. Basilius de liberalibus studiis.

Très belle édition qui paroît avoir été exécutée vers l'an 1473, & non vers 1480; elle est à longues lignes au nombre de 28 sur les pages qui sont entieres, sans chiffres, réclames ni signatures, & elle contient 10 feuillets. Les caracteres sont ceux de *Nicolas Jenson*, les mêmes aussi dont se servoit *Christ. Valdarfer.*

N° 741. Rosario.

Il y a dans le même volume :

Novo Rosario della Gloriosissima Vergine Maria, con quindeci sonetti in esposition delli quindeci Pater nostri; et 150 ottave rime : per lê 150 Ave Marie per le pie contemplationi delli quindeci Misterii. Del R. M. Gasparo Ancarano. in Venetia, Bern. Giunti, 1588. in 4.

Ce livre est orné des mêmes figures qui sont dans le précédent :

N° 743. Vaticinia.

Ce livre est orné de 35 figures en taille-douce; il y a dans le même volume :

Vaticinia seu prædictiones illustrium virorum. Sex Rotis are incisis comprehensa de successione Summum Pontificum Romanor. cum declarationibus & annotat. Hieronymi Ioannini. In Venetia, Gio. Batt. Bertoni, 1605. in 4.

CATALOGUE

CATALOGUE
DES LIVRES
DE LA BIBLIOTHEQUE
DE FEU M. LE DUC
DE LA VALLIERE.

PREMIERE PARTIE.

THÉOLOGIE.

Prolégomenes de l'Ecriture-Sainte, ou Traités préparatoires à la lecture de l'Ecriture-Sainte.

1 DISSERTATIONS qui peuvent servir de Prolégomenes de l'Ecriture-Sainte, par Dom Augustin Calmet. *Paris, Emery,* 1720, 3 vol. in-4. maroq. rouge.

    Tome I.   A

THÉOLOGIE.

Textes et Versions de l'Écriture-Sainte.

Polyglottes, ou Editions de la Bible en plusieurs Langues.

2 Biblia Sacra Polyglotta, Hebraicè, Chaldaicè, Græcè, &c. cum tribus interpretationibus latinis ; de mandato ac sumptibus Cardinalis D. F. Francisci Ximenez de Cisneros, impressa atque edita (curis Demetrii Cretensis, Antonii Nebrissensis, Lopez Astuniga, Ferd. Pintiani, Alphonsi, Medici, Pauli Coronel, Alph. Zamora, & Jo. Vergara.) *Compluti, industriâ Arn. Guil. de Brocario*, ann. 1514, 1515 & 1517, 6 vol. in-fol. m. r. *Très bel Exemplaire.*

On trouve au verso du feuillet qui précède le commencement du texte du premier volume, un Avis au Lecteur qui est intéressant, parcequ'on y voit que cet Ouvrage s'est vendu six ducats & demi d'or lorsqu'il parut.

3 Biblia Sacra Polyglotta, Hebraicè, Chaldaicè, Græcè, & Latinè, jussu Philippi Secundi edita, curis Benedicti Ariæ Montani. *Antverpiæ, Christophorus Plantinus* 1569 & ann. seq. 8 vol. in-fol. m. r.

Arias Montanus, dans la seconde Préface qui est à la tête du premier Volume, a nommé tous les Auteurs qui l'ont aidé dans son travail. A la suite des privileges accordés pour cet Ouvrage, il y a trois feuillets qui contiennent l'explication des figures & deux avis au relieur pour l'arrangement des Vo-

THÉOLOGIE.

lumes de cette Polyglotte. Le premier est intitulé : *Ordo Librorum veteris & novi Testamenti*. Le second : *Sacri apparatûs partium series, compactoribus observanda.*

4 Biblia Sacra Polyglotta, Hebraica, Samaritana, Chaldaica, Græca, Syriaca, Latina, & Arabica. Quibus textus originales totius scripturæ sacræ, quorum pars in editione Complutensi, deindè in Antverpiensi, extat, nunc integri, ex MSS. toto ferè orbe quæsitis exemplaribus, exhibentur. Studio Guidonis Michaelis le Jay. *Lutetiæ Parisiorum, Antonius Vitré*, 1645. 10 vol. in-fol. v. m.

5 Biblia Sacra Polyglotta, complectentia textus originales, Hebraicum, Chaldaicum, Græcum, &c. cum textuum & versionum orientalium translationibus latinis. Edidit Brianus Waltonus. *Londini, Thomas Roycroft*, 1657. 14 vol. in-fol. m. r. l. r.

Cet Exemplaire est en très grand papier, & de la plus parfaite conservation. On croit qu'il n'y en a eu que 12 imprimés de ce format. Il a été acheté à la vente publique des Livres de M. L. C. de L. en 1770. 1610 liv.

6 Lexicon Heptaglotton, Hebraicum, Chaldaicum, &c. Auctore Edmundo Castello. *Londini, Roycroft*, 1669. 2 vol. in-fol. m. r.

Livres séparés de la Bible, en plusieurs Langues.

7 Psalterium Hebræum, Græcum, Arabicum & Chaldæum, cum tribus latinis interpretationibus

THÉOLOGIE.

& gloffis. Studio Augustini Justiniani Genuenfis. *Genuæ, Petrus Paulus Porrus, in ædibus Nicolai Justiniani Pauli, præsidente reipublicæ Genuenfi pro Sereniffimo Francorum Rege, præstanti viro Octaviano Fulgofo,* 1516, *menfe octobri,* in-fol. m. bl. IMPRIMÉ SUR VÉLIN.

8 Quincuplex Pfalterium : Gallicum, Romanum, Hebraicum, Vetus, Conciliatum. Studio Jacobi Fabri Stapulenfis. *Parifiis, Henricus Stephanus,* 1509, in fol. m. r.

9 Quincuplex Pfalterium : Gallicum, Romanum, Hebraicum, Vetus, Conciliatum. Studio Jacobi Fabri Stapulenfis. Secunda editio caftigatior. *In clariffimo Parifiorum Gymnafio ex chalcotypâ Henrici Stephani,* 1513, *idibus juniis.* in-fol. m. r. IMPRIMÉ SUR VÉLIN.

Textes de la Bible en Hébreu.

10 Biblia Sacra Hebraica, cum punctis. *Venetiis, Bomberg,* 1525, in-4. m. r.

11 Biblia Sacra Hebraica, cum punctis : additi funt duodecim Prophetæ, (cum commentariis R. David Kimhi ; ex recognitione Francifci Vatabli). *Parifiis, Robertus Stephanus,* 1543, 4 vol. in-4. v. f.

12 Biblia Sacra Hebraica, cum punctis. *Parifiis, Robertus Stephanus,* 1544, 17 vol. in-16. m. r. l. r.

THÉOLOGIE.

13 Biblia Sacra Hebraica Rabbinica, editio secunda, cum præfatione R. Iac. f. Chajim. Complectitur Masoram utramque, Targum Onkelosi, &c. *Venetiis, in domo Danielis Bombergii, operâ Cornelii Adelkind.* 1549, 4 vol. in-fol. m. r.

Edition la plus estimée. Voyez Jo. Christ. Wolfii Bibliotheca hebræa. Tom. 2. pag. 370 & 371.

14 Biblia Hebraica, cum punctis, secundùm editionem Jos. Athiæ, à Joanne Leusden denuò recognitam ; recensita, variisque notis illustrata ab Everardo vander Hooght. *Amstelodami, Boom,* 1705, 2 vol. in-8. m. v. l. r.

Versions de la Bible, & Livres séparés de l'Ecriture-Sainte, en Arabe.

15 Biblia Sacra arabica & latina, vulgata, sacræ congregationis de Propagandâ Fide jussu edita, ad usum ecclesiarum orientalium. (ex recensione Sergii Risii, Archiepiscopi Damasceni Maronitæ.) *Romæ, Typ. de Propagandâ Fide*, 1671. 3 vol. in-fol. v. f.

16 Sacro-Sancta quatuor Jesu-Christi D. N. Evangelia Arabicè scripta, latinè reddita, (studio Jo. Bapt. Raymundi) figurisque ornata. *Romæ ex Typ. Miceâ*, 1619, in-fol. m. r.

Les Figures qui ornent cet Ouvrage ont été dessinées par Ant. Tempeste, & gravées sur bois par Lucas Pennis.

THÉOLOGIE.

Versions Grecques de Livres séparés de l'Ecriture-Sainte.

17 Viri illustr. Roberti Cottoni, Bibliothecæ cognominis conditoris, effigies ad archetypum opere pulcherrimo depictum accuratè expressa. Item binæ tabulæ, fragmenta quædam vetustissimi exemplaris libri Geneseos, (græcè) picturis elegantibus ornata, quæ ex incendio erepta in eâ Bibliothecâ adhuc servatur, exhibentes. in-fol. rel. en cart.

18 Novum Testamentum, græcè, ex recensione Nicolai Gerbelii. *Hagenoæ, Thomas Anselmus Badensis,* 1521, in-4. m. r.

19 Novum Testamentum, græcè. *Argentorati, Wolfius Cephalæus,* 1524, in-8. m. r.

20 Novum Jesu-Christi Testamentum, græcè, cum præfatione quæ incipit, O Mirificam. (Ex recensione Roberti Stephani.) *Lutetiæ, Rob. Stephanus,* 1546, in-12. m. r. doub. d. m. l. r.

21 Novum Testamentum, græcè, (cum notis & animadversionibus Rob. Stephani, Josephi Scaligeri, Isaaci Casauboni, & cum variis lectionibus.) *Lugduni Batavorum, ex officinâ Elzeviriorum,* 1641, 2 vol. in-12. m. r.

22 Novum Testamentum, juxtà exemplar Millianum, græcè. *Typis Joannis Baskerville. Oxonii, è Typographeo Clarendoniano,* 1763, in-4. v. f.

THÉOLOGIE.

Versions Grecques & Latines de la Bible & des Livres séparés de l'Ecriture-Sainte.

23 Biblia Sacra, græcè & latinè, secundùm LXX. cum scholiis romanæ editionis in singula capita distributis, ex recensione Joannis Morini. *Lutetiæ Parisiorum, Nicolaus Buon*, 1628, 3 vol. in-fol. v. f. G. P. l. r.

24 Psalterium Davidis, græcè & latinè, ex recensione Joannis (Craftoni,) Placentini. *Mediolani*, 1481, *die XX Septembris.* Petit in-fol. m. r.

Premiere Edition.

Versions Latines de la Bible, appellées Vulgates, *ou Version de St. Jérôme, faite sur le Texte Hébreu.*

25 Biblia Sacra latina. in-fol. m. r.

MANUSCRIT sur vélin du *XIII. siecle*, très bien conservé: il est écrit en petites lettres de *forme*, sur 2 colonnes, & il contient 298 feuillets.

Cette Bible est celle qu'on appelle la *Vulgate*, de la version de St. Jérôme, qui a été faite sur l'hébreu. La Lettre de St. Jérôme, adressée à Paulin, y sert de Préface à la Genese; toutes les autres Préfaces de ce Pere se trouvent également dans cette Bible, dont les Livres sont divisés par chapitres: il y manque celui des Pseaumes.

Elle renferme des particularités qu'on ne rencontre pas dans des Bibles plus récentes, & qui sont dignes de remarque. En voici deux:

THÉOLOGIE.

Le premier Livre d'Efdras, & celui de Néhémie, n'en font qu'un : ils contiennent 18 chapitres. Le second Livre d'Efdras les fuit ; nous l'appellons aujourd'hui le troifieme.

Ce dernier Livre d'Efdras a été confervé jufqu'à la Bible de Sixte V, & depuis il a été mis hors du rang des Livres canoniques.

On y voit les Actes des Apôtres après les Epîtres de St. Paul, & avant les Epîtres canoniques ; au lieu que dans toutes les éditions, on a placé les Actes des Apôtres après l'Evangile de St. Jean.

Elle eft terminée par une Table alphabétique des noms hébreux répandus dans la Bible, avec leur explication en latin.

Ce MS. qui eft décoré des armes d'*Urfé*, a appartenu à *Claude, Seigneur d'Urfé*, grand-pere d'Honoré, Chevalier de l'Ordre de S. Michel, Gouverneur du Roi Henri II, Gouverneur & Bailli du Forez, Ambaffadeur à Rome & au Concile de Trente. Il étoit fils de *Pierre d'Urfé* & d'*Antoinette de Beauvau*.

Ce Seigneur aimoit les Lettres, & fe fit une Bibliotheque précieufe & confidérable dans le Château de l'Abbatie fitué dans le Forez. Du Verdier, qui cite les Manufcrits qu'il y avoit vus, & le Pere Jacob dans fon Traité des plus belles Bibliotheques, en font le plus grand éloge. Ce dernier Auteur dit que Claude d'Urfé y mit plus de 4600 volumes, parmi lefquels il y avoit 200 Manufcrits en vélin, couverts de velours vert. Cette Bibliotheque fut transférée dans la fuite à Paris, & refta dans la famille jufqu'en 1776. Après la mort de Madame d'Urfé, M. le Duc de la Valliere acheta en gros tous les Livres manufcrits & imprimés fur vélin.

Prefque tous ces Livres font encore reconnoiffables par les armes d'Urfé qui les décorent : elles font de vair au chef de gueules, entourées du collier de l'Ordre de St. Michel.

THÉOLOGIE.

26 Biblia Sacra latina. 2 vol. in-fol. maroq. roug.

MANUSCRIT sur vélin de la fin du *XIII siecle*, contenant 574 feuillets écrits en *lettres de forme*, sur 2 colonnes, & décorés de miniatures & de *lettres tourneures* peintes, réhauffées d'or.

Cette Bible renferme, comme la précédente, les Préfaces de St. Jérôme. Les Livres en sont aussi divisés par chapitres; on y remarque aussi des variantes dans les Livres d'Esdras. On trouve immédiatement après le Premier, le Livre de Néhémie, &, après Néhémie, le second Livre d'Esdras, qui est intitulé : *Liber Esdre secundus qui dicitur apocrifus.* C'est, comme nous l'avons dit plus haut, le troisieme d'aujourd'hui. Les Actes des Apôtres sont disposés de même, ainsi que la Table alphabétique des noms hébreux.

27 Biblia Sacra latina. in-fol. rel. en cart. avec dos de veau.

BEAU MANUSCRIT sur vélin exécuté en Italie dans le *XIV siecle* : il est écrit en *lettres rondes*, sur 2 colonnes, & enrichi de quelques ornements peints en or & en couleurs. Il contient 446 feuillets.

Cette Bible renferme les mêmes particularités que la précédente. Elle commence par le Prologue de St. Jérôme, & sa Préface sur le *Pentateuque*, qui est suivie de la Table des Chapitres de ce Livre. Il manque quelques Préfaces à plusieurs Livres de cette Bible, laquelle est terminée par la Table des noms hébreux. Son Pseautier est de la version faite sur le grec des Septante.

28 Biblia Sacra latina vulgatæ editionis, (ex translatione & cum præfationibus St. Hieronymi), *Moguntiæ, per Johannem Fust, & Petrum Schoif-*

fher de Gernsheym. 1462, 2 vol. in-fol. goth.
m. viol. IMPRIMÉ SUR VÉLIN.

Superbe Exemplaire & de la plus belle conservation, orné
de lettres initiales peintes en or & en couleurs, acheté à la
vente de M. Gaignat 3200 liv. Le second Volume finit par
cette souscription :

Pns hoc opusculū Artificiosa adinuētione impmendi seu caracterizandi. absq3 calami exaracõn. in ciuitate Moguntī
sic effigiatū. et ad eusebiā dēi industrie per Johe3 fust ciuē
et Petrū schoiffher de gernsheym clericū diotes eiusdem est
consūmatu3. Anno dn̄i. M. cccc. lxij. In vigilia assump-
cōis virg. marie.

Cette souscription, ainsi que les écussons, sont imprimés
en rouge.

29 Biblia Sacra latina, (ex eâdem versione.) *Venetiis, per Franc. de Hailbrun,* 1475, 2 vol. in-fol.
goth. m. r.

On lit à la fin du texte & avant la table des noms hébreux
cette souscription :

*Explicit Biblia impressa Venetiis p̄ Frāciscū de hailbrun et
Nicolaū de frankfordia socios. M. cccc. lxxv.*

30 Biblia Sacra latina, (ex translatione ejusdem).
1475, 2 vol. in-fol. goth. m. r.

Cette Bible est sans noms de ville & d'Imprimeur : elle est
imprimée sur 2 colonnes, avec un titre courant dans le haut
des pages.

A la fin du premier Volume, avant le *Tabula Canonum*,
qui contient 2 feuillets, il y a les vers suivants :

*Qui memor esse cupit librorum bibliotece
Discat opus presens si retinere velit.*

THÉOLOGIE.

Maxima de minimis ex p̄tibus accipe totum
Jnuenies quod amas si studiosus eris
Ecce ihesu criste claudo pietate libellum
Sit benedictus deus et homo de ūgine natus
Credentes verbis sacris saluare paratus.

Le second Volume où se trouvent les mêmes vers avant le Tabula Canonum & les Evangiles finit au bas de la premiere colonne verso du dernier feuillet, par ces mots : *Et sic est finis* 1475.

31 Biblia Sacra latina, (ex eâdem versione). *Placentiæ, Joannes Petrus de Ferratis*, 1475, in-4. goth. m. r.

On trouve à la fin du Livre des Machabées la souscription suivante :

Vet9 testamētū a religiosis uiris ac prudentissimis correctū atq̄3 p. me johānē petrū d ferratis cremonēsē placētie impssū3 Anno dn̄i. M cccc. Lxx quinto feliciter explicit.

32 Biblia Sacra latina, (ex eâdem versione). *Parisiis, Ulric. Gering, Mart. Crantz, & Mich. Friburger;* (anno 1476,) 2 tom. en 1 vol. in-fol. goth. v. b.

Il manque plusieurs feuillets à la fin de la Table ; & d'autres au commencement sont fort gâtés & tachés.

33 Biblia Sacra latina, (ex eâdem versione). *Venetiis, Nic. Jenson*, 1476, in-fol. goth. m. r. l. r.

Le feuillet du Prologue, ainsi que celui de la Genese, sont décorés d'ornements peints en or & en couleurs.

34 Biblia Sacra latina, (ex eâdem versione). *Vene-*

THÉOLOGIE.

tiis, per Franciscum de Hailbrun & Nicolaum de Frankfordia socios; 1476, in-fol. goth. m. r.

35 Biblia Sacra latina, (ex eâdem versione). *Nurembergæ, per Ant. Coburger,* 1477, *Augusti vero Kal. tercio;* 2 vol. in-fol. goth. m. r.

36 Biblia Sacra latina, (ex eâdem versione). *Venetiis, Th. de Reynsburch,* 1478, in-fol. goth. m. r.

Au bas du dernier feuillet il y a cette souscription :

Biblia impressa Venetijs opera atq; impesa Theodorici de Reynsburch & Reynaldi de Nouimagio Theutonicor ac socior. M. cccc. lxxviij.

37 Biblia Sacra latina, (ex eâdem versione). *Venetiis, operâ Theodorici de Reynsburch & Reynaldi de Novimagio;* 1478, in-fol. goth. m. r.

38 Biblia Sacra latina, (ex eadem versione). *Vetiis, operâ atque impensâ Nicolai Jenson Gallici,* 1479, in-fol. goth. m. r.

39 Biblia Sacra latina, (ex eâdem versione). *Venetiis, Franciscus de Hailbrun;* 1480, in-fol. goth. v. m.

40 Biblia Sacra latina, (ex eâdem versione). *Venetiis, per Franciscum de Hailbrun,* 1480, in-fol. goth. m. r.

41 Biblia Sacra latina, (ex eâdem versione). in-fol. goth. m. r. Tom. I.

Cette Bible est imprimée sans noms de ville & d'Imprimeur, vers 1480 : elle finit au 4ᵉ Livre des Rois. On trouve après un Vocabulaire des mots de la Bible.

THÉOLOGIE.

42 Biblia Sacra latina, (ex eâdem tranflatione). *Venetiis, per Leonardum Wild de Ratisbona*, 1481, in-fol. goth. m. r.

43 Biblia Sacra latina, fontibus ex græcis, hebræorumque libris emendata. 1482, in-fol. goth. m. r.

On trouve dans le Catalogue de M. Verduffen, dont la vente s'eft faite à Anvers, dans le mois de Juillet 1776, au N° 18, *Novum Teftamentum*, &c. 1481, à la fin duquel il y a les fix derniers vers de la foufcription ci-deffous. La fingularité de ces vers a fait adreffer au Journal de Paris une Lettre datée de Spa, par le Lord ✶ ✶ ✶, pour avoir quelque certitude, de la part des Bibliographes & des Amateurs, fur l'exiftence du *complet* d'un Livre fi précieux. Voyez dans le *Journal de Paris*, année 1780, cette Lettre, avec les réponfes, Nos 164, 170, 177, 181 & 204.

Le Pere Le Long & David Clément, qui ont fait bien des recherches fur les Bibles à la fin defquelles il y a ces vers, dont ils rapportent huit Editions, n'ont pas connu celle-ci qui doit être très rare.

Il y a plufieurs feuillets manufcrits. On trouve à la fin cette foufcription :

Finis.
Biblia quem retinet fequit̄ nunc metricus ordo.
Generat. exodus. leui. numen q̃; deutro :
Jofue. iudicū. ruth. reges et paralipon.
Efdre. neemias. efdras. tobiaq; iudith.
Hefter. iob. pfallit, prouerbia, ecclefiaftes.
Cantica funt fapientis. ecclefiafticus et efaias.
Hieremia. threna. baruch. eȝech. danielis.
Ofeeq;. iohel. amos. abdiaq; ionas.
Micheas. naum, abachuc, fophoni. aggeus.

Zackaria. malachi. machabeorq̃3 duo.
Matth. mar. lucq3 iohã. roman. corinth. galath. ephef.
Phil. colo. theffal. timoth. titufq3 deinde philemon.
Hebreof. actus. iacobus. petrus et iohannes.
Jude canonica. finem tenet apocalypfis.

Fontibus ex grecis hebreor q̃3 libris
Emendata fatis et decorata fimul
Biblia fum prefens fuperos ego teftor et aftra
Eft impreffa nec in orbe mihi fimilis
Singula queq3 loca cũ concordantibus extant.
Orthographia fimul q̃3 bene preffa manet.

M. CCCCLXXXII.

44 Biblia Sacra ex Santis Pagnini tralatione, fed ad Hebraicæ linguæ amuffim noviffimè ita recognita, & fcholiis illuftrata, ut planè nova editio videri poffit : ex recenfione & cum præfatione, & notis Michaelis Villanovani, (Serveti.) *Lugduni, apud Hugonem à Porta*, 1542, in-fol. m. r.

45 Biblia Sacra ex Santis Pagnini tralatione, & cum notis Mich. Villanovani, (Serveti.) *Lugduni, à Porta*, 1542, in-fol. m. r.

Verfions de la Bible de St. Jérôme, corrigées par les Papes Sixte V & Clément VIII.

46 Biblia Sacra vulgatæ editionis ad Concilii Tridentini præfcriptum emendata & à Sixto V. Pontifice Maximo recognita & approbata. Tribus tomis diftincta. *Romæ, ex Typographiá Apof-*

THÉOLOGIE.

tolicâ Vaticanâ, 1590, 2 vol. in-fol. m. r. dent.

On a fait mettre dans cet Exemplaire un beau Portrait de Sixte V, les figures des deux superbes Obélisques qu'il fit rétablir & ériger, l'un en 1587, devant la Basilique de Ste. Marie Majeure, l'autre en 1588, devant la Basilique de St. Jean de Latran ; & un grand nombre d'Estampes gravées à Ausbourg, par *Jean-Baptiste Klauber Catholicus*.

47 Biblia Sacra vulgatæ editionis tribus tomis distincta, jussu Sixti V edita. *Romæ, ex Typographiâ Apostolicâ Vaticanâ*, 1590, in-fol. GRAND PAPIER. m. r. doub. de tab.

Superbe Exemplaire d'un Livre de la plus grande rareté.

48 Biblia Sacra vulgatæ editionis, Sixti V. Pon. Max. jussu edita, & Clementis VIII. auctoritate recognita & recusa. *Romæ, ex Typographiâ Apostolicâ Vaticanâ*, 1592, in-fol. m. r. Grand Pap.

49 Bellum Papale, sive concordia discors Sixti V. & Clementis VIII. circa Hieronymianam editionem. auctore Thomâ James. *Londini, Bishop*, 1600, in-4. v. f.

50 Biblia Sacra vulgatæ editionis, (dicta des Evêques.) *Coloniæ Agrippinæ, Gualteri*, 1630, in-12. m. r.

51 Biblia Sacra vulgatæ editionis (minutissimis characteribus jussu Ducis de Richelieu edita.) *Parisiis, Martin*, 1656, in-12. rel. en chagrin doub. de m. avec des fermoirs d'or.

52 Biblia Sacra vulgatæ editionis, notis chronologicis & historicis illustrata, (studio Claudii Lancelot.) *Parisiis, Antonius Vitré,* 1666, in-4. m. n. l. r.

Versions Latines des Livres séparés de la Bible.

53 Liber Psalmorum. in-fol. m. r.

BEAU MANUSCRIT sur vélin du *XV siecle*, très élégamment écrit en *lettres rondes,* à longues lignes. Il est enrichi de belles Capitales rehaussées d'or, d'ornements peints, & de 14 belles Miniatures. Il contient 185 feuillets, où il y a beaucoup de lignes entieres écrites en or.

Ce Manuscrit renferme :

1°. *Origo prophetie Dauid.*

2°. *Prephatio sancti Hieronimi presbiteri.*

C'est la Préface des Pseaumes traduits sur le grec.

3°. Les 150 Pseaumes canoniques traduits sur la version grecque.

4°. Le 151e Pseaume intitulé : *Hic psalmus proprie scriptus dauid extra numerum cum pugnauit cum golia.*

Ce Pseaume n'est point dans le Canon ; il ne se trouve ni dans l'hébreu, ni dans le chaldéen, ni dans la vulgate ; mais on le lit dans le syriaque, dans la plupart des Exemplaires grecs, & dans l'arabe.

Le Calligraphe a écrit à la fin du dernier feuillet :

Explicit psalterium, scriptum himiniatumq̃ omni manufactura penne, propria manu Caroli de maynerijs presbiti Cremonensis. Anno dñi M^o cccc_o lxxij_o xviiij_a junij.

54 Psalterium Davidis cum expositione Gabrielis Brebia. *Mediolani, nonis quintilibus,* 1477, in-8. m. r. goth. PREMIERE ÉDITION.

On

On trouve à la tête du Volume 20 feuillets qui contiennent l'Epître dédicatoire, la Table des Pseaumes, &c.

Au bas du 20ᵉ il y a cette souscription :

Impreſſum Mediolani. Nonis. Quintil. M. cccc. lxxvij. Imperätibus Jlluſtriſſimis Excellëtiſſimisq; Principibus Bona matre: et Johăne Galeacio Maria Sfortia Vicecöite filio, Ducibus. vi.

Le Volume finit par ces mots : *Dëo. Gratias. Amen.*

55 Pſalterium Davidis, & libri ſapientiales, ad exemplar vaticanum anni 1592. *Lugduni, apud Elzevirios*, 1653, in-12. m. viol. doub. de m. cit. l. r.

56 Novum Jeſu-Chriſti Teſtamentum, vulgatæ editionis. *Pariſiis, è Typographiâ Regiâ*, 1649, 2 vol. in-12. rel. en chagr. avec des fermoirs de vermeil, l. r.

57 Divi Apoſtoli Pauli Epiſtolæ. Epiſtolæ Canonicæ Beati Jacobi, &c. ex recenſione Ægidii Delfi. *Impreſſæ Pariſii ædibus Sorbonæ aureiſolis, (per Ulric. Gering & Berthold. Rembolt)* 1491, *pridie Calendas Marcias*, in-4. v. f.

Cette Edition a été inconnue à Chevillier.

Verſions Latines de la Bible & des Livres ſéparés de l'Ecriture-Sainte, faites par les Proteſtants.

58 Biblia, è ſacrâ hebræorum linguâ græcorumque fontibus, conſultis ſimul orthodoxis interpretibus religioſiſſimè tranſlata in ſermonem latinum, per Theologos Tigurinos, (ſcilicet Vetus

Tome I.   C

Testamentum per Leonem Judæ, Theod. Bibliandrum, Petrum Cholinum; & Novum Testamentum ex versione Desiderii Erasmi, cum annotationibus Henr. Bullingeri: ex recognitione Conradi Pellicani.) *Tiguri, Froscoverus*, 1543, in-fol. v. f.

59 Novum Testamentum. (interprete Christiano Castalione.) *Basileæ, Joannes Oporinus*, 1553, in-8. v. f. l. r.

Versions Françoises de la Bible & des Livres séparés de l'Ecriture-Sainte, faites par les Catholiques.

60 La sainte Bible traduite en françois par les Théologiens de Louvain, avec l'explication des passages de l'Ecriture selon les Peres, & les moyens pour discerner les Bibles françoises catholiques d'avec les huguenotes; par Pierre Frizon. *Paris, Jean Richer*, 1621, 2 vol. in-fol. fig. rel. à compartiments.

61 La sainte Bible, contenant l'ancien & le nouveau Testament, traduite en françois sur la vulgate, (par M. Louis Isaac Le Maistre de Sacy.) *Paris, Guillaume Desprez*, 1707, 8 vol. in-12. m. vert, l. r.

62 La sainte Bible traduite sur les textes originaux, avec les différences de la vulgate. (par Nicolas le Gros.) *Cologne*, (*Amsterdam*) 1739, in-12. m. r.

63 L'Ancien Testament traduit en françois. (*Lyon*,

THÉOLOGIE.

Bartholomieu Buyer,) petit in-fol. goth. maroq. roug.

PREMIERE ÉDITION, très rare, que je n'ai vue annoncée nulle part : elle est sans date, sans nom de ville ni d'imprimeur, & sans signatures; les caracteres en sont les mêmes que ceux que Buyer a employés pour le Nouveau Testament; les pages sont sur 2 colonnes, & la place des grandes capitales est restée en blanc. Cette édition doit avoir paru dans la même année que le Nouveau Testament imprimé sur deux colonnes par le même imprimeur.

On trouve à la tête cinq feuillets dont voici l'intitulé :

Cy commencent les rubriches de ce présent liure.

Le texte suit ; & , au bas du verso du dernier feuillet, il y a : *Cy finit ce présent liure.*

64 Pseaumes de David, traduction nouvelle selon l'hébreu, avec le latin; (par D. Dumont, ou Antoine le Maistre.) *Paris, Pierre le Petit*, 1665, in-12. m. r. doub. de m. l. r.

65 Pseaumes de David, traduction nouvelle selon l'hébreu & la vulgate, avec le latin; (par les mêmes.) *Suivant la copie de Pierre le Petit*, 1666, in-12. m. vert, dent. doub. de m. cit. l. r.

66 Pseaumes de David, (par les mêmes.) *Paris, Pierre le Petit*, 1671, in-12. m. r. doub. de m l. r.

67 Pseaumes de David, (par les mêmes.) *Paris, Pierre le Petit*, 1679, in-12. m. r. doub. de m. l. r.

68 Interprétation des Pseaumes, avec la vie de David; par M. l'Abbé de Choisy. *Paris, Sé-*

baſtien Mabre Cramoiſy, 1687, in-4. m. viol.

69 Le Nouveau Teſtament, vu & corrigé par vénérables perſonnes freres Julien Macho & Pierre Farget, Docteurs en Théologie. *Lyon*, imprimé vers 1477, par *Bartholomieu Buyer*; petit in-fol. goth. m. r.

Premiere édition.

Ce Volume eſt imprimé ſur deux colonnes, avec des ſommaires dans le haut des pages, ſans chiffres & ſans ſignatures. Il commence ainſi :

Cy commence la Table du nouueau Teſtament.

Elle contient 20 feuillets, on lit au bas du verſo du dernier :

Cy finiſt la table du nouueau teſtament enſemble la declaration diceluy faicte et compoſée p venerable perſone frere iulliã docteur en theologie de lordre ſaint auguſtĩ demourant au couuët de lyõ ſus le roſne.

loue ſoit dieu Amen.

Et ſur le feuillet ſuivant : Leuuangile selon saint Mahieu :

Cy commẽce le nouueau teſtament Et premieremẽt leuuangile noſtre ſeigneur ihũcriſt ſelon ſaint mahieu.

Et au recto du dernier feuillet :

Cy finiſt lapocalipſe et ſemblablement le nouueau teſtament veu et corrige p venerables perſones freres iullien macho et pierre farget docteurs en theologie de lordre des auguſtins de lyõ ſus le roſne Jmprime en la dicte ville de lyon par Bartholomieu buyer citoien du dit lion.

Je crois cette édition antérieure à celle imprimée à longues lignes, parcequ'elle n'a pas de ſignatures.

THÉOLOGIE.

70 Le Nouveau Teftament traduit en françois, vû & corrigé par freres Julien Macho & Pierre Farget, Docteurs en Théologie, &c. *Lyon, Bartholomieu Buyer*, petit in-fol. goth. m. cit. à compartiments.

Edition à longues lignes.

71 Le Nouveau Teftament de Notre-Seigneur Jefus-Chrift, traduit en françois felon la vulgate, avec les différences du grec ; (par Mrs de Port-Royal.) *Mons, Gafpard Migeot ; (Amfterd. L. & D. Elzevier)* 1667, 2 vol. in-8. m. r. doub. de m. l. r.

72 Le Nouveau Teftament, traduit en françois, (par Mrs de Port-Royal.) *Mons, Gafpard Migeot*, 1667, in-12. maroq. viol. doub. de tabis.

73 Le Nouveau Teftament, traduit en françois, (par les mêmes.) *Mons, Gafpard Migeot, (Elzevier.)* 1668, in-12. m. r. doub. de m. l. r.

74 Le Nouveau Teftament, traduit en françois, (par les mêmes.) *Mons, (Leyde) Gafpard Migeot,* 1668, in-4. m. r. l. r.

75 Le Nouveau Teftament, traduit en françois, (par les mêmes.) *Mons, Gafpard Migeot,* 1672, in-12. m. r. doub. de m. l. r.

76 Le Nouveau Teftament de Notre-Seigneur Jefus-Chrift, traduit en françois, avec le grec & le latin de la vulgate ajoutés à côté, (par les

mêmes.) *Mons, Gaspard Migeot,* (*Rouen, Viret.*) 1673, 2 vol. in-8. m. r.

77 Le Nouveau Testament de Notre-Seigneur Jesus-Christ, traduit en françois, selon l'édition vulgate, avec les différences du grec, (par les mêmes.) *Mons, Gaspard Migeot,* 1677, in-4. m. r. doub. de m. l. r.

78 Le Nouveau Testament, en latin & en françois, avec les différences du grec & de la vulgate; par Mrs de Port-Royal. (Edition revue par M. Antoine Arnauld.) *Mons, Gaspard Migeot,* 1684, 2 vol. in-12. m. r.

79 Le Nouveau Testament, traduit en françois, (par le Pere Denys Amelotte.) *Paris, Louis Josse,* 1698, 2 vol. in-12. m. r.

80 Le nouveau Testament, avec des remarques littérales & critiques, (par Richard Simon.) *Trévoux, Ganeau,* 1702, 4 vol. in 8. v. f.

81 Le Nouveau Testament, traduit en françois, avec des notes littérales pour en faciliter l'intelligence; par M. de Mezanguy. *Paris, Desaint & Saillant,* 1752, 2 vol. in-12. m. r.

Versions Françoises de la Bible & des Livres séparés de l'Ecriture-Sainte, faites par les Protestants.

82 La Bible qui est toute la saincte escriture. en laquelle sont contenus le vieil Testament & le

nouveau, tranflatés en françois. le vieil de l'e-
brieu : & le nouveau du grec. par P. Robert Oli-
vetanus. (aidé de Jean Calvin.) *Neufchaftel,
P. de Wingle*, 1535, in fol. gothique, maroq.
roug.

83 La Bible en laquelle font contenus tous les
livres canoniques de la fainte ecriture, tant du
vieil que du nouveau teftament, (trad. par P.
Rob. Olivetan, & revue par J. Calvin. avec un
indice des matieres, par N. Malingre.) *Geneve,
à l'enfeigne de l'Epée*, 1540, in-4. goth. m. r.
très rare.

84 La fainte Bible traduite en françois, (revue
par les Pafteurs de Geneve.) *Lyon, Ian de
Tournes*, 1557, 3 vol. in fol. m. r.

IMPRIMÉ SUR VÉLIN, AVEC 337 MINIATURES.

Exemplaire très précieux, tant pour la beauté de fon exécution, que pour le grand nombre de figures & de lettres
majufcules coloriées dont il eft orné. Outre cela, toutes les
pages des trois volumes font entourées d'un cadre peint en or
& en couleurs ; il n'y en a pas un feul qui foit femblable
à l'autre.

85 La fainte Bible (de la verfion de Geneve.)
Sédan, Jannon, 1633, 2 vol. in-12. m. r.
86 La fainte Bible (de la verfion de Geneve.)
Leyde, de Croy, 1665, in-12. m. bl. *Il manque
le Nouv. Teft.*
87 La fainte Bible, faite fur la verfion de Geneve,

revue par Samuel & Henri des Marets, avec des notes, une Chronologie historique, & des Cartes géographiques. *Amsterdam, L. & Dan. Elzevier,* 1669, 2 vol. in-fol. v. b.

88 Le Nouveau Testament, traduit en françois sur l'original grec, avec des notes littérales, pour éclaircir le texte; par Mrs de Beausobre & Lenfant. *Amsterdam, Pierre Humbert,* 1728, 2 vol. in 4. G. P. m. r.

Versions Italiennes de la Bible.

89 Biblia in lingua vulgare tradutta (per Nicolo de Mallermi.) M. CCCC. LXXI (1471.) *In Kalende de Octobrio.* 2 vol. in-fol. m. r.

Superbe Exemplaire IMPRIMÉ SUR VÉLIN.

90 La Biblia vulgarizata, per Nicolo de Mallermi. Rubricata per frate Marino de Venetia: sequendo la espositione di Nicolo de Lira. *In Venetia impressa da Maestro Antonio Bolognese:* 1477, in-fol. m. r.

Ce Volume finit aux Pseaumes de David.

91 La Biblia vulgarizata per Nicolo de Mallermi. *In Venetia per Joanne Rosso,* 1487, in-fol. vel.

92 La Biblia vulgarizata per Nicolo de Mallermi. (*Stampata per Luc. Ant. Junta.*) in-fol. fig. m. r.

93 La Biblia la quale contiene i sacri libri del Vecchio

THÉOLOGIE.

chio Testamento, tradotti da la hebraica verita in lingua toscana per Antonio Brucioli. *In Venetia, per Francesco di Alesandro Bindoni.* 1538, in-4. m. r.

94 La Biblia, che si chiama il vecchio Testamento, nuovamente tradutto in lingua volgare secondo la verita del testo hebreo (per Filippo Rusticio.) *Stampato (si crede in Geneva) appresso Fr. Durone*, 1562, in 4. fig. m. r.

95 Il Genesi di M. Pietro Aretino con la visione di Noe ne la quale vede i ministerii del Testamento vecchio, e del nuovo. 1539, in-8. m. r.

96 La Genese de M. Pierre Aretin, avec la vision de Noé, en laquelle il vit les mysteres du vieux & nouveau Testament; traduit de thuscan en françois (par Jean de Vauzelles.) *Lyon, Sébastien Gryphius*, 1542, in-8. v. f.

Versions Espagnoles & Basque, de la Bible.

97 Biblia en lengua española traduzida palabra por palabra de la verdad hebrayca por muy excelentes letrados vista y examinada por el officio de la inquisicion. *En Ferrara*, 1553, in-fol. goth. m. r.

Cette Bible est à l'usage des Chrétiens. La dédicace est adressée à Hercule second d'Est, quatrieme Duc de Ferrare, par Jérôme de Vargas & Duarte Pinel.

Il manque dans cet Exemplaire les deux derniers feuillets de *Tabla de las Haphtaroth*, &c.

Tome *I*   D

98 Biblia en lengua española, &c. (interpretibus quibusdam judæis Hispanis.) *En Ferrara*, 5313 (1553). in-fol. goth. m. cit.

Cette Bible est à l'usage des Juifs.

Le Prologue est adressé à Doña Gracia Naci, par Yom Tob Athias & Abraham Usque. Les deux derniers feuillets de *Tabla de las Haphtaroth*, &c. manquent.

99 La Biblia que es, los sacros libros del viejo y nuevo testamento; trasladada en Español, (por Cassiodoro de Reyna). 1569, in-4. m. r.

Cette Traduction, qui est rare, est connue sous le nom de Bible de l'Ours.

100 Jesus Christ gure iavnaren Testamentu berria. *Rochellan, Pierre Hautin*, 1571, in-8. m. r.

Le frontispice est réimprimé.

Cette version du Nouveau Testament en langue Basque est très rare; elle a été faite par ordre de Jeanne d'Albret, Reine de Navarre, par Jean de Liçarrague de Briscous.

Versions de la Bible en langues Allemande, Bohémienne, & Angloise.

101 Biblia Sacra, Germanicè, ex translatione Mart. Lutheri. *Francofurti ad Mœnum*, 1589, 2 vol. in-fol. v. f.

Cette édition est ornée de belles figures gravées sur bois, par Hans Schaeufelein, Virgile Solis, & autres.

102 Biblia Sacra, Bohemicè (è fontibus hebraicis

THÉOLOGIE.

& græcis, interpretibus Alberto Nicolai, Lucâ Helicæo, Joanne Æneâ, Georgio Wettero, Esaiâ Cæpollâ, Joanne Ephraimo, Paulo Jessenio, Joanne Capitone, *Calvinianis*, sumptibus Baronis Joannis Zerotinii.) *In Castello Kralitz in Moraviâ.* Tomus primus 1579, tom. secund. 1580, tom. tert. 1582, & tom. sextus, continens Nov. Test. 1601. 4 vol. in-4. m. r.

Il manque dans cet Exemplaire les tomes 4 & 5 imprimés en 1587 & 1588 : ils contiennent les Livres de la Sagesse, l'Ecclésiastique, Isaie, Jérémie, les douze petits Prophetes, & les deux Livres des Machabées. La premiere édition du Nouveau Testament avoit paru en 1593, avec les annotations de Jean Niemchanius, l'aîné. Cette seconde édition fut publiée en 1601, avec les corrections & augmentations de Zacharie Aston, l'aîné.

103 The Holy Bible, containing the old Testament and the new; translated out of the original tongues. *Cambridge, John Baskerville,* 1763, in-fol. m. r.

Cette édition est une des plus belles qui aient été faites par cet imprimeur.

Harmonies & Concordes des Evangélistes.

104 Concordantiæ Evangelistarum collectæ per magistrum Joannem Gerson, (Charlier) Cancellarium Ecclesiæ Parisiensis, quos intitulavit Monotesseron. In-fol. goth. m. r.

Ce Volume imprimé à longues lignes, vers 1471, est sans

réclames & signatures. On trouve à la tête sept feuillets qui contiennent le Prologue, la Table des Chapitres, & une autre Table qui porte ce titre :

Hoc est tabula cõfluentina p̃ma anno dñi 1471 sc̃a per q̃ si scire volueris septuagesim̃a alicui9 anni.... inspice in ea aureũ numerum, &c.

Il paroît, d'après cette Table, que cette édition a pu être imprimée en 1471.

Le texte suit, & il finit par deux feuillets de Table.

105 Concordia IV Evangelistarum, & desuper expositio continua exactissimâ diligentiâ edita à Zachariâ Crysopolitâ. 1473, in-fol. goth. m. r.

Cette édition est sans noms de ville & d'imprimeur, sans signatures & réclames : elle est imprimée sur deux colonnes.

Le Volume commence par une Table qui contient 9 feuillets ; elle est suivie du texte, à la fin duquel il y a la souscription suivante :

Explicit vnum ex quatuor. seu ↄcordia euangelistar. et desup expositio cõtniua exactissima diligẽcia edita à zacharia crisopolita. 1473.

106 Histoire & concorde des quatre Evangélistes, contenant, selon l'ordre des temps, la Vie & les instructions de Notre - Seigneur Jesus - Christ. (Par Antoine Arnauld.) *Paris, vᵉ de Charles Savreux*, 1669, in-12. vél. dent. l. 1.

107 Histoire Evangélique confirmée par la Judaïque & la Romaine; par le Pere Dom Paul Pezron. *Paris, Jean Boudot*, 1696, 2 vol. in-12. v. b.

108 Explication du Myftere de la Paffion de Notre-Seigneur Jefus-Chrift, fuivant la Concorde; par M Duguet. *Paris, Jacques Eftienne*, 1728, 2 vol. in-12. m. cit.

Hiftoires & Figures de la Bible.

109 Incipit Scholaftica Hiftoria — incipit Euangelica Hiftoria, in-fol. m. r.

MANUSCRIT SUR VÉLIN du *XIII fiecle*, très bien confervé, contenant 279 feuillets. Il eft écrit fur deux colonnes, en *lettres rondes*, approchant des *lettres de forme*.

L'Auteur de cette *Hiftoire Scholaftique* eft *Pierre* furnommé *Comeftor* (le Mangeur); non qu'il fût homme d'un grand appétit, mais parcequ'il avoit retenu tant de fentences des Livres faints, qu'il fembloit les avoir dévorés. Il naquit à Troyes en Champagne, où il devint de bonne heure Doyen de la Cathédrale. Il vint dans la fuite à Paris, & il y profeffa la Théologie depuis 1164 jufqu'en 1169. Après des études longues & pénibles, il fe retira à St. Victor, où il finit fes jours; les uns difent en 1178, les autres en 1185.

Son Hiftoire Scholaftique lui acquit une grande célébrité, & fut regardée pendant plus de 300 ans comme un des meilleurs ouvrages de ce genre. Il l'entreprit à la priere de fes amis, qui ne trouvoient pas affez claire la glofe que l'on avoit faite fur l'Écriture-Sainte, & qui vouloient le texte de la Bible fuivi de l'explication littérale.

L'ouvrage de *Comeftor* eft dédié à *Guillaume*, Archevêque de Sens, qui paffa de cet Archevêché à celui de Rheims en 1176. Il étoit furnommé Guillaume aux blanches mains, & fils de Thibaut le Grand Comte de Champagne. Il mourut Cardinal en Janvier 1202. (N. S.)

THÉOLOGIE.

110 Scholastica historia super totam Bibliam, auctore Petro Comestore presbitero Trecensi. *Argentinæ, Johannes de Grenengen, & Henricus de Juguiler,* 1483, die XXVII, augusti, in-fol. goth. v. b.

111 Scolastica Historia magistri Petri Comestoris. *Basileæ,* 1486, in-fol. goth. v. f.

112 Scolastica historia super novum Testamentum, Pet. Comestoris, cum additionibus atque incidentiis. *In Trajecto inferiori, per Nicolaum Ketelaer,* 1473, in fol. goth. m. r.

Premiere édition.

Le Volume commence par l'intitulé ci-dessus, & à la fin il y a cette souscription :

Scolastica hystoria sup nouũ testamentũ cum additionibꝫ atqꝫ incidentijs. explicit felicit. Impressa ĩ traiecto inferiori per magistros Nycolaum ketelaer et Gherardũ de Leempt. Mº ccccº LXXiijº.

113 Les liures ystoriaulz de la Bible qui en ce liure sont tranlates de latin en françois et tout par ystoires escolastres. in-fol. fort epais. m. r. dent.

Très beau et précieux Manuscrit sur vélin du *XIV siecle*, contenant 546 feuillets. Il est écrit en *lettres de forme* sur deux colonnes, & enrichi d'ornements peints, rehaussés d'or, de 77 jolies *Miniatures* de 3 pouces en quarré, & de 2 grandes qui portent 7 pouces de largeur sur 6 & demi de hauteur. Ses sommaires sont en rouge, & ses *tournures*, dont le nombre est considérable, sont peintes en or & en couleurs.

THÉOLOGIE.

Cet Exemplaire de la Bible, qui est la traduction de l'ouvrage précédent, est un de ceux qui se trouvoient dans la belle Bibliotheque de *Jean Duc de Berry*, mort en 1416, lequel a écrit de sa propre main à la fin des Livres d'Esdras :

Ceste bible est à jehan filz de roy de france duc de berry & dauuergne conte de poitou dauuergne & de boulongne.

signé jehan (avec paraphe)

Cette note étoit répétée à la fin du Volume ; mais elle a été presque entièrement gratée. Ce Prince avoit une main très exercée, & se plaisoit à écrire sur les Livres qu'il acquéroit, son nom & ses titres. Nous avons vu plusieurs Manuscrits où sa signature étoit accompagnée de celle de son Secrétaire *Flamel*.

Il paroît par ces mots, *a moy jehan roy*, qui étoient peints sur la tranche du Manuscrit, & dont il reste des traces, que le *Duc de Berry* le tenoit de son pere, Monarque qui honora les lettres, & qui aima par conséquent les Livres.

On prétend que *Henri II* fit présent de ce même Exemplaire à *Diane de Poitiers*, Duchesse de Valentinois. Il a appartenu ensuite à M. de Sardiere qui l'avoit acheté en 1724 à la vente de la Bibliotheque du château d'Anet, que *Diane* y avoit formée & enrichie de Livres précieux.

Guyart des Moulins est l'Auteur de la traduction de l'Histoire Scholastique de *Pierre le Mangeur* ; il la commença à l'âge de 40 ans, en juin de l'an 1291, étant alors Doyen des Chanoines de St. Pierre d'Aire, & la finit en Février 1294.

114 Ci comance la Bible Hystoriaus ou les hystoires escolastres (de Pierre le Mangeur trad. par le même Guyart des Moulins) gros in-fol. m. r.

BEAU MANUSCRIT SUR VÉLIN du *XIV*. siecle, contenant

THÉOLOGIE.

382 feuillets. Il est écrit en *lettres de forme* sur 2 colonnes, & enrichi de *miniatures*, dont la plus considérable qui est la première, porte 8 pouces de largeur sur 4 & demi de hauteur. On y voit quantité de grandes & belles lettres *tourneures* historiées & peintes en or & en couleurs, & les armes avec le cimier de Beraud III Dauphin d'Auvergne & Comte de Sancerre, mort en 1426. Ses sommaires sont en rouge.

115 La Bible historiée traduite du latin de Pierre Comestor ou Le Mangeur, par Guyart des Moulins, (revue par Jean de Rely, par ordre de Charles VIII. Roi de France.) *Paris, Antoine Verard*, 2 vol. in-fol. goth. fig. m. r.

116 La Bible historiée traduite du latin de Pierre Comestor ou le Mangeur, par Guyart des Moulins, (revue par Jean de Rely, par ordre de Charles VIII. Roi de France.) *Paris, Antoine Verard*, 4 vol. in-fol. goth. m. r.

IMPRIMÉ SUR VÉLIN, avec 410 miniatures.

117 Biblia aurea cum suis historiis necnon exemplis veteris atque novi Testamenti, per fratrem Ant. Antigollum vel Ampigollum. *Argentorati, Jo. Gruninger*, 1466, (1496.) in-4. goth. m. bl.

On trouve à la fin la souscription suivante :

Peracta est Biblia aurea veteris ac noui testamenti magna cum diligēcia. et fideli studio revisa. jmpressaq3 per magistrū Johānem Gruninger. Dominice natiuitatis anno M cccc lxvi. Octavo deniq3 jdib. decembrium. finit feliciter.

118 Biblia aurea cum suis historiis necnon exemplis

THÉOLOGIE.

plis Veteris atque Novi Testamenti. Per eundem. *Argentorati, per Johannem Gruninger*, 1466, (1496). in-4. goth. v. f.

Cet Imprimeur étoit sujet à se tromper pour les dates; Voy. N°   du Chirurgien, par Jérôme de Brunswig, la date porte 1397 pour 1497.

119 Abrégé de l'Histoire de l'Ancien Testament, avec des Eclaircissements & des Réflexions, par M. de Mesanguy. *Paris, Desaint & Saillant*, 1747, 10 vol. in-12. m. r.

120 La somme & fin de toute la sainte Ecriture du Nouveau Testament, par Fr. Gilbert Dert. *Paris, Philippe Damfrie*, 1559, in-8. m. r.

121 Historiæ Veteris & Novi Testamenti. Petit in-fol. m. r. Dentelles.

TRÈS BEL EXEMPLAIRE complet de la seconde Edition, contenant 40 planches.

M. le Baron Heniken a donné dans son Ouvrage intitulé: *Idée générale d'une Collection complete d'Estampes, Leipsic*, 1771, in-8 page 292 & suiv. la description très exacte de cinq Editions différentes de cet Ouvrage, dont les quatre premieres ont 40 Planches, & la cinquieme 50. Voici en abrégé ce qu'il dit:

Ce Livre ne contient que des images entremélées de mots & de sentences, soit en haut, soit en bas, soit au milieu de la Planche, quelquefois sur des rouleaux, suivant l'ancienne maniere de faire parler les figures.

Les inscriptions qu'on voit sur les Planches commencent toujours en haut, à côté de deux bustes, par le texte de la

Tome I.

Bible, d'où les sujets sont tirés. Les bustes représentent des Prophetes ou des saints Peres, régulièrement avec leurs noms au-dessous. Au milieu de la Planche se trouvent trois sujets historiques : les deux de chaque côté sont des types qui font allusion au sujet principal qui est au milieu, & qui est expliqué par des vers latins rimés, & par des inscriptions.

Ce volume contient 40 Planches d'images, chacune imprimée sur un seul côté du papier, tellement que deux Planches se regardent toujours, & que les deux parties de la feuille qui sont en blanc se regardent pareillement.

Chaque Planche, pour en fixer l'arrangement, porte une lettre de l'Alphabet au milieu de deux bustes, ou demi-figures, dans la partie supérieure. Les vingt premieres sont marquées depuis A jusqu'à V. Après quoi recommence un second Alphabet pour les vingt dernieres Planches, dont les lettres, pour les distinguer de celles qui avoient été précédemment employées, sont renfermées entre deux points, . a. jusqu'à . v . au lieu que les lettres des premieres Planches sont sans points.

Il faut bien qu'une des cinq Editions ait été la premiere. Cependant ni moi ni personne ne pourra dire avec certitude laquelle le fut. Si je les range l'une après l'autre, c'est pour en faire voir la différence, & je confesse que je ne connois pas ni l'original, ni l'époque de toutes les cinq.

L'invention de ces figures est attribuée, avec vraisemblance, à S. Ansgarius, François de nation & Moine de Corbie, premier Evêque de Hambourg, & ensuite de Bremen, où il mourut en 864.

On voit dans le cloître d'une Eglise de Bremen appellée le Dôme, aux arcades de la voûte, deux sujets sculptés en bas reliefs sur la pierre, dont les figures, de moyenne grandeur, sont, trait pour trait, les mêmes que celles que l'on voit dans l'Edition allemande. En bas sont les deux bustes

THÉOLOGIE.

des Prophetes & la même inscription latine, en lettres gothiques, avec les mêmes vers rimés. &c.

Cet Ouvrage, ainsi que les deux suivants, sont de la plus grande RARETÉ. Ces premiers essais de l'art de l'Imprimerie étant presque tous ou gâtés, ou imparfaits, ou entremêlés de figures de différentes Editions.

122 Historia Sancti Johannis Evangelistæ, ejusque Visiones Apocalypticæ. petit in-fol. m. r. dentelles, doublé de tabis.

Exemplaire complet de la seconde Edition contenant 48 Planches; il est décrit dans l'Ouvrage de M. le Baron Heniken, page 349 & suivantes.

Cet Ouvrage, dont il y a six différentes Editions, ne contient que des images avec des inscriptions latines. Tous les Exemplaires sont imprimés d'un côté du papier, avec l'instrument dont se servent les Cartiers, tellement que deux Planches se regardent toujours, & que le revers est en blanc: ainsi il n'y a rien sur la premiere & sur la derniere page.

L'Edition que je nomme la seconde, contient trois cahiers, chacun de huit feuilles, qui font ensemble 48 planches.

Il y a un Exemplaire complet de cette Edition dans la Bibliotheque de M. le Duc de la Valliere, à Paris. Il est assez bien conservé, & les figures ne sont pas enluminées, ce qui est d'un grand mérite, parceque ces mauvaises enluminures couvrent presque tout le dessein.

M. le Baron Heniken n'a trouvé que 7 exemplaires de cet Ouvrage. Le premier, à la Bibliotheque Impériale de Vienne. Il est complet, les figures sont enluminées, & chaque planche est entremêlée d'une explication manuscrite en Allemand. Le second à la Bibliotheque de Wolffenbuttel. Il est de la même Edition que le précédent; mais il n'est pas complet; il manque les planches 35, 36, 45 & 46. Le troisieme bien

THÉOLOGIE.

conservé & complet chez M. le Duc de la Valliere. Le quatrieme, qui est passé du Cabinet de M. Gaignat dans la Bibliotheque de sa Majesté Britannique, est imparfait de la derniere planche, & les figures sont enluminées. Le cinquieme à Wolffenbuttel, est défectueux, & il y manque neuf planches. Le sixieme est conservé dans l'Hôtel-de-ville de Harlem; il est complet; mais les planches étoient fort usées lorsqu'on a imprimé cet Exemplaire. Et le septieme dans la Bibliotheque Royale de Berlin; il est imparfait de dix planches.

123 Speculum humanæ Salvationis. — Incipit Liber de quatuor instinctibus, diuino, angelico, dyabolico, & humano. in-fol. m. r.

Manuscrit sur papier, du commencement du *XV. siecle*, contenant 58 feuillets, écrits en *ancienne Batarde courante*, sur 2 colonnes. Ses sommaires sont en rouge. Il a des figures coloriées qui sont disposées dans le haut des deux colonnes comme dans l'Edition rare qui suit; mais il y en a davantage dans le manuscrit, & le discours en est plus ample.

124 Speculum humanæ Salvationis. Petit in-fol. m. r. dent. doub. de tabis.

Cette description est faite en abrégé d'après celle de M. le Baron Heniken, page 432 & suivantes.

Exemplaire superbe & complet, qui vient de la Bibliotheque des Célestins, à Paris.

Ce Livre consiste en 32 feuilles & demie, ou en 63 feuillets qui forment cinq cahiers, dont le premier est de 5 feuillets, le second, le troisieme & le quatrieme, chacun de 14 feuillets, & le cinquieme de 16. Le premier cahier contient l'avant-propos, les 58 feuillets suivants sont ornés en haut d'une vignette historique, gravée en bois.

Elles représentent différents sujets du vieux & du nouveau Testament, quelquefois même de l'Histoire Profane, qui fait allusion à ceux qui sont tirés des deux Testaments.

Elles ont été gravées sur un bois dur & compact, convenable à tailler les figures avec hardiesse & finesse.

Chaque vignette fait voir deux sujets historiques, placés dans un encadrement gothique, divisé en deux, par un pilier bien mince, & l'inscription en bas explique ce qu'ils représentent.

L'impression de ces vignettes est faite avec une espece de détrempe qui est pâle, ou plutôt grise; & par l'empreinte au dos du papier, on voit que c'est l'ouvrage d'un Cartier, qui a mis le papier sur la planche, en le frottant, comme cela se pratique encore de nos jours avec les cartes à jouer.

Il n'est pas moins évident que la forme ou la planche de ces vignettes n'a pas été la même que celle du discours qu'on voit au-dessous en prose latine rimée, & en deux colonnes; car sous chaque histoire se trouve une explication, & au bout, le nom & le livre de l'Auteur d'où elle est tirée.

Ainsi, chacune de ces planches, soit des vignettes, soit du discours, a été faite séparément. On en est convaincu par l'inégale position des vignettes, qui s'approchent quelquefois plus, quelquefois moins, en s'éloignant d'un côté plus que de l'autre du discours mis au-dessous.

L'Exemplaire qu'on voit chez les Célestins, à Paris, est complet; il est de la seconde Edition.

J'ai eu occasion de l'examiner avec attention; & tous ceux qui l'ont fait avec moi ont été convaincus que cette Edition est entièrement imprimée avec des lettres de fonte, & avec les mêmes qu'on a employées pour les 43 feuillets de la premiere, & encore par le moyen de la presse. Aussi les vignettes sont-elles imprimées par le frotton du Cartier, ce qu'on voit par l'empreinte au dos, & par le papier lissé & maculé.

125 Le Miroir de la rédemption de l'humain lignage, translaté de latin en françois, selon l'intention de la Sainte Ecriture, par Frere Julien, (Macho) des Augustins de Lyon. *Lyon, Maître Mathis* Huz, 1483. in-fol. goth. fig. m. bl.

Les figures qui sont dans cet Ouvrage sont à-peu-près les mêmes que celles du *speculum humanæ salvationis.*

126 Le Miroir de la rédemption humaine, translaté de latin en françois. Par le même J. Macho. *Paris, Nic. Desprez, pour Jehan Petit.* in-fol. goth. fig. en bois, v. m.

127 Fratris Antonii Rampigollis in figurarum Bibliæ fructuosum & utile compendium, quod & aureum aliàs Bibliæ repertorium nuncupatur. in-fol. goth. v. f.

Cette Edition, dont le caractere a beaucoup de ressemblance avec celui de Zel de Hanau, paroît avoir été imprimée vers 1475. A la fin il y a cette Souscription :
Figurar. biblie fructuosũ & utile cõpendium aureum biblie repertorium. Explicit feliciter.

128 Les figures du Vieil Testament & du Nouvel. *Paris, Ant. Verard.* in-fol. goth. v. m. fig. en bois,

129 Abrégé de l'Histoire de l'Ancien & du Nouveau Testament, avec figures. in-8. goth. m. r.

130 Historiarum veteris instrumenti icones ad

THÉOLOGIE.

vivum expressæ, unà cum brevi, sed, quoad fieri potuit, dilucidâ earundem expositione, latinè, & hispanicè. *Antverpiæ, Joannes Steelsius*, 1540, in-4. v. f.

131 Icones Biblicæ præcipuas Sacræ Scripturæ Historias eleganter & graphicè repræsentantes. Per Matthæum Merian. *Strasbourg*, 1625. in-4. oblong, v. f.

132 L'Histoire du Vieux & du Nouveau Testament, représentée avec des figures & des explications édifiantes, tirées des SS. Peres. Par le sieur de Royaumont. (L. Is. le Maistre de Sacy.) *Paris, le Petit*, 1670. in-4. m. viol. l. r.

Premiere Édition, dont l'Exemplaire est précieux, parceque l'on n'a pas supprimé des feuilles pour lesquelles on fit faire dans le temps les trois cartons suivants.

Le premier, page 61, où, à l'occasion de la prison de Joseph, M. de Sacy, qui a fait les figures de la Bible, étant à la Bastille, sans qu'il eût la liberté d'écrire, ni d'avoir des Livres, dépeint en quelque maniere l'état de souffrance où il étoit.

Le second, page 145, au sujet des vœux indiscrets. Celui-ci est double.

Et le troisieme, page 217, il n'y a que quelques mots de changés.

133 L'Histoire du Vieux & du Nouveau Testament, avec des explications édifiantes tirées des SS. Peres. Par le même sieur de Royaumont. (Louis Isaac le Maistre de Sacy.) *Bruxelles*,

Eugene Henri Fricx, 1698. in-12. figures, m. r. doub. de m. l. r.

134 Histoire Sacrée en tableaux, avec leur explication. Par Oronce Finé de Brianville, (avec des figures gravées par Sébastien le Clerc.) *Paris, de Sercy*, 1670, 1671 & 1675. 3 vol. in-12. m. r. doub. de m. l. r.

135 Icones Biblicæ Veteris & Novi Testamenti, æri incisæ, à Melchiore Kysel. *Augustæ Vindelicorum*, 1679. in-4. m. r.

136 Histoire du Vieux & du Nouveau Testament, (par David Martin) enrichie de plus de quatre cents figures en tailles douces, gravées par Luyken & autres. *Anvers, P. Mortier*, 1700. 2 vol. in.fol. G. P. m. viol. l. r.

Superbe Exemplaire de la premiere Edition avant les clous.

137 Les Figures de la Bible, gravées par Ulrich Krausen, avec une explication en vers allemands. *Ausbourg*, 1700. in-fol. m. r.

138 Histoire du Vieux & du Nouveau Testament, représentée en tailles douces, dessinées & faites par Rom. de Hoogue, avec une explication par Basnage. *Amsterdam, Lindenberg*, 1704. in-fol. m. r.

Il y a quelques feuillets dans la Préface qui sont encadrés.

THÉOLOGIE.

139 Discours Historiques, Critiques, Théologiques & Moraux, sur les événements les plus mémorables du Vieux & du Nouveau Testament. Par Jacques Saurin, avec des figures gravées sur les desseins de MM. Hoet, Houbraken & Picart. *La Haye, de Hondt*, 1728. 6 vol. in-fol. m. viol.

PAPIER IMPÉRIAL.

140 Figures du Vieux & du Nouveau Testament, inventées & gravées par Jean Luyken. *Amsterdam, Pierre Mortier.* in-fol. v. b.

62 PIECES.

141 Histoires les plus remarquables de l'Ancien & du Nouveau Testament, gravées par Jean Luyken. *Amsterdam, Covens*, 1732. in-fol. v. éc.

142 Physica Sacra Joan. Jacobi Scheuchzeri, iconibus æreis illustrata à Joan. And. Pfeffel. *Augusta Vindelicorum*, 1731. 4 vol. in-fol. v. f. G. P.

143 Physique Sacrée, ou Histoire Naturelle de la Bible, trad. du latin de J. Jacq. Scheuchzer, enrichie de figures gravées par les soins de J. And. Pfeffel. *Amsterdam, Schenk*, 1732, 8 vol. in-fol. m. r.

144 Figures enluminées représentant des sujets du N. Testament, avec des Prieres latines analogues aux sujets. in-fol. v. m.

Tome I.

THÉOLOGIE.

Manuscrit sur vélin du *XV siecle*, contenant 11 feuillets. Son écriture est l'*ancienne Batarde*.

145 Ludolphi Saxonis, ordinis Carthusiensis vita Jesu Christi, descripta juxtà seriem quatuor Evangelistarum. 1474. in-fol. goth. m. r.

Premiere Edition.

146 Le liure nommé *Vita Cristi*, (traduit en françois) 2 grands volumes in-fol. m. r.

Superbe Manuscrit sur vélin de la fin du *XV siecle*, & d'une exécution admirable. Il est écrit en *ancienne grosse Batarde*, sur 2 colonnes. Ses sommaires sont en rouge & ses *lettres tourneures* sont très élégamment peintes en or & en couleurs.

Le Tome premier contient 8 feuillets de Table, 4 en blanc & 297 chiffrés en rouge. Il est enrichi de 37 *Miniatures* d'une beauté & d'une fraîcheur éclatante.

Il y en a 4 qui portent plus ou moins 8 pouces & demi de haut sur 7 & demi de large, 28 de 7 pouces & demi de large sur 5 pouces & demi de haut, & 5 qui n'en ont qu'environ 4 & demi de haut & 3 de large.

La plus grande & la plus magnifique se trouve au fol. iij. Elle représente *Ludolphe*, Auteur de l'Ouvrage, vêtu de l'habit blanc des Chartreux, écrivant dans sa Cellule sur un pupitre. Il est entouré de quelques Chartreux; un d'eux lui apporte un Livre relié en velours cramoisi. Toute cette page est bordée d'un large cadre en Miniature, richement historié. On y voit un Ange relevant Jesus-Christ du tombeau, & l'exposant à la vue de quelques personnes qui sont à genoux dans la Miniature. Cette bordure est parsemée d'une quantité de fleurs, d'oiseaux, d'insectes peints avec beaucoup de finesse & de vérité.

THÉOLOGIE.

Le Tome second consiste en 8 feuillets de Table, & en 312 feuillets chiffrés en rouge. Ses Miniatures d'un égal éclat y sont au nombre de 42. Elles ont presque toutes 7 pouces & demi de largeur sur 6 pouces de hauteur, à l'exception de la premiere, qui a 4 pouces de plus en hauteur. La page qu'elle décore est également bordée d'un large cadre dont le fond est peint en or, & dans lequel on voit des oiseaux, des papillons, des fleurs, des insectes, & un singe qui file. Cette variété de sujets rend la Miniature d'un effet agréable.

L'Ouvrage Latin du *Vita Christi* a pour Auteur *Ludolphe Saxon*, Dominicain, & ensuite Chartreux. Il fut Prieur de la Chartreuse de Strasbourg, vers l'an 1330, & mourut à Mayence, on ne sait en quelle année. Il a tiré sa vie de *Jesus-Christ* des quatre Evangelistes, & des Auteurs Ecclésiastiques, & il a ajouté à chaque Chapitre des Commentaires & des Prieres.

On connoît deux Traductions Françoises de cet Ouvrage, faites dans le *XV siecle*, l'une par *Jean Mansel*, de la ville de Hesdin, Compilateur de *la Fleur des Histoires*, & l'autre, qui est celle de notre Manuscrit, par *Frere Guillaume le Menand*, de l'Ordre des Freres Mineurs de l'Observance. Il dédia vers 1485 à *Jean II*, Duc de Bourbon & d'Auvergne, fait Connétable de France par Charles VIII en 1483, & mort en 1487, sa traduction qu'il avoit entreprise par ordre de ce Seigneur. Cette dédicace fait le sujet de la Miniature qui est à la tête du *Prologue du Translateur*.

On voit par les Armes *d'Oetingen* qui décorent le premier feuillet du texte de chaque Volume, que ce Manuscrit a été exécuté pour un Seigneur de cette illustre Maison de Souabe, & par la devise : *Ou que ie soie*, qui est peinte au bas de quelques Miniatures, qu'il a appartenu ensuite à *Guillaume de Croy*, mort à Worms en Allemagne, en 1521.

Il est bien fâcheux que la troisieme Partie ou Volume de

ce Manuscrit manque. Cette Partie, dont M. Verduſſen d'Anvers étoit poſſeſſeur, fut vendue ſeule à ſa vente faite en 1776, 300 Florins de change, faiſant environ 642 livres argent de France. Nous l'avons vue depuis dans le Cabinet d'un Curieux à Bruxelles.

147 Le grand *Vita Chriſti*, tranſlaté du latin de Ludolphe le Chartreux, par frere Guillaume le Menand *Paris, les Angeliers*. 2 tom. en 1 vol. in-fol. goth. v. f.

Les Frontiſpices ſont ornés de fleurs peintes en or & en couleurs, ainſi que les lettres initiales.

148 Senſuit le liure de Jheſus hiſtorie par perſonnaiges pour les ſimples gens, contenant le Pater, l'Ave Maria, le Credo, les dix Commandements de la loi, le narré du Lazare reſſuſcité, des ſupplices & tourments qu'il a vu ſouffrir par les orgueilleux, envieulx, jreulx, pareſſeulx, avaricieulx, gloutons & luxurieus, en l'autre monde; les repréſentations moraliſées par perſonnages, du cours de la vie humaine & du Jugement dernier. in-fol. m. r.

Ce Manuscrit in 4 ſur vélin, collé ſur du papier in-fol. eſt écrit en *ancienne Batarde*, à longues lignes, & paroît être du *XV ſiecle*; il contient 28 feuillets. Il eſt recommandable par la ſingularité de ſes peintures, qui ſont au nombre de 34, & parmi leſquelles on remarque les ſupplices de l'Enfer, que le Peintre a rendus d'une maniere grotesque.

Cet Ouvrage entre dans la claſſe de l'*Ars Moriendi*, du *Speculum*, & de tels autres Livres que l'on mettoit autrefois entre les mains des Pauvres & des Enfants.

THÉOLOGIE.

149 Cy commence la Vie & la Paſſion noſtre Seigneur. in-4. m. bleu.

MANUSCRIT ſur vélin du *XV ſiecle*, contenant 84 feuillets. Son écriture eſt en *ancienne Batarde*, à longues lignes. Ses titres ſont en rouge. Il a des *lettres tourneures* peintes en or & en couleurs, & 111 *Miniatures*, dont une de 5 pouces & demi de hauteur, ſur environ 5 pouces de largeur, & les 110 autres de différentes grandeurs.

150 La vie de Jéſus Chriſt. *Lyon, Jean de Channey*, 1510. in-4. v. f.

151 Jeſu Chriſti vita, juxtà quatuor Evangeliſtarum narrationes, artificio graphices, perquam eleganter picta, unà cum totius anni Evangeliis ac Epiſtolis, necnon piis precationibus magnâ commoditate adpreſſis. Authore Guilhelmo de Branteghem, Aloſtæo Carthuſienſi. *Antverpiæ, apud Matthæum Cromme, pro Adriano Kempe de Bouchout*, 1537. in-8, fig. m. r.

152 La vie de Notre Seigneur Jeſus Chriſt, ſelon le texte des IV Evangéliſtes, avec les Evangiles, Epîtres & Prophéties de toute l'année, chantés en la meſſe. Par frere Guillaume de Branteghem, Chartreux. *Lyon, François Juſte.* In 8. goth. m. r.

Le Frontiſpice manque.

153 La vie de notre Seigneur Jeſus Chriſt. Par Fr. Guillaume de Branteghem. *Paris, Pierre Regnault*, 1541. in-8. fig. m. bl. l. r.

154 La vie de Jesus Christ Notre Seigneur, composée & extraite des quatre Evangélistes, réduits en une continuelle sentence. Avec les Epîtres & Leçons qu'on lit à la messe au long de l'année. Par Loys Miré. — Description de la Terre Sainte, avec sa charte en petite forme réduite. Par Guillaume Postel. *Paris, rue S. Jacques, à l'enseigne des Cicognes,* 1553. 2 vol. in-16. m. bl.

Cet Ouvrage est fort rare.

155 La concordance des quatre Evangélistes au discours de la vie de Notre Seigneur Jesus Christ. (Par Loys Miré.) Plus, une brieve description de la Terre Sainte, avec sa charte. (Par Guillaume Postel.) *Paris, Guill. Guillard,* 1561. in-16 m. bl.

Cet Ouvrage est absolument le même que le précédent; il n'y a de différence que dans le titre, & très peu de chose dans les Pieces Préliminaires, qui ont été réimprimées afin de le faire passer pour nouveau.

Il manque dans ce Volume la Carte de la Terre Sainte, & une autre Carte qui représente la forme du Camp, & la disposition des douze Tribus en leurs possessions de la Terre Sainte.

Loys Miré a copié presque mot pour mot l'Ouvrage de Guillaume de Branteghem, annoncé ci-dessus.

Cette Edition est fort rare, ainsi que la précédente.

156 Doctrina, Vita & Passio Jesu Christi, juxtà Novi Testamenti Fidem & ordinem, artificiosis-

THÉOLOGIE.

fimè effigiata. *Francofurti, Chriftianus Egenolphus*, 1542. in-4. m. r.

Ce Volume ne contient que des figures très bien gravées en bois par Jean Scheufelin ou Schaueuffelein.

157 La Nativité, Vie, Paffion, Mort & Réfurrection de notre Sauveur & Rédempteur Jefus Chrift. *Paris, Nic. Bonfons*, 1574. in-18. fig. m. r.

158 Meditationes fratris Jordani, de Vitâ & Paffione Jefu Chrifti. *In Mercuriali oppido Antverpienfi, per Gerardum Leeu*, 1485, X Februarii. in-24. goth. fig. m. r.

159 Vitæ, Paffionis & Mortis Jefu Chrifti Myfteria, piis meditationibus expofita. Per Jo. Bourghefium. *Antverpiæ, Aertfius*, 1622. in-8. fig. m. bl.

160 Abrégé de la Vie & Paffion de Notre Seigneur Jefus Chrift, avec les figures, & quelques réflexions fur les principaux myfteres. (Par Joron.) *Paris, Ve. Joron.* in-fol. v. b.

161 La Vie de Jefus Chrift. Par Saint Real. *Paris, René Guignard*, 1678. in-4. m. r. L r.

162 Hiftoire de la vie de Notre Seigneur Jefus Chrift. Par M. le Tourneux. *Paris, Elie Joffet*, 1701. in-12. m. r. doub. de m. l. r.

163 Speculum Paffionis Domini noftri Jefu

Chrifti, cum textu quatuor Evangeliftarum per Vdalricum Pinder. *Nurembergæ*, 1507. in-fol. m. r.

Les figures de cet Ouvrage font fuperbement gravées en bois, dans le goût d'Albert Durer, par Hans Schaeufelein.

164 Paffionis Chrifti unum ex quatuor Evangeliftis textum. Studio Ringmanni Philefii. *Argentinæ, Joannes Knoblouchus*. in-fol. v. f.

Cette Edition eft ornée de belles Figures gravées fur bois par V. Gemberlein, ou Gamberlein.

165 Paffio Domini noftri Jefu Chrifti, ex Evangeliftarum textu quàm accuratiffimè deprompta, à Ringmanno Philefio. *Argentorati, Knoblouchus*, 1508. in-fol. m. r.

Les Figures, qui font fupérieurement gravées en bois, font de V. Gemberlein ou Gamberlein.

166 Triumphus Jefu Chrifti crucifixi. Per Bartholomæum Riccium, foc. Jefu. *Antverpiæ, Adrianus Collaert*, 1608. in-8. m. r.

Avec de belles Figures gravées en taille-douce par Adrien Collaert.

167 La Paffione di Giefu, compofta per M. Pietro Aretino. *Riftampata nella inclita citta di Venetia*, 1545. in-8. m. r.

168 La Paffion de Jefus Chrift, vivement décrite par le divin Pierre Aretin, traduite de l'italien en françois (par Jean de Vauzelles). *Lyon, Melchior & Gafpar Trechfel*, 1539. in-8. v. f.

Livres

THÉOLOGIE.

Livres Apocryphes de l'Ecriture Sainte.

168 * Protevangelion, sive de natalibus Jesu Christi, & ipsius matris Virginis Mariæ, sermo historicus divi Jacobi minoris; (è gr. in lat. transl. à Guill. Postello) Evangelica historia, quam scripsit Beatus Marcus. Vita Joannis Marci Evangelistæ, collecta per Theodorum Bibliandrum. *Basileæ, Joannes Oporinus,* 1552. in-8. m. r.

169 Protevangelion Divi Jacobi minoris. (in Oriente apud Christianos repertum à Guillelmo Postello.) Accessit huic Dialogus quidam Christiani cum Judæo de Christo, ex Suidæ Philologiâ Michaele Neandro Soraviensi interprete. *Argentorati, Josias Rihelius,* 1570. in 8. m. r.

170 Gesta Salvatoris nostri Jesu Christi secundùm Nicodemum, quæ invenit Theodosius Magnus, Imperator, in Jerusalem, in prætorio Pontii Pilati, ex hebraica lingua in latinam translata, hactenùs non excusa. *Antverpiæ, Guillelmus Montanus,* 1538. in-24. m. r.

Interpretes & Commentateurs de l'Ecriture Sainte.

171 Biblia Sacra, cum postillis Nicolai de Lyra. 4 vol. in=fol. m. r.

On trouve à la tête du premier Volume la note suivante :
Biblia Sacra, litt: D: Petri, perantiqua, sine anno & loco,

Tome I   G

THÉOLOGIE.

in-fol. 4 *tom. Creditur anni* 1481 *Argentiæ*, *vel anni* 1491 *Noremberga. Vide Le Long*, *Bibliotheca Sacra*, *pages* 481 & 483. Ce renvoi au Pere Le Long n'est pas exact. On voit deux Editions qu'il cite à la page 253, première colonne ; l'une *Argentinæ* 1492, 4 vol. in-fol; l'autre 1493, *Norimberga*, 6 vol. in-fol.

172 Dialogus qui vocatur scrutinium Scripturarum, per Rev. Patrem Dominum Paulum de Sancta Maria, Episcopum Burgensem ; quem composuit post additiones per eum compositas ad postillam Nicolai de Lyra. Anno Domini 1434. Anno vero ætatis suæ 81. *Romæ, per Vdalricum Gallum*, *circà* 1470. in-fol. m. r.

SUPERBE EXEMPLAIRE de la premiere Edition, dont le premier feuillet est orné de fleurs peintes en or & en couleurs.

Il n'y a aucune Piece préliminaire à la tête de cet Ouvrage, qui finit par la souscription suivante :

Anser Tarpeii custos Iouis : unde : q̃ alis
Constreperes : Gallus decidit : ultor adest :
Vdalricus Gallus : ne quẽ pascantur in usum
Edocuit pennis nil opus esse suis.
Imprimit ille die : quantum non scribitur anno :
Ingenio : haud noceas : omnia uincit homo :

173 Scrutinium Scripturarum. Per Paulum de Sancta Maria. (*Mantuæ,*) *Johannes Schallus,* 1475. in fol. goth. m. bl.

Ce Volume a des signatures depuis A—L du second alphabeth ; il finit par cette souscription :

THÉOLOGIE.

Eterne laudes sint regi. luce superna
Qui dedit hoc cunctis. quod reseratur opus.
Hoc iudeorum pandens enigmata. et artes
Mentis aberrantum diluit omne malum.
Tempore quo gaudet Lodouico principe Mantos
Facta uigent cuius splendida per Latium.
Hoc opus impressit rerum scrutinia Schallus
Johannes doctor artis apollinee.
Anno domini Millesimo quadringentesimo septuagesimo quinto.

174 Dialogus qui vocatur Scrutinum Scripturarum, compositus per Paulum de Sancta Maria, quem composuit post additiones positas ad postillam Nicolai de Lyra. *Moguntiæ, Petrus Shoffer de Gernszhéym*, 1478. in fol. goth. m. r.

175 Dialogus qui vocatur Scrutinium Scripturarum. Per Paulum de Sancta Maria, quem composuit post additiones positas ad postillam Nicolai de Lyra. in fol. goth. m. r.

Edition très ancienne, exécutée à longues lignes, au nombre de 39 sur les pages qui sont entieres, sans chiffres, réclames & signatures, contenant 215 feuillets, dont le dernier verso finit par cette ligne :

nor et gloria in seculā seculor amen. Deo gracias.

Cette Edition nous paroît être du même Artiste qui a exécuté le Virgile annoncé au N° 2433. Les caracteres, & surtout les capitales qui sont remarquables, se ressemblent parfaitement, & ont les mêmes formes, quoique ceux de cette Edition du *Scrutinium* soient plus petits.

Ces derniers caracteres sont encore ceux avec lesquels on a imprimé l'*Albertus Magnus de Virgine*, N° 573, & le

Vitæ Patrum, sorti vers 1474 des presses de Jean Zainer, Imprimeur à Ulm, qui en a changé les lettres majuscules.

176 Mammetractus, sive Expositio in singulis libris Bibliæ, per singula capitula. (Authore Marchesino.) *Moguntiæ, per Petrum Schoiffer de Gernshem,* 1470. in fol. goth. m. r.

PREMIERE EDITION.

Ce Volume commence par trois feuillets qui contiennent le Prologue de l'Auteur, & deux Epîtres de St. Jérôme ; le Texte suit, & l'Ouvrage finit par la souscription suivante, imprimée en rouge, avec les Ecussons :

Explicit Mămetractus Arte imprimēdi seu caracterizandi absq3 calami exaracōne sic effigiatus. et ad eusebiă dei. industrie per Petrŭ schoiffer de gernsʒhem in ciuitate magŭtina feliciter ɔsŭmatus. Anno dn̄ice incarnacōis. M. cccc. lxx. in vigilia Martini.

Cette souscription est suivie d'un feuillet qui contient une sorte de conclusion & la Table des Livres & des Prologues.

177 Mammetractus, sive Expositio in singulis libris Bibliæ, per singula capita (Authore Marchesino.) *Moguntiæ, per Petrum Schoiffer de Gernshem,* 1470. in fol. goth. m. r.

PREMIERE EDITION, IMPRIMÉE SUR VÉLIN.

178 Mammetractus, sive Expositiones & Correctiones vocabulorum tàm Bibliæ quàm aliorum plurimorum librorum. (Authore Marchesino.) *Venetiis, per Franc. de Hailbrun & Nic. de Frankfordia, socios,* 1476. in 4. goth. m. cit.

A la fin du texte il y a la souscription suivante :

THÉOLOGIE.

Expliciũt expofitiões & correctões vocabulor libri q̃ appellaῖ Mamotrect9 tã biblie q̃3 alior plurimorũ libror. Impreſſe Venetijs p franciſcũ de Hailbrun & Nicholaum de franckfordia focios. M cccc lxxvj Laus deo.

179 Mammotrectus, five Liber expofitorius totius Bibliæ. (Authore Marchefino.) in-fol. goth. v. f.

180 Auctoritates utriufque Teftamenti, in-fol. goth. v. f.

Edition très ancienne, fans date, fans nom de Ville, &c.

Ce Volume eft imprimé fur 2 colonnes; il commence par ces mots: *Recepit dñs*, &c. Le dernier feuillet ne contient qu'une colonne; il finit par ces mots: *Actuum XIII*. &c. & au-deſſous:

Expliciunt auctoritates utriufq3 teſtamẽti.

181 Exempla Sacræ Scripturæ ex utroque Teftamento, fecundùm ordinem litterarum collecta. in-4. goth. v. b.

Cette Edition qui eft à longues lignes, paroît avoir été imprimée vers 1480.

182 La Sainte Bible, traduite en françois, avec l'explication du fens litteral & du fens fpirituel, tirée des SS. Peres & des Auteurs Eccléfiaftiques. Par M. Louis-Ifaac le Maiſtre de Sacy. *Paris, Guillaume Defprez*, 1699. 33 vol. in-8. m. r. l. r.

183 Commento di Antonio Brucioli, in tutti i facrofanti libri del Vecchio, & Nuovo Teſta-

mento, dalla hebraica verita, & fonte greco per esso tradotti in lingua toscana. *In Venetia*, 1546. 7 tom. en 3 vol. in-fol. m. r.

184 Libro chiamato fiore novello molto devoto da lezere con certe predicatione, tutto el Testamento Vechio. *Venetiis, per Baptistam de Tortis*, 1482, die xij Octobris. in-fol. m. r.

185 R. P. Hieronymi ab Oleastro Commentaria in Mosi Pentatheuchum, juxtà M. Sanctis Pagnini interpretationem. *Olyssippone, Barrerius*, 1556. in-fol. m. r.

186 Fratris Henrici Herp Speculum aureum decem Præceptorum Dei. *Moguntiæ, per Petrum Schoyffer de Gernsheym*, 1474. in-fol. goth. m. r.

187 Psalterium cum glossis & orationibus. in-fol. m. r.

MANUSCRIT sur vélin des plus précieux, & d'une conservation très belle; il nous paroît être de la fin du *IX siecle*. Son écriture, quant aux Pseaumes, est la *minuscule Caroline ordinaire*, & la *petite Caroline* quant aux Gloses. Ses lettres *capitales* la plupart peintes en vermillon, sont mêlées d'*onciales*; il y en a au commencement de tous les versets des Pseaumes dont les titres sont écrits en rouge.

La lettre initiale du premier Pseaume *Beatus vir* est remarquable par sa grandeur, & le travail du dessein qui n'est qu'au simple trait en rouge. Cette capitale faite en forme de fleurs & de feuillages, est appellée en diplomatique *Anthophylloïde*, à cause des objets qu'elle représente.

THÉOLOGIE.

Ce beau Manuscrit consistant en 276 feuillets de vélin le plus blanc, est sur 3 colonnes, dont celle du milieu contient deux Versions du Livre des Pseaumes, la premiere écrite sur le verso de chaque feuillet ; la seconde sur le recto de celui qui lui en est regard, & les deux autres colonnes, les Oraisons & les Gloses qui sont tirées de *St. Augustin*, de *St. Jérôme*, de *Cassiodore*, & d'autres Peres de l'Eglise.

Les deux Versions des Pseaumes réunies dans ce Volume, appartiennent à *St. Jérôme*. On les trouve très rarement ensemble. Le P. Le Long n'a cité que quatre Manuscrits qui les renfermoient.

L'une de ces Versions a été faite sur le Grec des Septante ; l'autre sur le Texte Hébreu.

Les deux Prologues de S Jérome les précedent ; le premier commençant par ces mots : *Psalterium Rome dudum*, se trouve toujours en tête de la Version faite sur le Grec. Le second commençant : *Scio quosdam putare*, finissant : *Latino sermone transferem*, est de la version faite sur l'Hébreu, & n'est pas si ample dans notre Manuscrit que celui qui est imprimé dans le Tom. 1, pag. 83, des Œuvres de *St. Jérôme* ; mais il est suivi de deux Oraisons de ce Saint, qu'on ne voit pas dans ses Œuvres, à la suite de son Prologue.

Après les 150 Pseaumes, suivent :

1°. Le 151e. Pseaume, qui est le Cantique d'actions de graces de David, lorsqu'il eut vaincu Goliath. Il commence ainsi : *Pusillus eram* ...

2°. Le Cantique d'Isaïe, (Chap. 12.) *Confitebor tibi Domine*. ...

THÉOLOGIE.

3°. Le Cantique du Roi Ezechias, tiré d'Isaïe, (Chap. 38.) *Ego dixi in dimidio dierum meorum*....

4°. Le Cantique d'Anne, tiré du premier Livre des Rois, (Chap. 2.) *Exultavit cor meum*....

5°. Le Cantique de Moyse, tiré de l'Exode, (Chap. 15.) *Cantemus Domino*....

6°. Le Cantique d'Habacuc, (Chap. 3.) *Domine audivi*...

7°. Le Cantique de Moyse, tiré du Deutéronome, (Chap. 32.) *Audite cœli*....

8°. Partie du Cantique de Sidrach, Misach & Abdenago, tiré de Daniel, (Chap. 3.) *Benedicite omnia opera*...

9°. Le Cantique de Zacharie, tiré de S. Luc, (Chap. 1.) *Benedictus Dominus Deus*....

10°. Le Cantique de Marie, tiré de St. Luc, (Chap. 1.) *Magnificat*....

11°. Le Cantique *Te Deum laudamus*....

12°. Le Symbole attribué à St. Athanase: *Quicumque vult salvus esse*....

13°. Le Cantique de Siméon, tiré de St. Luc, (Chap. 2.) *Nunc dimittis*....

14°. Le Pater, le Credo, le Gloria in Excelsis & le Symbole de la Messe.

188 Liber Psalmorum, cum glossis. in-fol. m. r.

MANUSCRIT sur vélin, du *XIII siecle*, très bien conservé, contenant 207 feuillets. Son écriture est en *lettres de forme*, sur 2 colonnes.

Ce Psautier traduit sur le Grec est sans Préface dans ce Manuscrit.

189 Postilla Venerabilis Fratris Nicolai de Lyra super

THÉOLOGIE.

super Psalterium. *Parisiis, Udalricus Géring*, 1483, die quintâ Novembris. in-4. m. r.

190 Joannis de Turrecremata (Torquemada) Cardinalis S. Sixti expositio brevis & utilis super toto Psalterio. *Romæ, Udalricus Gallus de Bienna*, 1470. in-4. m. bl.

PREMIÈRE ÉDITION, TRÈS RARE, inconnue à la plûpart des Bibliographes ; le Volume commence par une Dédicace de Turrecremata, au Pape Pie II. Elle contient 2 feuillets. Le Texte suit, & à la fin il y a cette souscription :

Reuerendissimi Cardinalis sancti Sixti Expositio breuis et utilis super toto psalterio : Rome impressa die Quarta mensis octobris per honorabile uirum magistrum Vdalricum Gallum de Bienna Anno domini Millesimo quadringentesimo septuagesimo. Laus Deo.

Cette souscription est suivie d'un feuillet qui contient le Registre.

191 Reverendiss. Cardinalis Joannis de Turrecremata, expositio brevis & utilis super toto Psalterio. *Moguntiæ, per Pet. Schoyffer de Gernshem*, anno 1474. in-fol. goth. m. r.

192 Jo. de Turrecremata expositio super toto Psalterio. *Moguntiæ, per Pet. Schoyffer de Gernzheym*, anno 1476. in-fol. goth. m. r.

193 Simeonis (Marotte) de Muis opera omnia : scilicet Commentarius litteralis & historicus in omnes Psalmos Davidis, & selecta Veteris Testamenti Cantica, & varia sacra. *Parisiis, Mathurinus Henault*, 1650. in-fol. G. P. v. f.

Tome I. H

THÉOLOGIE.

194 La expositione del Psalmo LXXIX, per frate Hieronimo (Savonarola) da Ferrara, tradocto in lingua fiorentina. — La expositione del Pater noster, dal medesimo. in-4. v. m.

195 Theophilactus in Evangelia, græcè. *Romæ,* (*Antonius Bladus*) 1542. in-fol. m. r.

195 * Opus præclarum omnium homeliarum ac postillarum egregiorum Doctorum Gregorii, Augustini, Hieronymi, Ambrosii, Bedæ, &c. super Evangelia dominicalia de Tempore & de Sanctis, per totius anni curriculum: cum Prologo Karoli Magni, regis Francorum: opus jussu ejusdem Karoli regis compilatum à Paulo Dyacono. *Coloniæ, Conr. de Homborch, circa* 1475. 2 vol. in-fol. goth. m. r.

Cet Ouvrage est imprimé sur 2 colonnes; à la fin il y a cette souscription:

Expliciunt omelie super euangelia de tempe & de sanctis p̄ totum annum cum quibusdā sermonibus eorumdē. admisse & approbate ab alma vniuersitate coloniēsi. impsse autem p me Cōradum de homborch ad laudem & gloriā dei q̄ est semp benedict9 in secula Amē.

196 Cathena Sancti Thomæ de Aquino in IV Evangelia. Joannes-Andreas, Episcopus Aleriensis recognovit. *Romæ, in domo Petri & Francisci de Maximis,* 1470. 2 vol. in-fol. m. r.

PREMIERE EDITION.

On doit trouver à la fin du premier Volume un feuillet détaché qui contient la Table des Evangiles; il commence ainsi:

THÉOLOGIE.

Feria tertia post dñicã in ra. pal.

Et à la fin du second Volume il y a cette souscription :
Io. Andreas Epūs Alerien recognovit.
Impssū Rome opus in domo Petri & Frācisci de Maximis Iuxta campum Flore : presidentibus magistris Conrado Suueynheym et Arnoldo pānartz Anno dominici natalis. M. CCCC. LXX. die vij. decēbris. S. D. N. Domini Pauli. II. Veneti Pont. Max. Anno. VII. Vrbe et Ecclesia florente.

197 Beati Thomæ de Aquino Glossa continua super IV Evangelistas. *Nurmbergæ, per Antonium Coberger, anno 1475.* in-fol. max. goth. m. r.

Le premier feuillet & la lettre initiale sont ornés de fleurs peintes en or & en couleurs. A la fin il y a cette souscription :
Beati thome de Aquino Glosa continua super quatuor Euangelistas feliciter finit Impressa Nurmberge p̄ p̄uidum virum Anthonium Coberger. Anno dñice Incarnatōnis. MILLE. CCCC. LXXV. DIE. VIII. AVGV.

198 Quæstiones Evangeliorum tàm de Tempore quàm de Sanctis, collectæ per Jo. de Turrecremata. *Coloniæ Agrippinæ, 1478.* in-fol. goth. m. r.

On lit à la fin la souscription suivante :
Questiones euangeliorum tam de tempore q̃ de sanctis collecte per reuerendissimū dominū Johannem de turrecremata episcopū sabinensem ordinis predicatorum sancte romane ecclesie cardinalem sancti sixti expliciūt hic. Impresse colonie agrippine Finite & oplete sub anno domini Millesimo quadringētesimo septuagesimo octauo in vigilia Bartholomei apli. Laus deo

199 Joannis Maldonati, Soc. Jesu, Commentarii in IV Evangelistas. *Mussiponti, Mercator,* 1596. in-fol. m. r.

200 Adnotationes & Meditationes in Evangelia quæ in SS. Missæ Sacrificio toto anno leguntur; auctore Hieronymo Natali. *Antverpiæ, Nutius,* 1595. in-fol. m. r. à compartiments, lavé, réglé.

Cet Exemplaire, qui est unique pour sa beauté & sa conservation, vient de la Bibliotheque de M. le Comte d'Hoym. La tranche est ornée de fleurs peintes sur la dorure. Les figures, les vignettes & les culs de lampe sont entourés d'un filet d'or.

Les Figures, qui sont en grand nombre, ont été dessinées par Martin de Vos, Bern. Passer. Romanus. & gravées par Adrien Collaert, Antoine, Jean & Jérôme Wierix, & autres.

201 Expositioni sopra Evangeli, facte per frate Simone da Cascia, (tradot. in vulgare da fra. Guido.) *In Firenze, Bart. di Francesco de Libri,* 1496. in-fol. fig. v. f.

202 Super Matthæi Evangelium venerabilis Dom. Alberti Magni notula de festo die Epiphaniæ Domini, = Sermo B. Augustini de Epiphaniâ. in-4. goth. v. f.

On lit au bas de la derniere page:

Sermo btissimi augustini de ephia domini explicit multũ notabilis.

Edition très ancienne, sans date, &c. imprimée à longues

THÉOLOGIE.

lignes avec les Caracteres de Jean Guldenschaff de Mayence.

Ce petit Traité est tiré d'un autre Ouvrage. Il commence par la signature m. i.

203 Sanctus Athanasius Theophilactus in Epistolas Sancti Pauli, è græco in latinum translatus à F. Christophoro de Persona. *Romæ, Vdalricus Gallus*, 1477. in-fol. m. r.

PREMIERE EDITION.

Ce Volume commence par un feuillet qui n'est imprimé qu'au verso ; il contient une Dédicace adressée à Sixte IV. Le Texte suit, & au recto de l'avant-dernier feuillet il y a cette souscription :

F. Cristoforus de persona Romanus Prior sancte Balbine de Vrbe : Traduxit Anno domini M. cccc. LXIX. Pontificatu Pauli pontificis maximi. Anno quinto. Et per ingeniosum uirum magistrum Vdalricum Gallum alias Han Alamanum ex Ingelstat ciuē vienensem : non calamo ereoue stilo : sed noue artis ac solerti industrie genere Rome impressum Anno incarnationis dominice M. cccc. LXXVII. die uero xxv. mensis Ianuarii. Sedente Sixto diuina prouidentia papa, iiii.

Au verso du feuillet où est la souscription, il y a un Avertissement qui finit au recto du feuillet suivant.

204 Epistolæ Beati Pauli cum Commentariis Jacobi Fabri Stapulensis. *Parisiis, ex officinâ Henrici Stephani*, 1515. in-fol. m. bl.

IMPRIMÉ SUR VÉLIN.

205 Paraphrase sur les Epîtres de S. Paul ; & sur les Epîtres Canoniques, avec la Vie du même Saint. Par Antoine Godeau. *Paris, Jean Ca-*

mufat, 1650. 2 vol. in-4. m. r. doub. de m. l. r.

206 Jo. Pomerani in D. Pauli ad Romanos Epiſtolam, interpretatio. *Haganoæ, Secerius*, 1531. in-8. m. r.

207 Liber Apocalipſis Sti. Johannis Apoſtoli & Evangeliſtæ, cum gloſſis Nicolai de Lyra. in-4. m. r.

Cet Ouvrage eſt en Italien, quoique le titre ſoit en Latin; il eſt ſans date, & imprimé à longues lignes, avec un joli caractere rond Il commence ainſi :

Ncipit liber apocalipſis Sci Iohãnis apoſtoli & euãgeliſte cum gloſis . . . .

Il finit ainſi :

ieruſalem : : : : ſopra : : : : deẽta : : : : amen : : : :

Cette Edition paroît avoir été faite vers l'année 1476.

Philologie ſacrée.

208 Humfredi Hodii de Bibliorum textibus originalibus, verſionibus græcis, & latinâ vulgatâ: libri IV. *Oxonii, è Theatro Sheldoniano*, 1705. in-fol. G. P. v. f.

209 Hiſtoire critique du Vieux Teſtament, par Richard Simon. in-4. m. bl.

On a écrit ſur le premier feuillet de ce Volume la note ſuivante :

Livre de M. Simon, ci-devant Prêtre de l'Oratoire, ſupprimé par ordre de Monſeigneur le Chancelier en 1678, ſur l'avis de M. Boſſuet, Evêque de Condom.

Cet Exemplaire eſt un des SIX qui ont été conſervés. Il

vient de M. Achilles de Harlay, qui avoit légué fa Bibliotheque au College des Jéfuites.

L'Arrêt du Confeil portant fuppreffion de ce Livre, eft en manufcrit à la tête du Volume.

Traités Critiques des chofes mentionnées en la Sainte Ecriture.

210 De arbore fcientiæ boni & mali, ex quo Adamus mortem comedit, & adhuc hodie cuncti homines mortem comedunt. Authore Auguft. Eleutherio. *Mulhufii, Fabrus*, 1561. in-8. v. m.

On a mis à la tête du Volume une figure qui repréfente dans le Paradis Terreftre Adam & Eve, au moment où elle préfente la pomme à fon mari.

211 De neceffitate peccati Adæ, & fœlicitate culpæ ejusdem : apologetica difceptatio. Authore Judoco Clichtoveo. *Parifiis, Henr. Stephanus*, 1519. in-4. m. r.

Concordances & Dictionnaires de la Bible.

212 Abrahami Trommii Concordantiæ græcæ verfionis vulgò dictæ LXX interpretum. *Amftelodami, fumptibus Societatis*. 1718. 2 vol. in-fol. G. P. vel.

213 Dictionnaire hiftorique, critique, chronologique, géographique & littéral de la Bible, enrichi de plus de 300 figures en taille douce qui

représentent les antiquités judaïques. Par Dom Augustin Calmet. *Paris, Emery,* 1730. 4 vol. in-fol. G. P. m. viol.

LITURGIES.

Traités Liturgiques des Offices Divins, des Rites & Cérémonies de l'Eglise.

214 Guillelmi Durandi rationale divinorum officiorum. *Moguntiæ, per Johannem Fust & Petrum Schoyffer de Gernszheym,* 1459. in-fol. m. r. dent. doub. de m. viol.

Première Édition.
Superbe Exemplaire imprimé sur vélin.

215 Guillelmi Durandi rationale divinorum officiorum. in-fol. goth. m. r.

Edition ancienne, imprimée sur 2 colonnes, sans date, sans nom de Ville & d'Imprimeur. Le Volume finit au bas de la seconde colonne du recto du dernier feuillet, par cette ligne :

tas oraciones effundãt. Deo gracias.

216 Guillelmi Durandi rationale divinorum officiorum. *Romæ, per honorabilem virum magist. Georgium Laur de Herbipoli,* 1477. die Jovis XX mensis Februarii. in-fol. m. bl.

217 Guillelmi Durandi rationale divinorum officiorum. *Vicentiæ, Hermannus Lichtensten,* 1478. in-fol. goth. m. bl.

THÉOLOGIE.

218 Guillelmi Durandi rationale divinorum officiorum. *Vicentiæ, per Hermannum Lichtenſten, Colonienſem*, 1480. in-fol. goth. m. vert.

219 Joannis Stephani Duranti de ritibus Eccleſiæ Catholicæ libri tres. *Romæ, ex Typographiâ Vaticanâ*, 1591. in-8. v. f.

220 Rituum Eccleſiaſticorum, ſive ſacrarum Cæremoniarum SS. Romanæ Eccleſiæ libri tres, non antè impreſſi. Curis Chriſtophori Marcelli Corcyrenſis Archiepiſcopi. *Venetiis, Gregorius de Gregoriis*, 1516. in-fol. m. r. l. r.

Les lettres initiales ſont peintes en or.

221 Ritus ac obſervationes antiquiſſimæ, olim circà baptiſatos, confitentes, eosque qui pro delictis ab Eccleſiæ Dei eliminandi eſſent obſervatæ. Item, Præfationes quæ vocantur, numero cxiij. non tàm vetuſtate quàm pietate venerandæ, per totius anni curriculum olim cantari ſolitæ, nunc autem prorsùs obliteratæ. Ex recenſione fratris Galteri Ruys à Gravia. *Coloniæ, apud Joannem Soſterem*, 1530. in-8. m. r.

222 Obſervationes eccleſiaſticæ Joſephi Vicecomitis, Ambroſiani Collegii Doctoris; in quo de antiquis Baptiſmi ritibus ac cæremoniis agitur, &c. *Mediolani, hæredes Pontii*, 1615. 4 tom. en 2 vol. in-4. m. bl.

223 Venerabilis domini Alberti Magni Ratispo-

Tome I. I

nensis Episcopi, super officio missæ liber. ejusdem Alberti Magni summa præclarissima de Corpore Christi intitulata. Ejusdem Alberti Magni de sacrosancto Eucharistiæ sacramento sermones exquisitissimi. XXXII. *Moguntiæ, per Johannem Guldenschaff*, 1477. in-fol. goth. v. f.

Ce Volume est imprimé sur 2 colonnes : il commence par le premier traité énoncé ci-dessus, & à la fin du second traité, au recto, il y a cette souscription :

Presens hec summa preclarissima de corpore cristi intitulata Alberti magni sacre theologie p̄fessoris eximij quondā ratispanens ep̄i in choro fratr p̄dicator colonie sepulti Edita ac per Johannem guldēschaff Magūtinū ciuē inclite nacōnis gremaīce q̄dā artificosa adinūincōe dei clemēcia caractherisata Et anno a natiuitate domini Milesimo quadringentesīō septuagesimo septīo in p̄festo Philippi & iacobi aplorū industriose ɔsūmata.

Les Sermons commencent au verso de ce feuillet, & à la fin il y a une table de 2 feuillets qui finit ainsi :

Operis h9 tabula finit felicit.

224 Gabrielis Biel, sacri Canonis Missæ, tùm mystica, tùm litteralis expositio. *Lugduni, Joannes Cleyn*, 1517. in-fol. goth. m. r.

Liturgies des Eglises Grecques & Orientales.

225 Eucologion, sive Rituale Græcorum, complectens ritus & ordines divinæ liturgiæ, Offi-

ciorum, Sacramentorum, &c. juxtà ufum orientalis Ecclefiæ. græcè & latinè, operâ F. Jacobi Goar. *Lutetiæ Parifiorum Piget*, 1647. in fol. G. P. v. f.

226 Liturgiæ, five Miffæ Sanctorum Patrum : Jacobi apoftoli & fratris Domini : Bafilii Magni : Jo. Chryfoftomi : de ritu Miffæ & Euchariftiâ. Auctore Fr. Claudio de Sainctes. *Antverpiæ, Chrift. Plantinus*, 1560. in-8. m. bl.

Edition la plus eftimée.

Liturgies de l'Eglife Latine Ancienne.

227 Miffa latina, quæ olim ante romanam circa 700 Domini annum in ufu fuit, bonâ fide ex vetufto authenticoque codice defcripta. Item, quædam de vetuftatibus Miffæ fcitu valdè digna adjuncta eft Beati Rhenani præfatio in Miffam Chryfoftomi à Leone Tufco, anno Domini 1070 verfam. Edente Mat. Flaccio Illyrico (Francowits.) *Argentinæ, Mylius*, 1557. in-8. m. viol. doub. de m. à comp. tabis.

Superbe Exemplaire d'un Livre très rare.

228 Sulpitii Severi facræ Hiftoriæ à mundi exordio ad fua ufque tempora deductæ, libri duo. Accedit APPENDIX AD MISSAM LATINAM. Authore Mat. Flaccio Illyrico (Francowits.) *Bafileæ, per Jo. Oporinum*, 1556. in-8. m. r.

Cette Edition de Sulpice Sévere est fort rare & très recherchée, parcequ'elle contient un *Appendix ad Missam Latinam Flaccii Illyrici*. Cette raison me l'a fait mettre ici plutôt que dans la classe de l'Histoire Ecclésiastique, qui est sa vraie place.

Liturgies de l'Eglise Latine d'aujourd'hui, ou de l'Eglise de Rome.

229 Breviarium Romanum, cum Calendario. in-fol. m. bl.

TRÈS BEAU MANUSCRIT sur vélin, du *XIV siecle*, contenant 409 feuillets. Il est écrit en *lettres de forme*, sur 2 colonnes, & enrichi de 78 très curieuses miniatures, dont les plus grandes portent plus de 6 pouces & demi de largeur sur 2 pouces de hauteur. Ses Rubriques sont en rouge. Ses ornements, & la plupart de ses lettres *Tourneures* sont historiées & peintes en or & en couleurs. Un de ses feuillets est décoré des armes d'un Cardinal ; & son Calendrier renferme 12 vers latins peu différens de ceux qui se trouvent au commencement de chaque mois de celui du n° 245 (Voyez ce numéro.)

230 Breviarium cum suis rubricis bene ordinatis secundùm consuetudinem quam nunc tenet Romana Ecclesia. 1482. in-fol. goth. m. r.

231 Breviarium Romanum, ex sacrâ potissimùm Scripturâ, & probatis sanctorum historiis nuper confectum, ac denuò per eundem Authorem accuratiùs recognitum, eâque diligentiâ hoc in anno à mendis ita purgatum, UT MOMI JUDICIUM

THÉOLOGIE. 69*

NON PERTIMESCAT. *Lugduni, Balthazar Arnoullet*, 1544. in fol. m. r.

232 Breviarium Romanum, ex decreto sacrosancti Concilii Tridentini restitutum, Pii V. Pont. Max. jussu editum. *Romæ, Paulus Manutius*, 1568. in fol. m. r.

233 Breviarium Romanum. *Antverpiæ, ex officina Christophori Plantini*, 1561. in 16. m. r.

234 Psalterium secundùm consuetudinem Curiæ Romanæ. 2 vol. in 8. goth. m. r.

IMPRIMÉ SUR VÉLIN.

235 Psalmorum Codex. *Moguntiæ, per Petrum Schoffer de Gernszheim*, 1502. in fol. goth. v. f.

CETTE EDITION est d'une rareté si grande, que son existence a été ignorée de tous les Bibliographes; elle n'a ni signatures ni réclames. Ses caracteres connus sous le nom de *lettres de forme*, sont de deux grandeurs & semblables à ceux de l'Edition du Pseautier de 1457, d'après laquelle elle paroît avoir été faite, puisque sa premiere page contient le même nombre de lignes; savoir, dix-neuf, sans compter deux autres lignes occupées par les portées du plain-chant, qui y est noté à la main.

L'impression est de même en lettres rouges & noires; mais on n'y voit aucunes capitales ou *tourneures* gravées en bois comme dans les Editions de 1457, 1459 & 1490 les places qu'elles devoient occuper sont en blanc, & ont été remplies en partie dans cet Exemplaire par des *tourneures* peintes en vermillon.

Le Volume est composé de 175 feuillets, la plupart numérotés en chiffres romains gothiques, imprimés en rouge. Ces chiffres n'y sont pas exacts ; on y remarque plusieurs erreurs & omissions, savoir : au fol. 25 qui n'existe pas au fol. 49 qui est coté xlviij. au fol. 79 qui est coté xxix parceque le chiffre L. n'a pas marqué. Au fol. 89 coté lxxix. Au fol 120 coté à la vérité Cxx, mais dont on a graté plusieurs chiffres qui suivoient. Le fol. 121 porte un chiffre fait à la main. On a corrigé à la plume l'erreur des chiffres des trois feuillets suivants qui sont cotés Cxx. Cxxi & Cxxii. Il y a des chiffres gratés au fol. Cxxv. Le fol. 135 est numéroté Cxxxiiij. Les fol. 138 jusques & compris 143. le sont par une main moderne. Le chiffre du fol. Cxliiij. est imprimé, & tous les autres feuillets jusqu'à la fin portent des chiffres arabes d'une écriture moderne.

On lit au commencement du premier feuillet en caractères moins gros que les Pseaumes :

Dñicis dieb; post festũ trinitatis. Jnuitatorium. Regẽ magnũ dñm venite adorem9. Psȝ. Venite. Dñicis dieb; post festum Ephie. Jnuitatorium. Adorem9 dñm q̃ fecit nos. p̃s venite. ã. Seruite.

Ensuite en caractères plus gros :

Eatus vir qui nõ abijt ...

Le recto du dernier feuillet contient 22 lignes de discours & deux lignes de portée de plein chant, le verso porte la souscription suivante imprimée en rouge, en 8 lignes, & suivie des deux écussons :

Resens psalmorũ codex, venustate capitaliũ decorat9 Rubricatiõibusqȝ sufficienter distĩct9 Adinuentione artificiosa impmendi ac caracterizãdi absqȝ calami vlla exaratiõe sic effigiatus. Et ad eusebiam dei industrie est cõsumatus in

THÉOLOGIE.

nobili vrbe maguntina, Per Petrū Schoffer de Gernszheim. Anno domini Millesimo quingentesimo secundo. In vigilia sancti Thome,

236 Liber Psalmorum, cum aliquot Canticis & Hymnis ecclesiasticis. *Paris, Jamet Mettayer,* 1587. in-12. m. bl.

IMPRIMÉ SUR VÉLIN.

237 Le Pseautier distribué selon l'ordre des Heures Canoniales, pour être récité chaque semaine. *Cologne, Laville,* 1684. in-8. m viol. à compartiments avec des fermoirs d'or sur lesquels sont gravées les armes de Villeroy.

Ce Livre est décoré de sept miniatures supérieurement peintes sur vélin; elles sont de la grandeur du Volume.

238 Missale Romanum. grand in-fol. m. r.

MANUSCRIT sur vélin de la plus grande beauté, & d'une exécution très riche. Il a été fait par ordre de *Jean-Baptiste de Foix*, Evêque de Comminge, dont il porte les armes sur plusieurs feuillets.

Il est écrit en très *grosses lettres de forme*, sur 2 colonnes, & décoré d'une quantité innombrable de grandes lettres *Tourneures* peintes en couleurs, & rehaussées d'or. Il y en a plus de 234 qui sont supérieurement historiées. On voit dans le Calendrier les douze signes du Zodiac, les attributs de chaque mois, & 77 Saints parfaitement bien exécutés dans les marges des feuillets. On ne se lasse point d'admirer les miniatures au nombre de 25, & les larges dentelles chargées d'animaux, d'oiseaux, de fruits & de figures très burlesques qui enrichissent le corps de ce précieux Manuscrit.

Quatre de ces miniatures sur-tout excellent par leur fraîcheur, leur éclat & leur coloris.

La premiere, qui suit immédiatement le Calendrier, représente l'Annonciation; elle est entourée d'un superbe cadre d'ornements, & elle porte 8 pouces en quarré.

Le feuillet après le fol. coté cxxxvi, & celui qui lui est en regard, présentent un tableau de presque toute la grandeur des deux pages, lesquelles ont ensemble 20 pouces de largeur sur 14 & demi de hauteur. On voit d'un côté le Sauveur crucifié au milieu des deux Larrons; la Vierge, St. Joseph, la Magdeleine, & une multitude de peuple environnent la Croix. De l'autre côté est le Jugement dernier. On a peint au tour de ces deux feuillets 28 miniatures qui représentent autant de sujets de la Passion de Notre Seigneur.

La miniature du fol. recto clxxxxv, haute de 8 pouces, & large de 7, fait connoître la Province à l'usage de laquelle ce Missel a été exécuté. Elle offre le martyre de *St. Saturnin* ou *Sernin*, premier Evêque de Toulouse, dans le IIIe. siecle. Il est attaché par les pieds avec une corde aux cornes d'un taureau indompté que l'on avoit amené dans le Temple des Idolâtres pour être immolé. On excita la fureur de cet animal, qui se précipita du haut des degrés, & brisa la tête au Saint Martyr.

La vue du Séjour & de la Gloire céleste fait le sujet de la miniature du fol. recto cclxiii. Elle est fort belle, & porte 8 pouces de largeur sur 7 pouces 8 lignes de hauteur.

Ce Manuscrit, contenant 417 feuillets, est terminé par la souscription suivante :

Fuit finitũ hoc missale. nona aprilis M. cccc°. lxxxxii. et fecit ipsm̃ scribi. reuerẽd9 in xp̃o pater et dñs doming
                 iohẽs

THÉOLOGIE. 73

iohēs de fuxo miseratione diuia eps ɔuenar (convenarum)
& alano per me petrū de lanouhe hitaf loci dc herbertis
lucionēsis dyocesis. ad laudem dei patris filij et sp̄s sancti
gloriosissiē virgis marie omi angelorum et sctōr dei ad salutē
aïmar viuorᴢ ac deffunctorū sit amen.

On ignore si *Jean de Foix* est le même que *Jean-Baptiste de Foix*, qui fut d'abord Evêque de Dacqs, ensuite de Comminges en 1467; il mourut en 1501. *Alan*, dont il est parlé dans la souscription, est une petite Ville dans le Commingeois qui appartient à l'Evêque, & où il y a un très beau Château.

Le Scribe ne dit point s'il étoit de la Paroisse ou du Bourg *des Herbiers*, en Poitou. Peut-être de son temps la Paroisse n'existoit pas.

239 Missale secundùm consuetudinem curiæ romanæ. *Mediolani, per Antonium Zarotum,* 1476. in-fol. goth. m. r.

On trouve à la fin du Volume cette souscription :

Antoni patria parmensis gente ᴢarote
Primus missales imprimis arte libros.
Nemo repretorem nimius se iactet. in arte
Addere plus tantum qua pepisse ualet.
Mediolani. M. ccccLxxvj. die xxvj aprilis finitum.

Il y a huit feuillets manuscrits au commencement du Volume.

240 Missale Romanum. *Venetiis, impensis Lucantonii de Giunta*, 1506. in-4. goth. fig. m. r.

241 Missale Romanum. Ex decreto sacrosancti Concilii Tridentini restitutum, Pii V. Pontifi-

Tome I. K

cis max. jussu editum. *Romæ, apud Hæredes Bartholomæi Faletti*, 1570. in-4. goth. v. f.

242 Missale Romanum, ex decreto sacrosancti Concilii Tridentini restitutum, permittente sede apostolicâ. *Venetiis, hæredes Melch. Sessæ*, 1589. in-4. m. r.

243 Incipiunt Euangelia totius anni, tàm de tempore quàm de sanctis, secundùm usum romanum. in-fol. maroq. rouge.

Ce beau Manuscrit sur vélin, exécuté en 1545 par *Frere Jean Holand*, est écrit en *grosses lettres de forme*, sur 2 colonnes, & enrichi de 25 très belles miniatures qui ont 3 pouces en quarré, à l'exception de 2 qui ont 6 pouces. Il est en outre décoré de 130 grandes *tourneures*, historiées & peintes en or & en couleurs. Ses sommaires sont en rouge. Il contient 50 feuillets qui renferment 132 Evangiles.

244 Evangelia XXXIV. festiva & dominicalia. in-4. m. r.

Manuscrit sur vélin très précieux, & de la conservation la plus parfaite. Son écriture, qui est la *romaine* assez grosse, & fort lisible, nous paroît être de la fin du *XI siecle*. Il est enrichi d'un grand nombre de belles *capitales romaines*, connues sous le nom de *capitales élégantes*. Il y en a 47 d'un autre genre, telles qu'on en voit dans les *manuscrits lombardiques*; c'est-à-dire, marquetées en or & en argent, & quelquefois bariolées de diverses couleurs. Elles sont remarquables par leur grandeur; car la plus grande a plus de 6 pouces de hauteur.

Ce manuscrit qui est écrit à longues lignes, & dont les pages qui sont entieres en ont 15, consiste en 58 feuillets de

THÉOLOGIE. 75

vélin, parmi lesquels on en voit plusieurs de pourprés, mais la pourpre ne se répand pas sur le feuillet entier ; elle n'en occupe que certaines portions, comme les titres, le commencement, les premieres lignes, ou les endroits les plus remarquables des Evangiles ; souvent ce ne sont que des bandes de pourpre qui ont reçu des lignes entieres de belles *capitales romaines* peintes en or, & quelquefois en argent. Outre ces divers ornements, ce manuscrit a encore le mérite de renfermer 20 figures coloriées sur un fond d'or bruni. Elles tiennent presque toute la grandeur de la page, & font foi de l'âge que nous avons assigné au manuscrit. Le Relieur a mis néanmoins sur le dos : *M. S. circa* 1450 ; mais ce titre est évidemment faux. Nous avertissons ici les acquéreurs de n'ajouter foi qu'après examen, aux *dates* que portent sur le dos quelques Livres manuscrits & imprimés de ce Catalogue, parceque nous y avons plus d'une fois découvert des erreurs soit à leur avantage, soit à leur détriment.

245 Evangelia festiva & dominicalia. in-fol. m. r.

BEAU MANUSCRIT sur vélin du *XV siecle*, contenant 128 feuillets, & 46 Evangiles. Il est écrit en *grosses lettres de forme*, à longues lignes, & enrichi de 53 très belles miniatures qui ont presque toutes 2 pouces en quarré, à l'exception d'une seule qui en porte 5 & demi de hauteur, sur 3 & demi de largeur.

On lit sur le premier feuillet en lettres bleues :

Hunc Euangeliorum codicem deo amabilis Petrus donatus Episcopus paduanus dum p Beatissimo Eugenio papa quarto Basiliensi cöcilio presideret. p man̄ mei Johannis de monterchio Sancte paduane ecclesie mansionarij scribi fecit. Anno domini millesimo quadringentesimo tricesimo sexto (1436).

Ce Manuscrit commence par une Table des Evangiles,

& un Calendrier ; il finit par la Généalogie de J. C. & une Oraison latine mises en chant grégorien sur une portée de 4 lignes.

Le Calendrier renferme le nom de chaque mois chez les Hébreux & les Grecs, les jours du Soleil, ceux de la Lune, les heures de la nuit, celles du jour, le nombre d'or, les lettres dominicales, le Calendrier Romain, &c. On y lit aussi les 24 vers latins suivants ; il y en a deux pour chaque mois, l'un est au commencement du mois, & l'autre à la fin.

JANUARIUS.
Prima dies iam timor est et septima uani
Nona parit bellū sz quita dat hora flagellū

FEBRUARIUS.
Alterius mesis post tercium quătuz ensis
Nullus ut octaue uel dene dixerit aue

MARCIUS.
Marcius ĩ prima cū quarta diuidit ad hyma
Prima nocet multū. nullū dat altera cultum

APRILIS.
Cui undecimus cedit duodenus apl' obedit
Prima perit telis quem nona reqrit aplis

MADIUS.
Tertius hic mattat madijqz septim9 aptat
Sexta minus sordet cuz uulnera dena remordet

JUNIUS.
Cui nil dena dabit iunij sexdena negabit
Ledit quīta cutē. nullam dat quarta salutem

JULIUS.
Quartus decimus fortis iulij undecim9 uia mortis
Est lupus undena. pariter quoqz nona leena

AUGUSTUS.
Sexti prima furit. a fine secūda perurit
Cuspide p̄ma ferit quē septima p̄dere querit

THÉOLOGIE.

SEPTEMBER.

Tercia turbatur septēbris undena minatur
Tercia septembris et quarta dabūt mala mēbris

OCTUBER.

Tercius octubris undecimusq3 nulli salubris
Quinta dat octubris que nona uenena colubris

NOUEMBER.

Quinta nouēbris obest nulli lux tercia ꝑdest
Est octaua canis forte quarta uideť inanis.

DECEMBER.

Hec dat bissena decimiq3 septima dena
Septimus exanguis uirosus denus et anguis

Ces vers singuliers indiquent ces jours particuliers que les Chrétiens appelloient autrefois *Ægri*, *Mali* & *Ægyptiaci*. On leur donnoit, suivant l'opinion de quelques-uns, le nom d'*Ægri*, parcequ'en tombant malade ces jours-là, il étoit presque impossible qu'on se guérît : *Mali*, parcequ'il étoit dangereux de rien entreprendre, à cause de leurs constellations malignes : *Ægyptiaci*, parceque les Egyptiens les avoient inventés en mémoire des dix plaies dont ils furent affligés.

On ne peut point fixer la quantité des jours Egyptiaques, les anciens Calendriers ne s'accordant pas sur leur nombre.

246 L'Epistole & Lectioni evangeli i quali si leggono in tutto l'anno nelle Messi, sechondo l'uso della sancta chiesa di Roma. in-4. m. r.

Cette Edition, qui est très ancienne, est sans date, sans nom de ville, & imprimée à longues lignes vers 1472, commence par une Table des Chapitres qui contient 4 feuillets. Le texte suit, & au dernier feuillet il y a cette souscription : *Inite sono lepistole et le prophetie et electioni dellapocalis et de gli acti de gli apostoli et iuangelii i quali si leggono nella meſſa di per di chome ſeguita in tutto lanno ſecondo luſo et lordine della ſancta chieſa di roma. Iheſu chriſto nabbia laude et gloria ĩ ſecula ſeculorũ Amen*

247 Le Epiſtole & li Evangelii vulgari che ſe dicono tutto l'anno alla meſſa, ſecondo la curia Romana *In Venetia, Thomaſo d'Alexandria,* 1482. in-fol. m. r.

248 Ordo romanus. in-fol. m. r.

MANUSCRIT ſur vélin de la fin du *XIV ſiecle*, contenant 177 feuillets, dont ſept qui manquoient ont été refaits avec beaucoup de ſoin. Il eſt écrit en *groſſes lettres de forme* rouges & noires, ſur 2 colonnes, & enrichi de miniatures & de *tourneures* peintes, rehauſſées d'or. Les miniatures n'ont d'autre mérite que leur antiquité, à l'exception pourtant de la premiere qui eſt fort belle, mais plus récente; elle a 8 pouces de haut ſur 7 & demi de large.

Ce MS. eſt un *ancien Pontifical* ou *Rituel* de l'Egliſe de Rome, connu ſous le nom d'*Ordo Romanus*. Il renferme l'ancien *Pontifical*, le *Cérémonial des Evêques*, le *Sacrementaire*, & le *Rituel*. On ignore l'Auteur de cet Ouvrage, qui parut vers le X ſiecle; quelques-uns l'ont attribué à *Bertholde*, Prêtre de l'Egliſe de Conſtance, ſur le Rhin, qui vivoit ſous l'Empereur Henri IV, vers la fin du *XI ſiecle*; d'autres à *Jacques Gaetan*, créé Cardinal en 1295; mais il eſt conſtant que ces deux Savans n'en ont été que les *Correcteurs*.

249 Liber Pontificalis emendatus diligentiâ Jacobi de Lutiis, & Joannis Burckardi. *Romæ, Stephanus Plannck,* 1497. in-fol. goth. m. r.

250 Pontificale Romanum Clementis VIII. Pon-

THÉOLOGIE.

tificis Maximi juſſu reſtitutum atque editum. *Romæ*, 1595. 2 vol. in fol. fig. m. r.

Liturgies des Egliſes de France, &c.

251 Breviarium Pariſienſe cum Calendario. in-4. m. r. dent. tab.

TRÈS BEAU MANUSCRIT ſur vélin du milieu du *XV ſiecle*, écrit en *lettres de forme* ſur 2 colonnes, contenant 454 feuillets ; il eſt enrichi d'un grand nombre de belles *tourneures* hiſtoriées, peintes en or & en couleurs, & de 57 ſuperbes miniatures, dont les plus grandes ont 5 pouces de hauteur ſur 4 de largeur, & les plus petites environ 2 pouces en quarré. Les 12 ſignes du Zodiaque, les attributs de chaque mois, & des dentelles légeres ornent très agréablement le Calendrier, lequel contient les douze vers ſuivants, qui indiquent dans chaque mois les jours *Egyptiaques* ou *Malheureux*. Ces vers ſont très anciens :

Prima dies menſis et ſeptima truncat ut enſis
Quarta ſubit mortem pſternit tercia fortem
Primus madentem diſrupit ǭrta bibentem
Denus et undenus eſt mortis uulne plenus
Tercius occidit et ſeptimus ora relidit
Denus palleſcit quindenus federa neſcit
Terdenus mactat iulij denus labefactat
Prima necat fortem ſternitq; ſecunda cohortem
Tercia ſeptembris et denus fert mala membris
Tercius et denus eſt ſicut mors alienus
Scorpius eſt quintus et tercius eſt nece tinctus
Septimus exanguis uiroſus denus et anguis

252 Breviarium Pariſienſe, illuſtriſ. DD. Caroli

THÉOLOGIE.

Gaspar-Guillelmi de Vintimille, è comitibus Massiliæ du Luc, autoritate, ac venerabilis ejusdem Ecclesiæ capituli consensu, editum. *Parisiis,* 1736. 4 vol. in-12 m. viol. l. r.

Avec des figures gravées par N. Tardieu.

253 Breviaire de Paris, traduit en françois. *Paris, aux dépens des Libraires associés pour les usages du Diocese,* 1742. 8 vol. in-4. m. r. l. r.

254 Diurnale Parisiense. *Parisiis,* 1736. 2 vol. in-12. m. viol. l. r.

255 Livre d'Eglise latin françois, contenant None, Vespres & Complies pour tous les jours de l'année, selon le Breviaire de Paris. Partie d'Hyver & partie d'Esté. *Paris, chez les Libraires associés,* 1742. 2 vol. in-12. m. viol. doub. de tabis. l. r.

256 L'Office de la Nuit, de Laudes, & de Prime pour les annuels, les grands & petits solemnels. Latin & françois. *Paris, chez les Libraires associés,* 1740. in-12. m. viol. doub. de tabis. l. r.

257 Heures imprimées par l'ordre de Monseigneur l'Archevêque de Paris, (M. le Cardinal de Noailles) à l'usage de son Diocese. *Paris, chez les Libraires associés,* 1736. in-8. relié à compartiments. l. r.

258 Missel de Paris, imprimé par ordre de M. l'Archevêque, (M. de Vintimille.) *Paris, les*

THÉOLOGIE.

Paris, *les Libraires associés*, 1738. 4 vol. in-12. m. viol. l. r.

259 Missel de Paris, latin & françois, avec Prime, Tierce, Sexte, & les Processions, imprimé par ordre de Mgr. l'Archevêque. *Paris, aux dépens des Libraires associés*, 1741. 8 vol. in-12. m. viol. doub. de tabis. l. r.

260 Office de la Quinzaine de Pasque, latin françois, extrait du Bréviaire & du Missel de Paris. *Paris chez les Libraires associés*, 1740. in-12. m. viol. doub. de tabis. l. r.

261 L'Année Chrétienne, contenant les Messes des Dimanches, féries & fêtes de toute l'année, en latin & en françois, avec l'explication des Épîtres & des Evangiles, & un abrégé de la vie des Saints dont on fait l'office. (Par M. le Tourneux.) *Paris, Elie Josset*, 1710. 13 vol. in-12. m. r. l. r.

262 L'Année du Chrétien, contenant des instructions sur les Mysteres & les fêtes; l'explication des Epîtres & Evangiles, avec l'abrégé de la vie d'un Saint, pour chaque jour de l'année. Par le Pere Henry Griffet. *Paris, Jean-Baptiste Coignard*, 1747. 18 vol. in-12. m. r.

263 Les Epistres & les Euuangiles. in-4. m. r.

MANUSCRIT sur vélin du *XV siecle*, contenant 177 feuillets. Il est écrit en *ancienne Batarde* à longues lignes, & enrichi de 5 miniatures en camaïeu gris; la plupart de ses

THÉOLOGIE.

tourneures font peintes en or & en couleurs, & fes fommaires font en rouge. On lit fur le dernier feuillet :

Cy finift les epiftres et les euuangiles tranflatees de latin en francois felon lufaige de paris, et les tranflata frere jehan de vignay à la requefte de madame la royne de bourgoigne femme de philippe de valoy roy de france ou temps quil viuoit ce fu fait lan de grace mil ccc xxvi ou mois de may xiij^e iour entrant deo gracias.

Jeanne de Bourgogne étoit fille de *Robert II*; elle époufa en 1313 *Philippe de Valois*, & mourut en 1348. Elle n'étoit pas encore Reine de France dans le temps que *Jean de Vignay* traduifit par fon ordre ces Epîtres & Evangiles, puifque *Philippe de Valois* ne monta fur le trône qu'en 1328.

Cette Princeffe aimoit les Lettres. On apprend par une lettre du Pape *Jean XXII*, que *Jeanne* defirant en 1332 qu'on traduisît du latin, langue qu'elle n'entendoit pas, les Livres de l'Ecriture Sainte, le Pape en chargea *Gautier de Dijon*, de l'Ordre des Freres Mineurs.

Jean de Vignay, Auteur de plufieurs autres Traductions, étoit de l'Ordre des Hofpitaliers de St. Jacques du Hault-Pas, Ordre qui s'éteignit fous le regne de Henri III.

264 Cy commence les Epiftles & les Euuangilles de tout lan, lefquelles font tranflatées de latin en françois, felon lordonnance du Meffel à l'ufage de Paris. in-fol. m. bleu.

TRÈS BEAU MANUSCRIT fur vélin, exécuté vers le milieu du *XV fiecle*, contenant 171 feuillets. Il eft écrit en *ancienne groffe Batarde*, fur 2 colonnes, & enrichi d'une belle miniature qui décore le premier feuillet ; elle a 7 pouces de hauteur fur 6 pouces & demi de largeur. Les fommaires.

THÉOLOGIE.

font en rouge, & la plupart de ses *lettres tourneures* sont peintes en or & en couleurs.

Ce MS. contient la même traduction de *Jean de Vignay*, ainsi que le précédent.

265 Heures à l'usage de Metz au long sans requérir. *Paris, Symon Vostre,* 1507. in-8. goth. fig. m. r.

IMPRIMÉ SUR VÉLIN.

266 Breviarium ad usum Ecclesiæ Cameracensis. *Parisiis, per Udalricum Gering & Berchtoldum Renbolt,* 1497. 2 vol. in-8. goth. m. r.

IMPRIMÉ SUR VÉLIN.

267 Missale secundum usum insignis Ecclesiæ Cameracensis. *Parisiis, per Johannem Hygman, expensis Johannis de Campis, anno* 1495, die penultimâ Februarii. in-fol. m. r.

IMPRIMÉ SUR VÉLIN.

268 Breviarium secundùm morem & consuetudinem ecclesiæ Argentinensis. *Argentinæ, Johannes Reynardus, aliàs Gruninger,* 1489. *Kalendas verò Aprilis. xiij.* 2 vol. in-8. goth. m. r.

IMPRIMÉ SUR VÉLIN.

Il manque dans le second Volume les lettres A—D. qui contiennent le Propre des Saints depuis l'Avent jusqu'à la Pentecôte.

269 Liber Horarum Canonicarum, tàm diurnalium, quàm nocturnalium, secundùm Brevia-

THÉOLOGIE.

rium & ordinarium Chori Ecclesiæ Argentinensis. 1478. in fol. goth. m. r.

PREMIERE ÉDITION.
Ce Bréviaire est imprimé sur 2 colonnes ; à la fin il y a cette souscription :

Explicit liber horar canonicarũ tã diurnaliũ q̃ nocturnaliũ scdm breuiariũ et ordinariũ chori ecclesie argeñ. Anno dñi Mº ccccº lxxviijº pridie Idus Ianuarii.

Liturgies des Eglises d'Allemagne.

270 Breviarium Maguntinense, novissimè impressum, emendatum : ac plurimis luculentissimis additamentis congestum & absolutum. feliciter incipit. *Moguntiæ*, *Petrus Scheffer*, 1509. in-fol. goth. m. r.

On trouve à la fin cette souscription :

Impressum Moguntie impensis et opera honesti et providi viri Joannis Scheffer civis Mogñtini. cuius auus primus artis impressorie fuit inuentor et autor. anno 1509, in vigilia nativitatis Marie.

Liturgies des Eglises d'Espagne.

271 Breviarium secundùm regulam beati Hysidori, dictum Mozarabes. Studio Alfonsi Ortiz. *Toleti, jussu Card. Franc. Ximenes*, impress. per *Pet. Hagembach*, 1502. in-fol. m. viol.

SUPERBE EXEMPLAIRE.

272 Missale mixtum secundùm regulam beati

THÉOLOGIE. 85

Yfidori dictum Mozarabes, operâ Alfonfi Ortiz. *Toleti, juſſu Card. Franciſ. Ximenes, impreſſ. per Pet. Hagembach*, 1500. in-fol. m. viol.

SUPERBE EXEMPLAIRE.

Liturgies des Eglifes d'Angleterre.

273 Breviarium fecundùm ufum Sarum, five Ecclefiæ Sarisburienfis. in 4. fort épais. m. r. dent. tabis.

MANUSCRIT UNIQUE, & que rien ne peut égaler en beauté; il eſt écrit fur du vélin d'une fineſſe & d'une blancheur admirables. Ses pages font fur 2 colonnes ; fon écriture eſt celle qu'on appelloit autrefois *lettres de forme*, & qui a confervé ce nom jufqu'à nos jours. Les caracteres en font tracés avec netteté & précifion, fur-tout les lettres *tourneures*, rehauſſées d'or ; la plupart repréfentent les fujets du difcours qui les fuit. Une prodigieufe quantité de miniatures d'un travail exquis & d'un grand éclat, décorent toutes les marges & les bordures de ce précieux Manufcrit. Il y en a au moins 4300 petites & 45 grandes ; celles-ci enrichiſſent les deux tiers de la page fur laquelle elles font peintes, & portent 5 pouces de hauteur fur 4 pouces de largeur. Le fiecle où elles ont été exécutées n'a rien produit de plus fini, de plus délicat & de plus riche en peinture. Les petites miniatures ont 1 pouce & demi en quarré, plus ou moins ; peintes au nombre de 4 le long de chaque page ; elles contraftent très bien avec les dentelles d'or & de couleurs qui en ornent les marges. Elles font analogues à l'Office ou à la fête du jour, & elles repréfentent les cérémonies de l'ancienne Liturgie

THÉOLOGIE.

Anglicane, son Clergé Séculier & Régulier, les vies & martyres de plusieurs Saints, &c.

Ce superbe Bréviaire, contenant 712 feuillets, est, sans contredit, un des plus beaux & des plus précieux monuments de l'ancienne Liturgie de l'Eglise Anglicane. Il a été fait à l'usage de l'Eglise de Salisbury, ou plutôt d'Angleterre. Quelques endroits des rubriques l'apprennent; car on y lit: *Secundum usum sar.... alia commendatio animarum in ecclesia sar... &c.*

Osmond, Evêque de Salisbury, mort en 1099, mit en ordre l'Office Divin qui fut reçu pendant plusieurs siecles dans la Liturgie de presque toute l'Angleterre & l'Irlande, & qui fut connu sous le nom de *ad usum Sarum* ou *ad usum ecclesia Salisburiensis*.

La note suivante écrite dans le Calendrier au-dessous du mois de Février, induit à croire qu'il fut commencé en 1424: *Regula pro anno bissextili et incipit secundum computatioëm romane curie Anno domini Millesimo quadringentesimo vicesimo quarto et finit littera dominicalis A.*

On y travailloit encore en 1433, ce que prouvent les Armes de *Jean, Duc de Bedfort*, parties de *Luxembourg*, qui étoient celles de sa seconde femme *Jacqueline*, fille de *Pierre de Luxembourg*, qu'il épousa en cette année, lesquelles Armes se voient sur le cent cinquieme feuillet.

Les Armes simples de ce Duc si célebre dans l'histoire d'Angleterre & de France, peintes sur plusieurs autres feuillets, dénotent que ce Bréviaire fut exécuté par ses ordres & à ses dépens. Au premier feuillet après le Calendrier, elles sont d'Angleterre, écartelées de France, au lambel de cinq pendants, parceque ce Prince étoit fils de *Henri IV*, Roi d'Angleterre; elles ont pour *Tenant*, un Ange, & pour *supports* à droite, un *Antelope* ou Gazelle de sable, avec défenses d'or; à gauche un Aigle d'argent, ayant bec &

THÉOLOGIE. 87

pattes d'or, & *gorgé* d'un collier ducal. Ce dernier support se voit souvent seul, sans Armes, élevé sur un tronc d'arbre d'or, & portant pour devise : tantôt *à souhait*, & tantôt *assouuy*.

Ce riche Bréviaire qui a dû coûter une somme très considérable, n'a pas été achevé quant à la partie de la peinture. S'il eût pu l'être, il eût contenu plus de 2000 petites miniatures de plus. La mort du Duc de Bedfort arrivée en 1435 à Rouen, empêcha vraisemblablement qu'il fût entièrement terminé.

Nous sommes forcés de borner ici nos recherches sur cet inestimable MS. dont différentes parties sont susceptibles de bien d'autres. Nous les abandonnons avec regret, faute de temps & de place.

Nous allons rapporter néanmoins les notes chronologiques sur les naissances & les morts des parents du *Duc de Bedfort*, que ce Prince a fait écrire sur les marges du Calendrier. Elles intéressent d'autant plus, qu'elles peuvent servir à fixer quelques dates dont l'histoire n'est pas assurée.

FEBRUARIUS.

25 *Hac die nata fuit domina blanchia ducissa bauarie Anno domini* 1391.

Elle étoit fille aînée de Henri IV, Roi d'Angleterre, sœur du Duc de Bedfort, & femme de Louis le Barbu, Electeur Palatin, Duc de Baviere.

MARTIUS.

20 *Obitus excellentissimi regis henrici quarti.*

Mort en 1413, pere du Duc de Bedfort. Il étoit fils de Jean de Gand, Duc de Lancastre, & de Blanche, fille cadette de Henri, premier Duc de Lancastre.

22 *Obitus illustrissimi thome duc. clarencie anno domini* 1420.

Second frere du Duc de Bedfort, tué en 1421 (n. s.) dans un combat en Anjou.

23 *Obitus illustrissimi p̄ncipis hēric̄i ducis lancastrie primi.*

Mort de la peste en 1360. Il étoit fils de Henri, Comte de Lancastre, & pere de Blanche, premiere femme de Jean de Gand. Il reçut du Roi Edouard III le titre de Duc.

24 *Obitus illustrissime don̄e constancie ducisse lancastrie filie regis castelle.*

Fille de Pierre le Cruel ou le Justicier, seconde femme de Jean de Gand, Duc de Lancastre, morte en 1394.

Junius.

14 *Obitus dn̄e matildis uxoris domini henrici comitis lancastrie.*

Fille de Sir Patrick Chaworth, femme de Henri, Comte de Lancastre, qui étoit fils d'Edmond, & frere de Thomas.

20 *Hac die natus fuit JOHANES DUX BEDEFORDIE Anno domini* 1389.

Troisieme fils de Henri IV, Roi d'Angleterre, & de Marie de Bohun. Ce fut ce Duc qui, en 1429, fit passer en Angleterre la belle Bibliotheque que Charles V avoit formée au Louvre.

Julius.

1. *Obitus nobilissime dn̄e marie comitisse derby m̄ris excellētissimi reg. henrici* 5. 1393.

Marie de Bohun, fille de Humphrey de Bohun, & de Jeanne d'Arundel. Elle épousa Henri, Comte de Derby, qui fut dans la suite duc de Lancastre & Roi d'Angleterre sous le nom de Henri IV.

Augustus.

30 *Obit9 excellētissimi reg. henrici 5 circa horam 2. demane ān̄o dn̄i* 1422.

Fils de Henri IV & de Marie Bohun, frere aîné du Duc de Bedfort.

Tous

THÉOLOGIE.

Tous les Historiens le disent mort le 31 Août.

SEPTEMBER.

12. *Obitus illustrissime blanchie ducisse lancastrie matris excellentissimi regis henrici quarti.*

Fille de Henri, premier Duc de Lancastre, qui étoit fils de Henri, & petit-fils d'Edmond, Comtes de Lancastre, premiere femme de Jean de Gand, à qui elle donna le comté de Derby, de Leicestre, & le Duché de Lancastre.

23. *Obitus nobilissimi uiri henrici comitis lancastrie.*

Mort en 1345. Il étoit fils d'Edmond, Comte de Lancastre. Il fut d'abord Comte de Leicestre, & devint Comte de Lancastre, par la mort de Thomas son frere, décapité à Pomfred en 1322.

29. *Hac die natus fuit Thomas dux clarencie ãno dõ. 1387.*

Second frere du Duc de Bedfort.

OCTOBER.

3. *Hac die natus fuit hunfridus dux clouceftrie. Anno domini 1390.*

Troisieme Frere du Duc de Bedfort, mort en 1446, victime de la haine de sa mortelle Ennemie Marguerite d'Anjou, femme de Henri VI, Roi d'Angleterre. C'étoit un Prince bon, généreux & protecteur des Lettres. Il est fondateur de la fameuse Bibliotheque d'Oxford, où l'on trouve encore plusieurs Livres qui lui sont dédiés.

21. *Obitus excellentissimi p̃ncipis karoli regis francie ãno do. 1422. l̃ira d̃nical. D.*

Les Historiens ne sont pas d'accord sur le jour de sa mort; presque tous le fixent au 22 d'Octobre; mais son Epitaphe porte le 21.

DECEMBER.

6. *Natiuitas illustrissimi principis henrici p̃ncipis walie Anno do. 1421 et anno regni p̃ris sui illustrissimi ac victoriosissimi reg. henrici 5 nono, circa horã 4 p̃ nonam.*

Tome I.   M

Il a régné sous le nom de Henri VI.

Outre ces différentes Notes, on trouve encore dans le Calendrier les Fêtes de quelques Saints d'Angleterre, savoir: St. Wulstan, St. Edouard, la seconde translation de ce St. St. Alban, Ste. Etheldrede, St. Swithin, St. Kenelinus, S. Samson, S. Oswald, Ste. Cuthburge, la translation de St. Cutbert, Ste. Edithe, Ste. Wenefride, St. Edmond & St. Thomas de Cantorbery.

Les Possesseurs connus de ce Bréviaire ont été Jean de Morvilliers, Garde des Sceaux de France, & M. de Saint-Germain, demeurant dans l'Hôtel de Villeroy, à Paris, qui le donna le 15 Décembre 1625, à Messire Camille de Neufville, Abbé d'Ainé, & Comte de Lagny ; depuis, Archevêque de Lyon. Il étoit, il y a plusieurs années, dans une grande Bibliotheque.

Liturgies des Eglises des Pays Septentrionaux de l'Europe.

274 Liturgia Suecanæ Ecclesiæ catholicæ & orthodoxæ conformis, suecicè & latinè, cum præfatione Laurentii Archiepiscopi Upsaliensis. *Stocholmiæ, Torbernus Tidemanni*, 1576. in-fol. m. viol.

275 Liturgia Suecanæ Ecclesiæ, suecicè & latinè. *Stockholm, Andreas Gutterwig*, 1588. in-4. m. bl.

Le dernier feuillet est manuscrit.

Liturgies des Ordres Monastiques.

276 Breviarium componitum secundùm morem & ordinem uallis umbrosæ. in-12. m. r.

THÉOLOGIE.

Manuscrit rare sur vélin, contenant 286 feuillets. Il est du XV siecle, écrit sur 2 colonnes en petites *lettres de forme*, ayant peu de pointes, & beaucoup de rapport avec les *lettres rondes* ; & il est orné de jolies petites miniatures.

Le Monastere de Val-Ombrosa ou Val-Ombreuse, est dans la Toscane, à 6 lieues de la ville de Florence. *St. Jean Gualbert*, mort en 1075, le fonda l'an 1051, & y fit observer la regle de St. Benoît.

La Fête de *St. Benoît* est distinguée dans ce petit Bréviaire, & accompagnée d'une vie sommaire de cet instituteur. On y trouve aussi les Fêtes de quelques Saints d'Italie, tels que Ste. Praxede, Vierge Romaine au II siecle, St. Nabor, Martyr dans le Milanez vers l'an 304, St. Salvi ou Sauge, Evêque d'Albi vers l'an 575, et St. Colomban, Fondateur & Abbé de Luxen, l'an 592. L'Abbaye de Luxen fut chef-lieu de l'Ordre Monastique en France, jusqu'à ce qu'on y eût introduit la regle de St. Benoît.

277 Missale completissimum ad usum Cisterciensis Ordinis, per quemdam ejusdem Ordinis Monachum, studiosissime correctum. Emendatum, & ad veram ipsius Ordinis formam redactum. *Parisiis, Engelbertus & Gouffridus de Marnef*, 1504. in-fol. goth. m. bl.

Imprimé sur vélin.

278 Liber Usuum Cisterciensis Ordinis. *Parisiis, Engilbertus de Marnef*, 1531. in-8. goth. m. r.

279 Breviarium secundùm usum romane curie, & ritum fratrum minorum, (cum calendario.) in-fol. m. citron. à compart. doublé de maroq. violet avec dentelles.

THÉOLOGIE.

Superbe Manuscrit sur un vélin très blanc & très fin. Il est du XV*e* siecle, écrit en *lettres de forme* sur 2 colonnes. Ses rubriques sont en rouge, & ses *tourneures* sont peintes en or & en couleurs. Il est enrichi de cadres très agréablement ornés en arabesques, & de miniatures d'une beauté achevée. Il y en a 16 de 8 pouces 9 lignes de haut, sur plus de 6 pouces de large, & 25 petites de 2 pouces en quarré. Quelques-unes de ces 41 miniatures sont exécutées en camaïeu gris. Le Volume contient 424 feuillets.

Une preuve que ce Bréviaire manuscrit étoit à l'usage des *Freres Mineurs*, c'est qu'on y trouve les Fêtes de St. François d'Assise, Instituteur de l'Ordre en 1209, de St. Antoine de Padoue, Confesseur, de St. Bonaventure, Général de l'Ordre en 1256, de St. Louis, Evêque de Toulouse, Confesseur, des cinq Freres Mineurs, Berard, Pierre, Accurse, Adjute & Othon, Martyrs en 1220, de St. Bernardin de Sienne, Reformateur de l'Ordre en 1442; enfin la Fête des SS. Stigmates de St. François.

On fixe à l'an 1244 la publication du Bréviaire composé pour l'usage des Religieux de St. François; il étoit alors absolument semblable à celui qu'on suivoit à Rome.

L'Office de l'*Immaculée Conception* porte dans notre Bréviaire MS. le titre suivant :

Incipit officium immaculatæ conceptionis virginis mariæ editum per reuerendum patrem dominum leonardum nogarolum prothonotarium apostolicum et artium ac sacre theologie doctorem famosissimum.

Léonard Nogaroli composa cet Office conjointement avec *Bernardin de Bustis*, au milieu du XV siecle. Le Pape *Sixte IV*, par sa Bulle du 1 Mars 1476, en établissant partout la Fête de l'*Immaculée Conception*, approuva l'Office de ces deux Religieux de l'Ordre de St. François.

THÉOLOGIE.

On trouve ensuite la Fête de la *Présentation de la Vierge*, sous ce titre très remarquable :

In festo presentationis beatissime marie virginis quod festum primo fuit celebratum in frantia ex p̄cepto xpristianissimi regis frantie nec non et in ceteris eiusdem regni prouincijs dehinc fuit celebratum in anglia : hyspania et non nullis alijs mundi partibus : nouissime sanctissimus papa sixtus quartᵉ ipsum festum publicauit vt per totum mundum fieri debeat : ac indulgentiam concessit celebrantibus hoc festum et festum sancti ioseph sub maiori duplici in eadem bulla.

L'ancienne tradition de l'Eglise est que la Ste. Vierge fut vouée au Temple par ses parents à l'âge de 2 ans. Cette Fête instituée par l'Eglise, étoit établie chez les Grecs & les Orientaux avant le XII siecle; elle ne fut connue en Occident que fort avant dans le XIV. Le Pape *Grégoire XI* fut le premier qui la célébra à Avignon en 1372, d'après l'Office des Grecs que *Philippe de Maizieres*, Chancelier & Ambassadeur du Roi de Chypre & de Jérusalem, avoit vu observer en Grece, & fait connoître au Pape.

Après son ambassade à Avignon, *Philippe de Maizieres* vint à la Cour de France auprès de *Charles V*, à qui il inspira la dévotion particuliere qu'il avoit pour la Fête de la *Présentation de la Vierge*, & lui fit naître le dessein de la faire établir dans son Royaume. En effet, le Roi célébra solemnellement cette Fête à Melun, le 21 Novembre 1374, & en écrivit aux Docteurs Régents du College de Navarre, en leur envoyant l'Office noté en musique, pour faire commencer la Fête dans leur Eglise, & ensuite dans les autres Eglises du Royaume. Mais il paroît que les intentions de *Charles V* ne furent pas ponctuellement exécutées, puisque l'on voit un grand nombre de Calendriers dressés sous les Rois ses Successeurs, jusques à la fin du XV siecle, où cette Fête n'est pas encore mentionnée. A peine la trouve-t-on deux ou trois fois dans le grand nombre de Calendriers des Livres de Liturgie du XV siecle, qui sont dans ce Catalogue.

Sixte IV fut le premier Pape, suivant le passage ci-dessus rapporté, qui la prescrivit, ainsi que celle de *St. Joseph*, dans l'Eglise. Les Hagiographes ont donc eu tort d'avancer que le premier decret de la célébration, daté de l'an 1585, en est dû à *Sixte V*. Ils ont été également incertains si la fête de *St. Joseph* a été établie par le même Pape *Sixte IV*.

Le mot *novissime* dénote que notre MS. a été écrit peu de temps après la publication de cette Bulle, & que par conséquent il est antérieur à l'an 1484, année de la mort de *Sixte IV*.

Il y a d'autres particularités dans ce beau Bréviaire, trop longues pour être rapportées. Il vient de la vente de M. Gaignat, où il a coûté 840 liv.

Liturgies des Ordres Militaires & de Chevalerie.

280 Missale Sacri Ordinis S. Joannis Hierosolymitani. *Lugduni, sumptibus hæredum Jacobi Juntæ, speciosis characteribus apud Cornelium à Septemgrangiis excusum.* in-fol. gothique m. r. l. r.

Le premier feuillet qui contient le titre est peint au recto & au verso, en or & en couleurs, ainsi que le Canon de la Messe, & toutes les lettres initiales. Ce Volume ne porte point de date; mais il paroît par la table des Fêtes mobiles, qu'il a été imprimé en 1551.

Mélanges de Liturgies, Prieres & Heures Chrétiennes.

281 Heures à l'usage de Rome, tout au long sans

THÉOLOGIE.

rien requérir. Avec les figures de la vie de l'homme : & la destruction de Hierusalem. Les figures de l'Apocalypse, &c. *Paris, par Guillaume Anabat, pour Gillet Hardouyn & Germain Hardouyn*, 1507. in-8. goth. m. r.

IMPRIMÉ SUR VÉLIN.

Toutes les pages sont entourées de cadres peints en or & en couleurs.

282 Heures à l'usage de Rome, toutes au long sans rien requérir. *Paris, Germain Hardouyn*, 1520. in-16. m. r.

IMPRIMÉ SUR VÉLIN, avec 15 miniatures.

283 Præces piæ, cum calendario. in fol. v. f.

MANUSCRIT sur vélin d'une grande beauté, contenant 240 feuillets. Il est du *XIV siecle*, écrit en *lettres de forme*, & à longues lignes. Tout y annonce au suprême degré le luxe qu'on mettoit dans les MSS. sur la fin de ce siecle ; luxe qui fut porté dans le suivant à la plus grande magnificence. Il n'y a point de pages qui ne soient enrichies de dentelles délicatement peintes, de lettres *tourneures* rehaussées d'or, de lignes entieres écrites en or, & de quantité de magnifiques miniatures ; elles sont au nombre de 537, dont les plus grandes portent 9 pouces & demi de hauteur sur 6 pouces 9 lignes de largeur. Celles qui décorent le Calendrier représentent les signes du Zodiaque, les attributs de chaque mois, le péché d'Adam, & l'ouvrage des six jours. Celles du corps du Volume ornent les marges extérieures & intérieures des pages, & représentent d'un côté toutes les figures de la Bible, depuis la création jusqu'à la mort de Moïse, & de l'autre côté l'explication morale, &c.

tirée de ces figures, & offerte en tableaux, au bas desquels est écrit en François le sommaire de ce qu'ils signifient.

Ce beau MS. appartenoit autrefois à la Maison Professe des Jésuites de Paris.

284 Heures de LOUIS II, DUC D'ANJOU, Roi de Jérusalem & de Sicile. in-4. m. viol. tabis, doré au chiffre de M. de Gaignieres.

SUPERBE ET PRÉCIEUX MANUSCRIT sur vélin du XIV*siecle*, contenant 290 feuillets écrits en *lettres de forme*, à longues lignes, & enrichis de 113 miniatures d'une beauté parfaite. Les plus grandes portent environ 3 pouces en quarré, & les plus petites 2 pouces. Ses titres sont en rouge. 29 de ses *tourneures* représentent les Armes d'*Anjou Moderne*, qui sont semées de France, à la bordure de gueules ; & la plupart de ses feuillets sont entourés d'arabesques peints & chargés de petits Oiseaux exécutés avec une extrême délicatesse.

Ce rare manuscrit renferme les pieces suivantes :

1°. Un Calendrier décoré de très curieuses miniatures non-comprises dans le nombre rapporté ci-dessus. On y voit entr'autres sujets, les douze signes du Zodiaque, les attributs de chaque mois, & douze Prophetes ayant à leur gauche un des douze Apôtres, & à leur droite un Temple bâti en pierres. Ces douze Temples tombent en ruine par degrés, jusqu'au douzieme qui s'écroule entièrement. Chaque Prophete en présente une pierre à l'Apôtre dont il est accompagné. Le Peintre a voulu représenter par ce sujet la Loi ancienne détruite par la nouvelle.

2°. *Ci apres sensuit lestimeur du monde qui enseigne et introduit tout homme a bien et honestement uiure selont dieu.*

La miniature qui décore ce Traité, représente un Concert Céleste ; elle est intéressante, parcequ'elle nous fait connoître

THÉOLOGIE. 97

noître les Instruments du XIV siecle. On y voit un Tambour de Basque, une Cornemuse à 3 chalumeaux, des Cymbales, le Luth à 5 cordes, des Tymbales, une Flute à bec, un Orgue portatif à 7 tuyaux, un Violon à 4 cordes, & un Tympanon.

3°. *Ci enfuiant font li enfeignement monfeigneur fait loyz iadis roys de france quil aprift et efcrift deuant fa mort a fon ainfne filz et auffi comme pour teftament li leffa.*

4°. *Ci apres commencẽt heures de noftre dame.*

5°. *Ci commencent oroifons de la paffion noftre feigneur ihẽ crift.*

6°. *Ci apres commencent les heures du faint efperit.*

7°. *Ci apres commencent les heures de la paffion noftre feignẽ ihũcrift.*

8°. Plufieurs Oraifons en latin.

9°. *Incipiunt lamentaciones beate marie uirgĩs ĩ paffione ihũ x filii fui.*

10°. Oraifons françoifes pour dire pendant la meffe, &c.

11°. Office du St. Efprit, de S. Jean Baptifte, & des morts.

12°. *Ci cõmence la paffion nre feigneur ihefu crift expofee felon les doctrs mife de latĩ ẽ frãç.*

13°. *Veez ci la figure des vi degrez de charite felon la figure du trone de falemon.*

14°. *Ci apz õmẽce une moult merueilleufe et horrible hiftoire que len dit des iij mors & des iij vis.*

Cette Piece eft un *dit* en 169 vers. Il a pour Auteur *Baudoin de Condé*, Poete du XIII *siecle. Nicole de Marchinal*, & un Anonyme, ont traité le même fujet en vers dans le même fiecle. (Voyez la poéfie du XIII fiecle dans ce Catalogue.)

15°. *La complainte du crucifix (en vers)*

16°. *Ad accipiendam uiam fuam in exili domus uille uel caftri uel loci officium.*

Tome I   N

THÉOLOGIE.

Il nous semble que la miniature qui orne cet Office représente un Prince de la maison d'Anjou, ou quelque grand Seigneur.

On lit sur un feuillet de vélin, à la fin du Volume, ces mots:

Ces heures ont esté reliées en l'estat qu'elles sont en l'an 1606 par ordre de Charles par la grace de Dieu Duc de Lorraine et de Bar, Auparauant elles estoient couuertes d'argent, mais les pieces estoient fort gastées & rompues & paroissoit y auoir eu des pierreries sur l'argent Et estoit escrit dessus, Louys Roy de Hierusalem & de Sicile, Duc Danjou 1390.

On trouve à la suite de cette note, celle-ci de la main de M. de Gaignieres:

Elles estoient reliées en Velours uiolet fort passé et fort uzé auec des coins et des fermoirs dargent doré lorsque je les achetay... le... de madame du chasnay dans le cloistre des Bernardins de paris je les ay fait relier comme elles sont le 9ᵉ may 1708 et cet escrit estoit au premier feuillet
      R de gaignieres.

285 Heures latines de RENÉ D'ANJOU, Roi de Jerusalem & de Sicile, avec miniatures peintes par lui-même. in-fol. m. r.

SUPERBE MANUSCRIT sur vélin du *XV siecle*, contenant 174 feuillets. Il est écrit en *ancienne grosse bâtarde*, à longues lignes, & enrichi d'une quantité innombrable de lettres *tourneures* élégamment peintes en or & en couleurs. L'écriture des dix derniers feuillets est d'une main plus récente.

Nous n'hésitons pas un instant de placer ce Livre d'Heures au rang des plus précieux qui existent, soit à cause de sa parfaite exécution, soit parcequ'un Prince illustre en est le *Peintre* & le *Chrysographe*. Ce Prince est *René d'Anjou*, dit le Bon, Roi de Sicile & de Naples. Tout le monde sait qu'il

THÉOLOGIE.

excelloit dans l'Art de la Peinture ; & qu'il surpassoit les plus fameux Enlumineurs de son temps. Les preuves en sont multipliées ; car il n'y a pas d'endroits de la Provence & de la Bourgogne, où il a séjourné un peu de temps, qui ne possedent quelques unes de ses productions.

Mais une des plus intéressantes qui nous soient parvenues, c'est, selon notre sentiment, le MS. que nous avons sous les yeux.

René l'exécuta peu après son mariage avec *Jeanne de Laval*, qu'il épousa en secondes noces le 10 Septembre 1454, deux ans après la mort d'*Isabelle de Lorraine*, sa premiere femme.

Il entreprit ces Heures pour sa nouvelle épouse, qu'il aimoit. L'amour conduisit son pinceau, & lui fit imaginer de peindre & d'enlacer sur presque toutes les pages, les lettres initiales de leurs noms, savoir : R — I (René - Ieanne.) Chiffre qui remplit & orne un grand nombre de *tourneures*.

Parmi les ornements rehaussés d'or dont il a enrichi les marges des pages, il y a peint plusieurs devises & emblêmes de son invention, qui ont pour objet ses deux femmes. On y remarque entr'autres des arcs dont les cordes sont rompues, & qui portent cette ame : *Arco per lentare, piagua non sana*,

René avoit pris cette devise à la mort d'*Isabelle de Lorraine*, qu'il aimoit tendrement, & en avoit orné son tombeau.

On admire encore dans ces Heures magnifiques une tête de Vierge d'un fini précieux, qui porte 9 pouces 3 lignes de haut sur plus de 6 pouces de large. Cette miniature orne le feuillet qui est en regard du premier feuillet du corps. Celui-ci porte aussi de beaux ornements ; il offre une belle & grande *tourneure* formée du support des Armes de *René*, qui est, comme il le dit lui-même dans son Roman du Cœur d'Amour ;

une souche d'or... & n'a *la dicte souche que ung seulet vert cyon* * (un petit jet d'arbre) Le dedans de cette lettre est enrichi de ses Armes peintes avec une délicatesse admirable. Elles sont en chef de 3 Royaumes, & en pied de 2 Duchés; au 1 facé d'argent & de gueules, qui est *Hongrie*; au 2 semé de France, au lambel de 3 pendants de gueules, qui est *Anjou ancien*; au 3 d'argent, à la croix potencée d'or, contournée de quatre croisettes de même, qui est *Jérusalem*; au 4 semé de France, à la bordure de gueules, qui est *Anjou moderne*; au 5 d'azur, à deux bardeaux adossés d'or, l'écu semé de croix recroisetées au pied fiché de même, qui est de Bar.

Au dessous de ces Armes se trouve le *croissant* marque de l'Ordre de ce nom, que *René* institua en 1448, & non en 1464, comme plusieurs Historiens de Provence l'ont avancé.

Le Calendrier de ce MS. inestimable renferme des dates historiques touchant la deuxieme branche d'Anjou. Elles y sont écrites sur les marges, & elles sont des plus importantes. nous allons les rapporter ici toutes, parcequ'elles peuvent servir à rectifier nombre d'erreurs commises par les Historiens. Il est inconcevable combien ils ont erré sur les diverses dates des événements que ces Notes contiennent.

1°. *Le xv*^{e} *jour de januier l'an mil cccc et viii nasquit monsr. Rene second filz du Roy loys second depuis Roy de Sicile.*

Selon l'Art de vérifier les dates & Moréri, le 16 Janvier. Bouche, le 15. Dom Calmet, le 26. Ailleurs, le 16.

---

* L'Auteur des Amours de René d'Anjou & de Jeanne de Laval, MS. en vers, décrit ainsi ce support, ou plutôt cet emblême :

    a l'ombre dune souche telle
        que nauoit nus
    rainceaulx cun verd sion sans plus
    tout seche estoit le seurplus.

THÉOLOGIE.

2°. *Le iij^e jour de feūr Mil cccc xxxvj monſr. de bourgongne quitta au Roy Rene ſa foy a liſle les flandres.*

3°. *Le xxviij^e jour de feūr Mil cccc. lij. treſpaſſa ou chaſteau dangers madame yſabel de lorraine fille du duc charles eſpouſe du Roy Rene de Sicile duc daniou.*

Selon Bourdigné, le dernier Février 1453. Bouche, 27 Février 1453. Moréri, 28 Février 1452. Montfaucon, Monarchie Françoiſe, tom. 3, pag. 255, 22 Février 1471. Art de vérifier les dates, 28 Février 1452, & à la page 647, le 27 Février 1453, &c.

Ces Auteurs auroient dû diſtinguer le vieux ſtyle d'avec le nouveau.

4°. *Le xxiij^e jour de mars Mil cccc xxix naſquit madame marguerite ſeconde fille du Roi René de Sicile duc d'aniou.*

5°. *Le xvj^e dauril Mil cccc quarante Le xvij^e iour dauril treſpaſſa madame yoland daniou conteſſe de montfort.*

Moréri, le 17 Avril. L'Art de vérifier les dates, le 17 Juillet.

6°. *Le xxvij^e jour dauril Mil cccc xvij treſpaſſa ou chaſteau dangiers loys ſecond Roy de ſicile fils du Roy loys p̃mier.*

Gauffrédi n'indique pas le jour. Bouche dit quelque temps après l'an 1417. Moréri, le 29 Avril 1417; ainſi que l'Art de vérifier les dates, Dom Calmet, Montfaucon & le P. Anſelme.

7°. *Le p̃mier iour de may Mil cccc xxxij eut ſon premier Reſpit Rene duc de bar Roy de Sicile deſſuſd. au lieu de dijon Et ledit jour iiii^c xxxv rentra led. ſr. en priſon audit lieu de dijon en bourgongne.*

8°. *Le xviij iour de may Mil cccc et iiij treſpaſſa ou chaſtel dangers monſ. charles jadis prince de tarente filz du roy loys p̃mier frere de loys ſecond.*

Gauffredy n'indique ni le jour ni l'année. Moréri, le 19 Mai 1404. L'Art de vérifier les dates, le 19 Mai 1414.

THÉOLOGIE.

9°. *Le second jour de juillet Mil cccc xxxi fut prins en bataille Rene Duc de bar et depuis roy de Sicile.*

10°. *Le xxiij jour de juillet Mil cccc xix se partit Roy loys tiers filz de loys second du port de masseille pour aler ou royaume.*

11°. *Le second iour daougst Mil cccc xxvij nasquit iehan monsz p̃mier filz du Roy Rene de Sicile et duc danjou.*

Dom Calmet, le 2 Août 1424. D'autres, le 7 Janvier 1426. Moréri, 2 Août 1425.

12°. *Le xiij^e jour daougst mil cccc xij nasquit madame yoland fille du Roy loys second et depuis duchesse de bretaigne.*

Moréri, le 12 Août 1412.

13°. *Le xe jour de septembre Mil cccc liiij Rene Roy de Sicile duc daniou espousa en labbaye de saint nicolas pres dangrs madame jehanne de laual fille du conte de laual sa seconde femme.*

Bouche, en la ville d'Angers, l'an 1455. Montfaucon, Monarchie Françoise, tom. 3, p. 255, au mois de Septembre 1452. Moréri, le 10 Septembre 1454. Art de vérifier les dates, de même.

14°. *Le xxj^e iour de septembre Mil cccc et iiij (il faut lire cccc quatre-vingt iiij) trespassa loys pere de loys second jadis duc danjou et depuis Roy de Sicile.*

Art de vérifier les dates, la nuit du 20 au 21 Septembre 1384. Le P. Anselme & Dom Calmet, le 20.

15°. *Le xxve jour de septembre Mil cccc et trois nasquit loys tiers de ce nom premier fils du Roy loys second.*

Art. des dates, 24 Septembre, ainsi que Moréri.

16°. *Le ve iour doctobre Mil ccc lxxvij fut ne loys second premier filz du duc loys daniou et lequel depuis fut roi de Sicile.*

THÉOLOGIE. 103

Moréri, & l'Art de vérifier les dates, le 7 Octobre. Le P. Anselme, le 5.

17°. *Le xiiij^e jour doctobre Mil cccc et iiij nasquit madāe marie fille du Roy loys second et laquelle fut depuis Royne de france jtem ledit xiiij^e doctobre Mil cccc xiiij^e nasquit monsf. charles apñt conte du maine de mortaig de gien et de guise filz du Roy loys second.*

18°. *Le xvj^e jour doctobre Mil cccc xxvij nasquit loys monsr. marq̃ Dupont et second filz du Roy René.*

19°. *Le xxiiij jour doctobre Mil cccc et vingt espousa Rene danjou duc de bar et depuis Roy de sicile ysabel fille et heritiere du duc de lorraine.*

Bouche dit vers l'an 1420.

20°. *Le ij^e jour de nouembre Mil cccc xxviij nasquit madame yoland p̃miere fille du Roy Rene Roy de Sicile.*

21°. *Le vij jour de nouembre lan Mil cccc et iiij trespassa madame marie de Bretaigne jadis Royne de Sicile espouse du Roi louys premier et mere du Roy loys second.*

Moréri, & l'Art de vérifier les dates, le 12 Novembre.

22°. *Le xij^e jour de nouembre Mil cccc xxxiiij mourut loys tiers Roy de Sicile et duc danjou frere ainsne du Roi Rene a cusēce en calabre.*

Bourdigné & Bouche, le 24 Novembre 1433. L'Art de vérifier les dates, le 25 Novembre 1434.

23°. *Le xiiij^e jour de nouembre Mil cccc xlij trespassa ou chasteau de Saumur madāe yoland fille du Roy darragon et depuis espouse du Roy loys second.*

Bouche, en 1441.

24°. *Le p̃mier jour de decembre Mil cccc furēt faictes en arle les nopces du Roi loys second et de la Royne yoland fille du Roy. darragon.*

Moréri, & l'Art de vérifier les dates, le 2 Décembre.

THÉOLOGIE.

286 Præces piæ, cum calendario. in-4. m. citron, à compart. doublé de tabis.

BEAU MANUSCRIT fur vélin du *XV fiecle*, contenant 200 feuillets. Il eft écrit en *lettres de forme*, à longues lignes, & enrichi de 54 excellentes miniatures, dont 30 ont 3 pouces & demi de hauteur fur 2 pouces & demi de largeur, & 24 un pouce 3 lignes en quarré. Ses *lettres tourneures* font peintes en or & en couleurs, & les marges de toutes fes pages font ornées de dentelles.

287 Præces piæ, cum calendario. in-4. m. bl.

TRÈS BEAU MANUSCRIT fur vélin du *XV fiecle*, contenant 240 feuillets ornés de dentelles, de feuillages & de fruits peints fur les marges de toutes les pages.

Il eft écrit en *lettres de forme*, à longues lignes, & enrichi de 72 fuperbes miniatures de différentes grandeurs. Il y en a une de 6 pouces & demi de haut fur 4 pouces & demi de large, 36 de 3 pouces & demi de haut, fur 2 & demi de large, & 35 d'un pouce & demi en quarré.

288 Præces piæ, cum calendario. in-4. rel. en chagrin noir.

BEAU MANUSCRIT fur vélin, du *XV fiecle*, contenant 225 feuillets. Il eft écrit en *lettres de forme*, à longues lignes, & enrichi de 9 miniatures qui ont 3 pouces & demi de hauteur fur 2 & demi de largeur. Toutes fes pages font chargées de dentelles & de figures burlefques peintes en or & en couleurs.

289 Præces piæ, cum calendario. in-4. m. bl.

TRÈS BELLE PAIRE D'HEURES manufcrite fur vélin du *XV fiecle*, contenant 135 feuillets, dont plufieurs pages font entourées de cadres d'or chargés de fleurs, de fruits & d'infectes.

THÉOLOGIE.

sectes. Elle est écrite en *lettres de forme*, à longues lignes, & enrichie de 38 miniatures, & de *lettres tourneures* peintes en or. Les miniatures sont de trois grandeurs; il y en a 2 de 7 pouces & demi de haut sur plus de 4 pouces & demi de large, 13 de 4 pouces 4 lignes de haut sur 3 pouces de large, & 23 d'un pouce & demi en quarré.

La premiere représentant la Ste. Hostie, est plus récente que les autres. On lit sur le feuillet qui la suit, en 16 vers françois, l'histoire du miracle de la Ste. Hostie, qu'un Juif perça à coups de couteau, & dont il jaillit du sang. *Philippe le Bon* ayant reçu cette même Hostie à l'Isle, en 1430, la fit transporter à *Dijon*, & placer dans sa Chapelle.

290 Præces piæ, cum calendario. in-4. m. r. dentelles.

MANUSCRIT sur vélin du *XV siecle*, d'une exécution très riche, son écriture est en *lettres de forme*, à longues lignes. Il est enrichi de très belles *tourneures* peintes en couleurs, rehaussées d'or, & de 34 superbes miniatures qui portent 5 pouces & demi de hauteur, sur environ 3 pouces & demi de largeur. L'avant-derniere, qui est fort curieuse, réunit tous les sujets de la Passion. Ce Volume contient 219 feuillets faisant 438 pages qui sont ornées à l'entour d'arabesques, de fleurs, de feuillages, de fruits, d'animaux peints en or & en couleurs. On y voit aussi des figures d'hommes fort burlesques.

291 Præces piæ, absque calendario. in-4. m. r. Dentelles.

TRÈS BEAU MANUSCRIT sur vélin du *XV siecle*, contenant 320 feuillets écrits en *lettres de forme*, & à longues lignes. Il est enrichi d'une infinité de belles *tourneures* peintes en or & en couleurs, & de 5 très excellentes miniatures

Tome I

de 3 pouces 3 lignes de hauteur, & de 2 pouces & demi de largeur. Des ornements légers, & peints avec délicatesse, décorent les marges de toutes ses pages.

292 Præces piæ, cum calendario. in-8. m. vert. dentelles.

MANUSCRIT sur vélin du *XV siecle*, exécuté en *lettres de forme*, à longues lignes. Il est enrichi de *tourneures* peintes en or & en couleurs, & de 6 miniatures qui ont 3 pouces 3 lignes de hauteur, sur 2 pouces & demi de largeur. Il contient 146 feuillets.

293 Præces piæ, cum calendario. in-8. m. r. dentelles.

SUPERBE ET PRÉCIEUX MANUSCRIT sur vélin du *XV siecle*, contenant 177 feuillets. Son écriture est en *lettres de forme*, à longues lignes, & ses *tourneures* sont peintes en or & en couleurs. Il est enrichi de 20 excellentes miniatures d'un genre rare. Elles sont exécutées en camaieu gris blanc, rehaussées d'or, & entourées d'un large filet d'or. Elles portent environ 5 pouces & demi de hauteur, sur 3 pouces & demi de largeur.

M. *le Duc de la Valliere* en devint possesseur après la mort de M. *le Duc de Saint-Aignan*, à la vente duquel il l'acheta 253 liv. (Voyez le Catalogue imprimé en 1776, n°. 75.)

294 Præces piæ, cum calendario. in-8. m. r. dentelles.

MANUSCRIT sur vélin du *XV siecle*, contenant 148 feuillets décorés de grandes *lettres tourneures*, & de riches dentelles peintes en couleurs, rehaussées d'or. Son écriture est en *lettres de forme*, à longues lignes. Il est enrichi de 12

THÉOLOGIE.

belles miniatures qui ont 3 pouces & demi de hauteur, & 2 pouces & demi de largeur. Celle qui est en tête de l'Office des morts, représente un sujet qu'on voit rarement dans les livres d'Heures ; c'est celui du Dit des trois Morts qui apparoissent à trois Vifs. Un Anonyme, *Baudouin de Condé*, & *Nicole de Marchinal*, l'ont mis en vers dans le XIII siecle. Leurs versions se trouvent dans le MS. annoncé au N°. 2736.

295 Præces piæ, cum calendario. in 8. m. r.

MANUSCRIT sur vélin, du *XV siecle*, contenant 149 feuillets. Il est écrit en *lettres de forme*, à longues lignes, & il est enrichi de bordures peintes en arabesques très variés, & d'une grande quantité de belles miniatures dont les plus grandes portent 6 pouces & demi de hauteur, sur 4 pouces de largeur. Les attributs de chaque mois sont représentés dans le Calendrier, & la *Danse Macabre* est figurée dans le corps du MS. en plusieurs miniatures.

296 Præces piæ, cum calendario, grand in 8. m. bl.

MANUSCRIT sur vélin, du *XV siecle*, contenant 150 feuillets, écrits en *lettres de forme*, à longues lignes. Les sommaires sont en rouge, & les lettres *tourneures* sont en or & en couleurs. Des dentelles peintes, rehaussées d'or au pinceau, & 12 très belles miniatures, qui ont 3 pouces 3 lignes de hauteur, sur 2 pouces & demi de largeur, décorent presque toutes les pages. Le Calendrier est écrit en or, en bleu & en rouge. Le premier feuillet décoré des armes de Croy, peintes à gouache, avec la Toison d'or & les devises : *Je soustiendray Croy & iayme qui maime*, fait connoître que ce MS. a appartenu à *Charles-Philippe de Croy*, Marquis d'Havré, &c. mort en 1613. *Charles-Alexandre*, Sire &

Tom. I.   O 2

Duc de Croy son fils, en devint possesseur en 1618, & y écrivit son nom, qui se lit sur le même feuillet.

Nous soupçonnons que ces Heures ont été faites pour le Diocese de Mons, parceque nous trouvons distinguées, dans le Calendrier, les trois fêtes de *Ste. Waltrude* ou *Vaudrue*. Cette Sainte est Patrone de Mons, & Fondatrice du Chapitre Royal des Chanoinesses de la même Ville.

297 Præces piæ, absque calendario. in 8. m. bl.

Superbe Manuscrit du *XV siecle*, sur vélin, contenant 231 feuillets écrits en *ancienne bâtarde*, à longues lignes. Il est orné de très belles *lettres tourneures* peintes en or, dont 26 sont décorées des armes de *Rolin*, ancienne famille de la Franche-Comté ; & il est enrichi de 38 miniatures peintes en camaïeu gris, de la plus grande beauté. Elles portent 3 pouces 3 lignes de hauteur, sur plus de 3 pouces de largeur.

La seconde miniature représente un Seigneur de la maison de *Rolin*, armé de plusieurs pieces, & revêtu de son Blason, qui est d'*azur*, *à trois clefs d'or*. Il est à genoux, ayant les mains jointes, devant une Vierge qui tient dans ses bras l'Enfant Jésus. Ce Seigneur nous paroît être *Guillaume Rolin*, Chevalier, quatrieme fils de *Nicolas Rolin*, Chancelier de Bourgogne sous Philippe le Bon. Nous sommes d'autant plus portés à le croire, que ces mots : *vre lealle seur ysabel de leuys*, qui sont écrits sur un des feuillets de ce MS. semblent être adressés à ce Seigneur, lequel avoit épousé *Marie de Levis*, sœur d'Isabelle ; elles étoient toutes deux filles d'*Eustache de Levis*, mort avant 1464.

On lit sur le feuillet qui suit celui dont nous venons de faire mention : *à jamais vre m. de bourbon* ; mais le nom de Baptême n'étant désigné que par une lettre, nous ignorons à qui peut appartenir cette signature. Nous savons d'ailleurs que la maison de *Levis* a été alliée à celle de *Bourbon*, & que *Jean*

THÉOLOGIE.

de Levis, frere d'Isabelle, épousa en 1525, une Jeanne de Bourbon.

La premiere miniature, qui est peinte en couleurs, & plus récente que les autres, représente aussi des portraits de famille, dont nos recherches n'ont pu découvrir le nom.

On y voit un Seigneur & une Dame à genoux sur un Priez-Dieu, vis-à-vis l'un de l'autre, & au pied de la Croix.

Le Seigneur, revêtu de son Blason, armé de plusieurs pieces, ayant son casque, & ses gantelets à ses pieds, a derriere lui deux garçons, & la dame, cinq filles. Leur Priez-Dieu est chargé de leurs Armes, qui sont, mi-parties de... de gueules, à la croix dentelée d'or, chargée d'une étoile de sable, & de... d'argent, à 4 fusées de gueules de face ; au lambel de sable de deux pendants.

298 Præces piæ, cum calendario. in-8. m. r. dentelles.

SUPERBE ET TRÈS PRÉCIEUX MANUSCRIT sur vélin de la fin du XV siecle, contenant 159 feuillets. Son écriture est en *lettres de forme*, à longues lignes, ses *tourneures* sont peintes en or & en couleurs; & il est enrichi de 31 miniatures, recommandables par la fraîcheur & la richesse de leurs couleurs. Elles sont de deux grandeurs ; il y en a 14 d'environ 4 pouces & demi de hauteur, sur 2 pouces 9 lignes de largeur, & 17 d'un pouce & demi en quarré ; 44 cadres qui ornent autant de pages, & qui représentent des fleurs, des insectes, & des fruits peints sur des couches d'or, ne contribuent pas peu à relever le mérite de ce Livre.

On lit sur son dernier feuillet :

Ces heures appartiennent a jehan de noual le jeune Et a jehanne meyngart s͂o espeuse. Demourant a saït malo en bretaigne. Et furët acöplies le xvij jour de may Lan iiij^{xx} *xix.*

THÉOLOGIE.

Ces Heures ont dans la suite appartenu à *Renée Sanglier*, fille de *Gilles Sanglier*, laquelle a fait inscrire dans le Calendrier les naissances de son pere, de ses oncles, &c. & celles des enfants qu'elle a eus de *Claude de Chatillon*, II du nom, mort en 1589, & qu'elle avoit épousé en 1559.

Les naissances de ses enfants y portent les dates suivantes:

2 Janv. 1568, *Gilbert de Chatillon*, avec les noms de son Parrain & de sa Marraine.

Duchesne n'a indiqué ni le jour ni l'année de cette naissance.

13 Mars 1576, *Marie de Chatillon*, avec noms de P. & de M.

Duchesne a dit le 10 de Mars.

29 Avril 1566, *Louise de Chatillon*, avec noms de P. & de M.

8 Avril 1570, *Charles de Chatillon*, avec noms de P. & de M.

24 Mai 1571, *Philliberte de Chatillon*, avec noms de P. & de M.

Duchesne a dit le 25 Mai.

3 Août 1564, *Claude de Chatillon*, avec noms de P. & de M.

3 Août 1574, *Gilles de Chatillon*.

On trouve dans le Calendrier plusieurs autres naissances & quelques morts de la famille de *Renée Sanglier*.

Ces Heures ont coûté 290 liv. à la vente des Livres de M. le Duc de St. Aignan.

299 Præces piæ, belgicè, cum calendario. in-8. m. r.

MANUSCRIT sur vélin du *XV siecle*, en *ancienne batarde*, à longues lignes, contenant 147 feuillets. Il est orné de belles *tourneures* peintes en couleurs, rehaussées d'or, de 5 très jolies miniatures, qui portent 7 pouces de hauteur, sur 3 pouces & demi de largeur, & de 50 petites, qui ont 1 pouce & demi en quarré. Celles-ci repréſentent tous les ſujets de la Paſſion. Quelques-unes des pages de ce MS. ſont bordées de cadres d'or, ornés d'oiſeaux, d'inſectes, de fleurs & de fruits très délicatement peints.

300 Præces piæ, abſque calendario. in-16. m. r.

MANUSCRIT ſur vélin de la fin du *XV ſiecle*, contenant 179 feuillets. Il eſt écrit en ancienne *batarde*, & orné de 23 miniatures, dont la plupart y ont été ajoutées vers le milieu du *XVI ſiecle*. Telle eſt entr'autres l'antepénultieme, qui repréſente Diane ſurpriſe dans le bain par Actéon.

Ce MS. qui n'a rien de remarquable du côté de l'exécution calligraphique, eſt néanmoins d'un prix ineſtimable, & un objet digne d'être précieuſement conſervé; non-ſeulement pour avoir appartenu à *Anne de Lorraine*, & à *Diane de Dommartin*, femme de ſon fils unique; mais encore parcequ'il renferme nombre de vers, de deviſes, de chiffres & de ſignatures que leurs parents les plus proches, & leurs plus intimes amis y ont écrits ſur les marges des pages & ſur des feuillets ſéparés, pour témoigner à l'une & à l'autre leur attachement & leur amitié.

Anne de Lorraine, à qui ces heures ont premièrement appartenu, étoit fille d'*Antoine, Duc de Lorraine*. Elle naquit en 1522, & elle époufa en 1540, *René de Challon*, Prince d'Orange, Comte de Naſſau. Ce Prince étant mort, *Anne* ſe remaria en 1548, à *Philippe Sire de Croy*, II de ce nom, premier Duc d'Arſchot, dont elle eut un fils poſthume, un an après ſon mariage. Elle mourut en 1568.

Charles Philippe de Croy ſon fils, tige des Marquis d'Havré, époufa *Diane de Dommartin*, fille unique & héritiere de *Guillaume*, Baron de Fontenoy, laquelle, après la mort de ſa belle-mere, poſſéda ces Heures manuſcrites, dans leſquelles ſes parents & ceux de ſon mari, continuerent d'inscrire comme avoient fait quelques-uns d'*Anne de Lorraine*, des vers, des devises, &c. en François, en Italien, en Espagnol & en Allemand, jusqu'en 1616.

Du temps d'*Anne de Lorraine*, nous ne trouvons dans ces Heures que trois de ses parents qui s'y soient inscrits :
1°. *Charles-Philippe de Croy*, qui se dit son fils.
2°. *Dorothée de Lorraine*, Duchesse de Brunswick, sa niece, fille de François I, Duc de Lorraine. Elle lui adresse un quatrain en Espagnol.
3°. *Marie Stuart*, Reine d'Ecosse, sa tante, qui y a écrit les vers suivants :

> *Si ce lieu est pour ecrire ordonné*
> *Ce qu'il vous plest auoir en souuenance*
> *Je vous requiers que lieu me soit donné*
> *Et que nul temps n'en n'oste l'ordonnance.*

Les vers, les devises, &c. adressés à *Diane de Dommartin*, y sont en bien plus grand nombre; les noms qui les accompagnent, appartiennent aux familles les plus illustres. Nous les rapportons ici tous, à l'exception des chiffres, que nous n'avons pas le loisir de reconnoître. Nous laissons aussi aux personnes que les noms suivants intéresseront, la peine de rechercher le degré de parenté & d'alliance qu'ils avoient avec *Diane de Dommartin*. Nous n'avons pu faire cette recherche que sur les plus importants.

1°. *Charles-Philippe de Croy*, le même que celui ci-dessus, se souscrit ailleurs : *tres fidel et affectionné mary pour jamais.*
2. *Charles*, Cardinal de Lorraine.
3. *François de Lorraine*, Comte de Vaudemont, mari de Catherine de Salm, fille de Paul & de Marie Leveneur.
4. *Anthoinette de Lorraine*, femme de Guill. Duc de Juliers & de Cleves.
5. *Catherine de Lorraine*, Abbesse de Remiremont.

THÉOLOGIE. 113

6. *Elisabeth de Lorraine*, femme de Maximilien, Duc de Baviere, tous cousins & cousines de Diane de Dommartin, comme enfants de Charles III, Duc de Lorraine, lequel étoit neveu d'Anne de Lorraine.
7. *Margueritte de Lorraine* sa cousine, fille de François de Lorraine.
8. ..... *de Lorraine*, le nom de Baptême n'est pas lisible.
9. *Jacques de Lalaing.*
10. *G. de Lalaing*, avec la date de 1572.
11. *Lamoral de Ligne*, fils de Philippe & de Marguerite de Lalaing, mari de Marie de Meleun.
12. *Anne de la March*, 1572.
13. *S. C. Meleun*, 1572.
14. *Polixene de Mansfeld*, femme de Palamedes de Chalon, fils naturel de René, Prince d'Orange.
15. *Anibal C. de Montevoglio*, 1574.
16. *J. Antoine de Salm*, fils de Jean VIII, Comte de Salm, 1590.
17. *M. Berselle*, 1573.
18. *J. Trazegnies*, 1573, Baron de Trazegnies, fils de Jean, mari d'Isabeau de Werchin.
19. *C. Bloy.*
20. *M. Daramberghe* (Marguerite) fille de Jean de Ligne, & de Marg. de la March, femme de Philippe de Lalaing.
21. *F. de Staneles*, 1573.
22. *H. Marquis du Pont-a-Mousson.*
23. *De Tanberg*, 1573.
24. *Don Hernando Henriquez*, premier Duc de Medina de Rio-Seco.
25. *Le Cardinal Verdelly.*
26. *Werchin*, 1573, peut-être Yolande, femme de Hugues de Meleun.
27. *Philippe-Pierre de Lalaing.*

Tome I. P

28. *Frideric, Comte du Rhein*, 1576.
29. *F. de Berlaymont.*
30. *C. Temple*, 1572.
31. *Y. Berlaymont*, 1573.
32. *A. de Meleun*, 1573.
33. *Léonore de Boussu*, 1573.
34. *Francesco Visconte.*
35. *Jaqueline de Lalaing*, 1573.
36. *Marie le Veneur, Comtesse de Salm.*
37. *S. Charles de Meleun*, fils de Hughues.
38. *F. Damant* 1573.
39. *C. de Berlaymont*, 1573.
40. *Marie de Meleun*, 1573, femme de Lamoral de Ligne.
41. *Helene de Meleun*, 1573, sœur de la précédente, femme de Floris de Montmorency.
42. *Marie de Lalaing*, 1573.
43. *Floris de Montmorency*, 1573.
44. *A. d. Lalaing.*
45. *M. Lalaing.*
46. *Don Gabriel de Lamires*, 1573.
47. *Renessé*, 1573, (Anne) femme de Guill. de Croy, fils de Phil. II. du nom.
48. *Anne de Croy*, 1573, fille de Philippe III du nom, niece de Diane de Dommartin.
49. *Mastaing.*
50. *Halewin*, 1570, (Jeanne) femme de Philippe de Croy III du nom.
51. *Charles de Croy*, 1572, fils de Philippe III du nom, neveu de Diane.

301 Præces piæ, cum calendario. in-18. m. r.

MANUSCRIT sur vélin de la fin du *XV siecle*, contenant 238 feuillets. Son écriture est en *lettres de forme*, à

THÉOLOGIE. 115

longues lignes. Il est enrichi de 54 petites miniatures délicatement peintes, & d'un grand nombre de beaux cadres variés à l'infini, & chargés d'insectes, de reptiles, d'oiseaux, d'arabesques, de fleurs, & de fruits exécutés avec la plus grande vérit.

302 Præces piæ, cum calendario. in-32. m. r.

CES HEURES MANUSCRITES sont du *XV siecle*, joliment exécutées en *lettres rondes* sur un vélin d'une extrême finesse. Ses *tourneures* sont peintes en or & en couleurs. Elles sont enrichies de 52 petites miniatures d'un beau fini, & de plusieurs cadres très ornés. La totalité de ce Volume, qu'il est rare de trouver d'un format aussi petit, consiste en 322 feuillets.

303 Præces piæ, cum calendario. petit in-4. m. r. dentelles.

MANUSCRIT MAGNIFIQUE, sur vélin, exécuté en Italie en 1524. Il est écrit en *lettres rondes*, à longues lignes, & il contient 113 feuillets.

Il est impossible de rien voir de plus beau & de plus achevé que cette paire d'Heures. Le Peintre & le Calligraphe ont concouru à l'envi, à la rendre un morceau des plus précieux en ce genre. La finesse & la blancheur du vélin, la justesse & la netteté des caracteres, la belle composition des sujets des peintures, la fraîcheur & la richesse de leurs couleurs, tout y est porté au plus haut degré de recherche & de perfection.

Ces superbes peintures sont au nombre de 42 ; il y en a 16 qui ont 7 pouces & demi à 8 pouces de haut, sur 4 pouces de large, y compris une riche architecture qui leur sert de cadre. Les 26 autres n'ont environ qu'un pouce & demi en quarré.

On y admire aussi une quantité de lignes entieres, & des

capitales en or, & 16 pages enrichies de bordures chargées d'insectes, de fruits & de fleurs, rendus avec une délicatesse & une magie surprenante.

Cette paire d'Heures a dû coûter une somme considérable au riche Amateur qui l'a fait exécuter. Elle ne fut vendue que 751 liv. à la vente de M. *Gaignat*, son dernier possesseur.

304 Præces piæ, cum calendario. in-8. m. r. dentelles.

SUPERBE MANUSCRIT, exécuté en 1525 en beaux *caracteres ronds*, à longues lignes, sur un vélin très fin, & contenant 110 feuillets. Ses capitales sont peintes en or & en couleurs. Il est enrichi de 40 très belles miniatures, dont 21 qui sont peintes dans un cadre d'architecture, ont 6 pouces de hauteur, sur 4 pouces de largeur, & 19 petites, qui portent 2 pouces 2 lignes de hauteur, sur 1 pouce 8 lignes de largeur.

Ce Livre d'Heures est précédé d'un Calendrier qui renferme 24 quatrains latins sur les propriétés de chaque mois, & sur les signes du Zodiaque. Voici un des deux du mois de janvier:

In iano claris calidisq; cibis potiaris
Atq; decens potus per fercula sit tibi notus
Ledit enim mero tunc potus, uti bene credo
Balnea tute intres & venam findere cures.

305 Præces piæ, cum calendario. in-8. m. vert, dentelles. doublé de satin rose.

SUPERBE MANUSCRIT sur vélin du *XVI siecle*, contenant 70 feuillets. Son écriture est en *caracteres ronds*, à longues lignes, & ses capitales sont peintes en or & en couleurs. Il est enrichi de 14 excellentes miniatures d'un dessein correct, & d'un coloris agréable. Elles portent 2 pouces 9 lignes de hauteur, fur 2 pouces de largeur. Les pages qu'elles décorent font entourées de cadres peints avec une extrême délicateffe, & chargés d'arabefques, d'oifeaux, de fleurs, & de fruits finement exécutés. On eft un peu furpris d'y voir les médailles en or d'*Alexandre le Grand*, d'*Augufte*, & *de la débauchée Crifpine*, femme de l'Empereur *Commode*.

Ce MS. vient de la vente de M. le Duc de Saint-Aignan, où il a coûté 360 liv.

306 Præces piæ, cum calendario. in-8. cuir de Ruffie.

TRÈS-BEAU MANUSCRIT fur vélin du *XVI fiecle*, contenant 123 feuillets écrits en *caracteres ronds*, à longues lignes. Ses *tourneures* font peintes en or & en couleurs, & toutes fes pages font bordées d'un cadre peint, rehauffé d'or, & varié à l'infini. Il eft enrichi de 22 grandes miniatures de 4 pouces & demi de hauteur, fur 3 pouces & demi de largeur, & de 32 petites qui ont environ 2 pouces en quarré.

307 Heures de Henri III, de Henri IV & de Louis XIII. in-8.

LIVRE INFINIMENT PRÉCIEUX. Il eft dans le genre de celui qui eft annoncé par *Profper Marchand*, à la page 9 de fon *Hiftoire de l'Imprimerie*, & qui fe trouvoit en 1640 dans le cabinet d'*Albert Henri, Prince de Ligne*, pour lequel Livre, à ce que l'on dit, & ce qu'on a peine à croire, l'Empereur *Rodolphe* offrit onze mille écus d'or. Le Volume que nous annonçons n'eft ni écrit, ni imprimé; mais les caracteres formés avec un *emporte-piece*, fans le plus léger défaut, en font percés à jour. Il a fallu une patience bien exercée, pour avoir eu le courage de mener un Livre aussi difficile à son entiere confection.

Il consiste en 75 feuillets, dont les pages qui sont entieres ont 22 lignes. Le papier en est lissé, & chaque feuillet est suivi d'un feuillet de papier de couleur rougeâtre, qui sert à faciliter la lecture du feuillet découpé.

Les Prieres qu'il renferme ont été faites pour *Henri III*, & servoient à ce Monarque dans les jours de cérémonies de l'Ordre du St. Esprit.

Il est représenté sur les deux côtés de la couverture de ce Livre, d'une maniere fort intéressante. Ses deux portraits s'y voient en pied. Ils ont été découpés d'abord avec beaucoup d'art sur le vélin blanc qui couvre le Livre, & ont été ensuite peints & entourés d'arabesques, & d'autres ornements découpés de même.

D'un côté, ce Monarque est vêtu d'une robe blanche qui pend jusqu'à terre, sur laquelle il a une Tunique écarlate, & par-dessus cette tunique, un manteau bleu semé de fleurs-de-lis, & doublé de blanc. Il porte autour du col une fraise & les coliers des Ordres de St. Michel & du St. Esprit. Ses cheveux sont noirs & fort courts, sa tête est ceinte d'une couronne de lauriers.

Il a dans sa main droite, élevée vers le Ciel, un Livre dans lequel sont 16 lettres qui ne forment aucuns mots; mais qui rassemblées, & en y ajoutant un *a*, présentent cette maxime: *Initium sapientia timor domini*. On lit au dessus de sa tête: *Prace cœlum, lege solum*, & sur la tablette qu'il tient de la main gauche vers la terre: *Populorum lege*. De l'autre côté de la couverture *Henri III* est représenté avec les mêmes vêtements; mais ayant dans chaque main un emblême. La devise ordinaire de ce Roi, depuis son retour de Pologne, étoit trois couronnes, deux en terre, savoir, celle de Pologne & celle de France, & la troisieme

THÉOLOGIE.

dans le Ciel, avec ces mots : *Manet ultima cœlo*. Ici on ne voit que deux couronnes. L'emblême qu'il tient de la main droite élevée vers le Ciel, les représente passées dans un sceptre, sur lequel une main divine, sortant d'un nuage, pose l'index. On lit à côté ces mots : *Servat ut servem*. L'emblême que le Roi tient de la main gauche, & qu'il appuie sur une sphere, offre les mêmes couronnes, lesquelles sont passées dans une épée.

Outre les deux portraits de *Henri III* que nous venons de décrire, ce précieux Livre en contient trois autres qui ne sont pas moins dignes d'attention. Ils font partie de 7 feuillets qui représentent des figures, dentelles & ornements découpés, peints d'un côté, & dessinés à la plume de l'autre.

Le second dessein découpé représente *Louis XIII* à genoux devant des rayons dardés par le St. Esprit ; il est revêtu du manteau royal fleurdelisé, & décoré du collier de l'Ordre du St. Esprit.

Ce Monarque y paroît fort jeune, & d'une très jolie figure. Le cadre qui l'entoure est orné de deux L couronnées, d'une couronne, & d'un sceptre lié en sautoir avec la main de Justice.

Le sixieme dessein offre un Roi en pied qui pourroit bien être *Louis XIV*. Il est vêtu d'une longue robe bleue parsemée de fleurs-de-lis, ayant une couronne fermée d'or sur la tête, tenant d'une main le sceptre surmonté du lis, & de l'autre la main de Justice.

Il est impossible de se méprendre à la figure du Monarque du septieme dessein. Il ressemble parfaitement à *Henri IV*, qui s'y voit à genoux sur un coussin, la tête nue, les mains jointes, revêtu du manteau royal, & décoré des marques de l'Ordre du St. Esprit. Sa couronne & son sceptre sont posés à terre, devant lui.

Il résulte de cette description, & c'est notre conjecture,

que ce Livre d'Heures ayant été fait pour *Henri III*, après l'inftitution de l'Ordre du St. Efprit, paffa après fa mort à *Henri IV*, puis à Louis *XIII*, peut-être auffi à *Louis XIV* & qu'on l'enrichit fucceffivement de leurs portraits.

Ce précieux Livre, qu'on ne peut trop prifer, & dont les auguftes poffeffeurs refervoient, felon les apparences, l'ufage pour les grandes cérémonies de l'Ordre du St. Efprit, renferme les prieres fuivantes.

1. *Prieres du Roy au Sainct Efprit.*

Ce titre eft découpé dans un cartouche peint, tenu par le St. Efprit, fous la forme d'une colombe, orné d'arabefques, auffi découpés, & de croix de S. Efprit aux quatre coins.

2. *Sequuntur feptem pfalmi poenitentiales.*
3. *La Litanie des Saints.*
4. *Le Pfeaume 66 Deus in adjutorium...* fuivi de plufieurs Oraifons en latin.
5. *Prieres du Roi, à l'imitation de celles de David.*

Dans les Prieres de *Henri III* au St. Efprit, ce paffage eft remarquable :

Et t'ayant pleu feigneur entre infinies autres graces defquelz tu as honore ma jeuneffe me faire par ta fainete infpiration eflire roy d'une nation eftrangere puis au iour qui t'eft folennel m'appeller à la fucceffion paternelle du royaume de france. . . .

Henri III fut proclamé Roi de France le jour de la Pentecôte le 30 Mai 1574, tandis qu'il étoit en Pologne. Il étoit parvenu à ce dernier Royaume l'année précédente, au même jour de la Pentecôte; c'eft-à-dire, le 9 Mai 1573.

Les Prieres du Roi, à l'imitation de celles de David, renferment auffi quelques paffages intéreffants.

(mon dieu) *qui m'as conftitué prince fur la terre et m'as oingt roi de france.*

Tu

THÉOLOGIE.

Tu m'as mis plusieurs peuples souz moy et m'as donné l'héritage de mes peres.

Ils (ses ennemis) ont esmeu mon peuple à sedition et m'ont assailly en main forte.

Ils ont amené l'estranger en ma terre et ont exposé mes serviteurs à leur fureur.

Tu m'as ramene en mon heritage et m'as environné le chef de deux couronnes (celles de Pologne & de France)

308 Heures de Charles de Lorraine, Duc de Mayenne. in-24 m. bl. avec fermoirs d'or émaillé, sur lesquels il y a dix larmes.

Manuscrit sur vélin du *XVI siecle*, infiniment précieux, contenant 52 feuillets. Son écriture est en *lettres rondes*, & ses pages sont enrichies de cadres peints en couleurs, & de 2 miniatures. 21 de ces cadres sont en noir, parsemés de *larmes*, & chargés de 3 croix de Jérusalem, Armes que porte dans les siennes la maison de Lorraine.

La note suivante, écrite à la tête du MS. sur un feuillet qui est plié dans le Volume, rend ce Livre d'Heures des plus intéressants :

En la memorable bataille donnée par Henry 4 en 1592, pres du village dyuetot en normandie, l'armée commandée par m. le duc de mayenne soy disant lieutenant general de l'estat de couronne de france, et par le duc de parme fut entierement defaitte auec perte de tout le bagage, parmy lequel furent trouuées les prieres desquelles se seruoit ledit seigneur duc de mayenne dans le liure escrit a la main qui tomba es mains de jaques de meritain de l'illustre maison de lago capitaine d'agilly lors gendarme de m. de biron lequel sr. de lago mon intime amy m'a fait present dudit liure qui merite d'estre conserué.

Tome I.

On lit au dos de ce feuillet, d'une écriture différente :

Cecy a dos est escrit de la main de monf. de thesut doyen du parlement de dijon mon pere.

De crainte que ce feuillet ne se perde un jour, & afin qu'on puisse toujours reconnoître ces Heures du Duc de Mayenne, nous rapportons ici les titres des prieres qu'elles renferment :

1. *Septem psalmi ad divinam misericordiam implorandam tempore persequutionis ecclesiæ ex psalmographo desumpti.*
2. *Symbolum athanasii.*
3. *Ecclesiæ querimonia quod filiorum sanguis tirannice effusus sit, sanctorum insepulta iaceant corpora, sacra quoque risui habeantur.*
4. *Variarum perturbationum impetu obruta ecclesia exclamat ne ad finem usque sui obliuiscatur deus.*
5. *Conqueritur ecclesia quasi a sponso derelicta quem vindicem iniuriæ sibi illatæ precatur.*
6. *Zelo justitiæ ardens ecclesia impiorum ruinam justorum gloriam a deo expostulat.*

Plusieurs Oraisons en françois, dont la derniere est intitulée :

7. *Oraison pour dire pendant la guerre.*

Cette derniere Oraison ajoute au mérite de ces Heures. Elle n'annonce que trop le fanatisme du *Duc de Mayenne*, qui ne croyoit point faire une injuste guerre contre son légitime Prince.

Elle commence ainsi :

Seigneur dieu des armées jusques à quand serez vous courrouce contre nous ? jusques a quand nous repaistres vous du pain de tristesse et nous donnerez vous breuage de larmes en grandes mesures ? jusques a quand permettres vous que le pauure royaume soit afflige de guerres et diuisions: regardes seigneur regardez VOSTRE FRANCE en laquelle votre sainct nom a long tems este inuoque, &c.

309 Heures pour Marie de Montholon. in-16. m. bl.

MANUSCRIT sur papier du *XVII siecle*, contenant 414 feuillets.

310 Parva Christianæ pietatis officia, per Christianissimum Regem Ludovicum XIII. ordinata. *Parisiis, è Typographiâ Regiâ*, 1643. 2 vol. in-4. m. r. dent. G. P.

311 Horæ Beatæ Mariæ Virginis. in-12 v. f.
IMPRIMÉ SUR VÉLIN.

312 Horæ Beatæ Mariæ Virginis, secundùm usum Romanum. *Parisiis, per Germanum Hardouyn,* in-8. goth. fig. m. vert.
IMPRIMÉ SUR VÉLIN.

313 Horæ intemeratæ Virginis Mariæ, secundùm usum Romanum, cum pluribus orationibus tàm in gallico quàm in latino. *Paris, Guillaume Anabat, pour Germain Hardouyn,* 1505. in-8. goth. m. vert.
IMPRIMÉ SUR VÉLIN, avec 15 miniatures.

314 Horæ Beatæ Mariæ Virginis, secundùm usum Romanum. *Paris, Thielman Kerver,* 1508. in-8. goth. fig. vélin. vert, avec des fermoirs d'argent.
IMPRIMÉ SUR VÉLIN.

315 Horæ Divinæ Virginis Mariæ, secundùm usum Romanum, unà cum figuris Apocalypsis, & destructio Hierusalem, & multis figuris Bibliæ insertis. *Paris, Germain Hardouyn*, 1520 in-8. m. r.

IMPRIMÉ SUR VÉLIN, avec 34 miniatures, & toutes les pages entourées d'un cadre peint en or & en couleurs.

316 Horæ Beatæ Mariæ Virginis, secundùm usum Romanum. *Parisiis, Germanus Hardouyn*, (1531). in-12. m. r.

IMPRIMÉ SUR VÉLIN, avec 15 miniatures.

317 Heures de nostre dame a l'usaige de rome escriptes audict lieu l'an M. D. XLIX. par m. franc. wydon et dediees a messire claude d'Urfé chevalier de l'ordre du Roy tres chrestien, et son ambassadeur au S. siege apostolique. petit in-fol. m. r.

SUPERBE MANUSCRIT sur vélin, contenant 85 feuillets écrits en *lettres rondes*, à longues lignes, & décorés d'une foule de grandes capitales historiées, & élégamment peintes en or & en couleurs.

Il est enrichi de 25 excellentes miniatures qu'on peut regarder comme autant de tableaux d'un goût exquis. Elles sont lavées à l'encre de la chine & au bistre, & rehaussées d'or. La plupart portent 7 pouces en quarré.

Le Calendrier de ces Heures manuscrites est remarquable par les particularités qu'il renferme. On y voit peints les Dieux & les Héros, dont quelques mois de l'année tirent leurs noms. Les Fêtes, les jours de sacrifices, & les fastes des

THÉOLOGIE.

Athéniens & des Romains, y font inscrits à côté des noms des Saints de chaque mois. On y lit plusieurs vers latins écrits au bas des miniatures, & dans le Calendrier, les trois notes historiques & chronologiques suivantes :

FÉVRIER.

24. *A tel iour et lan mil ccccc vous naquistes monseigneur messire claude d'urfé. a semblable iour aussi lan* 1524 (V. S.) *fut prins a pauie francoys de valoys premier de ce nom roy de france.*

MAI.

6. *Et a tel iour* 1529 *fut prise et saccaigee la ville de rome par le duc de bourbon.*

SEPTEMBRE.

29. *Ce iour cy lan* 1549 *vous monseigneur messire C. d'urfé fustez apelle au sainct college de monſ. ſ. michel par le roy nre sire henry* 11 *et faict et cree cheualier de son ordre.*

318 Heures de nostre dame escrites à la main, 1647. par n. jarry parisien. in-8. chagrin noir, avec deux fermoirs d'or.

CE MANUSCRIT, contenant 120 feuillets de vélin d'une blancheur éclatante, est écrit en *lettres rondes* & en *lettres batardes*, parmi lesquelles il y en a un grand nombre qui sont peintes en or.

Ses pages sont entourées d'un filet d'or, & il est enrichi de 7 superbes miniatures qui ont 3 pouces 9 lignes de haut, sur 2 pouces & demi de large.

Ces Heures sont un chef-d'œuvre d'écriture & de peinture. Le fameux *Jarry*, qui n'a pas encore eu son égal en l'art d'écrire, s'y est surpassé, & y a prouvé que la régularité, la netteté & la précision des caracteres du burin & de l'impression, pouvoient être imitées avec la plume à un degré de perfection inconcevable.

Le Peintre, dont le nom nous est inconnu, & qui doit avoir été un des plus fameux du siecle de *Louis XIV*, a travaillé à l'envi avec *Nicolas Jarry*, à rendre ces Heures dignes d'admiration.

Les 7 peintures dont il les a enrichies, sont recommandables par la pureté de leur dessin, la vivacité des couleurs, la vérité de l'expression, & leur précieux fini.

La premiere sert de frontispice à ces Heures. On y voit un grand Livre ouvert, tenu de chaque côté par un Ange, dans lequel le titre que nous avons rapporté est écrit en or. Ce Livre est placé sur un piedestal enrichi de guirlandes de fleurs, & des armes de *François de Beauvilliers*, pour lequel ce chef-d'œuvre a été exécuté.

Elles sont écartelées au 1 de *Beauvilliers*, au 2 de *Rohan*, au 3 de *Clermont*, au 4 d'*Estouteville*, & sur le tout, *Husson-Tonnerre*.

Ce Seigneur s'est fait peindre au naturel plus qu'à demi-corps dans la seconde miniature. Il y paroît dans l'attitude d'un Commandant, & montrant avec son bâton de Général les Tables de la Loi que Moyse tient entre ses bras, il semble prononcer les vers suivants qui sont écrits au bas de la miniature :

> *Mortel peux-tu bien te résoudre*
> *D'enfreindre les divines loix*
> *Offenser le maistre des rois*
> *C'est estre digne de la foudre.*

La 3ᵉ miniature représente l'Annonciation.
La 4ᵉ la Vierge avec l'Enfant-Jésus.
La 5ᵉ David jouant de la harpe.
La 6ᵉ un *Stabat Mater* d'une touche savante & précieuse.
Et la 7ᵉ un St. Esprit entouré de flammes.
Le Volume est terminé par un feuillet de vélin, sur lequel

est peint en or le chiffre de *François de Beauvilliers*, composé des lettres F D B, & couronné, entre deux palmes, d'une couronne de Comte.

Ce Seigneur naquit en 1608 de *Honorat de Beauvilliers*, Comte de Saint-Aignan, & se distingua par son esprit, par son courage & par sa politesse. Il fut Chevalier des Ordres du Roi, Lieutenant-général de ses armées, membre de l'Académie Françoise, & de plusieurs autres. *Louis XIV*, en récompense de ses services, érigea en Duché-Pairie sa terre de *Saint-Aignan*. Il mourut en 1687.

Son Livre d'Heures fut soigneusement conservé par ses enfants jusqu'à la mort de Paul-Hippolyte de Beauvilliers, Duc de Saint-Aignan, à la vente des Livres duquel M. le *Duc de la Valliere* l'acquit en 1776, pour 515 liv. 10 s. somme bien au dessous de celle que son exécution a dû coûter.

319 Heures de la Sainte Vierge, en meilleur ordre qu'auparavant, pour tous les temps de l'année, enrichies de planches, vignettes, fleurons & lettres grises gravées. Par de Saint Peres. *Paris, Jean Piot*, 1657. in-8. m. bl.

IMPRIMÉ SUR VÉLIN.

320 Officium Beatæ Mariæ Virginis, cum calendario. in-4. m. r. dentelles.

TRÈS BEAU MANUSCRIT sur vélin du *XV siecle*, contenant 100 feuillets, dont les marges de presque toutes les pages sont chargées d'arabesques & de feuillages peints en or & en couleurs. Son écriture est en *lettres de forme*, sur 2 colonnes. Ses *tourneures* sont rehaussées d'or. Il est enrichi de 23 superbes miniatures, parmi lesquelles il y en a 16 de plus de 3 pouces en quarré, & 7 qui ont 2 pouces de hauteur, sur 1 pouce 4 lignes de largeur. On trouve sur un feuillet, vers la fin du Volume, deux naissances de la maison d'*Angennes*, savoir : de *Charles*, né à Chastelleraud le dernier d'Octobre 1457, & de *Jeanne*, le 20 Août 1460.

321 Officium Beatæ Mariæ Virginis, cum calendario. in-8. m. r.

CET OFFICE DE LA VIERGE, MANUSCRIT sur vélin, a été exécuté en Italie dans le XV *siecle*, il est enrichi de quelques miniatures & ornements peints. Le Volume contient 209 feuillets.

322 Officium Beatæ Mariæ Virginis, cum calendario. in-8. m. r.

MANUSCRIT sur vélin du XV *siecle*, décoré de quelques miniatures & ornements peints. Il a de très belles *tourneures* rehaussées d'or. Il contient 184 feuillets.

323 Officium Beatæ Mariæ Virginis, cum calendario. in-8. m. r.

CE MANUSCRIT sur vélin du XV *siecle*, écrit en *lettres de forme*, à longues lignes, contient 112 feuillets. Il est enrichi de 51 jolies miniatures, dont les plus grandes ont 5 pouces & demi de hauteur, sur environ 4 pouces de largeur.

324 Officium Beatæ Mariæ Virginis, cum calendario. in-4. m. r. dentelles.

CETTE PAIRE D'HEURES, MANUSCRITE sur vélin, est, sans contredit, une des plus belles & des plus achevées que l'on puisse trouver. Au rare mérite de sa parfaite exécution, elle réunit encore celui d'avoir été faite par ordre de *François I*, Roi de France, & d'être décorée dans toutes ses pages de l'*emblême* & du *chiffre* de ce Monarque.

Ce

THEOLOGIE.

Ce MS. d'un prix inestimable, est écrit en *lettres rondes*, sur un vélin très blanc, & contient 100 feuillets, faisant 200 pages au long desquelles regne un cordon d'or. Elles sont parsemées de la lettre F, couronnée, peinte, tantôt en or, tantôt en bleu, en rouge & en pourpre. Il y en a plusieurs qui offrent les armes de France, & la *Salamandre* couchée sur des flammes, ayant la tête couronnée. Selon quelques-uns, *François I* avoit pris cette devise pour marquer sa vertu & son courage à supporter la bonne & la mauvaise fortune. Il l'accompagna de cette ame : *Nutrisco & extinguo*.

Ce MS. est décoré de très belles capitales, de guirlandes superbes de fleurs, de culs-de-lampe, & de 12 bordures, ornées d'oiseaux, d'insectes, de fleurs, & de lames d'or très brillant.

Il est impossible de donner une idée satisfaisante de la beauté & de la richesse de 12 peintures admirables qui enrichissent autant de pages de 8 pouces & demi de hauteur, sur environ 6 pouces de largeur. Elles sont au dessus de toute expression. Mais il n'y en a qu'une seule qui soit du temps de *François I*. Un Seigneur dont on voit les armes peintes sur le second feuillet, a fait exécuter les autres, dans le siecle dernier, avec une magnificence peu commune. Les tableaux & les ornements dont il a enrichi ce précieux MS. se distinguent par une composition savante & gracieuse, un dessin correct, une touche précieuse & un coloris agréable. Ils représentent les sujets suivants :

1. Un cartouche entouré de guirlandes, au milieu duquel est peint en lettres capitales d'or & bleues: *Officium Beatæ Mariæ Virginis*.
2. Des armes écartelées au 1 & 4 d'or, à 3 branches de... de sinople, posées 2 & 1. au 2 & 3 d'azur, à 3 pigeons d'or 2 & 1, au chef d'or, chargé d'un lion issant de gueules.
3. S. Nicolas avec les trois enfants, peint dans un cartouche

Tome I. R

très riche. Ce tableau est suivi d'une priere adressée à ce Saint, écrite par le célebre Jarry. Cet Ecrivain n'y a point mis son nom ; mais les belles proportions des caracteres décélent la main de cet habile Artiste.

4. L'Annonciation de la Vierge. (Cette miniature, moins belle que les autres, est du temps de *François I.*)
5. L'Adoration de la Vierge & de Joseph dans l'étable.
6. Le *Gloria in excelsis*.
7. L'Adoration des Mages.
8. La Préfentation au Temple.
9. La Fuite en Egypte.
10. L'Assomption de la Vierge.
11. Le Miracle de la résurrection du Lazare.
12. David Pénitent.
13. La Trinité.
14. St. Louis, guérissant les écrouelles.

325 Beatæ Mariæ Virginis officium. *Venetiis, Pasquali*, 1740. in 12 m. viol. dent. doubl. de tab.

Ce livre est gravé & orné de très jolies figures.

326 L'Office de la Vierge, accompagné de prieres & instructions chrétiennes. in-16. m. r. fig.

327 L'Office de la Sainte Vierge, pour tous les jours de la Semaine. *Paris, de l'Imprimerie Royale*, 1757. 2 vol. in-12 m. viol. doubl. de tabis

328 Prieres qui se disent au salut de la Chapelle du Roi, *Paris*, 1756. in-16 m. r.

329 L'Office du Saint Esprit, en latin, in-12. m r. dent. doublé de m. bleu.

MANUSCRIT sur vélin, en *lettres rondes*, contenant

THÉOLOGIE. 131

18 feuillets. Il est de la main de *L. Gilbert*, qui l'écrivit en 1709. Toutes ses pages sont entourées d'un filet d'or.

330 L'Office des Chevaliers de l'Ordre du Saint Esprit. *Paris de l'Imprimerie Royale*, 1703. in. 12. m. viol.

IMPRIMÉ SUR VÉLIN.

331 Officium cum missa S^{tæ} Syndonis Sudarium Christi vulgariter nuncupatæ, per sacræ Theologiæ professorem fratrum ordinis prædicatorum illust. Principis Caroli secundi Ducis sabaudiæ novi confessorem editum. *Impressum Gebennis*. in-8. goth. v. m.

332 Piæ animæ christianæ exercitia. in-16. m. n.

SUPERBE MANUSCRIT sur vélin du *XVII siecle*, contenant 77 feuillets. Il est écrit en *caracteres ronds*, tracés avec beaucoup de précision & de netteté. Son titre est en or. Il est enrichi de 3 miniatures, dont l'exécution ne laisse rien à désirer du côté de l'expression & du coloris. Elles ont 3 pouces de haut, sur 2 pouces de large, & elles représentent :
1°. Jésus-Christ dans le Jardin des olives.
2°. La Fable de l'enfant qui s'efforce de verser toute l'eau de la mer dans un creux, en présence de St. Augustin, lequel se promenant sur le rivage de la mer, cherchoit à pénétrer le mystere de la Ste Trinité.
3°. La Magdeleine pleurant dans le désert.

On a peint sur le premier feuillet les armes de Godefroy, Maurice de la Tour d'Auvergne, Duc de Bouillon, & celles de Marie-Anne Mancini, niece du Cardinal Mazarin, que ce Seigneur épousa en 1662.

Celles de *Maurice de la Tour* sont écartelées au 1 & 4

de *la Tour*, au 2 de *Boulogne*, au 3 de *Turenne*, & fur le tout d'*Auvergne*, parti d'*Autriche*; celles de *Marie-Anne Mancini* font écartelées au 1 & 4 de *Mazarini*, au 2 & 3 de *Mancini*.

M. le *Duc de la Valliere* acquit ce beau Livre en 1776, à la vente des Livres de M. le *Duc de St. Aignan*, pour la fomme de 225 liv.

333 Prieres Ecclésiaftiques, pour aider le Chrétien à bien entendre le fervice de la Paroiffe, aux Dimanches & aux Fêtes principales. Par M. Jacques Benigne Boffuet. *Paris*, veuve de Sébaftien Mabre Cramofy, 1689. in-12. m. r. l. r.

334 Recueil de Prieres & de Pratiques très utiles pour fe conduire à Dieu dans tous les exercices de la vie chrétienne. (*Paris, de l'Imprimerie Royale*.) 1735. 2 vol. in-4. m. viol.

335 Prieres du Matin & du Soir pour tous les jours de la femaine, *Paris, par les foins de Cl. Rigaud, Directeur de l'Imprimerie Royale*, 1714. in-8. m. r. l. r.

336 Septem pfalmi pœnitentiales, cum litaniis & non nullis orationibus. *Antverpiæ, ex Officiná Plantinianá apud Viduam & Joannem Moretum*, 1591. in-12. m. r.

IMPRIMÉ SUR VÉLIN.

THÉOLOGIE.

CONCILES.

Traités de la Célébration des Conciles, de leur autorité, &c.

337 De Conciliis Sinodia Ugonia Episcopi Phamauguſtani (Mathiæ Ugonii.) omnibus, quæ ad concilia ritè ac legitimè celebranda pertinent, ſcire volentibus, opus ſanè perquam neceſſarium. *Venetiis*, 1565. in-fol. m. bl.

Canons des Apôtres.

338 Canones apoſtolorum. Veterum conciliorum conſtitutiones, decreta pontificum antiquiora. De primatu romanæ eccleſiæ. Ex recenſione Joannis Vuendelſtini. *Impreſſum Moguntiæ, in ædibus Joannis Schoeffer. Anno domini,* 1525. *menſe Aprili.*

En rapportant le commencement de la Dédicace qui eſt à la tête de cet Ouvrage, nous croyons indiquer un paſſage curieux aux Savants qui travaillent à l'Hiſtoire de l'Imprimerie :

Cum nuper Moguntiæ, domine Reverendiſſ. chalcographo illi, cujus majores præclaræ illius artis impreſſoriæ inventores fuere, tradidiſſem, ut ederetur, exemplar concilii Triburienſis &c.

339 Pandectæ canonum SS. apoſtolorum, & conciliorum ab eccleſiâ græcâ receptorum ; græcè & latinè. ex recenſione & cum annotationibus

Guillelmi Beveregi. *Oxonii, è Theatro Sheldoniano*, 1672. 2 vol. in-fol. G. P. v. b.

Collections de Conciles.

340 Decreta & Concilia generalia à temporibus Apostolorum usque ad concessum Basiliensem celebrata, in unum collecta. (ab Isidoro hispal.) studio Jacobi Merlini. *Parisiis, Joannes Cornicularius, expensis Galioti à Prato*, 1524. 2 vol. in-fol. m. r.
IMPRIMÉ SUR VÉLIN.

Conciles Généraux & Particuliers, Synodes, &c.

341 Acta & Decreta generalis Concilii Constantiensis. (ex edit. Hier. de Croaria.) *Impressa in imperiali oppido Hagenow, per Henricum Gran, expensis Joh. Rynman*, 1500. in-4. goth. m. r.

342 Fasciculus rerum expetendarum & fugiendarum, prout ab Orthuino Gratio editus est. In Concilii tunc indicendi Usum & Admonitionem; (Concilium Basiliense.) ab innumeris mendis repurgatus & auctus : studio Edwardi Brown. *Londini, Chiswell*, 1690. 2 vol. in-fol. G. P. m. b.

343 Pii Papæ II Bulla Retractationum omnium dudùm per eum in minoribus adhuc agentem pro Concilio Basiliensi, & contra Eugenium, summum Pontificem scriptorum. (*Coloniæ, per*

THÉOLOGIE.

Odelricum Zel de Hanau circa 1468.) in-4. goth. m. r.

Æneas Silvius avoit assisté au Concile de Basle, & composé des Ouvrages pour la défense de ce Concile contre le Pape Eugene; mais étant élevé au Pontificat le 27 d'Août, & selon Sponde le 19 d'Août 1458, sous le nom de Pie II, il vérifia le proverbe qui dit: *Honores mutant mores*, & changea de sentiment. Il publia cette Bulle, & il l'adressa au Recteur & à l'Université de Cologne; elle est datée du 6 des Calendes de Mai (26 Avril) 1463; il y retracte ce qu'il avoit autrefois écrit en faveur du Concile de Basle, & prie qu'on condamne Æneas Silvius, pour suivre les sentiments de Pie II.

Il est à présumer que cette Bulle a été imprimée peu de temps après sa publication.

344 Nicolai de Clemangis, de lapsu & reparatione justitiæ Libellus. Ejusdem disputatio super materia Concilii generalis. Item, libellus Apostolorum nationis Gallicanæ, cum constitutione sacri Concilii Basiliensis, & arresto curiæ Parlamenti, super Annatis non solvendis. 1519. in-4. m. bl.

Cet Ouvrage paroît avoir été imprimé avec les mêmes caracteres que les dialogues de Wiclef.

345 Generale Concilium Tridentinum, continens omnia quæ ab initio usque ad finem in eo gesta sunt. *Venetiis, ad Signum Spei.* 1552. in-4. v. b.

346 Universum sacrosanctum Concilium Triden-

tinum, nunc recens, multò quàm anteà limatius, emendatiusque in lucem prodit *Brixiæ, Bozola,* 1563. in-4. m. r.

347 Canones & decreta Sacrosancti Œcumenici, & generalis Concilii Tridentini. *Romæ, apud Paulum Manutium,* 1564. in-fol. v. f.

Edition originale du Concile de Trente, qui est authentiquée & revêtue de toutes les formes, par les attestations & les propres signatures manuscrites du Secrétaire & des deux Greffiers de ce Concile. Ce qui rend cette Edition si estimée & si recherchée, c'est parcequ'elle est aussi précieuse que le manuscrit original de ce célebre Concile, sur lequel ces Exemplaires ont été très exactement collationnés.

Les Savants sont partagés sur le nombre des Exemplaires de cette Edition originale du Concile de Trente, qui ont été authentiqués par les souscriptions manuscrites du Secrétaire & des deux Greffiers de ce Concile. Les uns prétendent que le Pape Pie IV en fit parapher 24 Exemplaires. D'autres assurent qu'il n'y en a que 12, ce qui les rend très rares.

Cette Edition est en effet si rare, qu'on ne la trouve pas dans le Catalogue des Livres des Bibliotheques de Mrs. de Boze, de Rothelin, de Selle, de Gaignat, &c. si riches en Livres de la plus grande rareté. Tous les Bibliographes qui ont traité des Livres rares, ne font aucune mention de cette Edition, que les Anglois achetent à un prix excessif.

Cette note est tirée du Catalogue raisonné des principaux Manuscrits du Cabinet de M. Jos. L. Dom. de Cambis. *Avignon,* Chambeau, 1770, in-4.

348 Canones & Decreta sacrosancti œcumenici & generalis Concilii Tridentini. *Virduni, N. Bacnetius,* 1564. in-4. m. r. l. r.

THÉOLOGIE.

349 Canones & Decreta sacrosancti œcumenici & generalis Concilii Tridentini, sub Paulo III, Julio III, Pio IIII. Pontif. Max. cum Pii IV. Pont. Max. confirmatione. *Antverpiæ, Gulielmus Silvius*, 1564. in-8. m. noir.

350 Sacrosancti & œcumenici Concilii Tridentini Canones & Decreta. *Antverpiæ, ex officinâ Plantinianâ*, 1640. in-12. m. r. l. r.

351 Decreta publicata in sessione nonâ & ultimâ sacri Concilii Tridentini, sub Pio IV. Pontifice Maximo. *Lyon, Pierre Meraut*, 1564. in-8. m. r.

352 Remarques & observations importantes sur plusieurs points de la discipline ecclésiastique, répandues dans différentes sessions du Concile de Trente, avec les passages des Peres, des Conciles & des Canonistes sur ces matieres; le tout recueilli des conférences de MM. D. L. M. P. B. P. C. in-fol. v. f.

MANUSCRIT sur papier du *XVIII siecle*, proprement écrit, contenant 380 feuillets.

353 Le Catéchisme du Concile de Trente. traduction nouvelle. *Paris, Guillaume Desprez*, 1678. in 12. m. r. doub. de m. l. r.

354 Collectio orationum ad Patres Concilii Tridentini habitarum typis originalibus coevis & gentilibus primum excusarum, annis 1562 & 1563. cum indice orationum aliorumque tracta-

Tome I. S

THÉOLOGIE.

tuum hoc volumine contentorum. *Parisiis*, multâ curâ, studio, sumptuque comparata. in-4. m. r.

355 Les Actes du Concile de Trente: avec le remede contre la poison, par Jean Calvin. (*Geneve*,) *à l'Enseigne de l'Epée*, 1548. in 8. m. r.

356 Concilium non modò Tridentinum, sed omne Papisticum, perpetuò fugiendum esse omnibus piis. Authore Petro-Paulo Vergerio, 1553. in-4. m. r.

357 Decreto fatto in Trento d'intorno alla communione. per Pietro Paulo Vergerio. *Di Tubinga*, *il primo di Settembre*, nel 1562. in 8. m. cit.

358 Conseil sur le fait du Concile de Trente, par Charles du Moulin. *Lyon*, 1564. in 8. v. f.

359 Avertissement sur le fait du Concile de Trente. 1567. in 8. v. f.

360 Le Bureau du Concile de Trente: auquel est montré qu'en plusieurs points icelui concile est contraire aux anciens conciles & canons, par Innocent Gentillet. (*Geneve*,) par Den. Preud'homme, 1586. in 8. v. f.

361 Sei dialogi. ne quali diffusamente si ragiona del Concilio di Trento. in-8. basane.

362 Opus Caroli Magni Regis Francorum, contra synodum, quæ in partibus Græciæ, pro adorandis imaginibus stolidè sive arroganter gesta est. 1549. in-16. m. r.

THÉOLOGIE.

363 Statua curiæ sedis episcopalis Eduensis. authore Joanne Blondel. *Lugduni, sumptibus hæredum Sim. Vincentii, Ant. Blanchardus,* 1534. in 8. goth. m. r.

SAINTS PERES.

Collections & extraits des Saints Peres, des Ecrivains, & des Monuments Ecclésiastiques.

364 Sanctorum Patrum qui temporibus apostolicis floruerunt, Barnabæ, Clementis, Hermiæ, Ignatii, Polycarpi opera, vera & supposititia. græcè & latinè, studio Joan. Bapt. Cotelerii. accesserunt, in hac novâ editione, notæ integræ virorum doctorum, ex recensione Joan. Clerici. *Amstelodami, R. & G. Wetstenii.* 1724. 2 vol. in fol. v. f.

365 SS. Patrum apostolicorum Barnabæ, Hermæ, Clementis, Ignatii, Polycarpi, opera genuina; accesserunt S. Ignatii epistolæ, tum interpolatæ, tum supposititiæ. græcè & latinè. curâ Richardi Russel. *Londini, Gulielmus Russel,* 1746. 2 vol. in 8. G. P. v. b.

366 Spicilegium SS. patrum, ut & hæreticorum, sæculi post Christum natum I. II. & III. quorum vel integra monumenta, vel fragmenta, partim ex aliorum Patrum libris jam impressis, collegit, partim ex MSS. nunc primum edidit cum præfatione & notis Joannes Ernestus Grabius. *Oxoniæ, è Theat. Sheld.* 1698, 2 vol. in 8. G. P. v. f.

Tome I. S 2

THÉOLOGIE.

366* Tractatus diversi. (*Augustæ Vindelicorum, Zainer de Reutlingen.*) in fol. goth. m. viol.

Ce Volume, imprimé vers 1470, contient :

1 *Beati Hieronymi liber de viris illustribus.*
2 *Beati Hieronymi de essentiâ divinitatis liber.*
3 *Summa edita à fratre Thomâ de Aquino de articulis fidei & ecclesiæ sacramentis.*
4 *Aurelii Augustini liber de animæ quantitate.*
5 *Aurelii Augustini soliloquiorum libri duo.*
6 *Speculum peccatoris.*
7 *Libellus consolatorius ad instructionem devotorum; appellatus de Imitatione Christi, libri IV. (Auth. Thomâ à Kempis.)*

A la fin de ce Traité il y a cette souscription :

Viri egregij Thome montis sanctæ Agnetis in Traiecto regularis canonici libri de xpi imitatiõe numero quatuor finiunt feliciter. per Gentheum zainer ex reutlingen pgenitũ literis impssi ahenis.

8 *Errores Judæorum extracti ex Talmut.*
9 *Probationes Novi Testamenti ex Veteri Testamento.*
10 *Processus judicarius sive litigatio Manscaron contra genus humanum.*
11 *Liber de arte moriendi.*
12 *Donatus arte grammaticus homini in sui ipsius cognitionem per allegoriam traductus.*

Ces différents Traités, imprimés à longues lignes, au nombre de 35 sur les pages qui sont entieres, n'ont ni chiffres ni réclames, ni signatures, & sont tous sortis des presses de *Ginther Zainer de Reutlingen*, dont on connoît plusieurs Editions exécutées à *Augsbourg*, datées depuis 1468 jusqu'en 1473. On le croit mort en 1475 ou 1478.

THÉOLOGIE.

367 S. Bernardi opuscula & aliorum. in-4. rel. en cart. avec dos de veau.

BEAU MANUSCRIT d'Italie du *XV siecle*, sur vélin, contenant 204 feuillets. Il est élégamment écrit en *lettres rondes*, à longues lignes, & il est enrichi d'ornements, peints en or & en couleurs sur le recto du second feuillet. Il est daté du mois de Novembre & de Décembre 1484.

Ce MS. contient :

1. *S. Bernardi ad Eugenium Papam de consideratione lib. V.*
2. *Tractatus (metricè) contentionis anime et corporis defuncti.*
3. *Informatio deuota et utilis religioforum.*
4. *De memoria mortis.*
5. *Exempla ad quemdam discipulum suum que dicitur formula honeste uite.*
6. *Oratio dominica deuota (metricè.)*
7. *Oratio ad vultum sanctum (metricè.)*
8. *Salutationes deuota V beate Virginis (metricè.)*
9. *Orationes II ad beatam Virginem.*
10. *Bonifacii octaui Pape, Johannis Pape tertii, Johannis Pape vigesimi secundi, orationes.*
11. *Auditorium monachale.*
12. *Hugo de follieto de clauftro anime.*
13. *S. Cypriani martiris opufculum de aleatoribus et de primo inuentore et auctore eorum.*
14. *(S. Bernardi) De contemptu mundi versus et vitiis nafcentibus in mundo.*
15. *Postilla super euangelium Johannis fratris Antonini.*
16. *Tabula brevis super 4 libros fententiarum.*
17. *Excerpta exempla pulcherrima ex diuersis libris.*
18. *De situ orbis.*

368 Sentences & instructions chrétiennes, tirées

des anciens Peres de l'Eglise. en latin & en françois. Par le sieur de Laval. *Paris, Pierre le Petit*, 1680. 2 vol. in 12. m. r. doub. de m. l. r.

369 Jacobi Sirmondi opera varia. accedunt S. Theodori Studitæ Epistolæ, aliaque scripta dogmatica, nunquàm anteà græcè vulgata, pleraque Sirmondo interprete. (ex recensione Jacobi de la Baune) *Parisiis, è Typographiâ Regiâ*, 1696. 5 vol. in-fol. v. m. G. P.

370 Spicilegium, sive collectio veterum aliquot Scriptorum, qui in Galliæ bibliothecis delituerant: olim editum operâ ac studio D. Lucæ d'Achery. nova editio priori accuratior, varias lectiones Stephanus Baluze, ac Edmundus Martene collegerunt, expurgata per Lud. Franc. Joseph. de la Barre. *Parisiis, Montalant*, 1723. 3 vol. in-fol. v. éc. G. P.

371 Vetera analecta, sive collectio veterum aliquot operum & opusculorum omnis generis, carminum, epistolarum, &c. (authore Joan. Mabillon, curâ Lodov. de la Barre.) *Parisiis, Montalant*, 1723. in-fol. v. b. G. P.

Ouvrages des Saints Peres Grecs.

372 Philonis Judæi opera quæ reperiri potuerunt omnia. græcè & latinè notis & observationibus illustravit Thomas Mangey. *Londini, Guill. Innys*, 1742. 2 vol. in-fol. m. r. dent. G. P.

THÉOLOGIE. 143

373. S. Clementis Romani ad Corinthios Epistolæ duæ, expressæ ad fidem MS^{ti} cod. Alexandrini collati cum editione Junii à Millio & Grabio: cum notis Junii, Cotelerii, & Joan. Boisii, græcè & latinè. ex recensione Henrici Wotton. *Cantabrigiæ, Typis Academicis, Corn. Crownfield,* 1718. in 8. v. b. G. P.

374. Clementis Alexandrini opera quæ extant, græcè & latinè. recognita & illustrata per Joannem Potterum. *Oxonii, è Theatro Sheldoniano,* 1715. 2 vol. in fol. v. f. G. P.

375. Sancti Irenæi, Episcopi Lugdunensis & martyris, contra hæreses libri V. græcè & latinè. Studio & labore Domni Renati Massuet. *Parisiis, Jo. Bapt. Coignard,* 1710. in-fol. v. f. très G. P.

376. Sancti Irenæi, Episcopi Lugdunensis & martyris opera omnia, græcè & latinè, studio & operâ Domni Renati Massuet. Accedunt in hâc novâ editione ejusdem S. Irenæi fragmenta à Pfaffio inventa. *Venetiis, Franciscus Pitterius,* 1734. 2 vol. in fol. v. m. G. P.

377. Origenis opera omnia quæ græcè vel latinè extant & ejus nomine circumferuntur, ex variis editionibus, & codicibus, collecta, recensita, latinè versa, atque annotationibus illustrata, operâ & studio Domni Caroli Delarue, (& Dom. Vincentii Delarue) *Parisiis, Jacobus Vincent,* 1733, 4 vol. in fol. v. f. G. P.

378 Origenis Adamantii opera omnia, è græco in latinum translata. ex recensione Jacobi Merlini. *Parisiis, in ædibus Joannis Parvi : & Jodoci Badii Ascensii*, 1512. 4 vol. in-fol. m. r.

IMPRIMÉ SUR VÉLIN.

379 Origenis contra Celsum in fidæi christianæ defensionem, libri octo, è græco in latinum translati per Christophorum Personam, priorem Sanctæ Balbinæ. *Romæ, Georgius Herolt de Bamberga*, 1481. *mense januario*. in-fol. m. r.

380 Eusebii Pamphili Cæsareæ Palæstinæ episcopi præparatio ac demonstratio evangelica. græcè & latinè, ex recensione & cum notis Francisci Vigeri. *Parisiis, Michael Sonnius*, 1628. 2 vol in-fol. v. f. G. P.

381 Eusebii Pamphili de evangelicâ præparatione libri XIV à Georgio Trapezuntio traducti Jussu Papæ Nicolai V. in-fol. rel. en cart. dos de veau d. f. tr.

TRÈS BEAU MANUSCRIT sur vélin exécuté en Italie, l'an 1461, contenant 154 feuillets. Il est écrit en *lettres rondes*, à longues lignes, & enrichi de belles capitales élégamment peintes en or & en couleurs. Plusieurs de ses pages sont décorées d'ornements.

382 Sancti Athanasii opera omnia quæ extant, græcè & latinè, operâ & studio Monachorum ordinis sancti Benedicti. (D. Coppin, D. Pouget &

& D. Bernardi de Montfaucon). *Parisiis, Joannes Anisson*, 1698. 3 vol. in-fol. v. m. G. P.

383 Sancti Ephraem Syri opera omnia, græcè, syriacè, & latinè. (ex recognitione Angeli Mariæ cardinalis Quirini ; cùm præfationibus Josephi Simonis Assemanni) : syriacum textum recensuit Petrus Benedictus. *Romæ, Salvioni,* 1732. 6 vol. in-fol. v. m.

384 Sancti Ephraem diaconi sermones, translati per venerabilem patrem Ambrosium Camaldulensem. *Florentiæ, per Antonium Bartholomæi Mischomini*, 1481 augusti, XXIII. in fol. m. r.

385 Sancti Basilii Magni opera omnia, græcè & latinè ; opera Domni Juliani Garnier (& D. Prud. Maran.) *Parisiis, Jo. Bapt. Coignard*, 1721. 3 vol. in-fol. v. f. très G. P.

386 Opera quædam beati Basilii Cæsariensis episcopi : scilicet tractatus Ethicorum; regula de virginitate, contra Eunomium; item, sermones & epistolæ nonnullæ insertæ in regulâ, nunc primùm græcè edita. *Venetiis, per Stephanum de Sabio, sumptu Damiani de Sanctâ Mariâ,* 1535. in fol. m. r.

387 È Magno Basilio : Leonardi Aretini traductio. = è Xenophonte. Leonardi Aretini traductio de Tyrannide. in-4. v. f.

Edition faite à Rome par George Laver. Elle est sans date.

Tome I. T

sans nom de Ville, & ses pages sont à longues lignes. Celles qui sont entieres en ont 25. on lit à la fin du second traité :

Ingenuos mores formis hic p̃ſſit Georgiusq̃
Et ſtudia ingenuis concelebranda uiris.
Baſilius magnus : xenophõ hieroq̃ tyrannus
Hic fantur : mira quilibet arte loquens :

Au verso de cette souscription il y a le Regiſtre.

388 Sancti Basilii de liberalibus studiis & ingenuis moribus liber, per Leonardum Aretinum, ex græco in latinum conversus. *Impreſſ. circà annum* 1480. in-4. v. f.

389 Sancti Cyrilli Archiepiscopi Hierosolymitani opera quæ extant omnia, & ejus nomine circumferuntur, ad Manuscriptos codices necnon ad superiores editiones castigata, dissertationibus & notis illustrata, & cum novâ interpretatione. curâ et studio Domni Antonii Augustini Touttée, (& D. Prud. Maran.) *Pariſiis, Jacobus Vincent.* 1720. in-fol. v. m. G. P.

390 Sancti Cyrilli archiepiscopi Hierosolymitani opera quæ extant omnia, græcè & latinè. curâ & studio domini Antonii Augustini Touttée, (& D. Prud. Maran). *Pariſiis Jacobus Vincent,* 1720. in-fol. v. f. très G. P.

391 Speculum sapientiæ Beati Cyrilli Episcopi, alias quadripartitus apologeticus vocatus. in-fol. goth. v. m.

EDITION sans date, sans signatures, &c. à longues lignes. Ses pages qui sont entieres en ont 34.

THÉOLOGIE.

392 Sancti Gregorii Nazianzeni opera, græcè, Jacobo Billio Prunæo interprete. ex recensione Federici Morelli. *Lutetiæ Parisiorum, Claudius Morellus,* 1609. in-fol. v. f. l. r. G. P.

393 Gregorii Nazanzeni orationes lectissimæ XVI. græcè, cum præfatione Marci Musuri. *Venetiis, in Ædibus Aldi, & Andreæ soceri, mense aprili,* 1516. in-8. m. bl.

394 Sancti Gregorii episcopi Nysseni opera, græcè, Petro Francisco Zino interprete, cum præfatione Claudii Morelli. *Parisiis, Ægidius Morellus,* 1638. 3 vol. in-fol. v. f. G. P.

395 Sancti Epiphanii opera omnia, græcè & latinè. Dionysius Petavius recensuit, latinè vertit & animadversionibus illustravit. *Parisiis, Michael Sonnius,* 1622. 2 vol. in-fol. v. f. l. r. G. P.

396 S. Epiphanii liber ad Physiologum, de uniuscujusque generis ferarum ac volucrum naturâ, & sermo in die festo palmarum, gr. & lat. ex interpretatione & cum scholiis Consali Ponce de Leon. *Antverpiæ, Christ. Plantinus,* 1588. in-8. fig. m. r.

397 Sancti Joannis Chrysostomi archiepiscopi Constantinopolitani opera omnia, græcè & latinè. operâ & studio D. Bernardi de Montfaucon. *Parisiis, Ludovicus Guerin,* 1718. 13 vol. in-fol. v. f. très G. P.

398 Homeliæ Beati Joannis Chryfoftomi fuper evangelio Joannis, è græco in latinum tranflatæ per Francifcum Aretinum. *Romæ, in fancti Eufebii monafterio*, 1470. in-fol. m. r.

Premiere Edition.

399 Sermones beati Johannis Chryfoftomi quinque & viginti, per Chriftophorum Perfonam priorem fanctæ Balbinæ è græco in latinum traducti. (*Romæ, in fancti Eufebii Monafterio*), *circa annum* 1470. in-fol. m. r.

Premiere Édition.

Ce Volume eft fans date, fans nom de Ville, &c. Les caracteres en font abfolument femblables à ceux qui ont fervi à l'Edition précédente des *Homeliæ S. Chryfoftomi. Romæ*, 1470.

On trouve à la tête de cet Ouvrage 9 feuillets qui contiennent la Dédicace & la Table. Le Texte fuit ; il finit par cette ligne :

& *letitia afficeris. Explicit Epiftola Crifoftimi.*

400 Sancti Johannis Chryfoftomi fermones in juftum & beatum Job, de patientia, è græco in latinum tranflati per Lilium Tifernatem. (*impreffi per Olricum Zel de Hanau clericum diœcefis Moguntinenfis*) *circa*, 1468. in-4. m. r. goth.

Edition à longues lignes. Les pages qui font entieres en ont 27. On voit par un paffage du Prologue adreffé par le Traducteur au Pape Nicolas V, que cette Traduction a été faite vers 1449. *cū in meas nup vēiſſent man9 (ſermones) et debito meo cōuenire viſi ſunt. atq3 ipī etiā tpī cōgruere. quo iubileo appropinqñte. &c.*

Le Volume commence ainsi :

Sāctiſſimo et Clemētiſſimo dño. dño Nicolao diuiā puidētia pape quīto &c.

Les Sermons suivent, & au verso du dernier feuillet il y a cette souscription :

Expliciūt ſermoës Sancti Joh. Criſoſtomi Jn iuſtū et beatū Job de pacīa.

On trouve à la tête du Volume la note suivante, de la main de M. l'Abbé Rive :

Hi ſermones Coloniæ per Olricum Zel Clericum diæceſis moguntinenſis fuerunt impreſſi, minime vero Moguntiæ per Jo. Fuſt. et Petr. ſchoyffer uti hic legitur. Id conſtat ex collatione typorum hujus libri cum typis tractatus ſti Auguſtini de vitâ chriſtianâ, et cum chartâ utriuſque editionis refert utraque charta caput vitulinum ejuſdem formæ....

401 Sancti Isidori Pelusiotæ de interpretatione divinæ scripturæ epistolarum libri V. græcè, cum interpretationibus & notis Jacobi Billii Prunæi, Cunradi Rittershusii, & Andreæ Schotti. *Pariſiis, Ægidius Morellus*, 1638. in-fol. v. f. G. P.

402 Sancti Cyrilli Alexandriæ archiepiscopi opera græcè & latinè. curâ & studio Joannis Auberti. *Lutetiæ, Typis Regiis*, 1638, 7 vol. in-fol. v. f. G. P.

403 Beati Theodoreti Episcopi Cyri opera omnia græcè & latinè. curâ & studio Jacobi Sirmondi. (tomus V. in lucem editus curâ & studio Joannis Garnerii, opus posthumum). *Lutetiæ Pari-*

siorum, *Sebastianus Cramoisy*, 1642. 5 vol. in-fol. v. m. G. P.

404 Sancti Joannis Scholastici qui vulgò Climacus appellatur opera omnia, græcè. interprete Matthæo Radero. *Lutetiæ Parisiorum, Sebastianus Cramoisy*, 1633. in-fol. v. f.

405 S. Joannis Clymachi opera quædam. in-4. rel. en cart. dos de veau. d. f. tr.

BEAU MANUSCRIT d'Italie du *XV siecle*, sur vélin, contenant 136 feuillets. Il est écrit en *lettres rondes*, à longues lignes, & enrichi de capitales peintes en or & en couleurs.

Ce MS. contient:

1°. *S. joannis clymachi scholastici schala sive spiritualis gradatio ad perfectionem, ambrosio camaldulensi interprete, cum vita ejusdem joannis a daniele monacho scripta* — 2°. *ejusdem ad pastorem liber incipit, in quo agitur qualis esse debeat rationalium ovium pastor* — 3°. *commendatio precedentis operis a jo. abbate raithensis cœnobii scripta, in qua totum fere opus brevissime ac mystice exponitur laudaturque scriptor eximie.*

406 Sancti Joannis Damasceni opera omnia quæ extant, græcè & latinè. operâ & studio P. Michaelis Lequien. *Parisiis, Joan. Bapt. Delespine*, 1712. 2 vol. in-fol. v. b. G. P.

Ouvrages des Saints Peres Latins.

407 S. Cipriani episcopi Cartaginensis & martiris opera cum ejus vita, à Pontio diacono africano

THÉOLOGIE. 151

scripta. in-fol. rel. en cart. dos de veau d. s. t.

TRÈS BEAU MANUSCRIT d'Italie du *XV siecle*, sur vélin, contenant 216 feuillets. Il est écrit en *lettres rondes*, à longues lignes, & enrichi d'ornements, peints sur la premiere page du corps.

408 Sancti Cæcili Cypriani episcopi & martyris opera. ad MSS. codices recognita & illustrata studio ac labore Stephani Baluzii, (absoluta post Steph. Baluzium curâ D. Prudentis Maran). *Parisiis, ex Typographia Regia*, 1726. in-fol. v. m. G. P.

409 Sancti Cypriani epistolæ. ex recensione Joannis Andreæ Episcopi Alerienfis. *Romæ, Conradus Sweynheym & Arnoldus Pannartz, in domo Petri & Francisci de Maximis*, 1471. in-fol. m. r.

On trouve à la tête du Volume trois feuillets qui contiennent une épître de Jean André, Evêque d'Alérie, à Paul II, & la table des Epîtres de S Cyprien. Le texte suit, & on lit à la fin les 8 vers:

Aspicis illustris lector quicumque libellos, &c.
M. CCCC. LXXI.

410 Sancti Cypriani Epistolæ. *Venetiis, apud Vindelinum Spirensem*, 1471. in-fol. m. r.

Comme cette Edition a paru la même année que la précédente, on ignore laquelle des deux est la premiere.

411 Sancti Cypriani Epistolæ. in-fol. m. r.

EDITION très ancienne, sans date, sans nom de Ville ni d'Imprimeur, imprimée à longues lignes, avec des signatures au bas des pages ; le caractere a beaucoup de reſſemblance avec celui des Offices de Cicéron, imprimés à Mayence en 1465. Il y a cependant de la différence dans quelques-unes des lettres majuſcules.

Le Volume commence par la Table des matieres.

Tabula materiarum epiſtolarum beati cipriani martiris ſcdm ordinem alphabeti. Jncipit feliciter.

Cette Table contient 18 feuillets qui ont les ſignatures a & b.

Suit un 19ᵉ feuillet qui n'eſt imprimé que dans le bas du verſo. Ce qu'il contient porte ce titre :

Ex libro beati iheronimi de viris illuſtribus de beato cipriano.

Les Epîtres de St. Cyprien commencent au feuillet ſuivant, où il y a la ſignature a i, juſques, & compris la ſignature r.

On trouve à la ſuite une partie qui comprend les ſignatures A—D. dont voici l'intitulé :

Jncipit prologus in libros beati Cipriani martiris contra iudeos editos. Quiq̃dem prolog9 eſt epiſtola quedã ad Quirinũ ſcripta.

Au bas du dernier feuillet il y a la ſouſcription ſuivante :

Explicit liber ĩcius cecilij cipriani glorioſi martiris. Archiepiſcopi carthagineſis Oratoris excellentiſſimi ad q̃rinũ. Jn quo libro ſicut et ĩ duobus prioribus fides catholica contra iudeorum perfidiaȝ et gentilium errores ſacrarum ſcripturaruȝ teſtimonijs fortiſſime munitur et corroboratur Deo gratias.

Cet Exemplaire vient de la Bibliotheque des Freres Mineurs Obſervantins de Mayence.

412 Arnobii diſputationum adversùs Gentes libri octo

THÉOLOGIE.

octo, nunc primùm in lucem editi. Studio Fausti Sabæi, bibliothecæ vaticanæ custodis. *Romæ, apud Franc. Priscianensem,* 1542. in-fol. v. b.

413 Lactantii Firmiani opera. *In monasterio Sublacensi,* 1465. in-fol. m. r.

PREMIERE EDITION, très rare, dans laquelle les passages grecs sont imprimés. Cet Ouvrage, ainsi que les Offices de Cicéron, imprimés à Mayence en 1465, sont les deux premiers dans lesquels on a employé des caracteres grecs.

La souscription de ce Livre, très inexactement rapportée par Maittaire & d'autres Bibliographes, est conçue en ces termes :

Lactantii Firmiani de diuinis institutionibus aduersus gentes libri septem. necnõ eiusdeȝ ad Donatũ de ira dei liber unus. unacũ libro de opificio hoĩs ad Demetrianũ finiunt. Sub año dñi. M. CCCC. LXV. Pontificatus Pauli pape. ii. ãno eius secũdo. Indictiõe. xIII. die uero ãnpenultĩa mensis Octobris. In uenerabili monasterio Sublacensi. Deo gratias.

414 Lactantii Firmiani opera. *Romæ, per Conradum Suueynheym & Arnold. Pannarts, in domo Petri de Maximo,* 1468. in-fol. m. r.

SUPERBE EXEMPLAIRE, dont la premiere page du Texte est ornée de fleurs peintes en or & en couleurs.

415 Lactantii Firmiani opera, ex recensione Joannis Andreæ Episcopi Aleriensis. *Romæ, in domo Petri & Fr. de Maximis, Conradus Suueynheym, & Arnoldus Pannartȝ,* 1470. in-fol. v. f.

Tome I   V

Ce Volume commence par 12 feuillets qui contiennent l'Epître dédicatoire de l'Evêque d'Alerie à Paul II, la Table des Chapitres & les *errata d'Antonius Raudenfis*; le Texte fuit, & à la fin il y a les huit vers:

Afpicis illuftris lector &c.

.M. CCCC. LXX.

416 Lactantii opera, cum præfatione Joannis Andreæ, Epifcopi Alerienfis. *Romæ, Conr. Sweynheym & Arn. Pannartz, in domo Pet. & Fr. de Maximis*, 1470. in-fol. m. r.

Le premier feuillet eft encadré.

417 Lactantii Firmiani opera. *Venetiis, per Vindelinum de Spira*, 1472. in-fol. m. r.

On trouve à la tête du Volume 12 feuillets qui contiennent la table des Chapitres & les *Lactantii errata*. Le Texte fuit, & à la fin il y a une foufcription de 12 vers, dont voici le premier & les 2 derniers:

M. CCCC. LXXII.

Arguit hic hominum fectas lactantius omnes &c.
Impreffum formis iuftoq; nitore corufcans.
Hoc Vindelinus condidit artis opus.

Le Volume finit par le *Nephytomon*, qui manque très fouvent.

418 Lactantii opera, cum præfatione Jo. Andreæ Epifc. Alerienfis. ex recenfione Angeli Cnei Sabini Poetæ Laureati. *Romæ, per Udalricum Gallum*, 1474. in-fol. m. r.

On trouve à la tête du Volume 15 feuillets; dont le 14ᵉ eft en blanc; ils contiennent l'Epître de Jean-André,

THÉOLOGIE. 155

Evêque d'Alerie, la Table, les *errata* & l'Epître dédicatoire de Sabinus. Le Texte suit, & à la fin il y a cette souscription :

Presens Lactantii Firmiani preclarū opus : Alma in urbe Romā totius mundi regina & dignissīa imperatrice : que sicut ceteris urbibus dignitate preest : ita ingeniosis uiris est referta : nō attramento plumali calamo neq; stilo ereo : sed artificiosa quadam adinuentione imprimendi seu caracterizandi sic effigiatum ad dei laudem industrieq; est consumatum. per Vdalricū Gallum Alamanū & Symonē Nicolai de Luca. Anno domini. M CCCC LXXIIII. Die uero. XII. mensis Februarii. Pontificatu uero Sixti diuīa prouidentia Pape quarti anno eius tertio.

419 Lactantii Firmiani opera. *Rostockii.* 1476. in-fol. m. r.

IMPRIMÉ SUR VÉLIN.

EDITION très rare. En tête 11 feuillets pour l'*index* des Chapitres, & les *Lactantii errata* ; à la fin, cette souscription :

Firmiani Lactantij viri p̄cellentis ingenij qui vel solus inter xp̄iane p̄fessionis scriptores sup̄eminet nitore quodaz et copia : vel nnllum eor sequitur facundia simul et lenitate sermonū. Diuinar institutionū aduersus gentes. De ira quoq; dei ad Donatum. Necnon et de opificio dei vel formatione hominis ad Demetrianū finiunt libri Per fratres presbiteros et clicos cōgregationis domus viridisorti ad scm̄ Michaelem in opido Rostockceñ p̄tium inferioris Sclauie. p̄ut facultas et industria tulit emendate satis et accurate ɔsummati. Anno incarnationis dominice. Millesimo quadringētesimo septuagesimo sexto. Quinto Idus Aprilis. Deo Gratias.

Le *Nephytomon* ne se trouve pas dans cette Edition.

420 Lactantii Firmiani opera. *Venetiis, Andreas*

de Paltafichis Catarenfis, & *Boninus de Boninis*, 1478. XII martii. in-fol. m. r.

Au commencement 9 feuillets pour la Table des Chapitres, &c. à la fin :

Lactantii Firmiani Ephythomon tractatus finit.
Hoc opus imprſſeerunt Veneciis Magiſter Andreas de paltaſichis catarenſis & Boninus de boninis ſociis : Regnante inclito ac ſereniſſimo principe domino Ioanne mocenigo dei gratia Venetiarum duce.

.M. CCCC. LXXVIII. xii. marcii.

A la suite le *Decaſticon*,

Arguit hic hominum ſectas &c.

Au verso de ce feuillet est le *Regiſtrum cartarum*.

Il y a des Exemplaires de cette Edition, qui, au lieu de *imprſſeerunt*, portent *impreſſerunt*; & où le mot *catarenſis* est supprimé.

421 Lactantii Firmiani opera. *Venetiis, impendio Joannis de Colonia, Joannisque Manthen de Gheretzem*, 1478. 27 auguſti. in-fol. m. r.

422 Lactantii Firmiani opera. *Venetiis, per magiſtrum Theodorum de Ragazonibus de Aſula*. 1390. (1490) in-fol. v. f.

423. L. Cœli Lactantii firmiani de ira dei liber, ejusdem de opificio uel de formatione hominis ad demetrianum liber, ejusdem Nephithomon. in-4. rel. en cart. dos de veau.

BEAU MANUSCRIT d'Italie, sur vélin du *XV siecle*, contenant 70 feuillets. Il est écrit en *lettres rondes*, à longues lignes, & enrichi de belles capitales peintes en or & en

THÉOLOGIE.

couleurs. Les passages grecs n'ont pas été remplis dans ce MS.

424. Lactance Firmian des divines institutions contre les Gentils & Idolâtres, traduit de latin en François, par René Fame. *Paris, Galliot du Pré, & Etienne Roffet,* 1542. in-fol. m. r.

IMPRIMÉ SUR VÉLIN, avec les lettres initiales peintes en or & en couleurs.

425. Sancti Hilarii Pictavorum episcopi opera. studio & labore Monachorum ordinis sancti Benedicti. (D. Petri Coustant.) *Parisiis, Franciscus Muguet,* 1693. in-fol. v. f. très G. P.

426. Sancti Ambrosii Mediolanensis episcopi opera, ad MSS. codices vaticanos, gallicanos, &c. necnon ad editiones veteres emendata, studio & labore monachorum ordinis Sti. Benedicti. (D. Jacobi du Frische, & D. Nicolai le Nourri.) *Parisiis, Jo. Bapt. Coignard,* 1686. 2. vol. in-fol. v. b. très G. P.

427. Sancti Ambrosii episcopi Exameron: id est de sex dierum operibus in principio mundi. in-fol. m. r. goth.

Ce Volume sans date, sans nom de Ville, &c. avec des signatures depuis a—i, est imprimé avec les caracteres de Jean Guldenschaff de Maience, sur 2 colonnes, dont celles qui sont entieres ont 37 lignes. Il a à la tête 3 feuillets de Tables, & il finit ainsi :

Explicit Exameron sci Ambrosij.

428. Sancti Ambrosii officiorum libri tres. = Senecæ moralis philosophi de quatuor virtutibus libellus. in-4. m. r. goth.

429. Sancti Eusebii Hieronymi opera omnia, studio & labore monachorum ordinis sancti Benedicti. (D. Joannis Martianay, & D. Bara.) *Parisiis, Ludovicus Roulland*, 1693. 5 vol. in-fol. v. b. très G. P.

430. Sancti Hieronymi Epistolæ, cum præfationibus Joannis Andreæ episcopi Aleriensis. *Romæ, per Conradum Suueynheym & Arnoldum Pannarts, in domo Petri de Maximo*, 1468. 2 vol. in-fol. m. r.

PREMIERE ÉDITION, ET SUPERBE EXEMPLAIRE, orné de lettres capitales peintes en or & en couleurs.

On trouve à la tête du premier Volume 9 feuillets qui contiennent une Epître dédicatoire de Jean-André, Evêque d'Alerie, au Pape Paul II, la Table des Epîtres du premier Volume, & la vie de St. Jérôme. Le Texte suit, & le Volume finit au recto du dernier feuillet, sans souscription.

Le second Volume commence par une autre Epître Dédicatoire de l'Evêque d'Alerie, à Paul II ; elle est suivie de la Table du second Volume ; le tout contient 8 feuillets. Le Texte suit, & le Volume finit par la souscription suivante :

Eusebii Hieronymi doctoris eximii secūdum epistolarum explicit uolumen. anno christi. M. CCCC. LXVIII. Indictione prima. die uero. XIII. mensis decembris. Pontifice maximo Paulo regnante secūdo. anno eius quinto. Rome in domo magnifici uiri Petri de Maximo.

431. Sancti Hieronymi epistolæ, cum præfationi-

THÉOLOGIE. 159

bus Joannis Andreæ episcopi Aleriensis. *Romæ, in domo Petri & Fr. de Maximis, per Conr. Suueynheym & Arn. Pannartz, anno* 1470. 2 vol. in-fol. m. cit.

Les deux Volumes sont piqués de vers.

Le premier Volume commence par 9 feuillets qui contiennent l'Epître Dédicatoire de Jean-André, Evêque d'Alerie, la Table des Lettres, & la vie de St. Jérôme. Le Texte suit, & à la fin de chaque Volume il y a cette souscription :

Impressum Rome opus In domo Petri & Francisci de Maximis. iuxta campū Flore. presidentibus magistris Conrado Suueynheym & Arnoldo Pānartz. Anno dominici natalis. M. CCCC. LXX. *S. d. n. domini Pauli. II. Veneti Pont. Max. año. vi. Vrbe & Ecclesia florente.*

Le second Volume commence par une autre Epître Dédicatoire de l'Evêque d'Alerie, & la Table ; le tout contient 8 feuillets. Le Texte suit, & à la fin il y a une souscription pareille à celle rapportée ci-dessus.

432. Sti. Hieronymi Epistolæ. *Moguntiæ per Petrum Schoiffer de Gernshem,* 1470. 2. vol. in-fol. m. r. goth.

433. Sancti Hieronymi epistolæ. *Moguntiæ, per Petrum Schoiffer de Gernshem, anno* 1470, 2 vol. in-fol. goth. m. r.

SUPERBE EXEMPLAIRE.

434. Sancti Hieronymi Epistolæ. *Moguntiæ, per Petrum Schoiffer de Gernshem,* 1470. 2 vol. in-fol. m. r. goth.

IMPRIMÉ SUR VÉLIN.

Il manque trois feuillets dans le Tome premier de cet Exemplaire, qui est tout transposé, puisqu'il commence par le troisieme Livre.

Le *Regiſtre*, l'*Introductorium* & le dernier feuillet ont été reimprimés dans le temps avec des différences trop conſidérables pour être ici rapportées. L'*Introductorium* ſur-tout a été entièrement refait. On a gratté les écuſſons de Schoiffer qui ſont au bas de la ſouſcription.

435. Beati Hieronymi epiſtolæ, ex recenſione Mathiæ Palmieri, in certum ordinem redactæ & argumentis veriſſimis illuſtratæ à Theodoro Lelio, Piceno. 2 vol. in-fol. m. r.

Edition ancienne, imprimée vers 1469, ſans noms de Ville, d'Imprimeur, ſans date, ſans ſignatures, &c. ſur 2 colonnes, en caractere demi gothique.

Au commencement 10 feuillets pour la dédicace de Mathias Palmierus au Pape Paul II, & pour d'autres pieces. Le texte commence à la premiere colonne au milieu du recto du feuillet par ces deux lignes,

IHI Q VIDEM FIDELIS
SIME. PAPA LAVREN

Le Volume finit à la moitié de la premiere colonne du verſo du dernier feuillet, par ces mots:

FINIS PRIME PARTIS.

La Table des Chapitres qui eſt à la tête du ſecond Volume, contient 7 feuillets. Le Texte commence à la moitié de la premiere colonne, par ces mots:

RIVS TE CIPRIANE PRE
SBITERORVM STVDIO.

Le Volume finit au milieu de la ſeconde colonne du recto, par ces mots:

FINIS

THÉOLOGIE.

FINIS SECVNDI VOLV
MINIS EPISTOLARVM
BEATISSIMI HIERONY
MI.

VERITAS VINCIT
IA. RV.

La confrontation que nous avons faite du caractere de cette rare édition avec celui de l'édition des Tusculanes de Cicéron faite à Rome en 1469 par Ulric Han, & celui des Epistres de Phalaris imprimées par le même, sans date, caracteres que nous avons trouvés exactement semblables, nous persuade qu'elle est sortie des presses de cet artiste. Il y a tout lieu de croire qu'elle est antérieure à l'an 1469, parcequ'on n'a aucune connoissance de livres exécutés après cette année où Ulric Han ait employé les mêmes caracteres.

436. Sti. Hieronymi Epistolæ, ex recognitione Joannis Andreæ Episcopi Aleriensis. *Volumen Primum, Romæ in domo Petri de Maximis,* 1476. *Volumen Secundum, Romæ, in domo Petri de Maximo,* 1468. 2 vol. in-fol. bas.

437. Sancti Hieronymi Epistolæ, in novum ordinem redactæ in quo quidem opere & multi tractatus & epistolæ qui in cæteris impressionibus minime reperiuntur, inserti fuere. operâ & studio Theodori Lelii auditoris apostolici. *Parmæ,* 1480, *idibus Madiis.* 2 vol. in-fol. vélin.

438. Sancti Hieronymi epistolæ. *Parmæ,* 1480, *idibus Madii.* 2 vol. in-fol. m. r. dent.

SUPERBE EXEMPLAIRE. Le premier feuillet du Texte de
Tome I. X

chaque Volume eſt enrichi d'ornemens peints en or & en couleurs.

439. B. Hieronymi Epiſtolæ. *Venetiis, per Andream de Toreſanis de Aſula*, 1488. 2 vol. in-fol. m. r.

440. B. Hieronymi Epiſtolæ. *Venetiis, per And. de Toreſanis de Aſula*, 1488. 2 vol: in-fol. m. r.

Les premiers feuillets du Texte de chaque Volume ſont décorés d'ornemens peints en or & en couleurs.

441. Divi Hieronymi Epiſtolæ. *Venetiis, per Bernardinum de Benaliis*, 1490, *die xiiii julii*. 2 tom. en 1 vol. in-fol. baſ.

442. Divi Hieronymi Epiſtolæ. *Venetiis, per Bernardinum de Benaliis*, 1490. 2 vol. in-fol. m. r.

443. Lettres de St. Jérôme, traduites en françois ſur les éditions & ſur pluſieurs manuſcrits très anciens, avec des notes & des remarques ſur les endroits difficiles. Par Dom Guillaume Rouſſel. *Paris, Louis Roulland*, 1704. 3 vol. in-8. m. verd, à compartimens l. r.

444. Divi Hieronimi Breviarium in pſalmos David. in-fol. m. r.

Manuscrit de la plus grande beauté. Il eſt très nettement écrit en *lettres rondes*, à longues lignes, ſur un vélin d'une fineſſe & d'une blancheur admirables. Ses intitulés ſont en rouge, & ſes capitales ſont élégamment peintes en or & en couleurs. Il eſt enrichi d'un ſuperbe cartouche peint en couleurs, rehauſſé d'or, dans lequel on lit le titre, & d'un cadre très riche peint en miniature, qui décore le premier

THÉOLOGIE. 163

feuillet du corps du Volume. On y voit en tête une grande capitale qui représente St. Jérôme; au bas du cadre les armes de *Mathias I*, Roi de Hongrie, & à l'entour ses devises, parmi lesquelles on remarque *le Corbeau*.

Ce précieux MS. contient 370 feuillets, dont le dernier porte en capitales rouges :

Explicit tractatus sancti hieronimi presbiteri in numerum CL psalmi.

Antonius sinibaldus florentinus quondam regis ferdinandi regis sicilie scriptor et librarius exscripsit florentiæ anno dñi mccccLxxxviii ultimo men. februarii pro serenissimo math. rege ungharie virtutum cultore et alumno.

Mathias I, Roi de Hongrie, un des plus grands Monarques de son siecle, fut ami des Arts & des Lettres qu'il cultiva lui-même. Il est célebre dans la République des Lettres, par la superbe & nombreuse Bibliotheque qu'il fonda à *Bude*, & pour l'augmentation de laquelle il prit à ses gages 30 Libraires ou Ecrivains qui ne s'occupoient sans cesse qu'à transcrire & peindre des Livres grecs & latins.

Il en entretint à *Florence*, à grands frais, quatre des plus fameux, parmi lesquels on peut compter *Sinibalde*, mentionné ci-dessus.

Ce Prince mourut en 1490. Il avoit épousé en 1476, *Béatrix*, fille de *Ferdinand I*, Roi de Naples, dont *Sinibalde* fut Libraire & Ecrivain.

La Bibliotheque de *Bude*, formée avec tant de dépenses & de peines, ne se conserva pas long-temps après la mort de son Fondateur; car elle fut en partie détruite, & en partie dispersée, lorsqu'en 1526 les Turcs, sous le commandement de *Soliman*, saccagerent la Ville de *Bude*. La Bibliotheque Impériale en possede quelques-uns des Livres qui sont décrits par *Lambecius*, dans son savant Catalogue.

X 2

445. Expositio S. Jeronimi presbiteri super psalmos xxx. in-fol. rel, en cart. dos de veau.

MANUSCRIT sur vélin exécuté en Italie dans le *XIV siecle*, bien conservé, contenant 107 feuillets Son écriture est en *lettres rondes*, à longues lignes. On lit à la fin :

Incipiunt uersus de sancto jeronimo editi per dom francis cum P. archidiachonum parmensen laureatum poetam eximium.

Cette Piece en 24 vers est d'une écriture différente.

446. Beati Hieronymi tractatus varii, scilicet, liber contra Helvidium de virginitate. = Epistola ad Gaudentium de institutione filiæ. = Epistola ad Panmachium & Occeanum. in-4. goth. v. f.

EDITION TRÈS ANCIENNE, sans date, sans nom de Ville & d'Imprimeur, à longues lign. les pag. entieres en ayant 27.
Ce Volume contient 22 feuillets ; il commence ainsi :

Jncipit liber beati Jheronimi cötra heluidiü de virginitate sancte dei genitricis Marie.

Il finit par ces mots :

Explicit eplã btĩ Jeronimi ad pãmachiü et oc :

A la huitieme ligne du feuillet 17 on a écrit un mot grec, pour lequel l'Imprimeur avoit laissé la place en blanc.

447. Sancti Aurelii Augustini Hipponensis episcopi opera omnia. Opera & studio Monachorum ordinis sancti Benedicti. (Scilicet DD. Francisci Delfau, Thomæ Blampin, Petri Coustant, & Claudi Guesnié.) *Parisiis, Franciscus Muguet*, 1679. 15 vol. in-fol. v. m.

THÉOLOGIE. 165

448. Sancti Aurelii Augustini doctoris egregii & Episcopi Ypponensis, de civitate dei libri XXII, (*In Monasterio Sublacensi,*) 1467, *die vero duodecima mensis Junii.* in fol. m. r.

PREMIERE EDITION TRÈS RARE. Les caracteres sont les mêmes que ceux qui ont servi à imprimer le *Lactance*, en 1465, dans le Monastere de Subbiaco.

449 Sancti Augustini de Civitate Dei libri XXII. *Romæ, per Conr. Sueynheym & Arn. Pannartz, in d mo Petri de Maximo,* 1468. in-fol. m. r.

Cet Exemplaire est superbe. Le premier feuillet est orné de peintures en or & en couleurs; ainsi que les lettres capitales qui sont au commencement de chaque Livre.

450. Sancti Augustini de Civitate Dei libri XXII. cum commentariis Thomæ Valois & Nicolai Triveth, ordinis prædicatorum. *Moguntiæ, per Petrum Schoiffer de Gernsheim,* 1473. in-fol. goth. m. r.

PREMIERE EDITION, avec les Commentaires.

451. Sancti Augustini de Civitate Dei libri XXII. *Venetiis, Nicolaus Jenson,* 1475. in-fol. vel. goth.

Ce Volume, qui est imprimé sur 2 colonnes, commence par 4 feuillets qui contiennent la Table des Chapitres. Le Texte suit, & à la fin il y a cette souscription:

Aurelij Augustini opus de ciuitate dei feliciter explicit: confectuʒ uenetijs ab egregio et diligēti magistro Nicolao jenson: Petro moʒenicho principe : Anno a natiuitate domini milesimo quadringētesimo septuagesimo quinto : sexto nonas octobres.

452. Sancti Augustini de Civitate Dei libri XXII. *Venetiis per Nic. Jenson*, 1475. in-fol. m. r. goth.

453. Sancti Augustini de Civitate Dei libri XXII. *Opus impressum à magistro Gabriele Petri de Tarvisio*, 1475. in-fol. m. r. goth.

CETTE EDITION est imprimée sur 2 colonnes, avec des signatures depuis a i. — D. second alphabet, sans y comprendre 14 feuillets de Tables qui sont à la tête. A la fin il y a cette souscription :

Aurelii Augustini De Ciuitate Dei Liber. XXii. et ultimus feliciter finit : Jmpressumq3 est opus hoc a diligenti magistro Gabriele Petri de Taruisio. M. Cccc. Lxxv. existente Petro Mocenico duce Venetiarum. Venetiis.

454. Sancti Augustini de Civitate Dei libri XXII. *Neapoli, Moravus*, 1477. petit in-fol. m. r. goth.

Le Volume commence par la Table des Chapitres, qui remplit 16 feuillets, à la suite desquels le Texte commence à la signature a. i. — dd. Il finit par cette souscription :

Aurelii Augustini De Ciuitate Dei liber. XXII. et ultimus feliciter explicit. Jmpressumq3 est opus hoc Neapoli a diligenti magistro Mathia Morauo. Anno Christi. .M. CCCC. LXXVII.

455. Sancti Augustini de Civitate Dei libri XXII. cum commentariis Thomæ Valois & Nicolai Triveth, ordinis Prædicatorum. *Basileæ Michael*

Wenſzler 1479, *VIII. kl. Aprilis.* in-fol. m. r. goth.

Ce Volume commence par un feuillet qui contient *Sentētia beati auguſtini...* & la Table des Chapitres du premier Livre. Le Texte ſuit, & à la fin il y a cette ſouſcription, imprimée en rouge, & au deſſous deux écuſſons de l'imprimeur :

Textus ſancti Auguſtini de ciuitate dei Baſilee impreſſus Explicit feliciter. Anno. lxxix.

Le Commentaire imprimé avec un caractere plus petit que le texte, vient après, & à la fin de la Table dont il eſt ſuivi il y a cette ſouſcription imprimée en rouge, avec les deux écuſſons :

Igĩt aurelij auguſtini ciuitatis orthodoxe fideris p̃fulgidi de ciuitate dei opus preclariſſimum. binis ſacre pagine p̃feſſoribus eximijs id cōmentantibus. rubricis tabulaqʒ diſcretum p̃celſa in vrbe Baſilieñ. partium alemanie. quam nõ ſolum aeris clementia et fertilitas agri veruʒ etiã imp̃mentiũ ſubtilitas reddit famatiſſimã. ad laudẽ trinitatis indiuidue ciuitatis dei p̃ſidis. ingenio et induſtria Mihahelis wenſzler. Anno ſalutis noſtre poſt. M. et. cccc. lxxix. viij. kl. aprilis operoſe eſt conſummatum.

Il y a un feuillet déchiré dans le haut ; il manque la moitié de 14 lignes des deux côtés.

456. Sancti Auguſtini de Civitate Dei libri XXII. cum commento. Thomæ Valois, & Nicolai Triveth. (*Baſileæ*) *per Joannem de Amerbach*, 1489. in-fol. m. r. goth.

457. La Cité de Dieu de St. Auguſtin, traduite en

françois, par ordre de Charles V, Roi de France, par Raoul de Praesles. *Abbeville, Jehan Dupré, & Pierre Gerard, achevé le xxive jour de Novembre* 1486. *Les xij derniers Livres imprimés par les mêmes à Abbeville, le xij^e jour d'Avril* 1486, *avant Pâques.* (Vieux style.) 2 vol. in-fol. m. r. goth.

PREMIERE EDITION.

458. La Cité de Dieu de Monseigneur Saint Augustin, translatée de latin en françois, par Raoul de Praesles. *Paris,* 1531, *par Nicolas Savetier.* 2. vol. in-fol. m. r. goth.

IMPRIMÉ SUR VÉLIN, avec 7 miniatures, & les lettres initiales peintes en or & en couleurs.

459. La Cité de Dieu de St. Augustin, traduite en françois, & revue sur plusieurs anciens MSS. avec des remarques & des notes. Par Pierre Lombert. *Paris, André Pralard,* 1675. 2 vol. in-8 mar. r.

460. Il libro di Sancto Augustino de la Cita di Dio il quale e diviso in XXII libri. in-fol. m. r.

EDITION imprimée vers 1480, sans nom de Ville ni d'Imprimeur, en beaux caracteres de petit romain, sur 2 colonnes, avec des signatures depuis a — H du second alphabet, & 11 feuillets de Tables à la tête du Volume.

461. Sancti Augustini Confessionum libri XIII. = Sermo de præsentatione Beatæ Mariæ Virginis. (*Moguntiæ, per Joannem Fust & Petrum Schoyffer*

THÉOLOGIE.

Schoyffer de Gernsheym.) in-fol. m. r. goth.

Les Confeſſions de St. Auguſtin ne ſont pas imprimées à Mayence. Elles ſont ſans date, ſans nom de Ville, &c. imprimées à longues lignes ; elles commencent ainſi :

Ex libro retractationum ſancti auguſtini epiſcopi.

Cette premiere page contient 31 lignes, & l'Ouvrage entier 143 feuillets, dont la derniere ligne finit par ces mots : *ſic inuenietur : ſic aperietur.*

Le Sermon ſur la Préſentation eſt imprimé à Mayence, les caracteres ſont les mêmes que ceux de la Bible de 1462. il contient 9 feuillets ; le premier commence ainſi :

Prefacõ in laudẽ bndcẽ vginis marie m̃ris ihu nri. redemptoris.

Au neuvieme feuillet, au deſſous de la derniere ligne, les deux écuſſons de Pierre Schoyffer ſont imprimés en rouge.

462. Sancti Auguſtini libri XIII confeſſionum, operâ & ſtudio Patris H. Sommalii. *Lugduni, apud Dan. Elzevirium,* 1675. in-12. m. r.

463. Sancti Aurelii Auguſtini confeſſionum libri XIII emendatiſſimi, & notis illuſtrati. *Pariſiis, Joannes Baptiſta Coignard,* 1687, in-12, m. r. doubl. de m. l. r.

464. Les Confeſſions de St. Auguſtin, traduites en François par M. (Robert) Arnaud d'Andilly. *Paris, veuve de J. Camuſat,* 1651. in-12. m. r. l. r.

465. Les Confeſſions de Saint Auguſtin, traduction nouvelle, ſur l'édition latine des Peres Bénédictins. Par M. (Philippe Goibaud du Bois.) *Paris,*

THÉOLOGIE.

Jean-Baptiste Coignard, 1688. 2 vol. in 8. m. r. l. r.

466 Les Confessions de Saint Augustin, traduction nouvelle, sur l'édition latine des Peres Bénédictins, avec des notes. Par M. (Philippe Goibaud du Bois.) Paris, Jean-Baptiste Coignard, 1700. in-8. m. r. doublé de m. l. r.

467. Confessions de St. Augustin, traduites en françois. Par M. (Philippe Goibaud du Bois.) Paris, Jean-Baptiste Coignard, 1716. in-8. m. viol. l. r.

468. Opuscula varia. in-4. rel. en cart. d. f. tr.

MANUSCRIT du XV siecle, sur vélin, contenant 108 feuillets. L'écriture est en lettres rondes, ses sommaires sont en rouge, & ses tourneures sont peintes en or & en couleurs. Ce MS. contient :

1°. Incipiunt meditaciones beatissimi patris nostri augustini summi doctoris ecclesie —— 2°. lentulus preses in judea senatoribus et populo romano temporibus octaviani hec acta sunt —— 3°. pontius pylatus ad claudium imperatorem de excusacione super mortem cristi —— 4°. epistola beatissime virginis marie ad sanctum ignacium episcopum —— 5°. orationes due deuote ad sanctam mariam —— 6°. incipit tractatus de imitatione christi et contemptu vanitatum mundi magistri johannis gersem cancellarii parif. —— 7°. incipit legenda de festo corporis domini nostri yhesu cristi composita per beatum thomam de aquino ordinis predicat. —— 8°. septem epistole beati jeronimi presb. que canonice dicuntur —— 9°. epistola sancti jeronimi ad paulinum presb. de institucione clericorum et monachorum.

THÉOLOGIE.

On lit à la fin du premier traité :
Scriptus in monasterio sancti zenonis epi et confes. maioris verone 1467 finitus quinto decimo septembris.

469. **Opuscula varia. in-4. rel. en cart. d f. tr.**

BEAU MANUSCRIT d'Italie du *XV siecle*, sur un vélin très blanc, contenant 72 feuillets. Il est écrit en *lettres rondes*, sur 2 colonnes, & enrichi de capitales peintes en or & en couleurs. Ses sommaires sont en rouge.

Ce MS. contient :

1°. *Incipiunt sermones (xxii) sancti augustini epischopi de diuersis materiis* — 2°. *venerabilis ac beatissimi viri fratris bertoldi de ratispona ordinis minorum opythomen libri eiusdem de institutione uite religiose* — 3°. *beatiss. et illustris. viri dñi bonauenture de balneo regio ord. min. de modo conuersandi in vita religiosa doctrina quedam breuis et utilis plurimum.*

470. **Opuscula varia. in-fol. rel. en cart.**

BEAU MANUSCRIT d'Italie du *XV siecle*, sur vélin, contenant 120 feuillets. Il est écrit en *lettres de somme*, à longues lignes, & enrichi d'une miniature qui est peinte sur le premier feuillet.

Ce MS. contient :

1°. *Aurelii augustini magni yponensis episcopi confessionum lib. xiii* — 2°. *exortatio s. augustini ad sororem suam de obseruanda uirginitate* — 3°. *liber aurelii augustini de uera penitentia* — 4°. *soliloquiorum s. augustini lib. ii.* (Le second Livre ne finit point.) — 5°. *copia litterarum reuerendissimi patris antoni archiepiscopi florentinorum ordinis predicatorum secundum obitum bone memorie fratris laurentii priori chonuentus pistonensis transmissarum.*

THÉOLOGIE.

471. Opuscula varia S. Augustini in-8. rel. en cart.

MANUSCRIT sur vélin du *XV siecle*, d'Italie, contenant 169 feuillets. L'écriture est en *lettres rondes*, à longues lignes :

Il contient :

1°. *S. augustini hypponensis episcopi enchiridion ad laurentium, sive de fide, spe et caritate, 2°. ejusdem liber de quastionibus celestis, 3°. ejusdem de gratia et libero arbitrio liber cum duabus epistolis ad valentinum et cum illo monachos adrumetinos, 4°. ejusdem de correptione et gratia ad eosdem liber, 5°. ejusdem de predistinatione gratia liber.*

472. Sancti Augustini opuscula plurima, nec non vita ejus à Possidonio conscripta. *Argentinæ, opera Mart. Flach*, 1489. in-fol. v. f. goth.

473. Sancti Augustini tractatus varii ; scilicet : Liber de vitâ beatâ. Liber de honestate mulierum. Libellus de honestate vitæ. Tractatus de fugâ Mulierum. Tractatus de continentiâ. Liber de contemptu mundi. Epistola Beati Hieronymi ad Paulinum præsbiterum. Sermo B. Augustini de communi vitâ clericorum. (*Coloniæ, Olric. Zel. de Hanau, circa* 1470.) in-4. m. r. goth.

Le Volume finit par cette souscription :

Explicit Tractatulus beati Augustini Episcopi. De comuni vita clericoru.

474. Sancti Augustini tractatus diversi ; scilicet, de charitate & de resurrectione futurâ mortuorum. *Editio vetus absque ulla loci atque anni*

indicatione, sed circa 1480 *edita.* = Tractatus varii ejusdem Sancti Augustini de fugâ mulierum, & de communi vitâ clericorum. (*Coloniæ, per Olricum Zel de Hanau,*) circa 1470. in-4. v. f. goth.

Le premier Traité est imprimé avec les caracteres du N°446. Ses pages ont aussi 27 lign. il commence ainsi :
Incipit Tractatus bti Augustini de caritate.
A la fin :
Explicit sermo seds bti Augustini epi de resur mortuorum :
Le second, dont les pag. ont aussi 27 lig. commence :
Incipit Tractatus sancti Augustini Epi de Fuga Mulierum.
A la fin :
Explicit Tractatulus beati Augustini Episcopi. De cõmuni vita clericorũ.

475. Beati Augustini liber de vitâ christianâ. = Ejusdem liber de singularitate clericorum. *Per Olricum Zel de Hanau,* 1467. in-4. m. bl. goth.

PREMIERE EDITION TRÈS RARE.

Le premier Traité contient 19 feuillets ; dont les pages qui sont entieres ont 27 lig. il commence par ces mots :
Prologus beati augustini in librũ de vita cristiana feliciter inchoat.
A la fin :
Explicit lib. beati augustini de vita cristiana.
Le second Traité commence ainsi :
Augustini aurelij Epi liber de singularitate cleicorum.
Ce Traité contient 33 feuillets dont les pages ont aussi 27 lig. au dernier on lit la souscription suivante :

Explicit Liber beati augustini epi̅. de singularitate clericorum. Per me Olricū zel de hañau clericū diocef. Moguntineñ. Anno &c. sexagesimo septimo.

476. Beati Augustini liber de vitâ christianâ. (*Moguntiæ, per Petrum Schoiffer, circa* 1470.) in-4. m. r. goth.

Le Volume commence ainsi :
Incip plogus beati Augustini de vita xp̅iana.
Et à la fin :
Explicit liber beati augustini de vita xp̅iana. Hec faciendo quisq̅; vitā obtinebit eternā.

Et au dessous les deux écussons de Schoyffer, imprimés en rouge.

477 S. Augustini de Doctrinâ christianâ liber quartus. (*Moguntiæ, Joannes Fust*). in fol. m. r. goth.

PREMIERE EDITION.

Ce Traité est sans date, sans nom de Ville & d'Imprimeur. Il est imprimé à longues lignes, avec les petits caracteres de Jean Fust.

Cet Ouvrage contient en tout 22 feuillets, dont les deux premiers renferment l'Avertissement de l'Editeur. Ils sont intitulés :

Canon pro recōmendatione huius famosi operis siue libelli sequētis. de arte predicandi sancti augustini.

Le Texte qui les suit a cela de particulier que les lettres A. B. C. &c. y sont imprimées dans les marges intérieures pour servir à la table des matieres de renvoi. Le Texte finit au tiers du recto du 17ᵉ feuillet, par ces mots :

..... *Explic qrtus de doctrina xp̅iana. Beati Augustini episcopi.*

THÉOLOGIE.

La Table commence au verso de ce feuillet; elle finit dans le bas du 20e. ainsi : *Explicit tabula.*

Le Volume finit par deux autres feuillets, dont le premier n'est imprimé qu'au verso. Voici son intitulé :
De tribus precipuis operibꝫ predicatoris.

Le second n'est imprimé qu'au recto; il est intitulé :
De tribuꝫ generibꝫ dicendi quibꝫ vti debet p̄dicator.

On trouve dans l'Avertissement de l'Editeur le passage suivant :

..... *Qua ꝓpter. cū nullo alio modo siue medio. id expedicius fieri posse iudicarē. discreto viro Johanni sust incole magūtinensi impressorie artis mgro. modis om̄ibꝫ ꝑsuasi. quatenus ipē assumē dignareī onus et laborem multiplicandi hūc libellum per viam impressionis. &c.*

Cette Edition doit avoir paru avant ou en l'année 1466; car dans toutes les souscriptions, depuis cette époque, il n'y a plusque le nom de P. Schoyffer.

478 Sermo B. Augustini super Orationem dominicam. = Ejusdem Enchiridion, seu Manuale. (*Coloniæ, per Olricum Zel de Hanau, circa, 1470.*) in 4. m. bl. goth.

Le premier Traité commence ainsi :
Incipit sermo beati Augustini epi super oronem dn̄icam.

Il contient 9 feuillets dont les pag. qui sont entieres ont 27 lig. Le second Traité commence par une Table des Chapitres; elle a six feuillets. Le Texte suit, & à la fin :
Explicit liber Encheridion beati Augustini. Conscriptus ad Laurentium primicerium ecclesie vrbice.

479 Meditationes Beati Augustini. *Parisiis, per Antonium Cayllaut.* in 4. v. f. goth.

480 Les Soliloques, le Manuel, & les Médita-

tions de S. Augustin, traduction nouvelle. (par de la Croix Christ.) *Paris Guillaume Desprez*, 1679. in 12. m. r.

481 Sti Augustini de veræ vitæ cognitione libellus. (*Moguntiæ, per Petrum Schoyffer*) circa, 1470. in 4. m. r. goth.

Cette Edition, qui est sans date, sans nom de Ville, &c. est très reconnoissable par la forme des caracteres qui sont les mêmes que ceux qui ont servi à l'impression des Offices de Cicéron, en 1465 & 1466.

Ce Volume commence par deux feuillets, dont le premier est blanc au recto. Ils contiennent neuf vers à la louange de St. Augustin, & la Table des Chapitres. Le Texte suit. On lit au dernier feuillet :

Augustini de vere vite ognicöe libellus explic.

Au dessous il y a les deux écussons de Schoyffer, imprimés en rouge.

482 Les Lettres de S. Augustin, traduites en françois sur l'édition des Peres Bénédictins ; revues corigées sur les anciens Manuscrits, & augmentées de quelques Lettres qui n'avoient pas encore paru. avec des notes, (par Philippe Goibaud du Bois.) *Paris, Jean-Baptiste Coignard*, 1684. 6 vol. in 8. m. r. l. r.

483 Traduction du livre de S. Augustin de la correction & de la grace. par M. Antoine Arnauld. *Paris, Antoine Vitré*, 1647. = Le livre de S. Augustin, de la Foi, de l'Espérance & de la Charité. traduit par le même M. Antoine Arnauld.

THÉOLOGIE.

nauld. *Paris*, *Ant. Vitré*, 1648. in 8. m. r.

484 Traduction des livres de S. Augustin, des mœurs de l'Eglise catholique, & de la véritable religion. par M. Antoine Arnauld. *Paris, Antoine Vitré*, 1647. in 8. m. r.

485 Les deux livres de S. Augustin, de la véritable religion, & des mœurs de l'Eglise catholique. traduits en françois, sur l'édition latine des Peres Bénédictins. avec des notes. par M. Goibaud du Bois. *Paris, Jean Baptiste Coignard*, 1690. in 8. m. r. l. r.

486 L'espitre de sainct augustin a dame probe religieuse seruante de dieu, sur la maniere de prier Dieu. in 8. v. f. d. s. tr.

MANUSCRIT sur vélin du *XVI siecle*, contenant 38 feuillets. Il est écrit en *lettres batardes*, & enrichi de capitales peintes en or & en couleurs.

Ce petit Traité de *St. Augustin* a été traduit en l'Université d'*Angers*, à la fin de l'an 1535, par *Guillaume Regnouf*, Médecin, & présenté pour étrennes, en 1536, à *Marguerite de France*, Reine de Navarre, Duchesse de Berry & d'Alençon, dont les armes sont peintes sur le verso du premier feuillet.

487 Sentences & instructions chrétiennes, tirées des œuvres de S. Augustin. en latin & en françois. par le sieur de Laval. *Paris, Pierre le Petit*, 1677. 2 vol. in 12. m. r. doub. de m. l. r.

488 (Joannis) Cassiani (bethleemitici presbyteri) eloquentissimi & doctoris egregii contra Nes-

torianos de Incarnatione Verbi libri VII n 4. v. f. dos de m. d. f. tr.

BEAU MANUSCRIT d'Italie, fur vélin de l'an 1441, contenant 70 feuillets. Il eft très bien écrit en *lettres rondes*, à longues lignes.

489 Collationes Sanctorum Patrum confcriptæ ab Joanne Heremitâ qui & Caffianus dicitur. *Bafileæ*, 1485. in fol. m. bl. goth.

PREMIERE EDITION.

490 Sancti Profperi Aquitani S. Auguftini Difcipuli, Sti Leonis Papæ primi notarii opera omnia. ad MSS. codices, nec non ad editiones antiquiores & caftigatiores emendata. accedit Ejufdem S. Profperi vita. (ftudio & labore Joannis le Brun de Marette, omnia ex editione) Lucæ Urbani Mangeant. *Parifiis, Guillelmus Defprez*, 1711. in fol. v. f.

491 Sancti Leonis Magni romani Pontificis opera poft. Pafchafii Quefnelli recenfionem ad complures MSS. codices ab illo non confultos exacta, emendata, & ineditis aucta. curantibus Petro & Hieronymo fratribus Balleriniis. *Venetiis, apud Simonem Occhi*, 1753. 3 vol. in fol. v. f.

492 Beati Leonis Papæ fermones & opufcula ex recenfione Joannis Andreæ Epifcopi Alerienfis. *Romæ, in domo Petri & Francifci de Maximis, per Conradum Suueynheym & Arnoldum Pannariz*, 1470. in fol. m. r.

Premiere Edition.

On trouve à la tête du Volume trois feuillets qui contiennent une Epître Dédicatoire de l'Evêque d'Alerie, à Paul II, & la Table des Sermons; le Texte suit, & à la fin il y a les 8 vers :

Aspicis illustris lector &c.

.M. CCCC. LXX.

493 Sti Leonis Papæ sermones & opuscula, cum epistolâ dedicatoriâ Joannis Andreæ episcopi Alerienfis ad Paulum II. (*Romæ, per Udalricum Gallum, alias Han Alamanum, sub finem anni* 1470). in-fol. m. r.

Edition sans date, sans nom de Ville, &c. mais exécutée avec les mêmes caracteres qui ont été employés par Ulric Han, pour l'Edition de Lactance de 1474. & celle du Quintillien, de Campanus, faite à Rome par le même imprimeur en 1470. Elle est à longues lignes, ses pages qui sont entieres en portent 35. la derniere n'en a que 23. les titres des sermons y sont en lettres capitales.

Le Volume commence par une Epître Dédicatoire adressée à Paul II, par Jean-André, Evêque d'Alerie; elle est suivie de la Table; ces Pieces Préliminaires remplissent les trois premiers feuillets. Le Texte suit, & l'Ouvrage finit sans aucune souscription.

494 Liber sermonum sancti Leonis primi Papæ, cum præfatione Johannis Andreæ Episcopi Alerienfis. in-fol. m. r. goth.

Edition très ancienne, sans date, sans nom de Ville ni d'Imprimeur, & exécutée à longues lignes. Ses pages qui sont entieres ont 34 lignes, & son caractere est semblable à celui du N° 391. *speculum sapientiæ B. Cyrilli.*

THÉOLOGIE.

On trouve au commencement du Volume trois feuillets qui contiennent l'Epître Dédicatoire de l'Evêque d'Alerie à Paul II, & la Table des Sermons. Le Texte vient ensuite; il finit par ces mots :
Expliciunt sermones leonis papę.

495 Sancti Leonis Papæ sermones, cum præfatione Joannis Andreæ Episc. Aler. *Venetiis, Lucas Venetus Dominici filius.* 1482. in fol. m. r.

496 Sermoni di Beato Leone Papa di lingua latina in toscana tradocti de Philippo di Bartholomeo Corsini. *in Firenze*, 1485. in fol. m. r.

497 Incipit liber epistolarum (LXI) sancti leonis pape ad diversos (cum ejus vita ex libro Gennadii marsiliensis episcopi de illustribus viris excerpta) in 4. rel. en cart. d. s. tr.

BEAU MANUSCRIT d'Italie du *XV siecle*, sur vélin, contenant 114 feuillets. L'écriture est en *lettres rondes*, à longues lignes, le premier feuillet est enrichi d'ornements. & les titres sont en rouge.

498 Sancti Gregorii Magni Papæ opera omnia, studio & labore Monachorum Ordinis sancti Benedicti. (præcipuè DD. Dionysii de Ste Marthe, & Guilielmi Bessin). *Parisiis, Claudius Rigaud*, 1705. 4 vol. in fol. v. m. G. P.

499 Homeliæ Beati Gregorii Papæ super Evangeliis. = Homeliæ Origenis præsbyteri quæ servantur in Ecclesiis. 1475. in fol. m. r. goth.

Le Volume commence par un feuillet qui contient une

THÉOLOGIE.

Epître de St. Grégoire à Secundinus, & la Table des Homélies ; le Texte suit ; il finit par cette souscription :
Explicĩut omelie beati gregorii pape et origenis p̃sbiteri Sub anno dñi Millesimo quadringẽtesimo septuagesimo q̃uto in die sabbato post cõcepcõnis gloriose vginis marie. deo gracias.

500 Beati Gregorii Papæ Homeliæ quadraginta, de diversis Evangelii lectionibus. *Impresse Parisius per michaele, udalricu, & martinu. Anno dni. M. CCCC. LXXV. die prima mensis Octobris sub rege Ludouico.* in fol. m. r.

501 Omelies monseigneur saint gregoire sur xl. leçons de la sainte euuangile — cy commencent les iv livres du dyalogue Saint Gregoire — Ci apres sensuiuent les epistres saint pol. — cy apres comencent les fais des apostres. in fol. v. f. d. s. tr.

MANUSCRIT sur vélin du *XV siecle*, contenant 237 feuillets. Il est écrit en *ancienne batarde courante*, sur 2 colonnes, & décoré de 4 miniatures. Ses sommaires sont en rouge. Il porte les armes d'Urfé, peintes à gouache.

502 Les Homélies de Saint Grégoire Pape, sur quarante Evangiles. *Paris, Anthoine Verard*, 1501, in fol. m. bl. goth.

IMPRIMÉ SUR VÉLIN, avec 40 miniatures.
Le verso du feuillet 39, & le recto du feuillet 40, sont manuscrits, la feuille n'ayant été tirée que d'un côté.

503 Libro de le Omelie di mesere sancto Gregorio Papa di diverse lectioni del sancto Evangelio,

in Milano, Leonardo Pachel è Ulderico Scinzcenceller de Allamagna, 1479. in 4. m. r.

PREMIERE EDITION.

Ce Volume a des signatures depuis a i i = u. Au dernier feuillet du Texte il y a cette souscription :

Impр̄ſſo a Mediolano mediāte la gratia di dio p̄. li prudēti homini Leonardo pachel ulderichо. ſcinzcenceller de allamagna per loro induſtria & con ſumma diligentia emendate nella natiuita del noſtro ſignore yeſu chriſto. M cccc. Lxxviiii. adi. xx. del meſe de auguſto.

La Table des Chapitres commence au verso de ce feuillet, & remplit les deux feuillets suivants.

504 Omelie di Sancto Gregorio Papa di diverſe lectioni del ſancto Evangelio. *in Firenze*, 1502. in fol. v. m.

505 Moralia Beati Gregorii Papæ. cum præfatione Bartholomæi Episcopi Brixienſis. *Romæ*, (*Simon de Luca*) 1475. in fol. m. r. goth.

On trouve à la tête du Volume 21 feuillets qui contiennent la Préface, la Table des Chapitres, &c. Le Texte suit, & au dernier feuillet il y a cette souscription :

Expletum eſt opus iſtud Moraliuʒ beati gregorii pape. impreſſū Rome apud Sanctum marcum. Anno a natiuitate domini et eodem iubileo milleſimo quadringenteſimo ſeptuageſimo quinto die quinta Menſis ſeptembr. Sedente Sixto. iiii. Pōtifice maximo pontificatus ſui anno quinto.

Au verso de ce dernier feuillet se trouve le Registre.

506 Moralia divi Gregorii Papæ. cum suis allegationibus in margine. *Pariſiis, per Udalricum*

THÉOLOGIE.

Gering Coſtan. & Berchtoldum Renbolt, ſociorum, 1495. in fol. m. r. goth.

507 Morali di Sancto Gregorio Papa, vulgareſati per meſſer Zanobi da Strata. *in Firenze, per Nicholo di Lorenzo della Magna*, 1486. 2 vol. in fol. m. r.

508 Beati Gregorii Papæ Dialogorum libri quatuor, in fol. m. r. goth.

CETTE EDITION eſt ſans nom de Ville, &c. ſur 2 colonnes dont celles qui ſont entieres ont 37 lignes. Les caracteres ſont ceux avec leſquels Pierre Schoiffer a exécuté, en 1473, le texte des Décretales.

Le Volume commence par la Table des Chapitres du premier Livre; elle contient un feuillet; le Texte ſuit; il commence par cette ligne:
Vadam die dum ni

Le Volume finit ainſi:
Explicit liber quartus dyalogorum gregorij.

509 Dialogus Beati Gregorii Papæ, ejuſque Diaconi Petri, IV libros diviſus, de vitâ & miraculis Patrum italicorum & de Æternitate animarum. *Pariſiis, Petrus Cæſaris, circa ann.* 1472. in fol. m. bl.

Ce Volume eſt imprimé ſur 2 colonnes; il commence par la Table qui contient 2 feuillets & demi; le Texte commence au verſo du troiſieme, & à la fin il y a cette ſouſcription: *Dialogus beati Gregorii finit feliciter Impreſſus Pariſius p̄ venerabilem virū Petrum ceſaris in artibus Magiſtrum ac huius artis ingenioſum opificem;*

510 Dialogo de miſer ſancto Gregorio Papa, vul-

garizate. (per maistro Lunardo da Udine) *Venetiis, Joannes Manthen de Gherretzem*, 1475, in fol. m. r.

Ce Volume est imprimé à longues lignes, avec des signatures depuis a 3 — p. Le premier feuillet ne porte point de signature. A la fin du dernier feuillet du Texte il y a cette souscription :

Opus presens de sancto Gregorio papa hic finem facit quod sui bonitate impressionē Venetiis habuit impensis Iohannis de Colonia : & Iohănis manthen de Gherretzem. .M. .cccc. .lxxv.

Après cette souscription, on doit trouver : *la uita di sancto Gregorio papa.* Cette Vie contient 6 feuillets.

511 Liber Pastoralis Gregorii Papæ. in fol. v. m.

Edition sans date, sans signatures, &c. exécutée vers 1472. Elle commence ainsi, sans aucune Piece préliminaire : *In christi nomine Incipit liber pastoralis domini Gregorii pape. ad sanctum Iohannem episcopum.*

A la fin :

Pastoralis gregorii liber. feliciter Explicit.

512 B. Gregorii Papæ in septem Psalmos pœnitentiales explanatio. *in sole aureo Parisius opera Udalrici Gering & Berchtoldi Rembolt sociorum*, 1508. *die XX Marcii.* = Dialogus B. Gregorii Papæ : ejusque Diaconi Petri, de vitâ & miraculis patrum italicorum : & de æternitate animarum. = Ejusdem B. Gregorii curæ pastoralis libri IV. = Ejusdem expositio super cantica canticorum. *Parisiis, in sole aureo per Udalricum*

cum Gering, & Bercholdum Rembolt, 1498. *die* XVI. *menfis januarii*; in 4. m. r l. r.

513 Brunonis Carthufianorum patriarchæ fanctiffimi, Theologi Parifienfis fcholæ doctiffimi, Opera & Vita. *Parifiis, Jodocus Badius Afcenfius*, 1524. in fol. fig. m. r.

On trouve au commencement de la vie de St. Bruno l'hiftoire fi connue d'un Docteur qui, après fa mort, fe leva dans fon cercueil, & dit d'une voix terrible : *Jufto Dei judicio accufatus fum, judicatus fum & condemnatus fum.* Voici comme elle y eft rapportée :

.... Circa annum falutis noftræ octogefimum fecundum fupra millefimum.... Quum ventum eft ad eam lectionem, quæ incipit, refponde mihi : furrexit qui erat mortuus : et erecto paululum capite, refedit in feretro. cunctifque videntibus et audientibus, ac præ nouitate rei ftupentibus, alta licet horrëda voce, clamare cœpit & ait : Iufto dei iudicio accufatus fum.... Unde cum in parifiëfi & cæteris viciñis ecclefiis quarta lectio in agendis juftis defunctorum incipiat per Quantas habeo iniquitates : omiffis verbis feu dictionibus illis prioribus, refponde mihi fertur a nonnullis q: dicta verba fuerunt extunc deleta, ob perpetuam & indelebilem tam expavendi judicii memoriam.

Les ouvrages des Auteurs qui ont écrit pour & contre cette hiftoire, fe trouvent dans le tome III du mois d'Octobre, des *Acta fanctorum Bollandi*, pages 535, & fuivantes.

514 Opera & Tractatus beati Anfelmi archiepifcopi Cantuarienfis, curâ Petri Danhufer. *Nurembergæ, per Cafp. Hochfeder*, 1491. in fol. v. f.

515 Venerabilis Hildeberti opera, tum edita

quam inedita. accesserunt Marbodii opuscula. labore & studio D. Antonii Beaugendre. *Parisiis, Laurentius le Conte*, 1708. 2 vol. in fol. très G. P.

516 Le liure de Larre de lespouse : composé par maître Hugues de saint Victor. (& trad. en françois par Jean de saint Victor). *Paris, Sym. Vostre*, in 8. goth. m. r.

517 Sancti Bernardi abbatis primi Claræ-Vallensis opera omnia. post Horstium denuò recognita, aucta, & in meliorem digesta ordinem, notis & observationibus locupletata & illustrata; secundis curis Domni Joannis Mabillon. *Parisiis, Thomas Moette*, 1690. 2 vol. in fol. v. f. G. P.

518 Sancti Bernardi primi Claræ Vallensis abbatis Epistolæ. *Bruxellis*, (*apud fratres vitæ communis*) *tertio idus aprilis*, 1481. in fol. m. r. goth.

519 Epistola Beati Bernardi Abbatis de festo Conceptionis Beatæ Mariæ Virginis non celebrando. (accedunt) auctoritates sanctorum ad confirmationem prædictorum. in 4. v. f. goth.

EDITION remarquable à cause des *Auctoritates Sanctorum*, &c. qui se trouvent à la suite de cette Lettre, & qui sont omises dans l'Edition de St. Bernard, donnée par Dom Mabillon en 1690, tome premier, page 169.

520 Tractatus Beati Bernardi de Planctu Beatæ Mariæ. (*Coloniæ, per Olricum Zel de Hanau,*)

circa 1470. = Speculum B. Bernardi de honeſtate vitæ. (*Editio Moguntina, Petri Schoyffer*), *circa* 1475. in 4. m. r.

Le premier Traité imprimé avec les caractères de Zel de Hanau a 6 feuil. dont les pages qui ſont entieres ont 17 lignes ; il commence ainſi :

Tractatꝰ beati bernhardi de plāctu bte marie.

A la fin :

Explicit tractatus beati Bernhardi De planctu Beate Marie.

Le ſecond Traité eſt imprimé avec les mêmes caractères employés pour le Texte du *Liber ſextus decretalium*, *Moguntiæ*, 1476. in-fol.

Ce Traité a 8 feuillets dont les pages qui ſont entieres ont 26 lignes ; il commence ainſi :

Incipit Speculū bī bernhardi abbatis. de honeſtate vite.

A la fin, la derniere ligne n'a que ces mots :
ab eis. Amē.

521 Opus egregium Divi Bernardi ſuper Cantica canticorum Salomonis, caſtigatum ac emendatum per Johannem Rouauld, S. Th. doctorem. *Pariſiis*, 1494. *die* 24 *menſis novembris*. in 4. m. r.

522 Divi Bernardi Abbatis ad ſororem : modus bene vivendi in chriſtianam religionem. *Venetiis, per Bernardinum de Benaliis*, 1492. *die* XXX *maii*. in 8. v. f.

523 Le devotiſſimi ſermoni del Divo Bernardo Abbate di Chiaravalle a una ſua ſorella del modo del ben vivere ſecondo la chriſtiana religione.

in *Firenze, per Lorenzo Morgiani & Giovanni di Maganza, ad instantia di ser Piero Pacini da Pescia; adi* XXVII *di gennaio,* 1495. in 4. m. r.

524 Egregii Patris & clari theologi Richardi quondam devoti cænobitæ sancti Victoris desuper divinâ Trinitate opus. ex recensione Jacobi Fabri. *Parisiis, Henricus Stephanus die* XIX *mensis julii,* 1510. in 4. m. bl.

IMPRIMÉ SUR VÉLIN.

THÉOLOGIENS.

Théologie Scholastique & Dogmatique.

525. P. Lombardi libri IV sententiarum. in-fol. m. r.

MANUSCRIT sur vélin de la fin du XIII *siecle*, contenant 272 feuillets. Il est écrit en petites *lettres de forme*, sur 2 colonnes, & décoré de plusieurs *tourneures* peintes en or & en couleurs.

Pierre Lombard naquit à *Lamelogno*, en Lombardie, d'où il tira son nom de *Lombard*. Il vint à Paris, après avoir fait ses études à Bologne, & il y fut élu Evêque en 1159, en la place de *Philippe*, fils de *Louis le Gros*, son éleve, qui lui céda cet Evêché. Il mourut en 1160, suivant les Auteurs du *Gallia christiana*.

Les Livres des *Sentences* de ce Prélat sont une somme de Théologie renfermant des passages tirés des SS. Peres, & appliqués aux questions & aux disputes des Ecoles de son temps.

THÉOLOGIE.

Cet Ouvrage lui acquit le furnom de *Maître des Sentences.*

526. Magiftri Petri Lombardi fententiarum libri IV. *Venetiis, per Vendelinum de Spira,* 1477. in-fol. m. r. goth.

PREMIERE EDITION.

527. Liber fententiarum magiftri Petri Lombardi, unà cum conclufionibus magiftri Henrici Gorichem, accuratiffimè emendatus. *Bafileæ, Nicolaus Keflers,* 1487. in-fol. v. f. goth.

528. Compendium Theologiæ, excerptum è quatuor libris fententiarum Petri Lombardi, editum à Burckardo Horneck. *Nurenbergæ, Fridericus Peypus,* 1515, *die xj Februarii.* in-4. m. r.

529 Magifter Alexander de Alès fuper tertium fententiarum. *Venetiis impenfis Johannis de Colonia fociique ejus Johannis Manthem de Gheretzem,* 1475. in fol. goth. m. r.

IMPRIMÉ SUR VÉLIN.

Ce Volume, qui eft imprimé fur 2 colonnes, commence par huit feuillets qui contiennent la Table des Chapitres & le Regiftre. Les feuillets font numerotés dans le bas 2, 3, &c. Le Texte fuit; il commence par la fignature a 2 — q q. Le Volume finit par cette foufcription:

Hic finis prebet operis folēnis dñi Alexandri de Ales ordinis minorū Theologi famofiſſimi fuper tertiũ fententiar: quodꝑ optime emēdatum: Venetiis impreſſionem habuit impenfis Johannis de Colonia fociiq; eius Johannis manthen d Gheretzem Anno a natali christiano. M°. CCCC°. LXXV°.

530 Sancti Thomæ de Aquino expositio quarti libri sententiarum. *Moguntiæ, per Petrum Schoiffer de Gernszhem*, 1469. in fol. goth. v. f.

PREMIERE EDITION.

Le Volume finit par la souscription suivante, imprimée en rouge, avec les écussons:

Preclarũ hoc opus quartiscripti sc̃i thome de aquino. Alma in vrbe mogũtina. inclite nacõis germãice. quã dei clemẽtia tã alti ingenij lu̇ıne. donoq̃ gratuito. ceteris terrar nacõibꝰ p̃ferre. illustraẽq̃ dignata ẽ. Artificiosa quadã adinuenncõe imprimendi seu caracterizandi absq̃ vlla calami exaracõne sic effigiatũ. et ad eusebiã dei industrie est cõsũmatũ. p̃ petrũ schoiffher de gernsz̃hem. Anno dñi millesimo quadringentesimo sexagesimo nono. Tredecima die Junij. Sit laus Deo.

Il y a à la tête du Volume la note suivante, écrite de la main de M. l'Abbé Rive :

Liber hic collatus et integer. constat a fronte operis ad calcem 268 foliis adsunt duo errata in ciffrarum serie, omissus nempe est numerus 88 inter fol. 87 & 89. et numerus 88 inoscitanter fuit geminatus. post calcem operis, reperiuntur adhuc 6 folia separata, tabulæ distinctionum partem reliquam continentia.

Liber iste quarti sententiarum libri expositionem exhibet. Hinc typographus qui Dni Gayot catalogum in lucem emisit, errore deceptus est cum pag. 18, N° que 115 quatuor Sti Thomæ in Magistrum sententiarum commentariorum libros volumen istud continere retulit. . . . eodem errore lapsi erant antea Ectardus et Quetif tom. I. biblioth.

ordinis prædicat. col. 2. pag. 287. *& Jo. Alb. Fabricius biblioth. mediæ et infimæ latinit. pag.* 238 *col.* 2. *tom.* 6. *in-*4. *edit. pataviens. anni* 1754 *qui idem afferuerant.*

Corn. à Beughem (*in incunabulis typog. pag.* 134) *Maittaire in annalibus typograph. Orlandi,* (*origine della ſtampa oſia dell'arte impreſſoria in-*4. *pag.* 11 — 15.) *et Cawe in hiſt. litteraria ſcriptorum Eccleſiaſticorum Tom.* 2. *p.* 307. *col.* 1. *edit. oxonienſis in-fol.* 1733. *Hanc editionem ignorarunt.*

Les chiffres qui numerotent les pages font faits à la plume.

531 Incipit ſumma edita a ſancto Thomâ de Aquino de articulis fidei et eccleſiæ ſacramentis. (*Coloniæ, per Olricum Zel de Hanau,*) *circa annum* 1470. in 4. goth. m. bl.

On trouve à la fin la ſouſcription ſuivante :

Explicit ſumma edita a ſancto thoma de aquino de articulis fidei et eccleſie ſacramentis.

La totalité du Volume eſt de 15 feuillets dont les pages qui ſont entieres ont 27 lignes..

532 Summa Theologiæ edita a ſancto Thomâ de Aquino, ordinis prædicatorum. *Baſileæ,* 1485. 2 vol. in fol. goth. m. r.

533 Prima pars ſecundæ partis ſummæ Theologiæ ſancti Thomæ de Aquino. *Venetiis, per Franciſcum de Hailbrun,* 1478. in fol. goth. m. r.

Cet Ouvrage eſt imprimé ſur 2 colonnes, avec des ſignatures. La Table qui eſt à la fin contient 7 feuillets.

534 Tertia pars ſummæ ſancti Thomæ de Aquino. cum additionibus. *Venetiis, per Bernardi-*

num de Tridino ex Monteferrato, 1486. *die* X *aprilis*. in fol. goth. m. r.

535 Sancti Thomæ Aquinatis. secunda secundæ. 1472. in fol. goth. m. r.

Le caractere de cette Edition a beaucoup de ressemblance avec le petit caractere de Mayence. Elle est sur deux colonnes dont celles qui sont entieres ont 58 lign. La Table des questions y occupe 7 feuillets; le premier commence ainsi :

ueſtio p̄ma de ūtutibus et vicijs in ſpāli.

Et le premier du Texte :

Oſt ɔmūez ɔſideracōnem.

A la derniere ligne du dernier feuillet il y a :
secula. AMEN.
M. cccc. lxxij.
Laus deo.

536 Secundus liber secundæ partis Beati Thomæ de Aquino. *Venetiis*, 1479. in fol. goth. m. r.

Ce Volume est imprimé sur 2 colonnes, avec des signatures. La Table qui est à la tête contient 8 feuillets.

537 Duodecim quodlibeta Beati Thomæ de Aquino disputata. (*Romæ in S. Eusebii Monasterio, per Geor. Laver, circa annum* 1470). in fol. m. r.

Premiere Edition, exécutée à longues lignes; les pages qui sont entieres en ont 33. elle est sans nom de Ville, sans signatures, &c. ses caracteres sont exactement les mêmes que ceux des Homélies de Saint Chrisostôme sur les Evangiles, imprimées dans le Monastere de St. Eusebe, à Rome. Le Volume commence par la Table qui contient 5 feuillets; le Texte suit, & l'Ouvrage finit au

bas

bas du recto de la derniere page, par le Chapitre XXXVII. qui contient 3 lignes, & par le mot *Explicit*.

538 Sancti Thomæ de Aquino quæstiones de XII quodlibet. *Coloniæ, per Arnoldum Ther Hoernen,* 1471. in fol. goth. m. r.

Ce Volume est imprimé sur 2 colonnes, avec des sommaires dans le haut des pages ; on trouve à la tête six feuillets qui contiennent la Table des questions ; le Texte suit, & au dernier feuillet il y a la souscription suivante, imprimée en rouge, avec l'écusson de l'Imprimeur au dessous :

Et in hoc finitur Quodlibetor liber sic a sancto Thoma de Aquino ordinis fratrũ p̃dicator positus est. Jmpressus Colonie per Arnoldum ther hoernen Anno dñi. 1471. pro cui9 consũmationis sanct9 sanctor laudeť in secula benedict9. Amen

539 Sancti Thomæ de Aquino quæstiones de XII quodlibet. *Coloniæ, per Arn. Ther Hoernen,* 1471. in fol. goth. m. r.

Il y a à la fin de ce Volume une partie de 46 feuillets, imprimés sur 2 colonnes par le même Ther Hoernen, & dont les pages qui sont entieres ont 40 lignes ; elle porte ce titre en rouge :

Jncipit modus p̃cedendi in sermones de sacramento venerabilis eukaristie quos conposuit sanctus Thomas de aquino ordinis fratrũ predicatorum.

540 Sti Thomæ de Aquino quæstiones de quodlibet. *Ulmæ, per Johannem Zainer de Rutlingen,* 1475. in fol. goth. m. r.

On trouve à la tête du Volume 7 feuillets qui contiennent

la Table. Le Texte suit, & à la fin il y a cette souscription:
Immensa dei clementia finitur Quodlibet liber sancti Thome de Aquino ordinis fratrum p̄dicator in eiusdeq3 gloriam compositus. Jmp̄ssus Ulm per Johannē czainer de Rutlingen. Anno dn̄i. Millesimo quadringentesimo septuagesimo quinto. Pro cui9 consummatione Rex regū laudetur in secula benedictus Amen.

541 Quæstiones de quodlibet sancti Thomæ de Aquino ordinis fratrum Prædicatorum. *Venetiis, impensis Francisci de Madiis per Hannibalem Parmensem & Marinum Saracenum*, 1486. die ultimo mensis madii. in 4. goth. v. f.

542 Sancti Thomæ de Aquino modus procedendi in sermones venerabilis Eucharistiæ. = Summa collationum ad omne genus hominum. 1472. in fol. goth. m. r.

Le premier Traité est de la même Edition que *Modus procedendi in sermones* &c. N°. 539.

Le second Traité est du même Ther Hoernen: il est imprimé sur 2 colonnes, dont celles qui sont entieres ont 49 lignes. Il finit ainsi:

Finitū est hoc opus. Anno domī. 1.4.72. die 17. mens3 Julij.

Cette souscription est suivie de 2 feuillets de Table.

543 Modus procedendi in sermones de sacramento venerabilis Eucharistiæ, quos composuit sanctus Thomas de Aquino ordinis fratrum prædicatorum. in fol. goth. m. r.

Même Edition que celle du N°. précédent; elle a dû paroître vers 1472.

544 Les Enseignements saint Thomas. in 4. sans date, &c. goth. v. m.

545 Le quartenaire saint Thomas autrement dit les quatre choses nécessaires à soi bien gouverner en ce monde. in 8. goth. m. r.

546 Joannis Duns Scoti Theologi acutissimi, ordinis Minorum, quæstiones super primo sententiarum. ab Antonio Tronbeta emendatæ. *Venetiis,* (*Albertus Stendal*) 1472. in fol. m. r.

PREMIERE EDITION.

CET OUVRAGE est imprimé sur 2 colonnes; il commence par ces mots qui sont imprimés en lettres capitales, *Vtrum homini pro statu*...

A la fin il y a cette souscription:

Expliciunt questiones Ioannis Scoti : theologi acutissimi sacri minor ordinis : Super primo sententiarum : Quod opus ab Antonio Tronbeta : theologo : patauino : eiusdem ordis minorū ingenti diligentia emendatum est : Antonii uero bononiensis phisici 9dam Ioannis genuēsis ittidem phisici : Et Cristofori bellapierd ueneti : iussu & suptibus uenetiis impressum. Anno Iesu Christi. f. dei & Marie uirginis. M°. cccc°. lxxii°. xiii. Kdl. Decembres x. s. FINIS.

Les caracteres, la justification des pages, & les abréviations de cette Edition sont semblables à celles de l'édition des Quodlibeta, annoncée ci-après, N°. 548.

547 Johannis Scoti subtilissimi Doctoris Theologi : in quartum librum sententiarum, opus anglicanum. 1474. in fol. goth. m. r.

Ce Volume, qui eſt ſans nom de Ville, &c. eſt imprimé ſur 2 colonnes. Il commence par l'intitulé ci-deſſus. On trouve au dernier feuillet de la Table cette ſouſcription : *Explicit numerus & ordo queſtionum hui9 opis ; Anno, &c. lxxiiij.*

A en juger par les caracteres qui ſont ceux avec leſquels Coburger a imprimé le *Boece* latin de 1476 ; cette Edition doit être ſortie des preſſes de cet Imprimeur de Nuremberg.

548 Joannis Duns Scoti quodlibeta. (*Venetiis*) *Albertus Stendal*, 1474. in fol. m. r.

Cette Edition eſt exécutée ſur 2 colonnes ; elle commence par ces mots, qui ſont imprimés en lettres capitales : *Cuncte res difficiles, &c.*

Au dernier feuillet du Texte il y a cette ſouſcription :

Explicit feliciter.

M. CCCC. LXXIIII.

Hæc Albert9 ego ſtedal colibeta mgr.
Altiloq Scoti formis uberrima preſſi.
Religiöe ſacra & diua celeberrim9 arte.
Clar9 & igeio. Auguſti ex ordie Tomas
Impreſſu3 purgauit op9 ſtudio iteger oi.
Anglia cui patria ë gñis ɔ9noïe penketh.

On doit trouver enſuite cinq feuillets qui contiennent la Table.

549 Repertorium ſuper quodlibeta magiſtri Scoti. per Guillelmum Varillonem. *Impreſſum per Mattheum Cerdonis de Vindeſgretz.* in 4. goth. v. f.

550 Collectorium Gabrielis Biel ſuper primum & ſecundum librum ſententiarum Guillermi Oc-

THÉOLOGIE.

cam. *Tubingæ, 9 Kalendas Maias,* 1501. in fol. goth. m. r.

551 Varii tractatus & disputationes correctionis nonnullarum communium opinionum Theologiæ scholasticæ. authore R. P. C. de Capite Fontium. *Parisiis, Sittart,* 1586. in 8. v. f.

La signature E, pag. 33 — 40 qui manque très souvent, est réimprimée dans cet Exemplaire.

Cours & Sommes de Théologie Scholastique & Dogmatique, &c.

552 Summa quæstionum ordinariarum Theologiæ magistri Henrici a Gandavo. (Goethals) *Parisiis, Jodocus Badius Ascensius,* 1520. 2 vol. in fol. m. r.

IMPRIMÉ SUR VÉLIN.

553 Summa Theologiæ fratris Anthonini de florentia ordinis Prædicatorum & Archiepiscopi Florentini. *Nurnbergæ, Ant. Coburger,* 1478. 4 vol. in fol. goth. G. P. m. r.

On trouve à la fin du premier Volume la souscription suivante :

Hic prime ptis Summe Anthonini. ordinis pdicatorum fratris clarissimi : archipresulis florentini finis extat. solerti cura emedate. opa ac impens3 Anthonij Coburger Nurnberg impresse : Millesimo qdringentesimo septuagesimo octauo currete natiuitatis dnice anno. xvj vo kl. nouembris. unde deo om donanti. gratiar infinitas (iuxta modulum nostr) referimus actones ;

Obijt idē ſacre ſcripture interpres. Anno legis grātie : Milleſimo quadringētēſimo quinquageſimo nono. vj. nonas May. cui9 epitaphium ſepulture hoc eſt affixum;

Hic eſt ille tuus paſtor florentia : p quo
No ceſſas meſto ſpargere rore gends
Patribɔ haud priſcis. pietate Anthonins,
Jmpar : qui ſcripſit quicq̄d lra ſacra docet ;

Tom. 2. Nurnberge per Ant. Koburger, 1477. Octobris vero idus VI.

Tom. 3. Nurnberge, per Ant. Coburger, 1478, Februarii vero kl. ſeptimo.

Tome 4. On a réimprimé à la fin de ce quatrieme Volume l'Epitaphe de St. Antonin, à la ſuite duquel il y a : *Induſtria Antony koburger incole Nurenbergen. taliter effigiata : et anno domini &c. lxxix. penultima aprilis conſumata ;*

554 Somma delle Arciveſcovo Antonino. *imp. circa,* 1490. *in* 4. goth. m. r.

555 Compendium Theologicæ veritatis. (Hugonis Argentin.) cum tabulâ materiatum per ordinem alphabeti redactâ per Thomam Dorniberg de Memingen civitatis Spirenſis advocatum. in fol. goth. v. f.

Ce Livre eſt imprimé ſur 2 colonnes, dont celles qui ſont entieres ont 34 lignes ; il a des ſignatures depuis la lettre a—x. & à la fin 17 feuillets, dont les 5 premiers ont la ſignature a i, &c. Ils contiennent un Avertiſſement de Th. Dorniberg, & une Table alphabétique. Au verſo du dernier il y a la ſouſcription ſuivante ;

Suſtipite igĩt queſo omines theologice veritatis fideiq̃ catholice amatores hūc laborem grato aīo grās agentes cundi-

THÉOLOGIE. 199

potenti deo cuius munere ac singulari adiutorio hec ego Thomas dorniberg ppfatus feliciter pfeci & opleui Anno dñi Millesimo quadringentesimo septuagesimo tercio in vigilia sancti bartholomei apli.

Cette Édition & celle du Livre *de quatuor virtutibus*... N°. , sont exécutées l'une & l'autre avec les mêmes caracteres. On prétend que ce sont les deux premieres productions de *Pierre Drach*, Imprimeur de Spire, vers 1472.

556 Johannis de Tambaco de consolatione Theologiæ libri XIV. in fol. goth. m. r.

Édition sans date, sans nom de Ville, &c. exécutée à longues lig. vers 1475. Les pages qui sont entieres ont 44 lig.

Le Volume commence par la Table qui contient 6 feuillets. Le Texte suit ; il commence par le Prologue, & au dernier feuillet il y a cette souscription :

Explicit liber de osolatione theologie p. fratrem Iohannem de Tambaco ordinis predicator puincie theuthonie sacre Theologie pfessorem osummatus. Anno dñi. M°. ccc°. lxvj°. In die Ambrosij.

Traités des Créatures, & premièrement des Anges.

557 Le liure des anges compilé par frere francoys eximinez de l'ordre des freres mineurs à la requeste de messire pierre dartes cheualier gouerneur jadis du roy darragon. in fol. m. r.

Beau Manuscrit sur vélin du *XV siecle*, contenant 132 feuillets. Il est écrit en *ancienne batarde*, sur 2 colonnes, & enrichi de 2 miniatures, dont l'une a 5 pouces & demi de haut, sur environ 6 pouces de large. Ses sommaires sont en rouge, & ses *lettres tourneures* sont peintes en or & en couleurs.

Cet Ouvrage, dédié à la Trinité & à la Vierge, traite des bons & des mauvais Anges, de leur essence, du bien que les bons font aux hommes, &c. Il fut traduit du latin en françois dans le XV siecle. Son Auteur, *François Ximenes*, Cordelier de Catalogne, le composa en 1387; il mourut en 1409, Patriarche de Jérusalem, & Evêque d'*Elne*, dans le Roussillon; Evêché transféré dans la suite à *Perpignan*.

558 Le livre des saints Anges, compilé par frere François Eximines. *Geneve.* 1478. in fol. goth. m. r.

PREMIERE EDITION.

On trouve à la tête du Volume 7 feuillets qui contiennent le Prologue & la Table; le Texte suit, & on lit à la fin. *Cy finist le liure des sains anges. Imprime à geneue Lan de grace Mil. cccc. lxxviij. le. xxiiije iour de mars.*

Traités de la Grace & du Libre Arbitre, de la Premotion Physique, de la Prédestination, &c.

559 Th. Bradwardini de causâ Dei, contra Pelagium, & de virtute causarum, libri tres. operâ Henr. Savilii. *Londini, Billius,* 1618. in fol. m. r.

Traités concernant les Disputes sur la Grace, la Prédestination, le libre Arbitre, &c.

560 Journal de M. Louis Gorin de Saint Amour, de ce qui s'est passé à Rome dans l'affaire des cinq propositions. 1662. in fol. m. r. l. r.

561 Les Imaginaires, ou lettres sur l'Hérésie imaginaire. par le sieur de Damvilliers. (Pierre Nicole).

THÉOLOGIE.

cole). *Liege, Adolphe Beyers, (Leyde, Elzevier)*, 1667. 2 vol. in 12. m. viol. doub. de m. cit. l. r.

Traités de l'Incarnation de Jésus Christ, de sa Passion & de sa Mort.

562 Vincentii de Bandelis tractatus de singulari puritate & prerogativâ conceptionis Salvatoris nostri Jesu Christi. *Bononiæ, per Ugonem de Rugeriis*, 1481. in 4. m. r.

PREMIERE EDITION.

Les feuillets 5 & 6 manquent; ils contiennent la fin du premier Chapitre, & le commencement du second.

563 Tractatus de singulari puritate & prærogativâ Conceptionis Salvatoris nostri Jesu Christi: per Fr. Vincentium de Bandelis. præfixa est, ejusdem epistola narrativa disputationis Ferrariæ factæ, de conceptione B. Virginis Mariæ. annexâ epistolâ B. Bernardi de festo conceptionis B. Virginis, &c. *Ad exemplar impressum Bononiæ*, 1481 = S. D. N. Papæ Innocentii XI. Decreta, quibus interdicitur officium Immaculatæ Conceptionis sanctissimæ Virginis nec non plurimæ indulgentiæ abolentur vel prohibentur. *Juxta Romana Exemplaria*, 1679. in 12. m. cit.

564 Libellus de infantiâ Salvatoris à Beato Hieronymo translatus. *impressus circa annum*. 1475. in 4. v. m.

565 I quattro libri de la humanita di Christo di M. Pietro Aretino. 1539. in 8. m. r.

566 Trois livres de l'Humanité de Jésus Christ : divinement décrite, & au vif représentée par Pierre Aretin, traduits en françois, (par Jean de Vauzelles). *Lyon, Melchior & Gaspar Trechsel*, 1539. in 8. v. f.

567 Thresor admirable, de la sentence prononcée par Ponce Pilate, contre N. Seig. Jésus Christ. trouvée miraculeusement écrite sur parchemin en lettre hébraïque, dans un vase de marbre, &c. dans la ville d'Aquila, sur la fin de l'année 1580. trad. d'italien en françois. *Paris, Julien*, 1581. in 8. m. r.

568 De sanguine Christi libri V. authore Francisco Collio, collegii Ambrosiani doctore. *Mediolani, ex collegii Ambrosiani Typographiâ*, 1617. in 4. m. r.

Traités de la Bienheureuse Vierge Marie, des Saints, & de leur Culte, &c.

569 Copia Bullæ seu sententiæ diffinitivæ Concilii Basiliensis de sanctissimâ Conceptione dei Genitricis Mariæ. = Beati Anselmi epistola de sanctâ Conceptione Gloriosæ Virginis Mariæ. in 4. goth. v. f.

Les caracteres de ces deux Traités sont ceux de Jean Guldenschaff de Mayence ; l'un contient 2 feuillets dont les

THÉOLOGIE.

pages entieres ont 24 lignes ; l'autre consiste en 4 feuillets dont les pages ont le même nombre de lignes.

570 Vincentii de Bandelis libellus recollectorius de veritate Conceptionis Beatæ Virginis Mariæ. *Mediolani, Valdafer*, 1475. in-4. goth. m. r.

PREMIERE EDITION très rare.

CET OUVRAGE est imprimé sur 2 colonnes, sans signatures. Il commence par une Dédicace adressée à Pierre Cosme de Médicis ; elle est suivie d'une Table des Chapitres ; le Texte vient après, & à la fin il y a cette souscription :

LAUS DEO.

Explicit ualde utilis libellus recollectorius de ueritate coceptōis beate uirgīs Marie īpres Mediolani dnante Felicissimo Galiaz maria uicecomite duce Quinto p Christoforū Valdafer Ratisponensem Anno domini. 1475.

Le feuillet qui suit contient le Registre.

571 Dominici Bollani opus in quæstionem de Conceptione gloriosissimæ Virginis Mariæ. (*Venetiis, circa* 1474.) in-fol. m. r.

CET OUVRAGE dédié à Nicolas Marcello, mort Doge de Venise, le 4 Décembre 1474 a été probablement imprimé pendant les deux années qu'il fut en place.

Cette Edition, qui est à longues lignes, & dont les pages entieres ont 35 lignes, commence par la dédicace à Nicolas Marcello, & finit au bas du verso du dernier feuillet, par ces mots :

Deo gracie infinite.

572 Ambrosii Corani oratio de Conceptione S. Virginis Mariæ. in-4. v. f.

On lit au bas du verso du premier feuillet :
Sequit̃ Rubrica de ipsa oratione :
Gregia preclaraq3 orõ de uirginis conceptõe sacre theologie professoris magistri Ambrosii de Cora ordinis diui Augustini corã Sixto. IIII. maximo Romanor p̃tifice et Cardinea Senatoriaq3 corona sexto ydus decẽbri ãno sanctissime natiuitatis xp̃i. M. CCCC. LXXII. in tẽplo diue Marie de populo ordinis eiusdem infra urbis menia habita. Feliciter Incipit

Cette Edition paroît avoir été exécutée dans la même année 1472.

573 Alberti Magni libri XII. de Beatâ Mariâ Virgine. in-fol. goth. m. r.

Cette Edition paroît avoir été exécutée vers 1475. Elle est sans date, sans signatures, sur deux colonnes, dont celles qui sont entieres ont 61 lignes. Les caracteres ont de très grands rapports avec ceux du livre annoncé ci-après sous le N°. 612. On trouve à la tête du volume deux feuillets qui contiennent le Prologue & la Table des Questions. Le Texte suit, & l'Ouvrage finit au verso du dernier feuillet par une autre Table.

574 Le grand Marial de la Mere de vie, des oracles, mérites, louanges, histoires & prérogatives de la très sacrée Vierge Marie. *Paris, Thielman Vivian*, 1539. in-4. v. f. l. r.

575 Disputation entre d'homme & raison, composé à l'honneur de la glorieuse Vierge Marie. Par Tristan de Lescaigne. *Paris, Denys Janot.* in-8. m. bl.

576 L'Image de vertu, démontrant la perfection

THÉOLOGIE.

& sainte vie de la B. Vierge Marie. Par Fr. Pierre Doré. *Paris, Jean Ruelle.* in-8. v. m.

577 De veneratione Sanctorum, opusculum. Auctore judoco Clichtoveo. *Parisiis, Colinæus,* 1523. in-4. v. f.

578 Ci commence le liure que a fait un maistre en divinité de l'ordre des freres prescheurs des louanges monf. f. jehan l'euuangéliste. in-fol. m. bleu.

MANUSCRIT sur vélin du *XIV siecle*, contenant 68 feuillets. Il est écrit en *lettres de forme*, sur 2 colonnes, & enrichi de 18 miniatures de 2 pouces en quarré. Ses sommaires sont en rouge, & ses *tourneures* sont peintes en or & en couleurs.

Traités de l'Eglise & des choses Ecclésiastiques, & premiérement de l'Eglise, des Conciles, du Pape, & des Traditions, &c.

579 Pentatheucum fidei, sive volumina quinque. De Ecclesia. De Conciliis. De Scripturâ Sacrâ. De Traditionibus sacris. De Romano pontifice. Auctore Fr. Ant. Perez. *Matriti, vidua Ildeph. Martin,* 1620. in-fol. v. f.

580 De reformatione Romanæ Ecclesiæ tractatus longe optimus, editus a Rév. Patre Petro de Alliaco, Cardinale Cameracensi. in-4. m. r.

581 Speculum Ecclesiæ, unà cum speculo Sacerdotum. Auctore Hugone Cardinale. *Parisiis,*

THÉOLOGIE.

Ant. Caillaut. == Tractatus qui Stella Clericorum inscribitur. == Meditationes Beati Augustini. in-4. goth. v. f.

582 Onus ecclesiæ. (authore Joanne Episcopo Chemensi seu Ubertino de Cabali.) *Opus compilatum est anno* 1519. *sed in lucem editum typis* 93. *D. Jo. Meyssenburger Laudszhute excussum. Anno dni* 1524. in-fol. goth. m. r.

ÉDITION originale, très rare.

583 Onus ecclesiæ temporibus hisce deplorandis apocalypseos suis æquè conveniens, turcarumque incursui jam grassanti accommodatum, non tàm lectu quàm contemplatu dignissimum. Jamprimùm authoris exactiore adhibitâ limâ typis à mendosis expurgatum. (authore Joanne Episcopo Chemensi seu Ubertino de Cabali.) *Opus compilatum est anno* 1519. *sed in lucem editum typisque excusum anno Domini* 1531. in-fol. m. bl.

584 Onus ecclesiæ. (Authore Joanne Episcopo Chemensi seu Ubertino de Cabali.) *Coloniæ, ex ædibus Quentelianis,* 1531, *mense junio.* in-fol. m. cit.

Traités des Cérémonies Ecclésiastiques, & du Culte Religieux des Images, &c. où il est aussi traité des Superstitions & de l'Idolâtrie des Magiciens.

585 Discours Ecclésiastiques contre le Paganisme

THÉOLOGIE.

des Rois de la feve & du Roi boit, pratiqués par les chrétiens charnels en la veille & au jour de l'Epiphanie. Par Jean Deflyons. *Paris, Guillaume Desprez*, 1664. in-12. m. r.

586 Apologie du Banquet sanctifié de la veille des Rois. Par Nicolas Barthelemy. *Paris, Gilles Tompere*, 1664. in-12. v. f.

587 L'origine des Masques, mommeries, bernez & revenez ès jours gras de Caremeprenant, menez sur l'asne a rebours & charivary. Par Claude Noirot. *Lengres, Chauvetet*, 1609. in-8. v. m.

588 Traité contre les Masques. Par Jean Savaron. *Paris, Perier*, 1611. in-8. m. r.

Traités des IV dernieres fins de l'Homme: la Mort & le Jugement dernier, le Purgatoire, le Paradis, & l'Enfer: de l'Ante-Christ, & des signes qui doivent précéder la fin du Monde.

589 Quatuor novissimorum liber, de Morte videlicet, poenis inferni, Judicio & coelesti gloriâ. (*Parisiis, Petrus Caesaris,*) circa 1472. in-4. v. f.

590 De quatuor novissimis; ou les quatre choses dernieres, auxquelles la nature humaine doit toujours penser, trad. en vers & en prose. (Par Thomas le Roy.) *Audenarde*, (*Arnaud l'Empereur.*) in-4. goth. fig. v. m.

591 Ars moriendi, opus, si structuram spectes,

nullius momenti ; sed quod ab eo, Typographia ars nobilissima exordium sumpserit, multi pretii. Laurentius Joannis Costerus, civis Harlemensis, excudebat, ut aiunt, circa annum R. S. H. CIƆCCCCXL.

E pulvere, in quo forsan adhuc jaceret, eruit, & nitidiori tegumento decoravit P. J. Mariette Bibliopola Parisiensis, 1738. in-4. m. r. doub. de tabis ; avec le portrait de *Laurent Coster*.

Ce Livre, qui est de la plus belle conservation, a été acheté 1070 liv. à la vente de M. *Mariette*, qui a dressé & fait imprimer le titre que nous venons de rapporter.

M. le *Baron Heniken* donne, dans son Ouvrage déjà cité, une description détaillée des différentes éditions de ce Livre.

Il contient (dit-il) 12 feuilles imprimées (avec Planches de bois) d'un seul côté ; tellement que deux pages de la premiere feuille sont employées pour la Préface, & les onze autres contiennent toujours d'un côté une figure, & de l'autre côté vis-à-vis, le discours ou le texte ; de façon que les dos restent toujours en blanc, pour être collés ensemble. De cette maniere on trouve onze planches de figures, & onze tables de texte.

Il décrit ensuite, page 406, l'édition de M. Mariette de cette maniere :

Chaque feuille fait son cahier. L'impression est d'un Cartier, avec de l'encre en détrempe. Les planches sont encadrées d'une simple ligne, & il y a une singularité à observer à la *planche 5, sur l'impatience*, où dans la treisieme ligne, qui finit avec le mot *pdat*, la derniere lettre *t* anticipe sur le trait qui renferme la page, & qui lui sert de cadre. A quatre pages (4, 5, 6 & 7) il n'y a point de lettre capitale, apparemment qu'on a voulu la faire peindre.

Je

THÉOLOGIE.

Je mettrai ici en peu de mots ces planches suivant l'ordre dans lequel on les voit dans cette Edition.

PRÉFACE.

Ars moriendi.
Qvăvis secundũ philosophũ.
Ensuite 25 lignes. La derniere finit :
sanitatis cõsequẽde Nă.

La page vis-à-vis commence :
scdm căcellariũ parisiẽsẽ, sepe.

On compte ensuite 29 auttes lignes, dont le caractere diminue à mesure qu'elles approchent plus de la fin ; tellement que le dernier mot *consideret* fait seul le commencement d'une trentieme ligne en très petites lettres.

FIGURES.	TEXTE.
1. *Fac sicut pagani.*	*Temptacio dyaboli de fide.* puis 27 lignes.
2. *Sis firm9 ĩ fide.*	*Bona inspira angeli de fide.* & 33 lignes.
3. *Ecce p̃c̃a tua.*	*Temptatio dyabo de despacione.* & 30 lignes.
4. *Nequacq̃. despẽs.*	*Bona ĩspiracio angli contra despacõen.* & 27 lignes.
5. *q̃ bene decepi eũ.*	*Temptacio dyaboli de ïpaciencia.* & 26 lignes.
6. *Sum captiuat9.*	*Bona ĩspiracio angli de paciẽcia.* & 36 lignes.
7. *Gloriare.*	*Temptacio dyaboli de vana gloria.* & 24 lignes.
8. *Sis humilis.*	*Bona ĩspiracio angli contra vanã gloriã.* & 28 lignes.

Tome I   D d

9. Jntĕde thefauro.   Temptacio dyaboli de auari-
                     cia. & 26 lignes.

10. Non fis auarus.   Bona ĭspiracio angli cŏtra
                     auariciă. & 30 lignes.

11. Heu infanio.   Sj agonifans loq̃ui ..... 32 li-
                     gnes.

Je ne connois pas d'autre Exemplaire de cette Edition, que celui de *M Mariette*.

Quoique la marque du papier ne foit pas un guide sûr, il ne fera cependant pas hors de propos d'obferver que le papier fur lequel eft imprimé l'Exemplaire de *M. Mariette*, eft marqué depuis la premiere feuille jufqu'à là derniere, d'une *roue dentelée*, telle qu'eft ordinairement celle dont les anciens Peintres ou Graveurs accompagnent dans leurs Ouvrages la figure de *Ste. Catherine*. Il entre dans cette marque un d. & un p.

592 Ars moriendi. in-4. goth. fig. m. r. dent. doub. de tabis.

EDITION très rare, fans date, fans nom de Ville & d'Imprimeur, exécutée à longues lignes vers 1480, avec des caracteres mobiles de fonte. Les figures qui ont été faites d'après les anciennes Editions, en font gravées fur bois, & le difcours en eft à très peu de chofe près le même que celui de l'Edition précédente.

Ce Volume confifte en 14 feuillets, dont 13 pages contiennent le difcours, & 12 pages les figures qui font imprimées fur le verfo du feuillet, à l'exception de la premiere qui eft fur le recto.

On ne trouve fur le premier feuillet recto que ces mots: *ars moriendi*.

On voit fur le fecond feuillet recto la figure *non fis aua-*

THÉOLOGIE.

rus, qui eſt la même que l'avant derniere. La Préface commence au verſo, & finit vers le milieu du troiſieme feuillet recto. Au verſo de ce feuillet eſt la figure *fac ſicut pagani*; elle eſt répétée ſur le feuillet ſuivant, & y occupe la place de celle : *ſis firm9 in fide*, qui manque. Toutes les autres figures ſe ſuivent, juſqu'à la derniere : *heu inſanio*, qui manque auſſi, mais qui eſt remplacée par l'avant derniere : *non ſis auarus*; de ſorte que cette figure ſe trouve trois fois dans cette Edition.

593 La Prognoſtication du ſiecle advenir, contenant trois petits traités. Le 1er déterminé comment la mort entra premiérement au monde. Le deuxieme parle des ames des trépaſſés; & de la différence des Paradis; le tiers de la derniere tribulation; & de la réſurrection des corps. Par Ben. Gillebauld. *Lyon*, *Arnoullet*, 1533. in-8. goth. v. m.

594 Traité pour ôter la crainte de la mort, & la faire deſirer à l'homme fidele. Plus, une brieve déclaration de la réſurrection des morts, avec quelques Prieres & Méditations. *Imprimé nouvellement*, 1583. == Brieve & claire déclaration de la réſurrection des morts. Par Helie Philippin. *Imprimé nouvellement*, 1583. in-24. m. r.
IMPRIMÉ SUR VÉLIN.

595 La maniere de ſe bien préparer à la mort, par des conſidérations ſur la Cene, la Paſſion & la Mort de Jeſus Chriſt. avec de très belles eſtampes emblêmatiques; expliquées par M. de

Chertablon. *Anvers, George Gallet,* 1700. in 4. m. bl.

596 De extremo Dei Judicio & Indorum vocatione libri duo. authore Joanne Frederico Lumnio. *Antverpiæ, Antonius Tilenius Brechtanus,* 1567. in 8. v. f.

597 De vicinitate extremi Judicii Dei, & consummationis sæculi, libri duo. authore Joanne Frederico Lumnio. *Antverpiæ, Joanne Keerbergius,* 1594. in 8. v. f.

598 Cest une disputacion faite ja piecha entre l'esprit d'un homme trespasse (dans la ville de veronne en 1424. nommé guy de tourno) & ung prieur des freres prescheurs (sur l'autre monde, le purgatoire, l'enfer, le paradis &c.) in 4. rel. en cart.

MANUSCRIT sur papier du *XV siecle,* contenant 21 feuillets.

599 De fidelium animarum Purgatorio, libri duo. de Limbo Patrum, liber tertius. authore joanne Lensæo Belliolano. *Lovanii, Joannes Masius,* 1584. in 8. v. f.

600 Ignis purgatorius post hanc vitam ex græcis, & latinis patribus orthodoxis, hæbreorumque doctissimis, ac vetustissimis assertus à Bart. Valverdio, Gandia villenate. *Venetiis, Valgrisius.* 1590. in 4. m. bl.

601 De Purgatorio igne adversus Barlaam Petri

… Arcudii. gr. & lat. *Romæ, Typ. Sac. cong. de Propagandâ fide*, 1637. in 4. m. r.

602 Francifci Collii Collegii Ambrofiani Doctoris de animabus paganorum libri V. *Mediolani, ex Collegii Ambrofiani Typographiâ*, 1622. 2 vol. in 4. m. r.

603 De inferno & ftatu dæmonum ante mundi exitium, libri quinque, authore Ant. Rufca collegii ambrofiani doctore. *Mediolani, ex collegii Ambrofiani typographiâ*, 1621. in 4. m. bl.

604 Vafo di verita nel quale fi contengono dodeci refolutioni vere, a dodeci importanti dubbi, fatti intorno all origine, nafcita, vita, opere e morte dell Antichrifto. del Padre Aleffio Porri. *in Venetiâ, P. Dufinelli*, 1597. in 4. m. r.

605 Prognofticon divi Vincentii confefforis, de Antichrifto mixto & puro, de perfecutione eorum. itemque, quomodo navicula Petri periclitabitur, mergi tamen non poterit. de fine mundi, &c. *Coloniæ, Petrus Quentell*, 1529, in 4. rel. en cart.

THÉOLOGIE MORALE.

Traités moraux des Loix, de la Juftice, des Actions humaines ; des Jeux, des Divertiffements & Spectacles, des Contrats, Ufures, Reftitutions, &c.

606 Conclufiones de diverfis materiis moralibus,

per Johannem Gerson. = Ejusdem tractatulus de redemis contra pusillanimitatem Scrupulositatem, contra deceptorias inimici consolationes, &c.. editus. (*Coloniæ, Otricus Zel de Hanau, circa* 1470). = Ejusdem sermo de conceptione gloriosissimæ dei genitricis Virginis Mariæ. (*per Joannem Guldenschaff, circa* 1470). in 4. goth. v. f.

Les deux premiers Traités sont imprimés à longues lignes avec les caractères de Zel de Hanau ; l'un contient 28 feuillets, l'autre 13 feuillets, dont les pages qui sont entieres ont 27 lignes.

Le troisieme Traité contenant 16 feuillets dont les pages ont 25 lignes, est exécuté avec les caractères de Jean Guldenschaff, de Mayence.

607 Remontrance charitable aux dames & demoiselles de France sur leurs ornements dissolus, pour les induire à laisser l'habit du paganisme, & prendre celui de la femme pudique & chrétienne. (par Antoine Estienne.) *Paris, Nivelle,* 1585. in 8. v. f.

608 Le chancre ou couvre-sein feminin. ensemble le voile ou couvre-chef feminin. par J. Polman. *Douay, Patté,* 1655. in 8. v. f.

609 Traité des Danses, au quel est amplement résolue la question, à savoir s'il est permis aux Chrétiens de danser. 1580. in-8. v. m.

610 Réflexions contre la Comédie. in 4. rel. en cart.

THÉOLOGIE. 215

Manuscrit sur papier du XVII siecle, contenant 31 feuillets. On lit à la fin:

R. L. Theologus scribebat 1668.

611 Opus Restitutionum, Usurarum & Excommunicationum fratris Francisci de Platea, ordinis Minorum. *Venetiis, Bartholomæus Cremonensis*, 1472. in 4. m. r.

Premiere Edition.

Le Volume commence par une Table des Chapitres qui contient 29 feuillets ; le Texte suit, & il finit par cette souscription :

Quem legis : impressus dum stabit in ære caracter
Dum non longa dies uel fera fata prement.
Candida perpetua non deerit fama Cremonæ.
Phidiacum hinc superat Bartholomeus ebur.
Cedite chalcographi : millesima uestra figura est
Archetypas fingit solus at iste notas.

M. CCCC. LXXII. *Nicolao Truno Duce Venetiarum regnante impressum fuit hoc opus foeliciter.*

612 Opus Restitutionum, Usurarum & Excommunicationum Fratris Francisci de Platea Bononiensis, ordinis Minorum. *Coloniæ, per Johannem Colhoff*, 1474. in fol. goth. m. r.

Le Volume commence par une Table des Chapitres qui a 18 feuillets ; le Texte suit ; il y a des signatures dans le bas des pages depuis la lettre a, jusques & compris la lettre q, & des chiffres à tous les alinéa de chaque page. Au verso du dernier feuillet on lit la souscription suivante : *Explitiunt libri oper vtilissimor scilicz. Restitutionū Usura-*

rum. Et Excoïcationũ reuerendi fratris Francisci de platea bonoñ ordinis minor ṗitissimi in vtroq̃ iure ac ĩ sacra theologia Jmpressiq̃ sũt Colonie per me Johãnnem Colhoff Sub anno. 1474.

    Quem legis. impressus dum stabit in ere caracter.
    Dum non longa dies vel fera fata prement.
    Candida perpetue non deerit fama Basilee.
    Phidiacum hinc superat Leonhardus ebur.
    Cedite chalcographi. millesima vestra figura est.
    Archetipas fingit solus at iste notas.

Traités Moraux des Sacrements & de ce qui y a rapport.

613 Guidonis de Monte Rocherii liber manipulus curatorum vulgariter dictus. *Parisiis, Cesaris,* 1473. in fol. m. r.

PREMIERE EDITION.

CET OUVRAGE est imprimé sur 2 colonnes; il commence ainsi :

Liber qui manipulus curatorũ appellat̃ , ...

A la fin :

Doctissimi uiri domini guidonis de monte Rocherii liber Manipulus curatorum vulgariter dictus Finit feliciter. Qui completus est parisius per Venerabilem uirum Petrum Cesaris in artibus magistrum, ac huius artis industriosum opificem. Anno domini Millesimo quadringentesimo septuagesimo tertio. Die uero uicesimo secundo Mensis Martii.

614 Manipulus curatorum Guidonis de Monte Rocherii. *Parisiis, Gering,* 1473. in fol. goth. m. r.

CE VOLUME commence par la Table qui contient 3 feuillets;

lets; le Texte suit; il est imprimé sur 2 colonnes, & à la fin il y a cette souscription :

Doctissimi viri domini guidonis de monte rocherij liber, manipulus curatorum vulgariter dictus finit feliciter. Qui completus ē parisius p industriosos impressorie artis libe‑ rarios atq̄ magistros Michaelē de columbaria, Vdalricū gering, et Martinū chrantz Anno dominice natiuitatis Millesimo quadringentesimo septuagesimo tertio, Mensis maij die vero vicesimo primo;

615 Guidonis de Monte Rocherii liber qui ma‑ nipulus curatorum vulgariter appellatur. in fol. goth. m. r.

EDITION très ancienne, sans date, sans nom de Ville ni d'Imprimeur, exécutée à longues lignes, sans signatures. Les pages qui sont entieres ont 36 lignes.

Les caracteres de cette Edition sont semblables à ceux d'une Edition de Saluste que M. l'Abbé Rive croit impri‑ mé vers 1470, à Ulm, par *Jean Zainer de Reutlingen*.

Le Volume commence par une Table qui contient 2 feuillets.

Tabula sequentis opis quod Manipul9 curatorum nūcupatur Felciter incipit.

Le Texte commence ainsi :

Incipit Felciter doctissimi ac famosissimi viri dnī Guidonis de monte Rocherij liber qui Manipulus curatorū vulgari‑ ter appellatur Jn quo p necessaria officia eor quib9 cura aiar omissa est secundum septē Sacramētor ordinē breuiter ptractant.

Il finit par les vers suivants, qui sont fort singuliers, & qui ne se trouvent pas dans les Editions données par Cesaris & par Gering en 1473 :

Tome I.   E e

Qui facit incestum deflorans aut homicidia.
Sacrilegus patrum percussor vel sodomita.
Transgressor voti piurus sortilegusq3.
Et mentita fides faciens incendia prolis.
Oppressor blasphemus hereticus omïs adulter.
Pontificem sup hys semp dicentis adhibis.
Deo gracias.

616 Guidonis de Monte Rocherii libellus qui dicitur manipulus curatorum, qui habet tres partes. *Coloniæ, per Conradum de Hombourch,* 1478. in fol. v. f.

Ce Volume est imprimé sur 2 colonnes; il commence ainsi :

Epla guidonis ad dñm raymundum.

Au bas de la premiere colonne du dernier feuillet il y a la souscription suivante :

Explicit manipulus curatorũ libellus vtilis ac sacerdotibns per necessariỹ. impressus Colonie per cõradum de hombourch. ad laudem dei. et ad utilitatẽ ecclesie sue sancte. Anno domini millesimo quadringentesimo septuagesimo octavo. in vigilia ascensionis.

617 Guidonis de Monte Rocherii liber qui manipulus curatorum inscribitur. *Impressus in Civitate Gebennensi per Adam Steynschauwer de Schuinfordia,* 1480. die XXIX mensis marcii. in 4. goth. m. r.

618 Sacramentale Neapolitanum, editum per insignem & præclarissimum doctorem sacrorum canonum verum interpretem Stephanum de

THÉOLOGIE.

Gaieta de Neapoli. cum epistolâ dedicatoriâ Fusci Severini. *Neapoli, Judocus Havenstain*, 1475. in fol. m. r.

On trouve à la tête du Volume 7 feuillets qui contiennent une Epître dédicatoire de Fuscus Severinus, imprimée à longues lignes, une Table sur 2 colonnes & le Registre. Le Texte suit; il est imprimé sur 2 colonnes; le Volume finit par cette souscription :

Anno ab incarnatõe dñi Saluatoris nostri. M° cccc° lxxv°. die uero xiiii. mẽs septẽbris ad. d. Io. baptistam de benteuoleis de Saxoferrato ..... Sacramentale Neapolitanum perutile : per d. Stephanum de Gaieta de .Neapoli .... recollectũ : atq3 per me Iudocum Hauẽstain dyoces Spirẽ. Neapoli impressum feliciter explicit.

619 Tractatulus venerabilis magistri Johannis Gerson, tractans de pollutione nocturnâ, an impediat celebrantem vel non. = Ejusdem tractatus de cognitione castitatis, & pollutionibus diurnis. = Ejusdem forma absolutionis sacramentalis. (*Coloniæ, per Olricum Zel de Hanau circa* 1470). in 4. goth. m. r.

Edition sans signatures, chiffres & réclames; elle est à longues lignes. Les pages qui sont entieres ont 27 lignes.

Le Volume commence ainsi :

Incipit tractatulus venerabil Mgri Joh: Gerson cancellarij parisiẽn tractans de pollucõe nocturna, an impediat celebrãtem vel non.

A la fin du dernier Traité :

Explicit forma absolucõis sacramental venerabil Mgri Joh. Gerson. Deo Laus.

THÉOLOGIE.

620 L'amoureux traité que notre Seigneur Jésus Christ a fait & démontré au Saint Sacrement de l'autel. avec plusieurs miracles & exemples touchant le dit sacrement. item les proffits de la Messe. item une très belle Ballade. *Paris, Guillaume Nyverd*, in 8. goth. m. r.

621 De la fréquente communion. ou les sentiments des Peres, des Papes & des Conciles, touchant l'usage des sacrements de Pénitence & d'Eucharistie, sont fidelement exposés. Par M. Ant. Arnauld. *Paris, Vitré*, 1644 in 4. m. r. doub. de m. l. r.

622 La tradition de l'Eglise, sur le sujet de la Pénitence, & de la Communion : représentée dans les plus excellents ouvrages des SS. Peres grecs & latins, traduits en françois, par M. Antoine Arnauld. *Paris, Antoine Vitré* 1645, in 4. m. r. doub. de m. l. r.

623 La conformité & correspondance des saints Mysteres de la Messe à la Passion de notre Sauveur Jesus Christ. composée par le beat pere frere Olivier Maillard. *Paris Bonhomme*, 1552. in 8. goth. m. r.

624 Les & cætera de du Plessis, parsemés de leurs qui-proquo, sur les points de la sainte Messe, Eucharistie, &c. par un Prêtre de Bordeaux. *Jouxte la copie imprimée à Toulouse*, 1600. in 8. v. f.

THÉOLOGIE.

625 Incipit contractus de Matrimonio per R. P. fratrem Johannem de Capiftrano ordinis Minorum. — Incipit ejufdem fummula. — Incipit tractatus de cenfuris ecclefiafticis compofitus per ven. virum archiepifcopum florentinum (S. Antoninum) in 8. rel. en cart.

MANUSCRIT fur vélin du *XV fiecle*, contenant 321 feuillets. L'écriture eft en petites *lettres rondes*, à longues lignes, & fur 2 colonnes.

Inftructions pour les Confeffeurs & les Pénitents.

626 Fratris Johannis Nyder Manuale Confefforum & tractatus de Leprâ morali. *Parifiis, Gering,* 1473. in fol. goth. m. r.

PREMIERE EDITION.

CE VOLUME eft imprimé fur 2 colonnes ; il commence ainfi :

Eximij facre theologie pfefforis fratris Johannis nyder ordinis pdicator manuale confeffor, ...

A la fin :

Religiofi doctiffimiq3 viri fratris iohannis Nyder, facrar litterarum profefforis digniffimi, ordinis pdicator ! tractatus de Lepra morali, cuilibet ofeffori perneceffarius, omnia vitior genera breuiffime examinans, feliciter finit. Qui completus eft parfius per induftriofos impfforie artis librarios atq3 magiftros Michaelem de columbaria, Udalricũ gering, et Martinũ crantz. Anno dominice natiuitatis Milleſimo quadringētefimo feptuagefimo tertio, menfis martij, die primo ;

627 Fratris Joannis Nyder ordinis Prædicatorum

THÉOLOGIE.

Manuale Confessorum. Ejusdem tractatus de morali leprâ. in fol. goth. m. r.

CETTE EDITION, sans date, sans noms de Ville & d'Imprimeur, a été exécutée vers 1474. Les caracteres sont ceux avec lesquels Ant. Coburger a imprimé, en 1476, à Nuremberg, le Boece latin. Les pages sont à longues lignes; celles qui sont entieres en ont 31. Le premier Traité commence par celle-ci :

Voniam iuxta beati Gregory in suo, ...

Le second Traité finit au milieu du recto du dernier feuillet, par cette ligne :

rali dixisse sufficiat

628 Joannis Nyder Manuale Confessorum. Ejusdem tractatus de Prædestinatione, de libero arbitrio, &c. in fol. goth. m. r.

Autre Exemplaire de l'Edition précédente. Les Traités qui s'y trouvent de plus sont imprimés avec les mêmes caracteres...... Le dernier Traité finit ainsi :

Qui nos omnes ad summum bonum q ipse est pducat
                A : M : E : N.

629 Fratris Joannis Nyder ordinis Prædicatorum Manuale Confessorum, ad instructionem spiritualium Pastorum. Ejusdem tractatus de Leprâ morali *Parisiis, Gering*, 1477. in 4. goth. bas.

CE VOLUME a des signatures depuis a 2—p. On trouve à la fin du dernier Traité la souscription suivante :

Religiosi doctissimiq; viri fratris iohannis Nyder, sacrarũ litterarũ pfessoris dignissimi, ordinis pdicatorũ ! tractatus de Lepra morali, cuilibet cõfessori pnecessarius, omnia vitior genera breuissime examinans, feliciter finit. Qui

THÉOLOGIE.

completus est parisius per Martinū crantz, Udalricum gering et Michaelem friburger. Anno dominice natiuitatis Millesimo quadringentesimo septuagesimo septimo, die quinta mensis aprilis.

630 Fratris Johannis Nyder Manuale Confessorum. *Parisiis*, (*Ulricus Gering*,) *in sole aureo*, in 4. goth. v. f.

631 Fratris Joannis Nyder ord. frat. prædicatorum tractatus de leprâ morali. *Parisiis, Mart. Crantz*, 1477. in 4. goth. m. r.

Ce Traité a été retiré d'un Volume qui contenoit, comme celui du N°. 629 ci-dessus, le *Manuale Confessorum*. Il est de la même Edition, & il commence à la signature g 2.

632 Consolatorium timoratæ conscientiæ, per Joannem Nyder. *Parisiis, Ulr. Gering*, 1478. XVI. Decembris. in 4. m. r.

Ce Volume a des signatures depuis a ii - r. A la fin du Texte il y a la souscription suivante :

Exaratum quippe est hoc opusculū Parisius per Magistrū Vlricū Cognomento Gering. Anno millesimo. cccc. lxxviii. xvi. Decembris.

633 Incomincia uno tractato di confessione composto per r^do huomo m. antonio di ser. niccolo da firenze dell' ordine di frati predicatori & per divina Clementia Archiepiscopo Fiorentino (con l'aggiunta di tutte le scomuniche delle quali al solo papa appartienne l'assoluzione o al suo legato) in 4. rel. en cart. d. f. tr.

Très beau manuscrit d'Italie du *XV siecle*, sur vélin, contenant 183 feuillets ; il est écrit en *lettres rondes*, à longues lignes, & enrichi de capitales élégamment peintes en or & en couleurs. Les sommaires sont en rouge.

634 Confessionale in vulgari sermone editum per venerabilem. P. D. Antoninum Archiepiscopum Florentiæ ordinis prædicatorum. *a Venesia per Christophoro Arnoldo*, 1473. = Libretto de la doctrina christiana. in 4. m. r.

Le premier Traité commence par 3 feuillets qui contiennent la Table des Chapitres. Le Texte suit, & à la fin il y a cette souscription :

Finisse lo confessionale stampato a Venesia per Christophoro Arnoldo a laude & gloria di Iesu christo omnipotente M. CCCC. LXXIII.

Le second Traité est du même Imprimeur.

635 Confessionale volgare del R. P. Beato frate Antonino Arcivescovo di Firenze : dell ordine de frati Predicatori : intitolato specchio di conscientia. *Florentiæ, apud S. Jacobum de Ripolis*, 1477. in 8. m. r.

Ce Volume a des signatures depuis a—p. A la fin il y a cette souscription :

Explicit liber Omnis mortalium cura Domini Antonini olim Archiepiscopi florentini, ordinis predicator. Qui formatus fuit florëtie apud sanctum Iacobum de ripolis. .M. cccc. Lxxvii.

Deux Jacobins nommés l'un Domenico da Pistoia, l'autre Pietro da Pisa imprimerent en cette année 1477, dans le même Monastere de S. Jacques de Ripoli : *Legenda della B. Caterina da Siena in* 4°.

636

THÉOLOGIE.

636 Confeſſione volgare del Rev. Padre beato frate Antonino Arciveſcovo di Firenze intitolato ſpechio di conſcientia. *in Firenze, Ipolito, 1479.* in 8. m. r.

Ce Volume a des ſignature depuis ai—r. On lit à la fin cette ſouſcription :

Finito queſto libro intitulato ſpecchio di conſcientia compoſto per reuerediſſimo padre Antonio Arciueſcouo di Firenze dellordine frati precatori : Et impreſſo per mano di don Ipolito : ad petitione di Giouanni di Nato da Firenze. Hoggi queſto di. XXIIII. di febbraio. M. CCCC. LXXVIIII.

637 La confeſſion générale de frere Olivier Maillard. in 4. goth. v. f.

638 La confeſſion de frere Olivier Maillard. *Paris, Veuve de Jean Trepperel.* in 8. goth. v. ec.

639 Speculum aureum animæ peccatricis, à quodam Carthuſienſe editum. *Impreſſum, Anno domini Milleſimo cccc. LXXXII. XIX. Auguſti.* in 4. v. m.

640 Opuſculum, quod ſpeculum animæ peccatricis inſcribitur, à quodam Carthuſienſe editum impreſſ. (*Pariſiis*) *per Antonium Cayllaut*, in 4. goth. rel. en cart.

641 Aureum ſpeculum animæ peccatricis docens peccata vitare oſtendendo viam ſalutis. a quodam Carthuſienſe editum. in 4. goth. m. r.

Tome I. F f

THÉOLOGIE.

642 Speculum aureum animæ peccatricis, à quodam Carthusiensi compositum. = Libellus de venerabili sacramento & valore missarum. = Tractatus utilis de confessione compositus a domino Bonaventurâ. in 4. goth. v. m.

643 Le Miroir de Pénitence, profitable à toute personne. fait & composé par celui qui a fait le livre de la femme forte, & le dialogue de consolation, entre l'ame & raison, & est religieux de l'ordre de fontevrault. frere François le Roi. *Paris, Simon Vostre,* 1512. 2 vol. in 8. goth. m. r.

644 Eruditorium poenitentiale cuilibet christicolæ pernecessarium. in 4. goth. fig. v. f.

645 Jacobi de Theramo (aliàs de Ancharano) liber qui consolatio peccatorum intitulatur, & vulgò Belial appellatur (*Coloniæ Jo. Veldener circa* 1475). in fol. m. r. goth.

On trouve au verso du premier feuillet ce qui suit : *Geruinus cruse Johanni veldener artĩ impssorie mgrō salutẽ. Cum tibi suasum esset a nōnullis vt pro tua ac emētiũ vtilitate librũ q̃ consolatio peccatorũ et volgo belial nũcupaſ imprimeres: edoceri a me quid in se haberet postulasti. Noueris ergo carissime mi in illo totũ ĩudiciarij processus practicā cum allegationibꝫ iuriũ in q̃bꝫ hec sũdaſ. in materia deuota puta redeptionis huāni generis compendiose relucere. duas siquidẽ cōtinet inſtātias. Jn p̃ma agit belial procurator infernalis cōtra moysen ihũ saluatoris nostri procuātorē corā salomone iudice sup̃ spolio. Jn secũda joseph filius iacob p̃iarche vicarij regni egipti a sc̃ã*

THÉOLOGIE.

sede diuina delegatur. et cã pendēte partes ad reqstũ regis dauid in arbitros puta in octauianũ jeremiã et ysaiã cōpromittũt. et ferī sniã arbitralis. Sane q̃ pcessum hũc diligēter nouerit vberrimũ inde fructũ reportabit. nō em̄ solũ quid singulis cuiuslibz pcessȣ ptibȣ fieri debeat : sȝ q̃liter idipsũ fiat p formulã autēticã apertissime cognoscet. Aude ergo clēdissimé mi et suasũ tibi opȣ forti aīo aggredē Vale scp̃tum colonie mensȝ Augusti die septima anno lxxiiij.

Le Texte commence au feuillet suivant :

Egregij viri dn̄i ac mgr̄i iacobi de theranio decretor doctoris eximij liber qui ɔsolatio peccor intitulař et vulgo belial appellatur phemium feliciter incipit.

Le Volume finit par cette soufcription :

Explicit liber qui intitulatur de consolatione peccatorum, Quē edidit egregius et spectabilis vir dominus ac magister iacobus de theranio decretorum doctoē archidyaconus auersanus et canonicus aprutinus.

Cette Edition est à longues lignes, avec des sommaires imprimées sur les marges.

Elle doit avoir paru à Cologne en 1474 ou 1475 au plus tard ; puisque ce même Jean Veldener s'établit ensuite à Louvain, où il imprima le *Fasciculus temporum*, le 4 des calendes de Janvier 1476 ; *V.* N°.

646 Processus luciferi contra Jhesum coram judice Salomone. auct. Jac. de Ancharano (aliàs de Theramo.) in fol. goth. v. m.

647 Liber Belial de consolatione peccatorum, auctore Jacobo de Theramo (aliàs de Ancharano.) impressus Vicetie mira arte & diligentia magistri Henrici de sancto Ursio, 1506. in fol. goth. v. f.

THÉOLOGIE.

648. Le livre du procès fait & demené entre Belial Procureur d'enfer & Jhesus, fils de la Vierge Marie. translaté de latin en commun langage, par Pierre Ferget. *Paris*, in fol. goth. fig. m. r.

Le dernier feuillet de cet Exemplaire est manuscrit.

649 S'ensuit la consolation des pecheurs, autrement dit Belial procureur infernal. translaté de latin (de Jacq. de Ancharano) en françois, par Pierre Ferget. *Paris*, 1526. in 4. goth. m. r. fig.

650 Fr. Michaelis Menoti perpulcher tractatus: in quo tractatur perbelle de foedere & pace ineundâ mediâ ambassiatrice poenitentiâ. *Parisiis, Chevallon*, 1519. in 8. goth. v. m.

651 Tractato contra il peccato della lingua, compilato & facto per frate Domenico Chavalcha da Vico, Pisano frate predicatore. *Florentie, per Nicholaum (Laurentii Alamanum diocesis Uratis lavienfis,) circa annum*, 1475. in fol. m. r.

On trouve au dessous de la souscription une date manuscrite d'une ancienne écriture; elle est de 1470; mais nous ne croyons pas cette Edition si ancienne. Ce Volume a des signatures à commencer du cinquieme feuillet a v—q. au verso du dernier feuillet il y a cette souscription en lettres capitales:

Finit per Nicholaum Florentie, Deo gratias Amen.

652 Tractato overo libro chiamato Pungi lingua, per frate Domenico Chavalcha da Vico. *In Fi-*

THÉOLOGIE.

renfe(Bartholomeo di Francefco de Libri,) 1494. in-4. m. r.

653 Inftruction fur les difpofitions qu'on doit apporter aux facrements de Pénitence & d'Eucharistie, tirée de l'Ecriture Sainte, & des Sts. Peres. *Paris, Guillaume Defprez,* 1709. in-12, m. r. doubl. de m. l. r.

654. Exercices de l'ame, pour fe difpofer aux facrements de Pénitence & d'Euchariftie. Par M. l'Abbé Clément. *Paris, Guerin,* 1751. in-12. m. verd dent.

655. Les dignes fruits de pénitence, dans un Pécheur vraiment converti. *Paris, Deffaint,* 1742. in-12. m. viol.

Traités concernant des difputes fur la Théologie Morale, & fur celle des nouveaux Cafuiftes.

656. Les Provinciales, ou lettres écrites par Louis de Montalte, (Blaife Pafcal) à un Provincial de fes amis, & aux Peres Jéfuites. *Cologne, Pierre de la Vallée,* (*Elzevier*) 1657. in-12. m. r.

657. Les Lettres Provinciales, (par Blaife Pafcal) traduites en latin par Guillaume Wendrock, (Pierre Nicole) en Efpagnol, par Gratien Cordero, & en Italien, par Cofimo Brunetti. *Cologne, Balthafar Winflet,* 1684. in-8. m. cit.

658. Les Lettres Provinciales, (par Blaife Pafcal)

avec les notes de Guillaume Wendrock, (Pierre Nicole) traduites en François. *Amsterdam, Compagnie*, 1734. 3 vol. in-8. m. r.

Mélanges de Théologie Morale, contenant des Censures sur la Morale, des résolutions de Cas de Conscience, Conférences, divers Opuscules & Dissertations.

659. Joannis Gerson (Charlier) Cancellarii Parisiensis tractatus varii : scilicet, de examinatione doctrinarum. de duplici statu in dei ecclesiâ, &c. & de simoniâ. in-fol. goth. v. f.

EDITION très ancienne, exécutée vers 1472 en gros caractères, à longues lignes, (les pages entieres en ayant 35); elle commence ainsi :

Tractatus de examinatione doctrinarum Joannis de Gersona Cancellarij Parisiësis incipit feliciter ;

Au bas du verso du dernier feuillet il y a :

Deo gratias Amen ;

Le caractere de cette Edition est semblable à celui du Texte du Livre intitulé : *Codex Justiniani*, imprimé à Nuremberg en 1475, par André Frisner.

650. Aurea clarissimi & acutissimi doctoris theologi magistri Jacobi Almain opuscula, omnibus theologis per quam utilia, cum additionibus Davidis Cranston, ex recensione Vincentii Doesmier. *Parisiis, Egidius de Gourmont*, 1517. in-fol. m. r.

661. Œuvres de Messire Jacques-Benigne Bossuet,

Evêque de Meaux. *Paris, le Mercier*, 1743. 17 vol. in-4. v. f. G. P.

662. Œuvres posthumes de M. Fléchier, Evêque de Nîmes, contenant ses mandements & lettres-pastorales, avec son oraison funebre. *Paris, Jacques Etienne*, 1712. 2 vol. in-12. m. r.

663. Supplementum (summæ de casibus conscientiæ quæ dicitur magistrutia seu Pisanella auctore Bartholomæo de Sancto Concordio Pisano ordinis prædicatorum.) in-4. rel. en cart.

MANUSCRIT du *XV siecle*, sur un vélin fort blanc, contenant 393 feuillets. L'écriture est en *lettres rondes*, sur 2 colonnes.

Frere *Nicolas* d'Osima, en Espagne, Moine Franciscain, ayant augmenté & corrigé l'Ouvrage de *Bartholomé de Sancto Concordio*, le publia en 1444, sous le titre de *Supplementum*.

664. Summa venerabilis fratris Bartholomei de Sancto Concordio, Pisani, ordinis fratrum prædicatorum, in quâ de casibus & consiliis ad animam seu conscientiam pertinentibus studiosissime tractat. *Parisiis, Ulricus Gering.* in-fol. goth. m. r.

CETTE EDITION est exécutée sur 2 colonnes, dont celles qui sont entieres ont 43 lignes ; elle commence par l'intitulé ci-dessus, & au verso du dernier feuillet il y a ces vers :

Epigramma in istius libri laudem.
Sordet mens hominis, proprio spoliata decore !
Ni qua sancit lex, hec eadem faciat.

Quippe trahit vitam sine nomine. perdit et euum !
Quo bene morati perpete stant solio.
Hinc tu qui famam cupis eternam cumulare !
Summa bartholomina aspice ne careas.
Quam nitide pressam Martinus reddidit! atq̃
Michael, Ulricus, moribus vnanimes.
Hos genuit germania. nunc lutetia pascit.
Orbis miratur totus eorum opera.
Jnter que prestare feres hoc! si bene noris.
Jugis parta tue manet anime requies ;

665. Supplementum seu summa quæ magistrutia, seu Pisanella vulgariter nuncupatur, per fratrem Nicolaum de Ausmo compilata. *Venetis, per Franc. de Hailbrun, &c.* 1474. in-fol. goth. m. r.

CET OUVRAGE est imprimé sur 2 colonnes, sans aucunes pieces préliminaires ; il finit par la souscription suivante :
Jmpressum ẽ hoc opus Venetijs p̃ Franciscum de Hailbrun. et Nicolaũ de Frankfordia socios. M. CCCC. LXXiiii. Laus Deo.

666. Liber qui dicitur supplementum ad magistruciam, per fratrem Nicolaum de Ausmo. *Mediolani, Pachel,* 1479. in-fol. m. cit.

A la fin du Texte il y a la souscription suivante :
Quod pachel insubribus pressum Leonard9 et eius Oldericus socius ere pegit opus.
Mediolani Anno dñi. Milesimo quadringẽtesimo. septuagesimo nono secundo kalendas maias. &c.

Suit une Table & une Piece intitulée :
Jncipiunt canones penitentiales extracti de verbo ad verbum de summa fratris Astensis. ...

A la fin de laquelle il y a :

Imp.

THÉOLOGIE.

Impressum Mediolani p̄ Leonardum pachel et Oldericũ sinczenzeler. M. cccc. lxxix. die. xxii. aprilis.

667. Liber qui dicitur supplementum. *Venetiis, per Franciscum Renner de Hailbrun*, 1482. in 8. goth. v. f.

668. Summa de casibus per fratrem Astexanum de ordine fratrum minorum compilata, & edita curâ fratris Bartholomei de Bellati de Feltro necnon fratris Gometii Hispani de Ulyxbona. *Venetiis, jussu Joannis de Colonia sociique ejus Johannis Manthen de Gherretzem*, 1478 die 18 mensis Martii. 2 vol. in-fol. goth. m. r. l. r.

Théologie Catéchétique ou Instructive.

669. Instructions générales en forme de catéchisme, imprimées par ordre de M. Ch. Jo. Colbert, Evêque de Montpellier. *Paris, Leguerrier*, 1702. in-4. m. r.

670. Le Catéchisme de Montpellier, imprimé par ordre du même Ch. Jo. Colbert, Evêque de Montpellier. *Paris, Nicolas Simart*, 1710. 3 vol. in-12. m. vert à compartiments, doublé de m. r. l. r.

Tome I.   G g

Instructions particulieres sur divers points de la Religion Chrétienne, l'Oraison Dominicale, la Salutation Angélique, Histoires Pieuses, &c.

671. Libretto de la doctrina christiana : la quale e utile & molto necessaria che iputi pizoli & zovenzelli limpara per sapere amare, servire & honorare i dio benedetto & schivare le temptationi & peccati. in-4. m. cit.

EDITION sans date, sans nom de Ville, sans signatures, &c. exécutée en beaux caracteres ronds vers 1470 ; elle est à longues lignes ; ses pages qui sont entieres ont 24 lignes.

672. Recueil de divers traités. in-fol. v. m. d. s. tr.

MANUSCRIT sur vélin, du *XIII siecle*, contenant 140 feuillets ; il est écrit en *lettres de forme*, sur 2 colonnes, & décoré de 5 miniatures & de lettres peintes en or.

Il contient :

1°. *Diex honnore glorieus nostre Seingnor auec uostre grace et uostre beneicon comence cestui liure qui est des commandemenz de doctrine denfant* (ou liure de l'enseignement puerill).

2°. Le *liure du gentil et des iij sages, le liure qui est de la loi au juif, le liure qui est de la loi a crestien, le liure de la loi au sarrazin.*

3°. *Ci commence li rommans des vij sages de romme.*

673. Operetta composta da frate Hieronymo (Savonarola) de Ferrara, sopra e dieci comandamenti di Dio. *In Firenze, a di XXIV d'octobre,*

THÉOLOGIE. 235

1495. = Libro della vita viduale, del medesimo. (*in Firenze.*) in-4. v. m.

674. La fleur des commandements de Dieu, avec plusieurs exemples & autorités, extraites des saintes écritures & des Peres. *Paris, Ph. le Noir,* 1525. in-fol. goth. m. r.

675. Opusculum fratris Guillelmi Pepin, super Confiteor. *Parisiis, Girauld,* 1540. in-8. goth. v. f.

676. Dialogue instructoire des chrétiens, en la foi, espérance & amour en Dieu. Par Fr. Pierre Doré. *Paris, P. Vidove,* in-8. goth. m. r.

677. Instructions chrétiennes, tirées par M. Arnauld d'Andilly des deux volumes de lettres de M. Jean du Verger de Haurane, Abbé de Saint-Cyran. *Paris, Pierre le Petit,* 1672, in-8. m. r. l. r.

678. Promptuarium exemplorum discipuli, secundum ordinem alphabeti. in-fol. goth. rel. en cart.

EDITION très ancienne, sans date, sans nom de Ville ni d'Imprimeur; elle est sur 2 colonnes, dont celles qui sont entieres ont 36 lignes. Ses caracteres sont ceux avec lesquels on a imprimé à Cologne en 1477:

Decisiones auditorum de rota....(Voyez ci-après, N°. .)

Le Volume commence ainsi par la premiere colonne:

Jncipit ꝓmptuariũ discipli.

Et par la seconde:
De Abstinentia.

Gg 2

Il finit par ces mots :
Explicit tabula promptuarij exēplor s3 ordinē alphabeti.

679. Speculum exemplorum ex diversis libris in unum laboriose collectum. *Daventriæ, Richardus Paefroed.* 1481. in-fol. goth. m. r.

680. Speculum exemplorum omnibus christicolis salubriter inspiciendum. *Hagenaw, per Henricum Gran, impensis Jo. Rynman de Oringaw*, 1512. in-fol. goth. v. f.

Théologie Parænétique, ou des Sermons.

681. Summa vitiorum fratris Guillelmi Peculat Lugdunensis archiepiscopi, omnibus prædicantibus necessaria. *Coloniæ, Henricus Quentel,* 1479. in-fol. goth. v. f.

Ce Volume a des signatures depuis a — I, second alphabet. A la fin :
... *Impressa diligentissimeq3 correcta per me Henricuz quentell. coloñ. in colā. Anno dñi M. cccc. lxxix. expleta.*

Sermons de différents Prédicateurs, sur toutes les parties de la Morale Chrétienne.

682. Sermones XXXII aurei venerabilis domini Alberti Magni (de Groot) episcopi ratisponensis de sacro sancto eucharistiæ sacramento. *Coloniæ, Henricus Quentel,* 1498. in-4. goth. v. f.

683. Sermones aurei Jacobi de Voragine de tempore. in-fol. goth. m. r.

THÉOLOGIE.

Edition faite vers 1480, fur 2 colonnes, dont celles qui font entieres ont 47 lignes; elle a des titres courants dans le haut des pages, & des fignatures dans le bas.

684. Quadragefimale magiftri Bartholomæi de Pifis (Albizi vel de Albizis) ordinis minorum de contemptu mundi. *Mediolani, Uldericus Scinzenzeler*, 1498. = Sermonarium de commendatione virtutum & reprobatione vitiorum, editum per Fr. Michaelem de Carchano. *Mediolani, Uldericus Scinzenzeler*, 1485. in-4. goth. v. f.

685. Sermones lucidiffimi dubiorum & cafuum, fratris Barth. de Pifis (Albizi vel de Albizis) *Lugduni, Rom. Morinus*, 1519. in-8. goth. v. f.

686. Joannis de Turrecremata (Torquemada) fermones tam de tempore quam de fanctis. Opus quod flos theologiæ meruit nominari. *Bafileæ, per Eberhardum Fromolt*, 1481. in-fol. goth. m. r.

687. Quadragefimale aureum editum per egregium fratrem Leonardum (Matthei) de Utino ordinis fratrum prædicatorum, 1471. in-4. m. r.

Premiere et très belle Edition, en caracteres ronds, à longues lignes; les pages qui font entieres en ont 36; le Volume commence par le Texte, & au bas du dernier feuillet il y a : *M. CCCC. LXXI.* On doit trouver enfuite un feuillet qui contient la Table des Sermons.

688. Fratris Leonardi (Matthei) de Utino fermo-

nes aurei de sanctis, per totum annum. in-fol. goth. m. r.

Édition très ancienne, sans nom de Ville ni d'Imprimeur, sans chiffres, sans signatures, &c. exécutée sur 2 colonnes, dont celles qui sont entieres ont 38 lignes ; les caracteres sont semblables à ceux avec lesquels Jean Veldener a imprimé à Cologne, vers 1475, *Jacob. de Theramo liber....* (Voyez ci-devant le N°. 645.) elle porte à la fin la date de l'année 1446, que l'on a prise quelquefois mal-à-propos pour la date de l'année de l'impression :

Expliciunt Sermões aurei de scĩs p̄ totũ annum. quos ɔpilauit mgr. Leonardus de Utino sacre theologie doctor ordinis fratrũ p̄dicator. Ad instancia꜔ et ɔplacentiam magnifice cõitatis Utinensis. ac nobiliũ virorum eiusdem. M. cccc. xlvi. in vigilia btĩssimi pris nostri Dominici ɔfessoris. Ad laude꜔ et gl'a꜔ dei omnipotentis. et tocius curie triumphantis.

Comme cette Édition & la suivante commencent & finissent de même, on ignore laquelle des deux est l'originale. Elles sont fort rares l'une & l'autre.

689. Sermones aurei de sanctis per totum annum, quos compilavit magister Leonardus (Matthei) de Utino. in-fol. goth. m. r.

Édition très ancienne, sans nom de Ville ni d'Imprimeur, sans chiffres, sans signatures, &c. exécutée à longues lignes, portant la même souscription que la précédente. Ses pages qui sont entieres ont 41 lignes. Il manque dans cet exempl. le feuillet qui contient une partie du Prologue.

690. Fratris Leonardi (Matthei) de Utino ordinis prædicatorum sermones aurei de sanctis. (*Coloniæ.*) 1473. in-fol. goth. m. r.

THÉOLOGIE.

CETTE EDITION est sans nom de Ville ni d'Imprimeur; elle est sur 2 colonnes, dont celles qui sont entieres ont 36 lignes; les caracteres sont les mêmes que ceux qui ont servi pour le Livre intitulé: *Decisiones auditorum de rota...* imprimé à Cologne en 1477. Ce Volume qui ne contient que la moitié des Sermons de Utino, commence ainsi: *In festo ascēsionis domini sermo.*

A la fin il y a cette souscription:

Expliciūt Sermones aurei de sanctis per totū annum q̃s cōpilauit magister. Leonardus d Vtino sacre theologie doctor ordinis fratrum predicatorū Ad instantiam et cōplacentiā magnifice cōitatis Vtinensis ac nobiliū virorū eiusdem. M. cccc. xlvi. ĩ vigilia beatissimi pris nostri Dominici cōfessoris Ad laudem et gloriam dei omnipotentis et totius curie triumphantis.

.M. cccc. Lxxiij.

691 Sermones aurei de sanctis fratris Leonardi (Matthei) de Utino sacræ theologiæ doctoris. *Venetiis*, per Jo. de Colonia, 1475. in 4. goth. m. r.

CE VOLUME a des signatures dans le bas des pages; il commence au verso du premier feuillet, par la Table des Sermons. Le Texte commence à la signature a 2 & à la fin il y a la souscription suivante:

Predictor sermonū opusculū Uenetiis extat imp̄ssū p̃ Johē de Colonia sociū q̃ eig̃ Johem manthen de Gherretzem q̃ eiusdē laboratorib9 ĩ expēsis p̃uiderūt. M. cccc. lxxv.

692 Sermones aurei de sanctis, fr. Leonardi (Matthei) de Utino. *Nurnbergæ. Antonius Coburger*, 1478. in fol, goth. v. m.

A la fin :

Anno Incarnatõnis dñice Milleſimo quadringenteſimo ſeptuageſimo octauo. Vndecimo vero kl. februarij. Hij q̃₃ denuo impreſſi ſũt Sermones Nurnberge p̃ Antoniũ Coburger incolã p̃fati opidi cui₉ op₉ ĩduſtria fabrifactũ q̃ attente finit felicit̃. Laus in diuinis enti d. hui₉ fine ɔplemẽti.

693 Magiſtri Leonardi (Matthei) de Utino, ordinis fratrum prædicatorum quadrageſimales ſermones de legibus : etiam dominicales, cum tabulâ materiarum, ſtudio fratris Felicis, ſacrarum litterarum lectoris. *Ulmæ, per Joannem Zainer*, 1478. in fol. m. r.

PREMIERE EDITION, qui eſt l'originale, & fort rare ; elle a été publiée par le Frere *Félix*, Lecteur en Théologie, qui la dédia à Louis Fuchs, Prieur du Couvent des Dominicains de la Ville d'Ulme. Elle eſt imprimée ſur 2 colonnes, & elle contient 48 Sermons qui ſont ſuivis d'une Table des matieres de 27 feuillets. Le Volume commence ainſi :

Sermo Excellentiſſimi viri : ſacrar lrarum interpretis ſubtiliſſimi : mgri Leonardi de Utino diuini ordinis fratrum predicator quadrageſimales ſermones de legibus : …

A la fin du 48^e Sermon il y a la ſouſcription ſuivante :

Theologie doctoris p̃cipui Leonardi de vtino diui ordinis fratrũ predicator q̃drageſimales ſermones ad pplm. per doctum quenda₃ hominem ſecundũ alphabeti ordinem mirifica induſtria ſic regiſtrati. vt quacumq₃ de re : et quocumq₃ tempore quis predicaturus ſit : vberem materiam facillime inuenire poſſit : emẽdatiſſime impreſſi Vlme per Johannem zainer finiunt feliciter. Anno a natali chriſtiano. 1478.

Après cette ſouſcription il y a un feuillet blanc, & la Table

THÉOLOGIE.

Table des 27 feuillets au recto du dernier desquels est une autre souscription :

Quadragesimalium sermonũ Leonardi de vtino Theologie doctoris ordinis predicator tabula : et illa quidem eiusmodi : vt non facile cuiq̃ȝ materia occurrere possit : cuius resolucõ p. ipsam non iudicetur : impressa vlme cum eisdẽ smonib₉ p Johannẽ zainer finit feliciter ad septimũ Jdus Marcias anni a natali christiano Millesimi q̃dringentesimi septuagesimi octaui. Qui eã fecit sit felix iuxta nomẽ suũ qd est felix.

L'Edition suivante de ces mêmes Sermons de *Utino*, décrite dans la Bibliographie instructive, N°. 513, comme la premiere & l'originale, ayant été imprimée à Paris par Gering, le dernier jour du mois d'Octobre 1478, n'est que la seconde, si l'année commençoit à Ulm en 1478, au premier jour de Janvier.

694 Leonardi (Matthei) de Utino sermones quadragesimales de Legibus. *Parisiis, per Martinum, Udalricum, & Michaelem, anno XVII. domini nostri regis Ludovici XI die ultima mensis octobris*, (1478) in fol. goth. v. f.

695 Sermones Roberti (Caraccioli) de Litio ordinis minorum. *Venetiis, per Vendelinum de Spira*, 1472, *XX quintilis.* in fol. goth. v. f.

PREMIERE EDITION.

LE VOLUME commence par un feuillet contenant la Table des Sermons, qui sont au nombre de 73. Le Texte suit, & à la fin il y a cette souscription :

*Uendelinus ego gentis ognomine spiere !
Roberti haec caste purgata volumina pressi !*

Tome I
H h

THÉOLOGIE.

Sedis apostolice Romano praeside Sixto
Magnanimo et uenetum Nicolao p̄ncipe Truno.
M. ccccIxxij. xx. quintilis.

696 Fratris Roberti (Caraccioli) de Litio ordinis minorum quadragesimale. *Romæ, Conradus Suueynheym & Arnoldus Pannartz,* 1472, *die* XVII. *Novembris.* in fol. m. r.

CE VOLUME commence par 2 feuillets qui contiennent la Table des Sermons, le Texte suit, & à la fin il y a les 6 vers :

Aspicis illustris lector quicumq; libellos, &c.
Rome impresserunt talia multa simul.
M. CCCC. LXXII. *die xvii. Nouembris.*

697 Quadragesimale del novello Paulo fra Ruberto (Caraccioli de Litio) *Trivisi, Michel Manzolo,* 1479, *ad di* XVIII. *di Marzo.* in fol. m. r.

CE VOLUME a des signatures depuis a ii — l. A la fin il y a cette souscription :

Finisce el quadragesimale del nouello Paulo Fra Ruberto facto ad c̄oplacetia de la Sacra Maiesta del Re Ferdinãdo. Impresso nela citta de Triuisi per Maestro Michel Manzolo da palma. Nel. MCCCCLXXVIIII. *Ad di* XVIII. *di Marzo.*

Cette souscription est suivie d'un feuillet de Table.

698 El quadragesimale del nouello Paulo fra Ruberto. (Caraccioli de Litio) *Terviso, per Michiel Manzolo da Parma,* 1480. in fol. m. cit.

699 El quadragesimale del venerabile magistro Roberto. (Caraccioli de Litio) facto a compla-

THÉOLOGIE.

centia e devotione de la sacra Majesta de Re Fernando. *Impress. circa* 1480. in 4. goth. m. r.

Cette Edition est à longues lignes, ses pages qui sont entieres ont 33 lignes.

700 El quadragesimale del novello Paulo fra Ruberto. (Caraccioli de Litio) *in Venitia, per Thomaso de Alexandria*, 1482. in fol. vel.

701 Sermones sive opus de timore divinorum judiciorum, in quo exponuntur mysticè verba Joannnis in themate. Per Robertum Caraczolum de Litio, ordinis minorum. in fol. goth. v. f.

EDITION exécutée vers 1475, à longues lignes, les pages entieres en ayant 44 sans date, sans nom de Ville ni d'Imprimeur, & sans signatures. Elle commence ainsi :

Epistola venerabil. clarissimiq3 in sac thelogia mgri fris roberti caraczoli de licio ordinis mīor ad Reuerēdissimum et Illustrissimum dn̄m dominū Johannem de Aragoniq Serenissimi dn̄i nri dn̄i Ferdinandi regis Sicilie &c. filium et locumtenentem generalem Apostolice sedis Prothonotarium in q̃ sua docilitas ɔmēdaï.

702 Spechio della fede, de Fra Roberto Carazola da Lezze, corretto per padre Fra Stephano de Capua. *Produtto in luce per Zoanne di Lorenzo da Bergamo, in Venetia*, 1495. in fol. m. cit.

703 Fratris Peregrini sacræ theologiæ professoris sermones notabiles & compendiosi faciliter mox & sine magno laboris conamine in memoriæ thesauro reponibiles, cum pulchris figurarum exem-

plorumque secmatibus aures auditorum admodum demulcentibus, de tempore & sanctis. *Impress. circa* 1480. in fol. goth. m. r.

Cette Edition est à longues lignes. Les pages qui sont entieres en ont 39.

704 Elegantissimi atque devotissimi sermones Socci de tempore, in evangelia atque epistolas, per circulum anni. *In Daventria, per Richardum Paffrod*, 1480. 2. vol. in fol. goth. m. r.

705 Sermones dominicales cum expositionibus evangeliorum, nuncupati dormi secure. (Auctore Rich. Maidstono) in fol. goth. m. r.

Edition sans date, &c. exécutée vers 1480, sur 2 colonnes, dont celles qui sont entieres ont 38 lignes, elle a des signatures depuis la lettre a. ij. —— t.

Les caracteres de cette Edition sont ceux de *Conrad de Homborch*, avec lesquels il a imprimé sans date le Livre intitulé : *Opus præclarum homeliarum S. Gregorii*... N°. 195 *.

706 Sermones dormi secure dominicales & de sanctis. (Auctore Rich. Maidstono) *Lugduni, per Jo. Trechsel*, 1491. in 4. goth. v. m.

707 Sermones Giliberti super cantica canticorum Salomonis. *Florentiæ, per Nicolaum*, 1485, *sexto decimo chalendas Maias*. in fol. m. r.

708 Wernherii abbatis monasterii Sti. Blasii, in libros deflorationum sanctorum patrum super evangelia de tempore, per anni circulum, cum

THÉOLOGIE.

sermonibus utilissimis, liber. *Basileæ*, 1494. in fol. goth. v. f.

709 Sermones quatuor novissimorum perutiles & necessarii : in devotionis ardorem & Dei timorem inducentes. *circa* 1480. in 4. goth. m. r.

CETTE EDITION est à longues lignes ; ses pages qui sont entieres ont 32 lignes.

710 Fratris Oliverii Maillardi sermones declamati Parisius in Ecclesiâ sancti Johannis in Graviâ. *Lugduni, Joannes de Wingle*, 1498. in 4. goth. v. f.

711 Fratris Oliverii Maillardi sermones de adventu : declamati Parisius in ecclesiâ Sti. Johannis in Graviâ, & sermones dominicales. *Lugduni, Joh. de Wingle*, 1498. in 4. goth. m. r.

712 Fratris Oliverii Maillardi sermones de adventu declamati Parisiis, in ecclesiâ Sti. Joannis in Graviâ. *Parisiis, Jo. Petit.* in 8. goth. v. m.

713 Fructuosissimi atque amoenissimi sermones fr. Gab. Barelete. *Parisiis, Olivier*, 1527. in 8. goth. v. m.

714 Sermones quadragesimales Rev. patris Fratris Michaelis Menoti, ab ipso olim Parisiis declamati, nunc denuo castigati & completati. *Parisiis, Joannes Petit*, 1530. in 8. goth. m. r.

715 Fratris Roberti Messier quadragesimales sermones. *Parisiis, Chevallon*, 1524. in 8. goth. m. b.

THÉOLOGIE.

716 Prediche di frate Hieronimo (Savonarola) da Ferrara, raccolte de la viva voce del padre frate Hieronimo da ferrara, giorno per giorno mentre che e predicava, per Lorenzo Viuuoli, notaio Fiorentino. *In Firenze, (Bartholomæo di Francesco di libri) ad instantia di Lorenzo Viuuoli,* 1496. in fol. m. cit.

717 Prediche del padre fra Girolamo Savonarola da Ferrara, trad. di lingua latina in lingua volgare da fra Girolamo Giannotti da Pistoia. *In Vinegia, Agostino de Zanni,* 1528. = Prediche del medesimo sopra diversi Psalmi & Evangelii. *In Venetia, Bern. Benalio,* 1517. in 4. v. f.

718 Prediche del padre frate Gieronimo Savonarola, sopra l'Esodo, & Salmi. con tre prediche sopra la historia di Gedeone. *In Venetia, Giovanantonio de Volpini detto il Rizo stampadore,* 1540. in 8. m. bl.

719 Sermons du Pere Louis Bourdaloue, publiés par le Pere François Bretonneau. *Paris, Rigaud, directeur de l'Imprimerie Royale,* 1707. 16 vol. in 8. m. verd, dent. doub. de tabis. l. r.

720 Sermons de M. Massillon, Evêque de Clermont, ci-devant Prêtre de l'Oratoire. *Paris, veuve Estienne,* 1745. 15 vol. in 12. v. f.

721 L'exposition de l'Evangile *Missus est*, contenant le mystere de la reparation de nature hu-

maine, en six homelies. Par Jacques Merlin. *Paris, par Joland Bonhomme, veuve de Thielman Kerver, pour Jehan Petit*, 1538. in 8. goth. m. r.

722 Ayſſo es lo ſermo que fot lo reueren maeſtre vincen en la cioutat de tholoza lo jorn del diuendres ſanht miel cccc xvj ot es enſerida tota la ſubſtanſa de la paſſio de noſtre ſenhor ihu xpiſt. in fol. m. bl.

MANUSCRIT du *XV ſiecle*, en langue Provençale. Il eſt en partie ſur vélin, en partie ſur papier; ſon écriture eſt *l'ancienne batarde*, ſur 2 colonn. & il contient 100 feuillets.

Théologie Myſtique ou Contemplative.

723 De imitatione chriſti & contemptu mundi authore Joann. Gerſon, (Thomâ à Kempis aut van Kempen) in 12. rel. en cart.

MANUSCRIT ſur papier du *XV ſiecle*, contenant 38 feuillets. Il eſt très élégamment écrit en *lettres rondes*, à longues lignes.

724 Opus beati Bernardi ſaluberrimum de imitatione Chriſti & contemptu mundi, quod Johanni Gerſon attribuitur *impreſſ*. circa annum 1480. in 8. goth. m. r.

725 De Imitatione Chriſti & contemptu mundi libri IV. authore Joanne Gerſon. (Thomâ à Kempis) *Pariſiis, Georgius Mittelhus*, 1496, *die primâ Martii*, in 8. goth. v. f.

726 Th. a Kempis de Imitatione Christi libri quatuor. *Lugduni, apud Elzevirios.* in 12. m. r. doub. de m. l. r.

727 Le livre de l'internelle consolation, (trad. du latin de Thomas à Kempis) *Paris, Bonhomme,* 1539. in 8. goth. vel.

728 De l'Imitation de Jésus-Christ, traduction nouvelle (du latin de Thomas a Kempis). Par le sieur de Beüil. (Louis-Isaac le Maistre de Sacy). *Paris, Charles Savreux,* 1663. in 8. m. r. l. r. fig.

729 L'Imitation de Jésus-Christ, traduite du latin de Thomas a Kempis. (Par M. de Sacy). *Paris, Guillaume Desprez,* 1690. in 8. fig. m. r. doubl. de m. l. r.

730 De l'Imitation de Jésus-Christ, traduction nouvelle. Par le sieur de Beüil. (Louis-Isaac le Maistre de Sacy). *Paris, Guillaume Desprez,* 1708. in 12. fig. m. r. doub. de m. viol. l. r.

731 Della Imitatione di Jesu Christo da messer Giovanni Gersone. (Thom. à Kempis). *In Firenze, per Ant. Mischomini,* 1493. in 4. m. r.

732 Recueil de divers Traités. in fol. v. f. d. s. tr.

MANUSCRIT sur vélin du *XV siecle*, contenant 171 feuillets écrits en *ancienne batarde*, à longues lignes. Ses intitulés sont en rouge, & partie de ses *lettres tourneures* sont peintes en or & en couleurs.

Ce MS. renferme :

1°.

THÉOLOGIE.

1°. *Cy commence le chafteau perilleux compile et ordonne dun moine de lordre de chartreufe pour une nonnain de lordre de fronteuaux.*

2°. *Ci commence le liure faint Auguftin des feulz parlers de lame a dieu.*

3°. *Cy commencent les meditations monfeigneur Saint Bernard.*

4°. *Cy apres commencent les contemplacions monfeigneur Saint bernart.*

5°. *Ci commence le liure du jardin amoureux qui eft pour le falut de lame gracieux.*

6°. *Cy commence le purgatoire monfeigneur faint patrice.*

7°. *Cy commence un beau petit traictie nomme lucidaire.* (Partie de l'Ouvrage attribué à St. Anfelme, & intitulé: *Lucidarium.*)

733 Scala della vita fpirituale fopra el nome Maria, compofta da Domenico Beniveni. in 4. v. f.

734 Modus & Ratio de divine contemplation, trad. de latin en françois. *Paris, Antoine Caillault,* 1595. in 4. goth. fig. m. b.

735 La décrotoire de vanité. Par Henri de Langeftein, dit de Heffe. Avec deux exhortations, l'une à la communion, & l'autre au faint facrifice de la meffe. Par Mathieu Galenus. Traduit du latin par Paul du Mont. *Douay, Jean Bogard,* 1581. in 16. m. r.

736 Veridicus chriftianus. Auctore P. Jo. David. *Antuerpiæ, ex officinâ Plantinianâ,* 1601. in 4. fig. v. ecc. l. r.

737 Occafio arrepta, neglecta; hujus commoda,

THÉOLOGIE.

illius incommoda. Auctore R. P. Joanne David, societatis Jesu Sacerdote. *Antuerpiæ ex Officinâ Plantinianâ, apud Joannem Moretum.* 1605. in 4. fig. v. f.

738 La Fontaine d'Hélie, arrosant le parterre de l'église & des ames dévotes, divisée en quatre canaux. Par le Pere Toussaints Foucher. *Lyon, Jean Michon*, 1639. in 12. m. r.

739 Les œuvres du pere Louis de Grenade, traduites en françois par M. Girard. *Paris, Pierre le Petit*, 1684. 10 vol. in 8. m. r. l. r.

740 La guide des pécheurs, traduite de l'Espagnol du pere Louis de Grenade. Par M. Girard. *Paris, Pierre le Petit*, 1668. in 8. m. r. doub. de m. dent.

741 Rosario della sanctissima Vergine Maria raccolto dall' opere del padre Luigi di Granata. *In Venetia, Bernardo Giunti*, 1587. in 4. m. r.

Avec de belles figures gravées en taille douce par Giacomo Franco.

742 Liber trium virorum & trium spiritualium virginum. Scilicet: Hermæ liber unus. Vguetini liber unus. Fr. Roberti libri duo. Hildegardis Scivias libri tres. Elizabeth virginis libri sex. Mechtildis Virginis libri quinque, edente Jacobo Fabro. *Parisiis, Henr. Stephanus*, 1513. in fol. m. r.

THÉOLOGIE. 251

743 Vaticinia, sive prophetiæ abbatis Joachimi & Anselmi episcopi Morsicani, cum præfatione & adnotationibus Paschalini Regiselmi. *Venetiis, Hieronymus Porrus*, 1589. in 4. v. f.

744 Revelationes sanctæ Brigittæ. in 4. rel. en cart.

MANUSCRIT sur vélin, exécutée en Italie dans le *XIV siecle*, contenant 98 feuillets écrits en *lettres rondes*, à longues lignes. Il est enrichi d'ornements peints en or & en couleurs, & d'une belle miniature qui a environ 3 pouces en quarré.

745 Revelationes cœlestes sponsæ Christi beatæ Brigittæ viduæ, octo libris divisæ. *Nurembergæ, per Ant. Kobergers*, 1517. in fol. goth. v. f.

746 Revelationes sanctæ Brigittæ. *Nurembergæ, Ant. Koberger, anno domini* M. CCCCC. XXI. (1521) *mensis Septembris*. in fol. goth. m. bl. fig.

747 Opusculum vitæ & passionis Christi, ejusque genitricis Mariæ, ex revelationibus B. Brigittæ compilatum, & copiosa legenda ejusdem. *Per me Gerardu leeu. impssorie artis pitu Antvverpie impssum Anno dni M° cccc° lxxxix° 3ⁿ die mensis marcii, ad laudem dei.* in 24. goth. m. r.

748 Libro de la divina providentia composto in volgare de la seraphica vergene sancta Catherina de Siena, suore del terzo ordine di sancto Dominico. & in esso se contiene alti & suavissimi secreti diuini. in fol. m. r.

I i 2

THÉOLOGIE.

Premiere Edition.

Cette Edition, sans date, &c. est exécutée sur 2 colonnes, dont celles qui sont entieres ont 40 lignes; elle a dû paroître vers 1475, & commence ainsi:

AL NOME DE Iesu christo crucifixo & d maria dolze & del glorioso patriarcha Dominico.

L'Ouvrage finit au CLXVII^e Chapitre, par cette souscription :

FINIsse el libro d' la puidentia diuina de la spoxa d' xp̄o. Sāsta Chaterina da siena del ordine de frati predicatori. Deo gratias amen.

FINIS.

Au dessous de cette souscription il y a une lettre de Barduccio de Pero Canigani, sur la mort de Sainte Catherine de Sienne. Elle occupe avec la Table des Chapitres & le Regiftre, le verso de ce feuillet & les dix suivants.

Les caracteres de cette Edition sont les mêmes que ceux qu'a employés *Gerard de Flandre, aliàs de Lisa*, pour le Traité intitulé : *De amoris generibus*, imprimé à *Trevise* en 1492.

749 Dialogo de la Seraphica virgine sancta Catherina da Siena, de la diuina prouidentia. *In Venetia, per Mathio di Codeca da Parma ad instantia de Lucantonio de Zonta Fiorentino*, 1483, a di XVII de Marzo. in 4. m. r.

750 Epistole devotissime de sancta Catharina da Siena. *In Venetia, in Casa de Aldo Manutio,* 1500. in fol. vel.

751 Compendio di revelatione del frate Hieronimo (Savonarola) de Ferrara. *In Firenze, Franc. Buonaccorsi,* 1495. in 4. v. m.

THÉOLOGIE. 253

752 Operette diverse di frate Hieronimo Savonarola da Ferrara. (*Impress. in Firenze.*) in 4. vélin.

1. *Compendio di Revelatione. in Firenze, Franc Buonaccorsi. 1495.*
2. *Libro della simplicita della vita christiana, trad. in vulgare (da Girolamo Benevieni) in Firenze, Lorenzo Morgiani 1496.*
3. *Tractato della humilita.*
4. *Sermone della oratione. in Firenze Ant. Mischomini 1492.*
5. *Della oratione mentale.*
6. *Operetta del amore di Jesu.*
7. *Espositione del Pater noster trad. in vulgare. in Firenze, Ant. Mischomini 1494.*
8. *La Espositione del psalmo 79 trad. in lingua fiorentina. in Firenze 1496.*
9. *Operetta sopra e dieci comandamenti di Dio. in Firenze 1495.*
10. *Predica dell' arte del ben morire 1496.*
11. *Tractato del sacramento et de misterii della Messa.*
12. *Epistola a tutti li electi di Dio.*
13. *Epistola contra sententiam excomunicationis contra se nuper injustè latam.*
14. *Tractato contra li astrologi.*
15. *Libro della vita viduale.*

753 Mirabilis liber qui Prophetias, Revelationesque, necnon mirandas, præteritas, præsentes & futuras (Hier. Savonarolæ, Martini Guerin, &c.) apertè demonstrat. in 8. goth. m. bl.

754 Pronosticatio Joannis Liechtenbergers. *Colonia, Petrus Quentel*, 1528. in 8. fig. m. r.

Traités de l'Amour de Dieu, & de l'Oraison, &c.

755 Stimulus divini amoris à sancto Johanne Bonaventurâ editus, emendatus & correctus per Joannem Quentin. *Parisius impressus impensis Gregorii Mittelhus, Anno dominicæ incarnationis Millesimo* CCCC. XL. *Mensis octobris, Die xxiij.* in 8. goth. m. r.

756 Tractatus de modo perveniendi ad veram & perfectam dei & proximi dilectionem, editus à quodam Cartusiensi. *Impress.* circa 1475. in 4. goth. v. f.

Edition à longues lignes, sans signatures, chiffres & réclames. Ses sommaires sont imprimés en rouge, & ses pages qui sont entieres ont 25 lignes. Les caracteres de cette Edition sont ceux avec lesquels *Michel Wenszler* a imprimé à Bâle, en 1479, le Texte de *la Cité de Dieu de St. Augustin*, annoncé ci-devant sous le N°. 455. Le caractere est plus usé dans ce dernier Ouvrage.

757 Tractato dello amore di Jesu Christo, composto da frate Hieronimo (Savonarola) da Ferrara. *In Firenze, per Antonio Mischomini*, 1492. in 4. v. m.

758 Tractato overo sermone della oratione composto da frate Hieronimo (Savonarola) da ferrara. = Operetta del medesimo, della oratione mentale. (*in Firenze.*) in 4. v. m.

759 Tractato overo sermone della oratione composto da frate Hieronimo (Savonarola) da Fer-

Figure du livre intitulé: Monte Sancto di Dio, Florentiæ, 1477, de la biblioth. de feu M. le Duc de la Vallière.

rara. *In Firenze, per Ant. Mischomini*, 1492. in 4. rel. en cart.

760 Les voyes de Paradis que nous a enseignées notre Sauveur Jésus, en son Evangile, pour la réduction du pauvre pécheur. Par Fr. Pierre Doré. 1538. in 8. goth. m. r.

761 Les allumettes du feu divin, pour faire ardre les cœurs humains en l'amour de Dieu. Par Fr. P. Doré. *Paris, Est. Caveiller*, 1539. in 8. goth. m. r.

762 Le College de sapience, fondé en l'Université de vertu, auquel est rendue écoliere Magdeleine, disciple & apostole de Jésus. Par Fr. P. Doré. *Paris, Ant. Bonnemere*, 1537. in 8. v. b.

763 Libro intitulato Monte Sancto di Dio composto da Messer Antonio da Siena Veschovo di Fuligno, della congregatione de Poveri Jesuati. *Florentie, Nicolo di Lorenzo, die X Septembris* 1477. in fol. m. r.

PREMIERE ÉDITION.

Ce Volume commence par 2 feuillets de Table; le Texte les suit; il a des signatures depuis a i—r. A la fin cette souscription dont les 2 dernieres lignes sont en capitales :
Finito el mõte sco didio p̄ me Nicolo di lorẽzo dellamagna Florentie. X Die Mensis Septembris Anno Domini. M. CCCC. LXXVII.

Voy. les *additions* au sujet de cette rare Edition.

764 Devoto e morale libro intitolato specchio de

THÉOLOGIE.

croce (da Domenicho Cavalcha da Vico Pifano.) *Imp. circa ann.* 1480. in 4. m. r.

765 Specchio della Sancta Croce (da Domenicho Cavalcha da Vico Pifano.) *In Firenze, circa* 1495. in 4. v. f.

766 Le dialogue du crucifix & du pélerin, composé en Hierufalem l'an 1486, par Fr. Guill. Alexis. *Paris, Guill. Euſtace,* 1521. in 8. goth. m. r.

767 Le jardin des fleurs pour les ames dévotes. in 4. goth. v. f.

768 Le dialogue de confidence en Dieu moult devot & confolatif pour relever l'ame pécherefſe. par un religieux de la formation de l'ordre de Fontevrault (frere François le Roy.) *Paris, Sim. Voſtre.* in 8. goth. rel. en cart.

769 La marchandife fpirituelle, ordonnée à tous bons chrétiens qui defirent gagner paradis. *Paris, J. St. Denys.* = Traité contenant plufieurs expofitions utiles & falutaires fur l'oraifon dominicale. *Paris, J. St. Denys,* 1533. = Les regles de bien vivre felon Mtre. Jehan Jarfon. in 4. goth. v. f.

769 *Speculum juftitiæ. de Spigel der Gerechticheit (Miroir de juftice, mis en lumiere par H. N.) anno 1580. 3 vol. in 4. v. m.

LIVRE ALLEMAND IMPRIMÉ SUR VÉLIN.

770 Le fouet des jureurs & blafphemateurs du nom
de

THÉOLOGIE.

de Dieu. Par frere Vincent Muffart. *Lyon*, 1615. in 16. v. f.

771 Le foudre foudroyant & ravageant contre les péchés mortels. Par Pierre Juvernay. *Paris, le Mur*, 1637. in 8. v. f.

772 Œuvres spirituelles de feu M. François de Salignac de la Mothe-Fenelon. *Rotterdam, Jean Hofhout*, 1738. 2 vol. in fol. m. r.

773 Œuvres spirituelles de feu M. François de Salignac de la Mothe-Fenelon. 1740. 4 vol. in 12. m. r. l. r.

Traités de la Perfection Chrétienne dans les différents Etats de la vie.

774 Pratique de la perfection chrétienne, du pere Alphonse Rodrigues, traduite de l'Espagnol, par M. l'Abbé Regnier-des-Marais. *Paris, Sebastien Mabre Cramoisy*, 1686. 3 vol. in 4. m. r. doub. de m. l. r.

775 Reformatorium vitæ morumque & honestatis clericorum. *In urbe Basilea per Michaelem Furter impressorem salubriter consommatum, anno 1444, (1494) in cathedra Petri.* = Saluberrimum & utile compendium de reformatione canonissarum, monialium & monachorum. (*ibidem*) in 8. goth. m. cit. l. r.

OUVRAGE très rare & très singulier. Son Auteur est *Jacques Philippi*, Curé de St. Pierre de Bâle.

Tome I.

THÉOLOGIE.

Voyez au sujet de ce Livre précieux la *Bibliotheque Germanique*, Tom. 29, p. 85; le *Mercure Suisse*, année 1734, Août, pag. 45; Novembre, pag. 62, & les *Mémoires de Trévoux*, année 1764, Juillet, 1er vol. pag. 103 & suiv.

776 Joannis Ferrariensis ordinis minorum liber de cœlesti vitâ, in lucem editus per Antonium de Canchorio. *Venetiis, per Matheum Capcasam,* 1494, *die* XIX *Decembris.* in fol. v. f.

777 Le Château de virginité. Par George de Esclavonie. *Paris, Anthoine Verard, le* XXII *Novembre* 1505. in 8. goth. m. r.

IMPRIMÉ SUR VÉLIN, avec une miniature qui représente le Château de Virginité.

778 Le Chapelet de virginité, dit d'amours spirituelles. Par Mre. Pélerin de Vermandois. *Paris, Guichard Soquand.* in 8. goth. rel. en cart.

779 La Tourterelle de viduité, enseignant les veuves comment doivent vivre en leur état, & consolant en leurs adversités aussi les orphelins. Par F. P. Doré. *Paris, veuve J. Ruelle,* 1574. in 18. v. b.

780 La Solitude chrestienne, où l'on apprendra, par les sentiments des Sts Peres, combien on doit desirer de se séparer du monde, autant qu'on le peut, lorsqu'on veut travailler sérieusement à son salut. *Paris, C. Savreux,* 1659. 3 vol. in 12. m. v. doubl. de m. r. dent. l. r.

THÉOLOGIE.

781 L'oreiller spirituel, nécessaire à toutes personnes, pour extirper les vices, & planter la vertu. Mis en lumiere par Paul du Mont. *Duoay, Balthasar Bellere*, 1599. in 12. m. bl.

782 Enchiridion Militis christiani, saluberrimis præceptis refertum, authore Desiderio Erasmo. 1533. in 8. v. f.

783 Le Chevalier Chrétien, composé en latin par Erasme, traduit en françois par Est. Dolet. *Lyon, Dolet*, 1542. in 12. m. r.

784 Pélerinage de Colombelle & Volontairette, vers leur bien-aimé dans Jérusalem; leurs aventures & empêchements finis, déduit & exprimé par de beaux emblêmes. Par B. A. B. (Par Boetius a Bolswert,) & traduit en françois par M. M. *Anvers, Henry Aertssens*, 1636. in 8. fig. v. m.

785 Le pélerinage de Colombelle & Volontairette, (trad. de Boetius a Bolswert.) *Bruxelles, François Foppens*, 1684. in 8. fig. m. r.

786 Le pélerinage de Colombelle & Volontairette, (trad. de Boetius a Bolswert.) *Lille, Jacquez.* in 12. fig. v. f.

Traités de la Pratique des Vertus Chrétiennes, Exercices de piété, Méditations, &c.

787 Liber soliloquiorum Ysidori episcopi Palati-

THÉOLOGIE.

nensis urbis. *Impreſſ. circa* 1472. in fol. v. m.

Edition en caracteres ronds, sans date, sans signatures, &c. exécutée sur 2 colonnes, dont celles qui sont entieres ont 34 lignes. Le Volume commence ainsi :

Incipit prologus ī libro ſoliloquiorũ yſidori epiſcopi palatinenſis vrbis.

A la fin :

Explicit liber ſoliloquiorũ beati yſidori epī. Deo gratias Amen.

Le caractere avec lequel ce Livre est imprimé, est le même que celui du *Liber paſtoralis Gregorii Papæ.* Nº 511.

788 Le livre nommé le Tréſor de l'ame : extrait des saintes écritures, & la plus grande partie de latin en françois. Par Robert. *Paris, par Anthoine Verard.* in fol. goth. m. r.

Imprimé sur vélin, avec une grande miniature.

789 Discours de la guerre spirituelle d'entre l'ame raisonnable & les trois ennemis d'icelle, la chair, le monde & le diable. Par Gasp. de Saint-Simon. *Paris, A l'Olivier*, 1579. in 12. m. r.

790 Les Tableaux de la pénitence. Par M. Antoine Godeau, Evêque de Vence. *Paris, Augustin Courbé*, 1656. in 4. fig. m. r.

791 Le quadrageſimal ſpirituel ; c'est à savoir la ſalade, les feves frites, les pois paſſés, la purée, la lamproye, le saffran, les orenges, &c.

THÉOLOGIE.

Paris, veuve de Michel le Noir. in 4. goth. m. r.

792 Le quadragefimal fpirituel, ou carême allégorié, pour enfeigner le fimple peuple à duement & falutairement jeûner & voyager. *Paris, J. Bonfons*, 1565, in 8. v. f.

Cette Réimpression de l'Ouvrage précédent qui eft très ridicule, porte une approbation de deux Docteurs de la Faculté de Paris.

793 Formicarii libri V moralifati in quo piger difcipuli, & theologus præceptoris habebit officium, juxta editionem fratris Joannis Nyder. in fol. goth. m. r.

Premiere Edition très ancienne, fans date, fans nom de Ville, &c. mais dont le caractere eft femblable à celui avec lequel eft imprimé à Cologne en 1477 : *Decifiones auditorum de rota*... N° 1068.

Cet Ouvrage eft imprimé fur 2 colonnes, avec des fommaires dans le haut des pages. Les colonnes entieres ont 36 lignes. Il commence ainfi :
Incipit prologus formicarij iuxta ediçõnem fratris Johis Nyder....

A la fin :
Explicit qñtus ac totus formicarij liber iuxta edicõej frīs Johis Nider facre theologie pfefforis eximij q̃ vitã tpe concilij oftãciẽfis bafilienfifq3 duxit ĩ hũanis feliciter.

794 Joannis Nyder, theologiæ Doctoris, formicarium, in V. libros divifum ; quibus Chriftianus quilibet, admirabili formicarum exemplo,

ad parandam sibi sapientiam eruditur. in fol. goth. m. r.

EDITION sans date, sans nom de Ville & d'Imprimeur, sur 2 colonnes, dont celles qui sont entieres ont 36 lignes, ayant les sommaires des Livres & des Chapitres dans le haut des pages, & dans le bas des signatures, depuis la lettre a — q. Les caracteres de cette Edition sont ceux de Jean Guldenschaff de Mayence. Le Volume commence ainsi :

Incipit prologus formicarij iuxta edificacõem fratris Johis Nyder sacre theologie ƥfessoris eximij. q̃ vitam tempore concilij ɔstanciens basiliensisq̃ duxit in humanis feliciter:

Au bas du dernier feuillet :

Explicit quintus ac totus formicarij liber iuxta edificacõem fratris Johannis Nyder sacre theologie ƥfessoris eximij q̃ vitã tempoẽ cõcilij ɔstanciẽs Basiliẽsq̃ duxit in humanis feliciter.:.

795 Trattato dell' humilita composto per frate Hieronimo (Savonarola) da Ferrara. *In Firenze per Ant. Mischomini*, 1492. in 4. v. m.

796 Singulari trattati de Ugho Pantiera da Pratto dell' ordine de frati minori. *In Firenze, per Lorenzo de Morgiani*, 1492. in 4. m. r.

797 Sentences, Prieres & Instructions Chrétiennes, tirées de l'Ancien & du Nouveau Testament. Par le sieur de Laval. *Paris, Pierre le Petit*, 1676. in 12. m. r. doub. de m. l. r.

798 Pratiques de piété pour honorer le Saint Sacrement, tirées de la doctrine des Conciles & des

THÉOLOGIE. 163

Saints Peres. *Cologne, Balthasar d'Egmond*, 1683. in 8. m. r. l. r.

799 Traités de Piété, ou discours sur divers sujets de la morale chrétienne. Par M. Claude de Sainte Marthe. *Paris, Charles Osmont*, 1702. 2 vol. in 12. m. bl. doub. de m. cit. l. r.

800 Lettres de M. Claude de Sainte Marthe, sur divers sujets de piété, de morale & de conduite pour la vie chrétienne. *Paris, Louis Roulland*, 1709. 2 vol. in 12. m. bl. doub. de m. cit. l. r.

801 Divote meditationi sopra la passione del nostro signore, chavate & fondate originalmente sopra sancto Bonaventura, & sopra Nicolao de Lira. in 4. fig. v. f.

802 Méditation très dévote pour chacune heure du jour, sur la passion de Notre Seigneur Jésus Christ, avec les Heures de la Croix. *Paris, à l'enseigne de l'écu de France.* in 8. goth. m. r.

803 Sacrum sanctuarium crucis & patientiæ crucifixorum emblematicis imaginibus laborantium & ægrotantium ornatum. Auctore Petro Bivero. *Antverpiæ, ex Officinâ Plantinianâ*, 1634. in 4. v. f.

804 Méditations sur l'Evangile, ouvrage posthume de M. Jacques Benigne Bossuet. *Paris, Pierre-Jean Mariette*, 1731. 4 vol. in 12. m. r.

805 Prieres chrétiennes en forme de méditations sur tous les mysteres de notre Seigneur, de la

Sainte Vierge, & sur les Dimanches & Fêtes de l'année. Par le Pere Pasquier Quesnel. *Paris, Charles Robustel,* 1708. 2 vol. in 12. m. r. doub. de m. l. r.

806 La Journée du Chrétien, sanctifiée par la priere & la méditation. *Paris, H. L. Guerin,* 1754. in 12. m. viol. doub. de tabis.

THÉOLOGIE POLEMIQUE.

Traités concernant la défense de la Religion Chrétienne.

807 Libro di frate Hieronimo (Savonarola) da Ferrara dello ordine de frati predicatori: della verita della fede christ. *circa* 1490. in fol. m. r.

EDITION à longues lignes; les pages qui sont entieres en ont 35.

808 Forma veræ religionis quærendæ & inveniendæ, liber unus. Authore R. P. Michaele de Elizalde, soc. Jesu. *Neapoli, Hyacinthus, Passerus,* 1662. in 4. v. f.

809 Traité de la vérité de la Religion Chrétienne. Par Hugues Grotius, avec les citations & les remarques de l'Auteur même, trad. du latin par P. le Jeune. *Utrecht, Guillaume vande Water,* 1692. in 8. m. r.

810 Traité de la vérité de la Religion Chrétienne. Par Jacques Abbadie. *Rotterdam, Reiniers Leers,* 1701.

THÉOLOGIE.

1701. 3 vol. in 12. m. r. dent. doub. de m. viol. l. r.

811 Petri Danielis Huetii demonstratio evangelica. *Parisiis, Stephanus Michallet,* 1679. in fol. m. r. G. P.

812 Pensées de M. Paschal sur la Religion, & sur quelques autres sujets. *Amsterdam, Abraham Wolfgang,* 1688. in 12. m. verd, l. r.

813 Traités de l'existence & des attributs de Dieu, des devoirs de la Religion naturelle, & de la vérité de la Religion chrétienne. Par M. Clarke, traduits de l'Anglois par M. Ricotier. *Amsterdam, Jean Fredéric Bernard,* 1727. 3 vol. in 8. m. r, l. r.

Traités Polémiques pour la défense de la Religion Catholique contre les Hérésies & Hérétiques, anciens & modernes.

814 Fortalicium fidei, in V libros. (Per Alphonsum de Spina.) in fol. goth. m. r.

PREMIERE EDITION, sans date, sans nom de Ville ni d'Imprimeur, sans chiffres, réclames & signatures ; elle est exécutée sur 2 colonnes, dont celles qui sont entieres ont 47 lignes. Les caracteres sont les mêmes que ceux de la Bible de 1475, annoncée ci-devant, N°. 30. Nous croyons l'une & l'autre Edition sorties des presses de Nuremberg.

Le Volume commence par la Table qui contient 8 feuillets dont la premiere ligne renferme ces mots : *Abula fortalicij fidei icipit cuius.*

Tome I.   L l

Il finit au bas du verso du dernier feuillet, par la seconde colonne & par cette ligne :

arum actio fine fine. Amen.

815 La forteresse de la foy. 3 grands volumes in fol. m. r.

SUPERBE MANUSCRIT sur vélin du *XV siecle*, divisé en 3 Volumes, & contenant 449 feuillets, y compris 19 feuillets de Prologues & de Tables. Son écriture est l'*ancienne batarde* sur 2 colonnes. Ses sommaires sont en rouge, & les lettres *tourneures* sont peintes en or & en couleurs. Il est enrichi de 5 très belles & grandes miniatures qui portent 9 pouces de hauteur sur 8 & demi de largeur. Les pages où elles se trouvent sont bordées d'un cadre de fleurs & de feuillages. On voit dans celui qui décore le premier feuillet du corps de l'Ouvrage les armes & la devise de *Louis de Bruges*, Seigneur de la *Gruthuse*, &c. Chevalier de la toison d'or, mort à Bruges en 1492. Ce Seigneur s'étoit formé une Bibliotheque très riche, que *Louis XII*, suivant l'Historien de la Bibliotheque du Roi, acheta en entier lorsqu'il n'étoit encore que Duc d'Orléans.

Les 5 miniatures de ce MS. sont très curieuses & intéressantes. Nous en donnerions ici l'explication, si les bornes de ce Catalogue nous le permettoient. Nous devons nous contenter de dire qu'elles représentent chacune une *Tour* ou *Forteresse* assiégée par *les faux Chrétiens & les Heritiques, les Juifs, les Sarrazins & les Diables*, & défendue par *les Chevaliers de Dieu* ; c'est-à-dire, *le Pape, les Evêques, les M. ines....*

L'Ouvrage est partagé en 5 Livres, dont voici les sommaires :

1. *Le premier liure sera de la vraye armeure des cheualiers de Dieu et de l'excellance de la sainte foi catholique.*

2. Le second sera de la bataille des faulx xpiens et heritiqs contre ycelle forteresse de la foy et de leur subtille déception.

3. Le tiers sera de la bataille des iuifz cõtre icelle et de leurs enormes crudelites et obstinees malices.

4. Le quart sera de la bataille des sarrasis contre icelle et de labhominatiõ et ordure de leur loy.

5. Le quĩt sera de la bataille des dyables cõtre ycelle et de la perdicion de leur seignourie et de leur grant misere.

Parmi les différents Auteurs qui ont parlé de la Forteresse de la Foy, Wolfius, (dans son *Bibliotheca hebræa*, Tom. II, pag. 1115, & Tom. IV, pag. 545) est celui qui en a traité plus au long, & qui n'en a point ignoré le nom de l'Auteur, comme bien d'autres Bibliographes; il s'appelloit Alphonse de Spina, & il étoit Juif Espagnol; s'étant converti à la Religion Chrétienne, il se fit Cordelier, & devint Recteur de l'Université de Salamanque.

Il paroît par quelques endroits de *la Forteresse de la Foy*, qu'il commença ce Livre à *Valladolid*, en 1458, il s'en occupoit encore en 1460, ce que prouve expressément le passage suivant, tiré du Livre III, fol. cxlij. col. 1.

Maintenant voyons laueuglete des juifz ilz comptent leurs ans depuis la creation du monde comme nous comptons depuis la natiuite de ihesucrist et dient que en cest an ouquel nous comptons mil iiij^c et lx (1460) ans depuis la natiuite, sont depuis la creation V^m ij^c et xx ans...

L'idée que l'on donne de cet Ouvrage dans les *Epistolæ obscurorum virorum*, est tout-à-fait plaisante; on y lit à la pag. 48, Edit. de 1710:

Fortalitium fidei est merdosus liber, et non valet, et nemo allegat istum librum, nisi stultus et fatuus.

Quoique le Traducteur ne soit nommé ni dans le

Prologue ni dans l'Epilogue dont il a augmenté sa Traduction, nous savons par un MS. de la Bibliotheque de Berne, qu'il s'appelloit *Pierre Richart*. On trouve à la fin de ce MS. ces mots :

Le present volume a este translaté de latin en francois par Pierre Richart dit l'oiselet Prestre et Curé de marques.

Notre MS. a appartenu à *Claude d'Urfé*, & a été cité par *du Verdier*, pag. 698 du Tom I de sa *Bibliotheque*.

816 Radicalis attestatio fidei Orthodoxæ, fundata in rationis naturali lumine, de informi Philosophorum & Poetarum fide, contra Judæos, Gentiles, & infideles cæteros. *Nurembergæ, Fredericus Creuszner*, 1477. in-fol. goth. m. bl.

PREMIERE EDITION.

CET OUVRAGE commence par l'intitulé ci-dessus ; il est imprimé à longues lignes, & il porte à la fin cette souscription :

Impressum per Fridericum Creuszner de Nurmberga. Anno domini. Millesimo. CCCC. LXXVij.

817 Petri Montii de unius legis veritate & sectarum falsitate, opus utilissimum. *Mediolani, Jo. Ang. Scinzenzeler, impensâ Jo. Jac, & fratrum de Lignano*, 1509. in fol. m. bl.

818 Fr. Alfonsi de Castro, ord. min. adversus omnes Hæreses libri XIIII. in quibus recensentur & revincuntur omnes Hæreses quarum memoria extat, quæ ab Apostolorum tempore ad hoc usque sæculum in ecclesiâ ortæ sunt. *Parisiis, Jod. Badius*, 1534. in fol. m. r.

THÉOLOGIE.

819 Ambrosii Pelargi, ordin. prædicatorum opuscula; scilicet, adversus Anabaptistarum errores aliquot liber. in Eleutherobaptistas. refutatio consilii Œcolampadii de differendo parvulorum baptismo. adversus Iconomachos, sive in eos qui bellum movent divorum imaginibus, &c. *Excudebat Joannes Gymnicus*, 1534. in 8. m. r.

820 La défense de la foy de nos ancêtres, auquel la présence réelle du corps de Notre Seigneur au St. Sacrement, est prouvée par plus de 350 raisons. Par Christ. Cheffontaines, dit Penfentenyon. *Paris, l'Huillier*, 1571. in 8. m. bl. l. r.

821 Fidei majorum nostrorum defensio, qua Hæreticorum sæculi nostri astus ac stratagemata deteguntur. Auctore, Christ. à Capitefontium. *Antverpiæ, Plantinus*, 1575. in 8. m. cit.

822 Defensionis fidei majorum nostrorum, liber secundus. Auctore eodem Christ. à Capitefontium. *Romæ, Bladius*, 1576. in 8. m. cit.

823 Les trois vérités contre tous Athées Hérétiques, &c. Par Pierre le Charron. *Bourdeaus, S. Millanges*, 1595. in 8. m. r.

824 De procurandâ salute omnium gentium, Schismaticorum, Hæreticorum, Judæorum, &c. libri XII. Auctore Thomâ a Jesu. *Antverpiæ, vidua Pet. Belleri*, 1613. in 4. v. f.

Traités contre les Juifs.

825 Pauli Maurocéni opus de æternâ temporalique Christi generatione in Judaicæ improbationem perfidiæ christianæque religionis gloriam divinis enuntiationibus comprobata, ad Paulum Pont. Max. *Patavii, Barth. Campanus Ponticurvanus,* 1473. in 8. v. f.

Ce Volume commence par l'intitulé ci-dessus, qui est imprimé en lettres capitales. On lit à la fin la souscription & les vers suivants :

FINIS.
Patauii. iiii. kls maias. M. cccc. lxxiii.
 Summa colūna dei fidei firmata potētis:
 In loquor hebreos perfidiasque suas.
 Christicola veneto grates hoc reddite paulo:
 Et patauo qui nunc nobile pressit opus.
Bartholomæus Campanus Ponticuruanus.

Il y a deux feuillets dans cet Exemplaire qui ont été réimprimés.

826 Petri Bruti Veneti, episcopi Catharensis victoria contra Judæos. *Vicentiæ, per Simonem Papiensem Bivelaquam,* 1489. in fol. m. r.

Premiere Edition.

727 Duæ Epistolæ Neumiæ filii Haccanæ, & Haccanæ filii Neumiæ, virorum probatissimorum in hebraicis litteris, quorum auctoritatem Judæi negare non audent, in quibus manifestè ostenditur Christum unicum omnipotentis Dei

filium; verum fuisse Messiam. Ex hebraico sermone in latinum conversæ, per Paulum de Heredia. = Ejusdem Pauli de Heredia quæstio, utrum intemerata virgo Maria fuerit concepta in peccato originali. in 4. m. r.

Ce Livre paroît avoir été imprimé vers l'an 1480.

828 Rationes breves Rabi Samuelis Judæi nati, sed de judaismo ad fidem catholicam conversi, quibus quisquis verus Christicola saltem modicè sapiens potest Judæorum errores validè & aptè reprobare, condemnare, & eos tam ex nostris quam ex suis propriis Prophetiis efficacissimè convincere. *Coloniæ, apud Lijskyrchen.* in 4. goth. m. r.

829 Petri Galatini opus de arcanis catholicæ veritatis, contra obstinatissimam Judæorum nostræ tempestatis perfidiam. *Orthonæ Maris, per Hieron. Suncinum*, 1518. in fol. m. bl.

Edition Originale.

Au verso du dernier feuillet on trouve la note suivante d'une écriture du temps:

Petrus hic Galatinus fur est scriptorum Raymūdi Jacobitæ.

830 Victoria Porcheti (de Salvaticis) adversus impios Hebræos, in quâ monstratur veritas catholicæ fidei, ex recognitione Aug. Justiniani. *Parisiis, Gourmont*, 1520. in fol. goth. m. r.

831 Altercatio synagogæ & ecclesiæ, in quâ bona

ferè utriufque inftrumenti librorum pars explicatur. *Coloniæ, Novefianus*, 1540. in fol. m. r.

832 Evangelium Johannis; hoc eft, jufta ac vetus apologia pro æterna chrifti divinitate, atque à Deo, quatenus unum cum eo eft, æqualitate cum patre : adverfus impietatem Judæorum. Per Caffiodorum Reinium. *Francofurti, Nicolaus Baffæus*, 1573. in 4. m. bl.

Traités contre les Gentils.

833 Liber de veritate catholicæ fidei contra errores Gentilium editus à fratre Thomâ de Aquino, ordinis prædicatorum, ex recenfione Joannis Francifci Veneti, theologi ordinis prædicatorum. *Romæ, Arnoldus Pannartz*, 1475. in fol. m. r.

PREMIERE EDITION.

CE LIVRE eft imprimé fur 2 colonnes; il commence par 6 feuillets qui contiennent l'Epître Dédicatoire de l'Editeur & la Table des Chapitres. Le Texte fuit, & à la fin il y a cette foufcription imprimée en lettres capitales :

Impreffit clarus ac diligentiff. artifex Arnoldus Pannartz. natione Germanus in domo viri Nobilis Petri de Max. civis Romani. anno incarnati verbi. M. CCCC. LXXV. die vero. xx. septen. feden. Sixto IIII. Pont. Max. Anno. eius. V.

On trouve au verfo de ce feuillet le Regiftre.

THÉOLOGIE.

Traités contre les Manichéens.

834 Adversus pestiferos fœdissimosque Cathararum, (qui Manichæorum hæresim innovârunt) damnatos errores ac hæreses, Eckberti præsbiteri utilissimi sermones. *Coloniæ, impensis Joannis Soteris,* 1539. in 8. m. r.

Traités contre les Mahométans.

835 Ricoldi ordinis prædicatorum contra sectam Mahumeticam libellus. Per Bartholomæum Picernum è Græco in latinum conversus. & cujusdam diu captivi Turcorum provinciæ septem Castrensis, de vita & moribus eorumdem libellus, cum præfatione Jacobi Fabri. *Parisiis, Henricus Stephanus,* 1509. in 4. m. r.

IMPRIMÉ SUR VÉLIN.

836 Dionysii Carthusiani contra Alchoranum & sectam Machometicam libri quinque. *Coloniæ, Quentel,* 1533. in 8. v. m.

837 Confutacion del Alcoran y secta Mahometana, sacado de sus proprios libros : y de la vida del mesmo Mahoma. Por Lope Obregon. *En Granada,* 1555. in fol. m. r.

838 Confusion de la secte de Muhamed, composé en espagnol par Jean André, jadis More & Alfaqui, & depuis fait Chrétien & Prêtre;

Tome I. Mm

tourné d'Italien en François, par Guy le Fevre de la Boderie. *Paris, Martin le jeune*, 1574. in 8. v. f.

839 Apologia pro christiana religione qua à R. P. Phil. Guadagnolo, respondetur ad objectiones Ahmed filii Zin Alabedin, contentas in libro inscripto Politor speculi. *Romæ, typ. sac. Congregat. de Prop. Fide*, 1631. in 4. v. f.

Traités Contre les Wiclefistes, Hussites, &c.

840 Thomæ Waldensis, doctrinale antiquitatum fidei ecclesiæ catholicæ; adversus Witclevistas, Hussitas, eorumque recentiores asseclas. *Venetiis, Valgrisius*, 1571. 3 vol. in fol. v. m.

841 Dialogus Æneæ Silvii, postea Pii Papæ II. contra Bohemos atque Thaboritas habitus de sacra communione corporis Christi. (*Coloniæ, per Olricum Zel de Hanau,*) *circa* 1470. in 4. goth. v. f.

Ce Volume qui consiste en 29 feuillets, commence ainsi :
Dyalogus eloquētissimi atq3 reuēredi patris dn̄i Enee siluij . . . .
On lit à la fin :
Explicit dyalog9 eloquētissimi atq3 reuērēdi pris dn̄i Enee siluij poete laureati at3 Ep̄i senensis postea Pij pape secūdi contra Bohemos atq3 thaboritas habitus de sacra ɔmunione corp̄is xp̄i.

THÉOLOGIE.

Cette Edition est à longues lignes. Elle n'a ni signatures, ni chiffres, ni réclames. Les pages qui sont entieres ont 27 lignes.

Traités contre les Luthériens.

842 Apologie pour la foi chrétienne, contre les erreurs contenues au petit livre de Messire George de Halevin. *Paris, Geoffroy Tory*, 1531. in 8. m. r.

843 Commentaria Jo. Cochlæi, de actis & scriptis Martini Lutheri. *Apud sanctum Victorem, prope Moguntiam, ex officina fr. Behem*, 1549. in fol. v. f.

844 Le livre proposé par l'Empereur (Charles-Quint) pour entrer en voie de concorde touchant les controverses de la Religion. in fol. rel. en cart.

MANUSCRIT sur papier du *XVI siecle*, contenant 85 feuillets.

Traités contre les Calvinistes.

845 Résolutions sur certains pourtraits & libelles, intitulés du nom de Marmite, faussement imposé contre le Clergé de l'Eglise de Dieu. par laquelle est prouvé par le discours de l'Ecriture sainte, & l'expresse parole de Dieu, le nom de Marmite enflambée, être propre à la nouvelle Eglise. Par frere Thomas Beaulxamis, Carme.

Paris, Hierofme de Marnef, 1568. in 8. m. r.

846 La Marmite renversée & fondue, de laquelle notre Dieu parle par les Saints Prophetes. où est prouvé que la secte Calvinique est la vraie Marmite, & est compris un brief sommaire des desseins & conjurations sanguinaires d'icelle, cause de son entiere ruine. Par F. Th. Beaulxamis. *Paris, Guill. Claudiere*, 1572. in 8. m. r.

847 La singerie des Huguenots, Marmots & Guenons de la nouvelle dérision Théodobezienne. Par Artus Desiré. *Paris, Julien*, 1574. in 8. m. r.

848 Calvinus judaizans, hoc est: judaicæ glossæ & corruptelæ, quibus Jo. Calvinus illustrissima scripturæ sacræ loca & testimonia, de gloriosa Trinitate, deitate Christi & spiritus sancti, cum primis autem Vaticinia Prophetarum de adventu Messiæ, nativitate ejus, passione, resurrectione, ascensione in cœlos, & sessione ad dextram Dei, detestandum in modum corrumpere non exhorruit. Per Ægidium Hunnium. *Witteberga, vidua Mat. Velaci*, 1595. in 8. v. f.

849 Calvinismus, bestiarum religio. Per R. P. A. Riviere. *Lugduni, Landri*, 1630. in 12. v. f.

Traités contre les Athées & les Esprits-Forts.

850 De la vérité de la Religion chrétienne, contre les Athées, &c. Par Philippes de Mornay,

sieur du Plessis Marly. *Anvers*, *Christophe Plantin*, 1581. in 4. m. r. dent.

851 La lumiere de la raison, opposée aux ténebres de l'impiété, contre les Athées. Par David Derodon. *Genêve*, *de Tournes*, 1665. in 8. m. r.

852 Alciphron, ou le petit Philosophe, en sept dialogues : contenant une apologie de la Réligion chrétienne, contre ceux qu'on nomme Esprits-Forts. (Par l'Evêque de Cloyne.) *La Haye*, *Benjamin Gibert*, 1734. 2 vol. in 12. m. r.

THÉOLOGIE HÉTÉRODOXE.

Ecrits des Wiclefistes & Hussites.

853 Joannis Wiclefi dialogorum libri IV. quorum primus divinitatem & ideas tractat. secundus universarum creationem complectitur. tertius de virtutibus & vitiis ipsis contrariis loquitur. quartus Romanæ Ecclesiæ Sacramenta, ejus pestiferam dotationem, Antichristi regnum, fratrum fraudulentam originem, atque hypocrisim, graphycè perstringit. 1525. in 4. m. verd.

854 Joannis Hus, & Hieronymi Pragensis historia & monumenta. *Norimbergæ*, *Montanus*, 1558. 2 vol. in fol. m. r.

855 Jo. Huss opuscula, scilicet de anatomia Anti-

christi liber, &c. Accedit, processus consistorialis Martyrii Jo. Huss. 3. tom. en 1 vol. in 4. fig. m. bl.

Exemplaire complet d'un Livre fort rare.

Ecrits des Luthériens.

856 Hulderichi Hutteni equitis Germani dialogi; scilicet, Fortuna, Febris prima, Febris secunda, Trias romana, inspicientes. *Moguntiæ, ex Officina Libraria Joannis Scheffer, mense Aprili, anno* 1520. in 4. v. f.

857 Hulderichi Hutteni Equitis Germani Dialogi. Fortuna. Febris prima. Febris secunda. Trias Romana. Inspicientes. *Lovanii, per Petrum Achestan, impensis Erachel Volphgrant,* 1521. in 4. m. r.

858 Il Vergerio a Papa Giulio tetzo, che a approvato un libro del Mutio, intitulato le Vergeriane. in 8. m. cit.

859 Postremus Catalogus Hæreticorum Romæ conflatus, 1559, continens alios quatuor Catalogos, qui post decennium in Italia, necnon eos omnes qui in Gallia & Flandria post renatum Evangelium fuerunt editi, cum annotationibus Petri Pauli Vergerii. *Corvinus excudebat Pfortzheimii,* 1560. in 8. v. m.

860 Cœlii Secundi Curionis Araneus, seu de

THÉOLOGIE.

Providentia Dei, libellus, cum aliis nonnullis ejusdem opusculis. *Basileæ, Joannes Oporinus*, 1544. in 8. m. bl.

861 Cœlii Secundi Curionis de amplitudine beati regni Dei, libri duo. *Goudæ, Burier*, 1614. in 8. v. f.

862 Catalogus testium veritatis, qui ante nostram ætatem reclamarunt Papæ, cum præfatione Mathiæ Flacii Illyrici (Francowitz.) *Basileæ, Joannes Oporinus*, 1556. in 8. m. r.

863 Catalogus testium veritatis, qui ante nostram ætatem Pontifici Romano, ejusque erroribus reclamarunt, cum præfatione Mat. Flacii Illyrici (Francowitz.) *Argentinæ*, 1562, & à la fin, *Basileæ, Oporinus*, 1562. in fol. m. r.

864 De sectis, discensionibus, contradictionibus & confusionibus doctrinæ, religionis, Scriptorum & Doctorum Pontificiorum liber. Autore Matthia Flacio Illyrico (Francowitz.) *Basileæ, Queckus*, 1565. in 4. m. r.

865 Refutatio invectivæ Bruni contra centurias historiæ Ecclesiasticæ, in qua simul recitantur amplius 100 historica, maximique momenti Papistarum mendacia. Autore Matthia Flacio Illyrico (Francowitz.) *Basileæ, Jo. Oporinus*, 1566. in 4. m. r.

866 De occasionibus vitandi errorem in essentia injustitiæ originalis ; item, de eximia utilitate,

summaque necessitate doctrinæ de essentia imaginis Dei ac Diaboli, justititiæque ac injustitiæ originalis. Per Matthiam Flacium Illyricum (Francowitz.) *Basileæ, Petrus Perna,* 1569. in 8. m. r.

867 Brieve & claire confession de la foy chrétienne, contenant cent articles, selon l'ordre du Symbole des Apôtres, faite & & déclarée par Jean Garnier. 1552. in 12. m. r.

868 Orthodoxa Tigurinæ Ecclesiæ Ministrorum confessio, illorum & fidem & doctrinam, quam cum Catholica Sanctorum Ecclesia communem habent, continens, imprimis autem de Cœna Domini nostri Jesu Christi, è Germanico Latinitate donata, R. Gualthero interprete. *Tiguri Christ. Froschoverus,* 1545. in 8. m. r.

Ecrits des Calvinistes.

869 Recueil des opuscules, c'est-à-dire, petits traités de M. Jean Calvin; les uns revus & corrigés sur le latin, les autres translatés nouvellement de latin en françois. *Geneve, Baptiste Pinereul,* 1566. 3 vol. in fol. G. P. v. f. l. r.

870 Joannis Calvini epistolæ duæ; prior, de fugiendis impiorum illicitis sacris, & puritate christianæ religionis observanda. Altera de christiani hominis officio in sacerdotiis Papalis Ecclesiæ,

THÉOLOGIE.

Ecclesiæ, vel administrandis, vel abjiciendis. *Genevæ*, 1550. in 8. v. f.

871 Psychopannychie. traité par lequel est prouvé que les ames veillent & vivent après qu'elles sont sorties des corps : contre l'erreur de quelques ignorants qui pensent qu'elles dorment jusqu'au dernier jugement. Par Jean Calvin, traduit du latin en françois. *De l'Imprimerie de Conrad Badius*, 1558. in 8. m. bl.

872 Confessio Christianæ fidei, & ejusdem collatio cum Papisticis hæresibus. Per Theodorum Bezam Vezelium. *Ex Typographia Joannis Bonæ Fidei*, 1560. in 8. m. r.

873 Confessione della fede christiana di M. Theodoro Beza Vezelio. *Appresso Fabio Todesco*, 1560. in 8. v. m.

874 De veris & visibilibus Ecclesiæ Catholicæ notis, tractatio. Theodoro Bezâ Vezelio auctore. *Genevæ, Eustathius Vignon*, 1579. in 8. m. r.

875 La Harangue faite par Théodore de Beze, Ministre de la parole de Dieu, accompagné de onze Ministres & de vingt députés des Eglises réformées du Royaume de France, devant le Roi, la Reine, &c. le 9 Septembre 1561, en l'abbaye des Nonnains de Poissi. 1561. = Seconde Harangue de Théodore de Beze, prononcée à Poissy le 26 Septembre 1561. = Con-

Tome I

fession de la foy catholique, contenant en brief la réformation de celle que les Ministres de Calvin, présenterent au Roi, en l'assemblée de Poissy. Par Claude de Saintes. *Paris, Claude Fremy*, 1561. in 8. m. r.

876 Epistolarum Theologicarum Theodori Bezæ Vezelii, liber unus. *Geneva, Eustathius Vignon*, 1573. in 8. m. r.

877 Epître envoyée au Duc de Lorraine par Guillaume Farel, Prêcheur du St. Evangile. *Geneve, Jehan Girard*, 1545. in 8. m. r.

878 Disputations chrétiennes en maniere de devis, divisées par dialogues. Par Pierre Viret. avec une Epître de Jean Calvin. *Geneve, Girard*, 1544. in 8. v. f.

879 La seconde partie des disputations chrétiennes. Par P. Viret. 1544. in 8. v. f.

880 La troisieme partie des disputations chrétiennes. Par P. Viret. 1544. in 8. v. f.

881 Disputations chrétiennes touchant l'état des trépassés, faites par dialogues. Par Pierre Viret. *Geneve, Jean Gerard*, 1552. in 8. v. f.

882 Dialogues du désordre qui est à présent au monde, & des causes d'icelui, & du moyen pour y remédier. Par P. Viret. *Geneve*, 1545. 2 vol. in 8. v. f.

883 Petri Vireti de communicatione fidelium, quibus cognita est veritas Evangelii, cum Papis-

THÉOLOGIE.

tarum ceremoniis, ac præsertim cum Baptismo, Nuptiis, Missa, &c. libellus apprimè utilis. *Genevæ, Jo. Crispinus*, 1551. in 8. v. f.

884. L'office des morts, fait par dialogues en maniere de devis. l'ordre des Dialogues, l'Enterrement, les suffrages, le Dueil, les Anniversaires, la Messe. Par Pierre Viret. *De l'Imprimerie de Jean Gerard*, 1552. in 8. m. bl.

885 De vero verbi Dei, Sacramentorum & Ecclesiæ ministerio, libri duo, &c. Autore Pet. Vireto. *Olivâ Rob. Stephani*, 1553. in fol. m. r.

886 De origine, continuatione, usu, autoritate, atque præsentia ministerii verbi Dei & sacramentorum. Autore Petro Vireto. *Olivâ Rob. Stephani*, 1554. in fol m. r.

887 Petit traité de l'usage de la Salutation Angélique, & de l'origine des Chapelets, & l'abus d'iceux. Par Pierre Viret. in 12. m. r.

888 De fatti de veri successori di Giesu Christo & de suoi apostoli, & de gli apostati della chiesa Papale. Da Messer Pietro Vireto. *Per Giovan Luigi Paschale*, 1556. in 8. v. f.

889 Des actes des Apôtres de Jésus Christ, & des Apostats de l'Eglise, & des successeurs, tant des uns que des autres. contenants la différence & conférence de l'ancienne Eglise Chrétienne, & de l'Eglise Papale, &c. Par Pierre Viret. *De*

l'Imprimerie d'Eſt. Anaſtaſe, 1559. in 8. v. f.

890 Dialogues du combat des hommes contre leur propre ſalut, & contre le devoir & le beſoin qu'ils ont de s'en enquérir par la parole de Dieu. Par P. Viret. *Par Jean Rivery*, 1561. in 8. v. f.

891 Métamorphoſe Chrétienne, faite par dialogues. Par Pierre Viret. (*Geneve*) *Jacques Bres*, 1561. in 8. v. f.

892 De l'inſtitution des heures canoniques, & des temps déterminés aux prieres des Chrétiens. Par Pierre Viret. *Lyon, Saugrain*, 1564, in 8. v. f.

893 L'intérim fait par dialogues ; ſavoir, les Moyenneurs, les Transformateurs, les Libertins, les Perſécuteurs, les Edits & les Modérés. Par Pierre Viret. *Lyon*, 1565, in 8 v. f.

894 Réponſe aux queſtions propoſées par Jean Ropitel, Minime, aux Miniſtres de l'Egliſe réformée de Lyon. Par Pierre Viret. *Geneve, Bonnefoy, pour Fleury Chauvet*, 1565. in 8. m. r.

895 Le Monde à l'empire, & le monde démoniacle, fait par dialogues. Par P. Viret. *Geneve, Laimarie*, 1580. in 8. v. m.

896 De la vraie & fauſſe religion, touchant les vœux & les ſermens licites & illicites, & notament touchant les vœux de perpétuelle conti-

nence, &c. Par Pierre Viret. *Par Jean de Laon, pour Vincent Ratoire*, 1590. in 8. v. f.

897 Traité, qu'il est nécessaire que toutes gens, de quelque qualité, sexe ou âge qu'ils soient, lisent les saintes Ecritures, & du moyen qu'on y peut tenir. 1561. in 8. m. bl.

898 Le vrai bouclier de la foy chrétienne, mis par dialogues, démontrant par la sainte Ecriture les erreurs & fausses allégations d'un livre intitulé : le Bouclier de la foy, jadis fait par un Moine de St. Victor, se disant le Bienveillant. Par Barthelemy Causse. *Geneve, Zach. Durand,* 1563. in 12. v. m.

899 De la présence du corps de Christ en la Cene. Par H. de la Haye. *Lyon*, 1564. in 8. v. f.

900 Jacobi Aconti Tridentini, stratagematum Satanæ, sive de recto & prudenter cum in doctrina tum in disciplina instituenda, reformanda, adversusque Diaboli insidias præmunienda Dei Ecclesia, libri octo. *Basileæ, Conradus Waldkirchus*, 1610. in 8. m. bl.

901 Les ruses de Satan, recueillies & comprises en huit livres. Par Jacques Aconce. *Basle, P. Perne*, 1565. in 4. m. r.

902 Le livre des Marchands, fort utile à toutes gens, pour connoître de quelles marchandises on doit se donner garde d'être déçu. Par Gab. Cartier. 1582. in 24. v. m.

903 Davidis Derodon disputatio de supposito, in qua plurima hactenus inaudita de Nestorio tanquam Orthodoxo, & de Cyrillo Alexandrino, aliisque Episcopis Ephesi in Synodum coactis tanquam hæreticis demonstrantur, ut soli scripturæ sacræ infallibilitas asseratur. *Francoforti*, 1645. in 8. m. bl.

904 Ad omnes Germaniæ Ecclesias reformatas, piorum, qui sub Zuingliani & Calviniani nominis invidia, vim & injuriam patiuntur, apologia. in 8. m. r.

905 La maniere & façon qu'on tient en baillant le St. Baptême en la sainte Congrégation de Dieu. *Neufchatel, Pierre de Vingle*, 1533. = Sommaire & brieve déclaration d'aucuns lieux fort nécessaires à un chacun Chrétien, pour mettre sa confiance en Dieu. *Item*, un traité du Purgatoire, 1534. = La maniere de lire l'Evangile, & quel profit on en doit attendre. = Déclaration de la Messe, le fruit d'icelle, &c. *Paris*. = Le livre des Marchands, fort utile à toutes gens pour connoître de quelles marchandises on doit se garder d'être trompé, lequel a été revu & fort augmenté par son premier Auteur. in 8. goth. v. f.

Le dernier Traité de ce Recueil finit par une piece de vers, dont l'Acrostiche est *la Papalité*.

906 Les Ordonnances Ecclésiastiques de l'Eglise

THÉOLOGIE.

de Geneve. *Item*, l'ordre des Ecoles de ladite Cité. *Geneve, Artus Chauvin*, 1562. in 8. m. r.

907 Catéchifme extrait de celui de l'Eglife de Geneve. Par Jean Raymond Merlin, avec la tranflation en la langue de Béarn. *Limoges, Guillaume de la Noaille*, 1563. in 8. v. f.

Ecrits des Anglicans.

908 Georgii Bulli opera omnia, quibus duo præcipui catholicæ fidei articuli, de S. Trinitate & juftificatione, orthodoxè, perfpicuè, ac folidè explanantur, cum præfatione Joannis Ernefti Grabe. *Londini, Samuel Bridge*, 1703. in fol. G. P. v. f.

909 Les funérailles de Sodome & de fes Filles, décrites en vingt fermons fur l'Hiftoire de Moyfe en Genefe, chap. 18 & 19. Par R. le Maçon, dit la Fontaine. *Londres, Richard Field*, 1610. in 8. m. r.

910 Sermons fur diverfes matieres importantes. Par feu M. Tillotfon, Archevêque de Cantorbery. Traduits de l'Anglois par Jean Barbeyrac. *Amfterdam, Pierre Humbert*, 1722. 6 vol. in 8. m. viol.

Ecrits des Anti-Trinitaires ou Sociniens.

911 De Trinitatis erroribus libri septem. Per Michaelem Serveto, alias Reves ab Aragonia Hispanum. Anno M. D. XXXI. Dialogorum de Trinitate libri duo. De justicia Regni Christi, capitula quatuor. Anno M. D. XXXII. in 8. m. viol. dent.

SUPERBE EXEMPLAIRE de M. le Comte d'Hoym. EDITION ORIGINALE.

912 Mich. Serveti Libri quidam operis cui titulus Christianismi Restitutio. in 4. m. viol. aux armes du Comte d'Hoym.

PRÉCIEUX MANUSCRIT sur papier du *XVI siecle*, contenant 73 feuillets; il renferme les Traités suivants:

1°. *De trinitate divina liber V in quo agitur de spiritu sancto.*

2°. *De trinitate diuina liber quartus nomina dei eiusque essentiam omniformem manifestans et rerum omnium principia.*

3. *De trinitate diuina quod in ea non sit inuisibilium trium rerum illusio, sed uera substantiæ dei manifestatio in uerbo et communicatio in spiritu dialogi duo.* (unus tantum.)

4°. *De trinitate diuina liber tertius persona christi uerbo præfigurationem ostendens visionem dei et uerbi hypostasim.*

On lit au commencement de ce MS. que l'on regarde comme de la main même de Servet, cette note de M. *du Fay*: *Forsan ipsius authoris autographus, codex hic manuscriptus, qui fuit percelebris bibliopolæ Basiliensis* Cœlii Horatii

THÉOLOGIE.

tii Curionis, *uidetur prima conceptio (uulgo l'esquisse en termes de peinture ou le dessein) libri ualde famigerati Michaelis Serueti a Joan. Caluino cum ipso Serueto combusti cui titulus: Christianismi restitutio hoc est: totius ecclesiæ apostolicæ ad sua limina uocatio, in integrum restituta cognitione Dei, fidei Christi, justificationis nostræ, regenerationis baptismi & cænæ Domini manducationis; restituto denique nobis regno cœlesti Babylonis impiæ captiuitate soluta & antichristo, cum suis, penitus destructo; Typis mandati anno 1554 Viennæ Allobrogum. in 8. pag. 734. cuius exemplar unicum, quod in bibliotheca principis hassiæ, quæ est cassellis, asseruabatur, quærenti et perscrutanti curioso admodum principi eugenio a sabaudia, cum ab aliquot annis pertransiret casselas, patere non potuit, ipso landgrauio comite et inquirente adeo ut de jactura illius libri unici nullus sit dubitandi locus.*

913 CHRISTIANISMI RESTITVTIO.

Totius ecclesiæ apostolicæ est ad sua limina vocatio, in integrum restituta cognitione Dei, fidei Christi, iustificationis nostræ, regenerationis baptismi, & cœnæ domini manducationis. Restituto denique nobis regno cœlesti, Babylonis impiæ captiuitate soluta, & Antichristo cum suis penitus destructo.

כעת חזיא יעמדד מיכאל השר
καὶ ἐγένετο πόλεμος ἐν τῷ οὐρανῷ.

M. D. LIII.

in 8. m. r. à compartiments.

CE VOLUME UNIQUE, quoiqu'il soit endommagé en plusieurs endroits par la pourriture, tant dans la marge que dans le corps de l'Ouvrage, a été acheté par M. le Duc de

Tome I   O o

la Vallière 3810 liv. à la vente des livres de M. Gaignat, faite en l'année 1769.

On trouve à la tête de ce Livre la note suivante, écrite de la main de M. R. Mead, premier Médecin de sa Majesté Britannique, qui avoit fait présent de cet Exemplaire à M. de Boze.

Fuit hic liber D. COLLADON, qui ipse nomen suum adscripsit. ille vero, simul cum CALVINO, inter judices sedebat qui auctorem SERVETUM flammis damnarunt. Ipse, in fine, INDICEM confecit; et porro, in ipso opere; lineis ductis, hic illic notavit verba, quibus ejus blasphemias & errores coargueret.

Historiam infelicis hujus viri legere est in Memoirs of litterature, by la Roche, *vol. IV. et etiam alibi. Hoc exemplar unicum, quantum sciri licet, ex flammis servatum restat; omnia enim quæ reperire poterat, auctoritate sua, ut comburerentur curavit CALVINUS.*

Vid. la lettre de Monsr. des Maizeaux a Monsr. Mead, præfixa in sua editioni de Scaligerana, *&c. à Amsterdam,* MDCCXI.   R. Mead.

Ce Volume, qui a des signatures, des réclames, titres courants, &c. commence par le titre que nous avons exactement rapporté; au verso de ce premier feuillet il y a un *index*, qui est imprimé en caractéres romains de *Cicéro*, ainsi que le reste de cet Ouvrage.

INDEX.

De Trinitate diuina, quòd in ea non sit inuisibilium trium rerum illusio, sed vera substantia Dei manifestatio in verbo, & communicatio in spiritu,   Libri septem.

De fide & iustitia regni Christi, legis iustitiam superantis, & de charitate,   Libri tres. Pagina. 187.

De regeneratione ac manducatione superna, & de regno Antichristi,   Libri quatuor. Pagina. 355.

THÉOLOGIE.

Epiſtolæ triginta ad Ioannem Caluinum, Gebennenſium concionatorem.   Pagina. 577.

Signa ſexaginta regni Antichriſti, & reuelatio eius iã nunc preſens.   pagina. 664.

De myſterio Trinitatis, & veterum diſciplina, ad Philippum Melanchthonem, & eius collegas, apologia. Pagina.   671.

De Tri

Le PROOEMIUM commence à la page 3, laquelle contient 28 lignes, ſans celle de la réclame, le premier feuillet du texte 30, & les pages qui ſont entieres 33 lignes; il finit à la page 734 qui en contieut 21, & par ces trois lettres :
M. S. V.

1553.

On doit trouver enſuite un feuillet imprimé qui contient l'errata de 15 lig. & deux feuillets MSS. qui portent pour ſommaire : *Eorum quæ in impuriſſimo hocce opere continentur,* INDEX. Et au deſſous la ſignature de Colladon.

Le paſſage ſur la circulation du ſang ſe trouve dans le 5ᵉ Livre *de Trinitate*, page 169, ligne 15 :

Vitalis eſt ſpiritus, qui per anaſtomoſes ab arterijs cõmunicatur venis, in quibus dicitur naturalis....

914 Michaelis Serveti Chriſtianiſmi Reſtitutio. 2. vol. in 4. v. f.

CET EXEMPLAIRE qui eſt unique, eſt une réimpreſſion & copie exactes de l'Ouvrage précédent, faites ſous les yeux de M. le Docteur Richard Mead, qui étoit poſſeſſeur de l'Exemplaire unique de l'Edition originale. Il fit faire cette copie avant que de donner ce Livre à M. de Boſe.

On trouve à la tête du premier Volume deux feuillets manuſcrits qui contiennent le titre & la table des Chapitres. Le commencement de l'Ouvrage eſt imprimé depuis la page 1 jusqu'à la page 252. Les pages 253 à 1050 sont manuscrites, d'une belle écriture.

Ces deux Volumes ont été achetés à la vente de M. Paris de Meyzieu 425 liv.

915 Defensio Orthodoxæ fidei de sacra Trinitate, contra prodigiosos errores Michaelis Serveti Hispani. Per Jo. Calvinum. *Olivâ Rob. Stephani*, 1554. in 8. m. bl.

916 Apologia pro Serveto Villanovano de anima mundi, sive de ea natura quæ omninò necessaria est, & habenda est media inter æternam immobilemque & creatam mobilemque, estque consubstantialiter in ipso Christo secuti est, etiam habenda, contra Aspergines & præcipitatum Calvini in hanc causam judicium ; Auctore Guil. Postello restitutionis omnium primogenito à Calvino hac., in causa malignè perstricto. in 8. m. r.

MANUSCRIT sur papier du *XVIII siecle*, très bien écrit, contenant 105 feuillets.

Cette apologie de Servet, par Postel, n'a jamais été imprimée.

917 Assertiones Theologicæ de trino & uno Deo, adversus novos Samosatenicos. ex prælectionibus collegii Posnaniensis excerptæ. cum animadversionibus Fausti Socini Senensis. *Racoviæ, Sebastianus Sternacius*, 1618. in 8. m. r.

918 Fragmenta duorum Scriptorum Fausti Socini

THÉOLOGIE. 293

Senenfis, in quorum priore fententiam eorum, qui Jefum Chriftum Dei filium unum illum & altiffimum Deum effe, vel faltem antequam ex Maria nafceretur, re ipfa extitiffe affirmant, argumentis allatis refellere; in pofteriore ad rationes adverfariorum, quibus tres in unica Dei effentia perfonas adftruere conantur, refpondere inftituerat. *Racoviæ, Sternacius,* 1619. in 8. m. r.

919 De curfu verbi Dei, Cafparis Schuuenckfeldii epiftola. *Bafileæ, Wolfius,* 1527. in 8. v. f.

920 Dialogi fette del Rev. Padre fratre Bernardino Occhino generale di frati Capuzzini. *In Venetia, Nicolo d'Ariftotile detto il Zoppino,* 1542. in 8. m. bl.

921 Dialogo del Purgatorio di Meffer Bernardino Occhino. 1556. in 8. m. bl.

922 Difputa di M. Bern. Ochino intorno alla prefenza del corpo di Giefu Chrifto nel facramento della Cena. *In Bafilea,* 1561. in 8. m. r.

923 Prediche di M. Bernardino Ochino, nomate Laberinti del libero, over fervo Arbittio, Prefcienza, Predeftinatione, & Liberta Divina, & del modo per Ufcirne. *In Bafilea.* in 8. m. r.

924 Bernardini Ochini Senenfis liber de corporis Chrifti præfentia in cænæ facramento. in quo acuta eft tractatio de Miffæ origine atque erro-

ribus. omnia ex italico in latinum sermonem translata. *Basileæ.* in 8. m. r.

925 Labyrinthi, hoc est, de libero aut servo arbitrio, de divina prænotione, destinatione, & libertate disputatio. Autore Bern. Ochino. *Basileæ, Pet. Perna.* in 8. m. r.

926 La quinta parte delle prediche di messer Bernardino Ochino. *In Basilea*, 1562. in 8. non relié.

927 Il Catechismo, overo institutione christiana del medesimo Ochino. *In Basilea*, 1561. in 8. m. r.

928 Bern. Ochini Dialogi XXX, de Messia, de rebus variis, & de Trinitate. *Basileæ*, 1563. 2 vol. in 8. v. f.

929 Jo. Volkelii de vera religione libri V: quibus præfixus est Jo. Crellii Franci liber de Deo & ejus attributis. *Racoviæ, Sternacius*, 1630. in 4. v. ecc.

930 J. Crellii Ethica aristotelica, ad sacrarum litterarum normam emendata. ejusdem Ethica christiana. *Cosmopoli, Philalethes.* 1681. in 4. m. r.

931 Jonæ Slichtingii de uno omnium Deo patre illo omnipotente & filio ejus uno omnium Domino Christo ab ipso facto fides antiqua contra Novatores. *Irenopoli*, 1685. in 12. v. f.

932 Catechesis ecclesiarum quæ in regno Poloniæ,

THÉOLOGIE.

& magno ducatu Lithuaniæ, & aliis ad istud regnum pertinentibus provinciis, affirmant, neminem alium, præter Patrem Dom. nostri Jesu Christi, esse illum unum Deum Israelis. e lingua polonica in latinam versa. Per Hieronymum Moscorovium à Moscorow. *Racoviæ*, 1609. in 12. m. bl.

Auteurs d'Erreurs particulieres. Athées, Impies, Libertins.

933 Joann. Bodini de abditis rerum sublimium arcanis libri sex. in 4. v. f. d. s. tr.
MANUSCRIT du *XVII siecle*, sur papier, contenant 218 feuillets.

934 Amphitheatrum æternæ providentiæ divinomagicum. Autore Julio Cæsare Vanino. *Lugduni, de Harsy*, 1615. = Ejusdem Vanini de admirandis naturæ Reginæ Deæque mortalium arcanis. libri IV. *Lutetiæ, Perier*, 1616. 2 vol. in 8. m. r. & m. bl.

935 Le Platonisme dévoilé, ou essai touchant le verbe Platonicien. Par Souverain. *Cologne, Marteau*, 1700. in 8. m. r.

936 Histoire de Calejava, ou de l'isle des Hommes raisonnables, avec le paralelle de leur morale & du Christianisme. (Par Claude Gilbert, Avocat.) (*Dijon, Jean Ressayre.*) 1700. in 12. m. bl.

THÉOLOGIE.

LIVRE UNIQUE.

M. l'Abbé Papillon dans sa *Bibliotheque des Auteurs de Bourgogne*, partie I. page 249, à l'article *Claude Gilbert*, dit :

Ce Livre ne porte point le nom de l'Auteur ni de l'Imprimeur. On sait néanmoins qu'il est sorti de la boutique de Jean Ressayre. Un Avocat, qui avoit lu quelque chose de cet Ouvrage, dit à l'Imprimeur que s'il y mettoit son nom, il pourroit en être inquieté. Celui-ci remit toute l'Edition à l'Auteur, qui la BRULA entièrement, ainsi qu'il me l'a assuré plusieurs fois, AVEC SERMENT, à la réserve d'un Exemplaire. L'Imprimeur avoit cependant retranché plusieurs endroits dangereux concernant le Christianisme & le Judaïsme. La veuve de Claude Gilbert préparoit le même sort à cet UNIQUE EXEMPLAIRE ; mais elle céda aux prieres que je lui fis de me le remettre, & m'en fit un don le 21 Mars 1735. Gilbert mettoit l'isle de Caléjava en Lithuanie. L'Ouvrage est en Dialogues. (Il est divisé en douze Livres, & les Livres en Chapitres.)

Ce Volume contient, y compris le feuillet du titre 329 pages chiffrées. On trouve au verso du dernier feuillet chiffré la Table des titres & celle des matieres qui remplissent 3 autres feuillets ; au bas du verso du dernier il y a un errata de 15 lignes.

937 Discours sur la liberté de penser ; trad. de l'Anglois de Colins ; augmenté de la lettre d'un Médecin Arabe. *Londres*, 1714. in 8. G. P. m. r. l. r.

938 Nouvelles libertés de penser. Par Dumarsais. *Amsterdam*, 1743. in 12. m. bl. dent.

THÉOLOGIE.

939 Pantheisticon, five formula celebrandæ sodalitatis Socraticæ, in tres partes divisa. Autore Tolando. *Cosmopoli*, 1720. in 8. m. bl.

940 Adeisidaemon, five Titus Livius à superstitione vindicatus. Autore Joan. Tolando. annexæ sunt ejusdem origines Judaicæ. *Hagæ Comitis, Johnson*, 1709. in 8. G. P. m. r.

941 Mélanges de remarques critiques, historiques, philosophiques, &c. sur les deux dissertations de M. Toland, intitulées, l'une : *l'homme sans superstition*, & l'autre : *les origines judaiques*. Par Elie Benoist. *Delf, Adrien Beman*, 1712. in 8. v. b.

942 Hadriani Beverlandi de peccato originali dissertatio. *Lugduni Batavorum, Dan. a Gaesbeeck*, 1679. in 8. m. r.

943 Hadr. Beverlandi de Stolatæ virginitatis jure lucubratio academica. *Lugduni in Batavis, Lindanus*, 1680. in 8. m. r.

944 Hadr. Beverlandi de fornicatione cavenda admonitio. sive adhortatio ad pudicitiam & castitatem. *Juxta exemplar Londinense*, 1698. in 8. m. r.

945 Hadr. Beverlandi de fornicatione cavenda admonitio. cui accessit Joannis Brandii detestatio nefandissimi sceleris ononitici gravissima. *Editio nova, & juxta exemplar Londinense correcta*. 1698. in 8. m. r.

Tome I.   P p

946 Alardi Uchtmanni vox clamantis in deserto, ad Hadr. Beverlandum. *Medioburgi, la Maire*, in 8. m. r.

947 Etat de l'homme dans le péché originel 1714. in 8. v. f.

Spinozistes.

948 Benedicti de Spinozæ tractatus Theologico politicus. *Hamburgi, Kunraht*, 1670. in 4. G. P. v. f.

949 Bened. de Spinozæ opera posthuma (curâ Jarrig Jellis.) 1677. 2 vol. in 4. G. P. v. f.

950 Traité des cérémonies superstitieuses des Juifs, tant anciens que modernes (trad. du latin de B. Spinosa, par le sieur de S. Glain.) *Amsterdam, Smith,* 1678. in 12. m. v. dent. doub. de tabis.

951 Réfutation des erreurs de Benoist de Spinosa. Par M. de Fénelon, le Pere Lami, & M. le Comte de Boulainvilliers, avec la vie de Spinosa, écrite par Jean Colerus. *Bruxelles, François Foppens,* 1731. in 12. m. v. dent. doub. de tabis.

L'Abbé Lenglet du Fresnoy a publié cette réfutation de Spinosa.

Præadamites.

952 Præadamitæ. sive exercitatio super versibus XII. XIII. XIV. capitis V. epistolæ divi Pauli ad Romanos. quibus inducuntur primi homines

THÉOLOGIE. 299

ante Adamum conditi. Authore Isaaco la Peyrere. *Anno salutis*, 1655. in 12. v. f.

953 Apologie de la Peyrere. *Paris, Th. Jolly*, 1663. in 12. m. bl.

Fanatiques.

954 LA BEATITVDE DES CHRESTIENS, OV le Fleo de la Foy, par Geoffroy Vallée natif d'Orleas, fils de feu Geoffroy Vallée, & de Girarde le Berruyer Auxquelz noms des Pere et Mere Assemblez il s'y treuue. LERRE, GERV VREY FLEO D. La Foy bygarrée. et au nom du filz. VA FLEO REGLE FOY. Aultrement. GVERE LA FOLE FOY.

Heureux qui sçait
Au sçauoir repos.

in 8. m. r. dent.

CET EXEMPLAIRE qui est UNIQUE, a été acheté à la vente des Livres de M. Gaignat, 851 liv.

On trouve à la tête du Volume la note suivante, écrite de la main de M. de la Monnoye :

Ce petit Livre est si rare, qu'il n'en reste point d'autre Exemplaire que celui-ci. La pluspart des Ecrivains qui en ont parlé se sont trompez, ou sur le nom de l'Auteur qu'ils ont nommé Godefroi du Val, *en François ;* Godefridum *&* Gothofredum a Valle, *en Latin ; ou sur l'année de son supplice, qu'ils ont mise, les uns en* 1571. *les autres avec* La Croix du Maine, *page* 125. *de sa Bibliotheque, en* 1574. *Quoique conformément à la note manuscrite qu'on lit au devant de cet Exemplaire, il y ait bien plus*

THÉOLOGIE.

lieu de croire que ce fut en 1573; cette note étant apparemment de la main de quelqu'un qui étoit présent à l'exécution de Geoffroy Vallée. Le fond de la doctrine de cet Auteur n'est pas l'Athéisme proprement dit; mais un Déisme commode, qui consiste à reconnoître un Dieu sans le craindre, & sans appréhender aucunes peines après la mort. Sur quoi Maldonat, contemporain de ce Vallée, ayant dit dans son Commentaire sur le chap. 16 de S. Mathieu, qu'un Libertin de son temps avoit fait un petit traité de l'art de ne rien croire : Libellum de arte nihil credendi, Plusieurs, prenant ces paroles à la lettre, ont cru que l'Ouvrage étoit Latin, & avoit véritablement pour titre, Ars, ou De arte nihil credendi, ne pouvant deviner que Maldonat avoit par ces mots équivalents voulu exprimer le titre François : Fléau de la Foy. Bayle, qui dans son Dictionnaire, au mot Vallée, a fait un article fort défectueux de ce Geoffroy Vallée, semble douter un peu qu'on y trouve que quiconque veut être Athée, doit être premièrement Huguenot; mais il n'en auroit pas douté s'il avoit eu le Livre, & qu'il y eût lû le 5. feuillet tourné.

Ce Volume contient en tout huit feuillets, dont le premier porte sur le recto en 16 lignes le titre que nous avons exactement rapporté. Le dernier feuillet, qui contient 20 lignes imprimées seulement sur le recto, finit ainsi :

FIN.

A. prenez par ma recherche En la nourriture de ceste Girarde le Berruyer, Au nom de laquelle il s'y treuue.
DE BRAY LERVR GERIRE
Et vny auec celluy du filz.
LERRE, GERV VREY FLEO D. La Foy bygarrée.
Cet Ouvrage est en dialogues; les noms des Interlocu-

THÉOLOGIE.

teurs font : *Le vray Catholicque, ou univerfel. le Papifte. le Huguenot. l'Anabaptifte. le Libertin. l'Athéifte.*

955 La Béatitude des Chrétiens, ou le Fléo de la foy. Par Geoffroy Vallée. in 8. v. ecc.

Nouvelle Edition.

956 Traité de la triple vie de l'homme, compofé par Jacques Boehm, traduit par *** in 4. v. m.

Manuscrit fur papier du *XVIII fiecle*, contenant 375 feuillets lifiblement écrits.

957 Penfées de Simon Morin, avec fes cantiques & fes quatrins. 1647. = Arrêt de la Cour de Parlement, rendu à l'encontre de Simon Morin. *Paris, Barbotte*, 1663. = Le Procès-Verbal d'exécution de mort de Simon Morin, brûlé vif en place de Greve, le 14 Mars 1663. in 8. m. bl.

L'Arrêt du Parlement & le Procès Verbal d'exécution font de la réimpreffion.

958 Factum contre Simon Morin, dans lequel fe trouve l'analyfe des ouvrages de ce Fanatique. = Déclaration de Morin, depuis peu délivré de la Baftille, fur la révocation de fes penfées. *Paris, Morlot*, 1649. = Déclaration de Morin, de fa femme, & de Mademoifelle Malherbe, touchant ce qu'on les accufe de vouloir faire une fecte nouvelle, &c. 1649. = Arrêt de la Cour de Parlement, rendu à l'encontre

de Simon Morin. *Paris, Barbotte,* 1663. = Le Procès-Verbal d'exécution de mort de Simon Morin, &c. in 8. m. bl.

Toutes ces pieces sont réimprimées.

959 Déclaration de Morin, depuis peu délivré de la Bastille, sur la révocation de ses pensées. *Paris, Morlot,* 1649. = Déclaration de Morin, de sa femme, & de Mademoiselle Malherbe, touchant ce qu'on les accuse de vouloir faire une secte nouvelle. 1649. = Abrégé de l'Arsenal de la foi. Par Simon Morin. in 4. m. r.

960 Harmonie de l'amour & de la justice de Dieu: au Roi, à la Reine & à Mrs. du Parlement. Par François Davesne. jouxte la copie imprimée. *La Haye,* 1650. in 12. parchemin.

CETTE EDITION, quoiqu'elle porte le titre de la Haye, a certainement été faite à Paris.

Auteurs d'Opinions singulieres.

961 De orbis terræ concordia libri quatuor. Auctore Gulielmo Postello. in fol. bas.

962 De nativitate mediatoris ultima, nunc futura, & toti orbi terrarum in singulis ratione præditis manifestanda, opus : exscriptore Gulielmo Postello. in 4. v. ecc.

963 ΠΑΝΘΕΝΩΣΙΑ. Compositio omnium dissidiorum circa æternam veritatem aut verisimilitudi-

nem verfantium, quæ non folum inter eos qui hodie Infidelium, Judæorum, Hæreticorum, & Catholicorum nomine vocantur, orta funt & vigent, fed jam ab admiffis per peccatum circa noftrum intellectum tenebris fuere inter Ecclefiæ peculiaris & communis membra. Scriptore Eliâ Pandocheo. (Gulielmo Poftello.) in 8. m. cit.

964 De rationibus Spiritus Sancti libri duo. Gulielmo Poftello authore. *Parifiis, Gromorfus,* 1543. in 8. m. bl.

965 Sacrarum Apodixeon, feu Euclidis chriftiani libri II. (Authore Guillelmo Poftello.) *Parifiis, excudebat ipfi authori Petrus Gromorfus,* 1543. in 8. v. f.

966 Alcorani feu legis Mahometi & Evangeliftarum concordiæ liber. Authore Gulielmo Poftello. *Parifiis, Gromorfus,* 1543. in 8. v. f.

967 Guill. Poftelli Abrahami Patriarchæ liber Jezirah, five formationis mundi, Patribus quidem Abrahami tempora præcedentibus revelatus, fed ab ipfo etiam Abrahamo expofitus Ifaaco, & per Prophetarum manus pofteritati confervatus, ipfis autem 72 Mofis auditoribus in fecundo divinæ veritatis loco, hoc eft in ratione, quæ eft pofterior authoritate, habitus. *Parifiis,* 1552. in 18. v. f.

968 Everfio falforum Ariftotelis dogmatum. Authore D. Juftino Martyre, Guilielmo Poftello

interprete. *Pariſiis, Nivellius,* 1552. in 8. v. f.

969 Les très merveilleuſes victoires des femmes du monde, & comment elles doivent à tout le monde par raiſon commander, & meſmes à ceux qui auront la Monarchie du monde vieil. Par Guillaume Poſtel. *Paris, Jean Gueullart,* 1553. in 18. m. à compartiments, l. r. doub. de tabis.

SUPERBE EXEMPLAIRE de l'Edition originale, gros caractere.

970 La Doctrine du ſiecle doré, ou l'évangélique regne de Jéſus, Roi des Rois. Par Guillaume Poſtel. *Paris, Jean Ruelle,* 1553. in 18. m. bl.

971 Le prime nuove dell' altro mondo, cioè l'admirable hiſtoria, e non meno neceſſaria & utile da eſſer letta & inteſa da ogni uno che ſtupenda, intitulata : *la Vergine Venetiana.* Per Guglielmo Poſtello. 1555. in 4. m. viol.

MANUSCRIT du *XVIII ſiecle*, ſur papier très bien écrit, contenant 60 feuillets.

972 Coſmographicæ diſciplinæ compendium, in ſuum finem, hoc eſt ad Divinæ Providentiæ certiſſimam demonſtrationem conductum, Gulielmo Poſtello authore. *Baſileæ, Oporinus,* 1561. in 4. m. r.

973 De univerſitate liber, in quo aſtronomiæ doctrinæve cœleſtis compendium terræ aptatum,

THÉOLOGIE.

tum, &c. Guilielmo Postello Authore. *Parisiis, Martinus Juvenis*, 1563. in 4. v. f.

974 Spaccio de la Bestia trionfante, proposto da Giove Effettuato dal conseglo, Revelato da Mercurio, Recitato da Sophia, Vdito da Saulino, Registrato dal Nolano. Diviso in tre Dialogi, subdivisi in tre parti. da Giordano Bruno Nolano. *Stampato in Parigi*, 1584. in 8. m. à compartiments, doublé de tabis l. r.

975 La Cena de le Ceneri. descritta in cinque dialogi, per quattro interlocutori, con tre considerationi, circa doi suggesti. Per il medesimo Giordano Bruno Nolano. 1584. in 8. m. à compartiments, doublé de tabis, l. r.

976 Giordano Bruno Nolano. de la Causa, Principio, & Uno. *In Venetia*, 1584. in 8. v. f.

977 Giordano Bruno Nolano. del infinito universo & mondi. *Stampato in Venetia*, 1584. in 8. m. r.

978 Du Rappel des Juifs. Par Isaac la Peyrere. 1643. in 8. m. bl.

979 Evangelium Medici: seu Medicina Mystica; de suspensis naturæ legibus, sive de miraculis; reliquifque in Bibliis memoratis, quæ medicinæ indagini subjici possunt. ubi perpensis prius corporum natura, sano & morboso corporis humani statu, necnon motus legibus, rerum status super naturam, præcipuè qui corpus humanum

Tome I. Q q

& animam spectant, juxta Medicinæ principia explicantur. à Bernardo Connor. *Londini, Richardus Wellinton*, 1697. in 8. m. bl.
EDITION ORIGINALE.

980 Polygamia triumphatrix, id est discursus politicus de Polygamia. Auctore Th. Aletheo, cum notis Ath. Vincentii. *Londini Scanorum*, 1682. in 4. v. ecc.

981 Latitudinarius Orthodoxus. I. in genere, de fide in Religione naturali, Mosaica & Christiana. II. in particulari, de christianæ Religionis mysteriis, sancta Trinitate. Christi incarnatione. corporis resurrectione. cœna dominica. accesserunt vindiciæ libertatis christianæ, Ecclesiæ anglicanæ, & Arthuri Bury, contra ineptias & calumnias P. Jurieu. *Londini, Samuel Buckley*, 1697. in 8. m. r.

Traités Hétérodoxes de différents Auteurs, contre l'Eglise Romaine.

982 Antithese de la vraie & fausse Eglise extraite d'un livre envoyé au Duc de Brunsvic. Par Mart. Luther. in 12. m. r.
On trouve à la fin du Volume une petite piece de vers, intitulée : *Les faits de Christ & du Pape.*

983 Franciscus Vilierius de statu primitivæ Ecclesiæ, ejusque sacerdotiis. *Hierapoli, Crispinus*, 1553. in 8. m. bl.

THÉOLOGIE.

984 Antilogia Papæ : hoc est de corrupto ecclesiæ statu, & totius cleri Papistici perversitate, scripta aliquot veterum authorum. (collectore Flacio Illyrico aliàs Math. Francowitz.) cum præfatione Wolfgangi Vuissenburgii. *Basileæ, Oporinus*, 1555. in 8. m. r.

985 Apologia di M. Michel Agnolo (Florio) Fiorentino, ne la quale si tratta de la vera e falsa Chiesa. de l'essere, e qualita de la Messa, de la vera presenza di Christo nel sacramento della Cena; del Papato, è primato di S. Piero, de concilii & autorita loro : scritta contro a un Heretico. *Stampata in Chamogasco per Stefano de Georgio Catani d'Agnedina*, 1557. in 8. m. r.

986 Apodeixis Antichristianismi quâ christianismum veram religionem, Pharisaismum christianismo contrarium, Papismum Pharisaismo simillimum esse ostenditur. Auctore P. Boquino Biturige. (*Genevæ*) *Eustathius Vignon*, 1583. in 8. m. cit.

Traités Hétérodoxes de différents Auteurs contre le Saint Siege, & les Personnes Ecclésiastiques.

987 In hoc libello gravissimis, certissimisque, & in sacra scriptura fundatis rationibus variis probatur : Apostolum Petrum Romam non venisse, neque illic passum, proindè satis frivolè &

temerè Romanus Pontifex se Petri successorem jactat & nominat, &c. Auctore Ulricho Veleno. 1520. in 4. m. r.

988 Istec Epistola (Luciferi missa Clementi Papæ sexto) fuit à paucis diebus casu repta in libro quodam tabularum Alphonsi regis vetustissimo, quam quum viderem moribus nostri sæculi, plusquam illius quo missa fuit, congruere, hanc ad verbum fideliter describi curavi nihil omittens dictorum Luciferi. in 4. m. bl.

989 Contra Papatum Romanum, à Diabolo inventum. (Authore Matthiâ Francowitz aliàs Flacio Illyrico.) 1545. in 8. m. bl.

990 Scriptum contra primatum Papæ, ante annos 120 compositum. Item Matthiæ Flacii Illyrici (Françowitz) de eadem materia. (*Magdeburgi, Cal. Martii,* 1550.) in 8. m. r.

991 La Physique Papale, faite par maniere de Devis, & par Dialogues. Par Pierre Viret. *De l'Imprimerie de Jean Gerard*, 1552. in 8. v. f.

992 De deux Monstres prodigieux, à savoir, d'un Asne-Pape, qui fut trouvé à Rome en la riviere du Tibre, l'an 1496. & d'un Veau-Moine, né à Friberg en Misnie, l'an 1528, qui sont vrais présages de l'ire de Dieu, attestés & déclarés, l'un par P. Melancthon, & l'autre par M. Luther. (*Geneve,*) *Jean Crespin*, 1557. in 4. m. bl.

993 Abrégé de la Doctrine Evangélique & Papistique, fait par articles opposés l'un à l'autre. Par Henri Bullingere. *Geneve, Crespin*, 1558. in 8. v. f.

994 L'extrême-onction de la Marmite Papale. petit traité auquel est amplement discouru des moyens par lesquels la Marmite Papale a été jusques ici entretenue à profit de ménage. 1561. in 8. m. bl.

995 Sentence décrétale, & condamnatoire au fait de la Paillarde Papauté, & punition de ses démérites & forfaits. 1561. in 8. v. m.

996 Le Mandement de Lucifer à l'Antechrist, Pape de Rome, & à tous ses suppots de son Eglise. *Lyon*, 1562. = Sentence décrétale, & condamnatoire au fait de la Paillarde Papauté. 1561. = Les Arrêts & Ordonnances Royaux de la Cour des Cieux. 1559. = Monologue de Messire Jean Tastoft. 1562. in 8. m. r.

997 Le Rasoir des Rasez. Recueil auquel est traité amplement de la tonsure & rasure du Pape, & de ses Papelards. 1562. in 8. m. r.

998 La Sentence & condamnation du procès du Pape de Rome, ses Cardinaux, Evêques, Abbés, Moines, & Maîtres de la Sorbonne. contre Jésus-Christ, fils de Dieu, ses Apôtres, son Eglise, &c. 1563. in 8. m. bl.

999 Primus tomus operum Vergerii. adversus Pa-

patum. *Tubingæ, Vidua Ulr. Morhardi.* 1563. in 4. m. viol.

1000 Histoire de la Mappe-Monde Papistique, composée par M. Frangidelphe Escorche Messes. (Th. de Beze.) *Luce Nouvelle.* (*Geneve.*) *Par Brifaud Chasse-Diables.* 1567. in 8. m. cit. dentelles.

1001 L'origine & commencement de ceste Mappe-Monde Papistique, & comment elle a esté trouvée. in fol. forme d'Atlas, fig. m. r.

TRÈS RARE.

1002 Expositio vera harum imaginum olim Nurembergæ repertarum ex fundatissimo veræ magiæ vaticinio deducta. Per Theophrastum Paracelsum. 1570. in 8. fig. m. verd.

TRAITÉ singulier qui contient des figures allégoriques, avec des explications satyriques contre les Papes.

1003 Antithesis Christi & Antichristi, videlicet Papæ, versibus & figuris illustrata. (Studio Simonis Rosarii edita.) *Genevæ, Vignon,* 1574. in 8. m. r.

1004 Antithese des faits de Jésus-Christ & du Pape : mise en vers françois. *Item*, la description de la vraie image de l'Antechrist, avec la généalogie, la nativité & le baptême magnifique d'icelui. *Geneve*, 1584. in 8. fig. v. m.

1005 Le glaive du géant Goliath, Philistin, & ennemi de l'Eglise de Dieu. C'est un recueil de

THÉOLOGIE.

certains passages, par lequel il sera aisé à tous Fideles qui le liront, de connoître que le Pape a la gorge coupée de son propre glaive. 1579. in 8. m. bl.

1006 Discours des dissensions & confusions de la Papauté. *Ambrun, Gazaud*, 1587. in 18. v. f.

1007 Dos tratados : el primero es del Papa y de su autoridad; el segundo es de la missa. (Por Cypriano de Valera.) *En casa de Arnoldo Hartfildo.* 1588. in 8. m. bl. dent. doub. de tabis.

1008 Sibrandi Lubberti de Papa romano libri decem. *Franekeræ, Radæus,* 1594. in 8. v. f.

1009 De Turco Papismo : hoc est, de Turcarum & Papistarum adversus Christi Ecclesiam & fidem conjuratione, eorumque in religione & moribus consensione & similitudine; liber unus. (Authore Math. Sutlivio) *Londini, Bishop,* 1604. in 8. m. bl.

1010 La chasse de la Bête romaine, où il est recherché & évidemment prouvé que le Pape est l'Antechrist. Par George Thomson. *La Rochelle, les Héritiers de Haultin,* 1611. in 8. m. bl.

1011 La chasse de la Bête romaine. Par George Thomson. *Geneve, Albert,* 1612. in 8. m. r.

1012 Scala politica dell' abominatione, e tirannia Papale, di Benvenuto italiano. a tutti gli Prencipi, Republiche, Stati, e Signori. 1617. in 8. m. bl.

1013 Transenna theologica & historica, de Papatu Romanensi per Ethnicismum impraegnato refermentatoque : porro de Papistarum Deo, qui revera est Papa Romanus; recensente Davide Majero. *Francofurti ad Maenum*, 1634. in 4. v. f.

1014 Fabulae pontificae evangelicae veritatis radiis dissipatae. Autore Martino Wescombe. *Oxoniae, L. Lichfield*, 1639. in 8. m. r.

1015 Apologi nelli quali si scuoprano li abusi, Sciocheze, superstitioni, idolatrie, & impieta della sinagoga del Papa : & specialmente de suoi Preti, Monaci & Frati. da Bern. Ochino. 1554. in 8. m. verd.

1016 Le Pot aux Roses de la Prestraille Papistique découvert, mis par dialogue. Par Thibaud Jourdain. *Lyon*, 1564. in 8. m. r.

1017 Speculum concubinariorum Sacerdotum, Monachorum ac Clericorum. Authore Henrico Cuyckio. *Coloniae, Gualtheri*, 1599. in 4. v. f.

1018 Renversement de la morale chrétienne par les désordres du Monachisme. enrichi de figures grotesques, gravées en maniere noire. en hollandois & en françois. in 4. m. r. dent.

Traités

THÉOLOGIE.

Traités Hétérodoxes de différents Auteurs contre les Dogmes, Cérémonies, &c. de l'Eglise Romaine.

1019 Joannis Rainoldi de Romanæ Ecclesiæ idololatria, in cultu sanctorum, reliquiarum, &c. libri duo. *Oxoniæ, Barnesius*, 1596. in 4. v. f.

1020 Joannis Rainoldi Angli, de Romanæ Ecclesiæ Idololatria, in cultu sanctorum, reliquiarum, imaginum, aquæ, salis, olei, aliarumque rerum consecratarum, & Sacramenti Eucharistiæ. libri duo. *Excudebat Joannes Stoer*, 1598. in 8. rel. en peau de mouton bleue.

1021 Hypobolimæa divæ Mariæ dei paræ camera, seu idolum Lauretanum, eversis Baronii cardinalis, Canisii, Turriani ac Turselini Jesuitarum fulcimentis dejectum. Auctore Matthiâ Berneggero. *Argentorati, Christ. ab Heyden*, 1619. in 4. m. cit.

Traités Hétérodoxes de différents Auteurs contre la Messe & le Sacrement de l'Eucharistie.

1022 Materia cogitandi de toto Missæ negotio, partim è priscæ ecclesiæ ruinis eruta, per Urbanum Rhegium. *Augustæ Vindelicorum, Henricus Stainer*, 1528. in 8. m. r.

1023 De gli autori, & compositori dell' errore

della Messa, & del vero, & falso sacerdotio, & sacrificio. con una breve dimonstratione, per la quale si scuopre esser falsa la trasostantiatione del pane, nel corpo di Christo naturale, secondo che dicono gli sophistici. opera di Giovan Piero de Cermenati, Mediolanensis. 1551. in 8. m. r.

1024 Annatomia della Messa, la qual scuopre gli enormi errori, & gl' infiniti abusi, dal volgo non conosciuti, si della Messa, quanto del Messale, utilissima, anzi necessaria, a tutto il Populo Christiano. con un Sermone della Eucharistia nel fine, il qual dimostra. se Christo e corporalmente nel Sacramento, o non. per l'humil servo di Giesu Christo, Antonio di Adamo. (opera di Agostino Mainardo.) 1552. in 4. m. r.

LIVRE TRÈS RARE.

La totalité du Volume est de 142 feuillets qui ne sont numerotés que d'un côté.

1025 Missæ ac Missalis anatomia, hoc est, dilucida ac familiaris ad minutissimas usque particulas Missæ ac Missalis enucleatio. nunc primum, (ut ea res purioris fidei cultoribus scitu necessaria, ad alias quoque nationes deveniret) e gallica lingua latine versa, anno Domini 1561. in 8. m. r.

LIVRE TRÈS RARE.

1026 Anatomie de la Messe. Par Pierre du Mou-

THÉOLOGIE

lin. *Leyde, Bonaventure & Abraham Elzevier*, 1638. in 12. vel.

1027 De origine novi Dei Missatici, quondam in anglia mortui, nunc denuo ab inferis excitati: dialogi VII. Simone Alexio authore. (*Genevæ, Joannes Crispinus.*) 1558. in 8. m. r.

TRÈS RARE.

1028 De Missa integra historia, ex sanctis evangelistis, apostolis, &c. congesta. Per D. Valentinum Vannium. *Tubingæ, vid. Ulr. Morhardi*, 1563. 2. tom. en 1 vol. in 4. v. f.

1029 Discours du vrai sacrifice, & du vrai Sacrificateur. Œuvre montrant à l'œil, par témoignages de l'Ecriture Sainte, les abus & resveries de la Messe: & l'ignorance, superstition & imposture des Prêtres. Par J. de l'Espine. *Lyon, Saugrain*, 1563. = Conclusions de la Messe: *Ite, Missa est.* 1563. = Le Mandement de Lucifer, à l'Antechrist, Pape de Rome, & à tous ses Suppots de son Eglise. *Lyon*, 1562. in 8. m. r.

1030 Discours du vrai sacrifice & du vrai Sacrificateur. Par Jean de l'Espine. *Lyon, Saugrain*, 1563. = Aux Chrétiens parcy devant Profez, & rangés aux Eglises réformées de France, qui maintenant se captivent & souillent sous la tyrannie de l'Antechrist, aux idolatries & supersttitions Romaines. P. D. M. *La Rochelle*, *par Ab. H.* 1586. in 8. v. m.

1031 Trattato primo delle rifpofte fatte ad un libretto di M. Antonio Poffevino della Meffa, nelquale con la parola di Dio fi monftra che il facrificio della Meffa e una inventione degli huomini, opera di Nicolao Balbani, &c. *Appreffo Oliviero Fordrino*, 1564. in 8. m. r.

1032 Matthæi Sutlivii de Miffa Papiftica, variifque fynagogæ Rom. circa Euchariftiæ facramentum erroribus & corruptelis, adverfus Rob. Bellarminum libri V. *Londini*, *Islip*, 1603. in 4. v. f.

1033 La Meffe trouvée dans l'Ecriture. (attribuée à David Derodon.) 1647. in 8. v. f.

1034 Le Tombeau de la Meffe. Par David Derodon. *Geneve*, *Pierre Aubert*, 1662. in 8. v. f.

1035 Le Tombeau de la Meffe. Par David Derodon. *Amfterdam*, *Dufrefne*, 1682. in 12. m. r.

1036 Difpute de la Meffe, ou difcours fur ces paroles. *ceci eft mon corps.* Par David Derodon. *Geneve*, *Philippe Albert*, 1662. in 8. m. r.

Théologie des Juifs.

1037 Mifchna five totius Hebræorum juris, rituum, antiquitatum, ac legum oralium fyftema, cum Cl. Rabbinorum Maimonidis & Barthenoræ commentariis integris. Hebraicè, latinitate do-

THÉOLOGIE.

navit ac noctis illustravit Guilielmus Surenhusius. *Amstelædami, Borstius*, 1698. 6 vol in fol. G. P. vel. fig.

1038 Translatio (ex Hebræo, libelli de adventu Messiæ) Samœlis Ebrei ad Rabi Saach magistrum Sinagoge Hebreorum. in 4. rel. en cart. d. f. tr.

BEAU MANUSCRIT sur vélin, exécuté en Italie dans le *XV siecle*, contenant 61 feuillets. Son écriture est en *lettres rondes*, à longues lignes; ses capitales sont peintes en or & en couleurs, & sa premiere page est décorée d'ornemens & d'une jolie miniature.

Ce Traité du Rabbin *Samuel* fut translaté en latin en 1439, par Alphonse *Bonhomme*, ou, *Buenhombre*, de l'Ordre de St. Dominique. Il l'envoya à Frere Hugues (de *Vauceman* ou *Vaucemain*,) natif de France, Prieur Général du même Ordre en France.

1039 Liber Nizachon Rabbi Lipmanni, conscriptus anno à Christo nato 1399. diuque desideratus: nec ita pridem, fato singulari, e Judæorum manibus excussus. oppositus christianis, sadducæis atque aliis. curante Theodorico Hackspan. *Noribergæ, Endterus*, 1644. in 8. m. r.

1040 Tela ignea Satanæ. hoc est: arcani, & horribiles Judæorum adversus Christum Deum, & Christianam religionem libri anecdoti. operâ Jo. Christ. Wagenseilii. *Altdorfi Noricorum, Schonnerstadt*, 1681. 2 vol. in 4. m. r.

1041 Kabbala denudata seu doctrina Hebræorum transcendentalis & metaphysica atque theologica. (translata ex hebr. à Christiano Knorr von Rosenroth.) *Sulzbaci, Lichtenthalerus*, 1677. 3 vol. in 4. m. bl.

EXEMPLAIRE complet, dans lequel on trouve la partie rare, intitulée : *Adumbratio Kabbalæ Christianæ*.

Théologie des Mahométans.

1042 Le Koran de Mahomet. in fol. m. verd, antiqué, reliure orientale.

MANUSCRIT Arabe de la plus grande beauté. Il est écrit sur papier de soye, & enrichi de vignettes & de cartouches peints en or autour des pages. Il contient 302 feuillets.

Il vient de la vente de M. Gaignat, où il a été vendu 332 l.

1043 L'Alcoran de Mahomet. translaté d'arabe en françois. Par le sieur du Ryer. *Suivant la copie imprimée à Paris*, 1672. in 12. m. r.

1044 L'Alcorano di Macometto, nel qual si contiene la dottrina, la vita, i costumi, & le leggi sue. tradotto d'all arabo, in lingua italiana. (*in Venetia, Andrea Arrivabene*.) 1547. in 4. v. m.

1045 Mahometis Abdallæ filii Theologia dialogo explicata, Hermanno Nellingannense interprete. Alcorani epitome Roberto Ketense interprete. Joannis Alberti Vuidmestadii notationes falsarum impiarumque opinionum Mahumetis, quæ in hisce libris occurrunt. 1543. in 4. v. m.

1046 La Religion des Mahométans, exposée par leurs propres docteurs, avec des éclaircissements sur les opinions qu'on leur a fauflement attribuées, tirée du latin de M. Adrien Reland. (par Adrien Durand.) *La Haye, Ifaac Vaillant,* 1721. in 12. fig. m. r.

Fin de la Théologie.

JURISPRUDENCE.

DROIT CANONIQUE.

Corps de Droit Canon, Bulles, avec leurs interprétes & commentateurs.

1047 Corpus juris canonici Gregorii XIII. Pont. Max. jussu editum : à Petro Pithoeo, & Francisco fratre, ad veteres codices manuscriptos restitutum, & notis illustratum. *Parisiis, Dionysius Thierry*, 1685, 2 vol. in fol. G. P. v. b.

1048 Gratiani Decretum unà cum apparatu domini Johannis Theutonia, atque additionibus Bartholomæi Brixiensis. *Argentinæ, Henricus Eggesteyn*, 1472. 1 tom. rel. en 2 vol. in fol. goth. m. r.

Le Volume commence par ces mots qui sont en rouge.

In nomine sancte et indiuidue trinitatis Jncipit concordia discordantium Canonum. Ac primum de iure constitutionis nature humane. Rubrica.

On lit à la fin la souscription suivante qui est imprimée en rouge :

Presens Gratiani decretũ vna cũ apparatu dñi johannis theuthonia. atq3 additionibus Bartho. Brixieñ. in suis distinctionibɔ causis et cõsecrationibɔ bene visũ et correctũ. Arti-

ficioſa adinuĕtiõe imprimendi abſq̃ vlla calami exaratiõe ſic effigiatũ et ad laudem oĩnipotentis dei eſt ɔſũmatũ. per venerabilẽ virũ Heinricũ Eggeſteyn. artiũ liberaliũ magiſtrũ Ciuẽ inclite ciuitatis Argentin. Anno domini Mº. ccccº. lxxij. &c.

1049 Decretum Gratiani cum gloſſis, ex recenſione Bartholomœi Brixienſis. *Moguntiæ, Petrus Schoiffer de Gernſheym*, 1472, *Idibus Auguſtiis.* 2 vol. in fol. goth. m. r.

Imprimé sur vélin.

1050 Nova compilatio Decretalium Gregorii IX. cum gloſſa. *Moguntiæ, per Petrum Schoiffer de Gerſzheim*, 1473, IX *kl. Decembris.* in fol. goth. m. r.

On trouve au verſo du dernier feuillet différentes pieces de vers qui ne ſont pas imprimées dans tous les Exemplaires ; elles portent pour ſommaires :

Cur Deus ultimis temporibus artis impreſſoriæ novum ſæculo munus invexerit.

Apologia vel excuſatio cleri de ignorantia et carentia librorum.

Excuſationis repulſio et artis impreſſoriæ commendatio.

Exhortatio ad comparandum libros.

Primorum artis magiſtrorum typus et Petri præconium.

Au deſſous de cette derniere piece il y a les huit vers ſuivants, imprimés en caracteres rouges :

Eſtimo nec ſcriptas decretales neq; p̃ſas
  Conferri noſtris. in tribɔ eximijs.
In folijs ſpaciũ cunctis eſt marginis equum
  Codicis hoc primũ fulget ab arte decus.
Queré te textui diſtantem crebro fatigat

JURISPRUDENCE. 323

Glofam. hic foliü vertere non opus eft.
Te cito certificant monftrantia grämata glofam
Correctufq; liber pficiet docilem.

1051 Nova Decretalium compilatio Gregorii VIIII. cum præfatione & ex recenfione Pet. Albignani Trecii, & cum gloffis Joannis Andreæ Epifcopi Alerienfis, &c. *Venetiis, impendio Joh. de Colonia Joh. que Manthen de Gherretzem fociorum, anno 1479, pridie calendas aprilis.* in fol. goth. m. r.

A la fin du Texte, en rouge :
Noua decretaliü çöpilatio Gregorij. viiij. impffa Uenetijs ipendio Johänis de Colonia Johänifq; manthen de gherretzem focior. Anno falutis dñice Millefimo. ccccxxviiij. p̃die caledas april, Sixto q̃rto p̃tifice maxio : Johäne mocinico ĩclyto Uenetor. duce.

1052 Liber fextus Decretalium domini Bonifacii Papæ Octavi, cum gloffa Johannis Andreæ, Epifcopi Alerienfis. *Moguntiæ, per Johannem Fuft & Petrum Schoiffer de Gernfhem, 1465, die vero xvij. menfis Decembris.* in fol. goth. m. r. dent.

PREMIERE ÉDITION.
IMPRIMÉ SUR VÉLIN.

1053 Liber fextus Decretalium Bonifacii Papæ VIII. cum gloffis Joannis Andreæ Epifcopi Alerienfis. *Moguntiæ, per Petrum Schoyffer de Gernszheym, 1476.* in fol. goth. m. r.

On trouve au dernier feuillet de cette Edition la soufcription fuivante, imprimée en rouge, avec les deux écuffons de Schoyffer au deffous :

Sexti decretaliũ opus p̄clarũ in nobili vrbe Magũcia quã imprimẽdi arte ingeniofa gratuitoqȝ dono gloriofus deus plus ceteris terrar nationib꜐ p̄ferre illuftrareqȝ dignatus ẽ nõ atramẽto e plumali ereaqȝ penna cannave! fed adinuẽtione quadã ꝑpulcra ꝑ venerãdũ virũ Petrũ fchoyffer de gernfȝheym feliciter ẽ cõfumatũ. Anno dñi. M. cccc. lxxvi. die nona menfis Januarij.

1054 Conftitutiones Clementis Papæ V. cum apparatu domini Johannis Andreæ Epifcopi Alerienfis : accedit ad calcem operis, Conftitutio execrabilis Johannis Papæ XXII. *Moguntiæ, per Johannem Fuft & Petrum Schoiffher de Gernfheim,* 1460. XXV. *die Menfis Junii.* in fol. goth. m. r. dent.

PREMIERE EDITION.

IMPRIMÉ SUR VÉLIN.

1055 Clementis Papæ V. conftitutiones, cum apparatu Johannis Andreæ Epifcopi Alerienfis. *Moguntiæ, per Petrum Schoiffer de Gernshem,* 1467, *octava die menfis Octobris.* in fol. goth. m. r.

IMPRIMÉ SUR VÉLIN.

On trouve à la tête du Volume, fur un feuillet féparé de vélin, un beau deffein qui repréfente Hercule étouffant Anthée. Il eft du Chevalier André Manteigne, Peintre célebre, & fameux Graveur, né à Padoue en 1431, & mort à Mantoue en 1517, âgé de 86 ans.

JURISPRUDENCE. 325

Il est à remarquer qu'après le feuillet où se trouve la souscription de cette Edition, il y a quatre feuillets qui manquent souvent, & qui contiennent: *l'exposition de la regle des Freres Mineurs, & la Constitution exécrable du Pape Jean XXII.*

1056 Constitutiones Clementis Papæ V. unà cum apparatu Domini Joannis Andreæ, &c. *Romæ, per Udalricum Gallum Almanum. & Simonem Nicolai de Luca*, 1473. in fol. goth. m. r.

Le Volume finit par la souscription suivante:

Presens har Clementinar preclar opus. cũ glosis Jo. An. Iuris canonici lumen. Alma in urbe Roma. totius mũdi regina et dignissima Imperatrix. que sicut p̄ceteris urbibus dignitate p̄est. ita ingeniosis uiris est referta. nõ attramento, plumali, calamo, neq̃ stilo ereo. sed artificiosa quadã adinuẽntione imprimendi, seu caracterizandi sic effigiatũ. ad dei laudem industrieq̃; est consumatum. Per Vdalricum Gallum Almanum. & Simonem Nicolai de Luca. Anno dñi. M. CCCC. LXXIII. die uero sexta mensis Iulii.

1057 Constitutiones Clementis Papæ V. cum apparatu D. Johannis Andreæ, episcopi Alerien- sis. *Moguntiæ, per Pet. Schoyffer de Gernszhem*, 1476. in fol. goth. m. r.

On trouve à la fin du Volume la souscription suivante avec les deux écussons, imprimés en rouge:

Anno dñi M. cccc lxxvi. iiij. Jdus septẽbris. Reuerẽdissimo ĩ xp̃o pre ac dño, dño Diethero Arep̃o Magũtino Jn nobili urbe Magũcia Rheni! impssorie artis inuẽtrice alũnaq̃ p̃ma! p̃ns Clemẽtinarũ opus p̃clarũ, Petrus Schoyffer de gernſzhem, ſuis cōſignādo ſcutis! deo fauēte feliciter finiuit.

1058 Conſtitutiones Clementis Papæ V. cum apparatu Joannis Andreæ, Epiſcopi Alerienſis. *Baſileæ, induſtriâ Mich. Wenſzler.* 1478. in fol. goth. v. m.

On trouve à la fin du Volume la ſouſcription ſuivante, imprimée en rouge, avec les deux écuſſons de l'Imprimeur :

Anno ſalutis nre. poſt. M. et. ccccxxviij. vj. nonas may. ingenio et induſtria. Michahelis Wenſzler. non abſq3 ſūma arte et imprimendi pericia. completu3 eſt hoc dignum atq3 celebratiſſimum opus conſtitutionū Clementis quinti. in inclita vrbe Baſilienſi. quam non ſolum aeris clemencia et fertilitatis agri. verū ecia3 imprimencium ſubtilitas reddit famatiſſima3.

1059 Ant. Auguſtini Archiepiſcopi Tarraconenſis de emendatione Gratiani dialogorum libri duo. *Terragone, Mey,* 1587. in 4. m. bl.

1060 Caſus Longi ſuper quinque libros decretalium à domino Bernardo eorundem præcipuo gloſſatore utiliter compilati. *Pariſiis, Petrus Ceſaris, & Joannes Stoll,* 1475. in fol. m. r. l. r.

PREMIERE EDITION.

CET OUVRAGE eſt imprimé ſur 2 colonnes; il commence par le titre rapporté ci-deſſus, & à la fin il y a la ſouſcription ſuivante :

Finiūt caſus longi dn̄i Bernardi quinq3 librorū decretaliū! bene et accuratiſſime caſtigati. Anno domini milleſimo quadringĕtesimo septuagesimo quinto. die uero tredecima mensis Iunii ;

Parisius per maigstrū Petrū cesaris, et Johănē stoll. Impressi. Deo gratias.

1061 Commentum quarti libri Decretalium per Joannem Antonium de Sancto Georgio. *Papiæ, Antonius de Carcano*, 1476. in fol. goth. m. r.

ÉDITION exécutée sur 2 colonnes, avec des signatures depuis a i jusqu'à D, & depuis a 2—p p.

On trouve à la fin la souscription suivante :

Anno Dn̄i. Mccccclxxvj. Dominăte Illustrissimo ac Felicissimo Galea; Maria dei gratia Mediolani duce Quīto. et die. xxiiij. mēsis madij et cetera.

Antonius de Carcano Mediolanensis impresi Papie.

1062 Arnoldi Corvini jus canonicum, per Aphorismos strictim explicatum. *Amstelodami, ex officina Elzeviriana*, 1663. in 12. m. bl.

1063 Bulla cruciata sanctissimi domini nostri (Pii) Pape (II) cotra turchos (*Editio Moguntina Johannis Fust.*) in fol. goth. m. bl.

LIVRE très rare ; il consiste en 6 feuillets, dont le premier ne contient uniquement que le titre rapporté ci-dessus, lequel est imprimé en 2 lignes sur le recto, avec les gros caracteres dont Fust & Schoyffer se sont servis pour les Pseautiers de 1457 1459 1490 & de 1502. Le second feuillet est imprimé, ainsi que le reste de l'Ouvrage, avec les caracteres du *Rationale Durandi*, 1459, & du *Catholicon*, 1460, il commence par ces mots : *Jus Epūs ſʒuus ſʒuŏr dei.*

Le Volume finit au bas du recto du 6ᵉ feuillet par la ligne suivante :

incarnacōis dn̄ice. M. cccc. lx iij. xj. kl. nouembris. pontificatus nri. Anno sexto.

Regles de la Chancellerie Romaine.

1054 Sanctissimi in Christo Patris Alexandri Papæ Sexti, Regulæ romanæ Cancellariæ, ac constitutiones & revocationes specialium reservationum super gratiis expectativis. 1495. in 4. m. r.

1065 Regulæ, ordinationes & Constitutiones cancellariæ Adriani Papæ Sexti; & Clementis VII. *Romæ*, 1526. in 8. m. bl.

1066 Taxæ Cancellariæ apostolicæ & taxæ sacræ pœnitentiariæ. cum descriptione Italiæ, ac compendio universitatis Parisiensis: & taxis beneficiorum ecclesiasticorum regni Franciæ. *Parisiis, Denys*, 1520. in 4. goth. m. r.

1067 Taxe des parties casuelles de la boutique du Pape, en latin & en françois. (trad. par Antoine du Pinet.) *Lyon*, 1564. in 8. v. f.

Décisions de la Rote.

1068 Decisiones novæ dominorum Auditorum de Rota. *Coloniæ*, 1477. in fol. v. f.

ÉDITION sur 2 colonnes, dont celles qui sont entieres ont 33 lignes, non compris la ligne qui sert de sommaire, & qui est au haut de chaque colonne. On lit à la fin:

Decisiones noue dominorū Auditor de Rota : Colonie impresse : Anno salutis humane. M. CCCC. Lxxvij. Die Veneris :

JURISPRUDENCE.

neris : *Mensis Aprilis duodeuicesima finiunt foeliciter.*

DEO GRACJAS.

Nous ignorons jusqu'à présent quel est l'Imprimeur de ce Livre, dont les caracteres sont exactement les mêmes que ceux de la Bible de Mayence de 1462. Nous avons attribué à cet Imprimeur anonyme, les N°s 678, 690 & 793, parce que ces Editions ressemblent à celle-ci par la disposition des pages. Le N° 508 annoncé comme Edition de Schoiffer, pourroit bien être aussi par cette raison sorti des mêmes presses de Cologne.

Traités de la Hiérarchie de l'Eglise & des Personnes Ecclésiastiques, du Souverain Pontife, de sa primauté, Puissance & autorité, & de ses Droits & prérogatives.

1069 Libellus dictus Clipeus monarchie ecclesie editus à Roderico sanctii utriusque juris & arcium professore episcopo calagurritano, in quo ostendit ueram monarchiam orbis in spiritualibus & temporalibus romano pontifici christi vicario & non seculari imperatore competere. in fol. 1el. en cart.

Manuscrit sur papier exécuté en Italie dans le XV siecle, contenant 107 feuillets ; il est écrit en *lettres rondes*, à longues lignes, & enrichi d'ornements peints sur le premier feuillet qui est de vélin.

1070 Alvari Pelagii (Paes) de Planctu Ecclesiæ libri duo. *Ulmæ, Johannes Zeiner de Rutlingen,* 1474. in fol. goth. m. r.

Tome I   T t

PREMIERE EDITION.

L'Auteur dit à la fin de son Ouvrage, qu'il l'a commencé en l'année 1330, & qu'il l'a corrigé & apostillé pour la seconde fois à Saint Jacques de Compostelle, l'an 1340. La premiere partie contient 70 articles, & la seconde 93.

1071 Alvari Pelagii (Paes) de Planctu Ecclesiæ libri duo. *Lugduni, Clein*, 1517. in fol. goth. m. r.

1072 Summa Reverendissimi Patris Joannis de Turrecremata (Torquemada) cardinalis, contra Ecclesiæ & primatus apostoli Petri adversarios intitulata. ex recognitione Joannis, Episcopi Tornacensis. *Romæ, per Eucharium Silber alias Franck*, 1489. in fol. goth. m. r.

On apprend par l'avertissement qui est à la tête du Volume, que cet Ouvrage a été imprimé aux dépens du Pape Innocent VIII.... *Quod ad communem omnium utilitatem sanctissimi domini nostri Innocentii Octavi sumptibus romæ est impressum, &c.*

1073 Summa de Ecclesia domini Joannis de Turrecremata (Torquemada) cardinalis. ex recensione Jodoci Badii Ascensii. *Lugduni, Johannes Trechsel*, 1496. in fol. goth. v. f.

1074 Fratris Augustini de Ancona ordinis fratrum Heremitarum Sti. Augustini, summa de Ecclesiastica potestate. *Augustæ, (Johan. Schuszler.)* 1473. in fol. goth. m. bl.

PREMIERE EDITION.

Le Volume commence par la Table des Questions, qui

JURISPRUDENCE.

contient 10 feuillets; le Texte suit, & au verso du dernier feuillet il y a la souscription suivante:

Explicit summa de ecclesiastica potestate edita a fratre Augustino de Ancona Ordinis fratrũ hĕremitar sancti Augustini. Auguste impressa et finita p̃die nõs Marcij. Anno incarnatõis xp̃i M. cccc. lxxiij.

Les caractères de cette Edition sont ceux avec lesquels Jean Schuszler a imprimé en 1470, *Josephus de bello Judaico* & en 1471 *Paulus Orosius*.

1075 Summa de Ecclesiastica potestate edita à fratre Augustino de Ancona ordinis fratrum Heremitarum Sti. Augustini, cum prologo fratris Pauli Lulmei Bergomensis. *Romæ, in domo Francisci de Cinquinis*, 1479. in 4. goth. m. r.

CE TRAITÉ est imprimé sur 2 colonnes; il commence ainsi:

Prolog9 eplaris in summã de ecclesiastica potestate: catholici doctoris: fratris Augustini de Ancona.

A la fin du Traité il y a cette souscription:

Explicit summa de Ecclesiastica potestate edita a fratre Augustino de Ancona Ordĩs fratrũ heremitar sc̃i Augustini Jmp̃ssa Rome ĩ domo Nobilis viri Frãcisci de Cinquinis apud Sanctam Mariam de populo. Anno domini MCCCCLXXVJJJJ°. Die XX. Decembris.

Cette souscription est suivie de 10 feuillets, dont les 9 premiers contiennent une Table des questions, & le dernier, le registre pour collationner le Volume.

1076 Fratris Augustini de Ancona summa de Ecclesiastica potestate. *Edito vetus circa annum* 1480. in fol. goth. m. r. l. r.

1077 Durandus Episcopus Meldensis de jurisdictione ecclesiastica. == Tractatus fr. Petri de Palude de causa immediata Ecclesiasticæ potestatis. *Parisiis*, *Jo. Barbier*, *pro Jo. Petit*, 1506. == Ejusdem de Palude articulus circa materiam confessionum. *Parisiis*, *Jo. Petit*, 1506. == Fr. Johannis de Parisius tractatus de potestate Regia & Papali. == Tractatus magistri Hervei de potestate Papæ. in 4. goth. v. f.

Traités de la Puissance Ecclésiastique & Politique.

1078 Cy commence le Songe du Vergier. in fol. v. f. d. f. tr.

Beau Manuscrit du *XV siecle*, sur vélin, contenant 154 feuillets; il est écrit en *ancienne batarde*, sur 2 colonnes, & enrichi de 3 miniatures, dont une porte 5 pouces de hauteur sur environ 4 & demi de largeur; les deux autres ont 3 pouces & demi de hauteur, sur 2 pouces & demi de largeur. Ses lettres *tourneures* sont peintes en or & en couleurs.

On a attribué le *Songe du Vergier* à plus de six Auteurs différents; mais *Raoul de Presles*, Avocat Général & Maître des Requêtes, paroît en être le véritable. Il naquit vers 1314 ou 1315, & mourut en 1382. Son savoir lui acquit une grande considération, & ses Ouvrages lui attirerent la protection de *Charles V*, Roi de France, auquel il en dédia plusieurs, tels qu'un Livre latin, intitulé: *Musa*; une traduction de la *Cité de Dieu de S. Augustin*, & le *Songe du Vergier*. Il prend dans ce dernier Ouvrage, comme dans tous les autres, la qualité du plus petit des Officiers

Domeſtiques de *Charles V.* Il y loue beaucoup ce Monarque; il lui rappelle ſes glorieuſes conquêtes ; celle de la Bretagne, dont il dépoſſéda *Jean de Montfort* ; celle de la Guienne, qui fut faite en 1377, & le recouvrement d'une partie de la Picardie & de la Normandie.

Ces divers événements ſemblent fixer la compoſition du *Songe du Vergier*, vers l'an 1379, un an avant la mort du Roi ; mais d'un autre côté cet Ouvrage paroît bien plus ancien, puiſque l'inventaire des Livres de la Bibliotheque du Louvre, fait par Ordre de *Charles V*, en 1373, en mentionne un MS. ſous ce titre :

Un liure appelle le ſonge du vergier qui eſt dun avis comment le pape ne doit auoir congnoiſſance en ce qui touche le temporel ne la juſtice du roy couuert de ſoie ynde à queue.

Et à la ſuite de ce titre ſe trouve le ſuivant :

Item un autre liure couuert de ſoie a queue qui eſt le latin du francois dudit liure.

On trouve dans le *Songe du Vergier* les opinions qu'on ſe formoit du temps de *Charles V*, ſur la diſtinction des droits des deux puiſſances ſpirituelle & temporelle que l'Auteur introduit ſous les perſonnages allégoriques de deux Reines pour leſquelles deux Avocats, l'un Clerc, l'autre Chevalier, dont elles ont fait choix, plaident devant le Roi, en ſoutenant chacun les droits de ſa Cliente.

Il a été imprimé en dernier lieu dans le Traité des libertés de l'Egliſe Gallicane. On en a auſſi des Editions latines.

1079 Cy commence le ſonge du Vergier. (par Raoul de Preſles.) in fol. v. f. d. ſ. tr.

Manuscrit ſur papier du *XV ſiecle*, contenant

208 feuillets écrits en *ancienne batarde courante*, sur 2 colonnes. Un des feuillets est décoré des armes d'*Urfé*.

1080 Le Songe du Vergier qui parle de la disputation du Clerc & du Chevalier. (par Raoul de Presles.) *Imprimé par Jacques Maillet*, 1491. in fol. goth. v. f.

1081 Le Songe du Vergier, lequel parle de la disputation du Clerc & du Chevalier. (par Raoul de Presles.) *Paris, par le petit Laurens, pour Jehan Petit.* in fol. goth. m. cit. l. r.

1082 Le Songe du Vergier. (par Raoul de Presles.) *Paris, par le petit Laurens, pour Jehan Alisot, Libraire à Angiers.* in fol. goth. m. r.

CETTE EDITION est exactement la même que la précédente; il n'y a que le nom du Libraire de changé.

Traités de la Puissance Royale & Séculiere dans le Gouvernement de l'Eglise, & de son indépendance de celle du Pape.

1083 Traité du devoir des Princes touchant la réformation des abus qui sont en l'Eglise. 1561. in 8. m. bl.

1084 Laurentii Banck de Tyrannide Papæ in Reges & Principes Christianos diascepsis. *Franequeræ, Jo. Arcerus*, 1649. in 12. v. f.

JURISPRUDENCE.

Traités des Personnes Ecclésiastiques, des Cardinaux, des Evêques, de leur Jurisdiction & Autorité, des Curés, des Prêtres, de leurs droits & prérogatives.

1085 Incipit Liber qui dicitur Bonum universale de proprietatibus Apum. (Auctore Thomâ Cantipratensi.) in fol. goth. v. f.

EDITION exécutée vers 1472, sur 2 colonnes, dont celles qui sont entieres ont 35 lignes, & dont les caracteres ont de très grands rapports avec ceux du Livre intitulé : *Jacobi de Theramo consolatio peccatorum*..... (*Coloniæ Veldener circa* 1475.) Voyez le N° 645. Elle a des sommaires dans le haut des pages : elle commence par le titre rapporté ci-dessus. On lit à la fin du Texte :

Explicit liber apū q̃ diciť bonū vniūsale quia de prelatis et subditis tractat. de quo sit deus b̃ndictus ĩ secula Amen.

Au verso du feuillet où se trouve cette souscription, commence la Table qui occupe les 8 feuillets suivants.

1086 Joannis Bertachini de Firmo tractatus de Episcopo, ecclesiasticæ facultati admodum conveniens. *Lugduni, per Benedictum Bonnyn,* 1533, X *Maii.* in 8. goth. m. r.

Traités des Hérétiques & de ce qui les concerne.

1087 Antonii Sanctarelli tractatus de Hæresi, schismate, apostasia, sollicitatione in sacramento pœnitentiæ, & de potestate romani Pontificis in his delictis puniendis. *Romæ, Zannetti,* 1625. = Conclusio & censura sacræ facultatis Theologicæ Parisiensis in Franc. Malagola & in ejus doctrinam cum censura jam olim lata in librum Ant. Sanctarelli. *Parisiis, Mabre-Cramoisy,* 1682. in 4. m. bl.

1088 De Hæreticis à civili Magistratu puniendis libellus, Theodoro Bezâ auctore. *Olivâ Rob. Stephani,* 1554. in 8. v. f.

Traités sur le Célibat des Prêtres, la Tonsure, Habillements, & autres marques de distinction des Ecclésiastiques.

1089 De vita & moribus sacerdotum opusculum: singularem eorum dignitatem ostendens, & quibus ornati esse debeant virtutibus : explanans. Auctore Judoco Clichtoveo. *Parisiis, Colinæus,* 1520. in 4. v. f. l. r.

1090 De continentia Sacerdotum sub hac quæstione nova : utrum Papa possit cum Sacerdote dispensare ut nubat, per Ma. No. Bouffart. *Parisiis, Radulphus Laliseau,* 1505. in 4. v. m.

1091 Dialogus de eo, num calicem laicis, & uxores sacerdotibus permitti, ac divina officia vulgari linguâ peragi fas sit. Auctore Stanislao Hosio, Episcopo Varmiensi. *Dilingæ, Sebaldus Mayer,* 1559. in 8. m. r.

Traités

Traités des Églises, Paroisses, Bénéfices, Résignations, Décimes, Pensions, & de ce qui a rapport à la Jurisdiction de ces parties.

1092 Defensiones curatorum contra eos qui se dicunt privilegiatos, compositæ ab Archiepiscopo Richardo Armachano. & defensiones privilegiatorum contra Armachanum, à Rogerio Chonoe. *Impressæ (Lugduni) per Joh. Trechsel,* 1496. in fol goth. v. f.

1093 Tractatus Frederici de Senis super permutatione beneficiorum, cum additionibus Laponis de Podioboniti. *Papiæ, Franciscus de Sancto Petro,* 1478. in fol. rel. en cart.

Ce Volume qui est imprimé sur 2 colonnes, contient 10 feuillets; au dernier on trouve cette souscription :

Explicit tractatus domini Frederici de Senis super permutatione beneficiorū; directus domino Lapo de Podioboniti qui fecit additiones que sunt in predictis questionibus inserte. Impressus papie per Franciscū de sancto petro. Anno Mº. CCCCº. Lxxviij. die xvij Martij. FINIS.

Traités du Mariage & du Divorce, Dispenses, Censures, Excommunications, &c. & autres dépendances de la Jurisdiction Ecclésiastique.

1094 Traité de la dissolution du Mariage par l'impuissance & froideur de l'homme ou de la femme. (Par Antoine Hotman.) *Paris, Mamert Patisson*, 1581. in 8. v. m.

1095 Traité de la dissolution du Mariage par l'impuissance & froideur de l'homme ou de la femme. (Par Antoine Hotman.) *Paris, Mamert Patisson*, 1595. in 8. v. m.

1096 Capitulaire auquel est traité, qu'un homme né sans testicules apparents, & qui a néanmoins toutes les autres marques de virilité : est capable des œuvres de mariage. Par Sebastien Rouillard. *Paris, Jacquin*, 1600. in 8. m. r.

1097 Le même capitulaire de Sébastien Rouillard. *Paris, Morel*, 1603. in 8. m. r.

1098 Discours sur l'impuissance de l'homme & de la femme, auquel est déclaré que c'est qu'impuissance empêchant & séparant le mariage, comment elle se connoît. Par Vincent Tagereau. *Paris, Pepingué*, 1655. in 8. v. m.

1099 Cri d'un honnête homme, qui se croit fondé en droit naturel & divin à représenter à la législation les motifs de justice tant Ecclésiastique que Civile, qui militeroient pour la dissolution du mariage dans de certaines circonstances données. 1769. in 12. m. bl.

1100 Franciscus Sambarella de excommunicationibus. in fol. goth. v. f.

ÉDITION exécutée à longues lignes, sans date, nom d'Imprimeur, signatures, chiffres & réclames. Les pages qui font entieres ont 38 lignes, & les marges en sont chargées de sommaires imprimés en rouge. Elle nous paroît être de Jean Veldener, parceque les caracteres sont les mêmes que ceux avec lesquels cet Artiste a imprimé à Cologne vers 1475, le Livre intitulé : *Consolatio peccatorum* .... annoncé ci-devant, N°. 645.

Le Volume commence par 2 feuillets de Table, & finit par ces mots :

Finis inest operi. pie me facias deus vti.

L'Auteur apprend à la fin de cet Ouvrage, qu'il le composa à Padoue en Novembre 1394.

DROIT ECCLÉSIASTIQUE

DE FRANCE.

Capitulaires, Loix Ecclésiastiques, Pragmatiques, Concordats, Libertés de l'Eglise Gallicane, & Actes de son Clergé.

1101 Decreta Basiliensia necnon Bituricensia: quæ Pragmatica sanctio intitulantur; glossata per magistrum Cosmam Guymier. *Lugduni, Jo. de Vingle*, 1497. in 4. goth. v. f.

1102 Remonstrantia hibernorum contra Lovanienses, ultramontanasque censuras, de incommutabili regum imperio, subditorumque fidelitate, & obedientia indispensabili: ex sacris Scripturis, Patribus, Theologis &c. vindicata. cum duplici appendice; una de libertate gallicana: altera contra infallibilitatem Pontificis Romani. Au-

340 JURISPRUDENCE.

thore R. P. F. R. Caron. (*Londini*) 1665. in fol. m. verd.

1103 Petri de Marca Archiepiscopi Parisiensis dissertationes de Concordia sacerdotii & imperii seu de libertatibus Ecclesiæ Gallicanæ libri octo. *Parisiis, Petrus Auboyn*, 1704. in fol. G. P. v. b.

1104 Procès-Verbal contenant les propositions, délibérations, & résolutions prises & reçues en la chambre Ecclésiastique des Etats Généraux du Royaume de France, tenus en la Ville de Paris, ez années 1614 & 1615. recueilli & dressé par Me. Pierre de Beluty, un des Agens du Clergé. 1650. in fol. v. f.

1105 Procès-Verbal de l'assemblée générale du Clergé de France, tenue à Paris au couvent des Augustins, en l'année 1635. *Paris, Antoine Vitray*, 1635. in fol. v. b.

Ce Volume est très rare.

1106 Procès-Verbal de l'assemblée générale du Clergé de France, tenue à Paris au couvent des Augustins, en l'année 1645. *Paris, Antoine Vitré*, 1645. in fol. v. f.

1107 Procès-Verbal de l'assemblée générale du Clergé de France, tenue à Paris au couvent des Augustins, es années 1655 & 1656. *Paris, Antoine Vitré*, 1655. in fol. v. f.

JURISPRUDENCE.

1108 Procès-Verbal de l'assemblée générale du Clergé de France, tenue à Pontoise au couvent des Cordeliers, en l'année 1670. *Paris, Antoine Vitré*, 1671. in fol. v. f.

1109 Procès-Verbal de l'assemblée générale du Clergé de France, tenue à St. Germain en Laye au Château neuf, en l'année 1675. *Paris, Frédéric Léonard*, 1678. in fol. v. f.

Traités de la Politique Séculiere & Ecclésiastique de France, & de l'indépendance de la Puissance Royale de celle du Pape.

1110 La Papimanie de France, avec une copie de certaine Bulle Papale, qui semble préjudiciable à la France. 1567. in 8. m. r.

1111 Optati Galli (Caroli Hersent) de cavendo Schismate liber paræneticus. 1640. = Arrêt de la Cour de Parlement, par lequel il est ordonné, que le libelle intitulé: *Optati Galli de cavendo Schismate*, &c. sera lacéré & brulé. *Paris, Cramoisy*, 1640. in 8. m. cit. à compartiments.

SUPERBE EXEMPLAIRE de l'Edition originale.

Traités des Droits & Prérogatives des Eglises particulieres de France.

1112 Factum pour M. Jean-Baptiste Thiers, Curé

de Champrond, contre le Chapitre de Chartres, défendeur. in 12. m. bl.

1113 La Sauce Robert, ou avis salutaires à Messire Jean Robert, grand Archidiacre de Chartres. Par Jean-Baptiste Thiers. 1676. in 8. v. m.

EDITION ORIGINALE.

DROIT ECCLÉSIASTIQUE

DES RÉGULIERS ET DES RELIGIEUX.

Ordre de Saint Benoist.

1114 Ci comance li prologues & la regle de Saint Benoy. — Moralités. — Chansons spirituelles. in 4. v. m.

MANUSCRIT sur vélin de la fin du *XIV siecle*, contenant 67 feuillets. L'écriture est en *lettres de forme*, à longues lignes, & les intitulés sont en rouge.

La traduction de la regle de St. Benoît contenue dans ce MS. paroît être du *XIII siecle*; cette regle est la primitive, beaucoup plus austere que celle d'aujourd'hui.

Elle commence ainsi:

Escoute fille les commandemans de ton maistre et incline loreille de ton cuer, &c.

Le mot *Fille* au lieu de *Fils*, fait connoître que ce MS. a été écrit pour une Abbaye de femmes.

1115 Expositio super regulam Beatissimi Patris Benedicti. per Dom. Cardinalem Sancti Sixti Johannem de Turrecremata. *Parisiis, Petrus*

Levet, impensâ Nicolai Militis, Librarii, 1491. in fol. goth. m. r.

Ordre de Cîteaux.

1116 Collectio privilegiorum ordinis Cisterciensis, operâ & impensâ Reverendissimi in Christo patris Johannis abbatis Cistercii. *Divione, Petrus Betlinger*, 1491, *iiii nonas Julias*. in 4. goth. m. r.

PREMIERE EDITION.
On a ajouté dans cet Exemplaire une Table manuscrite, & de nouveaux privileges accordés à cet Ordre.

Ordre des Chartreux.

1117 Repertorium statutorum ordinis Carthusiensis, cum repertorio & privilegiis, à Guigone, priore Carthusiæ editum. *Basileæ, Amorbachius*, 1510. in fol. goth. m. bl.

1118 Explication de quelques endroits des anciens Statuts de l'Ordre des Chartreux. avec des éclaircissements donnés sur le sujet d'un libelle qui a été composé contre l'Ordre, & qui s'est divulgué secretement. Par frere Innocent (Dom Masson) Prieur de Chartreuse. *A la Correrie, Galle*, in 4. m. r. Rare.

Ordre de St. François.

1119 Summaria seu epitomata CXXIIII capitulorum operis XC dierum Magistri Guilhelmi de Ockam diligenter collecta. *Lugduni, Johannes Trechsel*, 1495. in fol. goth. m. r.

1120 Factum pour les Religieuses de Sainte Catherine les-Provins. contre les peres Cordeliers. (Par Alexandre Varet, Grand-Vicaire de M. de Gondrin, Archevêque de Sens.) in 4. m. r.

Ordre de St. Augustin.

1121 Regula Beati Patris Augustini & constitutiones fratrum servorum. edita à R. P. F. Jacobo Tavantho Florentino Generali ejusdem ordinis. *Venetiis, ex officina Dominici Guerræi, & Joannis Baptistæ, fratrum.* 1580. in 4. m. r. IMPRIMÉ SUR VÉLIN.

Congrégation des Jésuites.

1122 Constitutiones societatis Jesu. *Romæ in Ædibus societatis*, 1559. = Primum ac generale examen iis omnibus, qui in soc. Jesu admitti petent, proponendum. *Romæ in Ædibus soc.* 1558. = Constitutiones societatis Jesu. *Romæ in Ædibus societatis.* 1558. = Declarationes

JURISPRUDENCE.

tiones & annotationes in constitutiones societatis Jesu. *Romæ in Ædib. soc. Jesu.* 1559. = Litteræ apostolicæ, quibus institutio, confirmatio, & varia privilegia, & indulta soc. Jesu à sede apostolica concessa continentur. *Romæ, in Ædibus soc. Jesu*, 1559. in 8. m. r.

PREMIERE EDITION très rare.

1123 Constitutiones examinis generalis societatis Jesu. *Romæ, apud Victorium Helianum*, 1570. in 8. m. à compartiments, doub. de m. l. r.

1124 Constitutiones societatis Jesu. *Romæ, Victorius Helianus*, 1570. in 8. m. r.

1125 Regulæ societatis Jesu. *Romæ, in Collegio societatis Jesu*, 1580. in 8. m. r.

PREMIERE ÉDITION TRÈS RARE.

1126 Regulæ societatis Jesu. *Romæ, in Collegio societatis Jesu*, 1582. in 8. m. r.

1127 Regulæ societatis Jesu. *Romæ, in Collegio societatis Jesu*, 1582. in 12. m. r. doub. de tabis.

1228 Canones congregationum generalium societatis Jesu. *Romæ, in Collegio societatis Jesu*, in 8. m. r.

1129 Canones congregationum generalium Societatis Jesu, cum aliis nonnullis ad praxim pertinentibus. *Romæ, in Collegio societatis Jesu*, 1581. in 8. m. bl.

Tome I. X x

1130 Litteræ Apostolicæ, quibus institutio, confirmatio, & varia privilegia continentur societatis Jesu. *Romæ, in Collegio societatis Jesu*; 1587. in 8. m. à compartiments, doub. de m. l. r.

1131 Ratio atque institutio studiorum societatis Jesu. *Romæ, in Collegio societatis Jesu*, 1586. in 8. m. r. dent.

EDITION ORIGINALE; très rare.

1132 Ratio atque institutio studiorum societatis Jesu. *Romæ, in Collegio societatis Jesu*, 1591. in 8. m. r.

1133 Exercitia spiritualia societatis Jesu. 1548. in 8. m. r.

PREMIERE EDITION.

1134 Défenses de ceux du college de Clermont, contre les Requêtes & Plaidoyers contre eux ci-devant imprimés & publiés. 1594. in 8. m. bl.

1135 Histoire notable d'un Jésuite nommé Pere Henry, qui a été brûlé à la Ville d'Anvers le 12. Avril 1601. étant convaincu d'être Sodomiste, laquelle a été écrite par l'un des Juges délégués pour le procès criminel d'icelui: mise du flamand en françois. 1639. = Contredits au libelle diffamatoire, intitulé: *Histoire notable du Pere Henry, Jésuite brûlé à Anvers.* Par Fran-

JURISPRUDENCE.

çois de Segufie. *Lyon, Jacques Rouffin*, 1601. in 12. m. viol. doub. de tabis.

Avec le portrait du P. Henry.

1136 La Chaffe du Renard Pafquin, découvert & pris en fa taniere du libelle diffamatoire faux marqué le Catéchifme des Jéfuites. Par Félix de la Grace. *Villefranche, Hubert le Pelletier*, 1602. in 8. v. m.

1137 Apologia pro focietate Jefu ex Bohemiæ regno, profcripta. *Viennæ Auftriæ, Schump*, 1618. ⎯ Relatio nuperi itineris profcriptorum Jefuitarum ex regnis Bohemiæ & Hungariæ miffa ex Helicone juxta Parnaffum. *Pragæ*, 1619. in 4. m. bl.

1138 Philander Philanax de natura, fine, mediis Jefuitarum. 1619. in 8. m. r.

1139 Alphonfi de Vargas relatio ad Reges & Principes chriftianos de ftratagematis & fophifmatis politicis focietatis Jefu. 1636. ⎯ Societatis Jefu novum fidei fymbolum in Hifpania promulgatum. 1636. in 4. m. bl.

1140 Teatro Jefuitico, apologetico difcurfo, con faludables, y feguras dotrinas, neceffarias a los Principes y Señores de la tierra. Efcribiale el Dr. Francifco de la Piedad. *En Cuimbra, Guil. Cendrat*, 1654. in 4. relié à compartiments doub. de tabis, l. r.

SUPERBE EXEMPLAIRE.

JURISPRUDENCE.

1141 Catholica Querimonia adversus Petrum Jurieum, adversus ejus duces & impios sectatores, per Ildefonsum Malacensem Antistitem. *Matriti*, 1686. in 12. m. r.

1142 Recueil de Pieces sur les affaires des Jésuites de Portugal. 6 portefeuilles in 8. avec des dos de m. r.

1143 Recueil de Pieces sur les affaires des Jésuites. 25 portefeuilles in 8. avec des dos de m. r.

Regles & Constitutions des Ordres Militaires & de Chevalerie.

1144 Volumen Stabilimentorum Rhodiorum militum sacri ordinis hospitalis sancti Johannis Hierosolimitani. in fol. goth. v. f.

1145 Statuta Hospitalis Hierusalem. in fol. m. b.

Ces Statuts sont dédiés à Hugues de Loubenx de Verdala, Grand-Maître de l'Ordre, par J. B. Rondinellus.

Cet Ouvrage est orné de figures & de très beaux portraits des Grands-Maîtres, gravés par Philippe Thomassin.

Regles & Constitutions des Confrairies.

1146 Les Statuts de la congrégation des Pénitents de l'Annonciation de Notre-Dame. *Paris, Jamet Mettayer*, 1583. in 8. v. m.

Imprimé sur vélin.

JURISPRUDENCE.

DROIT CIVIL.

Droit de la Nature & des Gens, & Droit Public.

1146* Traité philosophique des loix naturelles, par le Docteur Richard Cumberland, traduit du latin, avec des notes, par M. Barbeyrac. *Amsterdam, Pierre Mortier*, 1744, in 4. m. viol. G. P.

1147 Le Droit de la guerre & de la paix. Par Hugues Grotius. Nouvelle traduction par Jean Barbeyrac. *Amsterdam, de Coup*, 1724. 2 vol. in 4. G. P. m. r. l. r.

1148 Corps universel Diplomatique du droit des gens, contenant un recueil des traités d'alliance, de paix, de treve, depuis le regne de Charlemagne jusqu'à présent, &c. Par Jean Dumont. *Amsterdam, Brunel*, 1726. 8 tom. rel. en 14 vol. in fol. G. P. m. r.

1149 Supplément au corps universel Diplomatique du droit des gens. Par Jean Dumont, continué par Rousset. *Amsterdam, Janssons a Waesberge*, 1739. 5 tom. rel. en 6 vol. in fol. G. P. m. r.

1150 Histoire des traités de paix, & autres négociations du dix-septieme siecle. Par Jean Yves de Saint-Prest. *Amsterdam, Bernard*, 1725. 2 vol. in fol. G. P. m. r.

350 JURISPRUDENCE.

1151 Négociations secrettes touchant la paix de Munster & d'Osnabrug. *La Haye, Neaulme,* 1725. 4 vol in fol. G. P. m. r.

DROIT ROMAIN.

Corps de Droit, Commentateurs, &c.

1152 Codex Justinianus ad vetustorum exemplarium fidem diligentissimè recognitus, cum glossis. *Parisiis, Franciscus Regnault,* 1532. 2 vol. in 4. goth. m. r.

IMPRIMÉ SUR VÉLIN.

1153 Corpus juris civilis, cum notis Dionysii Gothofredi. *Lutetiæ Parisiorum, Antonius Vitray,* 1627. 2 vol. in fol. G. P. v. f.

1154 Corpus juris civilis. *Amstelædami, apud Joannem Blaeu, Ludovicum & Danielem Elzevirios,* 1664. 2 vol. in 8. m. r. doub. de m. l. r.

1155 Justiniani Imperatoris Institutiones, cum apparatu. *Argentorati per Henr. Eggesteyn,* 1472. in fol. goth. m. r.

On trouve à la fin cette souscription imprimée en rouge :

Hic feudor vsus liber. vna cũ apparatu. suis rubcacionibus peroptime distinctus Per venerabilem phie magistrum. ac inclite Argentinẽsis ciuitatis quẽ benemeritũ Dn̄m Henricũ Eggesteyn artis impressorie pitissimũ sũma cũ diligẽcia ac maturitate impressus. Anno. M. cccc. lxxij. xvij. Kl. octobris.

JURISPRUDENCE. 351

Cette Edition est antérieure à celle de Mayence. Le 17 des kalendes d'Octobre est le 15 Septembre.

1156 Imperatoris Justiniani Institutionum libri IV. cum glossis. *Moguntiæ, per Petrum Schoyffer de Gernshem*, 1472, XXIX. *die mensis Octobris.* in fol. goth. m. r.

IMPRIMÉ SUR VÉLIN.

1157 Justiniani Imperatoris Institutionum libri IV. cum glossis. *Moguntiæ, Petrus Schoyffer de Gernszheym*, 1475. grand in fol. goth. m. r.

On trouve à la fin du Texte la souscription suivante, imprimée en rouge, avec les écussons de Schoyffer :

Anno natiuitatis xp̄i. M. ccccxxv. ad. vij. kalēdas februa-rias Scissimo in xp̄o pre ac dño, dño Sixto p̄p̄a. iiij. Illustrissimo, nobilissime domus austrie Friderico. iij. Romanor impatore inuictissimo, semp̄ augusto. Reuerēdissimo in xp̄o patre ac dño, dño Adolpho archip̄sule magū-tino. In nobili vrbe Magūcia nō atramēti calamo cānave! s͡z arte imp̄ssoria (qua quidē antiquitas diuino nō digna ē visa iudicio! nra nichilominus tempestate indulta.) Sa-cratissimi principis, Justiniani Codicem! cunctipotēti fauēte deo Petrus schoyffer de Gernszheym suis consignādo scutis, feliciter consommauit. Laus deo.

Suit une table de 2 feuillets.

1158 Digestorum seu Pandectarum libri quinqua-ginta ex Florentinis pandectis representati, studio Franc. Taurellii. *Florentiæ, Torrentinus*, 1553. 4 vol. in fol. G. P. m. bl.

1159 De Nominibus propriis ΤΟΥ ΠΑΝΔΕΚΤΟΥ

Florentini. cum Ant. Auguſtini Archiep. Tarraconenſis notis. *Tarracone, Meius,* 1579. in fol. m. r.

1160 Codicis Imperatoris Juſtiniani libri IX. cum gloſſis perpetuis Boni Accurſii ex recenſione Andreæ Rumel. *Nuremberga, Andreas Friſner,* 1475. in fol. goth. m. r.

Premiere Édition.

Le Volume commence par une table, à la fin de laquelle il y a une Epître de l'Editeur André Rumel à l'imprimeur Senſenſchmid; elle contient 3 feuillets; le Texte ſuit; il commence par ces mots:

Imperator Juſtiniano Auguſtus ad Senatum.

Et au verſo du dernier feuillet il y a la ſouſcription ſuivante imprimée en rouge, & au deſſous deux écuſſons:

Codicis domini Juſtiniani p̄ncipis ſactiſſimi repetite prelectioīs liber nonus explicit feliciter;

Deo gratias.

Anno domini. Milleſimo quadringētēſimo ſeptuageſimo quinto die viceſimo q̄rto Junij. Sub imperio diui Frederici principis inuictiſſimi anno imperij eius viceſimo quarto Jnſculptū ē h opus ī Nuremberga oppido Germaniē celebratiſſimo Juſſu Andree friſner Bunſidelenſis et Joannis ſenſēſchmid ciuis Nurembergēſis.

1161 Solennis & aurea lectura Angeli de Gambiglionibus de Aretio ſuper titulo de actionibus inſtitutionum. *Tholoſæ. Anno* 1480. *die* XXIX. *menſis Aprilis.* in fol. goth. m. r.

Les caracteres de cette Edition ſont les mêmes que ceux du N° 1169.

JURISPRUDENCE.

1162 Angeli de Aretio legum doctoris tractatus de Criminibus, seu de Maleficiis. *Parisius per Martinum, Udalricum, & Michaelem, anno à nativitate dni. M. CCCC. lxxvi. Die vii Septembris.* in 4. goth. v. m.

Le Volume finit par cette souscription :

Angeli de Aretio legũ doctoris tractatus de Criminibus finit Impressusq͗ Parisius per Martinũ, Udalricũ, et Michaelem Anno a natiuitate dñi. M. CCCC. lxxvj. Die vij. Septembris.

1163 Antonii Augustini archiepiscopi Tarraconensis de legibus & senatusconsultis liber, cum notis Fulvii Ursini. *Romæ, Basa,* 1583. in 4. m. r.

1164 Solemnis repetitio de pactis edita per spectabilem juris utriusque doctorem Georgium Nattam (*Paduæ, Antonius Carchenus circa* 1476.) in fol. m. r.

Edition sur 2 colonnes, dont le haut de chaque est chiffré depuis I jusqu'à CLXXII. Elle a des signatures.

On trouve à la tête du Volume une table de 7 feuillets. Le Texte commence ainsi :

Solemnis repetitio. c. q̃uis de pactis libro. vi. Edita p̃ Spectabilẽ iuris utriusq͗ doctorẽ d. Georgiũ nattam ciuem astensem Papie iura sexti. et clemẽtinar. legentẽ. anno dominice natiuitatis. m. cccc. lxxv. cum multis additionibus postea ab eodẽ positis.

A la fin :

Vade nũc nũc opuscule õiuȝ doctissimor. uirorum iuditio

Tome I   Y y

354 JURISPRUDENCE.

sūmittēdū. Inprimis ad. Illustrissimū prīcipē. et ȳuictissi-
mū rei belice ducē. cuiꝯ nōi cōsecratū te esse noscis. uade
deinde ad accutissimos ticinēses scolasticos. quibus pro
inmortalibus eorum ī me beneficiis ac sincera beniuolentia.
plurimum me debere non inficior. Vade postremo et pere-
grinare quo te sors tullerit eo quidem pacto ut multas ma-
lorū hominum caninas sustineas obtrectationes paciētissime.
tamq̄ agnus coram tondēte non apiens os suum. Laus deo
et beate Marie uirgini Amē.

1165 Dynus de regulis juris. *Romæ, per Magistrum Adam Rot, anno* 1472, *Quindecima Septembris. sub Sixto IIII. Pont. Max.* ⹀ Mercuriales quæstiones super regulis juris Joannis Andreæ utriusque juris doctoris famosissimi. cum emendationibus Hieronymi de Castellanis. 1472. ⹀ Tractatus Bartholomæi Cepollæ de Verona de servitutibus urbanorum & rusticorum prædiorum. *Romæ, anno* 1473. in fol. m. r.

Premiere Edition.

Le premier Ouvrage est imprimé sur 2 colonnes, dont celles qui sont entieres ont 50 lignes. On lit à la fin :

Finis Regularum iuris. eximii doctoris domini Dini Rome impressarum per Magistrum Adam Rot. Meteñ. dioc. clericum. Anno Salutis. Millesimo quadringentesimo Septuagesimo secundo. Quindecima Septembris Sub. Sixto. IIII. *Pontifice Maximo.*

Le second Ouvrage qui paroît être sorti des mêmes presses, est aussi sur 2 colonnes, dont celles qui sont entieres portent 54 lignes; il finit par cette souscription, imprimée sur le recto du dernier feuillet :

JURISPRUDENCE.

Expliciunt Mercuriales qōnes super regulis iuris Johannis andree utriusq̄; iuris doctoris Famosissimi. Anno salutis. M. cccc. lxxii. ₞c.

Le troisieme Ouvrage a la même justification; il commence par une table de 5 feuillets, & il finit par cette souscription, qui est imprimée sur le verso du dernier feuillet :
Tractatus dn̄i Bartholomei cepolla de ueronā de fɜuitutibus urbanorum et rusticorum prediorum rome impressus Anno saluti. M. cccc. lxxiii. finit felicit̄.

1166 Solennis repetitio. §. Divi I. Filius, Familias. ff. de lega. primo, edita per juris utriusque doctorem & equitem Dionysium Robinum, Tholosatem, in qua materia prohibitionis alienationis latè diffusèque tractatur. *Tholosæ, Nicolaus Viellardus*, 1534. in fol. m. r.

IMPRIMÉ SUR VÉLIN.

1167 Repetitio Lanfranci de Oriano de Brixia, de probationibus. = De modo studendi & vita doctorum, tractatus editus per Joannem Baptistam de Sancto Severino. = Defensorium juris per Dominum Gebhardum. = Disputationes Angeli de Ubaldis, de Perusio. = Tractatus de Testibus, &c. *Venetiis, Joannes de Colonia atque Vindelinus de Spira*, 1472. in fol. goth. m. r.

On trouve à la fin cette souscription :
Repetitiōes Disputatiōes nc nō Tractatɢ diuersor doctor p̄ enarrator suma cum diligentia p̄. doctores famosissimos emēdat. Imp̄sse fuere opa et impendio Joannis de Colonia

atq3 Uindelini dspira Uenetijs Anno dn̄i M. cccc. lxxij. Nicolao Throno p̄ncipe iucūdissimo et duce felicissimo.

1168 De jure Emphiteotico quæstiones emendatæ per Ambrosium Jasonem de Maino, juris utriusque doctorem, cum multis additionibus. (*Paduæ*) *per Antonium Carchenum*, 1476. in fol. v. f.

Toutes les pages de ce Volume sont numerotées dans le haut en chiffres romains, & dans le bas il y a des signatures. Au dernier feuillet on lit cette souscription :

Emendata per inquum mei Iasonis de maino iuris utriusq3 doctoris cū multis additionibus fine correctionis imposito die. ii. octuber. m. cccc. lxxvi hora. ii. noctis.

Suivent 24 vers latins, dont ceux-ci renferment le nom de l'Imprimeur :

Lector emas moneo q̃ clar9 scripsit Iason
Nam tibi Iasonii uelleris instar erunt
Naʒari9 cui pulcra dedit cognomia sāct9
Augustine omni tempore amandus eris
Quipe tuo hortatu p̃pulcra ātōni9 q̄rte
Carchenus et clarū te duce presit opus....

On trouve ensuite 12 feuillets qui contiennent la Table.

1169 Tractatus de jure Emphiteotico juxta verbum Ulpiani, per Jasonem de Mayno. *Tholosæ*, 1479. in fol. goth. m. r.

A la fin de ce traité il y a une piece de 16 vers qui finit ainsi :

Lector emas moneo que clarus scripsit Jason
Nam tibi Jasonii velleris instar erunt.

JURISPRUDENCE.

Nempe sub ingenua teutonicus arte Johannes
Clarum opus ad vires presserat ipse suas.
Finit Tholose Anno Christi M. CCCClxxix.

1170 Basilicon libri LX. in septem tomos divisi, græcè & latinè, studio Car. Annib. Fabroti. *Parisiis, Cramoisy*, 1647. 7 vol. in fol. G. P. v. f.

1171 Operis Basilici Fabrotiani suplementum continens libros quatuor Basilicorum 49-52. græcè & latinè, cum notis Gul. Otto Reitz. accedunt Thalelæi, Theodori, Stephani, Cyrilli & aliorum JCtorum Græcorum commentarii in titulos digesti & codicis. græcè, latinè vertit & castigavit David Ruhnkenius. *Lugduni Batavorum, Wetstenius,* 1765. in fol. G. P. v. f.

1172 Joannis de Nevizanis, silva nuptialis : in qua ex dictis modernis plurimæ quæstiones quotidie in practica occurrentes in materia matrimonii, dotium, filiationis, adulterii, &c. enucleantur. *Lugduni, Jo. Moylinals de Cambray*, 1524. in 4. goth. v. f.

1173 Stephani de Malescot, Jurisconf. de nuptiis liber paradoxicus, novâ & recenti methodo compositus. *Basileæ, Guarinus,* 1572. in 8. m. r.

1174 La pratique & Enchiridion des causes criminelles. Par Josse Damhoudere. *Louvain, Wauters,* 1555. in 4. fig. m. bl.

1175 Repertorium juris. (Authore Joanne de Milis seu Æmilio.) Impress. circa 1470. in fol. m. r.

Le dernier feuillet de la Table manquant à la fin de cet Exemplaire, nous ne pouvons savoir si cette Edition porte le nom de lieu, celui de l'Imprimeur, & une date ; elle est à longues lignes, sans chiffres, réclames & signatures. Les pages qui sont entieres ont 37 lignes, & les caracteres sont semblables à ceux du Livre intitulé : *Liber Pastoralis Gregorii Papæ....* annoncé ci-devant sous le N° 511.

Le Volume commence par cette ligne :

Bsenti filio acquiritur actio ex contractu p patrẽ.

Il finit au bas du recto du dernier feuillet du Texte, par ces mots :

Liber presens finit feliciter. Deo gratias.

La table commence au verso. Il y manque les feuillets depuis la lettre I jusqu'à la fin de l'alphabet.

1176 Repertorium juris egregii doctoris domini Johannis Milis (seu Æmilii.) in jure canonico. *Lovanii, Joannes de Westphalia*, 1475. in fol. goth. m. r.

Cet Ouvrage est imprimé sur 2 colonnes ; il commence par l'intitulé ci-dessus, & il finit par cette souscription, imprimée en rouge :

Presens in Jure canõico Reportorium insigne. ab egregio ac spectatissimo domino domino Joanne milis in vtroq; iure doctore eximio editum. extitit a Johãne de Westfalia paderbornẽs; dyoces; in alma ac florentissima vniuersitate louaniensi residente : nõ fluuiali calamo sed arte quadã industriosa imprimẽdi cũctipotẽtis auxilio ͻsummatũ.

JURISPRUDENCE. 359

Anno incarnationis dominice. M°. CCCC°. lxxv. mēsis Aprilis die penultima.

Cette souscription est suivie de 6 vers latins.

1177 Libellus dans modum legendi abbreviaturas in utroque jure, in fol. goth. v. f.

CE VOLUME est imprimé sur 2 colonnes, dont celles qui sont entieres ont 38 lignes ; il n'a ni signatures, ni chiffres, ni réclames. Ses lettres sont semblables à celles dont s'est servi Jean Veldener pour le Livre intitulé : *Jacobi de Theramo liber qui consolatio peccatorum intitulatur* ..... N°. 645.

1178 Vocabularius juris utriusque. *Spiræ, Petrus Drach,* 1477. in fol. goth. m. r.

CE VOLUME commence par le Texte, & il est terminé par cette souscription :

Finit feliciter opus egregiū Vocabularij Juris vtriusq̃ impressum insigni in ciuitate Spirensi per Petrum Drach Sub anno d̄nice incarnacionis. M. cccc. lxxvij. mensis May die decima octaua.

1179 Concordantiæ utriusque juris civilis, & canonici, cum legibus partitarum : glossematibusque Greg. Lopez. Auctore Sebast. Ximenez. *Toleti, Rodericus,* 1596. 2 vol. in fol. m. r.

JURISPRUDENCE.

DROIT FRANÇOIS,

ET SES DIFFÉRENTES PARTIES.

Loix, Constitutions, Capitulaires, Edits & Ordonnances Anciennes & Nouvelles du Royaume de France.

1180 Capitularia regum Francorum, studio Stephani Baluzii. *Parisiis, Muguet,* 1677. 2 vol. in fol. G. P. m. r.

1181 Ordonnances des Rois de France de la troisieme race, recueillies par ordre chronologique. Par Mrs. de Lauriere, Secousse, Villevault & de Brequigny. *Paris, de l'Imprimerie Royale,* 1723 —— 1777. 13. vol. in fol. v. m.

1182 Recueil d'Edits, Arrêts, Ordonnances, &c. depuis l'année 1526 jusqu'en 1770, rangé par ordre chronologique & alphabétique. 82 portefeuilles in 8. avec des dos de m. r.

1183 Ordonnances Royaux sur le fait de la Justice & abbréviations des procès, par tout le Royaume de France. publiées en la Cour de Parlement de Paris, le sixieme jour du mois de Septembre 1539. *Paris, Galliot du Pré, Rouen, Louis Bouvet, & imprimées par Abraham Guenet.* in 4. m. r.

IMPRIMÉ SUR VÉLIN.

1185

JURISPRUDENCE.

1184 Ordonnances royaux sur le fait des finances faictes par le Roi Charles VII. in fol. m. r.

BEAU MANUSCRIT sur vélin du *XV siecle*, contenant 77 feuillets; il est écrit en *ancienne batarde*, à longues lignes, & enrichi de 4 belles miniatures qui ont 5 pouces de hauteur, sur 4 & demi de largeur; il a de larges cadres, & des *tourneures* peintes en or & en couleurs.

Ce MS. contient 7 Ordonnances:
1 *Datée de Saumur*, 25 Septembre 1443.
2 *De Saumur*, 25 Novembre 1443.
3 *De Nancy*, 10 Février 1444.
4 *De Bourges*, 26 Novembre 1447.
5 *De Mehun*, 23 Décembre 1454.
6 *De Bouchat, près Saint-Pourfain*, 30 Janvier 1455.
7 *Aux Roches Tranchelion*, 21 Avril 1460.

1185 Traité de la Cour des Monnoyes, & de l'étendue de sa Jurisdiction. Par Maître Germain Constans. *Paris, Sébastien Cramoisy*, 1658. in fol. G. P. m. bl.

1186 Droitz, franchises, libertez & privileges donnez au Plessis du Parc lez Tours en 1482. Par Louis XI, aux Clercs Notaires & Secrétaires du Roi. in 4. m. bl.

BEAU MANUSCRIT sur vélin du commencement du *XVI siecle*, en *ancienne batarde*, à longues lignes; il est enrichi de capitales peintes en or & en couleurs, & d'une belle miniature qui a 5 pouces de largeur, sur 4 pouces & demi de hauteur; il contient 37 feuillets.

1187 Honneurs, Autorités, Prérogatives, Prééminences, Privileges Exemptions, Droits de

Tome I.   Z z

JURISPRUDENCE.

bourses, Prouffits, Reuenuz & Emolumens accordés aux Clercs, Notaires & Secrétaires du Roi. Par Louis XI en 1482. confirmés & étendus par François I. en 1518 & 1520. & Charles IX en 1564. in 4. m. bl.

SUPERBE MANUSCRIT sur vélin du *XVI siecle*, contenant 54 feuillets écrits en *cursive françoise*, à longues lignes. Il est enrichi de capitales peintes en or & en couleurs, & de 12 miniatures de la plus grande beauté, lesquelles portent 6 pouces & demi de hauteur, sur 4 pouces 5 lignes de largeur. Plusieurs représentent Louis XI en pied.

1188 Traité des droits, privileges & fonctions des Conseillers du Roi, Notaires au Châtelet de Paris. avec le recueil de leurs chartes & titres. Par M. Simon-François Langloix. *Paris, Jean-Baptiste Coignard*, 1738. in 4. m. r.

Usages & Coutumes de différentes Provinces de France.

1189 Recueil de divers traités. in 4. m. bl.

MANUSCRIT sur vélin très bien conservé ; il est du *XIV siecle*, écrit en *lettres de forme*, à longues lignes ; les titres sont en rouge, & les *tourneures* sont peintes en couleurs ; il contient 149 feuillets.

Ce MS. contient :

1 *Chest le chartre de le chite damiens.*
2 *Chi comenche li usages de le cite damiens.*
3 *Chi comenche li traueis et les coustumes damiens de toutes choses.*

4 *Chi commenche le quatre partie felonc phifionomie qui aprent a conoiftre le nature et le compleétion de chafcun.*
5 *Cheft li liures de moralites.*
6 *Ceft li lapidaires.*
7 *Cheft li comenchens de le bible.*
8 *Chi parole des creonikes qui parole de tous les rois de franche.*
9 *Chi parole de le terre doutremer.*

Les trois premiers traités de ce MS. font très précieux ; ils renferment les coutumes, privileges, &c. de la commune de la Ville d'*Amiens*, renouvellés en 1209, par *Philippe Augufte*.

Ce fut le Roi *Louis le Gros* qui érigea la coutume d'Amiens vers l'an 1113 ; mais la charte en eft perdue. Philippe Augufte, en réuniffant ce Comté à la couronne, confirma cet établiffement par la charte dont ce MS. offre une traduction très ancienne.

Le *Lapidaire* eft un traité des pierres précieufes, avec leurs propriétés vraies & prétendues. *Evax*, Roi d'Arabie, l'avoit compofé pour l'Empereur *Tibere*. Il fut traduit en vers latins au onzieme fiecle par *Marbode*. Il parut une traduction du latin en vers françois dans le XIII. fiecle, & plufieurs traductions en profe affez libres, dans le même fiecle & le fuivant.

La *Chronique des Rois de France*, qui n'eft qu'une Nomenclature, va jufqu'à Philippe le *Long*, qui régnoit en 1316.

1190 Les coutumes du haut & bas pays d'Auvergne. *Paris, Jehan Petit*, 1511. in 8. goth. v. f.

1191 Los Fors & Coftumos de Bearn. *Pau, Johan de Vingles, & Henry Poyvre*, 1552. in 4. m. r.

IMPRIMÉ SUR VÉLIN.

1192 Coutumes du Baillage de Melun, ancien

ressort & enclaves d'icelui, mises & rédigées par écrit, en présence des gens des trois états dudit pays. Par Mrs. Christophe de Thou, Président, Barthelemy Faye, & Jacques Viole, Conseillers au Parlement. *Paris, Jehan Dallier*, 1561. in 4. m. r.

IMPRIMÉ SUR VÉLIN.

1193 Coutumes du pays & comté de Nyvernois, enclaves & exemptions d'icelui. accordées, lues, publiées & homologuées en présence de gens & Officiers de Madame la Comtesse de Nevers & de Dreux, & des trois Etats d'icelui pais. Par Maistres Louis Roillard, & Guillaume Bourgoing, Conseillers en la Cour de Parlement à Paris, Commissaires du Roi en cette partie. *A la Charité par Nicolas Hicman, pour Jehan le Noir, le dernier jour d'Août* 1535. in 4. goth. m. r.

IMPRIMÉ SUR VÉLIN.

1194 Coutumes du Duché & Baillage de Touraine, anciens ressorts & enclaves d'icelui, mises & rédigées par écrit, en présence des gens des trois états dudit pays. Par Mrs. Christophe de Thou, Président, Barthelemy Faye, & Jacques Viole, Conseillers au Parlement *Paris, Jehan Dallier*, 1561. in 4. m. r.

IMPRIMÉ SUR VÉLIN.

JURISPRUDENCE.

Jurisconsultes François.

1195 La Somme Rurale compilée par Jehan Boutillier. *Abbeville, P. Gerard,* 1486. in fol. goth. m. r.

1196 La Somme Rurale, par Jehan le Boutillier. *Paris,* 1488. in fol. goth. v. f.

Actions Forenses ou du Barreau, &c.

1197 Paradoxes, ce sont propos contre la commune opinion : débatus en forme de déclamations forenses : pour exciter les jeunes esprits, en causes difficiles. *Paris, Charles Estienne,* 1553. in 8. m. r.

1198 Recueil de pieces qui ont rapport à la famille de Calas. Portefeuille in 8. avec dos de m. r.

1199 Procès-Verbal fait au Pere J. Testefort, Dominicain, qui fut trouvé couché rue du Cimetiere St. André, avec la R. M. Brevilliers, Religieuse Prieure de la Ville d'Ardre, diocese de Boulogne en Picardie, le 4 Novembre 1627. in 8. v. f.

Droit Etranger de différentes Nations.

1200 Statuta inclytæ civitatis Avenionensis, nuper facta & reformata. ex recognitione Guilhermi Blanci, Antonii Parisii, & Alziarii à Cadeneto. *Avenioni, Petrus Ruffus,* 1570. in 4. m. r.

1201 Statuta Antiqua Lupanaris Avenionensis linguâ Provençiali scripta & latinè reddita. in 4. rel. en cart.

Manuscrit sur papier du *XVIII siecle*, contenant 7 feuillets. On attribue ces statuts pour un lieu de débauche à Jeanne II, Reine de Naples. Ils furent publiés en 1347. M. Astruc les a fait imprimer dans son Ouvrage intitulé : *De Lue Veneria*, in 4. pag. 33.

1202 Gli Statuti della citta di Lucca nuovamente corretti. *In Lucca, per Giovam Battista Phaello.* 1539. in fol. v. f.

1203 Jurisprudentia heroica, sive de jure Belgarum circa nobilitatem & insignia demonstrato in commentario ad edictum SS. Belgii principum Alberti & Isabellæ, emulgatum 14 Decembris 1616. *Bruxellis, Balthasar Vivien*, 1668. in fol. fig. & 18 tabulis genealogicis. vel.

1204 Leges Anglo Saxonicæ Ecclesiasticæ & civiles. accedunt leges Eduardi latinæ, Guilielmi Conquestoris gallo-normannicæ, & Henrici I. latinæ. &c. cum codicibus MSS. contulit, notas, versionem & glossarium adjecit David Wilkins. *Londini, Guil. Bowier*, 1721. in fol. v. ecc.

1205 Scotiæ veteres leges & constitutiones, ex archivis publicis, & antiquis libris manuscriptis collectæ, recognitæ, & notis juris civilis, canonici, Nortmannici auctoritate confirmatis, illustratæ, operâ & studio Joannis Skenaei. *Edinburgi, Th. Finlason*, 1609. in fol. m. r.

SCIENCES ET ARTS.

Traités Généraux préparatoires à la Philosophie.

1206 Lexicon Philosophicum secundis curis Stephani Chauvini. *Leovardiæ, Franciscus Halma,* 1713. in fol. G. P. fig. v. b.

Philosophie Ancienne; Ouvrages des Anciens Philosophes Grecs, avec leurs Interprêtes.

1207 Mercurii Trismegisti liber de potestate & sapientia Dei, è græco in latinum traductus à Marsilio Ficino. *Tarvisii, Gerardus de Lisa, (de Flandria)* 1471 *die* XVIII. *Decembris.* in 4. m. r.

PREMIERE EDITION.

1208 Mercurii Trismegisti liber de potestate & sapientia Dei, è græco in latinum traductus à Marsilio Ficino. *Tarvisii, Gerardus de Lisa, (de Flandria.)* 1471 *die* XVIII. *Decembris.* in 4. m. r.

PREMIERE EDITION.

1209 Mercure Trimegiste touchant la puissance &

la sagesse de Dieu, traduit du grec en latin par Marcile Ficin Florentin, dédié à Cosme de Médicis, pere de la patrie. in 4. v. b.

Manuscrit sur papier du *XVIII siecle*, lisiblement écrit, contenant 71 feuillets.

1210 La vie de Pythagore, ses symboles, ses vers dorez, & la vie d'Hierocles. Par M. Dacier. *Paris, Rigaud*, 1706. 2. vol. in 12. m. r. l. r.

1211 Tractatus varii. in 4. rel. en carton d. s. tr.

Très beau manuscrit sur vélin, exécuté en Italie dans le *XV siecle*, contenant 60 feuillets écrits en *lettres rondes*, à longues lignes, & décorés de capitales d'or. Il est enrichi d'un superbe cartouche peint en or & en couleurs, dans lequel on lit le titre, & d'un cadre aussi peint, lequel est orné de 7 devises & des armes de *Laurent de Médicis*.

Il se trouve sur un feuillet séparé une Epître de *Philippus Valor*, qui envoya ce MS. à *Laurent de Medicis*.

Ce MS. contient :

1 *Compendium Alcinoi introducens ad Platonicam Philosophiam traductam a Marsilio Ficino Florëtino.*
2 *Speusippi Platonis discipuli liber Platonis de diffinitionibus translatus a Marsilio Ficino Florentino.*
3 *Pythagoræ Philosophi Aurea Verba translata a Marsilio Ficino Florentino.*
4 *Pythagoræ Symbola ab eodem translata.*

1212 Platonis opera omnia Græcè. *Venetiis, in ædibus Aldi, & Andreæ Soceri, mense Septembri* 1513. in fol. v. f.

Premiere edition.

1213 Platonis opera quæ extant omnia, græcè ex nova Jo. Serrani interpretatione, & cum annotationibus Henr. Stephani. *Excudebat Henr. Stephanus*, 1578. 3 vol. in fol. m. r. l. r.

1214 Marsilio Ficino sopra lo Amore over' convito di Platone. *In Firenze, Neri Dortelata*, 1544. in 8. m. r.

1215 Il Fedro, overo il dialogo del bello di Platone, tradotto in lingua toscana, per Felice Figliucci. *In Roma*, 1544. in 8. v. f.

1216 Bessarionis Cardinalis Sabini & Patriarchæ Constantinopolitani, adversus calumniatorem Platonis libri V. & liber de natura & arte adversus Georgium Trapezuntium. *Romæ, per Conradum Suueynheym & Arnoldum Pannartz, in domo Petri & Francisci de Maximis,* (1469.) in fol. m. r.

PREMIERE EDITION.

Dans la liste chronologique des livres imprimés par Sweynheym & Pannartz, depuis 1465 jusqu'en 1472; liste que l'Evêque d'Alerie mit sous les yeux du Pape Sixte IV. le 20 Mars 1472, pour le supplier de venir au secours de ces deux Imprimeurs, qui se voyoient sur le point d'être ruinés par le peu de débit de leurs Livres, & les grosses avances qu'ils leur avoient occasionnées; cette Edition, de l'ouvrage de Bessarion, est placée après le Jules César, qui parut le 12 Mai 1469, & avant cinq autres Editions, (en y comprenant les deux Editions de Virgile,) qui sortirent de leurs presses en la même année 1469.

Tome I A a a

Ainsi, en donnant un mois pour l'impression de chaque Volume, on peut croire que celui de Bessarion est du mois de Juin ou de Juillet. Bessarion, en envoyant un Exemplaire à Marsile Ficin, lui écrivit une lettre dont voici l'extrait :

.... *Superioribus literis elucubratum opus nostrum & nuper aditum, in defensionem Platonis, nos ad te missuros promisimus....*

... *Bene vale, & an librum acceperis nos facies certiores. Ex urbe Idibus Sept. M. CCCC. LXIX.*

V. Marsilii Ficini Opera. *Parisiis*, 1641. T. I. Pag. 602.

1217 Bessarionis Cardinalis Niceni in calumniatorem Platonis libri IV. Ejusdem correctio librorum Platonis de legibus Georgio Trapezuntio Interprete. Ejusdem Metaphysicorum Aristotelis XIIII librorum tralatio. Theophrasti Metaphysicorum liber I. *Venetiis, in Ædibus Aldi, & Andreæ Soceri, mense Septembri*, 1516. in fol. m. r. l. r.

1218 Aristotelis Philosophi opera omnia, græcè. ex recensione Aldi Manutii. *Venetiis, dexteritate Aldi Manutii Romani. Calendis Novembris,* 1495, *& ann. sequentibus.* 6 vol. in fol. m. r.

PREMIERE EDITION.

1219 Aristotelis opera omnia, græcè & latinè. Doctissimorum virorum interpretatione & notis emendatissima. Guillelmus du-Vallius, tertio recognovit. *Parisiis, Joannes Billaine,* 1654. 4 vol. in fol. G. P. v. m.

1220 Egidii Romani Ord. Heremitarum Sancti

Augustini, commentarii in libros posteriores analecticorum Aristotelis. *Patavii, Petrus Maufer*, 1478. in fol. goth. m. r.

CE VOLUME est imprimé sur 2 colonnes, avec des signatures depuis a — hh. A la fin il y a cette souscription : *Preclarissimi phi ac fudatissimi logici Egidii Romani comento in libr posterior analecticor Aristotelis deo fauente maximo finis impositus est: per Joannem iacobum de puteo feltrensem extraordinariam phie in florentissimo ginasio patauino legentem. et Petrum de nardis de sacto angelo ingenti diligentia emedato. impresa vo et ingenio Petri maufer normani rothomagesis ciuis Pataui impresso. Anno dei optimi. M°.cccc°.lxxviii°. diei xxvi°. februarii.*

Si quis ab instanti circo defendere se se
Aegida uel cupiat pallados armigerae :
Hirsuta qui pelle tegor me uendicet. et sic
Romanum Aegidii nouerit ingeniuz.
Ramusius Armi Catai. S.

1221 Alexandri Aphrodisiei in topica Aristotelis, commentarii, Græcè, ex recensione Aldi Manutii. *Venetiis in Ædibus Aldi & Andreæ Soceri, mense Septembri*, 1513. in fol. m. r. dent.

1222 Joannis Grammatici in primos quatuor Aristotelis de naturali auscultatione libros commentaria, Græcè. *Venetiis, in Ædibus Barth. Zannetti, diligentiâ Jo. Franc. Trincaveli.* 1535. in fol. v. f.

1223 Tertius abbreviatus Aristotelis super octo libris physicorum, & tota naturali philosophia : compilatus à magistro Thoma Bricot : unà cum continuatione textus magistri Gregori, & quæstionibus ejusdem, de recenti ab eodem Thoma Bricot revisus. *Parisiis, Wolfgang Hopil,* 1494, XII *Februarii.* in fol. goth. v. f. l. r.

1224 Simplicii commentarii in quatuor Aristotelis libros de coelo, cum textu ejusdem, Græcè. *Venetiis, in Ædibus Aldi & Andreæ Asulani Soceri,* 1526. in fol. v. f.

1225 Aristotelis Ethycorum Liber (libri decem) ex Leonardo Aretino traductus primus incipit. in 4. m. r.

CETTE EDITION, sans date, noms de Ville & d'Imprimeur, est exécutée avec des caracteres semblables à ceux avec lesquels Jean Vurster & Jean Baumeister ont imprimé à Mantoue vers 1472, les *Problemata Aristotelis...* annoncés ci-après, N° 1231.

Elle est à longues lignes, sans chiffres, réclames & signatures. Les pages qui sont entieres ont 34 lignes. Elle commence par l'intitulé rapporté ci-dessus & finit au verso du dernier feuillet & à la seizieme ligne qui ne renferme que ces mots: *tur dicamus;*

1226 Les Ethiques d'Aristote mises en françois, & commentées par Nicolas Oresme. *Paris, le VIIIe jour de Septembre,* 1488, (*pour Anthoine Verard.*) in fol. goth. m. r. l. r.

1227 Aristotelis politicorum libri VIII. cum commentariis divi Thomæ de Aquino & Epitomatibus magistri Ludovici Valentiæ. *Romæ, per Eu-*

charium Silber: alias Franck, 1492. in fol. m. r.
IMPRIMÉ SUR VÉLIN.

1228 Le livre des Politiques d'Aristote, traduit en françois par Nicolas Oresme. *Paris, le VIIIe jour d'Août 1489, par Antoine Verard.* in fol. goth. m. r.

1229 Petri Victorii commentarii in VIII. libros Aristotelis de optimo statu civitatis. *Florentiæ, apud Juntas,* 1576. in fol. v. f.

1230 Petri Victorii commentarii in tres libros Aristotelis de arte dicendi. *Florentiæ, B. Junta,* 1548. in fol. m. r.

1231 Traductio nova Problematum Aristotelis ad Nicolaum Quintum per Theodorum Gazes, græcum, per particularum divisionem. *Mantuæ, per Johannem Vurster,* (circa annum 1472.) in 4. m. bl.

PREMIERE EDITION.

CE VOLUME, sans chiffres, réclames & signatures, commence par six feuillets, dont le premier contient l'intitulé ci-dessus; les cinq autres renferment la table des matieres; le Texte suit, & à la fin il y a cette souscription :

Mantuæ hoc sũmi philosophorum pr̃icipis Aristotelis p̃bleumatũ nouam ad Nicolaum quintum pontificem secundũ traductionẽ per Theodorum Gazes græcum. Illustrissimo pr̃icipe & domĩo Domino Lodouico de Gonzagba Marchione ibidem tunc regnãte. per Iohannẽ Vurster de Compidona & Iohannẽ Baumeister. socios uolumen impressũ finit fœliciter.

1232 Cy commence le liure des problemes de Aristote translate de latin en françois par maistre Eurard de Conty jadiz medecin du Roi Charles le Quint & de la Royne blanche. 2 vol. in 4. m. verd d. s. tr.

MANUSCRIT sur papier du *XV siecle*, contenant 759 feuillets écrits en *ancienne batarde courante*, à longues lignes.

1233 Le liure des bonnes meurs qui est nommé le secret des secrez. in fol. v. f.

MANUSCRIT sur vélin du *XV siecle*, contenant 33 feuillets. L'écriture est l'*ancienne batarde*, à longues lignes, & les *tourneures* en sont peintes en or & en couleurs.

Ce Livre composé en grec par *Aristote*, est sans nom de Traducteur françois. On apprend seulement dans un prologue, qu'un certain *Philippe, fils de Paris très Saige Interprétateur & Entendeur de toutes langues*, translata cet Ouvrage de *grec en calde, & puis de calde en langaige arabique*, & enfin en latin, à la réquisition d'un Roi qu'on ne nomme pas.

Il y a des MSS. qui ont une dédicace françoise de ce *Philippe*, à Gui de Valence, Archevêque de Vienne, ce qui peut faire croire qu'il est également traducteur du françois. Il se trouve aussi d'autres MSS. qui portent des titres différents du nôtre; savoir: le *Gouvernement des Rois & des Princes*, & *les préceptes d'Aristote à Alexandre*.

1234 Le secret des secrets, Aristote qui enseigne à connoître la complexion des hommes & des femmes. in 4. goth. v. m.

EDITION à longues lignes au nombre de 25 sur les pages qui sont entieres. La totalité du Volume est de 7 feuillets.

1236 Plotini opera omnia è græco in latinum translata à Marsilio Ficino. *Florentiæ, Antonius Miscominus*, 1492. in fol. m. r.

PREMIERE EDITION.

1237 Liber prædicabilium Porphyrii. Liber prædicamentorum Aristotelis. Liber sex principiorum à Gilberto Porritano editus in supplementum brevitatis Aristotelis circa sex ultima prædicamenta. Aristotelis liber peri armenias. libri divisionum & topicorum Boethii. libri analecticorum Aristotelis. libri topicorum Aristotelis. libri Elenchorum. hæc omnia è græco in latinum translata. in fol. m. r.

CETTE EDITION paroît avoir été faite vers 1480.

1238 Jamblichus de Mysteriis Ægyptiorum. Proclus in Platonicum Alcibiadem de anima ; de sacrificio & magia. Porphyrius de divinis atque dæmonibus. Synesius de somniis. Psellus de dæmonibus. expositio Prisciani & Marsilii in Theophrastum de sensu &c. Alcinoi liber de doctrina Platonis. Speusippi liber de Platonis definitionibus. Pythagoræ aurea verba. symbola Pythagoræ. Xenocratis liber de morte. Marsilii Ficini liber de voluptate. hæc omnia è græco in latinum versa à Marsilio Ficino. *Venetiis, mense Septem-*

bri, *in Ædibus Aldi*, 1497. in fol. m. r.
PREMIERE EDITION.

1239 Jamblichus de Mysteriis Ægyptiorum. Proclus in Platonicum Alcibiadem de Anima atque dæmone. Idem de sacrificio & magia. Porphyrius de divinis atque dæmonibus. expositio Prisciani & Marsilii in Theophrastum de sensu &c. Alcinoi liber de doctrina Platonis. Speusippi liber de Platonis definitionibus. Pythagoræ aurea verba. Symbola ejusdem. Xenocratis liber de morte. hæc omnia è græco in latinum translata à Marsilio Ficino. Ejusdem Ficini adhuc adolescentis, liber de voluptate. *Venetiis, mense Septembri, 1497, in Ædibus Aldi*. in fol. m. r.
PREMIERE EDITION.

1240 Joannis Grammatici Philoponi Alexandrini contra Proclum de mundi æternitate, libri, græcè. *Venetiis, in Ædibus Batholomæi Casterzagensis, ære Jo. Franc. Trincaveli*, 1535. in fol. v. f.

1241 Ci commencent lez dis moraulx des Philosophes, savoir: de Zedechias, Hermes, Tat, Zaqualquin, Omer, Zalon, Zabion, Ypocras, Pitagoras, Diogenes, Socrates, Platon, Aristote, Alixandre, Tholomè, Assaron, Logmon, Onesle, Magdarge, Thesille, St. Grégoire, Galien. — Cy apres ensuiuent lez dis moraulx

moraulx de plusieurs saiges philosophes. in fol. v. f. d. s. tr.

Manuscrit sur vélin du *XV siecle*, contenant 78 feuillets. Il est écrit en *ancienne batarde courante*, à longues lignes. Ses intitulés sont en rouge.

Quoique cet Ouvrage ne porte pas de nom d'Auteur, nous savons par d'autres MSS. qu'il a été traduit du latin en françois par *Guillaume de Tignonville*, à la requisition du Roi *Charles VI*. dans le commencement du *XV siecle*.

Les MSS. ne nomment pas l'Auteur latin; mais il est probable que c'est *Guillaume Sommerset* qui a fait un livre dont il existe des MSS. intitulés : *de dictis & factis memorabilibus philosophorum*.

Guillaume de Tignonville, traducteur de cet Ouvrage, étoit Chevalier & Prévôt de Paris en 1406. Il fut destitué de sa place deux ans après, pour avoir fait pendre, deux écoliers coupables de crimes, contre les privileges de l'Université, qui suspendit tous ses exercices, jusqu'à ce qu'elle eût forcé le Prévôt de détacher les écoliers du gibet, de les baiser sur la bouche, & d'accompagner leur convoi en grande pompe jusqu'aux Mathurins, où ils furent inhumés.

Charles VI le nomma dans la suite Premier Président de la Chambre des Comptes.

Il est mentionné dans l'inventaire des Livres de la Bibliotheque de Jean, Duc de Berry, fait en 1416, & il y est dit qu'il donna à ce Prince en 1412, deux MSS. dont l'un étoit intitulé : l'*Infortiade*, & l'autre : *Digestis*.

Sa Version des *dits des Philosophes* fut fort goûtée dans le *XV siecle*; on la traduisit en plusieurs langues. L'Angleterre en eut deux traductions différentes, l'une faite par *Etienne Scrope*, en 1450; l'autre par *Antoine, Comte de Rivers*, laquelle fut corrigée & imprimée à Westminstre par

Tome I.   B b b

Guill. *Caxton* en 1477. La premiere Edition françoise est de Bruges. *Colard Manſion*, ſans date.

L'Auteur ou l'Ecrivain a eſtropié dans notre MS. les noms de pluſieurs Philoſophes, au point qu'il y en a quelques-uns preſque entièrement méconnoiſſables.

1242 Recueil de divers traités. in 4. v. f.

Manuscrit ſur vélin du *XV ſiecle*, en *lettres de forme*, à longues lignes, contenant 100 feuillets.

Ce MS. renferme les pieces ſuivantes :

1 *Cy en commence ly Rōmans de moralites* (ou *les enſeingne-mens des phyloſophes*.)
2 *Cy en commence ly liures de lucydaires traduit de l'*Elu-cidarium *en 3 livres, lequel eſt attribué à* S. Anſelme, *Archevêque de Canterbery, mort en* 1109. *Il a été imprimé à la ſuite de ſes Œuvres en* 1721.)
3 *Cy apres ſenſuyt le Roumãt du marquis de ſaluce et de ſa fẽme Griſelidys.* (en 959 vers)

Cette piece trad. de Boccace commence ainſi :

Ung poete de Lombardie
Franchoys pietat je vous affie
Out nom ainſſy loy retrayre
Pour demouſtrer ceſte exemplaire
En franſſoys par ſcens et clergie
Tranſlata de latyn la vie
Dune dame de noble affayre
Affyn de donner exemplaire
A toutez femes de bien fayre
Et dobeyr par courtoyſie
A lours maris ſans lour meffayre
Celle dont vous orrez retrayre
Y obeit toute ſa vie. &c.

'4 *Cy apres senfuyt la prophetie de maistre Jehan de Baissegny.*

Parmi ces Prophéties, il y en a une sur la Pucelle d'Orléans, annoncée de cette maniere.... *Sera en ayde vne jouuencelle chetiue qui recouurera la Couronne de la fleur de lis et sera syre de tout le monde et destruyra le filz dou brut et toute lise par telle maniere que de eulz ne sera jamays memoire &c.*

1243 Examen du Pyrrhonisme ancien & moderne. Par M. de Crousaz. *La Haye, Pierre de Hondt,* 1733. in fol. G. P. v. m.

Ouvrages des anciens Philosophes Latins.

1244 Lucii Annæi Senecæ Philosophi opera omnia. *Neapoli, Moravus,* 1475. in fol. m. r. doub. de m. bl. dent. tabis.

Premiere Edition et Superbe Exemplaire.

1245 M. Annæi Senecæ & Lucii Annæi Senecæ opera. *Impressum Tarvisii per Bernardum de Colonia Anno domini. M. cccc. lxxviij.* in fol. goth. m. r.

1246 Lucii Annæi Senecæ Philosophi opera. *Tarvisii, per Bernardum de Colonia, Anno domini. M. cccc. lxxviij.* in fol. goth. m. r.

1247 L. Annæi Senecæ Philosophi & M. Ann. Senecæ Rhetoris quæ extant, ex recensione Andreæ Schotti. *Lugduni Batavorum apud Elzevirios,* 1640. 3 vol. in 12. m. r. dent. l. r.

1248 Marci & Lucii Annæi Senecæ opera. cum notis variorum. *Amstelodami*, *Daniel Elzevirius*, 1672. 3 vol. in 8. v. f.

1249 Les Œuvres de Seneque, translatées de latin en françois, par Mtre. Laurens de Premier-fait. *Paris*, *Ant. Verard*. in fol. goth. v. m.

CET EXEMPLAIRE avoit été donné par Verard au Monastere de Clervaulx, le 20 Mars 1511.

1250 Cy commence le liure Jntitule de Senecque des quatre vertus principaulx appelles cardinales. = Cy commence le prologue de Tulle en son liure de vieillesse. = Le liure de la vraye amitié de Tulle. in fol. m. bl.

BEAU MANUSCRIT sur vélin du *XV siecle*, contenant 123 feuillets. Il est écrit en *ancienne batarde*, à longues lignes. Ses sommaires sont en rouge, & ses *lettres tourneures* sont peintes en or & en couleurs. Il est enrichi de trois très belles miniatures qui ont plus de 3 pouces de hauteur, sur 4 & demi de largeur. Les pages qu'elles décorent sont bordées d'un cadre peint en arabesque.

Le premier de ces traités a été traduit en 1403 par *Jean Courtecuisse*, d'abord Evêque de Paris, ensuite de Geneve en 1422. Il le dédia à *Jean*, Duc de Berri, fils du Roi *Jean*, & frere de *Charles V*.

Les deux autres ont été traduits par *Laurent de Premierfait*, & dédiés à *LOUIS*, *Duc de Bourbon*, *Comte de Clermont*, *Seigneur de Beaujeu*, *Grand Chambellan & Pair de France*. L'un entrepris par son ordre, fut achevé le 5 Novembre 1405, & l'autre le 9 Juillet 1416, à la

SCIENCES ET ARTS.

requête & dans l'Hôtel de *Bureau de Dampmartin*, *Ecuier*, *Cytoien de Paris*, *& Tréforier de France.*

1251 Seneque des mots dorés : des quatre vertus cardinales, compofé par Meffire Claude de Seiffel. *Paris, Pierre Leber, pour Jehan Saint-Denys.* in 4. goth. m. r.

1252 Le Cueur de Philofophie, tranflaté de latin en françois, à la requête de Philippe le Bel, Roi de France. (Par Simon de Compiegne, Moine de l'Abbaye de St. Riquier.) *Paris, Antoine Verard.* in 4. goth. v. m.

1253 Le Cueur de Philofophie, trad. de latin en françois (par le même Simon de Compiegne.) *Paris, Jehan Petit,* 1534. in fol. goth. m. r.

Ouvrages des Philofophes Modernes.

1254 Antoniana Margarita, opus nempe phyficis, medicis, ac theologis non minus utile, quam neceffarium. Per Gometium Pereiram. *Methymnæ Campi, de Millis,* 1554. ══ Objectiones Mich. à Palacios adverfus nonnulla ex multiplicibus paradoxis Antonianæ Margaritæ, & apologia eorundem. *Methymnæ Campi, de Millis,* 1555. in fol. m. r. l. r.

SUPERBE EXEMPLAIRE.

1255 Gometii Pereiræ nova veraque medicina, experimentis & evidentibus rationibus compro-

SCIENCES ET ARTS.

bata. *Methymnæ Duelli*, *Fr. à Canto*. 1558. in fol. m. r. l. r.

SUPERBE EXEMPLAIRE.

1256 Œuvres Philosophiques. Par de la Mettrie. *Londres*, *Nourse*, 1751. in 4. G. P. m. r.

1257 Mélanges Philosophiques. Par M. Formey. *Leyde*, *Elie Luzac*, 1754. 2 vol. in 12. m. cit.

LOGIQUE.

1258 La Logique, ou l'art de raisonner. Par M. Louis Dutens. *Paris*, *Molini*, 1773. in 12. m. r.
IMPRIMÉ SUR VÉLIN.

ETHIQUE OU MORALE.

Ouvrages des Auteurs Anciens & Modernes qui ont écrit sur la morale.

1259 Les Morales d'Epictete, de Socrate, de Plutarque & de Seneque, extraites & traduites en françois (par Jean Desmarets de Saint-Sorlin.) *Au Château de Richelieu*, *Estienne Migon*, 1653. in 8. m. bl.

1260 Les caracteres de Theophraste, traduits du grec. avec les caracteres ou les mœurs de ce siecle, par M. de la Bruyere. avec la clef en marge. avec la défense de M. de la Bruyere & de ses caracteres. Par M. Coste. *Amsterdam, les freres Wetsteins*, 1720. 3 vol. in 12. m. verd. l. r.

1261 Les caracteres de Theophraste, trad. du grec, avec les caracteres ou les mœurs de ce siecle, par de la Bruyere. *Paris, David, Pere*, 1750. 2 vol. in 12. m. r.

1262 Epicteti Enchiridium, unà cum Cebetis Thebani tabula græcè & latinè : ex recensione Abrahami Berkelii, cum ejusdem animadversionibus & notis : quibus accedunt notæ variorum. *Lugduni Batavorum, Daniel a Gaasbeek*, 1670. in 8. m. r. doub. de m. dent.

1263 Le Manuel d'Epictete, & les commentaires de Simplicius, traduits en françois, avec des remarques. Par M. Dacier. *Paris, Jean-Baptiste Coignard*, 1715. 2 vol. in 12. m. viol. l. r.

1264 Manuel d'Epictete, traduit par M. Dacier; avec une préface de M. Louis Dutens. *Paris, de l'Imprimerie de Didot l'aîné*, 1775. in 18. m. r.

IMPRIMÉ SUR VÉLIN.

1265 Catho moralizatus, alias speculum regiminis quoad utriusque hominis reformationem. *Lugduni, Jo. de Vingle*, 1497. in 4. goth. v. f.

1266 Marci Antonini Imperatoris eorum quæ ad seipsum libri XII. græcè & latinè. post Gatakerum, cæterosque recogniti & notis illustrati à

R. I. Oxonienſi. *Glaſguæ*, *in Ædibus Academicis*, *R. Foulis*, 1744. in 8. m. r.

1267 Réflexions morales de l'Empereur Marc-Antonin, traduites en françois, avec des remarques. Par André Dacier, & Anne le Fevre, ſa femme. *Paris, Claude Barbin*, 1691. 2 vol. in 12. m. r.

1268 Anitii Manlii Severini Boethii opera omnia, cum commentariis, enarrationibus & notis Jo. Murmelii, Rod. Agricolæ, Gilb. Porretæ, Henr. Loriti Glareani, & Mart. Rotæ. *Baſileæ, ex offic. Henricpetrina*, 1570. in fol. m. r.

EDITION complete.

1269 Anitii Manlii torquati ſeverini boetii ordinarii patritii viri exconſulis de conſolatione philoſophie lib. V. in 8. rel. en carton, dos de veau. d. ſ. tr.

TRÈS BEAU MANUSCRIT ſur vélin, exécuté en Italie dans le *XV ſiecle*, contenant 118 feuillets. Il eſt écrit en *lettres rondes*, à longues lignes, & enrichi d'ornements & de lettres capitales peintes en or & en couleurs. Les armes de la famille de *Lamberti* en décorent le premier feuillet.

1270 Anicii Manlii Torquati Severini Boethii de conſolatione philoſophiæ libri V. cum commento & expoſitione Sti. Thomæ de Aquino. *Nurnbergæ, per Antonium Coburgers*, 1476, pridie idus Novembris. in fol. goth. m. r.

PREMIERE EDITION.

1271 Boethii de confolatione philofophiæ libri V. cum commentariis B. Thomæ. *Nurembergæ, Antonius Koburgers*, 1483. in fol. goth. v. f.

1272 Boethii de confolatione philofophiæ libri V. cum commentariis B. Thomæ. *Lovanii, Johannes de Weftphalia*, 1487. = Idem Boethius de difciplina fcholarium. *Lovanii, Johannes de Weftphalia*, 1485. in fol. goth. v. f.

1273 Boethii de confolatione philofophiæ libri V. cum commentariis Sti. Thomæ. *Venetiis, curâ Hæredum Octaviani Scoti*, 1524. in fol. v. f.

1274 Le liure de Boece de confolacion tranflaté de latin en françois par maiftre Jehan de Meun. in fol. v. m.

TRÈS BEAU MANUSCRIT fur vélin du *XV fiecle*, contenant 103 feuillets écrits en *ancienne bâtarde*.

Il eft enrichi d'un grand nombre de belles *lettres tourneures* rehauffées d'or, & de 5 fuperbes miniatures entourées d'un cadre de feuillages, & portant 6 pouces de largeur, fur environ 4 pouces de hauteur; la premiere qui eft un peu plus grande, repréfente *Jehan de Meun*, offrant fon livre à *Philippe Le Bel*. Le P. Montfaucon a fait graver cette préfentation d'après une miniature d'un MS. du Roi, & en a orné le tom. 2. *des Monuments de la Monarchie Françoife*.

Le texte latin accompagne la traduction dans ce MS. On y lit en tête l'Epître dédicatoire de *Jean de Meun*, adreffée à *Philippe IV. dit Le Bel*, dans laquelle il fait l'énumération des ouvrages qu'il avoit publiés avant fa traduction de *Boece*; c'eft-à-dire, jufqu'au commencement du XIV fiecle.

Tome *I*.   C c c

1275 Boece de consolation en francois au plus prés du latin pour consoler les entendemens de ceulx qui preñet soulas & plaisir au latin & au roman qui fut traslate par maitre Jehan de Meun a la requeste du Roy de France Philippe le Quart. in fol. goth. v. f.

Imprimé sans date, sans nom de Ville ni d'Imprimeur, en gros caracteres, à longues lignes, avec signatures. Les pages qui sont entieres ont 32 lignes.

A la fin :

Ci finist le souuerain lyure Boece de consolacion selon la trāslaciõ du tres excellẽt orateur maistre Jehan de meun.

1276 Le Boece de consolation translaté de latin en françois, par Maître Jehan de Meun, à la requête du Roi Philippe le Quart. in fol. goth. v. m.

ÉDITION à longues lignes. Les pages qui sont entieres ont 35 lignes. On lit à la fin :

Cy finist le souuerain liure intitule Boece de consolacion selon la translation de tres honnourable orateur maistre Jehan de mun.

1277 Recueil de pieces morales. in 8. rel. en cart.

MANUSCRIT sur papier du *XV siecle*, écrit en *ancienne bâtarde courante*, contenant 241 feuillets.

1278 Maximes & réflexions morales du Duc de la Rochefoucauld. *Paris, de l'Imprimerie de* MONSIEUR (*Didot le jeune.*) 1779. in 16. m. r.

IMPRIMÉ SUR VÉLIN.

1279 Le Spectateur, ou le Socrate moderne, où l'on voit un portrait naïf des mœurs de ce siecle. traduit de l'Anglois de Richard Steele, Joseph Addisson, &c. *Amsterdam, Arkstée & Merkus,* 1746. 7 vol. in 12. v. f.

Traités de Philosophie Morale, des Vertus, des Vices, & des Passions.

1280 Tractatus de quatuor virtutibus cardinalibus editus per fratrem Henricum Ariminensem. *Spiræ, circa* 1472. in fol. m. r.

LE VOLUME n'a pas de pieces préliminaires; il finit par cette souscription :

Tractatus pulcherrimus de q̃tuor virtutibus cardinalibus per fratrem Heinricum ariminensem ad venetos editus totam fere philosophiam moralem complectens vnacum exemplis & historys tam ex diuinarũ q̃ humanarũ stripturarũ autoribus sũptis ad conficiendum arengas collacões & sermones vtilissimos arte impressoria Spire artificiose effigiatq̃ feliciter explicit.

On croit cette Edition, qui est à longues lignes, sans chiffres, réclames & signatures, la premiere production de Pierre Drach.

1281 Summa de virtutibus Wilhelmi Episcopi Lugdunensis, ordinis prædicatorum. *Coloniæ, per Henricum Quentell,* 1479. in fol. goth. m. r. l. r.

CE VOLUME commence par une table qui contient

7 feuillets, & dont la signature est a 2. Le texte suit, & à la fin :

Benedictus sit dn̄s virtutū : qui hoc opus earundē felici consūmatione terminari dedit in laudabili ciuitate Coloniēn. temptatū : admiſſumq; et approbatū ab alma vniuerſitate ſtudij ciuitatis predicte. de conſenſu et voluntate ſpectabilis et egregij viri p tempore rectoris eiuſdē Jmpreſſuz per Hinricū quentell Sub anno dn̄i Milleſimo quadringenteſimo ſeptuageſimo nono.

1282 Summa de virtutibus. Auctore Martino. *Pariſiis, per Wolfangum Hopil, 1490, die X menſis Octobris.* in fol. rel. en cart.

1283 Opera chiamata fiore di virtu che tracta di tutti i vitii humani i quali debbe fuggire l'huomo che deſidera di vivere ſecondo i Dio. in 4. m. bl.

EDITION ſans ſignatures, chiffres & réclames, à longues lignes, au nombre de 33 ſur les pages entières. On trouve au commencement un feuillet de table des chapitres, & on lit à la fin cette ſouſcription :

Delle uirtu iſon chimato el fiore.
Le feſte almeno leggimi per amore.
Fu rinnouato nel mille quattro cento :
Septanta ſepte nel beretim conuento.
Della chaſa grande ſi chiama la chieſa :
Grande ornamento della alma Vineſia.
Finis.
Lodato ſia Inſu & la ſua dolze madre uergine Maria.

1284 Opera chiamata fiore di virtu che tratta di tutti i vitii humani. *In Firenze, 1489.* in 4. v. m.

1285 Jacobi Magni religionis fratrum Heremitarum Sti. Augustini, Sophologium. *Parisiis, per Mart. Crantz, Udalr. Gering. & Mich. Friburger, anno* 1475, in fol. goth. v. f.

Au commencement de l'Ouvrage on trouve la table des chapitres qui contient trois feuillets ; le texte suit, & le Volume finit au verso du dernier feuillet par l'épigramme & la souscription suivantes :

Epigramma ad huius operis cõspectorem.
Istuc clarõr ostendunt dogmata patrum !
  Doctos atq҈ bonos, vt faciant homines.
At quom nõ leuiter possit percurrere quisquam,
  Auctores cunctos ! multa neglecta manent.
Omnia doctor quo ergo documenta legantur !
  Hunc iacobus magni, condidit ecce librum.
Tu quoq҈ si bonus esse velis, sapiensq҈ videri !
  Quod manibus tractas, disce Sophologium.
Quicquid enĩ veterum tetigit preceptio digna,
  Mille voluminibus ! clauditur hoc opere.
    Vale.

Anno domini Mille. cccc. lxxv. die prima mensis Iunij. Impressum fuit istud Sophologium Parisius per Martinum Crantz. Vdalricũ gering. Et Michaelem friburger.

1286 Fratris Jacobi Magni Sophologium, ex antiquorum poetarum, oratorum, atque philosophorum gravibus sententiis præcipue collectum cujus principalis intentio est inducere legentis animum ad sapientiæ amorem. *Parisius, per Mart. Crantz, Udal. Gering, & Mich. Friburger,* 1477. in fol. goth. m. r.

Ce Volume est imprimé à longues lignes, avec des signatures depuis a — y. A la fin il y a l'épigramme rapportée ci-dessus, & cette souscription :

Anno dn̄i millesimo. cccc. lxxvij. die. j. mensis Junij. Impressum fuit istud sophologium parisius p̄ Martiun̄ crantz. Vdalricu gering, & Michaelē friburger.

1287 Jacobi Magni Sophologium. *Impressum Lugduni per Nicolaum Philippi de Bensz̧heym & Marcum Reinhart de Argentina.* in fol. goth. v. f.

Cette Edition, qui est sur 2 colonnes, n'a point de signatures; on trouve au commencement 2 feuillets de table, & à la fin l'épigramme & cette souscription:
Impressum lugdun̄ per Nicolau Philippi de bensz̧heym et Marcu Reinhart de Argentina.

1288 Le livre des bonnes mœurs, compilé par frere Jacques le Grant, Religieux de l'Ordre Saint Augustin. in fol. goth. v. f.

Edition à longues lignes au nombre de 36 sur les pages qui sont entieres. A la fin:
Cy fine le liure Intitule de Bonnes meurs. Compile par Frere Jaques le grant de Lordre Saint Augustin.

1289 Matthæi Bossi Veronensis de instituendo sapientia animo libri VIII. *Bononiæ, Plato de Benedictis,* 1495. in 4. m. r.

1290 Le Doctrinal de sapience. fait brievement & grossement pour les simples gens. Par Guy de Roye, Archevêque de Sens. *Lyon, Guillaume le Roy*, 1485. in fol. goth. m. r.

1291 Le trésor de sapience & fleur de toute bonté, lequel enseigne la voie & le chemin que l'homme doit tenir en ce monde durant le temps de sa calamiteuse vie. *Paris, Alain Lotrian*, 1539. in 8. fig. v. f.

1292 Le livre de sagesse, suivant les autorités des Anciens Philosophes, distinguant & parlant des vices & des vertus dont on peut être prisé ou déprisé. *Paris, Alain Lotrian.* in 8. goth. fig. m. r.

1293 De la Sagesse, trois livres, par Pierre Charron. *Leyde, Jean Elzevier*, 1656. in 12. m. r.

1294 De la Sagesse, trois livres. Par Pierre Charron. *Amsterdam, Louis & Dan. Elzevier*, 1662. in 12. m. r.

1295 Petri Pauli Vergerii ad Ubertinum Cararienſem de ingenuis moribus opus. (*Impreſſ. circa annum* 1475.) in 4. rel. en cart.

CETTE EDITION, dont les caracteres ont de très grands rapports avec ceux dont s'est servi Ulric Han pour son Edition de Justin, est à longues lignes, sans chiffres, réclames & signatures. Les pages qui sont entieres ont 25 lignes. Le Volume commence par l'intitulé rapporté ci-dessus, & finit dans le bas du verso du dernier feuillet par cette ligne,

Fateri : nihil tibi : niſi teipʒ uidri d'fuiſſe :. Finis.

1296 Recherches sur l'origine des idées que nous

avons de la beauté & de la vertu. *Amsterdam*, 1749. 2 vol. in 4. G. P. v. f.

1297 Essais sur la nécessité & sur les moyens de plaire. Par M. de Montcrif. *Paris, Prault, fils,* 1738. in 12. m. r. G. P.

1298 Essais sur la nécessité & sur les moyens de plaire. Par de Moncrif. *Paris, Prault, fils,* 1728. in 12. m. r.

IMPRIMÉ SUR VÉLIN.

1299 Les Mœurs. (Par François Vincent Toussaint.) 1748. in 8. tiré sur papier in 4. m. r.

1300 Magistri Johannis Gerson (Charlier) tractatus varii : scilicet, tractatus de passionibus animæ. = Ejusdem tractatus de modo vivendi omnium fidelium. = Ejusdem tractatus de pollutione nocturna. an impediat celebrantem vel non. = Ejusdem tractatus de cognitione castitatis & pollutionibus diurnis. = Ejusdem forma absolutionis sacramentalis. = Ejusdem alphabetum divini amoris. de Elevatione mentis in Deum. (*Coloniæ, per Olricum Zel de Hanau, circa annum* 1470) in 4. goth. m. r.

Tous ces traités sont imprimés avec les caractères de Zel de Hanau ; ils sont à longues lignes, sans chiffres réclames & signatures. Les pages qui sont entieres ont 27 lignes.

SCIENCES ET ARTS. 393

Mélanges de Philosophie Morale, contenant les traités de la Tranquillité de l'Esprit, & de la Vie Heureuse, de la Prospérité, de l'Adversité, &c.

1301 Joannis Joviani Pontani de Fortitudine bellica, heroica & domestica, libri duo. Ejusdem de principe liber. *Neapoli, per Mathiam Moravum,* 1490. in 4. vélin.

1302 Julii M. Turrii Veronensis, de felicitate ad Paulinam sororem libri IV. *Veronæ, fratres de Sabio,* 1531. in 4. m. r.

1303 Il Moro d'Heliseo Heivodo Inglese. *In Fiorenza, Lorenzo Torrentino,* 1556. in 8. m. r.
IMPRIMÉ SUR VÉLIN.

1304 Sompnium Æneæ Silvii. De fortuna. *Editio imp. circa ann.* 1480. in 4. rel. en cart.

1305 Francisci Petrarchæ de vita solitaria libri duo. in fol. m. r.

CE VOLUME, qui n'a ni chiffres, ni signatures, ni réclames, & qui a 34 lignes dans les pages qui sont entieres, commence ainsi :
Capitula in librum Francisci petrarche de vita solitaria Incipiunt.
Le texte commence au verso du second feuillet, & il finit par ces mots :
Explicit liber secundus Francisci petrarche Poëte Laureati de Vita Solitaria.

1306 Secretum Francisci Petrarche de Florecia

Tome I.   D d d

Poetę laureati De Cotemptu mundi. Incipit fœliciter. in fol. m. r.

CETTE EDITION a été exécutée vers 1472 par l'Imprimeur de l'Ouvrage précédent. La justification des pages, qui sont à longues lignes, & les caracteres en sont les mêmes.

Le Volume commence par le titre que nous avons rapporté, & il finit par cette souscription :

Secretum Francisci Petrarche de Florencia. Poete laureati. De contemptu mundi Finit Fœliciter.)

1307 Des remedes de l'une & l'autre fortune, prospere & adverse. trad. de Franc. Petrarque. (Par Nicolas Oresme, revu par Galliot Dupré.) *Paris Galliot Dupré*, 1523. in fol. goth. fig. v. m.

1308 Des remedes de l'une & l'autre fortune : prospere & adverse. trad. de François Petrarque. (Par Nicolas Oresme, revu par Galliot Dupré.) *Paris, Denys Janot*, 1534. in fol. goth. fig. v. f.

1309 Hieronymi Cardani de rerum varietate libri XVII. *Basileæ, per Henricum Petri*, 1557. in fol. m. r.

ECONOMIE.

Traités généraux Economiques.

1310 Roderici Episcopi Zamorensis speculum vitæ humanæ. Cum epistola dedicatoria ad Paulum II.

præfatione, in qua autoris hujus libri vita, studio Joannis Andreæ Episcopi Aleriensis. *Romæ, in domo Petri de Maximo*, 1468. in fol. m. r.

PREMIERE EDITION, dont l'Exemplaire est superbe.

1311 Speculum vitæ humanæ, à Roderico Episcopo Zamorensi. *Augustæ Vindelicorum, per Gintherum Zainer ex Reutlingen*, 1471. idus verò januarias tercio. in fol. goth. m. r.

SUPERBE EXEMPLAIRE.

1312 Roderici Zamorensis Speculum vitæ humanæ *Villæ-Beronæ, Helyas Helyæ, alias de Louffen*, 1472 in fol. goth. m. r.

On trouve à la tête d'un répertoire de 3 feuillets qui est à la fin du Volume cette souscription :

Finit liber dictus. Speculum vite humane. quia in eo & cæsarea potestas. & regalis dignitas bubulcorum eciam genus sibi speculatur saluberrima simul spiritualisq; vite viros secum aduehens. papam scilicet cardinales. arciepiscopos. clericos. & ceteros ecclesie ministros. rectam & his speculandi prescribendo normam a. Helya Helye alias de. Louffen Canonico. Ecclesie ville. Beronensis in pago. Ergowie site absq; calami exaratione. Vigilia. Concepcionis mariè. Sub. Anno ab incarnacione domini. Millesimo Quadringentesimo septuagesimo. Secundo.

1313 Roderici Zamorensis Speculum vitæ humanæ *Villæ-Beronæ, Helyas Helyæ*, 1473. in fol. goth. m. r.

Les 43 premiers feuillets de l'Edition précédente paroîssent avoir servi à celle-ci, car on n'y voit aucun changement, soit dans les abréviations, soit dans les lignes. On ne commence à en appercevoir que dans le 44ᵉ feuillet. Tous les suivants jusqu'à la fin en offrent aussi de très considérables. La souscription est conçue dans les mêmes termes que celle de l'Edition de 1472 ; il n'y a que la date qui y soit changée.

1314 Roderici Zamorensis Speculum vitæ humanæ. (*Parisiis Petrus Cæsaris & Joannes Stol. circa*, 1473.) in fol. goth. m. r.

CETTE EDITION qui est sur 2 colonnes, dont celles qui sont entieres ont 33 lignes, finit par ces vers :

Edidit hoc lingue clarissima norma latine !
Excelsi ingenii uir rodoricus opus.
Qui norma angelica ẽ custos bene fidus, in arte ;
Sub pauli ueneti nomine pontificis.
Claret in italici zamorensis episcopus ausis
Eloquii ! et superos gloria parta uiri;

1315 Roderici Zamorensis Speculum vitæ humanæ. (*Parisiis Petrus Cæsaris & Joannes Stol circa*, 1474.) in 4. goth. m. r.

CETTE EDITION est à longues lignes, sans chiffres, réclames & signatures. Les pages qui en sont entieres ont 30 lignes.

1316 Roderici Zamorensis Speculum vitæ humanæ. *Parisiis*, per *Mart. Crantz*, *Udalricum Gering*, & *Mich. Friburger*, anno 1475. in fol. m. bl.

1317 Roderici Zamorensis Speculum vitæ humanæ. *Bisuncii*, 1488. in 4. goth. m. r.

SCIENCES ET ARTS. 397

A la fin:

Finit felicir̄ liber excellentiſſimus. Speculuʒ hūane vite nū-cupatus impr̄ſſus Biſuncij Anno dn̄i Mileſimo. CCCC. Lxx xviij.

1318 Le Miroir de vie humaine fait par Roderique Hiſpaignol Evêque de Zamoreſis, tranſ-laté de latin en françois, par Frere Julien (Macho.) *Lyon Bartholomieu Buyér*, 1477. in fol. goth. m. r.

PREMIERE ÉDITION.

1319 Summa collationum. (*Impreſſ. Colonia per Olricum Zel de Hanau circa* 1470.) in 4. goth. m. r.

EDITION ſans chiffres, réclames & ſignatures, exécutée à longues lignes, avec les caracteres de Zel de Hanau. Les pages qui ſont entieres ont 27 lignes, non compris celle qui renferme les titres courants.

L'Ouvrage eſt partagé en ſept parties, dont chacune a pluſieurs diſtinctions, & chaque diſtinction pluſieurs chapitres. Il commence par une Table où il manque un ou deux feuillets, & il finit par ces mots:

Sūma collationū ad ōne genus hoīm Explicit feliciter.

1320 Marſilius Ficinus de triplici vita: ſcilicet; de vita ſana, de vita longa, & de vita Cœlitus. (*Pariſiis Guill. Wolff.*) in 8. m. bl.

Deux lettres de Ficin, qui ſe trouvent à la fin du Volume, ſont datées de 1489.

1321 Moralite du jeu des echecs. in 4. m. r.

Manuscrit sur vélin du *XIV siecle*, contenant 52 feuillets écrits en *lettres de forme*, à longues lignes, & ornés de *tourneures* peintes en or & en couleurs; il est enrichi de 16 miniatures, dont la plupart ont 2 pouces & demi en quarré, à l'exception de la premiere qui porte 4 pouces de largeur, sur 3 de hauteur.

On lit au commencement de ce MS.

A noble home et discret bertran aubery escuyer de Tarascon frere Jehan de vignay de lordre des freres de haut pas son petit et humble chapelain soit tout La Sainte escripture dist que dieu nous a fait a chascun commandement de pourchacier a tous nos prochiens leur sauuement.... je petit chapellain a vre requeste que ie tien pour comandement vous ay voulu transtater de latin en franchois le gieu des escheiz moralizie que fit un de nos freres frere de Cossoles.... Or prenez donc tres chier sire ce petit pnt comencie le iiij Jour de may lan mil. CCC. lvij...

Ce *Cossoles*, appellé en latin *de Cesolis*, *Cassolis*, & *Casulis*; mais dont le véritable nom étoit de *Cessoles*, florissoit sur la fin du XIII siecle; il étoit François & Dominicain. Son Ouvrage ne contient pas la maniere de jouer aux échecs; mais les regles de se bien conduire dans tous les états appliqués à la marche de ce jeu.

Il a eu deux Traducteurs françois dans le *XIV siecle*, l'un se nommoit *Jean de Vignay*, Hospitalier de S. Jacques du Haut-Pas, qui fit sa traduction à la réquisition de *Jean II*. Roi de France, & l'autre *Jean le Ferron*, Dominicain, qui dédia la sienne à *Bertrand Aubery*, de Tarascon. Celle qui est contenue dans ce MS. appartient à ce dernier, & ce n'est que par une erreur de Copiste qu'elle porte le nom de *Jean de Vignay*.

1322 Le Jeu des echets moralisé trad. du latin

(de Jacques de Cessoles) en françois (par Jean de Vignay.) *Paris, Michel le Noir*, 1505. in 4. v. f.

1323 Libro di giuocho delli scacchi, intitolato de costumi degl'Huomini e delli offitii di nobili, composto per maestro Jacopo Dacciesole dell'ordine de frati predicatori. *in Firenza Antonio Miscomini*, 1493. in 4. fig. m. r.

1324 Les avertissemens ez trois etats du monde selon la signification de ung monstre né à Ravenne l'an 1512. par lequel on poura prendre avis à soi régir a toujours mais. *Valence, Jehan Belon*, 1513. in 4. goth. v. m.

Traités sur l'Institution de l'Homme & de la Femme: de leur conduite réciproque dans le Mariage; de l'Éducation des Enfants, du Gouvernement domestique, & des Devoirs des Maîtres & des Serviteurs &c.

1325 Libellus de regimine rusticorum. Qui etiam valdè utilis est Curatis. Capellanis. Drossatis. Scultetis &c. *Impressum Lovanii in domo Joh. de Westphalia*, (circa 1480) in 4. m. r.

1326 Libellus de regimine Rusticorum, qui etiam valdè utilis est Curatis, Capellanis, Drossatis, Schultetis, ac aliis officiariis &c. *Impres. circa*, 1480. in 4. goth. m. r.

EDITION à longues lignes, avec signatures; les pages

qui font entieres ont 27 lignes. Les caracteres font ceux avec lefquels Henri Quentell a imprimé en 1479 : *Summa vitiorum*, annoncé ci-devant, N° 681.

1327 Le Guidon & gouvernement des gens mariés. Par Raoul de Montfiquet. *Paris, pour Durand Gerlier, & Philippe le Noir.* in 4. goth. m. bl.

Il manque le premier feuillet de la fignature A.

1327 * Cy commence le liure de laduifion xpine lequel dit liure eft parti en trois parties. in fol. m. r.

BEAU MANUSCRIT fur vélin du XV fiecle, contenant 80 feuillets. Il eft écrit en *ancienne bâtarde*, fur 2 colonnes. Ses fommaires font en rouge, & fes *lettres tourneures* font peintes en or & en couleurs.

Le Livre intitulé : *la Vifion de Chriftine*, compofé en 1405, par la Célebre Chriftine de Pifan, native de Venife, eft divifé en trois parties. Dans la premiere, elle donne une *image du monde* & de fes merveilles ; dans la feconde, elle parle de Dame Opinion & de fon ombre, & dans la troifieme, elle vante l'étude de la Philofophie qui devient le *confort* de nos maux.

Cet Ouvrage, rempli d'allégories fort goûtées dans les XIV & XV fiecles, renferme des anecdotes curieufes fur fon Auteur, & des détails de fa vie depuis fa naiffance jufqu'environ l'âge de 42 ans. Les faits les plus remarquables en ont été extraits par M. Boivin, l'Abbé le Bœuf, les Auteurs de la Bibliotheque des Romans, & M. le M. de P. mais la lecture en eft bien plus intéreffante dans le ftyle naïf de cette fille Célebre. Elle avoit environ 5 ans, lorfqu'en 1368,

elle

SCIENCES ET ARTS.

elle vint en France rejoindre son pere *Thomas de Pisan*, Astronome habile que *Charles V*, dont la passion pour l'Astrologie étoit très vive, avoit attiré à sa Cour. Christine gagna par son esprit & sa douceur, l'estime de tous les grands Seigneurs. Le Comte de Salisbury, Favori de Richard, Roi d'Angleterre, Philippe le Hardi, & Jean sans peur, Ducs de Bourgogne, furent ses plus zélés Protecteurs. Salisbury eut soin de son fils & le mena en Angleterre à la mort de Charles V, laquelle renversa toute la fortune de Christine. Quand la fin tragique de Salisbury força cet enfant de revenir en France, Philippe le Hardi s'en chargea avec bonté, & il engagea la mere d'écrire la vie de Charles V. après la mort de ce Bienfaiteur, arrivée le 27 Avril 1404. La veille qu'elle finit la premiere partie de l'Ouvrage entrepris par l'Ordre de ce Prince, Jean sans peur lui continua les secours qu'elle avoit tirés du Duc son pere. C'est ce qu'on voit dans un compte de *Jean Chousat*, fait en 1406, où on lit que Jean sans peur lui donna soixante écus pour deux livres qu'elle lui dédia, & qu'il contribua *en aumônes à marier une sienne pauvre niece en* 1405. On ignore l'année de sa mort; mais elle vivoit encore en 1429, puisque nous avons un poeme en vers de sa composition, à l'honneur de la Pucelle d'Orléans, & du rétablissement de la France, daté de cette année.

Elle ne cessa d'écrire pendant toute sa vie; en six ans de temps, depuis 1399 jusqu'en 1405, elle avoit déja composé 15 volumes; elle nous l'apprend elle-même dans un endroit de sa Vision:

Depuis lan m. ccc. iiij^{xx} et xix. que ie commençay jusques a cestui iiij^e et v^e ouquel ancore je ne cesse compilles en ce tendis xv volumes principaux sans les autres particuliers petis dictiez lesquels tout ensemble contiennent environ lxx quaiers de grant volume comme l'expérience en est manifeste.

Tome I   E e e

Le Livre de *la Vision* n'a pas été imprimé. Notre MS. est orné d'une miniature qui représente *Christine de Pisan*, assise & occupée à écrire.

1328 Cy commence la table des rubriches des troys vertus a lenseignement des dames lequel liure est parti en troys parties, la premiere s'adresse aux princesses & haultes dames, la deuxieme aux dames Et damoyselles & premierement a celles qui demeurent a court de princesse ou haulte dame & la tierce aux femmes destas aux bourgeoises & femmes du commun peuple. in 4. v. f. d. s. tr.

MANUSCRIT du *XV siecle*, sur vélin, contenant 142 feuillets, dont le premier est décoré des armes d'Ursé. L'écriture est en *ancienne bâtarde*, à longues lignes, & les sommaires sont en rouge.

Ce Livre est de la même *Christine de Pisan*. Il parut en 1405 ; son titre annonce assez ce qu'il contient. Les trois Dames, *Raison*, *Droiture* & *Justice*, qui lui avoient commandé de composer le Livre de la *Cité des Dames*, dont il existe une Edition, lui apparoissent une seconde fois, & lui ordonnent de faire ce Traité allégorique & moral, qui renferme d'excellentes leçons pour la conduite des femmes de tous les états ; il peut servir à faire connoître les coutumes, les usages, & la vie privée des femmes du commencement du *XV siecle*.

Il n'a pas été imprimé, & il est un des plus rares Ouvrages de Christine, après celui de la *vie de Charles V*.

L'Exemplaire porte à la fin :

Explicit le liure des troys vertuz
A lenseignement des dames escript par les mains de Jehan

SCIENCES ET ARTS. 403

gardel demourãt a tours en la Rue de la sellene seruiteur de ma Dame.

Et à côté, en rouge :
Le tout vre humble escripuaïnt cy nõme en noir.

1329 Quésta sie una opera la quale si chiama DECOR PUELLARUM. Zoe honore de le Donzelle : la quale da regola, forma e modo al stato de le honeste donzelle. *Venetiis, per Nicolaum Jenson*, 1461. (1471) in 4. m. cit.

Les huit premiers feuillets sont réimprimés.

Ce Volume, qui a été annoncé comme renfermant 118 feuillets, ne doit en avoir que 117. On croit l'Ouvrage de Dom Jean de Dieu, Chartreux, & intime ami de Nicolas Jenson. Cette Edition est célèbre par les dissertations qu'elle a occasionnées pour sa date.

1330 Ordine del bien viver de le Donne maridade chiamate GLORIA MULIERUM. in 4. m. bl.

SUPERBE EXEMPLAIRE d'une Edition très rare, sans date, nom de Ville & d'Imprimeur, chiffres, réclames ni signatures, exécutée vers 1471, à longues lignes, par Nicolas Jenson, avec les mêmes caracteres que ceux du DECOR PUELLARUM. La totalité du Volume est de 15 feuillets, dont les pages qui sont entieres ont 21 lignes. On attribue l'Ouvrage qu'il contient à Dom Jean de Dieu, qui en a fait d'autres dans le même genre.

1331 La Nef des Dames vertueuses, contenant quatre livres. le premier est la fleur des Dames, le second est du régime de mariage. &c. Par Simphorien Champier. *Paris , Philippe le Noir.* in 8. goth. fig. m. r.

1332 Le fort inexpugnable de l'honneur du sexe féminin, construit par François de Billon. *Paris, d'Allyer,* 1555. in 4. fig. m. r. l. r.

1333 Recueil de différentes pieces. in 8. goth. m. r.

Il contient :

1. L'Enfant sage à trois ans, interrogé par Adrien Empereur, lequel lui rend réponse de chacune chose qu'il lui demande. Les douze vendredis blancs.
2. Régime comment on doit se gouverner en ménage selon la doctrine St. Bernard.
3. Les jours & heures périlleux de l'année, révélés par l'Ange au bon Saint Job.
4. De quelle matiere & quels lieux saints ont été faits les agnus Dei en Jherusalem.
5. La révélation ou pronostication du sainct prophete Esdras : pour savoir & connoître les années fertiles.
6. Les songes de Daniel, trad. en françois.
7. L'ordre du sacre & couronnement de François de Valois, premier de ce nom, le 25 Janvier 1514.
8. Le Cuisinier Taillevent.
9. Le routier de la mer jusqu'au fleuve de Jourdain. *Rouen, Jacques le Forestier.*
10. Chanson piteuse, composée par frere Olivier Maillard, & se chante comme Bergeronette savoisienne.
11. Médecine pour les chevaux & pour toutes les bêtes chevalines, composée par le bon maître Maréchal de Lozenne.
12. La maniere de anter & planter en jardins plusieurs choses bien étranges.

SCIENCES ET ARTS. 405

13 Le Lapidaire en françois, par Jehan de Mandeville. *Lugduni, Ludovicus Lanchart.*

14 La publication des joutes publiées à Paris, le mardi XV jour de Janvier 1514.

15 L'entrée de très excellente Princesse Dame Marie d'Angleterre, Royne de France, en la noble Ville, Cité & Université de Paris, le 6 Novembre 1514. *Paris, Guillaume Varin.*

16 Gentillesses pour faire en toute bonne compagnie, éprouvées par Symon de Milan.

1334 Recueil de différentes pieces. in 4. goth. m. r.

Il contient:

1 L'Enfant sage à trois ans, interrogé par Adrian Empereur, lequel lui rend responce de chacune chose qu'il lui demande.

2 L'entrée du très Chrétien Roi de France Louis XII, en sa Ville de Rouen, le 28 Septembre 1508.

3 L'entrée de la Royne à Rouen.

4 Le *Pater Noster* des Genevois en Balade, avec une chanson fort joyeuse & deux beaux rondeaux desdits Genevois, composé par Andry de la Vigne.

5 Anathématisation & malédiction donnée par notre Saint Pere le Pape Julle Moderne, contre les Vénitiens & ceux qui les favorisent, &c.

1335 Lucidario: overo libro del Maestro e del Discepolo. tutta opera sie raffermata da quattro forte colonne. la prima e l'auctorita delli propheti. la seconda e la dignita delli apostoli. la tertia e sapere delli expositori. la quarta e il buono ingegno del maestro. in 4. v. f.

Les caracteres de cette Edition sont ceux de Bartholomeo di Francesco di Libri, qui imprimoit à Florence vers la fin du XV siecle.

1336 Lucidario : cioe el libro del Maestro & del Discepolo. *Imp. circa* 1490. in 4. v. f.

Autre Edition avec les mêmes caracteres que la précédente.

1337 El libro del Maestro e del Discipulo. *In Milano, Ulderico Scinzenzeler,* 1499. in 4. goth. m. bl.

1338 Le Chevalier de la Tour. in fol. m. r.

BEAU MANUSCRIT sur vélin du *XV siecle*, contenant 98 feuillets écrits en *ancienne bâtarde*, à longues lignes. Il est décoré d'une miniature, de *tourneures*, & d'ornements peints en or & en couleurs.

Geoffroi de la Tour-Landry, d'une maison ancienne d'Anjou & du Maine, est Auteur du Chevalier de la Tour, Ouvrage qu'il écrivit en 1371. Il dit lui-même dans sa préface qu'il le composa en cette année, & qu'avant cela il avoit fait *Chansons, Laiz, Balades, Rondeaux, Virelaiz et Chans nouueaulx*. Son Livre renferme des enseignemens dévots, des préceptes de sagesse, des histoires pieuses, des miracles, &c. qu'il adresse à ses filles pour leur instruction.

Le guidon des guerres, Ouvrage du même Auteur, ne se trouve pas dans ce MS.

1339 Le Chevalier de la Tour. & le guidon des guerres. (Par Geoffroy de la Tour-Landry.) *Paris, Guillaume Eustace,* 1514, *le* 9 *Novembre*. in fol. goth. m. r.

SCIENCES ET ARTS.

IMPRIMÉ SUR VÉLIN, avec 25 miniatures.

1340 Tablettes puériles & morales pour instruire les enfants. *Lengres, Boudrot*, 1608. in 8. fig. m. r.

1341 Discours à mon neveu (M. de Thesar) pour ses mœurs & pour sa conduite, à Grenoble le 9 Mai 1663. (Par M. le Gouz de la Berchere.) in 4. v. brun.

On trouve à la fin du Volume une lettre manuscrite, datée de Grenoble le 9 Mai 1663, & signée, LA BERCHERE, dans laquelle cet Auteur assure à M. de Thesar son neveu, à qui il envoie un Exemplaire de son Ouvrage, qu'il n'en a fait tirer que 30 Exemplaires.

1342 Projet d'un établissement d'une maison de charité pour les pauvres filles. in 4. oblong. m. bl.

MANUSCRIT sur vélin du *XVII siecle*, contenant 13 feuillets, dont 7 sont ornés d'un côté de figures peintes en couleurs; les 6 autres renferment l'explication.

POLITIQUE.

1343 Discours politiques de M. Hume, traduits de l'Anglois, par M. l'Abbé le Blanc. *Dresde, Michel Groeel*, 1755. 2 vol. in 8. m. viol. dent. doub. de tabis.

Traités du Royaume, de la République, & de leur Administration.

1344 M. Hieronymi Vidæ dialogi de Reipublicæ dignitate. *Cremonæ, in civitatis Palatio apud Vincentium Contem*, 1556. in 8. m. r.

1345 La Citta felice di Meſſer Franceſco Patricio. *In Venetia, Giovan Griffio*, 1553. in 8. m. bl.

1346 La deſcription de l'iſle d'Utopie où eſt comprins le Miroir des républiques du monde, & l'exemplaire de vie heureuſe : trad. du latin de Thomas Morus. Par Jehan le Blond. *Paris, Charles l'Angelier*, 1550. in 8. m. viol. dent. l. r.

1347 Diſcours ſur le Gouvernement. Par Algernon Sidney. publiés ſur le manuſcrit original de l'auteur, traduits de l'Anglois, par P. A. Samſon. *La Haye, Louis & Henri van Dole*, 1702. 3 vol. in 12. m. viol. dent.

1348 Conſidérations politiques ſur les coups d'Etat. Par Gabriel Naudé. *Rome*, 1639. in 4. G. P. m. r.

1349 Du droit des Magiſtrats ſur leurs ſubjets. Traité très néceſſaire en ce temps, pour advertir de leur devoir, tant les Magiſtrats que les Sujets : publié par ceux de Magdebourg, l'an 1574. in 8. v. m.

1350 Vindiciæ contra Tyrannos : ſive, de principis in populum, populique in principem, legitima

tima potestate. Stephano Junio Bruto (Huberto Languet) auctore. *Francoforti, Zetznerus,* 1608. in 12. m. bl.

1351 De la puissance légitime du Prince sur le Peuple, & du Peuple sur le Prince. trad. du latin d'Estienne Junius Brutus (Hubert Languet.) 1581. in 8. m. r.

1352 D. Bartholomæi de las Casas, Episcopi Chiapensis, erudita & elegans explicatio quæstionis : utrum Reges vel Principes jure aliquo vel titulo, & salvâ conscientiâ, Cives ac subditos à Regia corona alienare, & alterius Domini particularis ditioni subjicere possint ? curâ & studio Wolffgangi Griesstteri. *Francofurti, ad Moenum,* 1571. in 4. m. r.

1353 D. Bartholomæi de las Casas, Episcopi Chiapensis, erudita & elegans explicatio quæstionis : utrum Reges vel Principes, jure aliquo vel titulo, & salvâ conscientiâ, cives ac subditos à regia corona alienare, & alterius domini particularis ditioni subjicere possint? ante hac nunquam ab ullo doctorum ita luculenter tractata *Tubingæ, Eberh. Wildius,* 1625. = Guilielmi de Monferrat, tractatus de successione Regum, & præcipuè Galliæ. *Tubingæ, Wildius.* in 4. m. cit. à compartiments, doublé de m. r. dent. & tabis.

1354 Discurso contra los Gitanos. por el doctor

Don Juan de Quiñones. *En Madrid, Juan Gonçalez,* 1631. in 4. m. r.

Ouvrage rare & singulier, dans lequel l'Auteur traite la question ; savoir : si dans un Etat on doit tolérer les Bohémiens, Gueux errans, qui vivent de larcins & de filouteries ; qui sur-tout font profession de dire la bonne aventure.

1355 Traité Politique, composé par William Allen, Anglois, (selon quelques-uns par M. de Marigny,) & traduit en françois, où il est prouvé par l'exemple de Moyse, & par d'autres, tirés hors de l'Ecriture, que tuer un Tyran *Titulo vel exercitio*, n'est pas un meurtre. *Lugduni*, 1658. in 12. m. r.

Traités de Politique, concernant les divers états du Royaume, ou de la République ; le Roi, le Prince, la Cour, les Courtisans, &c.

1356 Liber de regimine regum principum editus à fratre Egidio Romano. in fol. m. bl.

Manuscrit sur vélin qui paroît être du *XIV siecle* ; il est écrit en *lettres de forme*, sur 2 colonnes, & il contient 155 feuillets.

Ce célebre traité du *Gouvernement des Rois & des Princes* fut composé avant l'an 1285, pour l'éducation de *Philippe le Bel*, fils de Philippe le Hardi, Roi de France, par *Gilles de Rome*, de la maison des Colonnes, & Religieux de l'*ordre des freres Hermites de St. Augustin.* Il fut appellé pour sa science & la gravité de ses mœurs, par Philippe le Hardi, auprès de son fils, dont il dirigea l'éducation, & auquel il inspira le goût des belles-lettres que ce Prince a toujours aimées. Il mourut en 1316. Son Ouvrage est dédié à son Disciple.

1357 Ægidius Romanus de regimine principum. operâ Oliverii Servii Tholontinas. *Romæ, per Stephanum Plannck de Patavia*, 1482. in fol. vel.

La description que l'on a donnée de ce Volume dans la Bibliographie instructive, N° 1350, n'est pas exacte; on n'a pas annoncé que l'on y doit trouver 4 feuillets de pieces préliminaires qui contiennent une Epître dédicatoire de Oliverius Servius Tholontinas, à George, Archevêque de Lisbonne, & Cardinal; & une table des chapitres, après laquelle le Texte commence.

1358 Le Songe du vieil Pélerin adreçant au blanc faulcon aient bec & piez dorez. grand in fol. m. bleu.

SUPERBE MANUSCRIT sur vélin du *XV siecle*, contenant 330 feuillets. Il est écrit en *ancienne bâtarde*, sur 2 colonnes, & enrichi de deux très belles miniatures qui ont 9 pouces & demi de hauteur, sur 9 de largeur. Les sommaires sont en rouge, & les *lettres tourneures* en grand nombre sont élégamment peintes en or & en couleurs.

Il est fâcheux que ce MS. ne soit pas complet; il y manque deux feuillets qui ont été emportés apparemment parcequ'ils étoient décorés de deux miniatures, dont l'une se trouvoit au commencement du premier Livre, & l'autre en tête du troisieme. Pour qu'on ne s'apperçût point de cette défectuosité, on a placé à la tête du Volume 3 feuillets d'une écriture semblable à celle du MS. mais qui appartient à un

F f f 2

Ouvrage dont le titre eſt : *Hiſtoire Romaine*, compilée par *Maiſtre Henry Rommain, licentie in utroque jure*. Ces feuillets contiennent la dédicace & la table de cet Ouvrage. On voit au premier l'une des deux miniatures de notre MS.

Philippe de Maizieres, Chancelier du Royaume de Chypre, que *Charles V* appella à ſon ſervice, compoſa *le Songe du vieil Pélerin* dans la retraite qu'il avoit choiſie en 1379, chez les Céleſtins de Paris. Sous le voile de l'allégorie, il y reprend hardiment, & combat les abus qui s'étoient introduits de ſon temps dans l'adminiſtration du Royaume. Il donne des inſtructions à Charles VI, & lui parle avec une liberté reſpectueuſe des devoirs qu'un Prince juſte, cherchant le bonheur de ſon peuple, doit remplir.

Charles V eſt le grand Maître de la Nave françoiſe. *Charles VI* ſon fils, le blanc faucon ayant bec & pieds dorés. Les Patrons de la Nave gracieuſe ſont *les oncles* de Charles VI. La Nave Malvoiſine eſt *l'Angleterre*, & le Vieil Pélerin *Philippe de Maizieres* lui-même.

Dans une courte notice concernant *Philippe de Maizieres*, que l'Ecrivain a écrite à la fin du MS. & que du Verdier a rapportée en entier; il eſt dit que *le Songe du vieil Pélerin* fut compoſé environ l'an 1397. Mais celui qui dreſſa cette notice n'avoit point lu l'Ouvrage dans lequel la vraie date eſt rapportée au 139 chapitre du 3 Livre, en ces termes :

   Encores il me ſouuient que en ceſtui royaume de gaule eſt
     ſouuerain & roy Charles le vj^c de ſon nom appelle, pour
     lequel es eſperit iay tãt et allé et vollé, et que apreſent
     nous ſomes ou ixe an de ſon regne qui eſt de l'incarnation
     du benoiſt filz de dieu le iiij^{xx} et ixe an avec mil et iij^c...
   (1389)

On lit dans la même notice que Philippe de Maizieres fiſt (aux Céleſtins) *pluſieurs biens & édifices Et entre les autres choſes fiſt faire une tres belle petite chapelle et à coſté* vne cyterne a la faſſon de veniſe où ſe prent la bonne eaue pour les malades de paris et des enuirons.

Suivant le rapport de l'*Abbé le Beuf*, cette Chapelle n'exiſte plus, & la citerne a changé de forme.

Cet Académicien a donné des notices curieuſes dans les Mém. de l'Acad. des Inſcriptions, & dans le tom. 3 de ſes diſſertations ſur la vie & les Ouvrages de *Philippe de Maizieres*, qu'il fait naître en 1312, & mourir en 1405.

Le MS. original du Vieil Pélerin étoit ci-devant conſervé aux Céleſtins. On dit que le Cardinal du Perron alloit le lire tous les ans.

Du Verdier a vu notre MS. lorſqu'il étoit dans la Bibliotheque de *Claude d'Urfé*.

1359 Tractatulus per Æneam Silvium editus ad Regem Bohemiæ Ladiſlaum. (*Colonia, per Olricum Zel de Hanau, circa* 1470.) in 4. goth. v. f.

Le Volume commence ainſi :
Incipit Tractatul9 p Eneã Siluiũ editus ad Regem bohemie Ladiſlaum.

A la fin :
Explicit Tractatul9 p. Eneã ſiluiũ editus ad Regẽ Bohemie Ladiſlaum.

Les pages de cette Edition ſont à longues lignes; celles qui ſont entieres ont 27 lignes.

1360 Le Tréſor de Nobleſſe, fait & compoſé par Octavien de Saint-Gelais. *Paris, Ant. Verard,* in 4. goth. v. m.

1361 De l'inſtitution du Prince, livre contenant pluſieurs hiſtoires, enſeignements, & ſaiges dits des anciens. Par Guill. Budé. revu, enrichi d'arguments, & augmenté de scholies, par haut & puissant Seigneur Jean de Luxembourg, Abbé d'Ivry. *Imprimé à l'Arrivour, Abbaye dudit Seigneur, par Mtre Nicole Paris,* 1547. in fol. v. m.

1362 Joannis Marianæ Hispani, è soc. Jesu, de Rege & Regis institutione libri tres. *Toleti, apud Petrum Rodericum,* 1599. in 4. m. r.

EXEMPLAIRE imprimé sur papier fort.

1363 Institution d'un Prince; ou traité des qualités, des vertus & des devoirs d'un Souverain. Par M. Duguet. *Leyde, Jean & Herman Verbeek,* 1739. 4 vol. in 12. m. cit.

1364 De origine & conversatione bonorum Regum : & laude civitatis Hierosolymæ : cum exhortatione ejusdem recuperandæ. Per Sebastianum Brant. *Basileæ, Joannes Bergman de Olpe,* 1495. in 4. m. r.

1365 Tractatus pulcherrimus Æneæ Silvii sive Pii Papæ II. de Curialium miseria. 1475. in 4. m. r.

CE VOLUME commence par l'intitulé ci-dessus; à la fin il y a cette souscription :
Libellus Ence Silvii De curialium miseriis Finit. Anno Salutis MCCCCLXXV.

1366 Tractatus pulcherrimus Æneæ Silvii Picholominei : sive Pii Papæ secundi de Curialium miseria.=Oratio Æneæ Silvii Episcopi Senensis:

SCIENCES ET ARTS.

coram Calixto tertio de obedientia Frederici tertii Imperatoris. = Tractatus de duobus se invicem amantibus per Æneam Silvium poetam. *1485, die XV. menſis Julii.* in 4. goth. v f.

1367 Æneæ Silvii de Curialium miſeria diſputatio. *Impreſſa (Pariſiis) per Antonium Cayllaut.* in 4. goth. rel. en cart.

1368 Diſcours contenant le ſeul & vrai moyen par lequel un ſerviteur favoriſé, & conſtitué au ſervice d'un Prince, peut conſerver ſa félicité éternelle & temporelle : & éviter les choſes, qui lui pourroient l'une ou l'autre faire perdre. (Par Eſtienne Dolet.) *Lyon, Eſtienne Dolet,* 1542, in 8. m. bl.

1369 Il libro del Cortegiano del Conte Baldeſſar Caſtiglione. *In Venetia, nelle caſe d'Aldo Romano, & d'Andrea d'Aſola,* 1528. in fol. v. m.

1370 Il Cortegiano del Conte Baldeſſar Caſtiglione. *In Lyone, Guglielmo Rovillio,* 1553. in 12. m. viol.

1371 Le Courtiſan du Comte Balthaſar de Caſtillon, trad. en françois ; revu par Eſtienne Dolet. *Lyon, François Juſte,* 1538. in 8. m. r.

1372 L'homme de Cour, traduit de l'Eſpagnol de Balthaſar Gracian, par Amelot de la Houſſaie. avec des notes. *Paris, veuve Martin & Jean Boudot,* 1684. in 12 m. r.

Tom. I.

Traités sur le Commerce, les Monnoies & les Finances.

1373 Questo e el libro che tracta di mercatantie & usanze de paesi. *In Firenze, appresso al Munistero di Fuligno.* 1481. in 4. m. bl.

CETTE EDITION qui n'a ni chiffres, ni réclames, ni signatures, commence par 6 feuillets, contenant le titre & la table, & finit par la souscription suivante, dont la moitié est en capitales :

Finito el libro di tutti i Chostumi : Cambi : Monete : Pesi : Misure : & Vsanze di Lettere di Cambi : & Termini di dette Lettere Che ne Paesi si costuma et in diverse Terre. Per me Francesco di Dino di Iacopo Kartolaio Fiorētino Adi X di Dicembre MCCCCLXXXI. *in Firenze Appresso al munistero di Fuligno.*

On trouve au dessous du titre de ce Volume la note suivante :

Ce traitté des changes, monnoyes, poids & mesures de divers pays, imprimé sous le nom de François de Dino, en l'an 1481. *est prins mot pour mot de la Tariffe des changes, monnoyes, poids & mesures de frere Lucas Cordelier, insérée dans sa grande arithmétique & œuvres de mathématiques, par lui mises en lumiere, & imprimées en l'an* 1464 (il faut lire 1494) *sous le Gouvernement de très Sérénissime Prince Augustin Barbadico, Doge de Venize.* Poullain.

1374 L'Alitinonfo di M. Gasparo Scaruffi, per fare ragione, & concordanza d'Oro e d'Argento. *In Reggio, Bartoli,* 1582. in fol. m. r.

1375 El ajustamiento i proporcion de las Monedas de Oro, Plata i Cobre, i la reduccion destos metales

SCIENCES ET ARTS.

tales a fu debida eftimacion. Por Alonfo Carranza. *En Madrid, Martinez.* 1629, in fol. m. r.

1376 Traité des Monnoyes, de leurs circonftances & dépendances. Par Jean Boizard. *Paris, Jean-Baptifte Coignard,* 1692. in 12, m. viol. fig. G. P.

1377 Traité des Monnoyes, de leurs circonftances & dépendances. Nouvelle édition augmentée d'un Dictionnaire des termes qui font en ufage dans les monnoyes. Par M. J. Boizard. *Paris, Antoine Urbain Couftelier.* 1714, 2 vol. in 12, fig. v. b.

1378 Traité des Monnoyes. Par Henry Poullain. *Paris, Frédéric Léonard,* 1709. in 12, m. r.

1379 Effai fur les Monnoyes, ou réflexions fur le rapport entre l'argent & les denrées. Par M. Dupré de Saint-Maur. *Paris, Jean-Baptifte Coignard,* 1746. in 4. m. r.

1380 Mémoires concernant les impofitions & droits en Europe. (Par M. Moreau de Beaumont.) *Paris, de l'Imprimerie Royale,* 1768. 4 vol. in 4. v. f.

MÉTAPHYSIQUE.

1381 Franc. Georgii Veneti Minoritanæ familiæ de harmonia mundi totius cantica tria. *Venetiis, Bern. de Vitalibus,* 1525. in fol. m. r.

Tome I.   G g g

SCIENCES ET ARTS.

Traités de l'Ame, de son Immortalité, de l'Esprit de l'Homme, de son intelligence, raison, & autres facultés.

1382 Æneæ Platonici græci christianissimi, de immortalitate animorum, deque corporum resurrectione, aureus libellus, cui titulus est Theophrastus. è græco in latinum translatus ab Ambrosio Camaldulensi. cum præfatione Augustini Justiniani. *Venetiis, per Alexandrum de Paganinis.* 1513. *Mense septembri.*

IMPRIMÉ SUR VÉLIN.

1383 Tractato diviso in quatro libri. il primo tratta de la conditione de l'anima & esser suo. il secondo de conservatione de essa anima. il tercio de virtute & prudentia. il quarto de una utile & conveniente oratione. composto per Jacobo Pogio. *Bononiæ, per Joannem Antonium Platonidem,* 1500, *die XXVIII. Marcii.* in 4. v. f.

1384 Petri Pomponatii, tractatus de immortalitate animæ. 1534. in 12. m. r.

1385 Galeotti Martii Narniensis refutatio objectorum in librum de homine a Georgio Alexandrino quem Merulam appellat. *Venetiis, Jacobus Rubeus,* 1476. in 8. v. f.

CE VOLUME a des signatures depuis a 2 — m. A la fin on lit cette souscription :

Impressũ est opus Venetiis mirabili arte ac diligentia Per Iacobum Rubeum Natione Gallicum huius artis pitiſſimum. Anno incarnationis dominice milleſimo ccccLxxvi: Andrea Vendremino inclyto Duce Venetiarum.

1386 Simonis Portii Neapolitani de humana mente diſputatio. *Florentiæ, Laurentius Torrentinus*, 1551. in 4. m. r.

1387 Jordanus Brunus Nolanus de umbris idearum. *Pariſiis Ægidius Gorbinus*, 1582. = Ejuſdem Jordani Bruni ars memoriæ. in 8. m. r. Le titre de *ars memoriæ* manque.

1388 Jordani Bruni Nolani de imaginum, ſignorum, & idearum compoſitione. ad omnia inventionum, diſpoſitionum & memoriæ genera libri tres. *Francofurti, Joannes Wechelus*, 1591. in 8. m. r.

1389 Jordanus Brunus Nolanus. de ſpecierum ſcrutinio & lampade combinatoria Raymundi Lullii. *Pragæ, Georgius Nigrinus*, 1588. in 8. m. r.

1390 Jordani Bruni Nolani Acrotiſmus, seu rationes articulorum phyſicorum adverſus peripateticos Pariſiis propoſitorum. *Vitebergæ, apud Zachariam Cratonem*, 1588. in 8. m. r.

1391 Jordani Bruni Nolani de monade numero & figura liber conſequens. quinque de minimo magno & menſurâ. *Francofurti, Joannes Wechelus*, 1591. in 8. m. r.

1392 Jordani Bruni Nolani de triplici minimo & mensura ad trium speculativarum scientiarum & multarum activarum artium principia, libri V. *Francofurti, Joannes Wechelus*, 1591. in 8. fig. m. r.

1393 Henrici Cornelii Agrippæ ab Nettesheym, de incertitudine & vanitate scientiarum & artium, atque excellentia verbi Dei declamatio. in 8. m. bl.

Cette Edition est rare, ainsi que les suivantes, parce-qu'elle est complete. Les passages qui ont été retranchés dans des Editions plus nouvelles, se trouvent en entier dans ces 5 Editions.

1394 Henrici Cornelii Agrippæ de incertitudine & vanitate scientiarum declamatio. *Parisiis, Joannes Petrus*, 1531. in 8. m. bl.

On lit à la tête du Volume la note suivante de la main de M. l'Abbé Rive:

On peut voir aux marges de cette Edition les retranchemens qui ont été faits dans celles qui sont châtrées. Tous les passages sont soulignés au crayon.

1395 Henrici Cornelii Agrippæ de incertitudine & vanitate scientiarum declamatio invectiva. *apud Eucharium Agrippinatem*, 1531. in 8. m. r.

1396 Agrippa de incertitudine & vanitate scientiarum. 1532. *Mense Januario*, in 8. m. r.

M. l'Abbé Rive a écrit sur le premier feuillet :

SCIENCES ET ARTS.

Collatus & integer. Editio rara, quia incastrata. Vide præsertim partem versam fol. o iiij.

1397 Agrippa de incertitudine & vanitate scientiarum. 1539. in 8. m. r.

1398 De la Recherche de la Vérité, où l'on traite de la nature de l'esprit de l'homme, & de l'usage qu'il en doit faire pour éviter l'erreur dans les Sciences. Par N. Malebranche. *Paris, Michel David,* 1712. 2 tom. en 1 vol. in 4. m. r. doub. de m. l. r.

1399 Essai Philosophique concernant l'entendement humain. Par M. Locke. Traduit de l'Anglois, par M. Coste. *Amsterdam, Pierre Mortier,* 1729. in 4. m. viol.

Traités des Esprits & de leurs Opérations : & premièrement de la Cabale, de la Magie, des Démons, Sorciers & Enchanteurs, & des Opérations Magiques & surnaturelles.

1400 Artis Cabalisticæ : hoc est, reconditæ theologiæ & philosophiæ scriptores. ex D. Jo. Pistorii Bibliotheca. *Basiliæ, Henricpetri,* 1587. in fol. m. r.

1401 Recueil des Dogmes les plus choisis & les plus obscurs des Cabalistes, composé par Jean Pic, (Prince de la Mirandole), tirés anciennement de leurs Commentaires, & augmentés nouvellement d'interprétations les plus claires. Par Frere Archange de Bourgneuf, frere mineur, (en latin & en françois). *A Venise, François Francisce*, 1569. in 4. v. b.

MANUSCRIT fur papier du *XVIII siecle*, lifiblement écrit, contenant 313 feuillets.

1402 Les Clavicules de Salomon, traduit de l'hébreux en langue latine. Par le Rabin Abognazar, & mis en langue vulgaire, par M. Barault, Archevêque d'Arles. 1634. in 4. m. r.

BEAU MANUSCRIT fur papier du *XVIII siecle*, contenant 71 feuillets très joliment écrits en *bâtarde* & en *ronde* par *F. F. Fyot*.

1403 La grande Clavicule de Salomon, fils de David, Roi des Israélites, qu'il donna à son fils Roboam, en hébreux original, traduite du Cahathave d'Egiptien, en latin. Par Mefcere, Pere Hermite, dans la montagne des Olives, l'an 1040. = La Clavicule de Salomon, Roi d'Ifrael, traduite en italien. Par Abraham Collorno, puis en françois, par Thionville, par ordre du Roi. in 4. v. f.

MANUSCRIT fur papier du *XVIII siecle*, contenant 130 feuillets.

1404 Traité des chofes, tant naturelles que furnaturelles, compofées par Zoroaftres, le premier des Magiciens, & le premier qui a inventé

SCIENCES ET ARTS. 423

cette très secrete Science, & celui qui l'a le mieux cultivée. ⹀ Autres traités Cabalistiques. in 4. v. f.

MANUSCRIT sur papier du *XVIII siecle*, contenant 113 feuillets.

1405 Joannis Reuchlin de arte Cabalistica libri tres Leoni X dicati. *Hagenau, Th. Anshelmus*, 1517. in fol. m. r.

1406 Joannis Reuchlin liber de verbo mirifico. *Tubingæ, Th. Anshelmus*, 1514. in fol. m. r.

1407 Opusculum Raymundinum de auditu Kabalistico : sive ad omnes scientias introductorium, nunc denuo editum. 1601. in 8. m. bl.

1408 Amphitheatrum sapientiæ æternæ solius veræ, Christiano-Kabalisticum, divino-magicum, nec non physico-chymicum, tertriunum, catholicon : instructore Henrico Khunrath. *Hanoviæ Antonius*, 1609. in fol. fig. m. r.

1409 D'enrique enriqués correction general y uniberſal del dia y año regular.⹀Cabala angelica en vrebes reglas descrita ⹀ exposicion de las conbinaciones Kavalisticas. in fol. v. b.

MANUSCRIT sur papier du *XVIII siecle*, contenant 61 feuillets.

1410 Manuel ou Enchiridion de prieres. Contenant les Sept Pseaumes pénitentiaux, diverses Oraisons de Léon Pape, & plusieurs Oraisons contre les périls du monde. *A Lyon*, 1584. in 24. m. r.

1411 Kabalisticæ precationes, sive selectiores sacro sancti nominis divini glorificationes è sacrorum Bibliorum fontibus, & præsertim ex medulla psalmorum Davidis haustæ, & ita concinnatæ, ut iis Deus opt. max. facilius placari possit. studio & operâ Julii Sperberi. *Magdeburgi, Joannes Francus*, 1600. in 8. m. r.

1412 Figures Cabalistiques, faites à la plume, au simple trait, & lavées à l'encre de la Chine. in fol. m. r.

Ces figures, fort singulieres, sont dessinées sur 22 feuillets de papier.

On trouve à la fin du Volume un feuillet imprimé qui porte le titre suivant :

Tabula conjugationum hebraicarum. Rostochii, *Ferber*, 1626. in fol.

1413 Henrici Cornelii Agrippæ ab Nettesheym, de occulta philosophia libri tres. 1533. *Mense Julio*. in fol. m. bl.

1414 Henrici Cornelii Agrippæ, de occulta philosophia libri tres. *Lugduni, apud Godefridum & Marcellum Beringos Fratres*, 1550. in 8. m. bl. Lettres Italiques.

1415 Henrici Cornelii Agrippæ ab Nettesheym, de occulta Philosophia libri tres. item, spurius liber de Cæremoniis Magicis, qui quartus

Agrippæ

SCIENCES ET ARTS. 425

Agrippæ habetur, &c. *Lugduni, per Beringos Fratres.* 3 vol. in 8. m. bl.

EDITION la plus estimée, exécutée en lettres italiques.

1416 La Philosophie occulte de Henry Corneille Agrippa, traduite en françois. *La Haye, R. Chr. Alberts,* 1727. 2 vol. in 8 G. P. m. cit.

1417 Liber secretorum Alberti Magni de virtutibus herbarum, Lapidum & animalium quorundam. (*Parisiis,*) in 4. v. f. goth.

1418 Le Grand Albert. *Turin. Par Bernard du Mont du Chat.* in 8. goth. m. r.

1419 Le Grand Albert. Des secrets, des vertus des herbes : pierres, bêtes, & autres livres des merveilles du monde, d'aucuns effets causés d'aucunes bêtes. === Les secrets des femmes & hommes, composés par le Grand Albert, trad. en françois. *Turino, Pietro Ranot.* in 8. m. r.

1420 Tractatus de Magicis artibus & Magorum maleficiis per Bernardum Basin canonicum, in suis vesperiis compilatus. *Parisiis,* 1483. in 4. m. r. goth.

PREMIERE EDITION.

1421 De Laniis & Phitonicis mulieribus. per Ulricum Molitoris de Constantia. *Ex Constantia. Anno domini,* 1489. *die decima Januarii.* in 4. fig. goth. m. r.

1422 Malleus Maleficarum, auctore Jacobo Sprin-

Tome I. H h h

ger, ordinis fratrum prædicatorum. *Impreff. circa annum*, 1487. in fol. goth. v. f.

EDITION avec signatures, sur 2 colonnes, dont celles qui sont entieres ont 55 lignes.

1423 Super bullam Innocentii Octavi adversus hæresim maleficarum novissime emanatam quæstiones quadraginta octo discutiendæ. (seu Malleus Maleficarum.) in fol. goth. v. f.

EDITION avec signatures, sur 2 colonnes, dont celles qui sont entieres ont 48 lignes.

1424 Dialogus Simphoriani Champerii in magicarum artium destructionem, cum suis annexis de fascinatoribus, de incubis & succubis & de demoniacis per fratrem Symonem de Ulmo fideliter correctus. *Lugduni, Guill. Balfarin*, 28 *die mensis Augusti.* in 4. goth. m. v.

1425 Déclamation contre l'erreur exécrable des Maléficiers, Sorciers, Enchanteurs, Magiciens, Devins, &c. lesquels pullulent maintenant couvertement en France. Par Fr. Pierre Nodé. *Paris, du Carroy*, 1578. in 8. m. r.

1426 Epitomes delictorum in quibus aperta, vel occulta invocatio dæmonis intervenit, libri IV. authore Don Franc. Torreblanca Villalpando. *Hispali, Gamarra*, 1618. in-fol. m. r.

1427 De Incantationibus seu Ensalmis, opusculum. auctore Emanuele do Valle de Moura. *Eboræ, Crasbeeck*, 1620. in fol. m. r.

SCIENCES ET ARTS.

1428 De natura Dæmonum Joannis Laurentii Ananiæ Tabernatis, libri quatuor. *Venetiis, apud Aldum*, 1589. in 8. m. r.

1429 Traité de l'Enchantement, qu'on appelle vulgairement le nouement de l'Esguillette, en la célébration des mariages en l'Eglise réformée, & des remedes à l'encontre pour le soulagement des fideles. *La Rochelle, Haultin*, 1591. in 8. m. r.

1430 Recueil de diverses pieces. in 8. v. éc.

Il contient :

1 Discours prodigieux & épouvantable, de trois Espagnols & une Espagnole, Magiciens & Sorciers, qui se faisoient porter par les Diables de Ville en Ville. *Paris.*

2 Histoire épouvantable de deux Magiciens qui ont été étranglés par le Diable dans Paris la semaine sainte. *Paris, Percheron.*

3 Discours merveilleux & véritable, d'un Capitaine de la ville de Lyon, que Satan a enlevé dans sa chambre, depuis peu de temps. *Paris, Bourriquant*, 1613.

4 Histoire prodigieuse, d'un Gentilhomme auquel le Diable s'est apparu, & avec lequel il a conversé, sous le corps d'une femme morte. *Paris, du Carroy*, 1613.

5 Histoire admirable d'un Gentilhomme Portugais, lequel s'étant mis en un hermitage, fut par le moyen de quelques Sorciers mis en pieces, en forme d'un sanglier; & au bout de trois jours revenu sain & entier. *Paris, Martinant*, 1613.

6 Confession faite par Messire Louis Gaufridi, Prince des Magiciens, depuis Constantinople jusques à Paris. *Aix, Tholosan*, 1611.

7 Arrêt du Parlement de Provence contre Louis Gaufridi, convaincu de Magie, & autres crimes abominables. *Aix, Tholosan*, 1611.

8 Discours sur le procès criminel fait à une Sorciere.

1431 Tractatus de apparitionibus animarum post exitum earum a corporibus. & de earumdem receptaculis, editus in erdfordia a Jacobo (Junterburg,) de Clusa carthusiensis. *Burgdorf*, 1475. in fol. goth. v. f.

PREMIERE EDITION.

Il n'y a pas de pieces préliminaires à la tête du Volume qui finit par cette souscription :

Explicit tractatus eximii doctoris Jacobi de Clusa ordinis cartusiensis de apparitionib9 et receptaculis animar exutaru impressus in opido Burgdorf Anno dñi millesimo quadringentesimo septuagesimo quinto.

Et au dessous :

Ordo folior . . . .

1432 De Spectris, Lemuribus & magnis atque insolitis Fragoribus, variisque Præsagitionibus, &c. liber unus. authore Lud. Lavatero. *Gorichemi, Vink*, 1683. in 12. fig. m. cit.

1433 La merveilleuse histoire de l'esprit, qui depuis nagueres s'est apparu au Monastere des Religieuses de S. Pierre de Lyon. Par Adrien de Montalambert. *Paris, rue S. Jacques, à l'enseigne du Château rouge*, 1528. in 4. fig. m. r. goth.

1434 Le Monde enchanté ou examen des communs sentimens touchant les esprits, leur nature, leur pouvoir, leur administration, & leurs opérations. Par Balthasar Bekker. *Amsterdam, Pierre Rotterdam*, 694. 4 vol. in 12. m. cit.

1435 Idée générale de la Théologie payenne, servant de réfutation au système de M. Bekker, touchant l'existence & l'opération des Démons, ou traité historique des Dieux du Paganisme. Par M. B. (Benjamin Binet.) *Amsterdam, Jean du Fresne*, 1699. in 12. m. cit.

PHYSIQUE.

1436 Hieronymi Cardani Medici de subtilitate libri XXI. in quibus, plusquam sesquimille, variarum, non vulgarium, sed difficilium, occultarum & pulcherrimarum rerum causas, vires & proprietates, ab authore hinc indè experimento observatas: perspicuè licet cernere. *Norimbergæ, Petreius*, 1550. in fol. m. r.

1437 Hieronymi Cardani de subtilitate libri XXI. nunc demum recogniti atque perfecti. *Basileæ, Lucius*, 1554. in fol. m. r.

1438 Les livres de Hierome Cardanus, intitulés de la Subtilité, & subtiles inventions, ensemble les causes occultes, & raisons d'icelles. trad. du latin en françois. Par Richard le Blanc. *Paris, l'Angelier*, 1556. in 4. m. viol. doub. de m. r. dent.

Traités de l'Homme & de ses facultés, de sa Vie, de sa Mort, de l'Ame sensitive, des Sens; des Animaux, & de leurs Facultés.

1439 Theologia naturalis sive liber creaturarum, specialiter de homine & de natura ejus in quantum homo. & de his quæ sunt ei necessaria ad cognoscendum se ipsum & deum. authore Raymundo de Sabunde. *Daventriæ, per Richardum Paffroed. circa annum*, 1484. in fol. m. r.

1440 Liber creaturarum, sive de homine, compositus a Raymundo Sebeydem (Sebundo) in artibus & Medicina Magistro, in alma universitate Tholosana. *Editio imp. circa ann.* 1484. in 4. m. r. goth.

EDITION avec signatures, sur 2 colonnes, dont celles qui sont entieres ont 37 lignes.

1441 Petrus Montis de dignoscendis hominibus. interprete G. Ayora Cordubensi. *Mediolani, Antonius Zarotus*, 1492. Chalendas Januarii. in fol. m. r.

1442 An homo bonus vel malus volens fiat, Simonis Portii disputatio. *Florentiæ*, 1551.⹀ Ejusdem Portii de Dolore liber. *Florentiæ, Torrentinus*, 1551.⹀ Ejusdem Portii de coloribus oculorum liber. *Florentiæ, Torrentinus*, 1550. in 4. m. r.

1443 Reduction de las letras y arte para enseñar a ablar los Mudos, por Juan Pablo Bonet. *En Madrid. Por Franç. Abarca de Angalo*, 1620. in 4. m. r.

1444 Hieron. Rorarii, quod animalia bruta ratione utantur melius homine, libri duo. *Parisiis. Seb. Cramoisy*, 1648. in 8. m. r.

HISTOIRE NATURELLE.

Histoire Naturelle Générale & Particuliere.

1445 Caii Plinii Secundi naturalis historiæ libri XXXVII. *Venetiis, Joannes de Spira*, 1469. in fol. m. r. dent.
PREMIERE EDITION.

1446 Caii Plinii historiæ naturalis, libri XXXVII. ex recensione Joannis Andreæ Episcopi Aleriensis. *Romæ, in domo Petri & Francisci de Maximis, præsidentibus magistris Conrado Suueynheym & Arnoldo Pannartz*, 1470. in fol. m. r.

1447 Caii Plinii Secundi historiæ naturalis libri XXXVII. cum epistola dedicatoria Joannis Andreæ Episcopi Alerienfis. *Venetiis. Per Nic. Jenson*, 1472. in fol. m. r.

1448 Caii Plinii Secundi Historiæ Naturalis libri XXXVII. *Venetiis. Per Nicolaum Jenson Gallicum*, 1472. in fol. m. r.
IMPRIMÉ SUR VÉLIN.

SCIENCES ET ARTS.

Ce Livre a été rendu à la Bibliotheque publique de Lyon, qui l'avoit prêté à M. le Duc de la Valliere.

1449 C. Plinii Secundi historiæ naturalis libri XXXVII. *Romæ. Per Conradum Suueynheym & Arnoldum Pannartz, die Veneris VII. Maii.* 1473. in fol. m. r.

1450 C. Plinii historiæ naturalis libri XXXVII. *Parmæ, Andreas Portilia,* 1481. in fol. m. r.

1451 C. Plinii historiæ naturalis libri XXXVII. *Venetiis, Rainaldus de Novimagio,* 1483. in fol. m. r.

1452 C. Plinii Secundi historiæ naturalis libri XXXVII. cum annotationibus eruditorum hominum, præsertim Hermolai Barbari, ex recensione Desiderii Erasmi. *Basileæ Froben,* 1525. in fol. m. r. l. r.

1453 C. Plinii historia naturalis. adjectis ad marginem succinctis quibusdam castigatiunculis, partim vetustissimorum codicum collatione erutis, &c. cum præfatione Jo. Nic. Victorii. *Lugduni, Frellonius,* 1553. in fol. v. f.

1454 Caii Plinii historiæ naturalis libri XXXVII. *Lugduni Batavorum, ex officina Elzeviriana,* 1635, 3 vol. in 12. m. r. l. r.

1455 C. Plinii historiæ naturalis libri XXXVII. interpretatione & notis illustravit Joannes Harduinus,

duinus, in usum Delphini. *Parisiis, Franciscus Muguet*, 1685. 5 vol. in 4. v. f.

1456 Caii Plinii historiæ naturalis libri XXXVII. quos interpretatione & notis illustravit Joannes Harduinus in usum Delphini. *Parisiis, Ant. Urbanus Coustelier*, 1723. 3 tom. rel. en 5 vol. in fol. G. P. v. f. fig.

1457 C. Plinii Secundi historiæ naturalis libri XXXVII. quos interpretatione & notis illustravit Joannes Harduinus è soc. jesu, jussu Ludovici Magni, in usum Sereniss. Delphini. Editio altera emendatior & auctior. *Parisiis, Antonius Urbanus Coustelier*, 1723. 3 vol. in fol. m. r.

IMPRIMÉ SUR VÉLIN.

1458 Historia naturale di Caio Plinio Secondo tradocta di lingua Latina in fiorentina, per Christophoro Landino. *Venetiis, Nicolaus Jenson*, 1476. in fol. m. r.

PREMIERE ÉDITION.

1459 Historia naturale di Caio Plinio Secondo, tradocta di lingua Latina in fiorentina, per Christophoro Landino. *Venetiis, Nicolaus Jenson*, 1476. in fol. m. r.

PREMIERE EDITION.
Les lettres initiales sont peintes en or & en couleurs.

1460 La Historia naturale di Caio Plinio, tradocta

di lingua Latina in fiorentina, per Chriſtophoro Landino. *Venetiis, Nicolaus Jenſon,* 1476. in fol. m. r.

PREMIERE EDITION.
IMPRIMÉ SUR VÉLIN.

1461 Hiſtoria naturale di Caio Plinio Secondo, tradoƈta di lingua Latina in fiorentina, per Chriſtophoro Landino, Fiorentino. *Venetiis. Per Nicolaum Jenſon, Gallicum,* 1476. in fol. m. r.

PREMIERE EDITION.
IMPRIMÉ SUR VÉLIN.

SUPERBE EXEMPLAIRE, dont les lettres initiales ſont peintes en or & en couleurs, & la premiere page du texte eſt enrichie d'un cadre peint.

1452 La hiſtoria naturale di C. Plinio Secondo, tradoƈta per Chriſtophoro Landino. *In Veneſia. Per Bartolamio de Zani de Porteſio,* 1489. *adi XII di Septembre.* in fol. m. r.

1463 Libro ſecundo della hiſtoria naturale di C. Plinio Secondo, tradoƈta di lingua Latina in fiorentina, per Chriſtophoro Landino. in fol. v. f.

CE VOLUME eſt imparfait ; il finit au VIII. Chapitre du XXVI Livre.

1464 Hiſtoire-Naturelle, générale & particuliere, avec la deſcription du Cabinet du Roi. Par Meſsieurs de Buffon, d'Aubenton & Montbeilard. *Paris, de l'Imprimerie Royale*, 1749. 27 vol. in 4. fig. m. r.

PREMIERE EDITION.

1465 Histoire-Naturelle de M. de Buffon. Supplément, tome premier. *Paris, de l'Imprimerie Royale*, 1774. in 4. v. m.

1466 A general Natural History: or, new and accurate descriptions of the Animals, Vegetables, and Minerals of the various parts of the world. by John Hill. *London*, 1773. 3 vol. in fol. m. r.

FIGURES COLORIÉES.

1467 Ci comence le liure dou tresor lequel comenca maistre brunet latin de florence de latin en romans et parole de la naissance de toutes choses. in fol. m. r.

MANUSCRIT sur vélin du *XIV siecle*, contenant 192 feuillets; l'écriture est en *ancienne bâtarde*, sur 2 colonnes; les sommaires sont en rouge, & les *tourneures* sont peintes en or & en couleurs. Il est orné de quelques miniatures. On voit sur le premier feuillet quatre Anges jouant de divers instruments en usage dans le *XIV siecle*, qui sont, un *orgue portatif* à 7 tuyaux, un *violon* à cinq cordes, que les Ménétriers appelloient *vielle*, un *psalterion*, auquel ils donnoient le nom de *saliere*, & une *cornemuse* à deux chalumeaux,

Le Scribe qui a écrit le titre rapporté ci-dessus, & quelques Auteurs ont cru que le Tréfor de *Brunetto Latini* avoit été d'abord composé en latin, & ensuite traduit en françois. Ni l'un ni les autres n'ont fait attention que l'Auteur dit lui-même à la fin de son prologue, qu'il l'écrivit en françois :

Et si aucüs demandoit porcoi cest liures est escript ptes En Romäis selonc le pattois de france. puisque nos sommes ytaliens. je diroi que nos somes en france lautre porceque la parleure est plus delitable et plus comune a tos langages.

Ce passage sert à faire connoître que la langue françoise du temps de *Brunetto Latini* ; c'est-à-dire au *XIII siecle*, étoit presque aussi universelle qu'aujourd'hui, & que l'Auteur se trouvoit en France lorsqu'il composa son Tréfor. Né à Florence un peu après le commencement du *XIII siecle*, il fut chassé de sa patrie avec les Guelphes en 1260, & se retira en France. Il en est qui disent qu'il se sauva pour crime de faux ; mais c'est une calomnie. Pendant son séjour dans ce Royaume, il traduisit en françois les morales d'Aristote, & composa une petite chronique dans la même langue. Après la mort de *Mainfroi*, tué dans la bataille gagnée par *Charles d'Anjou*, en 1266 ; il revint à Florence, où il mourut en 1295. Le *Dante* est compté au nombre des Disciples sortis de l'Ecole qu'il avoit formée dans sa patrie, & dans laquelle il enseigna la Théologie, la Philosophie, l'Histoire, &c.

L'Ouvrage contenu dans notre MS. peut être regardé comme l'Encyclopédie du *XIII siecle* ; car il traite de tout. On prétend que *Brunetto Latini* en a pris l'idée du Tréfor du Troubadour *Pierre Corbian* ; mais on n'en rapporte pas de preuves.

Un des endroits les plus remarquables de ce Livre est la description de la Boussole.

Les deux tresmontaignes, c'est-à-dire les étoiles polaires,

font fixes : et porce naigent li mariniers a lenfeigne des eftoilles qui i font que il apellent tramontaines et les gens qui font en europe et en cefte partie naigent il a tramontaine devers fetentrion Et li autres naigentz a celui de midi, et que ce foit la verite prenes vne pierre de aimant (quant) ce eft calemité, uos trouerois que el a ij faces l'une gift vers lautre et chafcune a ij faces alie la pointe de laguille vers celle tramontaine vers cui celle face gifoit. Et por ce feroient li marinier deceufe il ne fen preiffent garde et por ce que ces ij eftoiles ne fe muent auient il que les autres eftoiles que i font enuiront pres uont entor on plus petit cercles et les autres on greignor felonc ce que les lunes i font plus pres et les autres plus loing. (Livre I. chap. cxiij)

Le premier feuillet de ce MS eft orné des armes de *Mallet Graville*, qui font de gueules, à 3 fermeaux ou boucles d'or, parti de *Balfac d'Entragues*, d'azur à 3 fautoirs d'argent, au chef de même, chargé de 3 fautoirs d'azur.

Il vient de la Bibliotheque de *Claude d'Urfé*, & il avoit appartenu auparavant à l'Amiral *Louis de Graville*, mort en 1516, lequel paroît avoir poffédé une Bibliotheque affez confidérable. Il avoit époufé *Marie de Balfac*, fille de *Roffec de Balfac*, Seigneur *d'Entragues*, morte en 1503. *Claude d'Urfé* ayant époufé *Jeanne de Balfac*, fille de *Pierre* & d'*Anne Mallet de Graville*, derniere des filles de l'Amiral, femme d'un très grand mérite, eut, felon les apparences, cette Bibliotheque de fa belle-mere, qui en avoit hérité de fon pere.

Il y a beaucoup d'autres MSS. dans ce Catalogue qui portent les mêmes armes de *Mallet*. M. *le Duc de la Valliere* les acquit tous en 1776, avec la Bibliotheque de *Claude d'Urfé*.

1468 Chi coumenche li liures qui est apieles tresors qui parole de la naissance de toutes choses. in-fol. m. r.

MANUSCRIT sur vélin du *XIV siecle*, contenant 161 feuillets. Il est écrit en *lettres de forme*, sur 2 colonnes, & enrichi de miniatures, de *tourneures*, & d'ornements peints en or & en couleurs. Ses sommaires sont en rouge.

Ce MS. n'est point semblable au précédent, quant à l'orthographe & à certaines expressions; mais il l'est quant au sens. Il n'existe pas de Livre qui ait plus varié dans le langage que celui-ci. On en trouve en différents patois. Il a été traduit en italien, en latin, &c. Le françois n'est pas imprimé.

Nous en rapportons le passage de la Boussole pour donner une idée du langage de ce MS.

.... Et en ceste partie. naigent il a tramontaine de septentrion. et li autre nagent a celi de miedi. et si uous uoleis sauoir se cest ueri:es. prendes une pierre daymant vous troueres quele a ij fases. lune engist uers lautre et cascune de ces ij faces alie la pointe de laguille uers celle tramontaine a qui cele fache gisoit et por ce seroient li marinier decheu sil ne sen prendoient garde. et pour ce que ces ij estoiles ne se meuuent auient il que les autres estoiles qui sont illuech entour ont plus petit cercles et les autres grignors selonc ce ke les autres sont plus pries et les autres plus loing.

1469 Tractatus de Proprietatibus rerum editus a fratre Bartholomæo de Glanvilla Anglico. *Impressus sub anno*, 1482. *die decembri X.* in fol. goth.

1470 Cy commence le liure des proprietes des

choses translate de latin en françois du commandement Charles le Quint de son nom, par la grace de Dieu Roy de France. Par maistre Jehan Corbechon de l'Ordre Saint-Augustin, l'An de grace M. CCC. lxxij. grand in fol. m. r.

TRÈS BEAU MANUSCRIT sur vélin du *XV siecle*, contenant 383 feuillets, y compris 8 feuillets de table qui sont au commencement. L'écriture est l'*ancienne bâtarde*, sur 2 colonnes. Les sommaires sont en rouge, & les *lettres tourneures* sont peintes en or & en couleurs.

Cet Ouvrage, divisé en 20 Livres, est enrichi d'autant de miniatures en camaïeu, qui ont environ 3 pouces en quarré. Il y en a une grande au haut de l'Epître dédicatoire; elle est partagée en 4 tableaux, dont le dernier représente *Charles V*, assis sur un *faldistoire* d'or, revêtu d'une longue robe bleue, ayant une couronne ouverte d'or sur la tête, & tenant un sceptre de la main gauche; il reçoit de la droite le Livre de *Jean Corbechon*, qui le lui présente à genoux, vêtu de l'habit noir des Augustins. Le P. Montfaucon a fait graver dans le tom. 3, pag. 34 des Monuments de la Monarchie Françoise, cette même présentation; mais différemment circonstanciée.

L'Epître dédicatoire qui précede l'Ouvrage est adressée par *Jean Corbechon* à *Charles V*. Il y est fait mention des Princes de l'antiquité qui ont aimé les lettres, & qui en ont fait leur plus douce étude. Tels furent Ptolemée, Alexandre, Jules César, l'Empereur Théodose & Charlemagne. Il rapporte avec complaisance les peines qu'ils se sont données pour s'instruire, & le desir qui les animoit pour le progrès des sciences & des beaux arts; il s'adresse ensuite au Roi: *Cest desir*, (lui dit-il,) *prince tres debonaire a dieu fichie plante et enracine en vostre cuer tres fermement de vostre jeuneſſe ſi comme il appert manifeſtement en la grant et copieuſe multitude de liures de diuerſes ſciences que vous auez aſſemblez chaſcun jour par voſtre feruente diligence. Eſquelz liures vous puiſiez la profonde eaue de ſapience au ſceau de voſtre vif entendement pour la eſpandre aux conſeilz et aux jugemens au prouffit du peuple que dieux vous a comis pour gouuerner. Et pour ce que la vie dun homme ne ſouffiroit mie a lire les liures que voſtre noble deſir a aſſemblez eſpecialement ou temps preſent vous ne les pouez pas veoir ni viſitez pour cauſe de vos guerres et ladminiſtracion de voſtre royaume et de pluſieurs grans et ineuitables occupations que chaſcun jour ſourdent et vienent a grant magnificence pourtant eſt venu a voſtre noble cuer un deſir dauoir li liure des proprietez des choſes lequel eſt ainſy comme une ſomme generale contenant toutes matieres &c.*

Charles V, premier fondateur d'une Bibliotheque Royale ſtable & permanente, de laquelle il eſt parlé dans le paſſage ci-deſſus, ſatisfait du travail du Pere Corbechon, ſon Chapelain, lui fit donner une gratification qu'on trouve portée aux comptes de 1372 du Tréſorier de la maiſon du Roi.

L'Ouvrage latin que cet Auguſtin a traduit eſt le Livre intitulé de *Proprietatibus rerum*, qui a pour Auteur *Bartholomé de Glanville*, Cordelier Anglois, connu ſous le nom de *Bartholomæus Anglicus*. Il floriſſoit en 1360. Son Ouvrage traite de plus d'objets que *le Tréſor de Brunetto Latini*.

Les MSS. qui contiennent la traduction françoiſe ſont très différents des Imprimés, parceque le Pere Pierre Ferget, Auguſtin, la faiſant imprimer en 1482 par Matthieu Huſs, la dénatura en y ajoutant & retranchant des paſſages entiers.

1471

SCIENCES ET ARTS.

1471 Le grand Propriétaire des choses de Bartholomé de Glanville, traduit du latin en hollandois. *Harlem, Jacop Bellaert*, 1485. *la veille de Noel.* in fol. m. r. goth.

PREMIERE EDITION.

1472 Adelardi Bathoniensis (vel Bachoniensis) perdifficiles quæstiones naturales. in 4. m. r. goth.

EDITION avec signatures, à longues lignes. Les pages qui sont entieres ont 32 lignes, & les caracteres sont ceux avec lesquels Jean de Westphalie a exécuté en 1474, à Louvain: *Petri de Crescentiis opus ruralium commodorum.*

1473 Liber Moralitatum elegantissimus magnarum rerum naturalium lumen animæ dictus. Per Matthiam Farinatorem de Wyenna. 1482. in fol. goth. m. bl.

A la fin :

Liber lumen anime dictus feliciter explicit Qui post diutinam occultationem diuina cooperante gratia nõ sine magnis laborib9 ad laudẽ oĩpotẽtis dei : totiusq3 triũphantis ecclesie honorẽ et decorem. atq3 in maiorem fructum ipsius militantis ecclesie. piorum filiorum simulq3 vtilitatem : stagneis caracterib9 in lucem est productus. Anno a natiuitate domini. Millesimo quadrĩgẽtesimo octuagesimo secundo sexta feria post Letare. summa cum diligentia completus.

1474 De Rerum naturalium principiis. Simonis Portii Neapolitani libri duo. *Neapoli, Matthias Cancer*, 1553. in 4. m. r.

Tome I   Kkk

1475 Le Spectacle de la nature, ou entretiens sur les particularités de l'Histoire naturelle, qui ont paru les plus propres à rendre les jeunes gens curieux, & à leur former l'esprit. Par M. Pluche. *Paris, Veuve Estienne*, 1735. 8 tom. en 9 vol. in 12. fig. m. r.

1476 Histoire du Ciel, considéré selon les idées des Poetes, des Philosophes, & de Moyse. Par M. Pluche. *Paris, Veuve Estienne*, 1739. 2 vol. in 12. fig. v. f.

Histoire Naturelle des Eléments.

1477 Georgii Agricolæ de ortu & causis subterranæorum, libri V. de natura eorum quæ effluunt ex terra, libri IV. de natura fossilium, libri X. de veteribus & novis metallis, libri II. *Basileæ, Froben*, 1546. in fol. m. r.

1478 De conflagratione agri Puteolani, Simonis Portii Liber. in 4. m. bl.

1479 El monte Vesuvio, aora la Montaña de soma. Por Don Juan de Quiñones. *En Madrid, Juan Gonzalez*, 1632. in 4. v. f.

1480 Observations sur les Volcans des deux Siciles, telles qu'elles ont été communiquées à la Societé royale de Londres. Par le Chevalier Hamilton. Auxquelles pour donner une idée plus précise de chaque observation, on a ajouté une carte nouvelle & très exacte, avec 54 planches enluminées d'après les desseins faits & coloriés sur la nature même, sous l'inspection de l'Auteur, par le sieur Pierre Fabris. En anglois & en françois. *Naples*, 1776. in fol. m. r.

1481 Traité des Barometres, Thermometres, & Notiometres, ou Hygrometres. Par Dalencé. Avec des figures dessinées & gravées par Schoonebeck. *Amsterdam, Henry Wetstein,* 1688. in 12. v. f.

Histoire Naturelle des Métaux.

1482 Georgii Agricolæ de re metallica libri XII. Ejusdem de animantibus liber. *Basileæ, Froben,* 1556. in fol. fig. m. r.

1483 De Metallicis libri tres. Andræâ Caesalpino auctore. *Noribergæ, Agricola,* 1602. in 4. m. bl.

1484 Michaelis Mercati Metallotheca opus posthumum. è tenebris in lucem eductum; operâ & studio Joannis Mariæ Lancisii, illustratum. cum appendice. *Romæ, Joannes Maria Salvioni,* 1717. in fol. fig. m. verd.

1485 De las antiguas minas de España. Autor Don Alonso Carillo Lasso. *En Cordoua, Salvador de Cea,* 1624. in 4. m. r.

1486 De re metallica en el qual se tratan diversos

secretos del conocimiento de toda suerte de minerales, de como se deven buscar, ensayar y beneficiar, con otros secretos e industrias notables, assi para los que tratan los officios de Oro, Plata, Cobre &c. compuesto por Bernardo Perez de Vargas. *En Madrid, P. Cosin,* 1569. in 8. m. bl.

1487 Arte de los metales en que se enseña el verdadero beneficio de los de Oro, y Plata por açogue. compuesto por Alvaro Alonso Barba. *En Madrid, en la Imprenta del Reyno,* 1640. in 4. m. r.

EDITION ORIGINALE.

1488 Quilatador de la Plata, Oro, y Piedras, compuesto por Joan Arphe de Villafañe. *En Valladolid, Diego Fernandez,* 1572. in 4. v. f.

1489 Quilatador de la Plata, Oro, y Piedras, conforme a las leyes reales : hecho por Joan de Arphe Villafañe. *En Madrid, Guillermo Drony,* 1598. in 8. m. r.

1490 Declaracion breve y summaria del valor del Oro ; hecha por Alonso Gallo. *En Madrid, Luis Sanchez,* 1613. in 12. m. verd.

1491 Declaracion del Valor de la Plata, Ley, y Peso de las monedas antiguas de Plata. Por Sebastian Gonzalez de Castro. *En Madrid, Diego Diaz de la Carrera,* 1658. in 4. m. r.

1492 Tratado de Enfayadores. compuesto por Juan Fernandez del Castillo. *En Madrid, Diego Flamenco*, 1623, in 4. m. r.

1493 Le Mercure Indien, ou le trésor des Indes. dans lequel il est traité de l'Or, de l'Argent & du Vif Argent, de leur formation, de leur origine, de leur usage & de leur valeur. Par P. de Rosnel. *Paris*, 1667. in 4. m. r. l. r.

Histoire Naturelle des Mineraux.

1494 Description méthodique d'une collection de Mineraux, du cabinet de M. D. R. D. L. Par M. de Romé Delisle. *Paris, Didot jeune*, 1773. in 8. G. P. v. f.

1495 Traité de l'Aiman. Par Dalencé. *Amsterdam, H. Wetstein*, 1687. in 12. fig. m. verd.

1496 Historia Succinorum corpora aliena involventium & naturæ opere pictorum & cælatorum ex regiis cimeliis Dresdæ conditis æri insculptorum conscripta à Nathanaele Sendelio. *Lipsiæ, Jo. Frid. Gleditschius*, 1742. in fol. G. P. m. verd.

Histoire Naturelle des Fossiles & des Pétrifications.

1497 Recueil des monuments des catastrophes que le globe de la terre a essuyées, contenant des Pétrifications, & d'autres pierres curieuses, dessinées, gravées & enluminées d'après les originaux, avec leur description, par Georg. Wolfgang Enorr. *Nuremberg.* 4 vol. in fol. dont 2 rel. en m. r. & le reste br. & en feuilles.

1498 Fossilium Metalla & res metallicas concernentium glebæ suis coloribus expressæ quas describit & digessit D. Cas. Christ. Schmiedel. *Norimbergæ, Seligmannus,* 1753. in 4. m. r.

1499 Trattato del Legno fossile minerale nuovamente scoperto, nel quale brevemente si accena la varia, & mutabil natura di detto legno, con figure, che monstrano il luogo dove nasce, &c. di Francesco Stellutti. *In Roma, Mascardi,* 1637. in fol. m. r.

Histoire Naturelle des Pierres & des Pierreries.

1500 Marbodæi Galli Cœnomanensis de Gemmarum lapidumque pretiosorum formis, naturis, atque viribus opusculum. *Coloniæ, Hero Alopecius,* 1539. in 8. m. r.

1501 Le Lapidaire. in 4. v. f. d. s. t.

MANUSCRIT sur vélin du commencement du *XV siecle,* contenant 34 feuillets. Il est écrit en *lettres de forme,* à longues lignes, & enrichi de *tourneures* peintes en or & en couleurs.

On lit au commencement du Prologue :

Pour lamour du bon roy philippe de france fut fait ce livre qui est appelle lapidaire et cil qui le pourchassa fut en plu-

sieurs abbayes et parla a plusieurs clercs prieurs et sages deuins pour sauoir lauctorité des pierreries et ce que les liures dient fut translaté du latin en francois et en plein concile par accort des sages clercs ...

Ce fut *Marbode* qui composa le *Lapidaire* en vers latins pour *Philippe Auguste*. Le Traducteur n'a choisi que douze pierres de ce traité ; les douze pierres que Dieu nomma, & dont *Moyse* décora *Aaron* par son commandement. Les douze pierres précieuses de l'Apocalipse suivent, & sont pareillement traduites du traité du même *Marbode*, intitulé: *Prosa de duodecim lapidibus pretiosis in fundamento cœlesti civitatis positis*. On trouve outre ces 24 pierres précieuses, quelques autres dont on rapporte la nature, les qualités & les propriétés, tant vraies que fabuleuses.

On attribue communément le *Lapidaire* à *Evax*, Roi des Arabes, célèbre Médecin, qui vivoit dans le premier siecle, lequel il adressa en grec à l'Empereur *Tibere*, & on prétend que *Marbode* n'a fait que le mettre en vers. Le premier Ouvrage n'existe plus, & le second se trouve parmi les œuvres de *Marbode*, imprimées en 1708. in fol. à la suite de celles de *Hildebert*. Il y est accompagné d'une traduction en vers françois qui remonte au *XIII siecle*, & que M. Sinner dans son Catalogue raisonné des MSS. de Berne, croit de *Brunetto Latini*.

Au reste, voici les noms des pierres précieuses décrites dans notre MS. Sardes, Granas, Amandines, Jacintes, Topasse, Esmeraude, Rubiz, Saphirs, Jaspes, Ligure, Acathe, Ametiste, Crisolite, Oniche, Sardoine, Beril, Balaiz, Crisopas, Cacedoine, Sardoine, Dyament, Allectoire, Celidoine, Jayes, Magnete, Veramias, Electrepe, Arecontadilles, Geloniles, Grasius, Calastide, Torites, Hyenna, Eyaperea, Cindros, Ydrodama, Cristal, Corneole, Alemandine & Aymant.

448 SCIENCES ET ARTS.

1502 Gemmarum & lapidum historia. quam olim edidit Anselmus Boetius de Boot, posteà Adrianus Tollius. cui accedunt Joannis de Laet de gemmis & lapidibus libri II. & Theophrasti liber de lapidibus, gr. & lat. *Lugd. Bat. Jo. Maire*, 1647. in 8. fig. m. r.

1503 Le Parfait Jouaillier, ou histoire des Pierreries : où sont amplement décrites leur naissance, juste prix, moyen de les connoître, & se garder des contrefaites. composé par Anselme Boece de Boot, & de nouveau enrichi de belles annotations & figures, par André Toll. *Lyon, Jean-Antoine Huguetan*, 1644. in 8. m. r.

1504 Les Merveilles des Indes Orientales & Occidentales, ou traité des Pierres précieuses & Perles, contenant leurs vraie nature, dureté, couleurs & vertus. Dédié à Mademoiselle, par Robert de Berquen. *Paris, Claude Lamlin*, 1661. in 4. m. r.

EXEMPLAIRE présenté par l'Auteur à Melle. dont les armes & le portrait y sont imprimés sur vélin & coloriés.

1505 Libro de las virtudes y propriedades miravillosas de las piedras preciosas. compuesto por Gaspard de Morales. *En Madrid, por Luis Sanchez*, 1605. in 8. m. bl.

1506 Essai de Cristallographie, ou description des figures géométriques, propres à différents corps

du

du regne minéral, connus sous le nom de Cristaux, avec figures & développements. Par M. de Romé Delisle. *Paris, Didot le jeune,* 1772. in 4. G. P. de Hollande, v. f.

Histoire Naturelle des Eaux, Bains & Eaux Minérales.

1507 De Balneis omnia quæ extant apud Græcos Latinos & Arabos, tam Medicos quam quoscumque cæterarum artium probatos scriptores, in unum hoc volumen redacta. *Venetiis, apud Juntas,* 1553. in fol. v. f.

1508 De Thermis Andreæ Baccii Elpidani, Medici atque Philosophi libri septem. *Venetiis, Valgrisius,* 1571. in fol. m. r.

EDITION la plus belle & la plus estimée.

Traités d'Agriculture & des Choses Rustiques & du Jardinage.

1509 Rei Rusticæ scriptores. scilicet: Marcus Priscus Cato, Marcus Terentius Varro, & Lucius Junius Moderatus Columella, ex recensione Georgii Alexandrini. Palladius Rutilius Taurus Æmilianus studio Francisci Coluciæ Verzinensis. *Venetiis, Nicolaus Jenson,* 1472. in fol. m. r. l. r.

PREMIERE EDITION.

1510 Rei rusticæ authores ; Cato, Varro, Columella, Palladius Rutilius ex recensione Georgii Alexandrini. *Regii, operâ & impensis Bartholomei Bruschi Al. Botoni, Regiensis, nonis Junii*, 1482. in fol. v. f.

1511 Libri de Re Rustica. scilicet M. Catonis liber I. M. Terentii Varronis libri III. L. Junii Moderati Columellæ libri XII. ejusdem de arboribus liber separatus. Palladii libri XIV. Georgii Alexandrini enarrationes priscarum dictionum. ex recensione Jucundi Veronensis, curante Aldo Manutio. *Venetiis, in Ædibus Aldi & Andreæ Soceri*, 1514. in 8. v. f.

1512 Opus ruralium commodorum Petri de Crescentiis. *Lovanii, per Joannem de Westphalia*, 1474. in fol. goth. m. bl.

CETTE EDITION est exécutée sur 2 colonnes.
On doit trouver à la tête 4 feuillets qui contiennent une Epître dédicatoire & la table des Chapitres. Le texte suit, & à la fin on lit une souscription qui a été rapportée par plusieurs Bibliographes.

1513 Le bon Ménager ; qui traite des profits champêtres & ruraux, du labour des champs, vignes, jardins, &c. compilé par Pierre Crescens. Edition augmentée de la maniere de enter, planter, & nourrir tous arbres : selon le jugement de Maître Gorgole de Corne. *Paris, Galliot du Pré*, 1533. in fol. goth. v. m. l. r.

SCIENCES ET ARTS

1514 Il libro della Agricultura di Piero Créscientio. *Florentie, per me Nicholaum (Laurentii Alemanum) Diocesis Uratislaviensis, die XV mensis Julii*, 1478. in fol. m. r.

PREMIERE EDITION.

CE VOLUME commence par six feuillets qui contiennent la Dédicace de Pierre de Cressent, & la table des Chapitres. Le texte suit, & à la fin il y a la souscription suivante, imprimée en lettres capitales:

Impressvm est hoc opvs Florentie per me Nicholavm diocesis Vratislaviensis die xv. mensis ivlii. anno. D. M. CCCC. L. XXVIII.

1515 La grande pronostication des Laboureurs, durant à tous jamais. *Paris*, in 4. goth. rel. en cart.

1516 Le grand Compost & Calendrier des Bergers. *Geneve.* in fol. goth. v. f. doub. de tabis.

1517 Le Calendrier & Compost des Bergers. *Troyes, Nicolas le Rouge*, 1529. in fol. goth. v. m.

1518 Le vrai régime & gouvernement des Bergers & Bergeres, composé par le Rustique Jehan de Brie, le bon Berger. *Paris, Denys Janot*, 1542. in 12. goth. fig. m. r.

1519 Petit Compost en françois. *Paris, Jehan St. Denys.* in 8. goth. m. r.

1520 Recueil de figures dessinées & coloriées à la Chine. in fol. m. r.

CE RECUEIL rare représente l'agriculture & la chasse

des Chinois. Il confifte en vingt fix feuillets de papier.

1521 Eden: or, a compleat body of gardening, both in knowledge and practice. illuftrated with figures of about four hundred of the fineft shrubs, flowers, and plants. by John Hill. *London: printed for the Author*, 1773. in fol. v. f.

BOTANIQUE.

Introduction à la Botanique.

1522 Traduction de la Préface de M. Haller, contenant une notice des principaux livres de Botanique, publiés depuis l'invention de l'Imprimerie jufqu'en 1745. in fol. rel. en carton.

MANUSCRIT fur papier, proprement écrit, contenant 18 feuillets.

1523 D. Augufti Quirini Rivini introductio generalis in rem Herbariam. *Lipfiæ, Sumptibus auctoris*, 1690. 2 vol. in fol. fig. v. b.

1524 Plantarum hiftoriæ univerfalis Oxonienfis, partes tres, feu herbarum diftributio nova, per tabulas cognationis & affinitatis ex libro naturæ obfervata & detecta. Auct. Rob. Morifon. accedunt Plantæ Umbelliferæ. *Oxonii, è Th. Sheldoniano*, 1672. 2 vol. in fol. m. r.

FIGURES COLORIÉES.

1525 Eléments de Botanique, ou méthode pour

connoître les Plantes. Par M. Pitton Tournefort. *Paris, de l'Imprimerie Royale,* 1694. 3 vol. in 8. fig. m. r.

1526 Eléments de Botanique, ou méthode pour connoître les Plantes. Par M. Pitton Tournefort. *Paris, de l'Imprimerie Royale,* 1694. — Josephi Pitton Tournefort institutiones rei herbariæ. Editio tertia appendicibus aucta ab Antonio de Jussieu. *Lugdini, juxta exemplar Parisiis, è Typographia Regia,* 1719. 4 vol. in 4. m. viol. dent.

1527 The vegetable system. or a series of experiments, and observations tending to explain the internal structure, and the life of Plants. &c. by John Hill. *London, printed for the Author,* 1759. 26 tom. rel. en 13 vol. in fol. fig. v. f.

1528 Icones plantarum & analyses partium, æri incisæ atque vivis coloribus insignitæ, adjectis indicibus nominum necessariis, figurarum explicationibus & brevibus animadversionibus quas composuit D. Casimirus Christophorus Schmidel, curante & edente Joanne Christophoro Keller. *(Nurembergæ) Typis Christiani de Launoy.* 1762. in fol. en feuilles.

1529 Découvertes les plus nouvelles dans le regne végétal, ou observations microscopiques sur les parties de la génération des Plantes renfermées dans leurs fleurs, & sur les insectes qui s'y trouvent. Par Guil. Fred. Baron de Gleichen, dit Ruffworm. trad. de l'allemand, par Jacq. Fred. Ifenflamm. *Nuremberg, veuve de Lannoy*, 1770. in fol. Figures coloriées. m. r.

1530 Nature, qualité & propriété des Plantes, en langue provençale. in fol. v. f. d. f. tr.

MANUSCRIT fur vélin du *XIV fiecle*, contenant 162 feuillets. Son écriture est en *lettres de forme*, fur 2 colonnes.

Histoire Générale des Plantes, des Arbres, des Fleurs, &c.

1531 Herbarius cum figuris herbarum depictis, opus Germanice confcriptum. *Móguntiæ, per Petrum Schoyffer*, 1485. in fol. m. r.

PREMIERE EDITION Allemande; elle n'a ni chiffres, ni fignatures. Les figures en font gravées fur bois, & imprimées avec le Texte.

On trouve à la tête du Volume une eftampe coloriée qui tient toute la largeur de la page; elle repréfente 13 Médecins ou Botaniftes, dont un tient une plante. On voit dans le fond deux arbres, entre lefquels eft fufpendu un écuffon, tellement furchargé de couleurs, qu'il eft impoffible d'y rien diftinguer. Cette eftampe eft fuivie de deux feuillets, dont le premier commence par ces mots: *fft vnd vil*, &c. & le fecond finit au milieu du recto de la page par cette ligne: *Zyten Amen*.

Le texte commence par la defcription de la plante nommée *Arthemifia* &c. *Cap. primū*. Il finit par celle nommée: *Zucarum zocker Capitulū*. CCCCXXXV.

SCIENCES ET ARTS. 455

On doit trouver ensuite 21 feuillets qui contiennent différentes tables. Sur le recto du troisieme feuillet il y a une estampe gravée sur bois; elle représente un Médecin tenant dans sa main une phiole qu'il fait voir à une femme, & au bas du verso du 21e il y a la souscription suivante imprimée en rouge, & suivie des écussons de Schoyffer.

Disser Herbarius ist czu mentz gedruckt und geendet uff dem XXViij dage des mercz Anno. M. CCCC. LXXXV.

1532 Hortus Sanitatis. de Herbis & Plantis, de Animalibus, de Avibus, de piscibus, de lapidibus & de urinis. (Authore Joanne Cuba.) *Moguntiæ, Jacobus Meydenbach, 1491, die vero jovis vicesima tercia mensis Junij.* in fol. goth. fig. m. r.

1533 Hortus Sanitatis. (Authore Joanne Cuba.) in fol. goth. fig. v. f.

1534 Hortus Sanitatis. (Authore Joanne Cuba.) 1517. in fol. goth. fig. v. f.

1535 Le traité des Bêtes, Oiseaux, Poissons, pierres précieuses, & urines, du Jardin de Santé, traduit de latin (de Jean Cuba) en françois. *Paris, Anthoine Verard*, in fol. goth. m. cit.

IMPRIMÉ SUR VÉLIN, avec 538 miniatures.

1536 Macer Floridus de viribus Herbarum. in 4. goth. fig. m. r.

EDITION à longues lignes, au nombre de 38 sur les pages qui sont entieres.

1537 Herbarum imagines vivæ. *Francoforti, Christianus Egenolphus excudebat.* in 4. v. f.

1538 Herbolario volgare, nel quale se dimostra a conoscer le herbe, & le sue virtu. *In Vinegia, per Franc. di Alessandro Bindone, & Mapheo Pasini.* 1536. in 8. fig. m. r.

1539 De historia Stirpium commentarii insignes, Leonharto Fuchsio autore. *Basileæ, in Officina Isingriniana,* 1542. in fol. m. r.

Figures coloriées.

1540 Histoire des plantes, en laquelle est contenue la description entiere des herbes, &c. Par Rembert Dodoens; traduite de bas allemand en françois, par Charles de l'Escluse. *Anvers, Jean Loë,* 1557. in fol. fig. v. f.

1541 Mémoires pour servir à l'histoire des Plantes, dressés par M. Dodart. *Paris, de l'Imprimerie Royale,* 1676. in fol. fig. v. ecc.

1542 Mémoires pour servir à l'histoire des plantes, dressés par M. Dodart. *Paris, de l'Imprimerie Royale,* 1679. in 12. m. r.

1543 Recueil d'Estampes pour servir à l'histoire des Plantes, dessinées & gravées par ordre de Louis XIV, d'après le magnifique recueil d'histoire naturelle, peint en miniature, qui est conservé dans le cabinet des estampes à la Bibliotheque du Roi, par Nicolas Robert, Abraham Bosse,

SCIENCES ET ARTS.

Boffe, & Louis de Châtillon. 2 vol. in fol. veau éc.

A la tête de chaque Volume il y a une table manufcrite du nom des Plantes.

1544 Plantes peintes à gouache par Claude Aubriet. in fol. m. r.

Ces plantes font au nombre de 30, peintes d'après nature avec un art admirable fur le recto d'autant de feuillets de vélin très blanc, lefquels font entourés d'un filet d'or. Le nom de chaque plante y eft écrit en rouge.

Ce recueil doit être regardé comme un morceau très précieux & très rare d'hiftoire naturelle, parcequ'il n'a été fait qu'avec beaucoup de peine & de dépenfe. *Claude Aubriet* étoit Peintre de fleurs en miniature, & Deffinateur du jardin du Roi. Il accompagna en 1700 M. *Tournefort* dans fon voyage au Levant ; de retour il fe fixa à Paris, où il mourut.

1545 Recueil de plantes deffinées & peintes par Claude Aubriet & Mademoifelle Magdeleine Baffeporte. in fol. m. r.

RECUEIL très précieux, confiftant en 106 feuillets de papier. Plufieurs plantes qu'il contient font deffinées & lavées, & d'autres font peintes. Il y en a dix qui portent le nom de Melle. Baffeporte.

1546 Hiftoria Plantarum fpecies hactenus editas aliafque infuper multas noviter inventas & defcriptas complectens. Auctore Joanne Raio. *Londini, Maria Clark*, 1686. 3 vol. in fol. vel.

Tome I. M m m

1547 Leonardi Plukenetii opera Botanica, scilicet, Phytographia; Amaltheum botanicum; Almagestum botanicum; & Almagesti botanici mantissa. cum tabulis æneis. *Londini, sumptibus autoris*, 1691 *& annis seqq.* 7 tom. rel. en 6 vol. in 4. v. ecc.

EDITION ORIGINALE.

1548 Description des Plantes, en flamand. Par Abraham Munting. *Utrecht, Halma*, 1696. in fol. G. P. m. r.

FIGURES COLORIÉES.

1549 Phytanthosa iconographia, sive conspectus aliquot millium, tam indigenarum quam exoticarum, ex quatuor mundi partibus, longâ annorum serie indefessoque studio, à Jo. Guil. Weinmanno, collectarum Plantarum, arborum, fruticum, &c. quæ nitidissimè æri incisæ & simul diu desideratâ ac recens inventâ arte, vivis coloribus & iconibus, naturæ æmulis, excusæ & repræsentatæ per Barth. Seuterum, Jo. El. Ridingerum, & Jo. Jac. Haidium pictores & calcographos. quorum denominationes, characteres &c. explicantur à Jo. Georg. Nic. Dieterico. germanicè & latinè. *Ratisbonæ, Lenzius*, 1737. 4 vol. in fol. G. P. v. b.

SUPERBE EXEMPLAIRE qui vient de la Vente de M. Gaignat, où il a été acheté 750 liv. Il y a une grande différence pour la beauté des figures entre les anciennes & celles nouvellement coloriées.

1550 A curious Herbal, containing five hundred cuts, of the moſt uſeful Plants, which are now uſed in the practice of phyſick. By Elizabeth Blackwell. *London*, *Nourſe*, 1751. 2 vol. in fol. v. m.

FIGURES COLORIÉES.

1551 Herbarium Blackwellianum emendatum & auctum. cum præfatione Chriſt. Jac. Trew. *Norimbergæ*, *de Lannoy*, 1757. 6 vol. in fol. v. f.

FIGURES COLORIÉES.

1552 D. Jo. Hieronymi Kniphofii Botanica in originali, ſeu herbarium vivum, plantarum indigenarum & exoticar. in quo peculiari quadam operoſaque enchireſi atramento obductarum nominibuſque ſuis ad methodum Linnæi & Ludwigii inſignitarum elegantiſſima ectypa exhibentur, operâ Jo. Godofredi Trampe. *Halæ Magdeburgicæ*, 1757. 4 vol. in fol.

FIGURES COLORIÉES.

1553 Conradi Geſneri hiſtoriæ Plantarum faſciculus, quem ex Bibliotheca D. Chriſtophori Jacobi Trew edidit & illuſtravit D. Caſimirus Chriſtophorus Schmidel. *Norimbergæ*, *Jo. Michael Seligmann*, 1759. in fol. v. f.

FIGURES COLORIÉES.

1554 Thesaurus rei Herbariæ hortensisque universalis, exhibens figuras Florum, Herbarum, arborum, fruticum, aliarumque plantarum prorsus novas. germanicè & latinè. *Norimbergæ, hæredes Gregorii Wolf. Knorrii*, 1770. 3 vol. in fol. m. r.

FIGURES COLORIÉES.

1555 Les Dons merveilleux & diversement coloriés de la nature dans le regne végétal, ou collection de Plantes précieusement coloriées, par les soins de M. Buc'hoz. *Paris, chez l'Auteur*, XI. cahiers in fol. br.

Il manque un cahier depuis 91 jusqu'à 100.

1556 Recueil de Fleurs & d'Insectes peints sur vélin par Daniel Rabel en 1624. in fol. m. r.

RECUEIL unique & d'un prix inestimable. Il consiste en 100 feuillets de vélin d'une blancheur éclatante; ils ne sont peints que d'un côté, & chaque page, entourée d'un filet d'or, représente une fleur qui souvent est accompagnée de plusieurs autres de même espece.

On en compte 233, 7 Papillons, 22 divers Insectes, & un reptile à deux têtes, auquel on a donné le nom grec de *Amphisbena*.

Le fameux *Rabel* qui a exécuté ces Fleurs, dont les noms sont écrits en or, les a peintes avec tant de magie, & a su leur donner une fraîcheur si vive, qu'elles paroissent comme des fleurs qu'on vient de séparer de leurs tiges. Les insectes qu'on y voit y paroissent aussi comme vivants. Tel est un Papillon de nuit que rien n'égale pour l'expression & le fini.

Malherbe, enchanté de la beauté de ce Recueil précieux, a adressé au célebre Artiste le Sonnet suivant, qui renferme les éloges les plus mérités.

>Quelques louanges nompareilles
>Qu'ait Apelle encore aujourd'hui,
>Cet ouvrage plein de merveilles
>Met Rabel au dessus de lui.
>
>L'art y surmonte la nature;
>Et si mon jugement n'est vain,
>Flore lui conduisoit la main
>Quand il faisoit cette peinture.
>
>Certes il a privé mes yeux
>De l'objet qu'ils aiment le mieux,
>N'y mettant point de *Marguerite* ;
>
>Mais pouvoit-il être ignorant
>Qu'une fleur de tant de mérite
>Auroit terni le demeurant ?

M. l'Abbé Rive a donné une notice très détaillée & fort intéressante de ce superbe Recueil.

1557 Hortus nitidissimus omnem per annum superbiens floribus, sive amœnissimorum florum imagines quas magnis sumptibus collegit Christophorus Jacobus Trew. ipso vero annuente in æs incisas in publicum edidit Joannes Michael Seligmann. germanicè & latinè. *Noribergæ*, *Seligmanni hæredes*, 1768. 2 vol. in fol. m. r.

FIGURES COLORIÉES.

Histoire Particuliere des Plantes, des Arbres & des Fruits.

1558 ΦΥΤΟΒΑΣΑΝΟC sive Plantarum aliquot historia. Fabio Columnâ auctore. *Neapoli, Carlinus*, 1592. in 4. fig. m. r.

1559 Fabii Columnæ minus cognitarum ratiorumque stirpium nostro sæculo orientium ΕΚΦΡΑΣΙC. *Roma, Mascardus*, 1616. = Ejusdem Fab. Columnæ Purpura. *Roma, Mascardus*, 1616. 2 vol. in 4. fig. m. r.

1560 Joannis Martyn historia Plantarum rariorum. *Londini, Reily*, 1728. in fol. G. P. m. r.

FIGURES COLORIÉES.

EXEMPLAIRE envoyé en présent à M. Geoffroy, Médecin, de l'Académie des Sciences.

1561 Historia Botanica practica, seu plantarum, quæ ad usum medicinæ pertinent, nomenclatura, descriptio & virtutes. opus Jo. Bapt. Morandi. *Mediolani, Malatesta*, 1744. in fol. v. éc.

FIGURES COLORIÉES.

1562 Description des différentes especes de Chiendent, en Allemand. Par Jean Chrétien Daniel Schrebers. *Leipsic, Crusius*, 1767. in fol. v. f.

FIGURES COLORIÉES.

1563 Tractatus de Arboribus coniferis & pice conficienda, aliisque ex illis arboribus provenientibus, in lucem editus à Joanne Conrado Axtio. *Jenæ, Joannes Bielkius*, 1679. in 12. fig. v. f.

1564 Icones Lignorum Exoticorum & Nostratium Germanicorum ex Arboribus, arbusculis & fruticibus varii generis collectorum. germanicè & latinè. *Nurnberg, Seligmann*, 1773. in 4. m. r.

FIGURES COLORIÉES.

1565 The construction of Timber, from its early growth; explained by the Microscope, and proved from experiments, in a great variety of kinds. By John Hill. *London, for the Author*, 1770. in fol. G. P. v. f.

1566 Traité des Arbres fruitiers, contenant leur figure, leur description, leur culture, &c. Par M. Duhamel du Monceau. *Paris, Saillant*, 1768. 2 vol. in 4. G. P. fig. m. r.

1567 Pomologia, edente D. Georg. Leon. Huth. Opus germanicè conscriptum. *Nurembergæ, Seligman*, 1760. in fol. m. r.

FIGURES COLORIÉES.

1568 Pomologie, ou description des meilleures sortes de Pommes & de Poires, par Jean Herman Knoop. *Amsterdam, Magerus*, 1771. = Fructologie, ou description des Arbres fruitiers, que l'on cultive dans les jardins. Par le même. *Amsterdam, Magerus,* 1771. in fol. m. r.

FIGURES COLORIÉES.

Histoire Naturelle des Champignons.

1569 Jac. Christ. Schaeffer Fungorum qui in Bavaria & Palatinatu circa Ratisbonam nascuntur icones, nativis coloribus expressæ. *Ratisbonæ, Typ. Zunkelianis,* 1762. 4 vol. in 4. m. r.

Histoire Naturelle Particuliere des Plantes, Arbres & Fleurs de différents Pays.

1570 Jacobi Breynii Gedanensis exoticarum aliarumque minus cognitarum Plantarum centuria prima, cum figuris æneis. *Gedani, sumptibus Autoris,* anno 1678. in fol. m. r.

Immédiatement après l'*Index Plantarum* on doit trouver *Appendix ad centuriam Plantarum exoticarum* &c. Cette partie est de 23 pages. Il y a dans ce Vol. 101 figures détachées. Les planches 83 & 86 ne sont pas cottées. Les autres sont imprimées avec le discours.

1571 Exotic Botany illustrated, in thirty-five figures coloured of elegant Chinese and American Shrubs and Plants, many of them new. By John Hill. *London, for the Author,* 1772. in fol. m. r.

1572 Botanicon Parisienſe ou dénombrement par ordre alphabétique des Plantes qui ſe trouvent aux environs de Paris. Par M. Sebaſtien Vaillant, enrichi de plus de 300 figures deſſinées par Claude Aubriet. *Leide*, *Jean Verbeek*, 1727. in fol. G. P. v. f.

1573 Hiſtoire des Plantes qui naiſſent aux environs d'Aix. Par Garidel. 2 vol. in fol. fig.

Manuscrit ſur papier proprement écrit ; c'eſt l'original paraphé par le Cenſeur.

1574 Hiſtoire des Plantes qui naiſſent aux environs d'Aix, & dans pluſieurs autres endroits de la Provence. Par Garidel. *Aix*, *David*, 1715. in fol. m. r.

Figures coloriées.

1575 Traité hiſtorique des Plantes qui croiſſent dans la Lorraine & les trois Evêchés. Par M. P. J. Buc'hoz. *Nancy*, *F. Meſſin*, 1762. 8 vol. in 12. v. m.

1576 Planches coloriées pour ſervir au traité hiſtorique des Plantes qui croiſſent dans la Lorraine & les trois Evêchés. in 4. m. r.

1577 Icones Plantarum ſponte naſcentium in regnis Daniæ & Norvegiæ ; opus ſub Floræ Danicæ nomine inſcriptum. Faſciculi XII. cura Othonis Friderici Muller. *Haunia*. 3 vol. in fol. m. r. & en feuilles.

Figures coloriées.

1578 Hortus Indicus Malabaricus, continens regni Malabarici apud Indos celeberrimi omnis generis Plantas rariores, Latinis, Malabaricis, Arabicis & Bramanum characteribus nominibusque expressas, una cum floribus, fructibus & seminibus naturali magnitudine à peritissimis pictoribus delineatas & ad vivum exhibitas. addita insuper accurata earumdem descriptione. adornatus per Henricum van Rheede, van Draakenstein, & Joannem Casearium. notis adauxit, & commentariis illustravit Arnoldus Syen. *Amstelodami, Joannes van Someren*, 1678. 12 vol. in fol. v. b.

1579 Georgii Everhardi Rumphii Herbarium Amboinense, plurimas complectens arbores, frutices, herbas, &c. quæ in Amboina, & adjacentibus reperiuntur insulis, accuratissimè descriptas. curâ & studio Joannis Burmanni. *Amstelodami, Menardus Uytwerf*, 1750. 7 tom. en 6 vol. in fol. G. P. fig. v. éc.

1580 Laurentii Heisteri descriptio novi generis Plantæ rarissimæ & speciosissimæ Africanæ ex Bulbosarum classe. cum tribus magnis tabulis æneis hujus plantæ coloribus naturalibus representatæ. *Brunsvigæ, Typis Orphanotrophei*, 1753. in fol. v. f.

1581 Description des Plantes de l'Amérique. avec leurs figures. Par le Pere Charles Plumier. *Paris*, de *l'Imprimerie Royale*, 1693. in fol. v. m.

1582 Traité des Fougeres de l'Amérique. en latin & en françois. avec leurs figures. Par le Pere Charles Plumier. *Paris, de l'Imprimerie Royale*, 1705. in fol. v. m.

1583 Histoire des plantes de la Guianne françoise, rangées suivant la méthode sexuelle, avec plusieurs mémoires sur différents objets intéressants, relatifs à la culture & au commerce de la Guianne françoise, & une notice des Plantes de l'Isle de France. Ouvrage orné de près de 400 planches gravées en taille-douce. Par M. Fusée Aublet. *Paris, Pierre-François Didot jeune*, 1775. 4 vol. in 4. G. P. v. f.

1584 Caracteres generum Plantarum, quas in itinere ad insulas maris australis, collegerunt, descripserunt, delinearunt, annis 1772—1775. Joannes Reinoldus Forster, & Georgius Forster. *Londini, B. White*, 1776. in 4. fig. m. r.

1585 Collection précieuse & enluminée des Fleurs les plus belles & les plus curieuses qui se cultivent, tant dans les jardins de la Chine, que dans ceux de l'Europe, dirigée par les soins & sous la conduite de M. Buc'hoz. *Paris, Lacombe*. in fol. m. r.

Cette Collection contient 100 planches.

1586 Recueil de Fleurs peintes à la Chine. in fol. m. r.

Ces Fleurs sont supérieurement peintes sur 100 feuillets de papier.

Collection des Plantes des Jardins Publics & Particuliers.

1587 Hortus Romanus juxta systema Tornefortianum paulo strictius distributus à Georgio Bonelli : specierum nomina suppeditante, præstantiorum, quas ipse selegit, adumbrationem dirigente Liberato Sabbati. adjectis unicuique volumini rariorum Plantarum tabulis C. ære incisis & depictis. *Romæ, Bouchard*, 1772. 5 vol. in fol. rel. en cart.

1588 Hortus Eystettensis, sive diligens & accurata omnium Plantarum, florum, stirpium, ex variis orbis terræ partibus, singulari studio collectarum, quæ in celeberrimis viridariis arcem episcopalem ibidem cingentibus, hoc tempore conspiciuntur, delineatio & ad vivum repræsentatio. opera Basilei Besleri, 1613. 2 vol. in fol. m. bl.

EXEMPLAIRE complet & très précieux, dont toutes les figures sont coloriées avec le plus grand soin.

1589 Horti Medici Amstelodamensis rariorum Plantarum descriptio & icones, auctore Jo. Commelino. Opus latinitate donatum, notisque & observationibus illustratum à Fred. Ruyschio, & Fr. Kiggelario. *Amstelodami*, *Blaeu*, 1697. 2 vol. in fol. m. bl.

FIGURES COLORIÉES.

1590 Hortus Cliffortianus Plantas exhibens quas in hortis tam vivis quam siccis, Hartecampi in Hollandia, coluit Georgius Clifford. Auctore Carolo Linnæo. cum tabulis æneis delineatis à G. D. Ehret, & æri incisis à J. Vandelaar. *Amsteladami*, 1737. in fol. v. f.

1591 Catalogus Plantarum, tum exoticarum tum domesticarum, quæ in hortis haud procul à Londino sitis in venditionem propagantur. *London*, 1730. in fol. v. éc.

FIGURES COLORIÉES.

1592 Plantæ Selectæ quarum imagines ad exemplaria naturalia Londini in hortis curiosorum nutrita manu doctâ pinxit Georg. Dionys. Ehret. collegit, nominibus propriis notisque illustravit D. Christ. Jac. Trew. in æs incidit & vivis coloribus repræsentavit Jo. Jac. Haid. in decem Decuriis. 1750. in fol. m. r. dent.

1593 Hortus Elthamensis seu Plantarum rariorum quas in horto suo Elthami in Cantio coluit Jacobus Sherard. cum plantarum descriptionibus, auctore Johanne Jacobo Dillenio. *Londini*, *Sumptibus Auctoris*, 1732. 2 vol. in fol. fig. v. f.

Histoire Naturelle Générale des Animaux.

1594 Aristotelis de Animalibus libri, è græco in latinum translati per Theodorum Gazam. *Venetiis, Johannes de Colonia & Joh. Manthen de Gherretzem*, 1476. in fol. m. r.

IMPRIMÉ SUR VÉLIN.

CE VOLUME commence par la signature a 2 & finit par Ff. à la fin il y a cette souscription :
Finiunt libri de animalibus Aristotelis interprete Theodoro Gaze. V. clarissimo : quos Ludouicus podocatharus Cyprius ex Archetypo ipsius Theodori fideliter & diligĕter auscultauit : & formulis imprimi curauit Venetiis per Iohannem de Colonia sociüqȝ eius Iohannĕ mäthen de Gherretzĕ. Anno domini. M. CCCC. LXXVI.

Cette souscription est suivie d'un feuillet qui contient *Tabula cartarum.*

1595 Alberti Magni Philosophi opus de Animalibus. *Mantuæ, per Paulum Johanis de Butschbach*, 1479. in fol. goth. m. r.

1596 Conradi Gesneri historiæ Animalium, libri V. scilicet, de Quadrupedibus, de Avibus, de piscibus & de serpentibus. *Tiguri, Froschoverus*, 1551. 4 vol. in fol. fig. m. bl.

1597 Icones Animalium Quadrupedum viviparum & oviparorum, quæ in historia Animalium Conr. Gesneri describuntur. *Tiguri, Froschoverus*, 1553. in fol. m. r.

FIGURES ENLUMINÉES.

1598 Vlyssis Aldrovandi opera omnia. 14 vol. fol. fig. v. b.

Scilicet :

1 Ornithologiæ hoc est de Avibus historiæ libri XX. *Bononia*, apud Nic. Tebaldinum. 1646. 3 vol.
2 De Animalibus insectis libri VII. *Bononiæ* apud Clement. Ferronium. 1638.
3 De reliquis animalibus exanguibus libri IV. post ejus mortem editi : nempè de Mollibus, Crustaceis, Testaceis, & Zoophytis. *Bononiæ*, Typis Jo. Bapt. Ferronii. 1642.
4 De Piscibus libri V. & de Cetis liber unus. Joannes Cornelius Vterverius collegit. Marc. Antonius Bernia in lucem restituit. *Bononiæ* apud Nic. Thebaldinum. 1638.
5 De Quadrupedibus solidipedibus volumen. Joannes Cornelius Vterverius collegit & recensuit. Marcus Antonius Bernia in lucem restituit. *Bononiæ*, apud Nic. Tebaldinum. 1639.
6 Quadrupedum omnium bisulcorum historia. Joannes Cornelius Vterverius Belga colligere incœpit. Thomas Dempsterus Baro à Muresk, Scotus perfectè absolvit. Marcus Antonius Bernia denuo in lucem edidit. *Bononiæ* P. Bapt. Ferronius. 1642.
7 De Quadrupedibus digitatis viviparis libri tres, & de quadrupedibus digitatis oviparis libri duo. Bartholomæus Ambrosinus collegit. *Bononiæ* apud Nic. Tebaldinum 1645.
8 Serpentum & Draconum historiæ libri duo. Bartholomæus Ambrosinus opus concinnavit. *Bononiæ* apud Clem. Ferronium. 1640.
9 Monstrorum historia. Marcus Antonius Bernia in lucem edidit. *Bononiæ*, typis Nic. Tebaldini. 1642.
10 Paralipomena accuratissima historiæ omnium Animalium quæ in voluminibus Aldrovandi desiderantur. Bartholo-

mæus Ambrosinus collegit, Marcus Ant. Bernia in lucem edidit. *Bononiæ*, typis Nic. Tebaldini. 1642.

11 Musæum Metallicum in libros IV distributum. Bartholomæus Ambrosinus composuit. *Bononiæ* typis Jo. Bapt. Ferronii 1648.

12 Dendrologiæ naturalis scilicet arborum historiæ libri duo. Ovidius Montalbanus opus collegit, digessit, concinnavit. *Bononiæ* typis Jo. Bapt. Ferronii 1668.

1599 Mémoires pour servir à l'histoire naturelle des Animaux dressés par M. Perrault. *Paris, de l'Imprimerie Royale*, 1676. in fol. fig. v. éc.

1600 Histoire des Animaux, quadrupedes, oiseaux & poissons. Par Jean Dan. Heener. *Nuremberg*, 1748. 2 vol. in fol. m. r.

En Allemand, avec figures coloriées.

1601 Descrizioni de gli Animali disegnati, incisi, e miniati al naturale, da Innocente Alessandri e Pietro Scattaglia. *In Venezia, Carlo Palese*, 1771. 4 tom. en 2 vol. in fol. m. r.

FIGURES COLORIÉES.

1602 A natural history of uncommon Birds, and of some other rare and undescribed animals, quadrupedes, reptiles, fisches, insects, exhibited in two hundred and ten copper plates. by George Edwards. *London, for the author*, 4 vol. in 4. m. r. dent.

FIGURES COLORIÉES.

1603 Glanures d'histoire naturelle, consistant en figures

figures de quadrupedes, d'oiseaux, d'insectes, de plantes, &c. dont on n'avoit point encore eu, pour la plupart, de desseins, &c. avec les les descriptions des différents sujets, dessinés, gravés & colorés d'après nature. Par George Edwards, en anglois & en françois. *Londres, pour l'auteur,* 1758. 3 vol. in 4. m. r. dent.

Histoire Naturelle des Animaux des différents Pays.

1604 Description de différents Animaux, qui se conservent dans la ménagerie de son Altesse Sérénissime M. le Prince d'Orange. Par A. Vosmaer. *Amsterdam, P. Meijer,* 1767. in 4. v. f.

FIGURES COLORIÉES.

1605 The British Zoology. illustrated with one hundred and seven copper Plates, colorated. *London, John March,* 1766. in fol. v. ecc.

1606 British Zoology. *London, Benjamin White,* 1768. 2 vol. in 8. m. r.

FIGURES COLORIÉES.

1607 Joannis Caii Britanni, de Canibus Britannicis, liber. de rariorum Animalium & stirpium historia, liber. de libris propriis, liber. *Londini, Gulielmus Seresius,* 1570. in 8. v. f.

1608 Zoologiæ Danicæ prodromus, seu Animalium Daniæ & Norvegiæ indigenarum characteres, nomina & synonyma imprimis popularium. Auctore Othone Friderico Muller. *Hauniæ, Typis Hallageriis*, 1776. in 8. en feuilles.

1609 Zoologiæ Danicæ seu Animalium Daniæ & Norvegiæ rariorum ac minus notorum icones, editæ ab Ottone Friderico Muller. Fasciculus primus continens tabulas depictas I — XL. *Hauniæ, Martinus Hallagerus*, 1777. in fol. en feuilles.

Histoire Naturelle particuliere des Quadrupedes.

1610 Elephantographia curiosa, seu Elephanti descriptio, adornata multis selectis observationibus physicis, medicis, & jucundis historiis referta, cum figuris æneis, authore, D. Georgio Christophoro Petri. *Erfordiæ, Impensis Authoris*, 1715. in 4. v. m.

1611 L'histoire des Eléphans, par Salomon de Priezac. *Paris, Charles Sercy*, 1650. in 12. fig. v. f.

1612 Description du Cheval, selon ses poils principaux, & leurs diverses divisions, sa complexion, & les qualités qui en résultent. En allemand & en françois. *Augustæ Vindelicorum.* in 4. m. r.

FIGURES DE RIDINGER COLORIÉES.

SCIENCES ET ARTS. 475

Histoire Naturelle générale des Oiseaux.

1613 L'histoire de la nature des Oiseaux, avec leurs descriptions, & naïfs portraits retirés du naturel : écrite en VII. livres, par Pierre Belon. *Paris, Gilles Corrozet,* 1555. in fol. fig. m. cit.

1614 Francisci Willughbeii Ornithologiæ libri III : in quibus aves omnes hactenus cognitæ, in methodum naturis suis convenientem redactæ, accuratè describuntur : descriptiones iconibus elegantissimis & vivarum Avium simillimis, æri incisis illustrantur. ex recognitione Joannis Raii. *Londini, Joannes Martyn,* 1676. in fol. v. ecc.

1615 A natural history of Birds. illustrated with a hundred and one copper plates, curiously engraved from the life, by Eleazar Albin. and carefully colour'd by his daughter and self from the originals. *London, Innys,* 1731. 3 vol. in 4. m. r.

1616 L'histoire naturelle, éclaircie dans une de ses parties principales, l'Ornithologie, qui traite des Oiseaux de terre, de mer & de riviere, tant de nos climats que des pays étrangers. Par M. Salerne. *Paris, de Bure pere,* 1767. in 4. m. bl.

FIGURES COLORIÉES.

1617 Histoire Naturelle des Oiseaux, par M. le Comte de Buffon. *Paris, de l'Imprimerie*

Royale, 1771. 3 vol. in fol. G. P. en feuilles.
Avec 696 Figures coloriées.

1618 Recueil d'Oiseaux, peints par Claude Aubriet. in fol. m. r.

Recueil infiniment précieux, formé avec un soin & une dépense considérable. Il consiste en 56 feuillets de vélin colés sur du beau papier grand in fol. & peints d'un seul côté. On y voit représentés 92 Oiseaux de la derniere beauté; un feu surprenant, une touche précieuse, la nature même saisie parfaitement, y font admirer le talent de leur habile Artiste.

Histoire Naturelle particuliere des Oiseaux.

1619 Traité de l'origine des Macreuses. Par feu M. de Graindorge. Mis en lumiere par M. Thomas Malouin. *Caen, Jean Poisson*, 1680. in 8. m. bl. dent. doub. de tabis, l. r.

1620 Descriptions des Nids des Oiseaux. Par Cornelius Nozeman, en hollandois. *Amsterdam, Jean Christ. Sepp,* 1770. in fol. m. r.
Figures coloriées.

Histoire Naturelle des Animaux Amphibies.

1621 Joannis Alberti Schlosser epistola de Lacerta Amboinensi. *Amstelodami, sumptibus Auctoris,* 1768. ⎯ Petrus Boddaert de Chaetodonte Argo. *Amstelodami, Corn. van Tongerlo,* 1770. ⎯

Idem Boddaert de Testudine Cartilaginea. *Amstelodami, Corn. van Tongerlo*, 1770. ⸺ Idem Boddaert de Rana bicolore. *Amstelodami, Magerus*, 1772. ⸺ Idem Boddaert de Chaetodonte diacantho. *Amstelodami, Magerus*, 1772. in 4. v. f. G. P.

FIGURES COLORIÉES.

1622 Historia naturalis Ranarum nostratium in qua omnes earum proprietates, præsertim quæ ad generationem ipsarum pertinent, fusius enarrantur. germanicè & latinè, accurante Aug. Jo. Roesel. *Norimbergæ, Fleischmannus*, 1758. in fol. m. r.

FIGURES COLORIÉES.

Histoire Naturelle générale des Poissons.

1623 Aquatilium Animalium historiæ, cum eorumdem formis, ære excusis. Hippolyto Salviano auctore. *Romæ, apud eundem Hip. Salvianum*, 1558. in fol. m. r.

FIGURES COLORIÉES.

1624 Pauli Jovii de Piscibus marinis, Lacustribus, fluviatilibus, item de Testaceis ac Salsamentis liber. *Romæ, F. Minutius Calvus*, 1527. in 4. m. r.

1625 La nature & diversité des Poissons, avec leurs portraits, représentés au plus près du naturel. Par Pierre Belon. *Paris, Charles Eſtienne*, 1555. in 8. oblong. m. v.

1626 Hiſtoire entiere des Poiſſons, traduite du latin, de Guillaume Rondelet. *Lyon, Macé Bonhomme*, 1558, 2 tomes en 1 vol. in fol. fig. m. r.

1627 Franciſci Willughbeii de hiſtoria Piſcium libri IV. juſſu & ſumptibus ſocietatis Regiæ Londinenſis editi. totum opus recognovit, ſupplevit, librum etiam primum & ſecundum integros adjecit Joannes Raius. cum effigiis Piſcium ad vivum delineatis. *Oxonii, è Theatro Sheldoniano*, 1686. in fol. v. éc.

Hiſtoire Naturelle des Poiſſons de différents Pays.

1628 Pauli Jovii Comenſis medici de Romanis Piſcibus libellus. *Baſileæ, in Officina Frobeniana*, 1531. in 8. v. b.

EXEMPLAIRE de Grolier.

1629 Hiſtoire naturelle des Dorades de la Chine, gravées par M. F. N. Martinet. accompagnée d'obſervations & d'anecdotes relatives aux uſages, aux moyens & au gouvernement de cet Empire ; par M. de Sauvigny. *Paris, Louis Jorry*, 1780. in fol. en feuilles.

FIGURES COLORIÉES.

1630 Poiſſons, Ecreviſſes & Crabes, de diverſes

couleurs & figures extraordinaires, que l'on trouve autour des isles Moluques, & sur les côtes des terres australes. peints d'après nature, le tout muni de certificats & attestations authentiques. Ouvrage auquel on a employé près de 30 ans, & qui contient un très grand nombre de Poissons les plus beaux & les plus rares de la Mer des Indes. Donné au public par M. Renard. *Amsterdam, Ottens*, 1754. in fol. v. b.

Histoire Naturelle des Coquilles.

1631 Martini Lister, historiæ sive synopsis methodicæ Conchyliorum quorum omnium picturæ, ad vivum delineatæ, exhibentur, libri IV. cum appendice ad librum IV. *Londini, Sumptibus Authoris*, 1685. in fol. m. bl. dent.

1632 Martini Lister historiæ sive synopsis methodicæ Conchyliorum & tabularum anatomicarum editio altera. recensuit & indicibus auxit Gulielmus Huddesfort. *Oxonii, è Typographeo Clarendoniano*, 1770. in fol. fig. v. f.

1633 Index Testarum Conchyliorum quæ adservantur in museo Nic. Gualtieri. *Florentiæ, Albizzini*, 1742. in fol. fig. m. r.

1634 Index Testarum Conchyliorum quæ adservantur in museo Nicolai Gualtieri. *Florentiæ, Caietanus Albizzinus*, 1742. in fol. m. r.
FIGURES COLORIÉES.

1635 L'Histoire naturelle éclaircie dans une de ses parties principales, la Conchyliologie, qui traite des Coquilles de mer, de riviere & de terre. (Par M. Dezallier d'Argenville.) *Paris, Debure l'aîné*, 1757. in 4. m. bl. l. r.

FIGURES COLORIÉES.

1636 La Conchyliologie, ou Histoire Naturelle des Coquilles de mer, d'eau douce, terrestres & fossiles. avec un traité de la Zoomorphose, ou représentation des Animaux qui habitent les coquilles. Par feu M. Dezallier d'Argenville; troisieme édition considérablement augmentée, par Messieurs de Favanne de Montcervelle, Pere & Fils. *Paris, Guillaume De Bure, fils aîné*, 1780. 2 vol. in 4. G. P. en feuilles.

Avec 84 figures coloriées d'après nature, avec la plus grande précision.

Cet Ouvrage est le plus complet qui ait paru jusqu'à présent sur cette partie de l'Histoire Naturelle.

1637 Choix de Coquillages & de Crustacées peints d'après nature gravés en taille-douce & illuminés de leurs vraies couleurs, par Franç. Michel Regenfuss. *Copenhague*, 1758. in fol. très G. P. m. r.

1638 Collection de différentes especes de Coquillages qu'on trouve dans les mers, par George Wolfgang Knorr. *Nuremberg*, 1764. 2 vol. in 4. m. r.

FIGURES COLORIÉES.

SCIENCES ET ARTS. 481

1639 Jacobi Theodori Klein naturalis dispositio Echinodermatum. Accesserunt lucubratiuncula de aculeis Echinorum marinorum & spicilegium de Belemnitis, edita & descriptionibus novisque inventis & synonymis auctorum aucta a Nathanaele Godofredo Leske. *Lipsiæ, ex Officina Gleditschiana.* 1778. in 4. en feuilles.

FIGURES COLORIÉES.

1640 Jacobi Theodori Klein naturalis dispositio Echinodermatum. Accesserunt Lucubratiuncula de aculeis Echinorum Marinorum & Spicilegium de Belemnitis, edita & descriptionibus novisque inventis & Synonymis auctorum aucta a Nathanaele Godofredo Leske, cum 54. Tabulis Æneis. *Lipsiæ, ex Officina Gleditschiana.* 1778. in 4. v. f. f. d'or.

1641 Godofredi Sellii historia naturalis Teredinis seu Xilophagi marini, Tubulo-Conchoidis speciatim Belgici. cum tabulis ad vivum coloratis. *Trajecti ad Rhenum, Hermannus Besseling,* 1733. in 4. v. f.

Histoire Naturelle des Corps qui tiennent de l'Animal & de la Plante.

1642 Essai sur l'Histoire Naturelle des Corallines, & d'autres productions marines du même genre, qu'on trouve communément sur les côtes de la

Tome I. P p p

Grande Bretagne & d'Irlande. Par Jean Ellis. *La Haye*, *de Hondt*, 1756 in 4. G. P. v. éc.
FIGURES COLORIÉES.

Histoire Naturelle des Insectes de Rivière & de Terre.

1643 Vermium terrestrium & fluviatilium, seu animalium infusoriorum, Helminthicorum & testaceorum, non marinorum, succincta historia, auctore Othone Friderico Muller. *Hauniæ*, *Heineck*, 1773. 2 vol. in 4. en feuilles.

Histoire Naturelle Générale des Insectes.

1644 The Book of nature; or, the history of Insects: reduced to distinct classes, and illustrated with copper-plates, including the generation of the Frog, the history of the Ephemerus, &c. by John Swammerdam, translated from the dutch and latin original edition, by Thomas Flloyd, revised by John Hill. *London*, *Seyffert*, 1758. in fol. m. verd.

1645 Histoire Naturelle des Insectes, par Aug. Jean Roesel. *Nuremberg*, *Fleischmann*, 1746. 5 vol. in 4. m. r. en Allemand.
FIGURES COLORIÉES.

1646 Mémoires pour servir à l'histoire des Insectes. par Charles de Geer. *Stockholm*, *L. L. Grefing*, 1752. 7 vol. in 4. fig. v. f.

1647 Jacobi Christiani Schaeffer elementa Entomologica. CXXXV. tabulæ ære excusæ floridisque coloribus distinctæ. *Regensburg, Schriften*, 1766. in 4. m. r.

1648 Histoire Naturelle des Insectes rangés suivant leurs différents genres, en anglois & en françois. Par Drury. *Londres, White*, 1770. 2 vol. in 4. v. f. & broché.

FIGURES COLORIÉES.

Histoire Naturelle Particuliere des Insectes.

1649 Erucarum ortus, alimentum & paradoxa metamorphosis. Per Mariam Sibillam Merian. *Amstelodami, Oosterwyk.* in 4. v. f.

FIGURES COLORIÉES.

1650 Traité des Animaux, ayant ailes, qui nuisent par leurs piquures ou morsures, avec les remedes. Plus, une histoire de quelques Mouches ou Papillons non vulgaires apparues l'an 1590, qu'on a estimées fort venimeuses : le tout composé par Jean Bauhin. *Montbeliart*, 1593. in 12. v. f.

1651 Histoire de la Mouche commune de nos appartements. avec quatre planches enluminées. donnée au Public par Jean Christofle Keller. *Nuremberg*, 1766. in fol. v. f.

Histoire Naturelle des Insectes de différents Pays.

1652 Jacobi Christiani Schaefferi icones insectorum circa Ratisbonam indigenorum coloribus naturam referentibus expressæ. 3 tom. en 2 vol. in 4. m. r. & en feuilles.

1653 Insectorum Angliæ Naturalis Historia: illustrata iconibus in centum tabulis æneis eleganter ad vivum expressis, accuratè etiam coloratis, ab authore Eleazare Albin. *Londini, Innys,* 1731. in 4. m. r.

1654 Papillons exotiques des trois parties du monde, l'Asie, l'Afrique & l'Amérique, rassemblés & décrits par M. Pierre Cramer dessinés sur les originaux, gravés & enluminés sous sa direction. *Amsterdam, S. J. Baalde,* 1775. 22 cahiers. in 4. br.

1655 Dissertation sur la génération & la transformation des Insectes de Surinam: par Marie Sibille Merian. *La Haye, Pierre Gosse,* 1726. in fol. m. r. dent.
FIGURES COLORIÉES.

1656 Histoire générale des Insectes de Surinam & de toute l'Europe, contenant leurs descriptions, leurs figures, leurs différentes métamorphoses, &c. Par Marie Sibille Merian. *Paris, Desnos,* 1771, 3 vol. in fol. m. r.
FIGURES COLORIÉES.

Histoire Naturelle de différents Pays.

1657 Essai sur l'Histoire Naturelle de la mer Adriatique par le Docteur Vitaliano Donati. *La Haye, P. de Hondt,* 1758. in 4. G. P. v. éc.

FIGURES COLORIÉES.

1658 Historia naturalis Hassiæ inferioris, pars prima, germanicè & latinè, per Petrum Wolfart. *Cassel, Henry Harmes,* 1719. in fol. fig. v. f.

1659 Icones rerum naturalium, ou figures enluminées d'histoire naturelle du Nord : par M. le Professeur Ascanius. *Copenhague, Cl. Philibert,* 1772. 4 cahiers in fol. en feuilles.

1660 Portraits d'Oiseaux, Animaux, Serpens, Herbes, Arbres, Hommes & Femmes d'Arabie & Egypte, observés par P. Belon du Mans. *Paris, Cavellat,* 1557. in 4. m. r.

FIGURES COLORIÉES.

1661 Tractado de las drogas, y medicinas de las Indias Orientales, con sus plantas debuxadas albivo por Christoval Acosta. *En Burgos, Martin de Victoria.* 1578. in 4. fig. m. verd.

1662 Historia natural y moral de las Indias, en que se tratan las cosas notables del cielo, y elementos, metales, &c. compuesta por el padre Joseph de Acosta. *En Sevilla, Juan de Leon,* 1590. in 4. m. r.

1663 Cabinet des raretés de l'Isle d'Amboine; contenant la description de toutes sortes de Crustacées ; savoir, Crables, Ecrevisses, &c. Mineraux, Pierres, &c. qui se trouvent dans l'île d'Amboine & îles adjacentes. Par Georges Everard Rumphius. en hollandois. *Amsterdam, Franc. Halma*, 1705. in fol. fig. v. f.

Cet Ouvrage, quoique le titre soit fort différent, est le même que celui annoncé dans la Bibliographie instructive, N° 1744, comme étant la bonne Edition, parcequ'elle renferme les premieres épreuves des figures. Cette Edition, qui est la premiere, est de beaucoup supérieure aux deux autres, pour la beauté des estampes.

1664 Nova Plantarum, Animalium & Mineralium Mexicanorum historia à Francisco Hernandez Medico in Indiis compilata ; dein à Nardo Antonio Reccho in volumen digesta, à Jo. Terentio, Joanne Fabro, & Fabio Columna Lynceis notis & annotationibus illustrata. *Romæ, Blasius Deversinus*, 1651. in fol. fig. v. m.

1665 A voyage to the Islands Madera, Barbados, Nieves, S. Christophers and Jamaica, with the Natural History, by Hans Sloane. *London*, 1707. 2 vol. in fol. fig. v. f.

1666 The Natural History of Barbados, by Griffith Hughes. *London, for the Author*, 1750. in fol. G. P. m. r. dent.

Figures coloriées.

SCIENCES ET ARTS. 487

1667 The Natural History of Carolina, Florida, and the Bahama Islands: containing the figures of Birds, Beasts, Fishes, Serpents, &c. with their descriptions in English and French, by Mark Catesby. *London, T. Wilcox*, 1754. 2 vol. in fol. m. r.

FIGURES COLORIÉES.

Histoire des Monstres, Prodiges, &c.

1668 Jules Obsequent des Prodiges; plus trois livres de Polydore Vergile sur la même matiere, traduits de latin en françois par George de la Bouthiere. *Lyon, Jean de Tournes*, 1555. in 8. fig. m. viol. dent.

1669 Prodigiorum ac ostentorum chronicon, quæ præter naturæ ordinem, motum, & operationem, & in superioribus & his inferioribus mundi regionibus, ab exordio mundi usque ad hæc nostra tempora, acciderunt, conscriptum per Conradum Lycosthenem. *Basileæ, per Henricum Petri*, 1557. in fol. fig. v. f.

1670 Recueil de pieces sur les Géants. in 8. v. f.

Il contient:

1 Gigantostéologie, ou discours des os d'un géant. Par Nicolas Habicot. *Paris, Jean Houzé.*
2 Gigantomachie pour répondre à la Gigantostologie. 1613.
3 L'imposture découverte des os humains supposés, & fauf

sement attribués au Roi Theutobochus. *Paris, Pierre Ramier.* 1614.

4 Discours apologétique touchant la vérité des Géants. contre la Gigantomachie. *Paris, Jean Orry,* 1615.

5 Réponse à un discours apologétique, touchant la vérité des Géants. Par Nicolas Habicot. *Paris, Jean Petit-Pas,* 1615.

6 Gigantologie, discours sur la grandeur des Géants, où il est démontré que de toute ancienneté les plus grands hommes & Géants n'ont été plus hauts que ceux de ce temps. Par Riolan. *Paris, Adrian Perier,* 1618.

7 Antigigantologie, ou contre-discours de la grandeur des Géants. Par Nicolas Habicot. *Paris, Jean Corrozet,* 1618.

1671 Recueil de pieces. in 8. v. éc.

Il contient:

1 Discours véritable d'un Juif errant, lequel maintient avec paroles probables avoir été présent à voir crucifier Jésus-Christ, & est demeuré en vie jusqu'à présent. *Bordeaux,* 1609.

2 Histoire admirable d'une fille champêtre du pays d'Anjou, laquelle a été quatre ans sans user d'aucune nourriture que de peu d'eau. *Paris, de Roigny,* 1586.

3 Histoire prodigieuse & admirable d'un homme Provençal de nation, lequel ne boit ni ne mange : & ne laisse de parler & de cheminer. *Paris, Saugrain,* 1618.

4 Traité merveilleux d'un Monstre engendré dans le corps d'un homme, nommé Ferd. de la Febve, par des ensorcellements qui lui furent donnés en un breuvage. La Sage-femme qui le reçut s'appelloit Françoise de Léon ; il fut mis sur terre par la partie extraordinaire, le 21 Juin 1608. *Paris, Menier.*

SCIENCES ET ARTS. 489

5 Miracle arrivé dans la ville de Genève, d'une femme qui a accouché d'un veau : à cause du mépris de la puissance de Dieu. *Paris, Regnoul.*

6 Discours sur les jumelles jointes, qui sont nées à Paris, le 18 Janvier 1605, en la rue de la Bucherie. *Paris, Vitray,* 1605.

7 Discours prodigieux & véritable, d'une fille-de-chambre, laquelle a produit un monstre, après avoir eu la compagnie d'un singe, en la Ville de Messine. *Paris, Bourriquant.*

8 Prodige d'un enfant monstrueux né au village de Pantin, proche Paris, le 19 Juin 1615.

1672 Disputa del Simone Portio, sopra quella fanciulla della Magna, la quale visse due anni o piu senza Mangiare, & senza Bere. tradotta, in lingua fiorentina da Giovambattista Gelli. *In Firenze.* in 8. m. bl.

1673 De Puella, quæ sine Cibo & Potu vitam transigit, brevis narratio, teste & authore Gerardo Bucoldiano, Physico Regio. *Parisiis, Robertus Stephanus,* 1542. in 8. v. b.

Mélanges d'Histoire Naturelle.

1674 Le Secret de l'Histoire Naturelle contenant les merveilles & choses mémorables du monde. ainsi que le tout est amplement écrit par Pline, Solin, Démocrite, Hérodote, Orose, Isidoire, le Docteur Gervaise & tous autres. *Paris, Philippe le Noir.* in 4. goth. m. r.

1675 Levinio Lennio de gli occulti miracoli, & varii ammaeftramenti delle cofe della natura. *In Venetia, Lodovico Avanzi*, 1560. in 8. m. bl.

1676 Dell' Hiftoria Naturale di Ferrante Imperato, libri XXVIII. nella quale fi tratta della diverfa conditione di Miniere e Pietre, &c. *In Napoli, Vitale*, 1599. in fol. m. r.

1677 Papillons, Plantes, & Fleurs, peints par Claude Aubriet. in fol. m. r.

LIVRE admirable pour le fini & la beauté de fon exécution. Il confifte dans le titre ci-deffus, qui eft écrit en or & en couleurs, en 53 feuillets de vélin très blanc, & en un feuillet de papier. Les pages peintes font entourées d'un large filet d'or. Il y en a 28 qui repréfentent des Plantes avec leurs fruits, & les 26 autres 97 Papillons mâles & femelles; & un nombre affez confidérable de papillons en chenilles, en coques & en chryfalides.

1678 Jacobi Petiveri opera, Hiftoriam Naturalem fpectantia; or, Gazophylacium. containing feveral 1000 figures of Birds, Beafts, Reptiles, Infects, Fish, &c. from all nations, with englifh, latin, and native names. *London, John Millan*, 1764. 2 vol. in fol. v. m.

1679 Délices Phyfiques choifies, ou choix de tout ce que les trois regnes de la Nature renferment de plus digne des recherches d'un Amateur curieux, pour en former un Cabinet choifi de curiofités naturelles, par George Wolf. Knorr,

SCIENCES ET ARTS

continué par Ph. Louis Stace Muller, & trad. en françois, par Math. Verdier de la Blaquiere. *Nuremberg*, 1766. 2 vol. in fol. G. P. m. r.

FIGURES COLORIÉES.

1680 Centurie de Planches enluminées représentant au naturel ce qui se trouve de plus intéressant & de plus curieux parmi les Animaux, les Végétaux & les Minéraux. Par M. Buc'hoz. *Paris, Lacombe.* in fol. m. r.

IMPRIMÉ SUR VÉLIN.

1681 Seconde Centurie de Planches enluminées, représentant au naturel ce qui se trouve de plus intéressant & de plus curieux parmi les Animaux, les Végétaux & les Minéraux. Par M. Buc'hoz. 1778. in fol. en feuilles. 8 décades.

IMPRIMÉ SUR VÉLIN.

1682 Centurie de Planches non enluminées. Par le même M. Buc'hoz. *Paris, Lacombe.* in fol. m. r.

1683 Seconde Centurie de Planches non enluminées, représentant au naturel ce qui se trouve de plus intéressant & de plus curieux parmi les Animaux, les Végétaux & les Minéraux. Par M. Buc'hoz. 1778. in fol. en feuilles. 8 décades.

SCIENCES ET ARTS.

Cabinets ou Collections de Curiosités de la Nature & de l'Art.

1684 Musæum Kircherianum sive musæum à P. Athanasio Kirchero in collegio Romano societatis Jesu jam pridem incœptum, nuper restitutum, auctum, descriptum, & iconibus illustratum à Patre Philippo Bonanni. *Romæ, Georgius Plachus*, 1709. in fol. fig. v. f.

1685 Rerum Naturalium Historia nempè Quadrupedum, Insectorum, Piscium, &c. ac præsertim Testaceorum existentium in museo Kircheriano edita jam à P. Philippo Bonannio, nunc vero novâ methodo distributa à Joan. Antonio Battara Ariminensi. *Romæ, Zempel*, 1773. in fol. v. f.

FIGURES COLORIÉES.

1686 Locupletissimi rerum naturalium Thesauri accurata descriptio, & iconibus artificiosissimis expressio, per universam Physices Historiam. Opus ex toto terrarum orbe collegit, descripsit, & depingendum curavit Albertus Seba. latinè & gallicè. *Amsteladami, apud Janssonios Waesbergios*, 1734. 4 vol. in fol. m. r.

EXEMPLAIRE TRES PRÉCIEUX dont toutes les figures sont coloriées.

SCIENCES ET ARTS.

MEDECINE.

Medecins Anciens, Grecs, Arabes & Latins.

1687 Aphorismi Hippocratis, græcè & latinè. ex recognitione Adolphi Vorstii. accedunt huic editioni loca parallela ex ipso Hippocrate, ut & Celso, petita. *Lugduni Batavorum, apud Gaesbekios*, in 24. m. r.
IMPRIMÉ SUR VÉLIN.

1688 Les Œuvres d'Hippocrate traduites en françois avec des remarques. & conférées sur les Manuscrits de la Bibliotheque du Roi; (par M. Dacier.) *Paris, par la Compagnie des Libraires*, 1697. 2 vol. in 12. m. r. l. r.

1689 Galeni opera omnia græcè. ex recensione Andreæ Asulani, adjuvante Joanne Baptista Opizono Papiensi. *Venetiis, in Ædibus Aldi & Andreæ Soceri*, 1525. 5 vol. in fol. m. r.
PREMIERE EDITION.

1690 Aretæi Cappadocis de causis & signis acutorum, & diuturnorum morborum libri IV. græcè & latinè, cum notis variorum, ex recensione Hermanni Boerhaave. *Lugduni Batavorum, apud Janssonios Vander Aa*, 1735. in fol. G. P. v. f.

1691 Avicennæ opera. Arabicè. *Romæ, in Typographia Medicea*, 1593. in fol. m. r.

1692 Avicennæ Canon Medicinæ, translatus ab Arnaldo de Villanova. *Venetiis, Octavianus Scotus*, 1490. in 4. v. f.

1693 Liber Theoricæ necnon Practicæ Alsaharavii in prisco Arabum medicorum conventu facilè principis: qui vulgò Açararius dicitur. *Augustæ Vindelicorum, impensis Sigismundi Grim Medici, & Marci Vuirsung*, 1519. in fol. m. r.

1694 Liber totius Medicinæ quem sapientissimus Haly filius Abbas discipulus Abimeber Moysi filii Sciar edidit. à Stephano ex arabica lingua in latinam reductus. necnon à Michaele de Capella fecundis synonymis illustratus. *Lugduni, Jacobus Myt*, 1523. in 4. m. r.

1695 Liber Serapionis agregatus in medicinis semplicibus; translatio Symonis Januensis, interprete Abraham Judæo Tortuosiensi de Arabico in Latinum. *Mediolani, Anton. Zarotus*, 1473. in fol. m. r.

PREMIERE EDITION.

CE VOLUME qui est imprimé sur 2 colonnes, commence par l'intitulé ci-dessus, & finit par cette souscription:
Opus Impressum Mli Per Antñium Zarotum Parmēsem Anno domini M cccclxxiii Die Mercuri. iiii. August.
EXPLICIT LIBER GLIENI DE CENTAVREA.

1696 Nonus liber Almansoris: cum expositione clarissimi doctoris Sillani de Nigris de Papia. Accedunt Receptæ magistri Petri de Tusignano

SCIENCES ET ARTS. 495

super nono Almanzoris. *Veneciis, jussu & impensis nobilis viri Octaviani Scoti*, 1490, *decima die Aprilis.* in fol. goth. m. r.

PREMIERE EDITION.

1697 Medicæ artis Principes, post Hippocratem & Galenum. studio Henrici Stephani. *Parisiis, apud Henr. Stephanum*, 1567. 2 vol. in fol. m. r.

1698 Medici antiqui omnes, qui latinis litteris diversorum morborum genera, & remedia persecuti sunt, undique conquisiti, & uno volumine comprehensi. *Veneciis, Aldi filii*, 1547. in fol. m. r.

1699 Cornelii Celsi de Medicina libri VIII. ex recognitione Bartholomæi Fontii & Sexetti. *Florentiæ, Nicolaus, (Laurentii filius, diœcesis Uratislaviensis)* 1478. in fol. m. r.

PREMIERE EDITION.

On trouve au commencement du Volume une table des chapitres, signaturée, contenant 7 feuillets qui sont suivis d'un autre, dont le verso porte une Epître Dédicatoire de Bartholomæus Fontius.

On lit à la fin cette souscription imprimée en lettres capitales.

Cornelii Celsi de Medicina liber finit Florentiae a Nicolao impressvs anno salutis M CCCC LXXVIII

Les signatures de cette Edition commencent au sixieme feuillet du texte par a i, & finissent par h h.

Traités de Physiologie, ou des différents tempéraments, Facultés, Usages, &c. du Corps Humain.

1700 La génération de l'Homme, ou tableau de l'amour conjugal, considéré dans l'état du mariage, par Nicolas Venette. *Londres*, 1751. 2 vol. in 12. G. P. fig. m. verd.

1701 Thomæ Bartholini, de usu flagrorum in re medica & veneria, lumborumque & renum officio, epistola. accedunt de eodem renum officio Joachimi Olhafii & Olai Wormii dissertatiunculæ. *Francofurti, Daniel Paullus*, 1670. in 8. m. r.

1702 Petri Laurembergii Pasicompse nova, id est, accurata & curiosa delineatio Pulchritudinis. *Lipsiæ, ex Bibliopolio Hallervordiano*, 1634. in 8. m. r.

Traités Diætétiques & Hygiastiques; du Régime de Vie; des Aliments; de l'Art de la Cuisine; des Vins, Boissons différentes, &c.

1703 (Bartholomæi) Platinæ (Sacchi) de honesta voluptate : & valetudine libri IX. (*Romæ, circa* 1473.) in fol. m. r.

PREMIERE EDITION.

Elle est à longues lignes, sans chiffres, réclames ni signatures.

SCIENCES ET ARTS. 49

La premiere page qui contient 32 lignes, commence par ce titre imprimé en lettres capitales :

Platynae de honefta volvptate : et valitvdine ad ampliffi-mvm ac doctiffimvm. D. B. Roverellam. S Clementis Praesbitervm cardinalem liber primvs.

Le dernier feuillet verfo, dont le nombre des lignes eft de 4, finit ainfi :

PLATYNAE DE OBSONIIS LIB. FIN. f

Les caractères de cette Edition reffemblent beaucoup à ceux du *Juftin*, imprimé par *Ulric Han* en 1469. Ils ont auffi de grands rapports avec les caractères de *George Laver*. On fait que Platina a été Correcteur de l'Imprimerie de ce dernier Artifte.

1704 Libellus (Bartholomæi Sacchi) Platinæ de honefta voluptate ac valitudine. *Bononiæ, per Jo. Ant. Platonidem Benedictinorum Bibliopolam*, 1499. in 4. m. r.

1705 Hieronymi Cardani opus de fanitate tuenda, in IV libros digeftum. à Rodolpho Sylveftrio in lucem editum. *Bafileæ, Henric Petri*, 1598. in fol. m. r.

1706 Regimen fanitatis Salernitanum, à magiftro Arnaldo de Villanova expofitum, correctum & emendatum. (1480.) in 4. goth. v. f.

EDITION avec fignatures, à longues lignes, dont les pages qui font entieres ont 33 lignes.

1707 Regimen Sanitatis Scholæ Salernitanæ, compofitum à magiftro de Villanova, Cathalano.

Tome I   R r r

Impreſſum Pariſii, per Felicem Balligault, XV. Kal. Decembris, 1493. in 4. goth. v. f.

1708 Liber Cibalis & Medicinalis pandectarum Matthæi Silvatici Medici de Salerno. ex emendatione Angeli Catonis Supinatis de Benevento. *Neapoli*, 1474. in fol. m. r.

PREMIERE EDITION.

Ce Volume commence par une table des Pandectes qui contient 5 feuillets; ils sont suivis de 3 autres qui renferment une Epître Dédicatoire de Angelus Cato Supinas à Ferdinand, Roi de Scicile, & un Avis au Lecteur. Le Texte commence immédiatement après, & à la fin il y a cette souscription:

EXPLICIT. *liber Pandectarum. Quem Angelus Cato Supinas de Beneueto Philoſophus & medicus magna cũ diligẽtia z emẽdate imprimendũ curauit. in clariſſima & nobiliſſima atq3 p̃ſtantiſſima Dulciſſimaq3 ciuitate Neapoli. Regum Ducum Procerumq3 matre Prima Aprilis.* M. CCCC. LXXIIII.

Idcirco excelſo deo gracias agamus

   Noſcereã cauſas z certa vocabla rer.
     Et medicas artis : p breue queris iter
   Me lege : nec multo mercaberis Angelus en me.
     Sic & diuitibus pauperibusq3 parat
   Cui tm̃ me nũc fas ẽ debere : Salernu3
     Vrbs deb3 quantũ patria terra mihi.

A la suite de cette souscription on trouve un feuillet qu'occupe la table du répertoire.

1709 Baptistæ Fiera Mantuani medici. Cœna. (*circa* 1490.) in 4. m. r.

SCIENCES ET ARTS.

1710 Le Livre de Taillevent, grand Cuisinier du Roi de France. *Lyon, Barnabé Chauſſard,* 1545. in 8. goth. v. b.

1711 De naturali Vinorum hiſtoria, de Vinis Italiæ & de conviviis antiquorum libri ſeptem Andreæ Baccii. *Romæ, Mutius,* 1596. in fol. m. bl.

1712 Oratio de confectione ejus Potus, qui Germaniæ uſitatus, veteri vocabulo, ſecundum Plinium, Cereviſia vocatur. Auctore Abrahamo Wernero. *Witebergæ, Joannes Schwertel,* 1567. in 8. m. r.

Traités de Pathologie; ou des Maladies & Affections du Corps Humain; comme auſſi des Remedes qui leur ſont propres.

1713 Faſiculo de Medicina in volgare el quale tracta de tute le infirmitate del corpo humano & de la anatomia de quello : & multi altri tractati compoſti per diverſi excellentiſſimi doctori. vulgarizato per Sebaſtiano Manilio. *In Venexia, eſtampito per Zuane & Gregorio di Gregorii,* 1493. in fol. fig. m. r.

1714 Opus aureum & præclarum, continens ſigna, cauſas & curas Febrium. ſtudio Marſilii de Sancta Sophia, Galeatii de Sancta Sophia, &c. *Lugduni,* 1517. in 4. goth. v. f.

1715 Eximii & excelsi medicorum omnium ætatis suæ principis domini Magistri Benedicti de Nursia Physici & Senatoris Ducis Anguigeri clarissimi compendium de Pestilentia. *Editio vetus absque ulla loci atque anni indicatione.* = Pronosticatio anni præsentis LXXVii (1477.) per Joannem Laet de Borchloem. *Parisiis, per Richardum Blandin & Guil. Frevier*, 1478. in 4. goth. v. f.

Le premier Traité est imprimé à longues lignes, sans chiffres, réclames ni signatures. Les pages qui sont entieres ont 26 lignes. Le second traité finit par cette souscription :

Explicit pronosticatio ãni lxxviii. impr̄ssa parisii circa nostram dominã sub itersignio sanctæ catherine per Ricardũ blandin et guillermũ freuier huius operis sũmipontifices.

Cet Ouvrage est dédié par Jean de Laet à *très Revérend Pere en Dieu Monseigneur de Bourbon, par la grace de Dieu & du Saint Siege, Evêque de Liege* On voit par le passage suivant qu'il avoit dédié un autre Livre au même Prélat :

Cum sicuti pridem ego Johannes Laet de Borchloem licet minus idoneus conscripserim et contulerim in annis proxime præteritis vestræ illustrissimæ paternitati certas pronosticationes continentes qualiter domini et principes terræ sese gererint et haberint ad invicem et etiam magnam proditionem quæ contingeret dominis occidentibus contra orientales unde proh dolor dolendum est &c.

1716 Traictié très utile contre la Peste, jadis fait & composé au pays de Grece, par un Docteur en Medecine & Astrologie nommé de Attila, tranflaté de latin en françois, par Mtre. Ambroys Sergent. *Paris, Gafpart Philippe*, 1510. in 8. goth. v. f.

1717 Vlrichi de Hutten de Guaici medicina & morbo Gallico liber unus. *Moguntiæ, in Ædibus Joannis Schoeffer*, 1524. in 4. v. f.

1718 L'expérience & approbation Ulrich de Hutem. touchant la medecine du bois dit Guaiacum pour circonvenir & dechaffer la maladie de Naples. trad. & interpretée par Jehan Cheradame. *Paris, Philippe le Noir*. in 4. goth. v. f.

1719 Incipit liber Joannis Mefvæ de Complexionibus. Proprietatibus. Electionibus. Operationibufque Simplicium Medicinarum laxativarum. 1471. in fol. m. r.

PREMIERE EDITION.

Elle eft exécutée avec un très beau caractere rond, fur 2 colonnes, dont celles qui font entieres ont 39 lignes. L'Ouvrage eft divifé en deux parties; la premiere commence par l'intitulé ci-deffus, imprimé en lettres capitales, & elle finit ainfi :

FINEM huius grabadin hoc loco impofitu; effe cernito. quare grás omnium bonorum largitori habeamus. qui noftris auxiliatur laboribus. & ftatuit lumen in tenebris & in labore quietem.

La feconde partie commence par ce titre auffi imprimé en lettres capitales.

Incipit. Pratica. Ioannis. Mefvae. de. Medicinis. particvlarium. Aegritvdinvm.

On lit à la fin cette souscription imprimée en lettres capitales :

Ioannis. Mesve. Medici. singvlaris. de. Medicinis. particvlarivm. Aegritvdinvm. liber. feliciter. finit.
M. CCCC. LXXI. V. IDVS IVNII.

On doit trouver ensuite :

Petri. Apponi. Medici. Clarissimi. in. librvm. Joannis Mesve. Additio. incipit.

Le Volume finit par cette souscription :

Petri Apponi Medici Clarissimi in librvm Joannis Mesvae additio feliciter finit.

1720 Incomincia il Libro della consolatione delle Medecine semplici solenni, il quale fecie, Giovanni Figliolo di Mesve. *Impres.* (*Mantua*) *per Johannem Vurster de Campidona*, 1475. in fol. m. r.

PREMIERE EDITION.

Cet Ouvrage est imprimé sur 2 colonnes; il commence par l'intitulé ci-dessus, & à la fin il y a cette souscription :

Hic finitur liber Iohannis mesve ipressũ p̄ magistrũ Iohannẽ Vurster de cãpidona. A. m. cccc. lxxv. Die uicesima quinta mẽsis Iunii.

1721 Libro de la consolatione de le Medecine simplice solutive el quale fece. Gioanne Figliolo di Mesve. *In Venetia, per Maistro Piero de Zohanni di Quarengii Bergamascho*, 1493. in fol. m. r.

1722 Antidotarium Nicolai (de Florentia) —

SCIENCES ET ARTS. 503

Tractatulus quid pro quo. — Sinonima. *Venetiis, Nicolaus Ienson,* 1471. in 4. m. r.

PREMIERE EDITION.

CET OUVRAGE est imprimé avec les caracteres du *Decor Puellarum*.

Il commence par cette ligne, qui est imprimée en lettres capitales :

Incipit Antidotarivm nicolai.

A la fin, aussi en capitales :

Finit Antidotarivm Nicolai impreſſvm Venetiis per Nicolavm Ienſon Gallicvm. M. CCCC. LXXI.

Suivent 6 feuillets, dont le premier porte en tête :

Incipit tractatvlvs qvid pro qvo.

Et à la fin :

Explicit tractatvs quid pro quo.

18 autres feuillets sont intitulés :

Incipivnt ſinonima.

Et finiſſent par 4 lignes imprimées en lettres capitales :

Finis Antidotarii Nicolai : et quorvndam aliorvm tractatvvm impreſſorvm Venetiis per Nicolavm Ienſon Gallicvm. M. CCCC. LXXI.

1723 Conciliator differentiarum Philoſophorum : & præcipuè Medicorum Cl. viri Petri de Abano. *Venetiis, per Magiſtrum Gabrielem de Tarviſio,* 1476. in fol. goth. v. f.

CET OUVRAGE est imprimé sur 2 colonnes, avec des signatures depuis a2 — gg. On trouve à la fin cette souscription :

pEtri apponēſis cōciliatoris diuini et ei9dē de uenenis finis deo duce impoſit9 eſt a Magiſtro Gabriele de Taruiſio ſpectabilis et egregii uiri domini Thome triuiſani ueneti

ĭpēſa. qui ut correctiores redderentur : *Excellentiſſimus artiuȝ et medicine doctor dominus magiſter Petrus de carariis de mōte ſilice theoricā medicine in preclariſſimo gymnaſio patauino legens accuratiſſime reuiſit. atque ultimam ſupra ſcriptam quéſtionē de terminatione ueneror ſubtiliſſime compilauit.*
Venetiis. D. Andrea Vendramino duce exiſtente. 1476.

Traités ſur les Maladies des Femmes.

1724 Ludovici Bonacioli Ferrarienſis Medici Enneas Muliebris. *Impreſſ. circa annum* 1480. in fol. m. r.

Edition à longues lignes, ſans chiffres & réclames; mais avec ſignatures. Les pages qui ſont entieres ont 27 lignes, non compris la ligne du titre du chapitre qui eſt dans le haut de chaque page.

1725 Severus Pinæus de virginitatis notis, graviditate & partu. Ludovicus Bonaciolus de conformatione fœtus. accedunt alia. *Lugduni Batavorum, Franciſcus Moiaert*, 1650. in 12. fig. m. bl.

1726 De viribus imaginationis tractatus, auctore Thoma Fieno. *Lud. Bat. ex Officina Elzeviriana*, 1635. in 18. v. f.

1727 Diez Previlegios para Mugeres preñadas, compueſtos por el doctor Juan Alonſo, y de los Ruyzes de Fontecha. con un diccionario medico. *En Alcala de Henares, Luys Martynez*, 1606. in 4. m. r.

Mélanges

SCIENCES ET ARTS.

Mélanges de Medecine.

1728 And. Cæsalpini, Quæstionum Peripateticarum libri V. Dæmonum investigatio peripatetica. Quæstionum medicarum libri II. de medicamentorum facultatibus libri II. *Venetiis, apud Juntas*, 1593. in 4. m. cit.

Les deux premiers feuillets du Texte manquent.

1729 Les Promenades Printanieres de A. L. T. M. C. *Paris, Guillaume Chaudiere*, 1586. in 16. m. r.

1730 I Secreti della Signora Isabella Cortese, ne quali si contengono cose Minerali, Medicinali, & Alchimiche, & molte de l'Arte Profumataria, appartenenti a ogni gran Signora. *In Venetia, Giovanni Batiletto*, 1574. in 8. m. bl.

1731 Recueil de Receptes & de Secrets medecinales, chirurgicales & chimiques. in 4. v. b.

MANUSCRIT sur papier du *XVII siecle*, contenant 107 feuillets.

1732 Livre contenant les Secrets les plus rares & les plus cachés, tant dans la Chymie que dans la Médecine. in 4. v. m.

MANUSCRIT sur papier du *XVIII siecle*, contenant 287 feuillets.

1733 Ouvrage de Pénélope; ou Machiavel en Médecine. Par Aletheius Demetrius. (Julien

Offray de la Mettrie.) *Geneve, les Héritiers de Cramer,* 1748. 3 vol. in 12. m. r.

CHIRURGIE.

1734 Von dem Cirurgicus. (du Chirurgien. Par Jérôme de Brunfwich, natif de Strasbourg.) *Strasbourg, Jean Gruniger, le mardi d'après la Fête de St. Pierre & de St. Paul, l'an* 1397 *pour* 1497. in fol. m. r.

PREMIERE EDITION.

CET OUVRAGE fingulier eft écrit en Allemand, & orné de figures coloriées gravées fur bois; elles offrent la maniere de faire différentes opérations de Chirurgie, & de fe fervir des inftruments qui étoient propres à cet Art dans le XV fiecle.

Le Volume finit par ces mots:

.... vnd durch iohannes gruniger gedruck vnd volendt zu ftrasburgk off ziftag nach fant peter vñ pauls dag. Anno dñi. M. ccc. xcvii.

Cet Exemplaire a paffé fucceffivement du cabinet de M. de Boze, dans ceux de M. Girardot de Préfond, & de M. Morand, Chirurgien Major des Invalides, à la vente des Livres duquel M. le Duc de la Valliere en fit l'acquifition.

1735 Chirurgia magiftri Petri de Largelata. *Venetiis, mandato & expenfis Octaviani Scoti, per Bonetum Locatellum,* 1497. in fol. m. bl.

PREMIERE EDITION.

1736 Difcorfi di Pietro Paolo Magni Piacentino, fopra il modo di fanguinare attaccar le fangui sughe, & le ventose. for le fregagioni & vessicatorii à corpi humani. *In Roma, Bartholomeo Bonfadino*, 1586. in 4. fig. m. r.

La figure du Frontispice est gravée par Cherubin Albert, bon Graveur de Rome; il gravoit d'après Polidore de Caravaggio, & autres Maîtres. Sa marque est un A gothique, attaché à un B. & surmonté d'un C.

ANATOMIE.

1737 Anatomia Mundini, emendata à Pet. And. Morliano de Ymola, Joh. Jac. Caraia de Buxeto, & Ant. Frascaria Januensi. *Bononiæ, Johan. de Noerdlingen, & Henricus de Harlem, socii*, 1482. in fol. goth. m. bl.

1738 Andreæ Vesalii, de humani corporis Fabrica libri VII. *Basileæ, Joannes Oporinus*, 1555. in fol. fig. v. f.

1739 Godefridi Bidloo Anatomia humani corporis, centum & quinque tabulis, per Gerardum de Lairesse ad vivum delineatis, demonstrata. *Amstelodami, Joannes a Someren*, 1685. in fol. très G. P. v. f.

Les Exemplaires imprimés sur ce format sont très rares.

1740 Tabulæ Anatomicæ Bartholomæi Eustachii, cum præfatione & notis Joannis Mariæ Lancisii. Accedunt Epistolæ Joannis Baptistæ Morgagni, & aliorum Authorum; præterea vitæ compen-

dium Barth. Euſtachii. *Venetiis , Typis Barth. Locatelli ,* 1769. in fol. fig. m. r.
IMPRIMÉ SUR VÉLIN.

1741 Bernardi Siegfried Albini Tabulæ Sceleti & Muſculorum corporis humani. *Lugduni Batavorum, Joannes Verbeek ,* 1747. in fol. très G. P. m. r.

1742 Petri Camper demonſtrationum anatomico-pathologicarum libri duo. *Amſtelædami, Joannes Schreuder ,* 1760. in fol. G. P. fig. v. m.

1743 Myotomia reformata : or an Anatomical Treatiſe on the Muſcles of the Human Body. illuſtrated with figures after life. by William Cowper. *London , Knaplock ,* 1724. in fol. v. m.

1744 Anatomia Uteri humani gravidi tabulis illuſtrata , auctore Gulielmo Hunter. anglicè & latinè. *Birminghamiæ , excudebat Joannes Baſkerville ,* 1774. in fol. très G P. fig. m. r.
CE LIVRE eſt ſuperbement exécuté.

Medecine Vétérinaire.

1745 Veterinariæ Medicinæ libri duo , à Joanne Ruellio olim quidem latinitate donati, nunc vero iidem ſua , hoc eſt græca lingua primum in lucem editi, ſtudio Symonis Grinæi. *Baſileæ, Jo. Valderus ,* 1537. in 4. v. m.
PREMIERE ÉDITION.

1746 Georgii Simonis Winteri tractatio nova de Re Equaria. Latinè, Germanicè, Gallicè & Italicè. *Nurembergæ, Hæredes Joannis Andreæ Wolfgangi*, 1672. in fol. fig. v. b.

1747 Cours d'Hippiatrique, ou Traité complet de la Medecine des Chevaux, orné de soixante-cinq planches gravées avec soin, & coloriées par M. la Fosse. *Paris, Edme*, 1772. in fol. m. r.

CHYMIE.

1748 Syruporum universa Ratio, ad Galeni censuram diligenter expolita. cui, post integram de concoctione disceptationem, præscripta est vera purgandi methodus, cum expositione aphorismi: concocta medicari. Michaele Villanovano (Serveto.) authore *Parisiis, Simon Colinæus*, 1537. in 8. m. r.

1749 Recueil de Secrets de Chymie. in 4. v. f.

MANUSCRIT sur papier, contenant 292 feuillets.

1750 Thrésor Chimique, ou recueil des plus belles & des plus curieuses opérations qui se font par l'art hermetique, dans lequel est renfermé les deux originaux de la Pirotechnie de Nicolas de Loque, & la Pirotécnie triomphante de George Matthieu Uterquey... le tout mis au net & arrangé sous différents articles, & partagé en 25 chapitres par Jacques Louis Pelays, Artiste

en l'art & profession de Chimie à Paris. 1729.
2 vol. in fol. v. m.

MANUSCRIT sur papier, contenant 547 feuillets.

Alchymie.

1751 De Alchymia Opuscula complura veterum Philosophorum. *Francofurti, Cyriacus Jacobus,* 1550. in 4. v. f.

1752 Veræ Alchymiæ artisque metallicæ, citra ænigmata, doctrina, certusque modus, scriptis tum novis tum veteribus nunc primum & fideliter majori ex parte editis, comprehensus : ex recensione Gulielmi Grataroli. *Basileæ, per Henricum Petri & Petrum Pernam,* 1561. in fol. m. bl.

1753 Expérience de Naxogore, suivant les anneaux de Platon & la chaîne d'or d'Homere, dans laquelle on montre clairement & sincérement le véritable procédé pour travailler la Médecine universelle, imprimé à Francfort sur le Mayn en 1723 & traduit (de l'allemand) par M***, à Paris en 1741 & 1742. in 4. v. f.

MANUSCRIT sur papier, contenant 71 feuillets.

1754 Extrait des Archidoxes de Paracelse, avec une Préface sur les Principes de l'Art chymique. in 4. v. m.

MANUSCRIT sur papier du *XVIII siecle*, bien écrit, contenant 240 feuillets.

SCIENCES ET ARTS. 511

1755 Livre intitulé : Medecina mea folum compofita ex noftris. — Ma Médecine eft feulement compofée de nos principes. in fol. v. b.

MANUSCRIT fur papier, contenant 25 feuillets, avec figures coloriées & fort fingulieres. L'écriture du latin eft du XVII fiecle. Celle de la traduction du XVIII fiecle.

1756 Recueil d'Expériences & de Secrets d'Alchymie. — Le Dévoilement des vérités fondamentales de la Pierre Philofophale. in 4. v. m.

MANUSCRIT fur papier du *XVIII fiecle*, contenant 158 feuillets.

On lit au premier feuillet :

Ce MS. m'a efté communiqué par M . . . . Suiffe qui le tenoit d'un homme chez lequel l'Adepte qui en eft l'auteur avoit fait toutes fes expériences à Sette en 1720.

1757 Les trois Traités d'un Inconnu fous le nom de Pantaleon & la Réfutation d'un Traité qui a pour titre, le Tombeau de Semiramife ouvert. = Examen des Alchymiftes, par lequel comme à la pierre de touche on peut diftinguer l'Adepte du Sophifte. — Difpute fur la Pierre des Philofophes & autres Traités hermétiques. in 4. v. m.

MANUSCRIT fur papier du *XVIII fiecle*, contenant 311 feuillets.

1758 Les cinq Livres de Nicolas Vallois, Seineur de Normandie, gendre du Seigneur de Grofparmy & fon affocié avec Pierre Vicot,

SCIENCES ET ARTS.

efcrits à fon fils pour en jouir après fa mort en l'an 1320. in 4. v. f.

Manuscrit fur papier du *XVIII fiecle*, contenant 108 feuillets.

1759 Explication de l'Œuvre de Philalette. in fol. v. b.

Manuscrit fur papier du *XVIII fiecle*, contenant 118 feuillets.

1760 Procédés fur le grand Œuvre. ⸺ Autres Procédés Alchymiques. 2 vol. in 4. v. f.

Manuscrit fur papier du *XVIII fiecle*, contenant 404 feuillets.

1761 La véritable Philofophie, par le S. Dilly. in fol. v. b.

Manuscrit du *XVIII fiecle*, furpapier, nettement écrit, contenant 118 feuillets.

1762 Revelatio Majeftatis Divinæ in VIII Libris comprehenfa. gr. in 4. v. m. d. f. tr.

Manuscrit fur papier du *XVII fiecle*, lifiblement écrit, contenant 227 feuillets.

1763 L'Alchymie dévoilée de Monf. S. V. E. S. Chevalier du Saint-Empire & Comte Palatin, trad. de l'allemand en 1739, & autres Traités. in 4. v. f.

Manuscrit fur papier, contenant 102 feuillets.

1764 Roger Bacon, de la Pierre Philofophale.
trad.

SCIENCES ET ARTS.

trad. en franç. par Jacques Girard de Tournus *Paris, Charles Hulpeau*, 1529, in 8. v. f.

1765 Recueil de Traités d'Alchymie. in 8. m. r.

Contenant :

1 Le Miroir d'Alquimie de Rogier Bacon, trad. de latin en françois (par Jacq. Girard de Tournus.) *Lyon, Macé Bonhomme*, 1557.

2 L'élixir des Philosophes, autrement l'Art Transmutatoire, attribué au Pape Jean XXII. *Lyon, Macé Bonhomme*, 1557.

3 Roger Bacon de l'admirable pouvoir & puissance de l'art & de nature, où est traité de la Pierre Philosophale, trad. en françois, par Jacques Girard de Tournus. *Lyon, Macé Bonhomme*, 1557.

4 Des choses merveilleuses en nature, &c. trad en françois par Jacques Girard de Tournus. *Lyon, Macé Bonhomme*, 1557.

1766 Les douze Clefs de Philosophie de Frere Basile Valentin, traitant de la vraie Médecine Métallique. Plus l'Azoth, ou le moyen de faire l'or caché des Philosophes. traduction françoise. ⸺Traité de la nature de l'Œuf des Philosophes. composé par Bernard, Comte de Treves. *Paris, Pierre Moet*, 1659, in 8. fig. v. m.

1767 Les Conclusions de tous les Traités de F. B. Valentin, (nom que s'est donné un Alchimiste allemand du 16ᵉ siecle) avec ses tours de main ou Manifestation de ses secrets particuliers. in 4. vel. verd.

Tome I   T t t

Manuscrit sur papier du *XVIII siecle*, contenant 75 feuillets.

1768 Trois anciens Traités de la Philosophie naturelle. 1. Les sept Chapitres dorés, ou bien les sept Sceaux Egyptiens, & la Table d'Emeraude d'Hermes Trismegiste. 2. La Réponse de Bernard, Comte de la Marche Trevisane, à Thomas de Boulogne. La Chrysopée de Jean Aurelle Augurel, qui enseigne l'art de faire l'or. Les deux premiers Traités traduits en françois, par Gabriel Joly; & la Chrysopée, par F. Habert de Berry. *Paris, Charles Hulpeau*, 1626, in 8. m. r.

1769 La Philosophie naturelle rétablie en sa pureté, où l'on voit à découvert toute l'économie de la Nature; avec le Traité de l'Ouvrage secret de la Philosophie d'Hermez, qui enseigne la matiere & la façon de faire la Pierre Philosophale, (par le Président d'Espagnet), publiée par Jean Bachou. *Paris, Edme Pepingué*, 1651, in 8. v. m.

1770 La Toyson d'or, ou la Fleur des Thrésors, en laquelle est succinctement & méthodiquement traité de la Pierre des Philosophes, de son excellence, effets & vertu admirable; plus, de son origine & du vrai moyen de pouvoir parvenir à sa perfection, par Salomon Trismosin, traduit de l'allemand en françois, par L. I. édition enrichie de figures, & des propres couleurs représentées au vif, selon qu'elles doivent nécessairement arriver en la pratique de ce bel Œuvre. *Paris, Charles Sevestre*, 1613, in 8. m. viol.

1771 Traité de la nature de l'Œuf des Philosophes, composé par Bernard, Comte de Treves. *Paris, Jérémie Perier*, 1624, in 8. m. r.

1772 Arcana Arcanissima, hoc est Hieroglyphica Ægyptio Græca. authore Michaele Maiero. in 4. v. f.

1773 Lusus Serius, quo Hermes sive Mercurius Rex Mundanorum omnium sub homine existentium, post longam disceptationem in concilio octovirali habitam, homine rationali arbitro, judicatus & constitutus est : autore Michaele Maiero. *Oppenheimii, Hieronymus Gallerus*, 1616, in 4. v. f.

1774 Jocus Severus, hoc est, Tribunal æquum, quo Noctua regina avium, Phœnice arbitro post varias disceptationes & querelas volucrum eam infestantium pronunciatur, & ob sapientiam singularem, Palladi sacra agnoscitur : authore Michaele Maiero. *Francofurti, Nicolaus Hoffman*, 1617, in 4. v. f.

1775 Symbola Aureæ Mensæ duodecim nationum: authore Michaele Maiero. *Francofurti, Antonius Hummius*, 1617, in 4. v. f.

1776 Atalanta Fugiens, hoc est, Emblemata nova de secretis naturæ Chymica : authore Michaele Maiero. *Oppenheimii, ex Typ. Hieron. Galleri, sumpt. Joh. Th. de Bry*, 1618. in 4. fig. v. éc.

1777 Tripus Aureus, hoc est, tres Tractatus Chymici selectissimi, nempe Basilii Valentini, practica una cum 12. Clavibus. Thomæ Nortoni, crede mihi, seu ordinale. Cremeri Testamentum : ex recensione Michaelis Maieri. *Francofurti, Paulus Jacobus*, 1618. in 4. fig. v. f.

1778 Michaelis Maieri Viatorium, hoc est, de Montibus Planetarum septem seu Metallorum ; tractatus tam utilis, quam perspicuus. *Oppenheimii, Hieronymus Gallerus*, 1618. in 4 fig. v. f.

1779 Tractatus de Volucri Arborea, absque Patre & Matre, in insulis Orcadum, forma Anserculorum proveniente, seu de ortu miraculoso potius, quam naturali vegetabilium, animalium, hominum & supranaturalium quorumdam quo causæ illius & horum inquiruntur & demonstrantur : authore Michaele Maiero. *Francofurti, Nicolaus Hoffmannus*, 1619. in 8. v. f.

1780 Septimana Philosophica, qua enigmata aureola de omni naturæ genere a Salomone Israelitarum Rege, & Arabiæ Regina Saba, necnon Hyramo, Tyri principe, sibi invicem in modum colloquii proponuntur & enunciantur : authore Michaele Maiero. *Francofurti , Hartmannus Palthenius*, 1620. in 4. fig. v. éc.

1781 Michaelis Maieri Tractatus posthumus, sive Ulysses ; hoc est : Sapientia seu Intelligentia, tanquam cœlestis scintilla beatitudinis, quod si infortunæ & corporis bonis naufragium faciat, ad portum meditationis & patientiæ remigio fœliciter se expediat. unà cum annexis tractatibus de fraternitate Roseæ Crucis. *Francofurti , Lucas Jenneſſius*, 1624. = Silentium post Clamores, hoc est tractatus apologeticus, quo causæ non solum clamorum, seu revelationum fraternitatis Germanicæ de R. C. (Roſæa Cruce) sed & silentii, seu non redditæ ad singulorum vota responsionis, unà cum malevolorum refutatione, traduntur & demonstrantur, scriptus. a Michaele Maiero. *Francofurti*, 1624. in 8. v. éc.

1782 Cœlum Philosophorum. seu de secretis naturæ liber. Philippo Ulstadio authore. *Argentorati, Jo. Grienynger*, 1526. in fol. fig. m. r.

1783 Mutus Liber, in quo tamen tota Philosophia hermetica, figuris hieroglyphicis depingitur, ter optimo maximo Deo misericordi consecratus, solisque filiis artis dedicatus, authore cujus nomen est altus. (Jacob Saulat, sieur des Marez.) *Rupella, Petrus Savouret*, 1677. in fol. v. f.

1784 Roberti Fludd aliàs de Fluctibus opera. 5 vol. in fol. fig. v. b.

Cette collection des Œuvres de Fludd, qui est fort rare, contient :

1 Utriusque Cosmi majoris scilicet & minoris metaphysica, physica atque technica historia. in duo volumina secundum Cosmi differentiam divisa. *Oppenhemii, are Joannis Theodori de Bry*, 1617.

Partie de 206. pag. & un index de 3 feuillets.

2 Tractatus secundus, de naturæ Simia seu technica macrocosmi historia, in partes XI divisa. Authore eodem. *Francofurti, Hæredes Jo. Th. de Bry*, 1624.

Partie de 788 pag. & un index de 5 feuillets.

3 Tomus secundus de supernaturali, naturali, præternaturali & contranaturali Microscomi historia, in tractatus tres distributa : authore eodem. *Oppenhemii, Jo. Th. de Bry*, 1619.

Partie de 277 pag.

4 Tomi secundi tractatus primi, sectio secunda, de technica Microcosmi historia, in portiones VII divisa. Authore eodem.

Partie de 191 pages, & un index de 5 feuillets.

5 Tomi secundi tractatus secundus, de præternaturali utriusque mundi historia. Autore eodem. *Francofurti, Jo. Th. de Bry*, 1621.

Partie de 199 pages.

6 Veritatis Proscenium, in quo aulæum erroris tragicum dimovetur, siparium ignorantiæ scenicum complicatur, ipsaque veritas à suo ministro in publicum producitur, authore eodem. *Francofurti, Jo. Th. de Bry*, 1621.

Partie de 54 pag.

7 Anatomiæ Amphitheatrum effigie triplici, more & condi-

tione varia, designatum. Authore eodem. *Francofurti, Jo. Th. de Bry*, 1623.

Partie de 331 pag.

8 Philosophia sacra & verè christiana seu Meteorologia cosmica, authore eodem. *Francofurti, in Officina Bryana*, 1626.

Partie de 303 pag. précédée d'une grande figure.

9 Medicina catholica, seu Mysticum artis medicandi sacrarium in tomos divisum duos. Autore eodem. *Francofurti, Caspar Rotelius*, 1629.

Les pieces préliminaires occupent 10 feuillets. Le texte 241 pag. avec 3 feuillets d'index.

10 Sophiæ cum Moria certamen, in quo, lapis Lydius à falso structore, Fr. Marino Mersenno, monacho, reprobatus, celeberrima voluminis sui Babylonici (in Genesin) figmenta accuratè examinat. Auctore eodem. 1629.

Partie de 118 pag. & un feuillet d'index.

11 Summum bonum, quod est verum subjectum veræ magiæ, cabalæ; alchymiæ fratrum Roseæ Crucis verorum in dictarum scientiarum laudem, & insignis calumniatoris fratris Marini Mersenni dedecus publicatum, per Joachimum Frizium. 1629.

Partie de 53 pages.

12 Integrum Morborum Mysterium : sive medicinæ catholicæ tomi primi tractatus secundus, in sectiones distributus duas. Authore eodem Fludd. *Francofurti, Wolfgangus Hofmannus*, 1631.

Les pieces préliminaires occupent 6 feuillets, & le texte 503 pag.

13 ΚΑΘΟΛΙΚΟΝ Medicorum ΚΑΤΟΠΤΡΟΝ : in quo, quasi speculo politissimo morbi præsentes more demonstrativo clarissimè indicantur, & futuri ratione prognostica apertè

cernuntur, atque profpiciuntur. Authore eodem. 1631.
Partie de 413 pag.

14 Pulfus. feu nova & arcana pulfuum hiftoria, è facro fonte radicaliter extracta, necnon medicorum Ethnicorum dictis & authoritate comprobata. Authore eodem. (1629.)

Partie de 93 pag. On trouve à la fin de ce Volume une table intitulée : *Medicamentofum Apollinis oraculum* : &c. *Typis Wolfgangi Hofmanni*, 1630. Elle occupe 3 feuilles de papier collées les unes au bout des autres.

15 Philofophia Moyfaica. in qua fapientia & fcientia creationis & creaturarum facra verèque chriftiana (utpotè cujus bafis five fundamentum eft unicus ille Lapis Angularis Jefus Chriftus) ad amuffim & enucleatè explicatur. Authore eodem. *Goudæ, Petrus Rammazenius*, 1638.
Partie de 152 feuillets.

16 Refponfum ad haplocrifma-fpongum M. Fofteri presbyteri, ab ipfo, ad unguenti armarii validitatem delendam ordinatum. Authore eodem. *Goudæ*, 1638.
Partie de 30 feuillets, & un feuillet d'errata.

1785 Traité de l'Œuvre des Philofophes. in 4. v. m.

MANUSCRIT fur papier du *XVIII fiecle*, contenant 216 feuillets.

1786 R. P. D. Benedictus Mazzotta, Licyenfis, Congregationis Cæleftinorum Ordinis S. Benedicti de triplici Philofophia, Naturali, Aftrologica & Minerali. *Bononiæ*, 1653. in 4. v. f.

MANUSCRIT fur papier du *XVIII fiecle*, contenant 279 feuillets.

SCIENCES ET ARTS.

1787 Traité des Montagnes, par Messire Jean Fabre, Docteur en Médecine à Montpellier. — Palladium Spagiricum, à Joan. Fabro. in 4. v. m.

MANUSCRIT sur papier du *XVIII siecle*, contenant 168 feuillets.

1788 Recueil de M. Duclos, sur la transmutation des Métaux. in 4. rel. en vélin.

MANUSCRIT sur papier très nettement écrit, contenant 190 feuillets.

MATHÉMATIQUE.

1789 Gulielmi Gosselini Issæi de ratione discendæ docendæque Mathematices repetita prælectio. 1583. in 8. m. r.

IMPRIMÉ SUR VÉLIN.

1790 Veterum Mathematicorum Athenæi, Apollodori, Philonis, & aliorum opera, græcè & latinè pleraquè nunc primum edita, operâ Joannis Boivin. *Parisiis, ex Typographia Regia*, 1693. in fol. v. m.

1791 Elementorum Euclidis Megarensis in geometriam artem, libri XV. e græco in latinum translati; in eos quoque Ant. Campani perspicacissimi commentationes. *Venetiis, Erhardus Ratdolt Augustensis*, 1482. in fol. goth. m. r.

PREMIERE ÉDITION.

1792 Euclidis Megarensis Elementorum Geometriæ libri XV, e græco in latinum translati, & in eos Antonii Campani commentationes. *Venetiis, Erhardus Ratdolt Augustensis*, 1482. in fol. goth. fig. v. f.

PREMIERE EDITION.

On lit à la fin cette souscription :

Opus elementorũ euclidis megarensis in geometriã artẽ Jn id quoqʒ Campani ꝑspicacissimi Cõmentationes finiũt. Erhardus ratdolt Augustensis impressor solertissimus. venetijs impressit. Anno salutis. M. cccc. lxxxij. Octauis. Caleñ. Juñ. Lector. Vale.

1793 Archimedis Syracusani Philosophi ac Geometræ opera quæ quidem extant, omnia, græcè & latinè : accedunt Eutocii Ascalonitæ in eosdem Archimedis libros commentaria, græcè & latinè, ex recensione Thomæ Gechauff, cognomento Venatorius. *Basileæ, Jo. Hervagius*, 1544. in fol. m. r.

PREMIERE EDITION.

1794 Diophanti Alexandrini Arithmeticorum libri sex, & de numeris multangulis liber unus, græcè & latinè, cum commentariis C. G. Bacheti & observationibus D. P. de Fermat. *Tolosæ, Bernardus Bosc*, 1670. in fol. G. P. v. f.

1795 Anitii Manlii Severini Boetii de Arithmetica libri duo. *Venetiis, per Erhardum Ratdolt*,

1488, mensis Maii die vigesima, in 4. goth. fig. m. bl.

Premiere Edition.

1796 Due brevi e facili Trattati, il primo d'Arithmetica : l'altro di Geometria : del Sig. Gio. Francesco Peverone di Cuneo. *In Lione, per Giov. di Tournes*, 1558. in 4. m. r.

1797 Les Comptes faits de Barrême. *Paris, Didot*, 1755. in 12. m. r.

1798 Richardi Suifeth Anglici, Calculationum opus aureum ad omnes scientias applicabile, emendatum per Johannem Tollentinum. *Papiæ per Franciscum Gyrardengum*, 1498. in fol. goth. m. r.

Premiere Edition.

1799 Essai d'Analyse sur les Jeux de hazard, par Montmaur. *Paris, Quillau*, 1708. in 4. G. P. v. f.

1800 Recueil de plusieurs Traités de Mathématique de l'Académie Royale des Sciences. *Paris, de l'Imprimerie Royale*, 1676. = Mesure de la Terre, par M. Picard. = Traité de la percussion ou choq des Corps, par M. Mariote. *Paris, de l'Imprimerie Royale*, 1676. in fol. v. m.

1801 Lettres de A. Dettonville, (Blaise Pascal.) contenant quelques-unes de ses inventions de Géometrie ; savoir, la résolution de tous les problêmes touchant la Roulette, &c. *Paris, Guillaume Desprez*, 1659. === Traité du triangle arithmétique, avec quelques autres petits Traités sur la même matiere, par le même (Blaise Pascal.) *Paris, Guillaume Desprez*, 1665. in 4. m. r.

ASTRONOMIE.

1802 Astronomi veteres in unum collecti, scilicet : Julii Firmici Astronomicorum libri octo. emendati per Pescenium Franciscum Nigrum. Marci Manilii Astronomicorum libri V. Arati phænomena, Germanico Cæsare interprete, cum commentariis & imaginibus. Arati fragmentum, M. T. Cicerone interprete. Ejusdem Arati phænomena Rufo Festo Avieno paraphraste. Theonis commentaria in Arati phænomena, græcè. Procli Diadochi sphæra, græcè, Thomâ Linacro Britanno interprete. curâ Aldi Manutii. *Venetiis, Aldus*, 1499. in fol. v. f.

PREMIERE EDITION.

1803 Imagines Ptholomei cum suis Stellis verificatis tempore Alfonsi Regis. in 4. v. m.

MANUSCRIT sur vélin du *XV siecle*, orné des *constellations peintes* en miniature. Il est en *lettres rondes*, & contient 48 feuillets.

On lit au commencement :

Nota quod ab anno quo equate sunt stelle ymaginum ptho-

SCIENCES ET ARTS. 525*

lomei contente et signate infra in hoc libro quod creditur a quibusdam fuisse tempore Regis Alfonsi a quibusdam uero creditur fuisse ante usque ad annum presentem S. 1428 addendi sunt ad minus sex gradus supra loca longitudinum ipsarum stellarum posita in tabulis huius libri latitudo uero non uariatur secundum Ptholomeum. alii autem auctores ut Thebet et aliiq̃ varietur latitudo nec ne nullum penitus faciunt mentionem de quo ualde mirandum est.

1804 Epytoma Joannis de Monti Regio in Almagestum Ptolomei. *Venetiis, impensis non minimis: curâque & emendatione non mediocri virorum præstantium Gasparis Grossch, & Stephani Roemer. operâ quoque & arte impressionis mirificâ viri solertis Johannis Hamman de Landoia: dictus Hertzog. felicibus astris expletum.* 1496. in fol. goth. fig. m. r.
PREMIERE EDITION.

1805 Julii Firmici Materni Junioris Matheseos libri septem. *Venetiis, per Simonem Papiensem, dictum Bevilaqua,* 1497. in fol. v. f.

1806 Clarissimi viri Hygini poeticon astronomicon de mundi & sphæræ ac utriusque partium declaratione liber. *Venetiis, per Erhardum Ratdolt Augustensem,* 1482. in 4. goth. fig. m. bl.

1807 Hygini poeticon astronomicon. opus utilissimum. *Venetiis, per Erhardum Ratdolt de Augusta,* 1485. = Flores Abulmasaris. *Augustæ Vindelicorum, Erhardus Ratdolt Augustensis,* 1488. in 4. goth. fig. m. r.

Tom. I.

1808 Albumasar de magnis conjonctionibus : annorum revolutionibus : ac eorum profectionibus : octo continens tractatus. *Venetiis : mandato & expensis Melchior. Sessa. per Jac. Pentium de Leucho*, 1515. in 4. goth. m. r.

1809 Christiani Proliani astrologia seu opusculum de totius orbis divisione, de sphæra, de Planetarum theoria, de distantiis orbium a centro terræ. *Parthenope, (id est Neapoli,)* 1477. in 4. m. r.

PREMIERE EDITION.

CE VOLUME commence par deux feuillets qui contiennent la Dédicace de l'Auteur & une piece de 14 vers; le Texte suit, & à la fin il y a cette souscription :

Finis huius opusculi Parthenope impſſum : anno salutis 1477 octaua kalendas septēbrias.

On trouve ensuite neuf feuillets qui contiennent : *Tabula festorum mobilium*, &c. au bas du recto du dernier on lit :

℃ Finis.

Henricus Alding.

1810 De universitate liber, in quo Astronomiæ doctrinæve cœlestis compendium terræ aptatum. Guilielmo Postello authore. *è Typographia Joannis Gueullarti*, 1552. in 4. m. r.

1811 Joannis de sacro Busto (Bosco) sphæricum opusculum. *Venetiis, per Erhardum Ratdolt Augustensem*, 1482. in 4. goth. m. r. fig.

1812 Tractatus de Sphæra Mundi Joannis de Sacro Busto Anglici. unà cum additionibus ac commentario Petri Cirvelli, Darocensis; atque insertis persubtilibus quæstionibus Cardinalis Petri de Aliaco. *Parisiis, in Campo Gallardo, Guido Mercator*, 1498. in fol. goth. m. r.

1813 Joannis de Sacro Busto Sphæræ mundi opusculum. unà cum additionibus per opportunè intersertis, ac familiarissima textus expositione Petri Cirvelli, Darocensis; intersertis etiam quæstionibus Petri de Aliaco. (*Parisiis*) *Joannes Parvus*. in fol. fig. m. r.

1814 Historia Coelestis britannica. complectens stellarum fixarum nec non planetarum omnium observationes sextante, micrometro, &c. peractas. quibus subjuncta sunt Planetarum loca ab iisdem observationibus deducta. observante Joanne Flamstedio. *Londini, Typis H. Meere*, 1725. 3 vol. in fol. v. m.

1815 Atlas Coelestis. by M. John Flamsteed. *London*, 1753. in-fol. v. m.

1816 Thurecensis Phisiti tractatus de Cometis. in fol. m. r.

EDITION d'environ l'an 1473, sans chiffres, réclames ni signatures. Caracteres du Chanoine Helyas d'Helie, *alias* de Louffen avec lesquels il a imprimé à Munster, en 1472, *speculum*.... N°. 1312.

Le Volume contient 12 feuillets imprimés à longues lignes, & dont les pages qui sont entieres ont 44 lignes. Il finit par ces mots :

SIT :: LAVS :: DEO

1817 Lettre fur la Comete. Par M. de Maupertuis. 1742. in 12. m. cit. dent. doub. de tabis. IMPRIMÉ SUR VÉLIN.

1818 Compot & Manuel Calendrier; par lequel toutes perfonnes peuvent facilement apprendre & favoir le cours du foleil & de la lune. Par Thoinot Arbeau. *Paris, Jean Richer,* 1588. ═Almanach ou pronoftication des Laboureurs. Par Jean Voftet. *Paris, Richer,* 1588. in 8. m. r.

1819 Ad inveniendum novam Lunam & fefta mobilia liber perutilis. Per Bernardum de Gramollachs Barchinonenfem, ex nobiliffima arte aftrologiæ extractus, in quo conjonctiones & oppofitiones lunæ cujuflibet menfis, in quolibet anno facillimè reperiri poffunt incipiendo ab anno 1491 ufque ad annum, 1550. in 4. goth. v. f.

ASTROLOGIE.

Traités d'Aftrologie Judiciaire.

1820 Des Elémens & principes d'Aftronomie, avec les univerfels jugemens d'icelle. *Item,* un traité très exquis & recréatif, des Elections de chofes à faire, ou defirée à faire. d'avantage plufieurs chapitres fervant principalement aux Nativités, & pour dreffer céleftes figures par diverfes

SCIENCES ET ARTS, 529

verses manieres, mis en lumiere par Richard Roussat, Chanoine & Médecin de Langres. *Paris, Nicolas Chrestien, 1552.* in 8. v. éc.

On a écrit à la tête du Volume :
De la plus grande rareté & précieux pour les Amateurs, & Savants en cette Science.

1821 Astrologiæ nova methodus. Francisci Allæi arabis christiani. (Patris Yvonis, capucini) *Rhedonis, Herbert,* 1655. in fol. m. r.

EDITION originale & rare.

On trouve à la fin de cet Exemplaire des additions MSS. à l'article *de France, de la Religion Chrétienne,* &c.

1822 Nouvelle méthode astrologique de François Allay, (Yves de paris) Arabe chrétien. —— Dissertation du P. Juon, (Yves) Capucin, sur le livre du destin de l'univers. —— Destin de l'univers, par le même. —— Pratique abrégée des jugemens astrologiques sur les Nativités & autres traités astrologiques. in 4. v. m.

MANUSCRIT sur papier du *XVIII siecle*, très proprement écrit, contenant 359 feuillets.

1823 Histoire du mouvement de l'apogée du soleil, ou pratique des régles d'astrologie, pour juger des événemens généraux. 1711. in-fol. v. f. d. f. tr.

MANUSCRIT sur papier très bien écrit, contenant 193 feuillets.

Tome I.   X x x

1824 Pronosticatio in latino rara & prius non audita : quæ exponit & declarat non nullos cœli influxus : & inclinationem certarum constellationum magnæ videlicet conjonctionis & eclipsis : quæ fuerant istis annis : quid boni malive hoc tempore & in futurum huic mundo portendant : Durabit que pluribus annis. *Venetiis*, (1567) in 4. fig. m. r.

1825 Artificium de applicatione Astrologiæ ad Medicinam, de que convenientia earundem, Georgii Collimitii Tansteteri, canones aliquot. *Argentorati, Georgius Vlricherus*, 1531. in-8. m. r.

Traités des Nativités.

1826 Cy commence ung petit liure des fortunes & infortunes de toutes creatures humaines tant hommes comme femmes selon les xii moys de lan & selon les xii signes lesquelz sont colloques ou Zodiaque & ce nous tesmoigne le tres saige philozophe & astrologien ptholomè. in 4. m. bleu.

MANUSCRIT sur vélin du *XV siecle*, contenant 36 feuillets. Son écriture est *l'ancienne batarde*, à longues lignes, & ses sommaires sont en rouge. Il est orné de 12 miniatures & de lettres *tourneures* peintes en or.

1827 Omar de Nativitatibus & interrogationibus, in ordinem redactus per Lucam Gauricum, cum multis additionibus. *Venetiis, Lucas Ant. Junta,* 1525. in 4. m. r.

1828 Trattato d'Astrologia judiciaria sopra le nativita de gli huomini, & donne, composto per Messer Luca Gaurico. *in Roma, per M. Valerio Dorico,* 1539. in 4. v. f.

1829 Hieronymi Cardani libri V. 1. de supplemento almanach. 2. de restitutione temporum & motuum cœlestium. 3. de judiciis geniturarum. 4. de revolutionibus. 5. de exemplis centum geniturarum. *Norimbergæ, Jo. Petreius,* 1547. in 4. m. r.

Traités sur la Chyromancie & les Physionomies.

1830 L'art de Chyromance de M^{tre} Andrieu Corum : utile & nécessaire à tous ceux qui exerciter voudront l'art de Chirurgie & de Médecine. translaté de latin en françois, par Jehan de Verdellay. in 8. goth. fig. m. r.

1831 Chyromantia del Tricasso da Ceresari Mantuano, ingeniosamente extratta dai libri de Aristotile, & altri Philosophi naturali. *In Venesia, per Vettor q. Piero Ravano della Serena & Compagni,* 1535. in 8. m. r.

1832 De Chyromantia libri tres authoris cujusdam vetustissimi per Joannem Dryandrum restituti Marpurgi, anno 1538. *Moguntiæ excudebat Ivo*

Schoeffer anno 1538. mense septembri. in 8. v. m. fig.

1833 Les Œuvres de Jean Belot, Curé de Mil-Monts, contenant la Chyromance, Physionomie, le traité des divinations, augures & songes. *Rouen, Berthelin,* 1669. in 8. v. f.

1834 Les Œuvres de Jean Belot, contenant la Chyromance, &c. *Rouen, Pierre Amyot,* 1688. in 8. m. bl.

1835 Tractatus de scientia Physionomiæ, sive de consolatione naturæ quem composuit Michael Scotus ad præces Frederici Imperatoris. in 4. goth. v. f.

1836 Traité sur les différentes Physionomies, en Allemand. Par Jean Gaspar Lavater. *Leipsic, Weidmanns,* 1775. 4 vol. in 4. m. r. G. P.

CET OUVRAGE est orné d'une grande quantité de très belles figures.

Centuries, Prédictions Astrologiques, & traités Critiques & Apologétiques, contre l'Astrologie & les Astrologues.

1837 Les Prophéties de M^tre Michel Nostradamus. *Lyon, Macé Bonhomme,* 1555. in 8. m. r.

1838 La Pronostication de M^tre Albert Songecreux Biscain. in 4. goth. m. r.

SCIENCES ET ARTS. 533

1839 Discours de la puissance du Ciel, sur les corps inférieurs, & principalement de l'influence contre les Astrologues judiciaires. avec une dispute des élémens contre les Paracelsistes. Par Jacques Fontaine. *Paris, Gilles Gorbin*, 1581. in 8. m. r.

1840 Francisci cremonsani artium & medicine professoris perbreve prognosticon quo contra multorum astronomorum opinionem regem primo nostrum nec non præsides ac belli duces regiosque eius consiliarios fœlicissimos & auspicatissimos fore aptè ostenditur, ad Illust. & Scientis. discipline militaris prefectum d. d. Carolum de ambosia totiusque gallie cisalpine locum tenentem generalem. in 4. v. f. d. s. tr.

Manuscrit sur vélin du commencement du XVI siecle, contenant 8 feuillets. Il est élégamment écrit en *lettres rondes*, à longues lignes, & il est enrichi de capitales peintes en or & en couleurs.

Ce Traité est adressé à *Charles d'Amboise* II du nom, mort en 1511, âgé de 38 ans.

Hydrographie, ou la Science de la Navigation.

1841 Stephani Doleti de re Navali liber. *Lugduni, Sebast. Gryphius*, 1537. in 4. v. f.

1842 Marine Militaire, ou recueil des différens vaisseaux qui servent à la guerre, suivi des manœuvres qui ont le plus de rapport au combat, ainsi qu'à l'attaque & la défense des ports. Par M. Ozane l'aîné. in 8. m. r. doub. de tabis.

Optique & Perspective.

1843 Opticæ Thesaurus. Alhazeni Arabis libri septem nunc primum editi. ejusdem liber de crepusculis & nubium ascensionibus. item Vitellionis Thuringo Poloni libri X. omnes instaurati, figuris illustrati & aucti adjectis etiam in Alhazenum commentariis, a Federico Risnero. *Basilæ, per Episcopios*, 1572. in fol. m. r.

1844 La Perspective pratique, nécessaire à tous Peintres, Graveurs, Sculpteurs, &c. Par un Religieux de la Compagnie de Jesus. (le P. du Breuil.) *Paris, Antoine Dezallier*, 1679. 3 vol. in 4. fig. v. b.

Méchanique.

1845 Le diverse & artificiose machine del capitano Agostino Ramelli. *a Parigi, in casa del autore*, 1588. in fol. fig. m. r.

1846 Novo teatro di machine & edificii per varie & sicure operationi, con le loro figure tagliate in rame e la dichiaratione, e dimostratione di ciascuna. opera di Vittorio Zonca. *In Padoua, Bertelli*, 1621. in fol. m. bl.

1847 Fasciculus dissertationum de novis quibus-

dam machinis atque aliis argumentis philoso-
phicis. authore Dionysio Papin. *Marburgi Cot-
torum, Joh. Jodocus Kursnerus,* 1695. in 8.
fig. m. cit.

Traités des Instruments de Mathématiques.

1848 Déclaration de l'usage du Graphometre,
par la pratique duquel l'on peut mesurer toutes
distances, &c. par Philippe Danfrie. *Paris,
Danfrie,* 1597. in 8. fig. m. r.

1849 Opus præclarissimum Astrolabii composi-
tum a Domino Andalo de Nigro Genuensi.
Impress. per Johannem Picardum, 1475, *die*
VIII *mensis Julii,* in fol. goth. m. r.

PREMIERE EDITION.

Le Volume commence par l'intitulé ci-dessus; à la fin
il y a cette souscription:

*Explicit tractatus astrolabij excellentissimi mathematici
Andalonis genuēsis. emēdatus p̄ celeberrimū et doctissimū
astronomū magistr Petruȝ bonū anogariuȝ in foelici gym-
nasio ferrariensi.*

*Magister Johannes Picardus hunc librum impressit et finiuit
anno domini m°. cccc. lxxv°. die viii. mensis Julij. Laus
deo.*

1850 Opus Astrolobii plani in tabulis: a Johanne
Angeli elaboratum. *Venetiis, per Johannem
Emericum de Spira,* 1494, *quinto idus Junii.*
in 4. goth. fig. v. m.

ARTS.

Dictionnaires & Traités Généraux des Arts Libéraux & Méchaniques.

1851 Dictionnaire raisonné des Sciences, des Arts & des Métiers, par une société de gens de lettres; mis en ordre par MM. Diderot & d'Alembert. *Paris, Briasson*, 1751. 27 vol. in fol. G. P. fig. v. f.

1852 Table analytique & raisonnée des matieres contenues dans les 33. vol. in fol. du Dictionnaire des Sciences, des Arts & des Métiers. *Paris, Panckoucke*, 1780. in fol. v. f.

TOME PREMIER.

1853 Theodorici Gresemundi Lucubratiunculæ bonarum septem Artium Liberalium. *Moguntiæ, per Petrum Fridbergensem*, 1494. in 4. goth. v. f.

1854 Panophia omnium illiberalium Mechanicarum aut sedentariarum Artium genera continens, quotquot unquam vel a veteribus, aut nostri etiam sæculi, celebritate excogitari potuerunt, breviter & dilucidè confecta: carminibus expressa, & edita per Hartmannum Scopperum. *Francofurti, ad Moenum, apud Georgium Corvinum,*

SCIENCES ET ARTS.

vinum, impensis Sigismundi Feirabendii, 1568, in 8. m. r.

Ce Livre est orné de très jolies figures en bois de Jost Ammon de Zuric, Dessinateur très habile.

1855 Œuvres de Messire J. le Royer, sieur de la Bliniere, avocat au Parlement de Rouen, &c. savoir : le Baston universel. L'Art des arts & des sciences, ou des nouvelles inventions. Le Mouvement perpétuel hydraulique, ou l'élévation de l'eau d'elle-même. La véritable Cause des cometes. Traité des influences des cieux & des astres. De la domination particuliere alternative des Planètes. Des influences & vertus occultes des êtres terrestres. De l'aimant. De l'inclination des arbres vers les métaux, les minéraux & les eaux. *Paris, de la Caille*, 1678. in 8. vélin.

A la tête du Volume il y a la note suivante :
Ce livre est très rare, & ne se trouve que dans le Catalogue de M. Falconet.

Art de la Mémoire naturelle & artificielle.

1856 (Jacobi Publicii) Ars Memorativa. in 4. goth. fig. m. r.

Edition très ancienne, exécutée avec les caracteres de *Jean Guldenschaff de Mayence*, sans chiffres, réclames ni signatures. Le Volume contient 14 feuillets de discours imprimés à longues lignes, & dont les pages qui sont en-

Tome I. Yyy

tieres ont 27 lignes. Le premier commence par celle-ci :
Ars memoratiua incipit feliciter.

Et le dernier finit par cette autre :
auditores noſtri inde cōſequi valeant.

On trouve à la ſuite du diſcours 8 feuillets de figures très informes, gravées ſur bois au ſimple trait. La gravure du premier feuillet qui eſt blanc au recto, repréſente 4 objets : un Livre couché ſur le plat, partie d'une Ville, un Vieillard aſſis dans un fauteuil, & un Cheval. Sur chaque côté des 6 feuillets ſuivants on voit quatre grands ronds qui en renferment chacun quatre plus petits, & ſur le dernier feuillet qui n'eſt imprimé qu'au recto, on remarque quatre Chevaux.

Il y a à la tête du Volume la note ſuivante écrite de la main de M. l'Abbé Rive :

Ce traité eſt de Jaques Publicius de Florence, dont Geſner a fait mention dans ſon appendix...

Voi. J. Alb. Fabricius dans ſa Bibliotheque latine du moyen âge, tome 4. pag. 17 col. 2.

Maittaire n'a pas connu cette Edition. voy. ſon index au mot *Publicius.*

Il y a des Auteurs qui ont attribué ce livre à George Sibud. Ces Auteurs ſont Leſſer, & le Redacteur du Catalogue de M. Bunemann ; ils ſe ſont trompés. David Clément auroit dû relever leur erreur ; c'eſt ce qu'il n'a pas fait, puiſqu'il a ignoré le vrai auteur de ce livre. Voy. tome 2. page 142 (note 36.)

1857 Jacobi Publicii Ars Memorativa. in 4. goth. v. f. l. r.

EDITION exécutée vers 1480, avec ſignatures, ſans chiffres & réclames. Le Volume contient 15 feuillets, dont le premier recto a 19 lignes, & le dernier verſo 16 lignes ;

il finit différemment que le précédent; mais il n'y a point de figures.

1858 Tractatus clarissimi philosophi et medici matheoli perusini de memoria. *Impress. Circa*, 1475. in 4. rel. en cart.

EDITION sans chiffres, réclames ni signatures. Le Volume consiste en 5 feuillets imprimés à longues lignes, & dont les pages qui sont entieres ont 28 lignes. Il commence par l'intitulé ci-dessus, & finit par ces mots:
Hec igitur sunt viri digni medicinalia que inter alia sunt electissima p consʒuanda meöria z ita fineʒ facio.

Art de l'Ecriture.

1859 Libro di M. Giovan-Battista Palatino, nel qual s'insegna a scrivere ogni sorte lettera, antica & moderna, di qualunque natione, con le sue regole, & misure, & essempi. *In Roma*, 1545. in 4. v. f.

1860 Champfleury. auquel est contenu l'art & science de la deue & vraie proportion des lettres Attiques, qu'on dit autrement lettres Antiques & Romaines, proportionnées selon le corps & visage humain par Geoffroy Tory. *Paris, G. Tory*, 1529. in fol. fig. v. m.

1861 L'Art & science de la vraie proportion des lettres Attiques, ou Antiques, autrement dittes, Romaines, selon le corps & visage humain, avec l'instruction & maniere de faire chiffres &

lettres pour bagues d'or, pour tapisserie, vitres & peintures, &c. par Geoffroy Tory. *Paris, Vivant Gaulterot.* ━ Alphabeta & caracteres diversarum gentium. Manuscrit. in 8. m. r.

1862 Exemplaire pour bien & proprement escrire la lettre françoise. contenant plusieurs beaux quatrains, composés la plufpart par un grand personnage de ce siecle, à l'imitation de Phocylide, & autres poëtes grecs. avec les premieres regles d'arithmétique. *Lyon, Gryphius,* 1579. in fol. goth. m. r.

Art Typographique, ou la Science de l'Imprimerie.

1863 Indice de Caratteri, con l'inventori, & nomi di essi, esistenti nella Stampa Vaticana, & Camerale. studio Andreæ Brogiotti. *In Roma,* 1628. in 8. m. r.

1864 Epreuve du premier Alphabet droit & penché, orné de quadres & de cartouches. *Gravés par ordre du Roi pour l'Imprimerie Royale, par Louis Luce, & finis en* 1740. in 18. baf.

1865 Epreuve de deux petits Caracteres. nouvellement gravés & exécutés dans toutes les parties typographiques, par Fournier le jeune. *Paris,* 1757. in 16. br.

SCIENCES ET ARTS.

Arts du Deſſein, & de la Peinture.

1866 Eſſai ſur la Peinture, la Sculpture & l'Architecture. Par M. l'Abbé Laugier. ⸺ Mémoires ſur le Louvre. 1751. in 8. m. bl. dent. doub. de tabis.

1867 Trattato dell' Arte della Pittura, Scoltura, & Architettura, di Giov. Paulo Lomazzo *In Milano, Pontius*, 1585. in 4. m. r.

1868 Trattato della Pittura di Lionardo da Vinci, con la Vita dell' iſteſſo autore, ſcritta da Raphaele Trichet du Freſne. ſi ſono agiunti i tre libri della Pittura, & il Trattato della Statua di Leon Battiſta Alberti. *In Parigi, Giacomo Langlois*, 1651. in fol. fig. v. éc.

1869 L'Art de Peinture de Charles-Alphonſe du Freſnoy, en latin & en françois, avec des remarques. *Paris, Nicolas Langlois*, 1673. in 12. fig. v. f.

1870 L'Art de Peindre. Poëme, avec des réflexions ſur les différentes parties de la Peinture. Par M. Watelet. *Paris, H. L. Guerin & L. F. Delatour*, 1760. in 8. fig. m. verd.

1871 Le même. *Paris, H. L. Guerin*, 1760. in 4. fig. m. r. dent.

1872 Nouvelle Iconologie hiſtorique, ou Attributs hiéroglifiques, qui ont pour objets les quatre Elémens, les quatre Saiſons, les quatre Parties du Monde, & les différentes complexions de l'homme; ces Attributs peignent aussi les diverses Nations, leurs Religions, les Epoques chronologiques de l'Histoire tant ancienne que moderne. Par Jean-Charles de la Fosse, Architecte. *Paris, Delalain,* 1768. in fol. fig. v. m.

1873 Voyage Pittoresque d'Italie, ou Recueil de notes sur les ouvrages de Peinture & de Sculpture, qu'on voit dans les principales villes d'Italie. Par M. Cochin. *Paris, Ch. Ant. Jombert,* 1756. 2 vol. in 8. G. P. m. r. dent. doub. de tab.

1874 Idée générale d'une Collection complete d'Estampes, avec une Dissertation sur l'origine de la Gravure & sur les premiers livres d'images. (Par M. le Baron de Heiniken.) *Leipsic, & Vienne, Jean-Paul Kraus,* 1771. in 8. fig. v. f.

1875 Dictionnaire des Graveurs anciens & modernes depuis l'origine de la Gravure; avec une notice des principales Estampes qu'ils ont gravées. Par F. Basan. *Paris, Delormel,* 1767. 3 vol. in 12. G. P. v. f.

1876 Suite & Arrangement des volumes d'Estampes, (connue sous le nom d'Estampes du Cabinet du Roi,) dont les planches sont à la Bibliotheque du Roi. *Paris, de l'Imprimerie Royale,* 1727. in fol. v. f.

1 Tableaux du Roi, représentant sept sujets de l'Ancien Testament, vingt-deux du Nouveau, cinq de la Fable,

SCIENCES ET ARTS. 543

un de l'Histoire Profane, & trois allégoriques. *Paris, de l'Imprimerie Royale*, 1679. ⸺ Grotte, Labyrinthe, Fontaines & Bassins de Versailles. in fol. v. f.

2 Tableaux du Roi, représentant cinq sujets de l'Histoire d'Alexandre le Grand, gravés d'après Charles le Brun, par Gerard Audran & Edelinck. in fol. m. r.
Anciennes Epreuves.

3 Médaillons antiques du Cabinet du Roi, disposés sur 41 planches, gravés par de La Boissiere, avec des explications manuscrites. ⸺ Les Médailles du bas Empire, gravées pour le livre d'Anselme Banduri, intitulé : *Numismata Imperatorum Romanorum*, &c. Par P. Giffart, sur 37 planches. ⸺ Les Médailles & Jettons, comme aussi les anciennes Monnoyes de France, gravées par Sébastien le Clerc, sur onze planches.
Ce Recueil est sans aucun titre. Il est fort rare.

4 Tapisseries du Roi, gravées d'après le Brun, par Sébastien le Clerc. Il manque les devises. ⸺ Plans, Elévations & vues des Châteaux du Louvre & des Tuileries. in fol. v. f. Il manque tous les ornements.

5 Plans, Elévations & vues du Château de Versailles. in fol. v. f.
Il manque les six premiers sujets.

6 Le grand Escalier de Versailles, gravé d'après le Brun, par Estienne Baudet en 7 planches. Tableaux de la voûte de la galerie du petit appartement du Roi à Versailles, peints par P. Mignart, dessinés & gravés par Gerard Audran, en 3 planches. Le Dôme de Seaux, gravé d'après Charles le Brun, par Gerard Audran, en 5 planches in fol. m. r.

7 Description du Labyrinthe de Versailles. *Paris, de l'Imprimerie Royale*, 1679. in 8. fig. m. r.

8 Statues & Bustes antiques & modernes ; Termes, Sphinx

& Vases des maisons Royales. *Paris, de l'Imprimerie Royale*, 1679. in fol. m. r.

9 Tapisseries du Roi, où sont représentés les quatre Eléments, & les quatre Saisons. avec les devises qui les accompagnent, & leur explication, &c. *Paris, Sebastien Mabre-Cramoisy*, 1679. in fol. m. r.

10 Carroufel. Courses de Têtes & de Bague, faites par le Roi, & par les Princes & Seigneurs de sa Cour, en l'année 1662, *Paris, de l'Imprimerie Royale*, 1670. in fol. m. r dent.

11 Festiva ad capita annulumque decursio, à Rege Ludovico XIV. Principibus summisque aulæ proceribus edita, anno 1662. Scripsit gallicè Carolus Perrault, latinè reddidit & versibus heroicis expressit Spiritus Flechier. *Parisiis, è Typographia Regia*, 1670. in fol. fig. m. r. dent.

12 Relation de la Fête de Versailles. du 18 Juillet 1668. avec les Plaisirs de l'Isle enchantée, & le discours. (Par J. B. Poquelin de Moliere.) *Paris, de l'Imprimerie Royale*, 1679. il fol. m. r. dent.

13 Plans, Elévations, vues, coupes & profils de l'Hôtel Royal des Invalides. in fol. v. b.
Imparfait.

14 Plans, profils, élévations & vues de différentes Maisons Royales. gravés par la Boissiere & autres. in fol. v. f.

15 Desseins, profils & vues de quelques lieux de remarques, avec divers plans détachés de Villes, Citadelles & Châteaux. gravés par Sylvestre, le Pautre & Audran. in fol. v. f.

Il manque dans ce Volume :
Plan de la place de Vendôme.
——— De la Ville de Namur.
——— De la même Ville. en 3 planches.

——— De

SCIENCES ET ARTS. 545

—— De la Ville de Roses, en 3 pl.
—— De la Ville de Charleroy, en 3 pl.

16 Plans & profils, appellés communément les petites conquêtes, servant à l'histoire de Louis XIV. gravés par S. le Clerc, Louis Châtillon & autres. in fol. v. f.

17 Vues, marches, entrées, passages & autres sujets, servant à l'histoire de Louis XIV. gravés par Vandermeulen. = Vues, entrées, & autres sujets, servant à l'histoire de Louis XIV. gravées par le même. = Paysages, morceaux d'études, &c. gravés d'après le même, ou provenant de son fonds. in fol. v. f.

18 Les glorieuses conquêtes de Louis le Grand, Roi de France, &c. où sont représentées les cartes, profils, plans des Villes avec leurs attaques, &c. avec l'explication imprimée. Par Sebastien de Pontault, Seigneur de Beaulieu. *Paris, chez l'Auteur*, 1680. 4 vol. in fol. m. r.

1877 Recueil des Statues, grouppes, fontaines, termes, vases, & autres ornemens du Château & Parc de Versailles; gravé d'après les originaux, par Simon Thomassin. *La Haye, Compagnie*, 1723. 2 vol. in 4. v. b.

1878 Recueil de 218 figures des grouppes, thermes, fontaines, vases & autres ornemens, tels qu'ils se voient dans le Château & Parc de Versailles; gravé par S. Thomassin. in 8. v. b.

1879 Tapisseries du Roi, gravées d'après Ch. le-Brun, par Sébastien Leclerc. in fol. m. r.

1880 Courses de têtes & de bague faites par le Roi, & par les Princes de sa Cour, en l'année

Tome I   Z z z

1662, par Perrault. *Paris, de l'Imprimerie Royale*, 1670. in fol. v. f.

1881 Les Emblêmes & Devifes du Roi, des Princes & Seigneurs qui l'accompagnerent en la cavalcade royale, & courfe de bague que S. M. fit au Palais Cardinal, recueillis par Giffey, 1662. in 4. m. cit.

1882 Les Plaifirs de l'Ifle enchantée ; courfe de bague ; collation ornée de machines ; comédie ballet du Palais d'Alcine, feu d'artifice, &c. & autres Fêtes données par le Roi, &c. *Paris, de l'Imprimerie Royale*, 1673. in fol. m. r. dent.

1883 Les Plaifirs de l'Ifle enchantée, ou les Fêtes & divertiffemens du Roy, à Verfailles, en l'année 1664. *Paris, de l'Imprimerie Royale*, 1673. ═Relation de la Fefte de Verfailles du 18 Juillet 1668. *Paris, de l'Imp. Roy.* 1679. in fol. v. f. Avec figures gravées par Ifrael Silveftre & le Pautre.

1884 Defcription de l'Eglife Royale des Invalides. *Paris*, 1706. in-fol. m. r.

1885 Defcription hiftorique de l'Hôtel Royal des Invalides, par M. l'Abbé Perau ; avec les plans, coupes & élévations de cet édifice, & les peintures & fculptures de l'Eglife, deffinées & gravées par M. C. N. Cochin. *Paris, Guillaume Defprez*, 1756, in fol. v. m.

1886 Plans, profils, & vues de camps, places,

SCIENCES ET ARTS. 547

sieges & batailles, servant à l'Histoire de Louis XIV. gravés d'après Beaulieu, par F. Colignon, N. Cochin, & G. Perelle. *Paris, chez l'Auteur*, 1694. 2 vol. in fol. v. b.

n ciennes Epreuves.

1887 Plans, profils, & vues de camps, places, sieges & batailles, servant à l'Histoire de Louis XIII & de Louis XIV. depuis 1630 à 1697, gravés d'après Beaulieu, par les mêmes. 5 vol. in fol. très-gr. pap. v. m.

Complet sans le Discours.

1888 Le Cabinet des beaux arts, ou Recueil d'estampes gravées d'après les tableaux d'un plafond où les beaux arts sont représentés, avec l'explication de ces mêmes tableaux, par Perrault. 1690. in 4. oblong. v. b.

1889 La grande Galerie de Versailles, & les deux Salons qui l'accompagnent, peints par Charles le Brun, dessinés par Jean-Baptiste Massé, & gravés sous ses yeux par les meilleurs Maîtres. *Paris, de l'Imprimerie Royale*, 1752. in fol. m. r.

52 Pieces.

1890 Grand Escalier du Château de Versailles, dit Escalier des Ambassadeurs, ordonné & peint par Charles le Brun. *Paris, Louis Surugue* in-fol. v. f.

24 Pieces.

548 SCIENCES ET ARTS.

1891 Les Peintures de Charles le Brun & d'Eustache le Sueur qui sont dans l'hôtel du Chastelet, ci-devant la maison du Président Lambert, dessinées par Bernard Picart, & gravées tant par lui que par différens Graveurs. *Paris, Duchange,* 1740. in fol. v. m.

En 36 Pieces.

1892 La Vie de St. Bruno, Fondateur de l'Ordre des Chartreux, peinte au cloître de la Chartreuse de Paris par Eustache le Sueur, gravée en 22 pieces, par François Chauveau. *Paris, Cousinet,* in fol. v. b.

1893 La Galerie du Palais du Luxembourg, peinte par P. P. Rubens, dessinée par le sieur Nattier, & gravée par les plus illustres Graveurs. *Paris, Duchange,* 1710. in fol. v. m.

25 Pieces y compris les portraits. Anciennes & superbes Epreuves.

1894 L'Enéide de Virgile peinte dans la Galerie du Palais-Royal, par Antoine Coypel, premier Peintre du Roi, gravée par MM. Duchange, Tardieu, Surugue, Bauvais, Desplaces & Thomassin. *Paris, Surugue,* in fol. v. f.

15 Pieces.

1895 La Galerie du Palais-Royal, peinte par Antoine Coypel, représentant l'Histoire d'Enée en quinze pieces : de plus, neuf autres estampes gravées d'après le même Coypel. in fol. v. f.

1896 Recueil d'Estampes, connu sous le nom de Cabinet de Crozat, d'après les plus beaux tableaux & d'après les plus beaux desseins qui sont en France dans le Cabinet du Roi, &c. avec un Abrégé de la Vie des Peintres, & une Description historique de chaque tableau. (Par P. J. Mariette.) *Paris, de l'Imprimerie Royale,* 1729. 2 vol. in fol. v. m.

1897 Recueil d'Estampes d'après les tableaux des Peintres les plus célebres d'Italie, des Pays-Bas & de France, qui sont dans le Cabinet de M. Boyer d'Aguilles, gravées par Jacques Coelemans, (& décrites par Pierre Jean Mariette). *Paris, P. Jean Mariette,* 1744. in fol. v. m.

118 Pieces d'anciennes épreuves.

1898 Recueil de 123 Estampes gravées d'après les tableaux du Cabinet de M. le Duc de Choiseul. par les soins du sieur Basan, 1771. in 4. m. bl.

1899 Parerga, atque ornamenta, ex Raphaelis Sanctii Prototypis, a Joanne Nannio Utinensi, in Vaticani Palatii Xistis, partim opere plastico, partim coloribus expressa, ad veterum ornamentorum, & picturarum, quæ extabant in ruinis domûs Imperatoris Titi elegantiam. (*Romæ*) *Typis Jo. Jacobi de Rubeis,* in fol. oblong. v. f.

44 Pieces dessinées & gravées par Pietre Sante Bartoli.

550 SCIENCES ET ARTS.

1900 Les Loges du Vatican peintes par Raphael d'Urbin. *Rome, Marc Pagliarini*, 1772. in fol. très gr. pap. m. r.
35 Pieces.

1901 Pfyches & amoris nuptiæ ac fabula a Raphaele Sanctio Urbinate Romæ in Farnefianis hortis transtyberim ad veterum æmulationem ac laudem colorum luminibus expreffa a Nicolao Dorigny delineata & incifa, & a Joanne Bellorio notis illuftrata. *Romæ, de Rubeis*, 1693. 12 pieces. ⸺ Barberinæ Aulæ fornix Romæ Petri Berretini Cortonenfis picturis admirandus. *Romæ, de Rubeis*, in fol. v. f.
10 Pieces.

1902 Giove che fulmina li giganti, rapprefentato in pittura da Giulio Romano in Mantua nel Palazzo Ducale detto del T. e difegnato & intagliato da Pietro Santi Bartoli. (*In Roma*) *Domenico de Roffi*, in fol. oblong. v. f.
En 8 Pieces.

1903 Galerie du Duc de Parme peinte à Rome par Annibal Carache, dans le Palais Farnefe, gravée par F. de Poilly, en 37 pieces. *Paris, Bafan.* ⸺ Galeria dipinta nel Palazzo del Principe Panfilio da Pietro Berrettini da Cortona, ed intagliata da G. Audran, e Nicolao Mignard pittore. *Parigi, Bafan*, in fol. m. r.

SCIENCES ET ARTS. 551

1904 L'Augusta Ducale Basilica dell' Evangelista san Marco nell' inclita dominante di Venezia. *In Venezia, Antonio Zatta*, 1761. in fol. très-gr. pap. rel. en cart.

1905 Quadreria Medicea, ou Tableaux de la Galerie de Médicis. 5 vol. in fol. très gr. pap. v. m.

500 Pieces.

1906 Pitture del Salone Imperiale del Palazzo di Firenze. si aggiungono le Pitture del Salone e Cortile delle Imperiali Ville della Petraia e del Poggio a Caiano opere di vari celebri Pittori Fiorentini, in tavole 26. *In Firenze*, 1751. in fol. très gr. pap. m. r.

1907 Azioni gloriose de gli Uomini illustri Fiorentini espresse con loro ritratti nelle volte della Real Galeria di Toscana. in fol. oblong. v. f.

En 52 pieces dessinées par Joseph Menabuoni, & gravées par Carlo Gregori.

1908 Illustri fatti Farnesiani coloriti nel Real Palazzo di Caprarola dai fratelli Taddeo Frederico e Ottaviano Zuccari, disegnati e coll' acqua forte incisi in rame da Georgio Gasparo de Prenner. *In Roma*, 1748. in fol. v. éc.

En 41 Pieces.

1909 Picturæ Dominici Zampieri vulgo Domenichino quæ extant in sacello sacræ ædi crypto

Ferrarensi adjuncto nunc primum tabulis æneis incisæ. *Romæ*, 1762. in fol. br. en cart.

1910 Il Clauſtro di S. Michele in Boſco di Bologna dipinto da Lodovico Carracci, e da altri excellenti maeſtri uſciti dalla ſua ſcola deſcritto dal Sig. Co. Carlo Ceſare Malvaſia, ed intagliato del Sig. Giacopo Giovannini Pittore. *In Bologna, Eredi d'Antonio Piſarri*, 1694. in fol. v. b.

18 Pieces.

1911 Le Pitture di Pellegrino Tibaldi e di Niccolo Abbati eſiſtenti nell' inſtituto di Bologna; deſcritte ed illuſtrate da Giam Pietro Zanotti. *In Venezia*, 1756. in fol. m. r.

41 Pieces.

1912 Les Plafonds, ou les Tableaux des Galeries de l'Egliſe des Peres Jéſuites d'Anvers, peints par P. P. Rubens; deſſinés d'après les véritables originaux par Jacob de Wit, & gravés en cuivre par Jean Punt. *Amſterdam, Jean Punt*, 1751. in fol. v. f.

En 46 Pieces.

1913 Recueil d'Eſtampes d'après les plus célebres tableaux de la Galerie Royale de Dreſde, avec une deſcription de chaque tableau en françois & en italien. *Dreſde*, 1753, 2 tom. en 1 v. in fol. m. r.

100 Pieces.

SCIENCES ET ARTS. 553

1914 Recueil d'Estampes gravées d'après les tableaux de la Galerie & du Cabinet de M. le Comte de Bruhl. *Dresde, George Conrad Walther*, 1754. in fol. v. m.

50 Pieces.

1915 La Galerie Électorale de Dusseldorff, ou Catalogue raisonné & figuré de ses tableaux, dans lequel on donne une connoissance exacte de cette fameuse Collection, & de son local, par des descriptions détaillées & par une suite de trente planches, contenant 365 petites estampes rédigées & gravées d'après ces mêmes tableaux, par Chretien de Mechel. ouvrage composé dans un goût nouveau par Nicolas Pigage, Architecte. *Basle, Chretien de Mechel*, 1778, in fol. oblong. m. bl.

1916 A Collection of Prints, engraved after Pictures of the most celebrated Painters in Italy, France, and England, by Robert Strange. in fol. rel. en cart.

27 Pieces.

1917 Variarum imaginum a celeberrimis artificibus Pictarum cælaturæ elegantissimis tabulis repræsentatæ. ipsæ Picturæ partim extant apud viduam Gerardi Reynst, partim Carolo II. Britanniarum Regi a Potentissimis Hollandiæ or-

Tome I.   A a a a

dinibus dono missæ sunt. *Amstelodami*, in fol. m. r.

En 34 Pieces.

1918 Recueil de 76 Estampes d'après Bassan, Stradan, Raph. Sadeler, &c. in 4. v. f.

1919 Recueil de 69 Estampes in fol.

Dont :

1 Les sept Sacrements gravés d'après N. Poussin, par B. Audran.
2 Huit vues de différentes Eglises, gravées d'après Schut, par N. Visscher.
3 Six Estampes représentant le Sabat, par Gillot.
4 Des bas-reliefs de Brebiette.
5 Deux Estampes gravées d'après Th. Bernard, par Sadeler; la premiere est intitulée : *Sicut autem erat in diebus Noe*. La seconde : *Ita erit & adventus filii hominis*.
6 Les quatre saisons, par Natoire, &c. in fol.

1920 Recueil de différentes Estampes. in fol. v. f.

Dont :

1 Les vertus innocentes, ou leurs symboles sous des figures d'enfants. dessinées par L. Tetelin, & gravées par L. Ferdinand. En 14 pieces.
2 Huit Estampes dessinées & gravées par Gillot. dont Arlequin Esprit Follet; Arlequin Soldat Gourmand, les quatre âges de la vie, &c.
3 St. Jérôme, gravé par Sadeler d'après Nuciani.
4 St. Jérôme, dess. & gravé par Ant. Wierx.
5 Le même, dessiné par M. de Vos. & gravé par le même, ainsi que trois autres Peres de l'Eglise ; St. Christophe, la Flagellation, par les mêmes.

SCIENCES ET ARTS. 555

6 La mort d'Abel, deſ. & gr. par Ant. Wierx.

7 St. Michel, deſ. par M. de Vos, gr. par le même.

8 Une figure allégorique repréſentant des amours, deſſ. par Otto Vaenius, gr. par P. de Jode. Les IV. ſaiſons d'après Vleughels, par Jeaurat.

9 Onze Eſtampes d'après Wateau, Lancret, Boucher, &c.

1921 Recueil d'Eſtampes, contenant ſoixante ſujets divers, compoſés & gravés par Sébaſtien Bourdon, & Loir, célebres Peintres de l'Ecole Françoiſe. *Paris, Baſan,* in fol. rel. en cart.

1922 Recueil de 56 Eſtampes gravées d'après Eiſen le pere, N. N. Coypel, Boucher, Dietricy, Pater, van Oſtade, grav. par Corn. de Viſſcher, &c. in fol. v. m.

1923 Un très-grand Porte-feuille, contenant 30 Eſtampes, dont l'Echec & Mat, par Vanloo, gr. par Henriquez. Les Fêtes de Pales, & Lupercales gr. d'après Bouchardon. La Sultane, & la Confidence gr. d'après Carle Vanlo, par Beauvarlet. Les Couſeuſes, d'après le Guide, par le même. La double Surpriſe, d'après Gerard Dou, par le même. Deux Eſtampes avant la Lettre & avec les eaux-fortes, gravées d'après Wouvermans, par Patas & Baquoy.

1924 Deux Deſſeins faits en 1756. Par C. Eiſen.

1925 Recueil de trente-ſept Eſtampes gravées d'après Gillot, Jean Breugel, Boucher, &c. par Audran, Sadeler, & autres. in 4. v. f.

1926 Les Jeux & Plaisirs de l'Enfance. inventés par Jacques Stella & gravés par Claudine Bouzonnet Stella, en 50 pieces. = Pastorales, par le même. en 16 pieces. in fol. v. f.

1927 Recueil de 450 Estampes de sujets agréables & paysages gravés d'après les meilleurs Maîtres des Pays-Bas, de l'Ecole Françoise, &c. par François Basan, ou sous sa direction. *Paris, chez l'Auteur*, 1762. 4 tom. en 2 vol. in fol. G. P. m. r.

1928 Œuvre de F. E. Weirotter, Peintre Allemand, contenant divers jolis Paysages, dessinés d'après nature, & gravés par lui-même. en 205 pieces. in fol. m. r.

1929 Recopilacion de Retratos y Estampas de varios Pintores grabadas y aviertas por Pedro van Schuppen. 99 pieces. in fol. v. b.

1930 Œuvre de David Teniers, composée d'environ deux cents morceaux, gravés par le Bas, Aliamet, Major, Surugue, Tardieu, & autres, avec plusieurs eaux-fortes. *Paris, Basan*, in fol. v. m.

1931 Œuvre de Philippe Wouvermens, gravée d'après ses meilleurs tableaux qui sont dans les plus beaux cabinets de Paris, & ailleurs. *Paris, J. Moyreau*, 1737. in fol. m. r.

97 Pieces.

SCIENCES ET ARTS.

1932 Œuvre de Guillaume Baur. in fol. rel. en cart.

502 Pieces, dont la suite des Métamorphoses d'Ovide, gravées par lui-même ; la vie & la passion de N. S. gravées par lui-même, la vie & la passion de N. S. gravées d'après lui par Melchior Kussel.

1933 Œuvre de I. William Baur, gravée d'après lui par Melchior Kusell. in fol. v. m.

134 Pieces qui représentent la vie & passion de N. S. & divers autres sujets de fantaisie, paysages & marines.

1934 Œuvre d'Adrien Van Ostade. in fol. v. f.

86 Pieces, dont le Peintre & plusieurs autres gravées par lui-même à l'eau forte, & son portrait gravé par Gole.

1935 L'Œuvre d'Antoine Wateau, Peintre du Roi, gravée d'après ses tableaux & desseins originaux tirés du cabinet du Roi, & des plus curieux de l'Europe. Par les soins de M. de Julienne. à Paris. 2 vol. in fol. G. P. m. r.

On a gravé au bas du Frontispice :

Fixé à cent Exemplaires des premieres épreuves, imprimés sur grand papier.

268 Pieces.

1936 Etudes de Wateau, en 350 pieces. 2 vol. in fol. m. r.

1937 Recopilacion de los retratos originales aviertos en lamina por Gerardo Edelinck Cavallero Romano. in fol. m. r.

En 91 Pieces, avec le portrait d'Edelinck, peint par Tortebat, & gravé par son Eleve R. Devaux.

1938 Œuvre de Robert Nanteuil, Graveur du Roi, contenant les portraits des Rois, Reines, Princes, Princesses, &c. qui ont vécu le siecle précédent. 2 vol. in fol. v. m.

215 Pieces.

1939 Œuvre d'Hyacinthe Rigaud, celebre Peintre de Portraits, gravés par les Drevet, Gerard Edelinck, Schmidt de Berlin, Wille, Daullé, &c. in fol. m. viol. & v. f.

319 Pieces.

1940 Œuvre de François Boucher, dont quelques Estampes gravées par lui, & par les plus habiles Graveurs. in fol. v. m.

261 Pieces.

1941 Œuvre de Jean-Baptiste le Prince sur les mœurs, les coutumes & les habillements de différents peuples. gravée en partie à l'eau forte, & le reste par le procédé qu'il a inventé pour produire l'effet des desseins lavés. in fol. v. m.

En 158 Pieces.

1942 Œuvre de Joseph Vernet, Peintre du Roi, représentant divers ports de mer de France & d'Italie, gravés par Messieurs Cochin, le Bas,

SCIENCES ET ARTS.

Aliamet, & autres célebres Graveurs. *Paris*, in fol. v. m.

94 Pieces.

1943 Œuvre de Jean Pillement, Peintre & Deffinateur célebre. composée de deux cents pieces, dont une partie gravée par lui-même à l'eau-forte; les autres par Canot, Ravenet, Maſſon, Woollette, & autres. *Paris, Leviez*, 1767. in fol. rel. en cart.

1944 Œuvre de Bernard Picart. 3 vol. in fol. v. f.

560 Pieces.

1945 Caravanne du Sultan à la Mecque. Mafcarade Turque donnée à Rome par les Penfionnaires de l'Académie de France, & leurs amis, au carnaval de l'année 1748. en 31 pieces, deffinées & gravées par Joſeph Vien. *Paris, Feſſard.* in fol. v. f.

1946 Recueil de Lions, deffinés d'après nature par divers Maîtres, & gravés par Bernard Picart. divifé en fix Livres chacun de fix feuilles. *Amſterdam, Bernard Picart*, 1729. in 4. oblong, v. f.

1947 Explication de diverfes planches (au nombre de douze,) inventées & gravées pour des Epithalames ou Nôces. Par Bernard Picart. in fol. m. r.

1948 Recueil de cent dix-neuf Eſtampes, dont

SCIENCES ET ARTS.

12 bas reliefs gravés par Stephanus ; différentes Vignettes, Payſages, Marines, par Callot, &c. in fol. v. f.

1949 Martyrium Apoſtolorum. 15 pieces par Jacques Callot. = Les Pénitents & Pénitentes, par le même. 6 pieces. = Pluſieurs têtes coëffées à la Perſienne, par Eſtienne de la Belle. 1650. 12 pieces. = Divers exercices de Cavalerie, par le même. 20 pieces. in 8. m. r.

1950 Recueil d'Eſtampes. in 4. obl. m. r.

Contenant :

1 Les miſeres & les malheurs de la Guerre, repréſentées par Jacques Callot, & miſes en lumiere par Iſrael. *Paris*, 1633. En 18 Pieces.

2 Divers embarquements faits par S. della Bella, & mis en lumiere par Iſrael. 6 Pieces.

3 Diverſe figure & paeſi fatti, per S. D. Bella. 8 pieces.

1951 Recueil d'Eſtampes de Jacques Callot. in 4. oblong. m. r.

Contenant :

1 Les fantaiſies de Jacques Callot, miſes en lumiere par Iſrael ſon ami. 1635. 12 Pieces.

2 Varie figure Gobbi di Jacopo Callot. 1616. 20 Pieces.

3 Balli di Sfeſſania di Jacopo Callot. 24 Pieces.

4 Caprici di varie figure di Jacopo Callot. 48 Pieces.

5 Varie figure di J. Callot. 18 Pieces.

6 Miſeres de la Guerre, par le même, miſes en lumiere par Iſrael Henriet. 1636. 6 Pieces.

7 Vita & hiſtoria Beatæ Mariæ Virginis à Jac. Callot. 13 Pieces.

SCIENCES ET ARTS. 561

8 Nouveau Testament, gravé par le même, 1635. 10 Pieces.

9 La vie de l'Enfant Prodigue, par le même, 1635. 10 Pieces, dont la 7.e manque.

1952 Les Images de tous les Saints & Saintes de l'année. suivant le Martyrologe Romain, faites par Jacques Calot. & mises en lumiere par Israel Henriet. *Paris, Israel Henriet*, 1636. in fol. m. r.

1953 Le Monde plein de Foux, ou le théâtre des Nains, enrichi d'un discours chené de leurs personnages. 1720. in 8. m. bl.

Recueil de figures grotesques dessinées pour la plus grande partie par Guillaume Koning, & gravées par Folkema & autres.

1954 Recueil de 20 Estampes dessinées & gravées par Abraham Bosse. dont Saint Denys Areopagite. in fol. vélin.

1955 La vie de Notre-Seigneur Jésus-Christ, représentée en 19 grandes planches, gravées par Albert Durer, en 1509. in fol. v. f.

1956 Vita, Passio & Resurrectio Jesu Christi, variis iconibus à celeberrimo pictore Martino de Vos expressa, ab Adriano Collart nunc primum in æs incisis. 51 pieces. in fol. obl. v. b.

1957 La Passion de Notre-Seigneur Jésus-Christ, en 14 pieces, gravées par Jacques de Gheyn d'après Mandere. = XII pieces contenant la

562 SCIENCES ET ARTS.

Paſſion de N. S. J. C. Par Henry Goltzius. 1592.
== XII pieces contenant la paſſion de N. S. J. C. Par N. de Bruin. 1618. in 4. v. f.

1958 Recueil de 140 Eſtampes repréſentant les différentes actions de la vie de Notre-Seigneur Jéſus-Chriſt, gravées d'après différents Peintres par N. Tardieu. in 4. m. verd.

1959 Recueil d'Eſtampes. in 8. v. f.

Contenant:

1 Vita Dei paræ Virginis Mariæ. *Paris, Jean Meſſager.* En 19 Pieces gravées par Matheus.
2 Jeſu Chriſti, Dei, infantia. 12 Pieces.
3 Paſſio Domini noſtri Jeſu Chriſti. 17 Pieces par Phil. de Mallery.
4 31 Pieces de la vie de la Ste Vierge, & de la paſſion, par le même Mallery.
Porta Cœli. 23 Pieces, dont la premiere eſt gravée par Ant. Wierx, & les autres par de Mallery.
6 47 Pieces, dont 35 gravées par S. a Bolſwert, repréſentant Jéſus-Chriſt, la Sainte Vierge, des Saints & des Saintes.

1960 Solitudo ſive vitæ Patrum Eromicolarum per divum Hieronymum olim conſcripta, jam vero primum æneis laminis inciſa. *Paris, Joullain.* in 4. oblong, v. m.

135 Pieces.

1961 Batavorum cum Romanis bellum, à Corn. Tacito lib. IV & V. hiſt. olim deſcriptum, figuris nunc æneis expreſſum, auctore Othone Vænio. *Antverpiæ, apud Auctorem*, 1612. in 4. oblong, v. f.

1962 Recueil d'Eſtampes repréſentant la vie de l'homme, & différents ſujets de l'ancien & du nouveau Teſtament, avec des vers imprimés en caracteres gothiques au bas de chaque figure. in 4. m. bl.

1963 Le Microcoſme contenant divers tableaux de la vie humaine repréſentés en figures. *Amſterdam, Th. Pierre.* in 4. m. r.

1964 Les douze mois de l'année peints par Joachim Sandrart, gravés par Falck, Suijderhoef, & autres. in fol. m. r.

1965 Les douze mois de l'année deſſinés par Jean Wildens, gravés par Henry Hondius, Jacques Matham, & André Stoch, publiés par Corneille Viſſcher. in fol. v. f.

1966 Recueil de 30 Eſtampes repréſentant les 4 Eléments, les mois de l'année, &c. in 4. v. f.

1967 Les Métamorphoſes d'Ovide repréſentées en figures, par Criſpin de Paſſe, en 128 pieces. in 4. obl. m. r.

1968 Metamorphoſeon ſive transformationum Ovidianarum libri XV. æneis formis ab Antonio Tempeſta inciſi. à Petro de Jode in lucem editi. *Amſterodami.* in 4. obl. v. f.

150 PIECES.

564 SCIENCES ET ARTS.

1969 Recueil de 25 Estampes représentant la vie de St. François; gravées par Thomas de Leu. in 4. v. f.

1970 Recueil des Paysages d'Antoine Waterlo, gravés par lui même. in fol. rel. en cart.

76 PIECES.

1971 Recueil des meilleurs desseins de Raymond la Fage, gravés par cinq des plus habiles Graveurs. *Paris, Jean Vander Bruggen*, 1689. in fol. v. f.

103 PIECES.

1972 Divers sujets de l'histoire de Toulouse représentés en desseins par Raimond la Fage, & gravés par François Ertinger. *Paris, Nicolas Langlois.* in fol. v. m.

11 PIECES.

1973 Sei Paisagi disegnati per Alberi & intagliati per il marchese di Montmirail. in fol. relié en carton.

1974 Divers Paysages gravés par M. de la Ferté, Intendant des menus plaisirs du Roi. 1758. in 4. obl. m. r.

25 PIECES.

1975 Recueil de soixante & onze Estampes dessinées & gravées par Gillot; pour servir à l'Edition des Fables de la Motte. in 4. obl. v. m.

SCIENCES ET ARTS.

1976 Recueil de 80 Eſtampes ſatyriques & critiques, en mémoire de la folie incroyable de la XXᵉ année du 18ᵉ ſiecle. ſur le ſyſtême de M. Law. avec l'explication en Hollandois. in fol. bro. en cart.

1977 Eſtampes de l'hiſtoire de Don Quichotte de la Manche, peintes par Charles Coypel, gravées par les plus habiles Graveurs. en 25 feuilles. *Paris, L. Surugue*, 1753. in fol. m. r.

1978 Le Roman comique de Scaron. peint par Dumont & Pater. & gravé par Meſſieurs Surugue, l'Epicié & Audran. *Paris, L. Surugue.* in fol. m. r.

16 Pieces.

1979 Recueil de Vignettes, Fleurons & Culs-de-lampe, gravés par M. Cochin pour ſervir à l'hiſtoire de France de M. le Préſident Hénault, en 47 pieces. in 4. obl. m. r.

1980 Spectacles des Vertus, des Arts & des Sciences, hiſtoriques, poétiques & allégoriques, repréſentés dans les Palais des Dieux : en cinq parties in fol. gravées par François. *Paris, François.* in fol. v. f.

Premiere Partie.

1981 Recueil de 58 Eſtampes gravées en maniere noire d'après G. Metzu, Oſtade, Scalken, Teniers, &c. les portraits d'Iſaac Newton, de

David Hume, de Jean-Jacques Rousseau, &c. in fol. m. r.

1982 Recueil de 44 Estampes gravées en maniere noire d'après Rembrandt, van Eckhout, Reynolds, Fr. Mola, van Dyck, Murillo, P. P. Rubens, &c. Le Portrait de Garrick dans le rôle de Hamlet, &c. in fol. m. r.

1983 Recueil de 66 Estampes gravées en maniere noire d'après différents Peintres. in 8. m. r.

1984 Recueil de huit Estampes gravées en maniere noire, par Jean-Jacques Haid, dont les quatre premieres représentent des sujets tirés des comédies de Moliere. in fol. rel. en cart.

1985 Suite d'effigies des Patriarches & des Prophetes de l'ancien Testament, depuis Adam jusqu'à Judas Machabée. en 40 pieces gravées par J. Saedeler. in 8. v. éc.

1986 Recueil de 26 Portraits de Peintres & de grands hommes peints & gravés à l'eau forte par Ottavius Leo. in 4. v. f.

1987 Recueil de divers Portraits au nombre de 45, gravés d'après Largilliere, Rigaud, &c. par Cornelius Martinus Vermeulen. in fol. v. b.

Plusieurs de ces Portraits sont avant la lettre, & d'autres avec des différences.

1988 Recueil de Portraits de grands hommes, gravés par les soins du sieur Odieuvre. 5 vol. in 4. m. r.

1989 Recueil de 21 Portraits gravés par Houbraken & autres. in 4. v. m.

1990 Le grand Théâtre des Peintres, ou recueil des Portraits des Peintres Hollandois & Flamands, gravés par Jacob Houbraken. 1718. in 4. v. b.

1991 Varie vedute di Roma antica e moderna difegnate e intagliate da celebri autori. *In Roma, Faufto Amidei*, 1748. in 4. obl. v. m.

82 PIECES.

1992 Li Giardini di Roma. con le loro piante, alzate e vedute in profpettiva difegnate ed intagliate da Gio. Battifta Falda. *In Roma*, 1683. ⸺ Infignium Romæ templorum profpectus exteriores interiorefque à celebrioribus Architectis inventi, à Joanne Jacobo de Rubeis in lucem editi. 1683. in fol. obl. v. b.

1993 Il gran Teatro di Venezia ovvero raccolta delle principali vedute e pitture che in effa fi contengono. in fol. obl. v. m.

117 PIECES.

1994 Recueil de quarante vues du Pic de Derby, & autres lieux; peintes par Thomas Smith, & gravées par le fieur Vivares, & autres. avec une explication en Anglois & en François. *Londres, Jean Boydell*, 1769. in fol. rel. en cart.

1995 Recueil de la diversité des habits qui sont de présent en usage en Europe, Asie, Afrique & Isles sauvages, le tout fait après le naturel. *Paris, Richard Boeton*, 1562. in 8. m. viol.

1996 Diversarum nationum habitus centum & quatuor iconibus in ære incisis diligenter expressi. item ordines duo processionum, unus summi Pontificis, alter seren. Principis Venetiarum. opera Petri Bertelii. *Patavii, apud Alciatum Alcia*, 1589. in 8. v. f.

1997 Habiti antichi & moderni di tutto il mondo. di Cesare Vecellio. di nuovo accresciuti di molte figure. per Sulstatium Gratilianum Senapolensis latinè declarati. *In Venetia, Giovanni Bernardo Sessa*, 1598. in 8. vélin.

1998 Recueil de 276. Estampes représentant les habillements & costumes de différentes nations, &c. &c. gravées par Langlois, Bonnart, & autres. in fol. v. b.

1999 Recueil des habillements de différentes nations, anciens & modernes, & en particulier des vieux Ajustements Anglois; d'après les desseins de Holbein, de Vandick, de Hollar & de quelques autres. *Londres, Th. Jefferys*, 1757. in 4. v. f.

240 Pieces.

2000 Recueil des habillements de différentes nations, anciens & modernes, & en particulier

des

SCIENCES ET ARTS. 569

des vieux ajustements Anglois; d'après les desseins de Holbein, de Vandick, de Hollar, &c. auquel sont ajoutés les habits des principaux caracteres du Théatre Anglois. *Londres, Jefferys*, 1757. 4 vol. in 4. G. P. m. r. en Anglois & en François.

FIGURES COLORIÉES.

2001 Cleri totius Romanæ Ecclesiæ subjecti, seu, Pontificiorum ordinum omnium omnino utriusque sexus, habitus, artificiosissimis figuris, quibus Francisci Modii singula octosticha adjecta sunt, nunc primum à Judoco Ammanno expressi. *Francoforti, ad Moenum, Martinus Lechlerus, impensis Sigismundi Feyrabendii.* 1585 in 4. v. f.

2002 Divers habillements suivant le costume d'Italie dessinés d'après nature par J. B. Greuze, ornés de fonds par J. B. l'Allemand, & gravés d'après les desseins par P. E. Moitte. *Paris, chez l'Auteur,* 1768. in fol. m. r.

24 PIECES.

2003 Habiti delle Donne Venetiane intagliate in rame da Giacomo Franco. === Habiti d'huomini & Donne venetiane, con la processione della serenissima Signoria & altri particolari, cioe, trionfi, feste, & ceremonie publiche della citta di Venezia. *In Frezzaria Giacomo Franco.* in fol. v. f.

2004 Diverse figure al numero di ottanta, diségnate di penna nell' hore di recreatione da Annibale Carracci. intagliate in rame, e cavate da gli originali da Simone Guilino Parigino. *In Roma, Lodovico Grignani,* 1646. in fol. m. r.

2005 Recueil de huit Estampes représentant les différents habillements Militaires des Corses. in 4. rel. en cart.

2006 Recueil de 273 Portraits, tant de la Cour de France, que des pays étrangers, habillés suivant la mode du temps où ils ont paru. in fol. v. b.

2007 Galerie des Modes & Costumes françois, dessinés d'après nature, gravés par les plus célebres Artistes en ce genre, & colorés avec le plus grand soin par Madame le Beau. *Paris, Esnauts & Rapilly,* 1778. in fol. v. éc.

2008 Les cris de la Ville de Londres, dessinés d'après nature, par Mauron, & gravés par P. Tempest. en 74 pieces. *Londres, Henry Overton,* 1711. in fol. v. f.

2009 Estampes de J. B. le Prince. in fol. rel. en cart.

Savoir :

1 Divers ajustements & usages de Russie, dessinés en Russie

SCIENCES ET ARTS.

d'après nature, & gravés à l'eau forte par J. B. le Prince. 10 Pieces.

2 Les Strelits ancienne & feule Milice de Ruffie, jufqu'au temps de Pierre le Grand, qui les détruifit. 8 Pieces.

3 Divers habillements des Prêtres de Ruffie. 10 Pieces.

4 Suite de divers habillements des peuples du Nord. 6 Pieces.

5 Divers habillements des femmes de Mofcovie, &c. 18 Pieces.

6 Habillements de diverfes nations. 12 Pieces, &c. &c.

2010 Nouveaux deffeins d'habillements à l'ufage des Ballets, Opéras & Comédies. inventés par M. Gillot. *Paris, Duchange.* in 8. v. m.

2011 Nouveaux deffeins d'habillements à l'ufage des Ballets, Opéras & Comédies, inventés par M. Gillot. *Paris, Duchange,* in 8. m. bl.

2012 Recueil de 50 Figures peintes à gouache; elles repréfentent différents habillements de Théâtre. in fol. v. b.

2013 Recueil de 278 Eftampes repréfentant des modes diverfes, habillemments des Acteurs, &c. fous le regne de Louis XIV. in fol. v. m.

2014 Les Métamorphofes de Melpomene & de Thalie, ou caracteres dramatiques des Comédies Françoife & Italienne. *Londres, Robert Sayer,* 1772. in 8. m. r.

FIGURES COLORIÉES.

2015 Caracteres dramatiques, ou portraits divers

du Théâtre Anglois. *Londres, Robert Sayer,* 1770. in 8. m. r.

FIGURES COLORIÉES.

2016 Le Miroir des plus belles Courtisannes de ce temps, en Hollandois & en François, avec leurs portraits gravés. 1635. in 4. obl. v. m.

2017 Recueil de quarante-huit figures très bien peintes en Turquie, représentant les différents habillements & costumes du Grand Seigneur & des principaux Officiers de la Porte, les Sultanes, &c. in 4. m. cit.

2018 Collection amusante de différentes vues & modes d'habits en général, & de celles de Turquie en particulier. en 31. feuilles coloriées. in fol. v. f.

2019 Recueil de cent Estampes représentant différentes nations du Levant tirées sur les tableaux peints d'après nature en 1707 & 1708, par les ordres de M. de Feriol, Ambassadeur du Roi à la Porte. gravées par les soins de M. le Hay. *Paris, le Hay,* 1714. in fol. v. b.

2020 Recueil de cent Estampes représentant différentes nations du Levant tirées sur les tableaux peints d'après nature, par les ordres de M. de Ferriol, Ambassadeur du Roi à la Porte. gravées par les soins de M. le Hay. *Paris, le Hay,* 1714. in fol. m. r.

FIGURES COLORIÉES.

SCIENCES ET ARTS. 573

2021 Suite de seize Estampes gravées sur des desseins faits d'après des miniatures peintes sur les lieux ; elles représentent les habillements du Grand Mogol, de ses Femmes, & des Seigneurs de sa Cour. in fol. v. f.

2022 Recueil de 45 figures peintes à la Chine ; elles représentent des Hommes, des Femmes, des Plantes, &c. in fol. v. f.

2023 L'état présent de la Chine, en figures. Par J. Bouvet. J. *Paris, Pierre Giffart,* 1697. in fol. m. r.

Ce Volume contient 43 figures coloriées ; elles représentent l'Empereur & les grands Seigneurs de la Chine, &c.

2024 Recueil de 43 Estampes gravées par P. Giffart, représentant les différents habillements des Chinois & des Chinoises. in fol. v. f.

2025 Livre de desseins Chinois, dessinés & gravés par le sieur Fraisse. *Paris, Ph. Nic. Lottin,* 1735. in fol. v. m.

2026 Livre de Desseins Chinois, tirés d'après des originaux de Perse, des Indes, de la Chine & du Japon, dessinés & gravés par le sieur Fraisse. *Paris, Ph. Nic. Lottin,* 1735. in fol. v. f.

Figures coloriées.

2027 Description des Fêtes données par la Ville de Paris, à l'occasion du mariage de Madame

Louise Elisabeth de France, & de Don Philippe, Infant d'Espagne. les 29 & 30 Août 1739. in fol. fig. m. r.

2028 Fêtes publiques données par la Ville de Paris, à l'occasion du mariage de Monseigneur le Dauphin, les 23 & 26 Février 1745. in fol. m. r. dent. doub. de tabis.

FIGURES COLORIÉES.

2029 Fête publique donnée par la Ville de Paris à l'occasion du mariage de Monseigneur le Dauphin, le 13 Février 1747. in fol. m. r. dent. doub. de tabis.

FIGURES COLORIÉES.

2030 Représentation des Fêtes données par la Ville de Strasbourg pour la convalescence du Roi; à l'arrivée & pendant le séjour de sa Majesté en cette Ville. inventé, dessiné & dirigé par J. M. Weis. in fol. v. m.

2031 Relation de l'arrivée du Roi au Havre de Grace, le 19 Septembre 1749. & des Fêtes qui se sont données à cette occasion. *Paris, H. L. Guérin*, 1753. in fol. m. r.

2032 Plans & Desseins des constructions & décorations ordonnées par la Ville de Paris pour les réjouissances publiques à l'occasion de la publication de la Paix, le 12 Février 1749. in 4. obl. rel. en cart.

SCIENCES ET ARTS 575

2033 Recueil de onze Estampes représentant des Catafalques, le mariage de M. le Dauphin, &c. in fol. m. r.

Dessinées par M. Slodtz, & gravées par M. C. N. Cochin.

2034 Réjouissances faites à Bruxelles pour la prise de Bude : sous le titre : *Divo & Invictissimo Leopoldo I. P. F. A. Fidei in Hungaria Assertori, Rebellium Domitori, Turcarum Debellatori, ob Budam septimo inexpugnabilem armis victricibus occupatam ignes triumphales Bruxellis extructos dedicant consecrantque Fama & Gloria.* in fol. obl. v. m. dent.

IMPRIMÉ SUR VÉLIN.

CE VOLUME contient neuf Estampes supérieurement gravées.

On a imprimé à la tête du Volume la note suivante :
Cet Exemplaire, que l'on croit unique, est d'autant plus curieux, qu'il est IMPRIMÉ SUR VÉLIN, *& de la plus belle conservation.*

2035 Les Chars de Triomphe, Fête intéressante imaginée sur la fin de sa vie, par l'Empereur Maximilien I. en laquelle toute la maison de ce Prince passe en revue, qui eut pour Directeur Jean Stabius son Historiographe, & qui a été gravée par ordre de S. M. I. sur les desseins d'Albert Durer, & de Jean Burgkmair, en 1517. en 79 pieces. = Les victoires & les événements les plus remarquables de la vie de l'Empereur Maximilien I. en 6 pieces. = Deux autres planches, que l'Empereur Maximilien avoit fait préparer pour enrichir l'Edition d'un Roman de sa composition qu'il se proposoit de donner au Public sous le titre du Roi Avisé. Mais cet Ouvrage interrompu par la mort de ce Prince, & demeuré manuscrit dans la Bibliotheque Impériale, n'a jamais vu le jour. in fol. très G. P. m. r.

On trouve au bas du Frontispice la note suivante de M. Mariette :

Cet Ouvrage est tellement RARE, qu'il n'en a paru jusqu'à présent que trois Exemplaires ; l'un qui est à Vienne dans la Bibliotheque Impériale, un second que le Roi de Suede possede, & que lui a transmis le Comte de Tessin, & celui-ci qui appartient à moi Pierre-Jean Mariette. Dès le temps que Joachim Sandrart écrivoit, il passoit pour constant à Augsbourg que les planches y avoient péri dans un incendie. Le Livre est connu en Allemagne sous le nom de Triumpfwagen, qui est celui que l'Empereur avoit jugé à propos de lui choisir, & qui répond au titre que l'on lui donne ici en françois.

2036 Recueil de Fêtes, Décorations & Tournois. in fol. obl. v. f.

68 Pieces dessinées par Gio. Fr. Grimaldi. Alfonsus Porigius. Remigio Gallina, &c.

2037 Balletti d'invenzione nella finta pazza di Giovanbattista Balbi. in 4. obl. fig. m. r.

Art

SCIENCES ET ARTS.

Art de la Sculpture.

2038 Les belles Statues de Rome, copiées très exactement sur les statues les plus correctes de l'antiquité même. Par M. de Marne, Architecte & Graveur du Roi, avec l'explication de chaque sujet. in fol. m. r.

Ces desseins lavés avec grand soin à l'encre de la Chine, sont au nombre de 101. Le discours occupe 39 feuillets.

2039 Cabinet de l'art de Sculpture, par le fameux Sculpteur Francis van Bossuit, exécuté en ivoire, ou ébauché en terre, gravé d'après les desseins de Baraut Graat, par Mattys Pool. *Amsterdam, M. Pool,* 1727. in 4. m. r.

103 PIECES.

2040 Vasa inventa atque studii causa delineata & incisa à Jacobo Saly. 1746. in fol. v. f.

30 PIECES.

ARCHITECTURE.

Traités Généraux d'Architecture.

2041 L. Vitruvii Pollionis de Architectura libri X. ex recensione Joannis Sulpitii. (Verulani) Sexti Julii Frontini de aquis quæ in urbem influunt libellus mirabilis cum emendationibus Pomponii & Sulpitii. in fol. m b.

PREMIERE EDITION sans chiffres, réclames & signatures, à longues lignes, au nombre de 34 sur les pages qui sont entieres. L'Ouvrage de *Vitruve* y finit par ces vers :

Io. Sulpitius lectori salutem.
Lector habes tandem ueneranda uolumina docti
    Victruuii : quorum copia rara fuit.
Hæc lege : nam disces : noua : magna : recondita : pulchra :
    Et quæ sint in re sæpe futura tuo.
Emendata uides : sed peccat littera siqua
    Corrige : nemo satis lynceus esse potest.

Suit un feuillet d'errata & de registre.

L'Ouvrage de Frontin vient ensuite, & ne contient que 16 feuillets. Le passage suivant, tiré de la dédicace de Jo. Sulpitius au Cardinal Raphael Riarius, fait connoître que cette Edition a vu le jour entre les années 1484 & 1492.

Innocentius (VIII) vero ad illum (Sixtum IV.) et Paulum (II) superandum erectus : omnia præclara et popularia cogitat.

Innocent VIII. fut élu Pape le 19 Août 1484, & mourut le 25 Juillet 1492.

Sulpitius dans sa dédicace, vouloit engager le Cardinal Riarius à faire bâtir un Théâtre.

... Quare à te quoque theatrum novum tota urbs magnis votis expectat ... Accinge te ocius ad hanc beneficentiam alacriter exhibendam. Quid enim popularius ? Quid gloriosius ista tua ætate facere possis ? ... illud unum igitur superest : ut meliorem locum ex Vitruvii institutione constituas : in quo juventus tibi deditissima ad majorum se imitationem in recitandis poematis fabulisque actandis in deorum honorem festis diebus exerceat : honestisque spectaculis & moueat populum & exhilaret. &c.

SCIENCES ET ARTS.

2042 M. Vitruvii de Architectura libri X. summa diligentia recogniti. additis Julii Frontini de aquæductibus libris. ex recensione Joannis Jocundi. 1523. in 8. fig. m. r.

CETTE EDITION paroît avoir été exécutée à Florence par les Juntes.

2043 M. Vitruvii Pollionis de Architectura libri X. cum notis, castigationibus & observationibus variorum. præmittuntur elementa Architecturæ collecta ab Henrico Wottono. accedit lexicon Vitruvianum Bernardi Baldi Urbinatis, &c. omnia in unum collecta, digesta & illustrata à Joanne de Laet. *Amstelodami, Lud. Elzevirius*, 1649. in fol. v. b.

2044 Les dix livres d'Architecture de Vitruve, corrigés & traduits en françois, avec des notes & des figures. Par M. Perrault. *Paris, Jean-Baptiste Coignard*, 1684. in fol. m. r. l. r.

2045 Di Lucio Vitruvio Pollione de Architectura libri dece traducti de latino in vulgare. Per D. Augustino Gallo Comense, è D. Alvisio Pirovano. *Impress. nella citate de Como per Magistro Gotardo da Ponte cittadino Milanese*, 1521. in fol. fig. m. b. l. r.

2046 Leonis Baptistæ Alberti de re edificatoria libri decem. *Parisiis, Bertholdus Rembolt*, 1512. in 4. m. r.

2047 Le Fabriche e i disegni di Andrea Palladio raccolti ed illustrati da Ottavio Bertotti Scamozzi. Opera divisa in quattro tomi con tavole in rame rappresentati le piante, i prospetti, e gli spaccati. con la traduzione francese. *In Vicenza, per Francesco Modena*, 1776. in fol. v. f. tome premier.

2048 Della Architectura di Giov. Ant. Rusconi, con centosessanta figure dissegnate dal medesimo. *In Venetia, Gioliti*, 1590. in fol. m. r.

2049 Figures d'Architecture dessinées & lavées. in fol. m. bl.

Ces Figures sont sur vélin, & ont été exécutées dans le *XVI siecle*. La totalité du Volume est de 46 feuillets.

2050 Opus Architectonicum equitis Francisci Boromini ex ejusdem exemplaribus petitum. *Roma, Sebast. Gianninus*, 1725. in fol. vel.

2051 The Designs of Inigo Jones, consisting of plans and elevations for public and private buildings. Published by William Kent. With some additional designs. *London, Benjamin White*, 1770. 2 tom. en 1 vol. in fol. v. m.

2052 Nouveau traité d'Architecture, contenant les cinq ordres suivant les quatre Auteurs les plus approuvés, sur les principes desquels sont composés différents sujets, sur chacun de leurs ordres, enrichi de 125 planches. Par P. Nati-

SCIENCES ET ARTS. 581

velle. *Paris, Grégoire Dupuis*, 1729. 2. vol. in fol. v. m.

2053 Parallele de l'Architecture antique & de la moderne. avec un recueil des dix principaux Auteurs qui ont écrit des cinq ordres. Par Mrs. Errard & de Chambray. *Paris, Pierre Emery*, 1702. in fol. G. P. fig. v. f.

2054 Recueil des quatre principaux problèmes d'Architecture. Par M. François Blondel. *Paris, de l'Imprimerie Royale*, 1673. in fol. m. r. dent.

2055 Scelta de varii Tempietti antichi, con le piante & alzate defignati in profpettiva da Giov. Battifta Montano, date in luce da Giov. Battifta Soria. *In Roma Soria*, 1624. in fol. v. f.

2056 Les Edifices antiques de Rome deffinés & mefurés très exactement. Par Antoine Defgodetz. *Paris, Jean-Baptifte Coignard*, 1682. in fol. fig. v. ecc.

2057 Les reftes de l'ancienne Rome, recherchés avec foin, mefurés, deffinés fur les lieux, & gravés par feu Bonaventure d'Overbeke. *Amfterdam, Jean Crellius*, 1709. 3 vol. in fol. v. m.

2058 Circi Maximi & antiqui Imperatorum Romanorum Palatii ichonographia. diligenter ex iis quæ fuperfunt reliquis æneis formis expreffa.

SCIENCES ET ARTS.

Onuphrii Panvinii Veronensis auctoris operâ. in fol. rel. en cart.

20 PIECES.

2059 Le Antichita Romane, opera di Giambatista Piranesi Architetto Veneziano. *In Roma, Bouchard & Gravier*, 1756. 4 tom. en 2 vol. in fol. trè sG. P. fig. v. m.

2060 Lettere di giustificatione scritte à Mylord Charlemont e a di lui agenti di Roma dal Signor Piranesi, intorno la dedica della sua opera delle antichita Romane, fatta allo stesso signore ed ultimamente soppressa. *In Roma*, 1757. in 4. fig. m. r.

2061 Della Magnificenza e d'Architettura de Romani, opera di Giovanni Battista Piranesi. *In Roma*, 1761. 2 vol. in fol. G. P. fig. v. m.

2062 Joannis Baptistæ Piranesii campus Martius antiquæ Urbis. *Romæ*, 1762. in fol. G. P. fig. v. m.

2063 Raccolta di varie vedute di Roma si anticha che moderna intagliate la maggior parte dal celebre Gianbatista Piranesi e da altri incisori. *In Roma, Bouchard*, 1752. in fol. G. P. v. m.

2064 Le Rovine del castello dell' acqua Giulia situato in Roma presso S. Eusebio, designate ed intagliate di Giovam Battista Piranesi. *In Roma, Generoso Salomoni*, 1761. in fol. G. P. fig. v. m.

2065 Antichita di Cora descritte ed incise da Giovambattista Piranesi. in fol. G. P. v. m.

2066 Opere varie di Architettura, prospettiva, groteschi, antichita inventate, ed incise da Giambattista Piranesi. raccolte da Giovanni Bouchard. *In Roma*, 1750. in fol. G. P. fig. v. m.

2067 Recueil de différentes vues de Rome : en 30 pieces, gravées par Falda & autres. in fol. v. b.

2068 Architettura della Basilica di S. Pietro in Vaticano. opera di Bramante Lazzari, Michel' Angelo Bonarota, Carlo Maderni, ed altri famosi architetti. *In Roma*, 1684. in fol. fig. rel. en cart.

2069 Il nuovo splendore delle fabriche in prospettiva di Roma moderna. copiate delle stampe di gia intagliate da Giovan Battista Falda da Valdugia, da Matteo Gregorio Rossi. *In Roma*, 1686. in fol. obl. v. b.
EN 134 PIÈCES.

2070 Palazzi di Roma de piu celebri Architetti disegnati da Pietro Ferrerio Pittore & Architetto. *In Roma, Giov. Jacomo de Rossi.* in fol. obl. rel. en cart.

2071 Les plus beaux Edifices de Rome moderne, ou recueil des plus belles vues des principales Eglises, Places, Palais, Fontaines, &c. qui sont dans Rome, dessinés par Jean Barbault, Peintre. *Rome, Bouchard,* 1763. in fol. m. bl.

2072 L'Anfiteatro Flavio descritto e delineato del

Cavaliere Carlo Fontana. *Nell' Haia, If. Vaillant*, 1725. in fol. fig. v. m.

2073 Urbis Venetiarum profpectus celebriores, ex Antonii Canal tabulis XXXVIII. ære expreffi ab Antonio Vicentini in partes tres diftributi. *Venetiis, Joannes Bapt. Pafquali*, 1742. in fol. m. r.

2074 Teatro delle fabriche piu cofpicue in profpettiva, della citta di Venezia. *In Venezia, Albrizzi*, in 4. oblong, v. m.

2075 Vera & accurata delineatio omnium Templorum & Cœnobiorum quæ tam in Cæfarea urbe ac fede Vienna Auftriæ, quam in circum jacentibus fuburbiis ejus reperiuntur. ad vivum defignata per Salomonem Kleiner, excufa & edita à Joanne Andrea Pfeffel. *Augufta Vindelicorum*, 1724. in fol. oblong, rel. en cart.

2076 Réfidences mémorables de fon Alteffe Eugene François de Savoye, ou repréfentation exacte des Edifices & Jardins de fon Alteffe. Le tout deffiné par Salomon Kleiner. *Ausbourg, les heritiers de Jeremie Wolff*, 1731. in fol. obl. rel. en cart.

2077 Œuvres d'Architecture, contenant les deffeins, tant en plans qu'en élevations, des principaux, & des plus nouveaux Bâtiments de la Ville d'Amfterdam, ordonnés par Philippe Vingboons.

SCIENCES ET ARTS.

Vingboons. *Leide, Pierre Vander Aa,* 1715. in fol. v. f.

2078 Recueil des plus belles ruines de Lisbonne, causé par le tremblement & par le feu du premier Novembre 1755. dessiné sur les lieux par Messieurs Paris & Pedegache, & gravé à Paris par Jac. Ph. le Bas. *Paris,* 1757. in fol. obl. rel. en cart.

6 Pieces.

2079 Le Vitruve Danois qui contient les plans, les élevations & les profils des principaux bâtiments du Royaume de Dannemarck. en danois, en allemand & en françois. Par Lauritz de Thurah. *Riobenhaun, Ern. Henr. Berlings,* 1746. 2 vol. in fol. v. m.

2080 Plans, coupes & élevations de l'Académie Royale des Sciences de Saint-Petersbourg. 1741. in fol. v. m.

2081 Recueil de différents projets d'Architecture de charpente, & autres concernant la construction des ponts, par feu M. Pitrou, Inspecteur général des ponts & chauffées de France. redigés & mis en ordre par M. Tardif. *Paris, chez la Veuve de l'Auteur,* 1756. in fol. G. P. fig. v. éc.

2082 Plan général de l'Eglise de Sainte Genevieve, de la place & de la rue au devant, suivant le dernier projet présenté au Roi, & ap-

Tome I.   E e e e

prouvé par sa Majesté. Inventé & dessiné par I. G. Souflot. in 4 obl. m. r. dent.

2083 Le Magnifique Château de Richelieu, en général & en particulier, ou les plans, les élevations & profils dudit Château, sous la conduite de Jacques le Mercier, Architecte, gravé & réduit en petit pied, par Jean Marot, Architecte. in 4. obl. v. f.

2084 Description de la place de Louis XV. que l'on construit à Reims. Par le sieur le Gendre. *Paris, Prault,* 1765. in fol. fig. m. r.

2085 Desseins des édifices, meubles, habits, machines & ustensiles des Chinois. gravés sur les originaux dessinés à la Chine par M. Chambers, Architecte. auxquels est ajouté une description de leurs temples, de leurs maisons, de leurs jardins, &c. *Londres, chez l'Auteur,* 1757, in fol. v. m.

Architecture Particuliere & Civile.

2086 Studio d'Architettura civile sopra gli ornamenti di porte, e finestre colle misure, piante, modini, e profili, trattate de alcune fabriche insigni di Firenze erette col disegno de piu celebri Architetti opera misurata, disegnata, e intagliata da Ferdinando Ruggieri Architetto. *In Firenze, nella stamperia Reale, presso Giov.*

Gaetano Tartini, 1722. 5 tom. en 2 vol. in fol. G. P. m. r. form. alt.

2087 Livre de divers ornements pour plafonds, cintres, surbaissés, galeries, & autres. de l'invention de Jean Cotelle, Peintre ordinaire du Roi. *Paris, P. Mariette.* = Frise faite de Stuc, sous la conduite, & sur les desseins de Jules Romain, au Palais du T dans Mantoue, & gravée par Antoinette Bouzonnet Stella. *Paris, aux galeries du Louvre*, 1675. in 4. obl. v. b.

2088 Diverse maniere d'adornare i cammini ed ogni altra parte degli edifizi desunte dall' Architettura Egizia, Etrusca e Greca, opera del Cavaliere Giambattista Piranesi. *In Roma, Generoso Salomoni*, 1769. = Antichita d'Albano e di Castel Gandolfo, descritte ed incise da Giovam Battista Piranesi. = Descrizione e disegno dell' Emissario del Lago Albano, di Gio Battista Piranesi. *In Roma*, 1762. in fol. fig. v. m.

Architecture Militaire.

2089 Della Architettura Militare, del Capitano Francesco de Marchi Bolonese, Gentil'huomo Romano, libri tre. nelli quali si descrivono li veri modi del fortificare, che si usa a tempi moderni. con un breve, & utile trattato, nel

quale si dimostrano li modi del fabricar l'Arti-
gliaria, & la prattica di adoperarla, da quelli
che hanno carico di essa. opera novamente data
in luce. *In Brescia*, 1599. *Appresso Comino
Presegni. ad instanza di Gasparo dall' Oglio.
in fol. fig. m. r.*

Les Pieces préliminaires occupent six feuillets : le titre, la table des mesures pour fortifier, la table des chapitres, & un avis au Lecteur. Le texte suit ; il commence au premier feuillet & finit à la fin du troisieme livre à la page 179. On trouve ensuite le quatrieme livre qui n'est pas annoncé sur le titre ; mais qui l'est dans la table des chapitres ; il occupe 22 pages. Les figures sont imprimées avec le texte ; il y en a une dans cet Exemplaire que l'on a oublié de tirer ; mais on l'a très bien refaite à la plume. Cette figure est entre les pages 127 & 128.

Cet Ouvrage, qui est très rare, a été acheté 199 l. 19 s. à la vente de M. Floncel, qui a écrit la note suivante à la tête du Volume :

Questo libro è di somma rarita ed è la sola Edizione che ne sia stata giammai fatta, anchora ben che il Fontanini nella sua Biblioteca della eloquenza italiana ne riferisca un altra anteriore del 1577 in Venezia. l'Haym nella sua notizia de libri rari fece l'istesso errore. il Marchese Maffei nell'esame dell'eloquenza italiana pag. 26 facendo l'elogio del libro del Marchi asserisce quando si dice di sopra, è nella sua Verona illustrata tom. 3, pag. 206. aggiunge che libro del Marchi è stato pagato à giorni nostri Venti doppie facendo più di 400 liv. Apostolo Zeno altro famoso letterato italiano, nelle sue note alla Biblioteca italiana de Fontanini, tom. 2, pag. 396 da un distinto reguaglio dell'istesso libro.

2090 De l'attaque & de la défense des places : par M. de Vauban. *La Haye, Pierre de Hondt,* 1737. 2 vol. in 4. fig. m. viol.

ART MILITAIRE.

Traités Généraux de l'Art Militaire.

2091 Veteres de re Militari scriptores : scilicet : Flavius Vegetius : Sextus Julius Frontinus : Ælianus de instruendis aciebus, è græco in latinum translatus à Theodoro Thessalonicense : Modesti libellus de vocabulis rei Militaris. ex recensione Jo. Sulpitii Verulani. *Romæ, per Eucharium Silber, alias Franck, 1487, septimo idus Junii.* in 4. m. r.

PREMIERE EDITION.

2092 Sextus Julius Frontinus de re Militari. Flavius Vegetius de re Militari. Ælianus de instruendis aciebus. Modesti libellus de vocabulis rei Militaris. ex recensione Philippi Beroaldi. *Bononiæ, Plato de Benedictis, 1496, XVI. kal. Februarias.* in fol. m. r.

2093 Les Stratagêmes de Frontin. de la traduction de Nicolas Perrot, sieur d'Ablancourt. avec un petit traité de la bataille des Romains. *Paris, Louis Billaine,* 1664. in 12. m. r.

2094 L'art de Chevalerie selon Vegece, lequel traite de la maniere que les Princes doivent tenir au fait de leurs guerres & batailles. (trad. par Jean de Meun dit Clopinel.) *Paris, Ant. Verard,* 1488, *le* XXVI *jour de Juing.* in fol. goth. m. r.

2095 Modestus de re Militari. de Magistratibus Urbis. & Sacerdotiis. & de Legibus : Suetonius de Grammaticis & Rhetoribus. ex recensione Johannis Aloisii Tuscani. *Venetiis, Bartholomæus Cremonensis,* 1474. in 4. m. r.

PREMIERE EDITION qui commence ainsi :

IN HOC VOLVMINE CONTINEt̃ de re militari. De Magistratibus Vrbis. & Sacerdotiis. Et de Legibus. On lit à la fin ces six vers suivis de la souscription :

 Quẽ legis ĩpressus dũ stabit ĩ aere caract̃
 Dũ nõ lõga dies uel fera fcã premẽt
 Cãdida ppetue nõ deerit fama cremone
 Phidia cũ hĩc sup̃at Bertholo. hebur
 Cedite chalcographi. millesia ura figu. ẽ
 Archetypas fingit solus at iste notas.

M. cccc. lxxiiii. die. xxvii Mai. Nicholao Marcello duce ueneciarum regnãte ĩpressũ fuit hoc opus fœliciter.

  D E O G R A T I A S.

2096 Modestus de re Militari. de Magistratibus Urbis & Sacerdotiis. & de legibus. *Impress. circà annum* 1475. in 4. v. f.

EDITION sans chiffres, réclames & signatures, à longues lignes, au nombre de 26 & 27 sur les pages qui sont entieres

SCIENCES ET ARTS.

Elle nous paroît être sortie des presses de George Laver.

Le Volume finit au bas du verso du 30e feuillet par ces mots :

Finis. Laus Deo.

2097 Roberti Valturii, de re Militari libri XII. ad Sigismundum Pandulfum Malatestam. *Veronæ, Joannes ex Verona, Nicolai filius, impressit, anno* 1472. in fol. m. r. cum figuris ligno incisis.

PREMIERE EDITION.

2098 Facti & precepti Militari di Roberto Valturio Ariminese, translata per Misier Paulo Ramusio de Arimino. *In Verona Bonin de Boninis da Regusi.* 1483, *adi* XVII *de Februario.* in fol. fig. m. r.

2099 Libro de re Militari in Materno composto per Messer Paris de Puteo Dottore de Lege. (*Neapoli*) *Sextus Riessinger circa* 1471. in fol. m. bl.

EDITION sans chiffres, réclames & signatures, à longues lignes, au nombre de 36 sur les pages qui sont entieres. On y lit à la fin du texte le nom de l'Imprimeur Sextus Riessinger.

Cet Artiste est connu pour avoir imprimé à Naples en 1471 & 1472.

Le dernier feuillet contient le registre.

2100 Petri Montii, exercitiorum atque artis Militaris collectanea in tres libros distincta. *Medio-*

lani, *per Jo. Aug. Scinzenzeler*, 1509. in fol. goth. m. r.

2101 Le Rosier des guerres. compilé par le feu Roi Louis Onzieme de ce nom (ou par son ordre.) *Paris, Veuve de Michel le Noir*. in 4. goth. v. m.

2102 Instructions sur le fait de la Guerre. (Par Messire Guillaume du Bellay, Seigneur de Langey.) *Paris, Michel Vascosan*, 1548. in fol. m. r.

IMPRIMÉ SUR VÉLIN.
Décoré des armes d'Urfé, de 4 miniatures, & de lettres initiales peintes.

2103 L'instruction de Chevalerie, & exercice de Guerre. Par E. J. *Paris, Estienne Jehannot*. in 4. goth. m. r.

2104 Sensuit lordre & le train que ung Prince ou Chef de Guerre doit tenir qui veult conquester ung pays & passer ou trauerser le pays de ses ennemis. — Sensuit le train que len doit tenir pour assieger une place. — Sensuit la maniere de garder une place & ce que doiuent faire ceulx qui sont dedans assiegez. — Sensuit le train que len doit tenir pour faire la guerre guerriant selon que me semble. in 4. m. r.

MANUSCRIT sur vélin du commencement du *XVI siecle*, contenant 36 feuillets. Il est écrit en *ancienne ronde bâtarde*, à longues lignes, & il est enrichi d'une belle miniature

SCIENCES ET ARTS.

d'environ 6 pouces en quarré. Ses lettres *tourneures* sont peintes en or & en couleurs.

L'Auteur de cet Ouvrage est Robert de Balsac, Seigneur d'Antragues, mort en 1503 ou 1504.

2105 La Nef des Princes & des batailles de Noblesse, avec le chemin pour aller à l'Hôpital, & autres enseignements utiles & profitables à toutes manieres de gens pour connoître à bien vivre & mourir. Par Robert de Balsac. *Item.* Plus ; le régime d'un jeune Prince, par Simphorien Champier. *Lyon, Guill. Balsarin*, 1502. in 4. goth. fig.

2106 La Nef des Princes & des batailles de Noblesse, avec le chemin pour aller à l'Hôpital, par Robert de Balsac, & le régime d'un jeune Prince. Par Simphorien Champier. *Paris, Philippe le Noir*, 1525. in 4. goth. v. f.

Il y a quelques feuillets manuscrits.

2107 Claudii Coteræi de jure & privilegiis Militum libri tres. *Lugduni, Stephanus Doletus*, 1539. in fol. m. r.

Traités des Campements, Ordre de Batailles, Evolutions, & autres Exercices Militaires.

2108 Histoire des campagnes de M. le Maréchal de Maillebois en Italie, pendant les années 1745 & 1746. Par M. le Marquis de Pezay.

Tome I   Ffff

Paris, de l'Imprimerie Royale, 1775. 3 vol. in 4. v. f.

2109 Cartes Géographiques, Topographiques, plans des marches, campements, &c. & de toutes les opérations Militaires exécutées en Italie, pendant les campagnes de 1745 & de 1746. par les armées de France & d'Espagne, commandées par M. le Maréchal de Maillebois. Par M. de Pezay. *Paris*, 1775. in fol. v. f.

2110 Mes Rêveries. Ouvrage posthume de Maurice, Comte de Saxe. augmenté d'une histoire abrégée de sa vie, &c. Par M. l'Abbé Perau. *Paris, Defaint & Saillant*, 1757, 2 vol. in 4. m. r.

FIGURES COLORIÉES.

2111 Essai général de Tactique, précédé d'un discours sur l'état actuel de la politique & de la science Militaire en Europe. Par M. de Guibert. *Londres, chez les Libraires Associés*, 1772. 2 tom. en 1 vol. in 4. m. bl.

Traités des Armes, Machines & Instruments de Guerre & de l'Artillerie.

2112 Mémoires d'Artillerie recueillis par M. Surirey de Saint Remy. *Paris, Charles-Antoine Jombert*, 1745. 3 vol. in 4. fig. m. r.

2113 Le Bombardier François, ou nouvelle

méthode de jetter les Bombes avec précision. Par M. Belidor. *Paris, de l'Imprimerie Royale*, 1731. in 4. G. P. m. r.

Art Pyrotechnique, ou du Feu, de la Fonderie, Verrerie, &c.

2114 Traité des Feux d'artifice pour le Spectacle. nouvelle édition confidérablement augmentée. Par M. Frezier. *Paris, Ch. Ant. Jombert*, 1747. in 4. fig. m. viol.

2115 Defcription des Travaux qui ont précédé, accompagné & fuivi la Fonte en bronze d'un feul jet de la Statue équeftre de Louis XV dreffée fur les Mémoires de M. l'Empereur, par M. Mariette. *Paris, P. G. le Mercier*, 1768. in fol. fig. m. bl.

2116 De l'Art de la Verrerie. où l'on apprend à faire le verre, le cryftal, & l'émail; la maniere de faire les perles, les pierres précieufes, la porcelaine & les miroirs. Par Haudiquer de Blancourt. *Paris, Jean Jombert*, 1697. in 12. fig. m. r.

2117 Art de la Verrerie, de Neri, Merret & Kunckel. auquel on a ajouté le *Sol fine vefte* d'Orfchall. traduit de l'allemand, par M. le Baron d'Olbach. *Paris, Durand*, 1752. in 4. G. P. fig. m. r.

2118 L'Art de la Porcelaine tel qu'il est pratiqué à la Chine. in fol. m. r.

Recueil précieux & rare, contenant 26 feuillets peints sur papier, à la Chine, lesquels représentent les procédés & travaux employés dans ce pays à la manufacture de la Porcelaine.

Art Gymnastique, où il est traité du Maniement des Armes, des Chevaux, & de la Chasse.

2119 Le Pas des Armes de Sandricourt. Ce sont les Armes qui ont été faites au Château de Sandricourt près Pontoise, le 16 de Septembre 1493; rédigées & mises par écrit par Orléans, Hérault de Mgr. le Duc d'Orléans. in fol. goth. m. r.

Imprimé sur vélin, avec 10 miniatures.

2120 Le Maniement d'Armes de Nassau, avec rondelles, piques, épée, & targes. Par Adam van Breen. *La Haye, Tavernier,* 1618. in fol. fig. coloriées. m. r.

2121 Académie de l'Epée de Girard Thibault. où se démontrent par régles mathématiques sur le fondement d'un cercle mystérieux la théorie & pratique des vrais & jusqu'à présent inconnus secrets du maniement des armes à pied & à cheval. 1628. in fol. G. P. m. r.

Avec des figures gravées par A. Bolsvert, Crisp. de Pas, Galle, &c.

SCIENCES ET ARTS.

2122 Méthode & Invention nouvelle de dresser les chevaux, par Guil. Marquis & Comte de Newcastle. *Anvers, van Meurs.* 1658. in fol. m. cit.

Avec figures dessinées par Ab. Diepenbeeke, & gravées par les plus habiles Artistes du temps.

2123 Le Manege Royal de M. de Pluvinel. embelli de figures par Crispin de Pas. *Paris, Crispin de Pas*, 1623. in fol. oblong. v. f.

PREMIERES EPREUVES.

2124 Figures représentant des Mors de chevaux. in fol. v. f. d. f. tr.

CE VOLUME consiste en 64 feuillets.

2125 Oppiani de Piscatu libri quinque, e græco in versus latinos translati per Laurentium Lippium Collensem. accedunt ejusdem Lippii Distica. *In Colle Oppido Municipio florentino, Gallus cognomine Bonus*, 1478. in 4. goth. m. r.

PREMIERE ÉDITION.

CE VOLUME a des signatures depuis a 3 — h. Les deux premiers feuillets n'ont pas de signatures ; à la fin il y a cette souscription :

Philippus poscus ad lectorem. Laurentius Lippius Collensis Vir utraque lingua apprime eruditus hoc diuinū Oppiani opus traduxit Gallus cognomine Bonus impressit : ut esset studiosis litterarum utriusque industria quantulacunque accessio : Quapropter quod Oppianum o lector latinum legis utrisque gratias agas Impressum in Colle Op-

pido Municipio Florëtino anno ab hūaitate Christi. Mccclxxviii. die. xii. Septembris.

Cette souscription est suivie du registre.

2126 Jani Ulitii venatio novantiqua. *Ex Officina Elzeviriana.* 1645. in 12. m. r. l. r.

2127 Phebus des Déduits de la Chasse des bêtes sauvaiges & des oiseaux de proie. (Par Gaston Phœbus, Comte de Foix.) *Paris, Ant. Verard.* in fol. goth. m. r.

On trouve dans cette Edition l'Ouvrage en vers de Gasse de la Bigne, intitulé : *des déduits de la chasse.*

2128 Le Miroir de Phebus des Déduits de la Chasse aux bêtes sauvaiges & oiseaux de proie. (Par Gaston Phœbus.) avec l'Art de la Fauconnerie & la cure des bêtes & oiseaux à cela propice. *Paris, Philippe le Noir.* in 4. goth. m. r.

2129 Le Livre du Roy Modus & de la Reyne Racio, lequel fait mencion comment on doit deviser de toutes manieres de Chasses. *Chambery, Antoine Neyret,* 1486. in fol. goth. fig. m. r.

PREMIERE EDITION.

2130 Le Livre du Roi Modus & de la Reine Racio, qui parle du Déduit de la Chasse à toutes bêtes sauvages, comme cerfs, biches, daims, &c. *Paris, Jehan Janot.* in 4. goth. fig. m. r.

IMPRIMÉ SUR VÉLIN.

2131 Le Livre de la Chasse du grand Sénéchal

SCIENCES ET ARTS. 599

de Normandie. et les Dits du bon Chien Soulliart: qui fut au Roi Louis de France XI. de ce nom. in 4. goth. non relié.

2132 La chasse Royale, composée par le Roi Charles IX. *Paris, Nic. Rousset*, 1625. in 8. m. r.

2133 Le Livre de l'Art de la Faulconnerie & des Chiens de Chasse. Par Guill. Tardif. *Paris, Ant. Verard*, 1492. in fol. v. m.

2134 L'Art de Fauconnerie, & des Chiens de Chasse, par Guill. Tardif. *Paris, Jehan Trepperel.* in 4. goth. v. m.

2135 L'Art de la Fauconnerie, & des Chiens de Chasse, par Guill. Tardif. *Paris, Jehan Trepperel.* 1506. in 4. goth. non relié.

2136 Le Livre du Faulcon des Dames. in 8. goth. m. bl.

2137 Libro, de la Monteria que mando escrevir el Rey Don Alonso de Castilla. por Gonçalo Argote de Molina. *En Sevilla, Pescioni*, 1582. in fol. fig. m. bl. l. r.

Traités des Jeux d'exercice & de divertissement; du Saut, de la Danse, &c.

2138 Trois Dialogues de l'Exercice de sauter, & voltiger en l'air. avec les figures qui servent à la parfaite démonstration & intelligence dudit Art.

Par Archange Tuccaro. *Paris, de Montr'œil,* 1599. in 4. m. bl.

2139 L'Art de Nager, démontré par figures, avec des Avis pour se baigner utilement. Par M. Thevenot. *Paris, Thomas Moette,* 1696. in 12. fig. m. r.

2140 L'Art de Nager, ou Invention à l'aide de laquelle on peut toujours se sauver du naufrage; & en cas de besoin, faire passer les rivieres à des armées entieres. Par Jean Fréderic Bachstrom. *Amsterdam, Zacharie Chatelain,* 1741. in 8. m. r.

2141 Cinquante Jeux divers d'honnête entretien, industrieusement inventés par Messer Innocent Rhinghier, Boloignoys. et faits François par Hubert Philippe de Villiers. savoir, les Jeux de l'Amant & de l'Amante; de l'Amour; des Anges; de la Beauté; de la Chasteté; d'Enfer; de l'Epoux & de l'Epouse; de Jalousie; de la Maq......; du Médecin, &c. *Lyon, Charles Pesnot.* 1555. in 4. m. r.

2142 Le Ingeniose Sorti composte per Francesco Marcolini da Forli. intitulate Giardino di Pensieri. novamente ristampate, & in novo & bellissimo ordine riformate. *In Venetia, per Francesco Marcolini da Forli,* 1550. in fol. bas.

Avec des figures en bois gravées par Joseph Porta Garfagninus.

SCIENCES ET ARTS.

2143 Le Paſſetemps de la fortune des Dez, par Laurent l'Eſprit. *Lyon, Benoiſt Rigaud*, 1583. in 4. m. r.

2144 Libro nel quale ſi tratta della maniera di giuocar' a Scacchi, con alcuni ſottiliſſimi partiti. compoſto da Horatio Gianutio della Mantia. *In Turino, Antonio de Bianchi*, 1597. in 4. fig. v. f.

2145 La Mort aux Pipeurs : où ſont contenues toutes les Tromperies & Piperies du Jeu, & le moyen de les éviter. *Paris, Daniel Guillemot*, 1608. in 12. v. f.

Arts Méchaniques, appellés Métiers.

2146 Traité d'Horlogerie contenant tout ce qui eſt néceſſaire pour bien connoître & pour régler les pendules & les montres. Par M. J. A. le Paute. *Paris, Jacques Chardon*, 1755. in 4. G. P. fig. v. f.

2147 En ce Liure eſt parlé de grauer le fer, cuiure, laton, et acier à l'eau-forte, le dorer d'or mollu, plus dorer par eſpargne ſur la couleur d'eau, deſcouurir ſur fer & acier blouy telle figure que l'on voudra. Grand in fol. cuir de Ruſſie. d. ſ. tr.

MANUSCRIT ſur papier du *XVII ſiecle*, contenant 130 feuillets.

Tome I. Gggg

602 SCIENCES ET ARTS.

2148 Livre de Figures ponctuées, contenant plusieurs Desseins pour apprendre à marquer le Linge, à faire de la broderie & de la tapisserie. in 4. v. f.

IMPRIMÉ SUR VÉLIN.

2149 L'Encyclopédie Perruquiere, ouvrage curieux, à l'usage de toutes sortes de têtes. Par Beaumont, Coëffeur. *Paris, Chez l'Auteur,* 1757. in 12. fig. m. bl.

Fin du premier Volume.

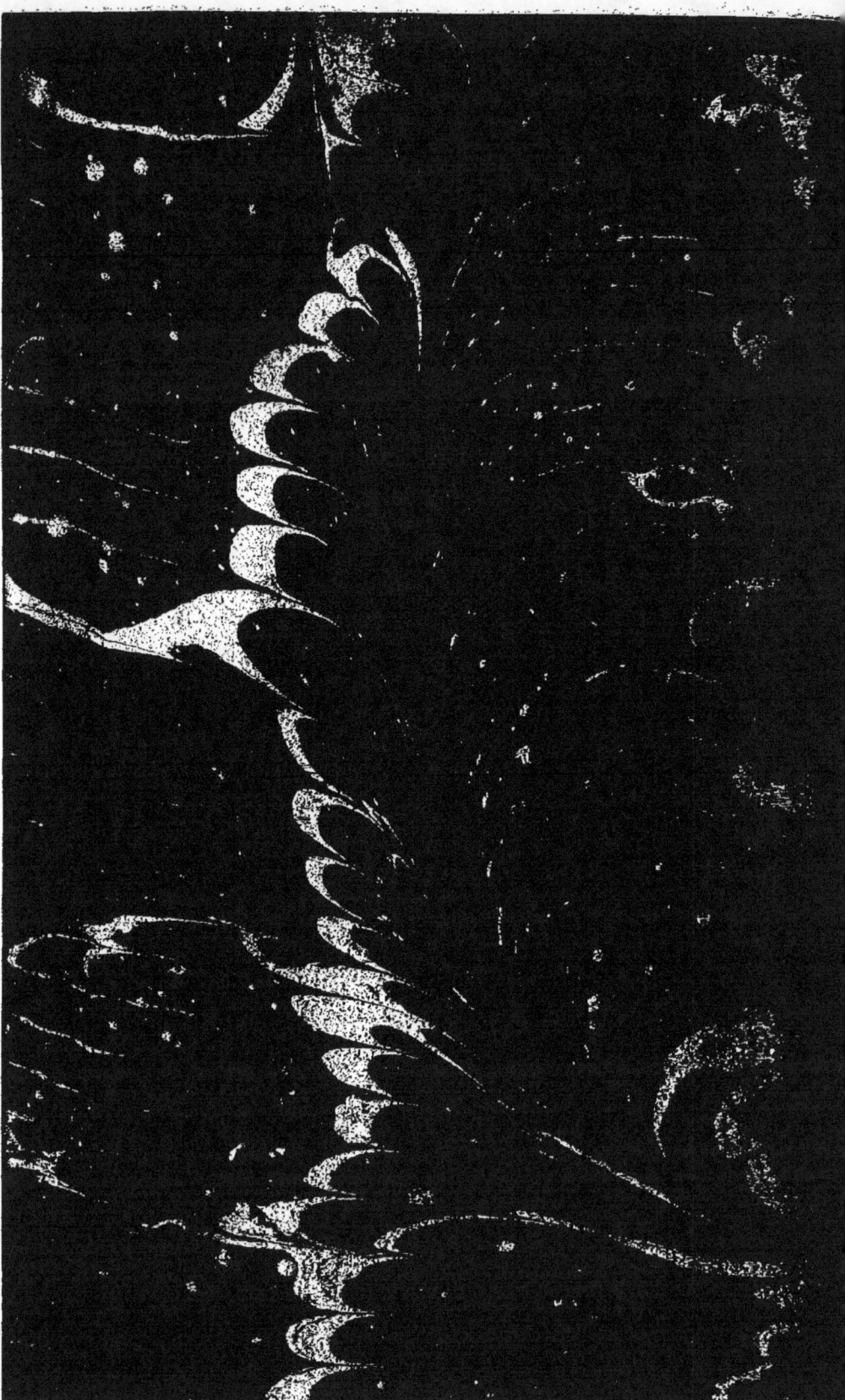

www.ingramcontent.com/pod-product-compliance
Lightning Source LLC
Chambersburg PA
CBHW070056020526
44112CB00034B/1293